"十二五"普通高等教育本科国家级规划教材　国家级精品课"数字传播技术应用"配套教材

21 NEW MEDIA 世纪新媒体专业系列教材

网络传播概论

Introduction to Network Communication

第5版

彭兰 / 著

中国人民大学出版社
·北京·

总序

周锡生

当今世界充满变革与创新。在阐释当今世界变革特征的时候，“新媒体”被时常提及，尽管人们对它的定义还有不少争议。

20多年来，随着数字技术、信息技术的飞速发展，以互联网为代表的新媒体从诞生到逐步发展壮大，深刻改变了旧有的新闻信息传播方式，系统重塑了新的媒介生态和传播格局。在旧媒体时代，新闻信息的传播速度还曾与交通工具竞争；在新媒体时代，昨日甚至数小时、数十分钟之前的新闻，都可能瞬息即逝，转眼间“轻舟已过万重山”。在旧媒体时代，“受众”这个词体现了公众被动接受各类新闻信息的地位；在新媒体时代，媒体人已经不再是专属的职业称号，自制互动、共享交流成为普遍行为。在旧媒体时代，内容占据着绝对的核心地位，其他各个环节只是附属；在新媒体时代，内容为王的观念在被继续强调的同时，网络、渠道、平台和终端的作用与价值日渐凸显，服务与市场的理念正在逐步深化。可以说，当今的新媒体已经跨越了媒介形态的界限，跨越了时空的拘囿，甚至也跨越了文化的隔阂。在这种态势下，建设新媒体、发展新媒体，成为传统媒体求生存、寻突破、谋发展的必由之路。

滚滚而来的新媒体浪潮绝不仅仅改变了传媒业本身，更深刻渗入世界的政治、经济、文化、科技等各个领域。“世界是平的”引发人们无限遐想，平的世界创造了无限的空间。放眼全球，新媒体已经成为世界政治较量的重要因素，成为各国执政者了解社情民意的重要手段，成为社会公众参政议政的重要平台，网络动员、网络聚集、网络拷问在社交媒体上成为常态，新媒体的运用和掌控能力日益成为执政水平的重要衡量标准。与此同时，以互联网产业为核心，逐步形成了包括媒体业、电信业、IT业等在内的比较完整的新媒体产业链，产业体系也日趋完善，有力地推动了文化创意产业的发展，成为国民经济的有机组成部分，且生机盎然，潜力巨大。新媒体的文化价值也在不断迸发当中，随着平板电脑、电子阅读器的迅速普及，数字阅读、数字出版势不可当，新媒体的文化传播和社会建设功能日益强大，跨界文化交流与合作的作用更加突出，极大地丰富和满足了人们的精神文化生活需求。从这个层面来说，建设新媒体、发展新媒体，已经不再单单是传媒业的职责，更需要从历史发展的宏观视野与现实的综合因素层面加以考量与谋划。

在全球加速向网络化社会、数字化生存转型的过程中，我国的新媒体建设也与世界同步，与时代同行。2021年，我国的网民数量已经超过10亿，手机用户突破了16亿大关，均位居世界第一位，且还处于强劲增长当中。如此庞大用户规模的背后，是我国近年来新媒体征程中一个个开拓的脚印与卓然的成效。在当今中国，我们可以看到，新媒体的作用被普遍认可，新媒体的影响被广泛重视，新媒体的理念深入人心，传统媒体加快向新兴媒体战略转型，各类新媒体机构不断涌现且各具特色。从网络、手机、平板电脑到户外大屏、流动媒体，从主流新闻网站到各类商业网站和专业网站，新技术不断涌现，新功能不断被挖掘，新产品不断推出，呈现出万马奔腾、一日千里之势。

当然，新媒体在我国发展的时间还比较短，在采编、经营、技术、市场、管理、人才等方面还处于探索的阶段，在实践过程中出现了诸多困惑与迷思，存在着各种矛盾与冲突，远未成熟。尽管如此，新媒体的蓬勃生机让我们对它的未来充满信心，而这蓬勃生机正来自创新。创新是新媒体时代永恒的主题，谁能够加强创新，谁就能把握未来。新媒体本身就是创新的产物，创新是新媒体的生命力所在。为此，必须根据党和政府提出的新要求，适应时代的新特点，着力把握受众需求的新变化，着力把握技术突破的新契机，着力把握媒体发展的新态势，进一步创新思想观念、创新体制机制、创新内容生产、创新方式手段，加快新兴媒体建设，大力发展新兴业务，从而更好地贯彻落实中央战略部署，为加强国际传播能力建设、构建先进强大的现代传播体系做出贡献，为促进社会主义文化大繁荣、大发展发挥更加显著的作用。

新媒体是推动社会进步的重要力量，同时也要看到，新媒体是一柄双刃剑，随着新媒体地位和作用的日益增强，其所应承担的责任也越来越重要。从某些意义上讲，新媒体所应承担的社会责任甚至比传统媒体还要重一些。多年来，我一直强调的一句话就是“网络无改稿”。传统媒体的稿件签发后发现了错误，还有时间和可能予以纠正，而新媒体的稿件一旦签发，几秒钟之内就可与全球不计其数的受众见面，根本没有时间和可能对稿件进行改正。因此，新媒体的把关责任十分重大，这既是对社会公众负责，也是对新媒体本身负责。在强调和开发新媒体的“媒体功能”的同时，有必要进一步强化其“媒体责任”。

新媒体领域日新月异的发展实践，以及在此过程中出现的矛盾与问题，要求理论研究总结规律、升华认识，并从理论层面加以阐释和指引。中国人民大学新闻学院有几位多年来潜心研究新媒体的专家学者，由他们领衔撰写的这套新媒体丛书，对新媒体的理论、技术、经营管理、业务流程、最新发展动态进行了全面深入的研究，反映了国内外新媒体研究的最新成果，对新媒体的管理者、研究者、学习者及业界从业人员都具有重要的参考价值。本套丛书的出版，相信会有助于推动我国新媒体的快速健康发展。

（作者曾任新华社副社长兼常务副总编辑、新华网董事长）

网络传播概论

第5版

目 录

- 第一章 网络媒介的演化
  - 连接的进化及其驱动的网络媒介升级
    - 互联网诞生时期：机器–机器连接的实现
    - Web 1.0时代：内容–内容连接的实现与互联网的媒体化
    - Web 2.0时代：人–人连接的发展与社会化媒体的兴盛
    - 移动互联网时代：移动终端的发展及连接的升级
      - 从1G到5G：手机通信技术的发展
        - 1G时代——模拟手机时代
        - 2G时代——GSM数字网络时代
        - 3G时代——宽带移动网络时代
        - 4G时代——高速移动网络时代
        - 5G时代——大连接时代
      - 从功能手机到智能手机：手机终端的发展
      - 从平板电脑到可穿戴设备：移动终端的多元发展
      - 从通信工具到综合平台：移动应用的发展
      - 从二维到三维：移动体验的发展
    - 智能传播时代：人–物连接、人–机连接、虚–实连接的共同推进
      - 万物互连与人–物互连
        - 智能家居设备构建新传播系统
        - 智能汽车与车联网构建新的移动传播
        - 人–物互连构建新的用户系统
        - 人–物互动创造新的传播
      - 人机协同、人机传播与人机共生
      - 虚实交互、虚实融合的“元宇宙”设想
  - 传播渠道的变迁及其引发的模式变革
    - 网络公共信息传播渠道的变迁与扩展
      - 门户网站、资讯客户端：编辑把关+大众化推送
      - 搜索引擎：多源搜索+算法调度
      - 社会化媒体：人际网络+大众传播
      - 个性化推荐平台：个性分析+算法匹配
      - 视频和VR/AR平台：临场体验+社交传播
      - 服务类平台：生活场景+资讯推送
      - 智能助理：跨平台+场景化分发
    - 渠道变迁中的传播模式变革
      - Web 1.0时代的“大众门户”模式
      - Web 2.0时代的“个人门户”模式
      - 智能时代的“算法分发”模式
  - 网络时代媒介观的多元化与媒介的新体现
    - 万物皆媒：媒介观的多元化
    - 新“中介者”与新“建构者”：新媒体时代媒介的新形态
      - 作为媒介的硬件
      - 作为媒介的软件
      - 作为媒介的“链接”
      - 作为媒介的“码”
      - 作为媒介的数据与算法
      - 作为媒介的智能交通工具
      - 作为媒介的人

第一章　网络媒介的演化

在新闻传播领域，当我们提到网络时，有时会说“网络媒体”，有时又会说“网络媒介”。尽管“媒体”与“媒介”这两个词常常被混用，但是，它们的含义还是有所侧重。“媒体”一词通常有两个侧重点：一是强调传播主体，一般指传播机构；二是强调大众传播属性。而“媒介”一词更强调传播介质这一属性，它也涉及从人际传播到大众传播的各种不同的传播形态。如果沿用这样的表达差异，网络媒体的含义相对狭窄，网络媒介的含义则更广。在本章，主要采用网络媒介这一表达。

在国内，网络媒介也经常会与新媒体这个概念相互缠绕，虽然新媒体是一个比网络媒介含义更广的概念，新媒体这个词最早出现时也并非指互联网，但在中国，新媒体为人们所认识，基本是源于互联网的兴起，两者的确有很大的交叉，很多时候，混用也是可以被接受的。

第一节　连接的进化及其驱动的网络媒介升级

我们所说的网络媒介，在技术上依托的是互联网。互联网（Internet）是目前世界上最大的国际性互联网络。它是一个网上网，由难以数计的大大小小的网络连接起来。

虽然从技术的角度看，互联网与网络是两个概念，但在非计算机领域里，一般人们所指的网络，通常都是互联网，因为互联网是人们接触得最多的一个网络，而同时，互联网又包含了各种各样的网络，因此，在新闻传播这样的领域里，将网络与互联网视作等同，也很自然。

互联网的本质是“连接”。互联网上构成连接的基本要素以及连接的方式在不断发生变化，但“连接”始终是互联网的要义。因此，互联网的演进也是“连接”的演进，这种演进，也带来了网络媒介的不断更迭与变革。

一、互联网诞生时期：机器-机器连接的实现

互联网的雏形阿帕网（ARPAnet）于1969年诞生于美国，它是美国国防部的高级计划研究署（Advanced Research Projects Agency，ARPA）推动开发的一个实验性网络，最初阿帕网只有4台计算机相连。为了应付可能的战争，阿帕网的设计目标之一是，即使它受到外来袭击时，仍能正常工作，即计算机可以通过任一路由而不是固定路由发送信息。这种特性，使计算机网络具有更高的安全性。

为实现这一目标，这一网络采用了被称为“分布式”的结构，这种结构的通信网是对于“集中型”和“分散型”网络结构的一种更新。后两者在电话网中非常常见，它们都是围绕着一些中心交换点构造起来的。分布型网络去掉了中心交换点，形成了一张由许多节点连接而成的网络，每一个节点都有多条途径通往其他节点。采用分布式的结构，使得网络中的任何一个节点被破坏后都不会影响到其他节点之间的通信。

正是“分布式”的网络结构，为互联网成为一种“去中心化”的（decentralized）、分权的新兴媒体奠定了基础，这种结构不仅使网络具有很高的安全性与可靠性，也造就了信息传播的多样化与控制的复杂化。在一些人眼里，这种分权结构因此被蒙上了一层乌托邦的神秘色彩，

一些人认为，网络具有一种重新赋权的能力，因而可能成为一种民主的工具。

后来，许多研究机构和大学也相继加入阿帕网中，到1972年，这个网络上的节点数已达到40多个。

1974年，文顿·瑟夫（Vint Cerf）和鲍勃·坎（Bob Khan）提出了TCP协议（Transmission Control Protocol）和IP协议（Internet Protocol）。在TCP/IP协议提出近10年之后的1983年，TCP/IP协议才被指定为互联网的标准协议，为所有的网络所采纳，这意味着互联网世界有了统一的“语言”。TCP/IP协议成为互联网的标准协议，是互联网技术史上的第一次飞跃。这也被认为是全球互联网正式诞生的标志。文顿·瑟夫和鲍勃·坎也因此被一些人称为“互联网之父”。

从起源来看，互联网本身是计算机技术发展的产物，它解决的是计算机与计算机之间的连接问题，目的是实现机器间信息的传输与共享。互联网早期的应用领域主要在国防、教育、科研等领域。但是，随着技术的发展，互联网的潜力被不断挖掘出来，它也逐渐从专业领域走向大众领域。

二、Web 1.0时代：内容-内容连接的实现与互联网的媒体化

1983年，ARPAnet分成两个网——ARPAnet（用于进一步的研究）和MILnet（用于军事通信）。它们之间仍保持着互联状况，能进行通信和资源共享。这种网际互联的网最初被称为DARPA Internet，但不久就改称为Internet——互联网。

技术的进一步变革，使互联网逐渐走出了实验室，走出了学者精英们的圈子，互联网开始进入商业化应用阶段，一批服务提供商和内容提供商应运而生，当时的应用技术主要是Telnet等①。在美国，“计算机服务”（CompuServe）和“美国在线”（American Online）等是早期联机服务的代表。但那时的互联网服务，还只能提供一个个的“信息孤岛”，网民登录某个服务商的服务器后，只能在这个封闭的信息空间里浏览信息或者与人交流。中国的“瀛海威时空”也是同样的模式。

此后，互联网中还出现了Gopher②、Usenet③等服务。互联网开始进入大众领域，但早期的商用互联网仍存在着较高的技术门槛。欧洲粒子物理实验室的蒂姆·伯纳斯-李（Tim Berners-Lee）在1989年提出WWW（World Wide Web——万维网）的技术构想，从根本上改变了这一现象，也从根本上为互联网成为一种大众传播媒介奠定了基础。这可以看作是互联网技术发展的第二次飞跃。蒂姆·伯纳斯-李让普通人也进入互联网世界，因而也被一些人称为“互联网之父”。由于他是英国人，2012年伦敦奥运会开幕式上还设置了向他致敬的特别环节。

WWW是互联网中的一种应用方式，它的主要思想是，利用互联网传送超文本信息，即包括文字、图像、声音、视频等在内的多媒体化信息，且信息之间可以用超链接进行关联。蒂姆·伯纳斯-李在1990年设计制作了第一个网页浏览器World Wide Web，后来该浏览器改名为Nexus。此后，以他的思想为基础开发出的各类WWW浏览器，成为人们上网时的主要应用。

WWW浏览器是一种图形化的网络操作界面，它打破了必须使用命令才能执行网络操作的

① Telnet是互联网最早提供的服务之一，这种服务可将用户电脑与远程主机连接起来，作为该主机的终端来使用，这样用户就可使用远程主机提供的各种服务。

② Gopher是一种信息检索系统，1991年由美国明尼苏达大学开发，当时的目的是为分布在校园内不同园区的各个系提供简单而方便的资源共享和传输系统。

③ Usenet是网络上成千上万的网络新闻组（newsgroup）的集合。它通常使用NNTP协议，使用特定的客户端来阅读和发送讨论的内容。在中国，这一应用并没有得到推广。

局限，使网络的操作变得简单、方便和趣味盎然。更重要的是，WWW 中的超链接的思想，使网络信息之间通过链接产生了丰富、多元的关系，这突破了过去传统媒体的线性的、封闭的信息组织模式。互联网上的所有信息相互连接，变成了一个统一的内容网络。

直至今天，WWW 仍是网民使用最多的互联网应用之一，以至于很多人将 WWW 与互联网画上等号。

由于 WWW 的出现，原本只是技术人员专利的互联网技术，变得平民化。这为互联网上各种应用的开发，提供了基础。

1994 年 4 月 20 日，中国全功能接入互联网，从此进入互联网时代，WWW 网站浏览也成为早期中国网民在网上“冲浪”的主要方式。

WWW 的普及，使“Web 网站”（通常我们简称为网站）成为互联网主要的信息获取渠道。各网站之间往往能形成千丝万缕的联系，网站之间的切换也十分方便。同时，电子邮件、BBS、网络游戏等也逐渐集中到了这个平台上。那些能提供丰富内容与服务的门户网站，也开始成为人们在网络中的必经之地。

随着 WWW 的发展，网络信息呈几何级数增长，在这种信息海洋里，网民如果不借助他人的指点想找到所需的资料，如同大海捞针一样困难，这时为满足大众信息检索需求的专业搜索技术便应运而生了。

搜索引擎的基本形式有两种，即网络蜘蛛型搜索引擎（简称搜索引擎）和基于人工分类目录的搜索引擎（简称分类目录）。Google、百度是前者的代表，Yahoo! 是后者的代表。

搜索引擎兴起之后，也在不断发展，这主要表现为：从文字搜索向多媒体搜索扩展，从一般搜索向专业化搜索扩展，从单纯搜索向搜索与社区结合方向发展。一些搜索引擎平台也综合了其他功能。搜索引擎进一步的发展目标是，实现智能化搜索与智能化整合。

网络技术的发展和网络服务的丰富，使互联网上的信息传播异常活跃。特别是海量性、时效性、互动性等优势，更使互联网逐渐成为大众传播的重要媒介，互联网在政治、经济、文化等领域的影响力也日益增长，而这背后，也有着商业力量的推动。

三、Web 2.0 时代：人-人连接的发展与社会化媒体的兴盛

2004 年以来，互联网开始了新一轮的变革，而这样一个变革的核心特征是调动用户参与的 Web2.0。

“Web 2.0”这个词最早出现于 1999 年，但这个概念被普遍认可和使用，始于 2004 年，蒂姆·奥莱利（Tim O’Reilly）创办的 O’Reilly Media 公司联合其他几家公司在 2004 年发起了首届 Web 2.0 大会（Web 2.0 conference，后来更名为 Web 2.0 峰会），这一会议预示着 Web 2.0 应用的兴起与普及。奥莱利本人也被视为 Web 2.0 思想的代表人物。

虽然 Web 2.0 的定义难以统一，但人们的共识是，它是指允许用户广泛参与网站内容建设和交互的技术，网络不仅是“可读”的，也变得“可写”，因此 Web 2.0 整体指由用户主导生成内容的互联网应用模式。相比 Web 1.0，Web 2.0 具有强烈的交互性、个性化等特征。目前 Web 2.0 相关的主要技术有 RSS、博客（播客）、维基（WiKi）、SNS（社会网络服务）、微博、微信、视频社交网站等。这些技术的共同特点是，进一步突出网络信息生产中普通网民的作用，并且通过各种应用方式使网民之间产生更加密切牢固的关系。

人们对 Web 2.0 的定义和特征的概括不尽相同，但有一点是共同的，那就是认为Web 2.0 以“人”为中心，而不是以内容为中心。虽然 Web 2.0 也强调内容的生产，但是，内容生产的

主体由专业网站扩展为用户，从专业组织的制度化的、组织把关式的生产扩展到“自媒体”的随机的、自我把关式的生产。个体生产内容的目的，也往往不在于内容本身，而在于以内容为纽带、为媒介，延伸自己在网络社会中的关系。

Web 2.0的应用，还是一种社会纽带，是个体吸纳与整合社会能量的接收器，同时也是个体能量放大为社会能量的转换器。

伴随着Web 2.0时代的到来，“自媒体”（we media）这一概念也逐步被接受。自媒体指在网络技术特别是Web 2.0技术环境下，不从属于专业媒体①的个体或组织通过各种网络手段进行自主的信息传播的新形式。

与Web 2.0相关联的，还有一个概念是UGC（user generated content，用户生产的内容），也有人称为UCC（user created content）。那些由网民上传文字、图片、视频、音频等内容的网站被通称为UGC网站，其中，美国的Youtube网站被认为是UGC网站的早期代表。这个网站于2005年2月创办，创办该网站的目的是方便朋友们在网上分享视频。此后，类似的网站在全球大批涌现。

在Web 2.0应用推动下，网民日益成为网络内容的重要生产力量，UGC也在一定程度上对专业网站生产的内容产生冲击。

另一个与UGC相关的概念，是公民新闻，也就是普通人生产的新闻。对于公民新闻活动的认识，不能仅限于新闻的发布或传播这个层面，而应该把公民的各种新闻信息生产行为综合在一起考察，包括新闻的采集、发布、整合、传播，也包括与之相关的评论和其他活动。

Web 2.0应用与社会化媒体（social media）两者也几乎是如影随形的关系。

研究者对于社会化媒体定义的角度也有所不同。简单来说，它是基于用户社会关系的内容生产与传播平台。在国内，社会化媒体也常常被称为社交媒体。

社会化媒体的主要特征有如下两个方面：

一是内容生产与社交的结合，也就是说，社会关系与内容生产两者间是相互融合在一起的，社会关系的需求促进了社会化媒体平台上的内容生产，反过来，这些平台上的内容也成为联结人们关系的纽带。而社交渠道也成为内容的传播渠道。

二是社会化媒体平台上的主角是用户，而不是网站的运营者。

社会化媒体常常能产生大众传播的效果，这也是这个概念中包含了“媒体”一词的原因。而这个概念中的“社会化”，则意味着，这样一种平台要产生大众传播的效果，还依赖于人们关系的集成，也就是要在人们的社交互动基础上产生较大规模的社会聚合，仅仅靠一两个人的行为，社会化媒体很难产生广泛的影响。

社会化媒体以Web 2.0应用为主，但不限于此。早期的论坛、社交游戏、即时通信，目前流行的微博、微信、视频网站，甚至电子商务平台中的评论平台等，都可以看作社会化媒体。即使是Web网站、资讯类客户端，也有一定的社会化媒体应用的嵌入。

社会化媒体不仅为普通人提供了社交的平台，带来了丰富的内容资源，它也在改变人们获取信息的路径，社交网络成了公共信息传播的主要渠道之一。

更重要的是，社会化媒体促进了公民新闻与自媒体的繁荣，也对专业媒体的信息传播模式与传播格局带来了重大冲击。

在Web 2.0之后，还出现了Web 3.0这一概念。但人们对其认识不尽相同，早期一种代表性观点是将语义网技术作为Web 3.0特征，语义网的核心是让网络“能思考”“有智能”。2021

---

① 在本书中，专业媒体指的是具有媒体资质、进行专业化的内容生产的媒体，而非行业性媒体。

年以来，Web 3.0 也与“元宇宙”这一概念相关联，一些研究者将其主要特征界定为“进一步去中心化”“为用户所拥有”。虽然这一概念及相关界定仍没获得普遍认同，但 Web 3.0 这一概念的起起落落，代表了人们对下一代互联网的不同期待方向。

四、移动互联网时代：移动终端的发展及连接的升级

移动互联网包括三个要素：移动终端、移动通信网络和应用服务。其中，移动通信网络（终端连接技术）及移动终端的不断升级，对于移动互联网的发展至关重要。

（一）从 1G 到 5G：手机通信技术的发展

从手机通信技术的发展来看，到目前为止，它主要经历了五代技术。

1. 1G 时代——模拟手机时代

模拟移动电话系统主要采用模拟和频分多址（FDMA）技术，属于第一代移动通信技术。它只能实现语音业务，无法提供增值业务。通信网络覆盖范围小且漫游功能差。此外模拟手机大且笨重。

2. 2G 时代——GSM 数字网络时代

GSM（global system mobile communication，即全球移动通信系统）数字网具有较强的保密性和抗干扰性，音质清晰，通话稳定，并具备容量大、频率资源利用率高、接口开放、功能强大等优点。GSM 技术也带来了更多样化的手机应用业务。

3. 3G 时代——宽带移动网络时代

3G 是英文 3rd-Generation 的缩写，指第三代移动通信技术。它是指无线通信与国际互联网等多媒体通信相结合的新一代移动通信系统。它能够处理图像、音乐、视频流等多种媒体形式，提供网页浏览、电话会议、电子商务等多种信息服务。在中国，中国移动的 3G 采用的是 TD-SCDMA 技术标准，中国电信采用 CDMA2000 标准，中国联通采用 WCDMA 标准。其中，TD-SCDMA 为中国拥有自主产权的 3G 技术标准。

4. 4G 时代——高速移动网络时代

第四代移动通信技术也被称为“高级国际移动通信”（IMT-Advanced）。相对 3G，4G 能够提供更高速的数据传输服务，峰值数据传输速率应在 100Mbps 以上。目前的 4G 技术主要采用 TD-LTE 和 FDD-LTE 两种技术标准。其中，TD-LTE 为中国拥有自主产权的 4G 技术标准。

5. 5G 时代——大连接时代

5G 即第五代移动通信技术（fifth generation wireless systems），是目前已进入实用阶段的最新一代移动通信技术。5G 的技术特性，有三个方面是共识：其一是高速率。2017 年中国信息通信研究院发布的《5G 经济社会影响白皮书》指出，5G 用户体验速率可达 100Mbps 至 1Gbps。其二是低时延。时延即数据传输时端到端的所需时间，5G 的传输时延可达毫秒量级。其三是大连接。5G 的连接数密度可以达到 100 万个/千米^2。①

（二）从功能手机到智能手机：手机终端的发展

手机媒体发展历程中，人们感受最直接的变化，是手机这个终端的变化。从大如砖头的

---

① 5G 经济社会影响白皮书［EB/OL］.（2018－04－26）［2023－02－19］. http：//www.caict.ac.cn/kxyj/qwfb/bps/201804/P020170711295172767080.pdf.

"大哥大"（模拟手机）到后来不断缩小的各式翻盖式、旋盖式、滑盖式、触屏式手机，手机的外形花样翻新，其功能也在不断丰富。

早期的手机都被称为功能手机，它们只能完成语音通话、发短信和其他一些基本功能，不带操作系统，用户不能自行安装与卸载程序。

今天，智能手机已基本取代了功能手机。智能手机是指具有开放式的操作系统，可以通过移动通信网络来实现无线网络接入的手机。这些手机可以由用户自行安装第三方服务商提供的程序（即App，在国内也被称为客户端），通过此类程序来不断对手机的功能进行扩充。在某种意义上，智能手机就是一个掌上电脑。

但不同品牌的智能手机的操作系统不尽相同。手机主要的操作系统类别有iOS、安卓系统（Android）、鸿蒙、塞班（Symbian）、Windows Phone等。不同操作系统手机之间的应用软件互不兼容，而相同系统的手机软件基本能通用。

尽管1993年IBM公司就已推出世界上第一款智能手机Simon①，但2007年苹果公司发布的智能手机iPhone，才真正推动了智能手机的普及，同时它也推动了"应用商店"（Application Store）及App这样的应用模式的普及。

从功能手机到智能手机，这是手机终端发展中的一个质的飞跃。

2010年8月，美国《连线》杂志主编克利斯·安德森（Chris Anderson）等人的一篇文章引起一些业内人士的关注。在这篇题为《万维网已死　互联网万岁》的文章中，安德森谈到了App技术对WWW（万维网）的冲击。② 尽管当时人们对Web是否会消失有着不同的判断，但今天我们可以清楚地看到，App支撑的移动互联网的确对基于PC电脑的互联网产生了巨大冲击。

根据中国互联网络信息中心（CNNIC）发布的《第34次中国互联网络发展状况统计报告》，2014年6月，中国手机上网比例首次超过传统PC机上网比例，手机网民规模超八成。③ 这标志着中国已经完全进入了移动互联网时代。在此之后，智能手机的普及率继续快速增长，甚至很多老年人也开始使用智能手机，智能手机的普及也推动了互联网的普及。CNNIC发布的《第51次中国互联网络发展状况统计报告》显示，截至2022年12月，中国网民数量达10.67亿，全国互联网普及率达75.6%，其中手机网民规模达10.65亿，使用手机上网的网民比例达99.8%。④

（三）从平板电脑到可穿戴设备：移动终端的多元发展

除了智能手机外，平板电脑对于移动互联网的普及也具有一定意义。平板电脑（tablet computer），也就是超薄的、功能相对简单的电脑。2010年1月27日，苹果公司的平板电脑iPad发布。在iPad上虽然也可以通过浏览器浏览互联网的信息，但是，它更多的服务是通过应用商店中的App来提供的。在第一代iPad推出后，苹果公司以几乎每年一代的速度更新着iPad。

除了苹果公司之外，三星、亚马逊、微软、联想等大批企业也推出了自己的平板电脑。

2009年以来，电子书（也被称为电子阅读器）的发展一度引人注目。相比电脑，电子书的体积更小、重量更轻，功能也较为单一，以报纸和书籍的阅读为主。电子书一般采用电子墨

① 阅读简史［N］. 青年时报，2014-05-20.

② ANDERSONC，WOLFFM. The web is dead. Long live the internet［EB/OL］.（2010-08）［2023-04-02］. http://www.wired.com/magazine/2010/08/ff_webrip/all/1.

③ 第34次中国互联网络发展状况统计报告［EB/OL］.（2014-07-21）［2022-08-16］. https://www.cnnic.net.cn/n4/2022/0401/c88-765.html.

④ 第51次中国互联网络发展状况统计报告［EB/OL］.（2023-03-22）［2023-04-02］. https://www.cnnic.net.cn/NMediaFile/2023/0322/MAIN16794576367190GBA2HA1KQ.pdf.

水（E-ink）技术，采用这种技术，电子书在强光下也可以正常阅读，它对眼睛的刺激更适中，能耗更低。

越来越多的厂商进入电子阅读器的生产行列。在日益丰富的产品中，在市场中表现最好的是亚马逊公司的 Kindle。2011 年 4 月，亚马逊售出的电子书数量已经超过了纸质书——销售记录显示，亚马逊每售出 100 本纸质书，Kindle 电子读物就能售出 105 本。[①] 在中国，截至 2018 年，Kindle 的销量达到数百万台，但由于种种原因，此后它在中国日益走向衰落，2023 年 6 月，Kindle 正式退出中国市场。

平板电脑、电子书等，带来的不仅是新的终端，也带来了媒体产业链条的重构，以及新的经营模式。但在中国，电子书的普及程度并不高，这或许与电子书相对单一的功能有关。

更多与电子书原理相似的电子纸也在开发中，无论采用什么样的技术，它们的目标都是朝着轻便但同时又具有高质量的显示效果等方向发展。其中，柔性，也就是可以卷曲、折叠，是电子终端在实现轻便目标方面的一个重要努力。

2010 年 1 月，LG 公司公开展示了其研发的柔性的（可以随意弯折的）e-Paper 显示器（见图 1-1）。这款产品尺寸和一张 A3 幅面的报纸大小相似，重约 130 克，而其厚度也仅为 0.3 毫米，可以说与印刷报纸的外形已经越来越接近了。2013 年，索尼公司开发出柔性电子纸 E Ink Mobius，它大小如一张普通的 A4 纸，且可以在上面书写。尽管到目前为止这些柔性电子纸还没有成为市场主流，但用户对这一方向的电子产品也有一定需求。

图 1-1　LG 公司开发的可卷曲的电子纸

资料来源：LG 宣布全球最大 19 寸可弯曲电子纸［EB/OL］（2010-01-14）［2023-08-07］. http://News.mydrivers.com/1/154/154119.htm.

可穿戴终端，即以类似于人们日常穿戴物如衣物、首饰、眼镜等外观出现、具有特定功能的智能移动终端。它们融合计算机技术、多媒体技术及无线传输技术，携带更为方便，不仅可

① 顾佳迪．亚马逊：电子书销量首超纸质书［N］. 文汇报，2011-05-25.

以提供与手机等终端相似的信息服务，还可以对使用者的身体、行为、位置及空间环境等进行监测和数据收集。它是移动终端发展的另一个方向。

早在20世纪80年代，加拿大人史蒂夫·曼恩（Steve Mann）就开始致力于可穿戴设备的研究，他也被称为“可穿戴”计算机之父。在曼恩发明的“EyeTap”（见图1-2）中，已经可以清晰地看到谷歌眼镜的影子。

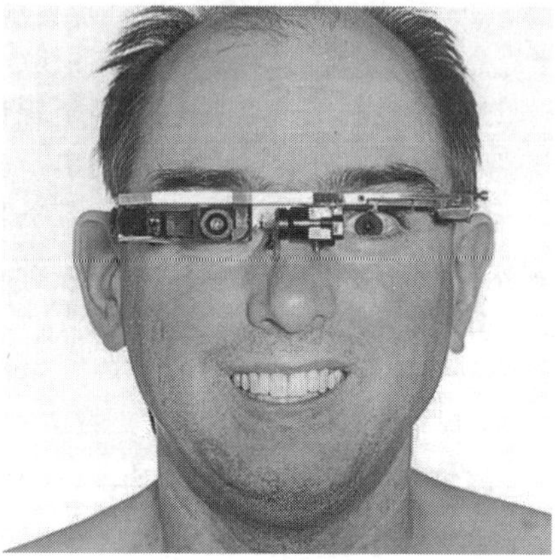

图1-2　史蒂夫·曼恩和他发明的“EyeTap”

资料来源：多大教授戴智能眼镜光顾巴黎麦当劳被殴［EB/OL］.（2012-07-18）［2023-04-02］. http：//www.bcbay.com/news/2012/07/18/98668.html.

眼镜式或头戴式终端是可穿戴设备最早的形式之一。2011年11月，索尼公司将头戴式的3D OLED显示器推向市场，这种头戴式显示器的效果相当于在750英寸的“影院般虚拟屏幕”上观看2D或3D电影。

谷歌公司在2012年6月发布的“谷歌眼镜”（见图1-3），开启了人们对可穿戴终端的进一步认识。它是一个摄像头＋微型投影仪＋传感器＋存储传输＋操控设备的结合体。摄像头可以提供与人眼观察相似的拍摄视角，这种拍摄视角也被称为“第一人称拍摄”。投影仪可以形

图1-3　谷歌于2012年推出的“谷歌眼镜”

资料来源：Google扩增实境之AR眼镜计划书“Projeet Glass”开跑！［EB/OL］.（2012-04-16）［2023-02-12］. http：//photoonline.com.tw/portal.php? mod=view&aid=661page=4.

成一个虚拟的屏幕，它所带来的是一个类似于笔记本屏幕的视觉体验，这使谷歌眼镜拥有了“增强现实”（augmented reality，AR）的功能，也就是在当前的现实环境中附加相关虚拟信息，虚拟信息与真实世界实时叠加，创造出一种全新的体验。当然，谷歌眼镜还可以上网。它的操控可通过语音、触控和自动三种模式实现。

但谷歌眼镜上市后的表现却不如人意，它带来的隐私侵犯问题也备受争议。2015 年 1 月，谷歌宣布停止谷歌眼镜的销售，2022 年左右，谷歌眼镜基本退出市场。但谷歌眼镜本身技术设想的价值并不能因此而否定。

近年来，也有其他一些新技术公司在推动智能眼镜的发展。对于新闻采访而言，具有增强现实功能的智能眼镜，不仅可以解放记者的双手，还可以通过对采访对象的智能识别、信息查询等功能，为记者提供实时的支持。图 1－4 是人民日报社智慧媒体研究院研发的 5G＋AR 采访眼镜，它可以用第一视角进行现场直播，同时还可以帮助一线记者在会场中实时了解人物信息资料。

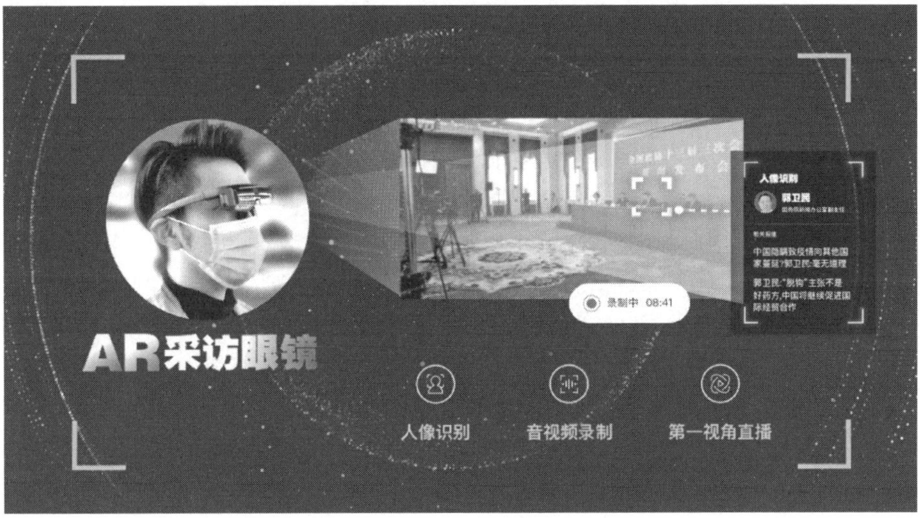

图 1－4　人民日报社智慧媒体研究院研发的 5G＋AR 采访眼镜

资料来源：人民日报“智能云剪辑师”上岗，亮相两会！[EB/OL].（2020－05－21）[2022－10－22]. https://mp. weixin. qq. com/s/U9ZE3QZtuRYy5JTbF8 _ a3A.

VR、AR 技术发展及其元宇宙概念的走热也推动了智能眼镜或头戴式显示器的发展，目前这一领域的主要生产者包括 Oculus、Sony、大朋 VR、PICO、HTC 等。其中 Oculus 公司 2014 年被 Facebook 收购，PICO 则在 2021 年被字节跳动公司收购。

智能手表是可穿戴设备中另一个重要领域。

2013 年 9 月，三星公司推出智能手表 Galaxy Gear。它拥有 1.63 英寸的 AMOLED 显示屏、蓝牙以及摄像头，与手机进行蓝牙连接后，能够实现上网、打电话、收发电子邮件和消息、存储和传输数据、打游戏等功能，也可以跟踪或管理个人信息。

2014 年 9 月，苹果公司推出智能手表 Apple Watch。Apple Watch 可以实现显示通知及日程、简单导航、控制音乐播放、接打 iPhone 上的电话、接收短信并快速回复等操作，同时也支持健康监测、Siri 和 Apple Pay 等。一些媒体与网站也开发出了 Apple Watch 上的新闻客户端。

除了智能手表外，功能更简单，主要用于健康数据记录的智能手环，也已在市场上普及。

今天市场上的可穿戴设备，都不一定是理想的产品，都未必会赢得未来市场，但是它们所代表的方向是重要的。

对媒体人来说，可穿戴设备进一步解放了“手”，这为移动场景下的信息采集提供了新的可能，而智能眼镜的“第一人称视角”的拍摄，也为“沉浸式”报道提供了可能。

智能技术的进一步发展，将使可穿戴设备与人形成“共生”关系，其影响，将在下文进一步分析。

（四）从通信工具到综合平台：移动应用的发展

手机最早的功能是语音通信，也就是说，从传播角度看，它起步于人际传播。而从短信开始，手机的功能越来越多地向大众传播方向发展。手机也逐渐成为一种新的媒体。

在手机媒体的早期发展中，短信传播占据了核心地位。

短信传播是基于 SMS（short messaging service，短信息服务）或 MMS（multimedia messaging service，多媒体短信息服务，即彩信服务）技术。

1992 年，世界上第一条手机短信在英国发送成功。2000 年，中国移动推出移动梦网，经营短信业务。2002 年，联通 CDMA 网开通，也开始短信业务。2002 年 5 月，中国移动、中国联通实现短信互通互发。2002 年 10 月初中国移动推出 MMS 业务，彩信开始逐渐普及。

手机业务在中国发展的一个重要增长点，就是短信。2000 年 12 月中国移动公司推出的“移动梦网”计划，极大地刺激了中国短信业务的增长。

根据工业和信息产业部发布的统计数据，2000 年，中国移动的短信量是 10 亿条，2001 年发送量为 189 亿条，2002 年达到 900 亿条，2003 年超过 1 371 亿条，2004 年达到 2 177 亿条，2005 年全国手机短信发送量达 3 046.5 亿条，2006 年全国手机短信发送量接近 4 300 亿条。[①] 2007 年手机短信发送量达到 5 921 亿条[②]，2008 年全国手机短信发送量达到 6 996.7 亿条[③]。2009 年我国各类短信发送量达到 7 840.4 亿条。[④] 在手机短信业务兴起的头十年间，短信是手机用户的重度应用。

与此同时，手机短信也开始承担起公共信息传播的任务。手机短信成为早期手机报的支持技术。在一些特殊场合，手机短信成为社会动员的渠道。2005 年的“厦门 PX 事件”、2008 年的“抵制家乐福事件”等，都是手机短信与互联网传播共同作用的结果。手机短信在谣言传播方面带来的消极影响，也在 2003 年的“非典”期间表现得十分充分。

在手机发展的历程中，WAP 也是一种不可忽视的传播方式。

WAP（Wireless Application Protocol，无线应用协议）网站，是移动通信技术与互联网技术相结合的产物，通俗地说，它是手机上的网站。与短信、彩信相比，它提供的内容与服务更为多元。在 WAP 技术占上风的时期，移动运营商开办的 WAP 门户具有举足轻重的作用。特别是中国移动 2000 年 12 月参照日本 DoCoMo 的 i-Mode 服务推出的“移动梦网”，更是占据着

---

① 综合新华社历年报道。

② 2007 年中国手机普及率达 416% 短信发送量达 5 921 亿条 [EB/OL]. (2008-01-25) [2023-01-22]. http://www.ce.cn/xwzx/gnsz/gdxw/200801/25/t20080125_14366537.shtml.

③ 除夕夜全国手机短信发送量将超 180 亿条短信 [N]. 北京青年报，2009-01-27.

④ 2009 年我国短信发送量达 7 840.4 亿条 同比增 8.4% [EB/OL]. (2010-02-04) [2022-03-23]. http://tech.163.com/10/0204/12/5UM6SU5U000915BE.html.

垄断地位。移动梦网的 WAP 平台集成了很多 SP（服务提供商）提供的内容与服务。用户通过移动梦网的门户网站才可以定制 SP 的业务。中国联通推出的“互动视界”则是联通版的“移动梦网”。后来在移动梦网、互动视界之外，也出现了大量的其他 WAP 网站，但是它们与传统互联网上的 Web 网站的模式仍是一样的，只是更为简化与轻量。

而智能手机的出现，使 App 模式逐渐风行。

WAP、App 的普及，为移动互联网的兴起做了铺垫。

从传播的角度看，移动互联网的基本特征包括：终端的随身性与私人性，信息传播与服务的流动性、个性化与场景化。

移动互联网的兴起，不仅体现为其在信息传播方面功能的拓展，还体现为它在社交、游戏、支付、交易等各方面功能的拓展上，今天的手机，已经发展成一个全方位的平台。

手机游戏是以手机为终端、离线或在线进行的游戏，它包括单机游戏和联网游戏两大类。在功能手机阶段，手机游戏就已受到用户的青睐。在智能手机和移动通信技术等的共同推动下，手机游戏的种类愈加丰富，手机游戏也成为一个有巨大发展空间的产业。

而社交功能也是在手机平台中发展最快的一类应用，从早期的短信社交，到今天的微博、移动 QQ、微信、短视频平台等，手机在社交方面扮演的角色越来越突出。

手机支付在今天已成为支付方式的主流方向，根据 CNNIC 发布的《第 51 次中国互联网络发展状况统计报告》，截至 2022 年 12 月，我国网络支付用户规模达 9.11 亿①，手机对网络支付的普及起了决定性作用。

今天的手机支付，一类是利用相关的客户端（如各银行的客户端、支付宝、微信等）来完成，另一类是通过 NFC 技术。NFC（near field communication，近场通信）是一种近距离无线通信技术，可以通过非接触方式，进行近距离（通常在 10 厘米以内）的电子设备身份识别或信息交换。它由非接触式射频识别（RFID）等技术演变而来，目前可以实现移动支付、身份认证、电子门禁、电子票务及防伪等功能。具备这些功能的手机，不仅可以进行电子支付，还可以成为身份证、门卡等。作为一种支付方式，采用 NFC 技术的手机，不需要通过移动网络进行操作，而是直接在 NFC 收款机上“刷手机”，其操作更为简便。2014 年 10 月苹果公司推出的 Apple Pay 就是 NFC 的一个应用。目前，NFC 已经成为智能手机的标配。

在手机支付手段日益完善的前提下，手机交易也变得更为便捷，越来越多的交易都可以通过手机进行。

今天，移动互联网应用已经全面渗透到人们的生活、工作的各个领域，不仅影响着衣食住行，也影响着个人发展、社会交往，并在一定程度上影响到人们的生活质量。

（五）从二维到三维：移动体验的发展

在移动互联网的发展过程中，VR、AR 等技术也在不断发展，人们在虚拟世界里的体验也在发生变化。

2015 年 1 月，微软公司发布了 AR 眼镜 HoloLens（见图 1－5）。它可以在现实环境中增加虚拟信息与影像，人与现实环境、虚拟环境形成了新的互动关系。增强现实技术在游戏、教育、社交、医疗等领域有广泛的应用前景。

---

① 第 51 次中国互联网络发展状况统计报告［EB/OL］.（2023－03－22）［2023－04－02］. https：//www.cnnic.net.cn/NMediaFile/2023/0322/MAIN16794576367190GBA2HA1KQ.pdf.

VR或AR技术可以逼真地还原现实世界，创造逼真的身体在场感，也会带来虚拟与现实之间的新关系。

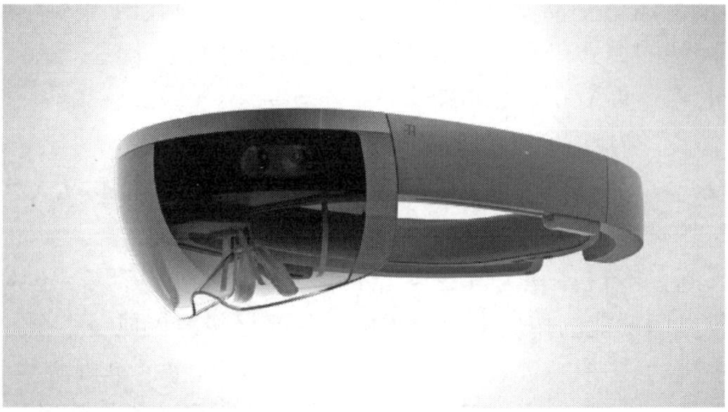

图1-5　2015年微软公司发布的AR眼镜HoloLens

资料来源：张爽，薛亚飞．微软Hololens细节公布：续航达5.5小时［EB/OL］.（2016-01-19）［2020-03-03］. http：//www.cnmo.com/smart/534785.html.

VR、AR技术改变了人与内容的关系——从阅读、观看到进入，这些技术应用于新闻传播时，也带来了新的新闻现场感。同时，它们也在改变人与人的互动模式，基于虚拟现实技术的社交正在成为可能。这样的虚拟社交，是以虚拟技术来复原真实空间与真实感受的全方位互动，它同时又提供了超越现实空间的新的互动可能，人们又一次获得了角色选择的自由，并且可以以真实的体验来扮演自己选择的角色。

在虚拟社交的开发方面，Facebook公司是一个积极的实践者。2014年春天，Facebook收购了VR技术公司Oculus。之后，扎克伯格多次表达了他将虚拟现实视为一个“社交平台”的观点。2021年10月，Facebook公司更名为Meta，将基于VR、AR等技术的“元宇宙”应用作为公司新的战略目标。

除了VR、AR外，3D技术也有助于实现现实世界的数字化还原。3D技术是指能够记录三维视觉信息或创建图像的深度错觉的技术。

第二人生（Second Life）是在网络中运用3D和虚拟现实技术的早期代表。它是全球最大的虚拟世界游戏。它是总部位于旧金山的林登实验室（Linden Lab）于2003年推出的一款以“合作、交融和开放”为特色的大型3D模拟现实网络游戏。在这个游戏中，每个人可以用3D方式建立自己的一个虚拟的“第二人生”，与同在这个虚拟世界中的其他人发生各种各样的联系，实现自己在第一人生中没能实现的梦想。人们也可以在这里通过各种方式赚到虚拟的“林登元”，而这种“林登元”可以兑换为真正的美元。许多世界著名企业曾纷纷在“第二人生”安家落户。因为种种原因，“第二人生”后来衰落了，但2021年在产业界兴起的关于元宇宙的讨论，使“第二人生”重新回到人们的视野。

五、智能传播时代：人-物连接、人-机连接、虚-实连接的共同推进

（一）万物互连与人-物互连

目前的互联网信息传播，是以人为主体的。而人的信息处理能力的局限，影响了信息的采集与利用的水平。物联网等技术将改变这一状况，它可以实现物与物、物与人的连接，信息传

播的模式也将在某些方面发生深层改变。

物联网（the internet of things）的概念是在 1999 年提出的。物联网技术指通过射频识别、红外感应器、全球定位系统、激光扫描器等信息传感设备，按约定的协议，把任何物品与互联网连接起来，进行信息交换和通信，以实现智能化识别、定位、跟踪、监控和管理的一种网络。物联网也就是“物物相连的互联网”。

物联网的发展，取决于一些基础的核心技术。其中，IPv6 是一个关键技术。

从技术角度看，IPv6 是下一代互联网甚至下一代移动网络的基本协议，它将大大地增加下一代互联网的地址容量。

目前的互联网的地址协议主要为 IPv4，它用 32 个二进制位来定义地址，也就是说每个地址的长度为 32 个二进制位，总量为 42 亿多个，但这些地址资源分配并不均匀，大多数地址在美国。中国的公众网因 IP 地址匮乏，被迫大量使用转换地址，网络的效益及安全受到威胁。IPv6 是用 128 个二进制位来定义地址，采用 IPv6 后，IP 地址资源不足的问题将得到根本解决。甚至有人开玩笑说，那时地球上每一颗沙粒都能分配到一个 IP 地址。

当地址资源不再是问题时，人们可以想象得到的一切东西联在网上才会有可能，这也就为万物互联提供了基础。

对于物联网的发展，云计算也是一种基础技术。尽管云计算最早并不是针对物联网提出来的，但是，它可以解决物联网发展中的一些核心问题。

从技术上看，云计算指的是将庞大的计算处理任务自动分拆成多个较小的子任务，然后把这些任务分配给由多部网络服务器组成的系统进行处理并将处理结果返回给用户。利用这项技术，可以在极短的时间内完成极为复杂的信息处理，实现和“超级计算机”同样强大效能的网络服务。

“云计算”进一步发展成了一种商业的概念，它的目标是将网络中的服务器作为一种共享的资源，用户可以随时获取、按需使用这些资源。例如，用户可以利用网络服务器（也就是所说的“云”）而不是自己的个人电脑完成文档处理、图像处理、视频编辑等工作，这样不必不断更新自己电脑中的软件和硬件便可以享受到性能不断优化的服务，而且终端的性能也不会成为人们获得相关服务的障碍。云计算也可以轻松实现不同设备间的数据与应用共享，因为这些数据与应用并不是放在自己的电脑上，而是在“云”里，即互联网上。过去的互联网中只有信息是共享资源，而云计算的目标还要让网络中的某些功能强大的服务器为用户所共享。

云计算可以使许多过去需要依赖个人终端完成的工作转移到网络中，由网络提供的各种基础设施来完成，终端本身的性能要求由此下降，因此，更多的设备可以成为网络的终端，这是万物联网的另一个基础。

云计算也可以完成物联网中海量的数据处理和分析任务，这也是物联网价值开发、服务模式开发的前提。

物联网等技术的发展，不仅可以实现万物互连，也会促使各种智能物体的“媒介化”，“万物皆媒”将成为未来的新媒介景观，物与物连接也会带来新的传播形态。正如有国外研究者指出，我们正在见证智能物体的出现，它们可以从经验中学习并自我指导。传播正在从人与人之间的交往转向机器与机器之间的互联。① 虽然从技术角度看，物与物互联更多是一种数据与计算行为，但是，它也是一种传播，也是传播主体借助渠道进行的互动，其目标是提高分析判断力、决策调控力、协同行动力以及智能学习能力等。数据采集维度与能力、计算与分析水平、

① 默多克．媒介物质性：机器的道德经济［J］．刘宣伯，芮钰雅，曹书乐，译．全球传媒学刊，2019（2）．

传输速度等都会对传播的结果产生影响。

在万物皆媒的前景下，人与物的新连接也得以形成。其中几个方面与人们的生活关联尤为密切。

1. 智能家居设备构建新传播系统

智能家居将是物联网在家庭内的应用方向。智能家居的目标是，利用家庭内各种联网的智能设备和传感器等，营造出更舒适、方便、人性化的家居环境。

今天很多传统家电在智能化，智能电视是其中的代表。像智能手机一样，智能电视具有一定的“电脑”的属性，有操作系统，可以安装各种应用，它不必再通过广电网络来收看电视节目，而是通过互联网来获得各种内容及服务。而未来，智能冰箱、智能空调、智能微波炉等，都可能朝这个方向发展。

智能音箱也正在成为家庭中新的智能设备，人们可以通过与智能音箱的对话完成信息查询以及新闻、娱乐等各类内容的收听，还可以通过智能音箱进行网络购物等。虽然因为种种原因目前智能音箱的智能化水平还有限，但对于老人、幼儿等群体来说，智能音箱有其独特价值。未来智能化程度更高的智能音箱也会成为人们家庭中的新伴侣。但它带来的隐私风险也一直为人们所担忧。

智能家居设备使得围绕个人产生的信息变得丰富，人的行为、需求和环境不仅被可穿戴设备也被智能家居设备全方位信息化、数据化。例如，冰箱对应着人们的饮食、健康、购物等状态及需求，空调和空气净化设备对应着空气状态、健康状态等数据。家庭内的信息传播，很多时候是人与物体、环境之间的“对话”过程，各种智能设备在其中扮演着媒介的角色，而各种信息需求，也会转化为其他服务需求与行为，如冰箱食品不足的信息可能直接转化为网上购物行为。

家庭成员间的信息传递与情感交流，也可以在更多场景中借助各种智能家居设备展开。

2. 智能汽车与车联网构建新的移动传播

物联网在人们生活中的另一个应用方向是车联网，而车联网的基础是汽车的智能化。智能汽车构成的车联网可以实现以下功能：

（1）车与人的信息互动。汽车驾驶、人在车内的信息接收等，都需要人与车的互动，而智能汽车可以带来更便利的人车互动，包括远程互动。

（2）车与车的信息互动。车与车的信息互动是无人驾驶的核心。但即使是有人驾驶，车与车的互动，也可以在更大程度上提高汽车行驶的安全性。

（3）车与环境及关联信息系统的互动。车与公路交通系统的互动，可以为汽车寻找更为快捷的行驶路线。车与警察、医院、保险等相关信息系统的互动，可以为事故的处理提供更便利、直接的手段。

（4）车与公共信息系统的互动。今天一些地图类应用生成的实时路况信息，数据的主要贡献者是行驶在道路上的汽车。未来这样的思维将在更广泛的领域里应用。

在移动终端的方向发生变化时，移动终端的生态也必将发生变化。物联网厂商、智能家电厂商和汽车生产厂商等，都可能借助硬件进入未来的传媒业生态中。

3. 人-物互连构建新的用户系统

物联网也将连接物与人。未来的人与他所关联的物体间，会形成一种“共生关系”。对于人的存在状态与需求的衡量，将不仅仅靠传统意义上的人口统计变量或用户行为等数据，与人相关的物的状态、人与物的关系，也将成为描述一个用户的新维度。借助智能物体，人所处的环境也能得到更多维度的监测，这些环境也成为理解用户行为、需求的要素。

因此，未来的用户，或许会是人、物、环境共同构成的一个系统。

但这样的系统也将给人的隐私带来巨大的风险，它可以全方位监测人，一旦出现安全漏洞，个体的自身状态、个体所在的环境信息等各种信息都可能泄露，而这会给个人的安全带来多方面的威胁。相关技术的开发与应用，需要以更好的隐私保护政策和措施为前提。

4. 人-物互动创造新的传播

智能物体将拓展普通人对物质世界的认知方式，基于物体上的传感器等获得的精准数据做出判断或采取行动或将成为常态，如，人们随时可以通过传感器看到家中培育的植物的状态并做出相应调整。

虽然过去在科学领域中用仪器测量物体状态的方式一直存在，但只是作为少数人掌握的技术存在，智能时代这样的应用会逐渐走向普通人，进入日常生活场景。就像互联网从技术人员的专属领地走向大众后带来了传播的深刻革命一样，传感器作为人认识物质世界的中介手段普及后，也可能会创造人与物间的新传播。

（二）人机协同、人机传播与人机共生

在移动互联网、大数据、物联网等技术发展的基础上，人工智能技术的加入，进一步影响着未来的传播。

人工智能被认为是“关于知识的科学”，现代人工智能起源于1956年的达特茅斯会议，这个会议确立了人工智能作为一个独立研究学科的地位。① 人工智能技术的目标是了解人类智能的本质，以模拟、延伸和扩展人的智能。

对于人工智能的发展阶段，一种看法是，它将经历从弱人工智能（初级人工智能）到强人工智能（高级人工智能）再到超级人工智能的演进过程。弱人工智能指拥有人的部分智能的机器；强人工智能指具备了除了人的自我意识之外的所有智能的机器；超级人工智能则指被赋予人的灵魂（包括情感、伦理和道德等因素）、有生命的机器，也称类人类人工智能。② 也有些研究者将人工智能主要分为弱人工智能与强人工智能两类。

尽管目前我们还基本处于弱人工智能阶段，但人工智能技术已经对现实生活产生了越来越大的影响，传媒行业也是较早受到人工智能技术冲击的行业之一。

2015年左右，国内传媒业就开始了“智媒”化实践，探索将人工智能技术引入到内容生产、分发等环节。智媒实践的目标，不是让机器替代人完成所有内容生产工作，而是使人与机器形成协同工作的关系，提升内容生产的质量，提高内容分发的效率。

随着AIGC（AI generated content，人工智能生成内容）技术的发展，普通人也拥有了与机器协同创作的机会，人机协同也将逐渐从行业性的应用向生活常态扩展。

拥有了智能的机器，也在一些情境下成为与人一样的传播主体，人机传播由此兴起。其中，类似人际交流的人机交流，更会在人们的生活中扮演越来越重要的角色。

当手机与人的身体形成“绑定”关系时，人机共生也从以往研究者的预言变成现实。除了手机外，其他的一些可穿戴设备也在与人形成共生关系。

人机共生状态下，人体将变成双向的“人肉终端”。一方面，在智能设备的支持下，外界

---

① 李德毅，于剑．人工智能导论［M］．北京：中国科学技术出版社，2018：2.

② 李平，杨政银．人机融合智能：人工智能3.0［J］．清华管理评论，2018（Z2）.

能感知、获取的人的数据更加丰富，个性化信息与服务也因此有了更多依据。另一方面，智能设备也成为最直接的“人的延伸”，它们可以拓展人的感知、认识能力，以及人与各种对象的信息交互能力，人在某些方面的能力可能上升到一个前所未有的高度。但某些方面的能力增强可能也伴随着另一些方面能力的削弱。

人机共生也将带来人的一种“外化”，人的思维活动、内部状态这些本来的隐秘，成为可以感知、存储、传输甚至处理的外在信息。人，包括人的身体状态、活动、情绪、思维等，在全面数据化。这种外化，也使得人的自我传播向外扩散，与人际传播、群体传播等产生交织、互动。

当智能设备与人形成共生关系时，它们带来的对个人数据的跟踪、监测将无所不在，个人隐私通过可穿戴设备暴露的风险势必大大增加，隐私权保护所面对的挑战越来越大。而除了隐私权外，也许未来个体还应拥有一种新的权利——“隐身权”，以便自己在某些时候可以从数字世界里“消失”，不受外界侵扰。

（三）虚实交互、虚实融合的“元宇宙”设想

2021年开始，元宇宙这一概念进入了研究者的视野，也在业界引起了广泛的关注，带来一波投资与产品开发热潮。

元宇宙（metaverse）一词出自尼尔·斯蒂芬森（Neal Stephenson）1992年出版的科幻小说《雪崩》（*Snow Crash*），它指的是在一个脱离于物理世界却始终在线的平行数字世界中，人们能够以虚拟人物角色（avatar）自由生活。

这个词诞生近30年后再次回到人们视野时，却成了一个新技术概念。根据全国科学技术名词审定委员会的界定，元宇宙是人类运用数字技术构建的、由现实世界映射或超越现实世界、可与现实世界交互的虚拟世界。①

目前元宇宙还只能说是一种设想，支持这种设想的技术包括AR、VR、3D、AI、区块链技术、网络技术等。今天我们还不能准确判断元宇宙概念会在多大程度上、以多快的速度落地，也无法判断元宇宙应用在未来的互联网中占据多大的比重，以及它是否能代表下一代互联网，但一个不争的事实是，与此相关的技术的确在日益成熟。当然，判断一种技术概念的走向，不仅要考虑技术可能性，更需要考虑用户需求与市场规模，以及技术发展的宏观环境。

有研究者指出，元宇宙本身并不是一个像宇宙那样的科学概念，而是对数字技术所驱动和连接的信息空间的一种新的概括性描述，是一个会根据技术发展而不断增减内涵的开放性的集合概念。② 作为一个容纳了各种技术可能性的“筐”，元宇宙这一概念承载了人们对当下技术的否思（unthinking），对技术走向的关切，再次激发了研究者对于互联网一些本质问题的思考，其中，虚拟与现实之间的新关系，是这一概念下人们讨论最多的问题。

无论元宇宙的前景怎样，总之人们的虚拟化生存与现实生存之间的关系会更为难解难分。虚拟世界不仅映射着现实世界，也会对现实世界产生更大的反作用。

第二节　传播渠道的变迁及其引发的模式变革

网络中各种应用都构建了相应的传播渠道，应用的发展也带来渠道的扩张。互联网在不同

---

① “元宇宙”等如何定名释义？全国科技名词委研讨会形成共识［EB/OL］.（2022-09-14）［2022-11-15］. https://baijiahao.baidu.com/s?id=1743948283817284671&wfr=spider&for=pc.

② 段伟文. 探寻元宇宙治理的价值锚点：基于技术与伦理关系视角的考察［J］. 国家治理，2022（2）.

阶段有着不同的主流应用，这也带来公共信息传播的“主干道”的不断迁移。而在渠道的扩展、变迁中，传播模式也发生了深刻变革。

一、网络公共信息传播渠道的变迁与扩展

20 世纪 90 年代，互联网进入大众传播领域之初，最先出现的公共传播渠道是门户网站，在此后十多年的时间里，门户网站一直独领风骚。但是在门户之后兴起的各种新类型的公共信息传播渠道（见图 1-6），逐步打破了门户网站的垄断地位，一些渠道也进化成了拥有巨大用户规模和强大话语权的分发平台。第十章将进一步分析渠道与平台的差异。不同类型的公共信息传播渠道，对内容的聚合与分发思路不尽相同，用户在内容传播中扮演的角色也有所差异。

图 1-6　网络公共信息传播渠道的扩展

（一）门户网站、资讯客户端：编辑把关+大众化推送

门户网站的兴起，对传统媒体渠道形成了第一轮冲击。门户网站作为内容的集成商，可以将多个媒体的内容聚合在一起，再以编辑的判断为基础进行内容筛选，将媒体的内容以无差异的方式推送给大规模用户，人工判断在内容分发中仍然起主要作用。移动时代的综合性资讯客户端，扮演的作用也是类似的。

门户等整合类平台虽然拓展了信息传播的渠道，但从传播机制与模式来看，与传统媒体的点对面模式是完全一致的。从用户这端来看，他们接收到的信息是同质化的，他们在内容生产与传播中的作用也是有限的。

（二）搜索引擎：多源搜索+算法调度

搜索引擎兴起后，它作为信息分发渠道的作用也凸显出来。搜索某个关键词后内容的排序，决定了相关内容及其生产者被用户点击的可能性高低，也就是内容在网络中二次、N 次分发的可能性高低。

搜索引擎同样是对广泛的信息来源进行搜索，但算法决定了搜索结果的排序，这种算法更多的是对传播者及其内容的一种权重衡量。搜索引擎虽然自身并不生产内容，但是，它们对于网站流量的调度作用是明显的。

搜索引擎将用户的搜索请求作为信息整合的起点，这也意味着，用户在内容消费中的主动性开始得到重视。

（三）社会化媒体：人际网络+大众传播

在成为人们的社交空间的同时，社会化媒体也开始成为新的内容集散与分发地。社会化媒体对于整个网络新闻及其他公共信息传播的模式与结构影响都是深层的，它将公共信息传播带向了社交化传播。

在社会化媒体里，由社交网络构成的人际传播渠道成为公共信息传播的“基础设施”，在这些平台上，媒体内容的再分发能力，很大程度上取决于它们激活的人际传播网络的规模。

以社交网络来传递公共信息，这是大众媒体出现之前的一种公共信息传播模式。因此，在某种意义上，社会化媒体带来的是一种“回归”。但是，由于互联网形成的规模巨大的社交网络以及实时的传播，社会化媒体传播的范围与效率，是以前的人际传播无法企及的。

这样一种传播模式，也使信息的筛选机制发生了变化，过去职业媒体人进行的信息“把关”，在社会化媒体中变成了用户共同参与的“投票”，每个人的点击、分享等行为都是在进行信息筛选。

（四）个性化推荐平台：个性分析+算法匹配

“今日头条”等客户端带来的内容传播的一个变化，是以“个性化”为卖点，为内容与用户间的匹配提供了一个新维度的依据。换句话说，内容与其特定的接收者之间是由算法为“媒”进行匹配的。

个性化算法是搜索引擎算法的一个升级，它直接针对每个具体的个体，把个性作为算法中的核心变量，凸显了个人偏好的意义。个性化算法在未来还会进一步优化，对用户需求的解读能力与匹配精确度还会不断提高，但是，用户的信息获取不能仅仅依靠个性化推荐。

个性化算法在一定程度上会减少人们在信息消费中付出的成本，但如果它总是以迎合个性的方式对用户进行“填食”，也可能会使人们产生“消化”疲劳与厌食。即使用户并不抗拒，如果个性化算法只是一味满足用户的阅读偏好，也容易造成用户视野的狭窄，使他们越来越失去对外界环境的全面感知。面对沉浸在个人天地里的离散的个体，社会整合将变得越来越难。

因此，作为对个性化信息服务的平衡，面向大众的常态化的公共化信息推送，仍然是必要的。

（五）视频和VR/AR平台：临场体验+社交传播

随着网络视频的发展和VR/AR应用的深化，视频和VR/AR平台，也将成为一种新的公共信息分发平台。

视频和VR/AR的优势在于直观的视觉感受和临场化体验。从新闻呈现的方式看，网络视频直播和VR/AR技术，重新定义了新闻现场。在这些新的新闻现场里，用户可以较少受到传统电视直播中记者、摄像、导播等视角的限制，特别是在VR/AR新闻里，人们可以直接“进入”现场并根据自己的兴趣进行观察与体验，他们对于新闻的认知，也更多取决于自己的临场观察。

在这些平台上，内容分发也会较多借鉴社会化媒体的模式。社交关系对于视频或VR/AR信息的传播，也会起着至关重要的作用。

（六）服务类平台：生活场景+资讯推送

除了以内容生产与传播为核心的上述平台外，一些原来以生活服务为核心的网络平台，也在某些领域里媒体化。如淘宝、高德地图、墨迹天气等已经整合了一定的新闻或资讯内容。它们的优势是与特定场景相关，容易成为某个方向上的“入口”。未来将有越来越多的垂直性的资讯内容可以通过这些服务类平台流向用户。

这些平台的一些服务或活动，在某些时候也会触发公共传播或交流，例如，电商平台的促销活动，可能会引发全民的传播与狂欢。这也是这些渠道的另一种影响。

未来，上面的一些平台也可能会相互融合，成为混合型的平台。

（七）智能助理：跨平台+场景化分发

除了现有的传播渠道外，可以预期未来的智能技术将提供跨平台的内容分发，这样的智能技术更像一个智能助理或管家，它们可以分析用户在不同场景下的需求，在多个平台收集相关信息并整合，通过与场景适配的终端或渠道向用户进行信息推送。内容接收的终端也不限于手机，而是会向智能家居中的各种设备或智能汽车等延伸。

二、渠道变迁中的传播模式变革

在内容传播渠道的延展过程中，互联网的重心，逐步从内容向“人”迁移。而网络传播模式，也从曾经处于绝对垄断地位的 Web 1.0 时代的“大众门户”模式向今天的“个人门户”模式迁移，进一步来说，算法的广泛运用，也会带来传播的新模式、新机制。

（一）Web 1.0 时代的“大众门户”模式

Web 1.0 时代，以 WWW 网站为主要平台、以网站的内容为核心的传播模式，可以称为“大众门户”模式（见图 1－7）。

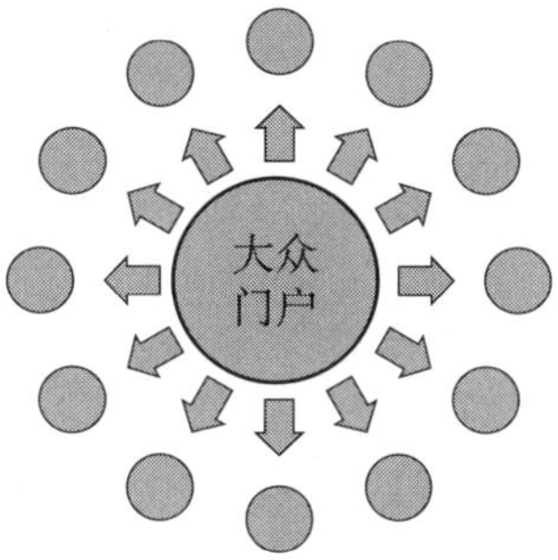

图 1－7　“大众门户”的传播模式

“大众门户”模式是传统大众传播的“点对面”模式的延续，在这样的模式下，网站扮演着互联网传播中心的角色，而它之所以能够成为中心，是依靠它提供的丰富内容。网站以内容聚集起用户，由此带来流量。

在“大众门户”模式中，用户仍然是线性传播的一端，且网站与用户（传播者与受众）的地位是天然不平等的，网站对于传播的控制权力是强大的，网站的编辑对于内容的取舍直接影响着网民所获信息的范围与质量。网民在信息获取方面仍然是被动的。他们可以浏览网页，但并不能直接对网页进行修改。虽然有一定的反馈手段，如留言、跟帖，但是反馈功能的开关控制在网站编辑手上。

面对成千上万甚至数以亿计的网民，网站只能提供无差异的信息供给。这是其“大众”门户的另一层含义。

在“大众门户”模式下，网站传播效果只能以用户规模来进行粗略衡量，而无法对信息的准确落点进行统计和分析，也很难对用户的信息阅读深度进行判断。网站的竞争，主要体现为用户规模的竞争。

尽管 Web 1.0 时代的网站难以数计，但是，经过大浪淘沙后，真正具有强大生命力与影响力的网站仍是有限的。整个互联网最终会集中在某几个强势的门户网站上，这些网站也就是整个互联网的传播中心。

（二）Web 2.0 时代的“个人门户”模式

在基于 WWW 技术的门户的影响力进入鼎盛时期后，各种与之思路不尽相同的新的技术也出现了，其中的 P2P 技术，已经初步显现出去中心化、以个人用户为基础节点的思维。

P2P 技术，也称为对等网络（peer to peer）技术，是一种网络结构的思想。它与 Web 1.0 时代网络中占据主导地位的客户端/服务器（client/server）结构（也就是 WWW 所采用的结构方式）的一个本质区别是，整个网络结构中不存在中心节点（或中心服务器）。在 P2P 结构中，每一个节点（peer）大都同时具有信息消费者、信息提供者和信息通信等三方面的功能。在 P2P 网络中每一个节点所拥有的权利和义务都是对等的。曾经风靡一时的 Napster 应用、BT 下载工具等，都是典型的 P2P 技术应用。

这样一种应用思维，与互联网本身的基本结构设计及终端连接思路是一致的。

1969 年诞生于美国的互联网的雏形阿帕网一开始就采用了被称为“分布式”的结构，这种结构具有很高的安全性与可靠性，也使互联网的基础结构从一开始就具有“去中心化”的特点。虽然后来 WWW 应用强化了门户网站的中心地位，但 P2P 重新强化了去中心化、依赖每个节点的分布式结构思维。尽管 P2P 技术并没有完全应用到新闻传播领域，但是，Web 2.0 的发展，将 P2P 的某些传播特性继承了下来。

在 Web 2.0 及其他技术的推动下，一种与“大众门户”完全不同的“个人门户”的模式逐渐浮出水面（见图 1-8）。

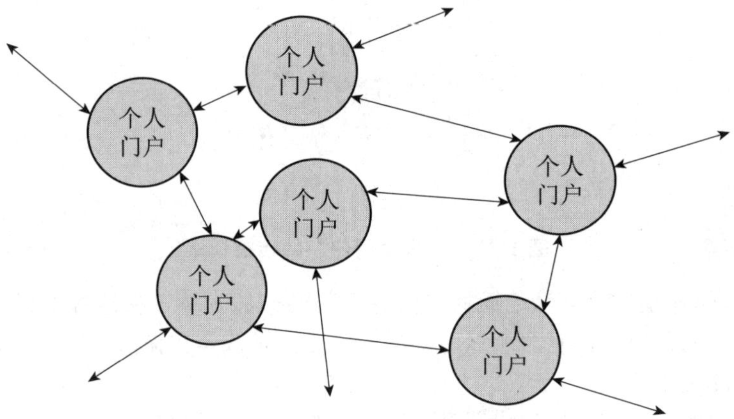

图 1-8　“个人门户”的传播模式

图 1-8 示意了“个人门户”传播模式的一个微小的局部，它的传播网络是由无数的网络节点（用户）及他们之间的多元连接共同构成的人的关系网络。“个人门户”的传播模式主要有如下特点：

其一，每一个节点成为一个传播中心。

在“个人门户”模式中，每一个网络上的节点都是一个传播中心。每一个节点同时扮演着信息的生产者、传播者与接收者的多重角色。这些节点既包括个人用户，也包括媒体或其他机构用户。每个节点都具有内容生产的可能性，某些时候，网络中的内容生产是由多个节点共同参与的分布式生产。

其二，关系成为传播渠道。

在这种模式中，信息是沿着人们的社会关系网络在流动的。节点的社会关系（用社会学的概念来说，便是“社会网络”）成为信息流动的渠道。换句话说，在这种模式中，传播是“以人为媒”的。这也就意味着，在这样的传播模式中，关系渠道的数量与质量直接影响着信息的流动广度。传播者之间的竞争，开始转向对用户“关系”的争夺。

其三，社交和分享成为传播动力。

在“个人门户”的传播模式中，社交和分享是内容生产与传播的动力。人们基于社交的需要而不断发布内容，这些内容也作为社交的“谈资”被他人分享。反过来，社交因素常常也有助于推动人们对某些内容的关注。

其四，社交关系网络成为信息的个性化筛选网络。

用户在社交平台的联系对象也是其信息的来源，这些信息源在一定程度上扮演着信息筛选、过滤的角色。每个人的联系对象不尽相同，也就意味着信息源有所差异，由个人的社会关系网络进行的信息传播，更好地实现了信息消费的个性化。

其五，传播多层次，且传播路径易于观察。

基于个人门户及其社会关系的传播是多层级的，信息需要经过多次传播才能不断扩大传播效果，但是，四通八达的人际网络，很容易推动“裂变式”传播的形成。

在这样的传播网络中，每一次信息传播，都可能出现信息的变形。例如，网民在转发信息时附加自己的意见，或者对原始信息进行增减。其中，意见的附加更为突出。因此，信息传播过程不是一个简单的信息复制过程，而是信息的不断再生产过程。

虽然传播层级多、路径复杂，但通过一定的技术手段，可以直接观测到每一个信息的流动路径和落点，以及用户信息阅读的深度、信息引发的意见等。

从传播格局上看，“个人门户”模式，带来了一个“去中心化”—“再中心化”的过程。

这样的传播模式，理论上意味着每一个传播者的起点是相对平等的。即使是专业化媒体，如果没有足够多的关系渠道，其内容也难以实现有效传播。相反，即使是普通个体，如果善于经营关系，也能在这个平台上形成自己的影响力。这是对传统的传播格局的一个去中心化过程。

但是，这并非意味着网络中就不再有中心。“个人门户”传播模式实际上同样会加速网络话语权力的分化，特别是在个体用户层面，因此，最终网络中还是会出现新的权力中心。

目前的“个人门户”主要建立在社会化媒体中的个人账号基础上，但“个人门户”可能出现在前文提到各种资讯分发平台中。在“个人门户”中，信息传播、社会交往、电子商务甚至工作、学习的功能都可以集成在一起。“个人门户”既是人们与外界进行双向信息交换的“窗口”，也是他们构建自己社会关系的平台，同时还是网络化生活与工作的“基点”。

“个人门户”模式的出现，不仅是网络传播模式的变革，也是整个大众传播模式的一次变革，它将传统的点对面的传播模式推向网络化的传播，人际关系网络成为大众传播的重要基础设施。传统的大众传播虽然没有消失，但已经受到了很大冲击。

（三）智能时代的“算法分发”模式

在智能时代，算法得到广泛应用，在信息传播中的应用也越来越普遍，这也在逐步改变信息传播的模式。

在算法专家看来，算法是“一种有限、确定、有效并适合用计算机程序来实现的解决问题的方法，是计算机科学的基础”[①]。通俗地说，算法可以看作是用计算机程序实现的、基于数据分析、面向特定目标的一套指令或方案。

信息传播中的算法目前主要是个性化推荐算法，其作用是通过分析内容与用户需求的匹配度，向用户推荐适合的个性化内容。

你怎么看

目前已有的算法分发平台分别是哪种模式？说说看。

目前的个性化推荐算法主要包括以下几类：（1）协同过滤（collaborative filtering），即根据用户兴趣的相似性来推荐资源，把和当前用户相似的其他用户的意见提供给当前用户，从而为用户发现新的感兴趣的资源[②]；（2）基于标签的方法，即通过分析用户的标签偏好、物品的标签特征，基于二者的相似性为用户进行物品推荐[③]；（3）社会化推荐，主要是根据用户之间的社会关系信息构建用户之间的社会化关系网络，根据这种社会关系和已知用户兴趣模型，向用户进行推荐[④]；（4）基于深度学习的推荐算法，这种方法通过建模用户的历史序列行为来预测用户的下一个动作、挖掘用户的背景信息以进行更全面的推荐等[⑤]。可以预期，未来的推荐算法还会有更多的新思路。

除了个性化推荐外，一些算法还会考虑到平台整体内容的调节。例如有些算法会给予某些内容优先推荐机会；有些算法会考虑到内容平台的“流量普惠”，使更多内容得到“曝光”机会。

无论是哪种算法，算法对传播模式带来的影响是，它部分替代了人在内容筛选方面的判断，目前的算法在进行内容推荐时，大多数时候不是出于对内容价值的判断，而是基于内容与用户之间的匹配关系，或基于相应指标衡量下内容生产者的权重。当然，未来还会出现更多的算法推荐思路，而如何在算法中评价内容本身的质量、价值，也是对分发算法的一个挑战。

第三节　网络时代媒介观的多元化与媒介的新体现

网络等新技术的发展，不仅扩展了传播渠道与传播模式，也推动我们对媒介这一基本概念以及人-媒介-内容关系进行再认识、再定义。

一、万物皆媒：媒介观的多元化

前文在谈及智能时代的传播时，提出了“万物皆媒”，这主要是针对智能物体的媒介属性，智能物体可以自动进行信息的采集甚至发送与传播，因此成为媒介。而在更广泛的意义上，我们也可以讨论“万物皆媒”的可能性。

彼得斯指出，媒介是我们“存有”的基础设施，是我们行动和存有的栖居之地和凭借之

---

① SEDGEWICK R，WAYNEK. 算法：英文版·第4版［M］. 北京：人民邮电出版社，2012：1.

② 邢春晓，高凤荣，战思南，等. 适应用户兴趣变化的协同过滤推荐算法［J］. 计算机研究与发展，2007，44（2）.

③ 孔欣欣，等. 基于标签权重评分的推荐模型及算法研究［J］. 计算机学报，2017（6）.

④ 孟祥武，刘树栋，张玉洁，等. 社会化推荐系统研究［J］. 软件学报，2015（6）.

⑤ 刘君良，李晓光. 个性化推荐系统技术进展［J］. 计算机科学，2020（7）.

物。[①] 媒介不仅是“关于”这个世界的，而且“就是”我们这个世界。[②] 他强调了元素型媒介哲学——在这个意义上，海洋、地球、火、天空等都可以视为媒介[③]，并从基础设施型媒介（如机场、公路、互联网等）、后勤型媒介（如货币、地图、历法、钟表、塔楼等）、铭刻型媒介（如身体与书写）等视角，拓展了关于媒介的认识。

但是，总体来看，传播学界对于媒介的认识传统，并不像彼得斯这般天马行空，甚至是相对狭窄的，正如黄旦所指出，今天的“媒介”一词，大多锁定在符号学层面，承载着过去一个多世纪以来与“各种意义生产方式”相关的所有话语，成了一个单向度的术语。内容和意义凸显，媒介就自然脱落不见，不值一提。[④] 在国内，对媒介的研究很长一段时间都集中在“大众传播媒介”的研究，互联网的兴起，也激发了网络人际传播的相关研究，但很多时候，研究者关注的仍是其中的传播，而非媒介。

尽管并非所有研究者都要认同彼得斯的媒介观，但是，打破以往对媒介的狭义理解，从单纯的“意义生产方式”的研究中突围，探究媒介的多样化表现及其作用，无疑会为传播学研究赢得更多的空间。

万物皆媒，也意味着对“物”本身属性的重视。近几年来，国内的传播学研究也开始出现“物质性”转向，传播的物质性指向物理性，并与基础设施、空间、技术、身体等问题联系在一起。[⑤] 物质性强调的是建构活动中遭遇的“物”以其特有的、超越当前社会情境的“内在特质”影响乃至改变社会建构活动的一面。[⑥]

有研究者指出，推动着传播“物质性转向”的学术动力主要来源于以下五个方面：以物为中心、以物为基础的哲学研究，以物为中心的心理分析，美学的视角，“具身”视角，辩证唯物主义和历史唯物主义角度。[⑦]

身体这一特殊的物在传播中的作用开始被关注，具身性传播也逐渐成为今天的研究热点之一，其核心是，肯定身体在信息流动与接受过程中的物质论地位，承认身体观念在意义生产与维系中的基础作用。[⑧] 身体问题需要揭示我们以何种身体姿态来面对物质性，物质隐喻如何借用特定的身体姿态而实现，又如何影响和改变人们的身体姿态。[⑨]

同样，空间作为一种特殊的“物”，在今天也被赋予了更多媒介与传播的意涵。空间的媒介意义体现在不同层面：一方面，空间是人与人相遇、交流的媒介，是连接各种社会活动、社会系统的媒介；另一方面，空间（包括建筑等）本身也传达着符号意义，如孙玮指出，在人类的城市生活中，实体空间如广场、街道、建筑物等等，都是非常重要的构筑意义、传递信息的媒介[⑩]。此外，城市作为一个自创生的系统，可以吸纳各种时空中的元素，进行加工处理，以

---

① 彼得斯．奇云：媒介即存有［M］．邓建国，译．上海：复旦大学出版社，2020：17.

② 同①24.

③ 同①4.

④ 同①推荐序 2.

⑤ 丁方舟．论传播的物质性：一种媒介理论演化的视角［J］．新闻界，2019（1）.

⑥ 戴宇辰．“物”也是城市中的行动者吗?：理解城市传播分析的物质性维度［J］．新闻与传播研究，2020（3）.

⑦ 章戈浩，张磊．物是人非与睹物思人：媒体与文化分析的物质性转向［J］．全球传媒学刊，2019（2）.

⑧ 刘海龙，束开荣．具身性与传播研究的身体观念：知觉现象学与认知科学的视角［J］．兰州大学学报（社会科学版），2019（2）.

⑨ 章戈浩．网页隐喻与处理超文本的姿态［J］．国际新闻界，2020（11）.

⑩ 孙玮．作为媒介的城市：传播意义再阐释［J］．新闻大学，2012（2）.

此驱动城市各个系统的运行，并形成与个体的对接。①

新媒体时代，当空间以文字、图片、视频等方式呈现在各种社交媒体时，也促成了原来没有关系的人之间的连接与互动，甚至线下的“打卡”式连接。在未来技术条件下，虚实相融的元宇宙空间会部分继承现实空间的社会意义，包括各种社会关系、社会系统的连接。虚与实的碰撞或相融，也会赋予空间新的媒介可能。

与空间的媒介性研究相伴的是交通工具的相关研究。传统交通工具的媒介意义被不断诠释，新的智能化交通工具，可以通过互联网将现实世界的人流、物流与数字世界中的信息流连接在一起，其媒介意义更为突出。

在一些研究者看来，“物质性”研究的兴起，意味着传播学领域正在突破以往只重内容及意义生产的传统思维，更多地关注作为一种基础设施与中介物的媒介物质特性是如何开启人类关于时间和空间的感知意识，建构人的主体性意识，形塑日常生活场景与文化实践形式的。②

当然，胡翼青等研究者也提醒，全然舍弃内容恐怕难以理解媒介，而只关注媒介的物质性向度，将媒介等同于一切物的集合，物质性就会成为一个空泛的指称，导致传播学丧失自身的独特气质和学科视角。物质与内容的二元对立必须走向二元融合。③ 对媒介的考察，是关于人-媒介-信息这三者在传播过程中形成的系统性整体④的考察。

你怎么看？

你如何理解“万物皆媒”？

即使我们强调万物皆媒，也并非在任何情形下将所面对的任何“物”都视为媒介，而是考察物与人、信息以及其他社会要素之间的关系及关系形成、演变的过程，来判断某个物是否充当了媒介的角色，以及这种角色带来的影响。

二、新“中介者”与新“建构者”：新媒体时代媒介的新形态

上文梳理了网络公共信息传播渠道的变迁与扩展过程，这些渠道也是用户眼里直观的传播媒介，这些渠道的核心基础是网络应用技术与产品，更深层的本质是“软件”。

但除了软件，网络时代还有很多其他形式的媒介，它们不仅是各种关系（人与内容、人与人、人与物等）的“中介”者，很多时候也是关系的促成者，甚至是主动的关系建构者。媒介对内容的影响甚至建构，对人的思维、行为以及各种关系的塑造，也越来越突出。

（一）作为媒介的硬件

在新媒体时代，电脑、手机、联网设备这样的硬件无疑是媒介，它们承载着信息，实现了各种连接，这些设施也是互联网的核心基础设施。

硬件不仅承担着连接的功能，也塑造着使用场景及使用行为。台式电脑使用需要相对固定的空间，而移动终端则带来了随时随地的使用可能。使用电脑与使用手机时，人们的身体姿态不尽相同：台式机需要人们抬头，手机却将人们变成“低头族”，面对电脑的横屏与大屏幕、手机的竖屏与小屏幕，人们视线移动的规律也有差异。这也意味着在不同屏幕上信息的呈现方

---

① 孙玮．城市的媒介性：兼论数字时代的媒介观［J］．南京社会科学，2022（7）．

② 丁方舟．论传播的物质性：一种媒介理论演化的视角［J］．新闻界，2019（1）．

③ 胡翼青，姚文苑．重新理解媒介：论界面、内容、物质的三位一体［J］．新闻与写作，2022（8）．

④ 刘宏宇，张怡然．虚拟媒介观开启的媒介人类学研究进路［J］．当代传播，2021（4）．

式需要做出相应调整。

作为人与运算设备（CPU）之间媒介的输入、输出设备，与身体产生了直接的关系，它们不仅将人的指令或思维传送给机器，将机器处理结果反馈给人，同时反过来作用于人的思维过程。基特勒曾指出，我们的书写工具也参与我们的思维过程。[①] 输入设备也是一种书写工具，今天一些输入设备也在与输出设备合二为一，如触摸屏。输入、输出设备的反作用与硬件的技术属性相关，从键盘的排列方式与手感，到鼠标、触摸屏的控制模式与反应速度，也与相关的软件相关（后文将进一步分析）。人们的思维与动作会渐渐地与这些设备及软件造就的模式靠拢，这些模式甚至可能泛化，例如触摸屏训练出来的行为模式，会泛化到其他媒介上——今天当一些人看不清楚纸上的文字或图片时，有时也试图如对触摸屏一样用手指将其放大。

各种存储设备也是人与内容之间的媒介。看上去，拥有这些设备意味着拥有设备上的信息，但是，这些信息的获取也依赖设备状况，设备的损坏会导致信息的消失，设备的更新换代会使得一些信息无法提取。作为媒介的存储设备在很大程度上决定着人与内容之间的连通性。

除了电脑、手机等智能设备外，未来的智能家居设备也会成为新的媒介，它们会共同构建家庭内部新的信息系统，使人与信息、人与环境、人与物之间形成多种对话可能，甚至家庭内部成员之间的交流方式也可能因此发生变化。

（二）作为媒介的软件

安装在硬件中的系统程序、应用软件也是媒介。除了前文提到的充当信息传播的媒介外，它们还连接着人与硬件，连接着人与终端的各项功能。如果没有这些软件，多数终端就只是电子废物。同样的终端设备，在不同的人手上，连接功能也会产生差异，这也与终端中安装的应用程序相关。

不同软件的功能、风格与定位会吸引不同的使用者，软件本身可以充当连接相似人群的纽带，在此基础上形成的社区更会加深人群内部的互动。软件本身的设计，特别是社交类软件的设计，也会影响到人与人的连接模式与程度。因此，在某种意义上，软件的媒介作用更为显著，它们也是用户“圈”“层”化的重要影响因素。

与输入设备一样，作为交互界面软件的输入法，也会对思维产生影响。在汉字输入法中，“五笔输入法”与“拼音输入法”是完全不同的编码方式，一个基于字形，一个基于字音，在头脑中进行不同编码的过程也会影响到人们的思考表达，甚至连人们出现的输入错误类型也会截然不同。输入法提供的词组、自动联想等，也会引导人们走向某些思维惯性。这也是人们表达的媒介化的结果之一。

各种应用软件的界面同样创造与固化着人们的行为模式。相较报纸版面，网页的页面风格样式更为固定，这也可能使得人们在某个网站的活动路径变得相对稳定，很多时候，人们的大脑可以听从手的惯性指挥，下意识地进入某个页面区域的浏览。

而手机上的客户端，简化了人们获取信息的路径，也使“网址”这个在 WWW 上打开信息大门的“钥匙”，变得不再必要，人们在头脑中也减少了记忆网址这一负担。“瀑布流”式的页面加载方式，使信息源源不断出现在眼前，不断诱惑人们点击，人们面临的信息过载也更加严重。

---

① 基特勒．留声机 电影 打字机［M］．邢春丽，译．上海：复旦大学出版社，2017：242.

新的应用出现时，它们所遇到的挑战之一便是人们固化、惰性化的行为对新应用界面的抵抗。当然，一旦人们接受了挑战，采用了新界面，再退回原来的应用，也变得很难。

作为系统软件的操作系统，包括其界面风格、操作模式、文件组织方式等，对人们的思维、行为影响与固化也很突出，不同的操作系统提供了不同的界面模式，从一种系统转到另一种系统，也是一个挑战。

而在网络底层，计算机之间的通信协议，虽然多数时候不为普通用户所关注，甚至好像是“透明”的，但是，它们对于网络信息的传输、交换，也有着至关重要的影响。人们通过网络能够获得的信息与服务类型，也取决于协议。

（三）作为媒介的“链接”

万维网的思想之一，是通过超链接将相关的内容连接起来，即使这些内容分别存在于不同的文本、不同的网页甚至不同的服务器上。因此，超链接或人们通常简称的链接，是网络内容与内容之间的一种中介，这一中介在过去平面或广播电视媒体中是不曾有过的。链接在一定程度上实现了内容的关联与重组，也在某些方面改变了内容呈现的方式，例如形成信息的分层结构或层次化叙事模式。链接也使人们从线性阅读模式中跳脱出来，在某个文本的阅读中，人们可能由于超链接的引导而跳转到其他页面、其他文本，一些阅读成了“交叉小径的花园”中的游历。

链接将信息或知识体系网状化，在这种网状化体系的建构过程中，阅读者自身的作用也在加强。

同样，在网络中，人与内容之间，往往也是以链接为中介。今天的网络信息首先是存储于身体之外的“外存”①（如互联网中的某台服务器），人们通过点击链接打开这些信息。网络链接本身是一个网址，它将服务器这样的外存与大脑这个“内存”连接起来，这意味着，它也是一种媒介。尽管人们会将网络中浏览的部分信息记忆下来，“存放”在大脑中，但因为信息过载，人们无法将所有接触到的网络信息都保存在大脑中，甚至那些本该由人的大脑记忆的个人历史、社交记录也通过社交媒体等应用转移到了网络服务器上。记住相关链接，也成为获取信息的通道。

当人们大脑的记忆能力有限时，也会将一些信息（包括各种社交关系的相关信息）存储在电脑、手机、光盘、硬盘等“外存”上，这些信息用文件夹的方式进行组织，人们对信息的记忆，很多时候也只是对它们存放位置的记忆，这成了另一种“链接”。

在有足够多的外存可以依赖的情况下，人的大脑留下的更多的是指向外存的链接线索。当链接这一信息被模糊或者遗忘，或者链接本身发生了变化（如链接指向的网址失效），人与信息的关系也就会中断。其中一些人-信息关系的中断也会导致人-人关系的中断，例如，当他人的联系方式这类信息无法找到时，人们之间的一些交往也会暂停。

虽然外存在某些方面弥补了人脑的不足，但这是建立在链接或外存不出问题的基础上的。即使外存不出现故障，过多的链接，也使得人们寻找、管理这些外存中的信息的成本变得越来越高。因为对链接与外存的依赖，人的大脑的记忆能力反而或许会减退，甚至包括个人信息和个人历史的记忆。

“链接”这一媒介，在一定程度上影响着人们的信息与知识体系建构，影响着个人历史记忆的建构，也会影响到人们的社会关系建构与维系。

---

① 此处的外存并非计算机术语中所说的外存，而是指身体之外的外部存储设备。

（四）作为媒介的“码”

与链接类似，近些年出现的二维码，也成为各种对象的连接中介，特别是现实世界与虚拟世界的连接。例如，扫描报纸上的二维码可以跳转到一个网页，扫描现实物品上的二维码可以进入相关的 App。互联网发展早期，虚拟世界往往是独立于现实世界的；而移动时代，虚拟与现实之间的界限不断打破，二维码在这方面起到了重要作用。

二维码也推动了货币的数字化。货币一直以来被视为一种重要的媒介，它连接着不同的时空，连接着物质实体与价值符号。今天二维码充当着货币数字化的通道之一，也在很大程度上继承了货币的媒介意义。

二维码的扫码过程，是对相关信息的提取过程，很多时候也是对多方面信息的汇聚过程。“码”既是媒介，也是各种信息交汇的节点。正如孙玮等指出，从支付扫码看，进入系统的并不仅仅是消费的交易金额，还会连带大量相关信息，如消费者身份信息、购物地点的位置信息、消费的物品信息、消费金额信息等。每一次扫码付费都可视为是对城市的编程，形成了城市系统的循环和多重反馈。① 因此，二维码不仅连接起了两个不同形态的世界，也促成了两个世界里多维度的信息互联与相关数据的整合、分析。

今天，二维码的思维，正在扩展为更广泛意义上的码思维，如健康码、行程码。人们在某些维度的信息被提取、分析后，变成了各种码，码成了人与各种系统的中介，成为进入实体空间、社会群体或管理体系的通行证明，一些时候也仅仅凭借这个码，就可以重构人与这些系统的关系。这类码不仅有连接作用，某些时候，也会起到阻隔作用，这取决于码的赋值：绿码或是红码、黄码。进一步，码也会成为人的连接或区隔因素：“码”的值相同的人成为同类，而不同值群体之间，则产生了“沟”。

虽然某些具体的码只是阶段性产物，随着社会环境的变化会产生或退出，但是，这些码的出现，也反映出社会管理思维与模式的变化：码成为管理者认知社会情状与个体状态的新媒介，这种媒介既具有个性化与精准性特征，也会带来机械性与误导性。当人及其行为被简化为抽象的数据时，人的复杂境遇也容易被管理者忽略。

（五）作为媒介的数据与算法

二维码也是一种数据，是用特定方式排列的形式化的数据，而健康码、行程码则是被计算出来的数据。码的媒介化也表明，某些时候，数据也会成为一种媒介。

数据可以连接起实体与它的虚拟映射对象，数据不仅是实体的虚拟化结果，也体现着实体与虚拟对象的具体映射维度或模式。数字孪生便是实体数据化的极致。起源于制造业的数字孪生技术是指利用数字技术对物理实体对象的特征、行为、形成过程和性能等进行描述和建模的过程和方法，它可以构建一个数字孪生体，即与现实世界中的物理实体完全对应和一致的虚拟模型，实时模拟自身在现实环境中的行为和性能。② 数字孪生技术可以通过虚实交互反馈、数据融合分析、决策迭代优化等手段，为物理实体增加或扩展新的能力。③ 今天在制造业、建筑业等领域，数字孪生技术应用正在兴起。在孪生过程中，数据便是一种媒介。它映射着实体，

---

① 孙玮，李梦颖．扫码：可编程城市的数字沟通力 [J]．福建师范大学学报（哲学社会科学版），2021（6）．

② 庄存波，刘检华，熊辉，等．产品数字孪生体的内涵、体系结构及其发展趋势 [J]．计算机集成制造系统，2017（4）．

③ 陶飞，刘蔚然，刘检华，等．数字孪生及其应用探索 [J]．计算机集成制造系统，2018（1）．

又通过虚拟孪生体上的数据分析与模拟，来找到优化或控制实体的方案，而对实体的控制，也是通过数据来实现的。虽然人的身体现在还不能完全"数字孪生化"，但物质的身体与虚拟化的身体也存在着多种数据映射，不同维度的数据在物质身体与虚拟身体间建构了不同的关系。

数据也标识着各种对象的属性并以此"归类"，相同属性的对象被连接为"同类"，对于人群也是如此。因此，数据在人群的连接中也起着重要作用，这种连接同时也意味着区隔。诸如健康码这样的数据，甚至把人群简单地分成了两大类：可以自由流动的人群和行动受到限制的人群。

数据勾连并外化各种关系，这种外化也使得各种关系原来所具有的丰富内涵被简化。而关系的连接逻辑某些时候也只有数据的采集者、分析者才能把握，通过对数据的控制实现对关系的控制，这也是一种新的媒介权力。

在当下，数据与算法已经变成了如影随形的关系，而在喻国明等学者看来，算法也是一种媒介[①]。在社交媒体中，当算法向人们推荐好友或相似人群时，算法是人与人的媒介。在信息平台，推荐算法是人与信息的媒介。在电商平台，算法是人与商品的媒介。而在数字劳动者那里，算法是供需关系、劳动关系的媒介。在商业运营、社会管理中，算法更是成为多重关系的媒介。

作为媒介的算法并非被动的中介者，而是主动的关系建构者甚至操纵者，它不仅完成了匹配与连接，还起着调节、控制等作用。例如，在搜索引擎或信息分发平台，分发算法既对每个个体获得的内容起作用，也对整个平台的内容传播的流向、流量起作用，甚至会反过来影响到内容生产者的生产取向。

算法可以揭示那些隐藏的甚至人自己都没有意识到的关系，也可以进行关系的延伸。与数据一样，算法也成为连接共同体的一种纽带。

算法也是人与客观世界之间的媒介。算法将世界的各种对象映射为一定的数据及模型，也就是在人与这些对象之间，提供了一个数据化的"界面"。不同的目标，不同的数据维度，不同的算法模型，会带来不同的界面。这些界面也成为人们认识世界的"窗口"。很多时候，人们对现实世界的认识，不是直接用自己的眼睛，而是通过算法这个数据化的"窗口"。虽然算法作为一种模型在某些方面可以更好地呈现客观世界的特征与规律，但是，它也会在某种程度上抹去客观世界的复杂性。过分依赖算法媒介，也会使人们看到的世界走向片面、单一。

（六）作为媒介的智能交通工具

查尔斯·库利（Charles Horton Cooley）在1894年发表的博士论文《运输理论》（The Theory of Transportation）中提出了"传播作为观念运输组织"的观点，并以时间-空间和物质-精神两个维度将传播分成四种机制：物质空间传播，如交通运输；物质时间传播，如物品的存储；精神空间传播，如手势、演讲、书写、印刷、电报和邮件等；精神时间传播，如作为记录与保存手段的书写与印刷。[②]

今天一些传播学领域的研究者也开始越来越多地关注交通与传播的关系，希望借由传播物质性的维度，将交通看成一种作为运输设施与中介物的媒介，探究交通如何建构人的时空意

---

① 喻国明，耿晓梦．算法即媒介：算法范式对媒介逻辑的重构［J］．编辑之友，2020（7）．

② COOLEY，C. The theory of transportation[J]. Publications of the American economic association，1894，9（3）．

识，并形塑其日常生活的实践。[①]

尽管多数研究者并没有直接将公交、火车、地铁等交通工具本身当作媒介看待，但无疑这些交通工具是人与人相遇的媒介，是连接人与某些空间（地点）的媒介。同时，在这些交通工具里早就有了各种公共性媒介的进入，从报纸、广播到车载电视等，这些公共性的媒介在今天被人们手里的手机冲击。交通工具与这一空间中的公共性媒介、私人化的移动媒介等共同构成了虚拟与实体空间的层叠、交错。

一些新的具有智能成分的交通工具的媒介意义则更为突出，如外卖骑手的电动车、网约车、共享单车以及智能汽车等。

在研究者看来，作为交通工具的电动车与外卖骑手绑定在一起，共同组成了平台经济下的“媒介”，形塑了现代数字经济的物流网和关系网。[②] 当然，只有电动车不能实现这些功能，电动车还需要与骑手的手机捆绑，才能共同构成流动的媒介。这不仅是将外卖骑手与平台、用户连接在一起的媒介，也是同时包含了物流（车与外卖的流动）与信息流（平台上的数据）的媒介。这种媒介既会受到来自平台的控制，包括路线与时间的控制等，又会受到现实空间中的交通状况或其他环境系统的制约。在外卖平台与这一媒介关联的信息流是抽象的，是由数据来精确控制的；而在现实空间中，这一媒介的流动却是具体的，会面临各种突发的状况，很多时候也是难以把控的。因此，两者之间存在冲突，这种冲突最终会转化为外卖骑手的困境。在当下，这种物流与信息流合一的媒介，并没有很好地兼顾现实与虚拟空间中的具体情境，反而会放大两者之间的矛盾与冲突。

与手机绑定的网约车也是类似的媒介，同时承载着信息流和物流，外卖骑手所遭遇的很多问题网约车司机也会碰到。但网约车还是人与人（司机与乘客）的连接媒介，司机与乘客会出现在同一空间里，也可能产生人际互动，因此，产生的问题也会更为复杂。

与数字平台时刻连接的共享单车，同样是媒介，虽然它不像骑手的电动车或网约车系统那样复杂，但它同样具有连接人与地点的媒介功能，且使得连接变得更为灵活、便捷。

智能汽车将进一步开启作为交通工具的媒介的应用想象。与今天离不开手机的一些交通工具不同，未来的智能汽车本身就具有联网功能，因此，它可以脱离手机而存在。在某种意义上，它是一个“放大的手机”，它既可以延续今天手机所具有的功能，也可以针对汽车行驶等相关场景进行功能的定制，以智能汽车为中心构建一个完整的、全新的信息系统，实现车与人的信息互动、车与车的信息互动、车与环境及关联信息系统的互动、车与公共信息系统的互动等。

（七）作为媒介的人

人的媒介意义可以从两个主要层面进行观察：一是身体；二是身体与思维、行为等活动构成的人的整体。

彼得斯认为，人的身体是最基础的媒介，具有的意义最为丰富，但是其意义并非主要基于语言或符号，而是深入人类更为模糊的丰富血脉和体液深井中。[③]

有学者延续了这一思路指出，人的身体可以看作一种媒介，或一种界面。它作为一个多功能的物质条件，赋予了我们每个人与外界及他人互动的能力。身体作为基础设施型媒介，是一

---

① 黄骏．传播是观念的交通：查尔斯·库利被忽视的运输理论及其当代启示［J］．新闻与传播研究，2021（3）．

② 孙萍．媒介作为一种研究方法：传播、物质性与数字劳动［J］．国际新闻界，2020（11）．

③ 彼得斯．奇云：媒介即存有［M］．邓建国，译．上海：复旦大学出版社，2020：7．

种第一维度的媒介，是先于、支撑和揭示所有其他媒介的“元媒介”（meta-medium）。①

今天的移动设备甚至各种交通工具，以及未来的各种可穿戴设备，也会与人形成如影随形的关系。人的行为会越来越多地通过这些设施被映射成数据，并与外界进行交互。这样的人体也会变成“赛博格化”的身体，也就是人机共生、耦合的新生命体。

成为“赛博格”意味着，人作为媒介的属性更为突出，这种媒介不仅参与外部网络中的信息传递，也将人本身的各种数据向外部传送，使之成为某些服务商分析的信息或利用的资源。在人作为媒介发挥作用的过程中，不仅兴趣、诉求等心理性变量会产生影响，与身体相关的物理性变量（如空间位置）、生理性变量（如视线、大脑的兴奋程度等）与传播的互动也会增加。

你怎么看

你如何理解“作为媒介的人”？

今天人与手机共存下的“赛博格化”身体也构成了公共信息传播网络中的节点，它们会影响到网络信息的流动，手机的断连会使得某一个节点停止工作。而手机是处于连通还是断连状态，既取决于手机本身（如是否有电、能否上网），也取决于人的身体对它的控制，因此每个节点都是人机共生体。身体本身的状态、位置数据等，也通过手机时时汇入信息网络。

刘海龙等指出，人的身体能够生产数据、成为网络的义体，因此可以作为技术系统的“补丁”存在。与此同时，物质性的身体又能够切断与网络的连接，作为破坏网络秩序的“病毒”存在。②

除了身体这样的“硬媒介”外，人的整体也是一种媒介——软性媒介。

在传统的大众传播时代，人际传播网络一直是大众传播网络的延展与补充，而在社会化媒体应用推动下，“以人为媒”的传播模式已成为主流模式，每个网络用户成了网络中的节点和内容流动的媒介。人际关系网络不再只是大众传播网络的延展与补充，而是本身就成了大众传播网络的基础设施。

传播网络中的人，不是对所有内容都原样转发，而是会对内容进行筛选与过滤。人们的共同作用，不仅会影响到内容的流向与流量，还会影响到内容本身的价值提升或削减。因此，人这一媒介，在进行内容筛选、传递的过程中，也在实现着内容价值的重构。

人作为媒介的作用过程，也是其社会关系的建构过程。传播网络与社会结构之间会形成紧密的互动，有时也会形成同构。人们的社会关系、社会阶层等结构性因素会决定他们在网络中形成的传播网络，进而影响到他们获取的信息范围，甚至所感知的意见气候。

对技术推动下网络媒介演变过程的梳理，以及在新的媒介观下对网络中各种媒介的认识，是我们理解网络传播的基础。网络不只拓展了信息传播的渠道或交流互动的场所，更丰富了媒介的含义及表现形式。人也用各种方式嵌入网络媒介，并成为媒介的一部分。

---

① 邓建国．元元媒介与数字孪生：元宇宙的媒介理论分析［J］．新闻大学，2022（6）．

② 刘海龙，谢卓潇，束开荣．网络化身体：病毒与补丁［J］．新闻大学，2021（5）．

【本章学习与思考】

1. “连接”技术的发展是如何推动互联网的发展的?
2. 社会化媒体对新闻传播产生了哪些影响?
3. VR、AR 技术会改变未来的新闻报道吗?
4. 智能化机器与算法对未来新闻生产将产生哪些影响?
5. 你如何理解作为媒介的智能交通工具?
6. 在你看来，未来的互联网将变成什么样?

- 第二章 网络重构的传播
  - 可供性视角下网络推动的传播变化
    - 分权—再集权—权力中心更迭：权力维度的可供性变化及其影响
    - 重构、新生产与冲突：空间维度的可供性变化及其影响
      - 信息消费与生产空间的重构
        - 信息消费空间的重构
        - 信息生产空间的重构
      - 多重数字空间的生产
        - 作为赛博空间的数字空间
        - 现实与虚拟关系交织的数字化社交空间
        - 作为“拟态”地理空间的数字空间
        - 虚实空间相融的数字空间
      - 空间交织下的冲突
    - 私人化、分化、交叠：时间维度可供性的变化及其影响
      - 私人化“媒介时间”的出现
      - 媒体时间与用户媒介时间的分化
        - 信息生产与信息消费的“时态”分化
        - 媒体的时间规程与用户的媒介时间规程的分化
      - 多重时间轴、多道任务与多种时间策略的交叠
    - 设备、数据、内容：资源维度可供性的变化及其影响
    - 从连接到连通/断连：关系维度的可供性变化及其影响
      - 内容与内容的新关系
      - 人与内容的新关系
      - 人与人的关系发展
      - 人与服务的新关系
    - 文本—多媒体—沉浸式体验：体验维度的可供性变化及其影响
  - 网络驱动的传播形态与要素变革
    - 网络中人际传播的演变
      - 网络中人际传播的特点
        - 传播的中介性及技术、平台依赖性
        - 交流对象的广泛性与可控性
        - 交流手段的多样性与可选择性
        - 传播情境的虚拟性
        - 传播策略选择性与差异化的增强
        - 传播过程的多线程可能
      - 网络中的人际传播对现实人际关系的影响
    - 网络中群体传播的发展
      - 网络群体的两个层面：封闭性群体与开放性群体
      - 封闭性群体传播的影响因素
        - 社区结构
        - 成员关系
        - 群体认同与群体承诺
        - 群体心理
      - 开放性群体的传播要素
        - 社会网络：群体传播的基础结构
        - 焦点议题：群体传播的起点
        - 权力中心：群体传播中的关键节点
        - 节点激活：群体传播的扩散
        - 自组织：群体传播的协同机制
    - 网络中组织传播的扩展
      - 网络与组织内传播
        - 网络改变了传统的组织结构
        - 网络改变了组织成员间的交流方式
        - 网络传播可能导致组织成员权力关系的变化
        - 网络使组织的虚拟办公成为可能
      - 网络与组织外传播
        - 组织拥有了对外传播的直接渠道与传播主动权
        - 每一个组织成员都可能成为传播者
        - 组织传播与大众传播的界限开始淡化
        - 组织传播成为公共传播的重要部分
    - 网络中大众传播的变革
      - 传播者：职业性主体与非职业性主体的共存
      - 传播内容：多元动机、多元价值内容的混杂
      - 传播渠道：多重渠道、多重模式的复合
      - 用户：异质性与能动性的凸显
      - 传播效果：不确定性的增加
    - 多形态融合下的网络传播及其特征
      - 融合性：网络传播的新常态
      - 网络传播的基本要素及特征
        - 传播的基础结构：连通的网状结构
        - 传播网络的权力中心：“枢纽”
        - 传播的主体：动机多元、权力分层的节点
        - 信息文本：具有“活生命”的内容
        - 信息流：多级、开放的漫延

第二章　网络重构的传播

网络技术与应用的不断升级，不仅推动了传播媒介的发展、变迁，也从时空、权力、资源、关系、体验等维度改写了我们对传播的认识与实践，传统的传播形态被赋予了新的特征，不同形态之间的界限也越来越模糊，它们相互融合构成了一种全新的传播。

第一节　可供性视角下网络推动的传播变化

网络带来的传播变化，在很大程度上与新媒体技术的“可供性”相关。

“可供性”（affordance）这个概念来自美国学者吉布森（James Jerome Gibson），这一概念指的是环境所能够给予动物的相对于其行为机会的信息，他主要用这一概念来讨论环境与动物之间的关系。[①] 可供性是既指向环境又指向动物的，它指出了动物与环境之间的互补状态。可供性既不像物理属性那样是一种客观属性，也不像价值和意义那样是一种主观属性，它既客观又主观。[②]

这一概念自提出后就存在很大的争议，不同学者也做出了不同的解读。美国学者迈克尔·T. 特维（M. T. Turvey）将可供性解释为环境的属性或环境的倾向属性（dispositional properties），其属性决定了它是否可被动物利用的倾向性，同时，可供性还必须要虑及动物的能力属性，即功效性。美国学者托马斯·斯托夫壬根（Thomas Stoffregen）则认为可供性是动物—环境系统的浮现（emergent）属性，动物-环境系统而不是环境的属性更可能引发可供性。爱德华·里德（Edward S. Reed）的观点是，可供性是环境中的资源，也就是动物与环境互惠的信息，察觉和使用行为规制中信息的能力，往往赋予了动物选择使用这些能力显著的进化优势。[③]

学者们无论如何界定可供性，都有一个共识，即对可供性的研究不只是对环境单方面的考察，而更多是对环境与动物关系的一种综合分析。

这个概念被引入传播学领域后，也存在着不同的解释。较为典型的一种解释来自潘忠党，他用可供性来衡量媒体的“新”“旧”，并提出了可供性的三个维度，即信息生产的可供性（production affordances，包含可编辑、可审阅、可复制、可伸缩、可关联）、社交可供性（social affordances，包含可致意、可传情、可协调、可连接）和移动可供性（mobile affordances，包含可携带、可获取、可定位、可兼容），在三种可供性上水平越高的媒体，往往就是越“新”的媒体。[④] 这一解释框架给研究者带来了启发，也得到不少研究者的认同。但我们也不能拘泥于此框架，而是需要不断拓展理解新媒体可供性的维度。

我们更需要意识到，新媒体技术的可供性，不只取决于技术本身，还取决于使用这些技术

---

① 王义，李兆友，曹东溟．可供性测量蕴含的“尺度转换”及其科学意义评析［J］．自然辩证法研究，2018（7）．

② 孟伟．涉身与认知：探索人类心智的新路径［M］．北京：中国科学技术出版社，2020：22．

③ 罗玲玲，王磊．可供性概念辨析［J］．哲学分析，2017（4）．

④ 潘忠党，刘于思．以何为“新”？“新媒体”话语中的权力陷阱与研究者的理论自省：潘忠党教授访谈录［J］．新闻与传播评论，2017（1）．

的人。从这个角度看，新媒体技术的可供性既涉及专业媒体，也涉及用户或非媒体机构等不同类型的使用者。可供性的变化，不仅对公共内容生产与传播产生影响，也对公共内容消费、媒介使用等行为产生影响，同时也导致大众传播、人际传播、群体传播等之间的界限日益淡化，即传播的融合化。可供性的研究，也需要基于多主体、多层面、融合性的视角。

同时，新媒体本身也在发展与进化，因此，在不同阶段，它所带来的可供性也有所不同。除了关注新媒体与传统媒体的可供性差异外，本节也会梳理新媒体本身可供性的演进过程。

一、分权—再集权—权力中心更迭：权力维度的可供性变化及其影响

无论什么年代，拥有大规模传播能力或公共信息生产能力都是一种权力。在大众传播时代，这种权力集中在媒体手里。新媒体技术在很大程度上打破了原本集中的、垄断的传媒业的权力格局，较低的内容生产门槛，以及传播网络、平台的技术依赖性，为传统媒体行业之外的力量的进入以及权力获得提供了可能。尽管网络应用方式的更迭，使得不同阶段的主流传播渠道与模式不尽相同，但无疑，在某个阶段成为主流应用的网络产品或平台，获得了一定的渠道控制权，这种权力也会冲击甚至削弱专业媒体自有渠道的权力。权力分化是新媒体环境下传播权力“可供性”变化的一个重要表现。

同一阶段或者同类型产品或平台之间，也会产生权力的分化或落差。如在门户阶段，几大商业性网站最受关注，它们成为最具影响力的“大众门户”，在渠道控制方面的权力也更为突出。在社会化媒体兴盛时期，能吸引亿级用户的社交平台也是少数。而进入移动互联网时代后，各类 App 进入了公共信息系统，一些大型、综合性 App 由于其内容与服务的丰富度、对用户多元需求的满足能力，以及对用户行为习惯的塑造等，成为内容生产与传播的超级中心。尽管这些超级中心的起点不尽相同，但最终它们都完成了内容、社交、服务的全链条扩张，从而增强了对用户的黏性，强化了自己的地位。

值得注意的是，原本在大众传播中占据垄断地位的传统媒体，却并未能成为今天的巨型平台，无论在中国还是国外。除了媒体本身的属性、机制等的约束外，我们还有必要从互联网带来的新的社会结构角度去分析。新媒体可供性不只带来了新的传播手段与渠道，更带来了网络化的社会结构。只有在网络社会结构中占据优势才能成为平台，而传统媒体对此领悟不够，相关的实践也滞后，第十章将做进一步分析。

当一个平台形成中心地位时，由于马太效应，其他同类型应用对它形成挑战越来越难，中心性平台会越来越强势。但当技术应用走到新的阶段时，这种权力格局会被打破，新的技术会带来新一代的平台，用户也会随之向这些新的平台迁移，新平台可以较快地瓦解旧一代平台的中心地位。新媒体技术的快速更迭，也意味着传播权力中心有较大的流动性。

而每一种产品或平台的用户，同样也会因为使用活跃度、应用能力等种种原因产生影响力落差，这也意味着他们在公共信息生产与传播中的话语权落差。在平台发展早期，会形成去中心化的格局，但久而久之，大多也会产生“再中心化”的结果。这同样与应用者对机器的理解与驾驭能力直接相关。当然，用户中的权力中心同样会流动，且这种更迭与流动比平台的权力流动更快。

二、重构、新生产与冲突：空间维度的可供性变化及其影响

传播与空间有着天然的密切联系。在传播与空间的关系研究中，加拿大学者哈罗德·伊尼斯（Harold Adams Innis）无疑是极具代表性的学者，他在《传播的偏向》一书中提到了传播

的时间偏向与空间偏向的区分，也对古代传播与空间的关系，做了详细的阐述。①

在传播学的研究中，对空间及其相关因素的重视，并非伊尼斯独有。在 20 世纪 30 年代前，许多西方学者研究的传播同时包含“信息交流”和“物理交通”双重含义，“传播”与“交通”不分家。② 究其原因，主要是信息载体（如报纸等）需要通过交通运输才能得以扩散，信息也才能得以传播。因此，在早期的传播研究中，空间以及相关的交通、运输等也是需要关注的要素。但那个时候重点关注的是信息传输、信息消费与空间的关系。

从信息传输环节看，今天数字化技术已经完全突破了空间的限制，数字传播的普及使得交通运输以及空间距离对信息传播的影响显著下降，但是，空间与传播的关系并没消失，反而变得更为复杂。技术的可供性，也会体现在空间维度，这既体现为空间因素对各种传播活动及内容生产的影响，也体现为新媒体自身对空间的影响。新媒体在重构旧有的空间概念与实践，也在促成全新的空间生产，而多样化空间之间的冲突也日益突出。

（一）信息消费与生产空间的重构

传统媒体的生产机制、传播渠道与模式，也建构了相应的信息消费与生产空间，而新媒体却在很大程度上实现了对这些空间的重构。

1. 信息消费空间的重构

信息消费空间的变化，首先体现为从无差异的“广域空间”向流动的“微空间”的转变。

广播、电视等技术，实现了信息在“广域空间”的覆盖，但这种覆盖是无差异的，也就是所有信息接收者，获得的信息都是一致的。但互联网发展，特别是移动互联网的兴起，改变了人们的信息消费空间。

移动互联网不仅可以向移动状态的人们提供信息和服务，还可以利用 LBS 等技术向不同位置的人们提供不同的信息和服务。它可以跟踪人们的移动轨迹，理解人们在不同位置的需求，把每一个位置作为向其提供个性化服务的重要依据，因此，它关注的是随时在变化的“微空间”。微空间的坐标成为移动互联网用户的一个重要的自变量，这个自变量发生的变化，包括微小的变化，都可能导致与它相关的“函数”（信息、服务、社区等）发生变化。当然，这种空间并不仅仅是地理位置的概念，也是一种包含了时空情境、社交氛围甚至个人需求的综合场景。这反过来对信息与服务的提供者提出了新的挑战。了解用户所处的场景，理解不同场景下个体的需求，并提供相应的内容或服务，成为移动传播的新思维之一。

信息消费空间的第二个典型变化是“共享性”空间被“私人化”空间逐步瓦解。

报纸的消费空间大多数时候是私人化的，但广播、电视使得信息消费的空间走向共享或公开化，电视尤其如此。电视在中国出现的早期，电视机只有少数家庭才能买得起，电视很多时候也成为邻里间共享的媒体资源。即使电视后来普及到绝大多数家庭，电视仍然主要是放在客厅这样的家庭中的公共空间里，甚至家庭装修也往往会用电视背景墙这一方式强化电视的中心地位。家庭成员会因为电视播放而聚集，围绕电视话题进行交流。有些家庭也会为争夺电视频道的控制权而产生矛盾，电视的控制权也在一定程度上体现着家庭内的地位。

在一些公共场所，电视也制造了共享的媒体空间。它们不仅为同一空间的人制造了注意力焦点，也制造了共同交流的话题。

---

① 伊尼斯．传播的偏向［M］．何道宽，译．北京：中国人民大学出版社，2003：77－95．

② 袁艳．当地理学家谈论媒介与传播时，他们谈论什么？：兼评保罗·亚当斯的媒介与传播地理学［J］．国际新闻界，2019（7）．

但是，移动互联网的普及使得家庭里的公共媒体空间面临瓦解。电视不再是家庭媒体消费活动的中心。电视收看本身很多时候变成伴随性行为，而人们的手机成为个体的媒体中心，构建了私人化的媒介空间。有时，几个私人化空间会形成相互的干扰。当人们为了避免声音的干扰而戴上耳机时，私人化空间就会变得更为突出。

私人化媒介空间的形成，使得家庭内的交流模式产生了很大变化：人们依靠共享媒体的话题进行的交流日趋减少，虽然家庭成员间也会通过社交媒体分享一些内容，但这样的分享并不一定会带来有效的交流。

在公交、公共场所等公共空间或者聚会这样的公共场合，人们同样可能用移动终端来制造个人的媒介空间。虽然很多时候这意味着个体的自主性得到尊重，但是对于本应该进行面对面交流的聚会来说，如果人们都沉浸在自己的媒介空间，则会带来咫尺变天涯的距离感。

2. 信息生产空间的重构

信息生产空间既表现为生产者所处的空间，也体现为生产内容所涉及的空间。

网络促成了信息生产空间的开放与平民可达性，这是重构生产空间的首要表现。

以往的信息生产空间，主要是媒体机构的内部空间。这些空间以相应的技术设施作为支持，这些设施也是公共信息生产与大众传播的基础设施，平民无法接触更不可能拥有这些设备。

但随着数字时代信息采集设备的平民化，信息生产的空间也不再局限于媒体内部空间，而是不断向外部延展。人们可以在自己的家中、在新闻发生的现场，或者在其他各种空间，参与公共信息的生产与传播。空间的开放也是权力分化的具体体现。

平民在信息生产空间的可达性，不仅意味着信息源的多样化，也意味着多种信息源生产的内容之间可能产生相互补充、相互冲突、相互校正等多种关系。

在空间开放的同时，新闻生产的现场化也进入常态。

新媒体时代，信息生产设备的便携性大大提高，这使得出自新闻现场的新闻生产也变得便捷，以往只有大型事件、活动才启用的现场直播，现在可以随时随地启用。同样，新闻现场的新闻生产，其主体也不只是专业媒体，很多情况下，普通人也可以参与。这也重新定义了现场报道。今天的现场报道，也是来自多种主体、多元视角、多个层面、多重时间点的现场信息的汇聚。

尽管生产主体极大扩展，但人能到达的信息采集空间仍是有限的，能采集的信息维度也是有限的，而机器的加入，将在这两个方面提升生产能力。

无人机便是当下典型的新信息采集设备，它们可以到达人不能涉足的一些空间，捕捉一些关键信息，或者拓展报道领域与题材。同样，在社会空间中广泛布置的摄像头，虽然其目标主要是安全保障，但也成为一种信息采集的常规手段，它们可以在一定程度上填补人在某些空间缺位形成的信息空白，来自这些机器的信息，一些时候也会成为公共传播的内容或媒体资源。而在各种领域里的传感器，也会进一步延伸信息采集空间，带来全新的信息采集维度，尽管它们不可能完全替代人的信息采集。

（二）多重数字空间的生产

网络在挑战传统的信息消费与生产空间概念的同时，也构建了全新的数字空间。数字空间一开始被认为是纯粹虚拟的，但技术的发展，使得现实线索不断进入数字空间，数字空间成为现实空间的多重映射，未来还将出现现实与虚拟交融的全新数字空间。多层面的数字空间本身也是媒介空间，直接影响着各种传播活动。

1. 作为赛博空间的数字空间

在早期，人们普遍认为互联网等技术建构的是摆脱了现实空间约束的虚拟空间，它可以脱离物质与身体而独立存在，是纯粹的信息与符号空间。这一空间在当时多被称为赛博空间。

起源于加拿大小说家威廉·吉布森（William Gibson）的科幻小说《神经漫游者》（*Neromancer*）的“赛博空间”这个概念，曾开启了人们对互联网发展走向的想象。在研究者眼里，赛博空间的主要特点包括：人们的直觉可以摆脱物质身体的束缚，在赛博空间独立存在和活动；赛博空间可以突破物理世界的限制而穿越时空；赛博空间由信息组成；人机耦合的电子人在赛博空间获得永生。人们期待赛博空间可以体现心灵支配身体并日益巩固纯粹离身性的梦想。①

赛博空间是对现实空间的解放，也是对空间的一种全新生产。它可以克服现实空间的天然局限，释放人们对空间的想象力，也给予人们超越空间的行动力。人们在信息网络中跳转与徜徉，寻求着精神上的碰撞与慰藉，获得了某些超现实、梦境般的体验。但人们也逐渐意识到，赛博空间中仍然有着人们的现实欲望与需求的动力，折射着现实社会的生存与关系。赛博空间并非纯粹的代码或信息空间，而是成了另一种社会空间。

今天人们已经较少使用赛博空间这一概念，这或许是因为数字空间与现实空间、虚拟社会与现实社会已经纠缠在一起，物质、身体等元素也越来越多地体现在数字空间里。但无论是否称为赛博空间，网络建造的数字空间，都是对传统空间思维的一次大挑战。

2. 现实与虚拟关系交织的数字化社交空间

对社交需求的满足是网络发展的重要动力，技术的不断发展，也构建了新的数字社交空间。

人们的社交范围突破了地域的限制，跨地域的社交变成常态。网络中的社交很多也是淡化了空间概念的社交，在这样的社交平台，世界按照拓扑关系——关于连接和节点的结构关系——而不是地点来理解。② 这样的拓扑关系，就是人们的社交网络。但人们在新媒体中往往是处于多重社交网络而非单一的社交网络中。

在互联网早期，人们对远方的关系有更多期待，这背后是人们摆脱现实束缚的动力，因此，人们在数字空间的社交网络，与现实空间的社交网络出现了较大的偏离，甚至是一个全新的关系网络。但随着 Facebook 等一些实名制、熟人关系的社交平台的兴起，数字化空间中的社交网络，与现实社会中的社交网络的重合度也越来越高。

人们的社交网络，不仅影响着人际传播，也在很大程度上影响着公共信息的传播，因为这些社交网络，已成为公共信息传播的新的“基础设施”。社交空间的公与私之间的界限也越来越淡化。人们在私人空间的交往行为与内容可能转化为公共传播的一部分，而公共空间的信息也会作用于私人互动层面。

同时，群体的形成、群体内部的互动、群体间的交流，也与社交网络相关。当下，人们正越来越多地受困于同质化的社交网络，也越来越多地被局限于同质化的群体中。

从宏观上看，数字空间中大大小小的关系网络，在很大程度上映射着社会结构，社会结构的形成与运动，也越来越多地受到网络传播的影响。

3. 作为“拟态”地理空间的数字空间

在早期的数字空间中，地理空间概念被大大淡化，即使涉及地理空间，大多也是以抽象的

---

① 冉聃．赛博空间：离身性与具身性［J］．哲学动态，2013（6）．

② 亚当斯．媒介与传播地理学［M］．袁艳，译．北京：中国传媒大学出版社，2020：69．

文字符号方式。但随着移动智能终端的发展，数字空间与现实地理空间出现了越来越多的交集，图片、视频等在新媒体中的广泛分享，使得数字空间中呈现出了更多物质化的空间样貌。

但就像以往大众媒介只是提供了一种“拟态环境”一样，网络中呈现的地理空间也可以看作是一种“拟态空间”。并非所有空间在网络中都会得到同样的“显示度”，也并非所有空间都能得到同样的关注度。各种文字、图片、视频所呈现的空间，也可能与真实空间存在一定差距，既可能是对空间的美化，也可能是对空间的选择性呈现或扭曲。

网络中的“拟态空间”，会对人们的地理空间认知产生影响，包括人们心理感知的空间远近、空间的重要性，以及空间的真实性等。一些遥远的空间在网络中似乎触手可及，反之一些近在咫尺的地理空间却让人感觉很遥远，甚至被人忽视。一些“网红”城市唤起人们旅游打卡的愿望，但人们到了实地，却发现现实空间并不那么美好。

“拟态空间”也是一种空间的再造，它不仅在数字空间中形成了不同地理空间的落差，也反过来影响现实地理空间获得的注意力与资源。

4. 虚实空间相融的数字空间

正在兴起的元宇宙概念，激发了人们关于虚实相融的新空间的畅想。其中，作为现实空间“孪生”对象的数字空间更是代表了一种典型的虚实相融发展方向。

源于制造业的数字孪生是指与现实世界中的物理实体完全对应和一致的虚拟模型，它可实时模拟物理实体在现实环境中的行为和性能。① 虽然数字孪生概念很早就被提出，但近年关于元宇宙的讨论使得数字孪生这一概念变得更普及。在关于元宇宙的设想中，人们也开始从空间的角度来探讨数字孪生的可能方向。孪生空间意味着将自然实体（物理）空间的元素、关系、过程和格局映射到虚拟空间，从而建构起对自然实体空间进行模拟、仿真、重构、调控和优化等智能化操控的数字空间。②

空间不仅是地理性的，也是社会性的，它对应着生存能力与策略、社会关系、权力、阶层、共同体、文化、情感、记忆等诸多社会因素。孪生空间同样也是一种社会空间，虽然它不会完全继承现实空间的所有社会要素，但它会继承哪些要素，又会创造哪些新要素，都将成为未来空间研究的新课题。

虚实相融的新空间会进一步消解现实与虚拟空间的界限，使人们的空间感知与认识、体验发生变化。人与内容、人与人、人与环境等多种关系也将基于新的空间情境展开。

（三）空间交织下的冲突

网络建构了多重空间，而这些空间之间，常常会交织、叠加甚至融合，这也会带来一些冲突。

空间冲突的常见表现之一是今天已经司空见惯的“在场的缺席”——人们身在现实空间，注意力却在虚拟空间，或者反过来。未来，在VR/AR等营造的空间里，身体的参与会大大增加，身体会面临着现实空间与虚拟空间之间的冲突，有些冲突甚至会带来危险。同时，线上、线下社会场景间的冲突也会不断出现，正如今天我们在网络会议、网络课堂中所面临的情形。

网络带来了公共空间与私人空间之间界限的模糊。有时人们会以私人空间的部分开放换取在公共空间的关注度。一旦获得足够多的他人的关注，人们的私人空间就会进一步“公共化”。但很多时候人们并不希望私人空间表达或互动成为公共话题，或者让公共话题过多进入私人空

---

① 庄存波，等．产品数字孪生体的内涵、体系结构及其发展趋势［J］．计算机集成制造系统，2017（4）．

② 李双成，等．孪生空间及其应用：兼论地理研究空间的重构［J］．地理学报，2022（3）．

间，但是，对此他们的控制力有限。私人生活的公共化，对普通人也会成为常态，由此带来的风险也会不断增加。

在认知层面，现实空间与“拟态空间”的冲突，会影响人们对社会环境、生存环境的认知。进一步，空间带来的冲突，也可能体现为人们的社会角色、自我认知、身份认同、生存实践等方面的冲突或纠结。

三、私人化、分化、交叠：时间维度可供性的变化及其影响

新媒体技术赋予了用户在媒介使用时间上更多的个人权力，同时人们的时间感知变得日益复杂，现实时间与媒介时间的交叠缠绕，编织了一个个时间迷宫，人们的传播活动也不时困在迷宫之中。

（一）私人化“媒介时间”的出现

在媒介广泛渗透到日常生活的现代社会，人们往往会感知到两种时间：一种是在现实里的时间，或者说自然时间，这种时间始终如一地按照自己的节奏往前行进，人们无法对其进行任何控制；另一种是媒介空间在进行内容呈现时所建构的时间，即基于媒介内容而形成的时间轴，这种人为安排的时间虽然与现实时间有着关联，但未必是同步或同构的。

对媒介中的时间的控制，也是一种权力，在大众传播时代，无疑这种权力掌握在大众媒体手上。虽然现实中有些事件是在其发生的同时被媒体报道的，但更多的事件是在发生一段时间之后，才会在媒体中得到反映与传播。什么样的事件要同步直播，什么样的事件可以延后报道，取决于媒体对事件重要性的判断和报道的条件。而媒体对内容时长的设置、在展示多个内容时的时间顺序安排，常常也是基于新闻的重要程度进行的。媒体建构的时间也是拟态环境中的一个基本维度。内容选择、呈现方式与时间安排等要素的组合，才构成完整的拟态环境。

媒体建构的时间轴上的内容也是公共性的，媒体时间也成为一种能吸引大众注意力的公共资源。

社交媒体的不断发展，使用户可以在自己的账号里建立起私人化的时间轴，这也是一种媒介化的时间，人们既可以在自己的时间轴上转发公共信息，也可以记录自己的活动与状态。这种私人化的时间轴，也是公共信息与私人信息交织、现实化生存和数字化生存混融的时间轨迹。

（二）媒体时间与用户媒介时间的分化

在社交媒体上，个体不仅获得了建构自己的媒介时间的权力，也可以开始挑战、对抗媒体的时间节奏。这主要体现在以下两方面：

1. 信息生产与信息消费的“时态”分化

从信息生产角度看，新媒体技术大大增强了信息采集、加工、发布的时效性，内容的实时化、进行时式生产越来越趋向常态。同时，相比以往传统媒体的出版周期、播出时段的限制，新媒体信息的发布可以看作是全天候的。

时间的可供性改变了信息生产的“时态”，同时也会无形中增加内容生产者的压力，时效的竞争变得更为激烈，因为时效性竞争而产生错误的概率也会增加。

尽管生产“时态”发生了变化，但从用户角度来看，他们未必需要对正在进行中的内容生产与传播做出实时的回应，他们的信息接收与消费可能存在延时，相比传统媒体时代，这种延时概率甚至会大大增加，内容生产者生产的很多新闻，到消费者那里时已变成“旧闻”，变成

“过去时”。但这些延时内容会被一些人当成实时内容，他们对现实环境的感知也会产生偏差。

2. 媒体的时间规程与用户的媒介时间规程的分化

以往的大众媒体，形成了自己的时间惯性与规程，并因此影响与约束着用户。例如，黄金时段就是媒体制造出来的一种约束用户的媒体时间惯性，它也造就了用户的行为共性。除了黄金时段外，整个媒体的时间节奏与规程，也在很大程度上影响着人们的行为及时间观，甚至塑造了一些统一的行为模式。

但移动时代，媒体制造的行为共性被逐步打破，用户的个性与意志得以彰显，他们可以制造专属于自己的私人化媒介使用时间规程。虽然传统媒体时代形成的媒体时间规程及时间观念的影响并没有完全消失，但是在用户身上的作用力在削减。媒体的时间意志与个体的时间意志两者在分化，甚至后者可以与前者形成一定的抗衡，这对媒体的广告模式等也会产生一定冲击。

媒介时间规程私人化的另一个表现，是用户可以自己设置媒介内容的播放速度。在一些视频网站，人们在观看视频时，不仅可以用正常速度来观看，也可以选择用加速（如2倍速）或放缓（如0.5倍速）的方式来收看。虽然内容的生产者并不想看到这种结果，但用户在对媒介时间的自由操纵中，获得了对媒介内容的控制快感，同时也在不同的倍速中，实现了对内容的解构或重构。

虽然公共化的媒体时间规程受到冲击，但这并不意味着它应该消失。当人们都沉浸在自己的时间坐标中时，难免产生与他人及世界的疏离感，而一些实时活动，可以让人们之间的时间轴产生交叉，使人们更多关注彼此。在一些重大事件或活动时，大众媒体仍有必要通过直播等方式统一人们的行动，调动人们的在场感、参与感，营造群体性氛围与仪式感。但如何统一用户的时间与注意力，挑战却比传统媒体时代要大得多。

（三）多重时间轴、多道任务与多种时间策略的交叠

人们在网络空间中拥有了一系列自己的媒介化时间轴，同时面对着各种公共性的媒体时间轴，这些时间和现实时间还会产生复杂的交叠，人们的时间感知也变得混乱。从总体来看，新媒体时代，人们生活在时间的迷宫里，现实的与媒介化的、自然的与虚拟的、过去的与现在的时间轴交叠在一起。正如卡斯特（Manuel Castells）所指出的：“在同一个通信频道里，并且依据观看者-互动者的选择，媒体中各种时间的混合创造了一种时间拼贴；不仅各种类型混合在一起，它们的时间也在同一个平面的水平上同时并存，没有开端，也没有终结，没有序列。”①各种不同类型、不同起点与刻度的时间轴在用户那里交织在一起，某些时候也会模糊人们对时间的感知，进而影响到人们对信息环境与现实世界的感知。

移动终端的普遍使用，还使另一种时间的交叠变得突出，那就是来自移动终端的多道任务的并发处理，人们因此常常处于“多线程”② 模式。对于内容生产者来说，他们要赢得用户大脑的“多任务处理系统”中有限资源的挑战变得更大。

另外，就像计算机在并发运行多道程序时可能会出现的问题一样，人的处理器——大脑在多道任务中不断跳转进行处理时，也许同样会发生“内存”和“CPU”等资源不足甚至“死机”的现象。即使大脑不“宕机”，注意力涣散的问题也可能会加深。

德国哲学家韩炳哲（Byung-Chul Han）指出，人类在文化领域的成就，包括哲学思想，都

---

① 卡斯特．网络社会的崛起［M］．夏铸九，王志弘，等译．北京：社会科学文献出版社，2006.427.

② 线程是计算机操作系统中的术语，指操作系统所处理的进程中的一个执行单元。多线程是指从软件或者硬件上实现多个线程并发执行的技术。

归功于我们拥有深刻、专一的注意力。只有在允许深度注意力的环境中，才能产生文化。这种深度注意力却日益边缘化，让位于另一种注意力——超注意力（hyperaufmerksamkeit）。这种涣散的注意力体现为不断地在多个任务、信息来源和工作程序之间转换焦点。[①]

多线程模式，也意味着不同功用的时间之间界限的模糊，如工作时间与生活时间、学习时间与生活时间等。时间界限的模糊与空间界限的模糊交融，更会使得人们在多种不同类型任务的切换中顾此失彼。

当人们面临着多道并行的任务时，也会选择不同的时间应对策略，这种策略与个人状况和心境、任务属性、互动关系属性、社会资本需求、群体融入需求等多种因素相关。在多重时间应对策略的选择与应用中，人们未必总会成功。人们生存所面临的挑战，越来越多的是来自时间管理的挑战。

第六章将进一步从时间的媒介化角度来分析其影响。

四、设备、数据、内容：资源维度可供性的变化及其影响

无论是对于专业的内容生产机构，还是对于普通个体，网络时代都带来了内容生产方面的资源可供性的扩展。这包括设备、数据、内容等不同的资源方面。

对于普通个体来说，这种资源可供性首先体现在内容生产设备的“可得性”。以往的公共信息生产只能依赖专业媒体机构拥有的专业化的生产设备，但今天，个人化的、移动化的便捷设备，为用户参与内容生产提供了基础。

而在媒体内部，新的数字化设备的引入，促进了内容生产的全面数字化，包括内容产品形态的数字化，而这也是媒介融合的前提。数字化内容资源的可复制、可伸缩、可关联[②]，也为媒体提供了内容加工的新方式。

数据在内容生产中的作用也越来越突出，甚至开始作为一种独立的资源被媒体认识与利用。这些资源部分来自用户，例如，社交媒体中的内容可以成为媒体反映社情民意的数据，也可以成为媒体衡量传播效果的数据。智能设备、传感器以及其他物联网设备等，也为媒体带来新维度的数据。数据成为新闻报道的新要素，或作为用户分析、媒体决策的重要依据，也带来了媒体生产模式与思维变革，基于数据的智能技术，包括算法，也开始进入媒体的生产流程。但媒体旧有的工作惯性、数据资源的不足、相关人才的缺乏以及外部环境、用户需求等原因，都预示着媒体的数据化之路“道阻且长”。

而对个人来说，当自身数据变成一种资源时，这些资源也会被平台等机构占有或掠夺，个人隐私被侵犯的风险也在加大。

从用户角度来看，内容资源的可供性也发生了极大变化，这既包括内容供给与消费的个性化，也包括用户对内容利用方式的变化，后者将在下文进一步分析。

五、从连接到连通/断连：关系维度的可供性变化及其影响

网络的核心功能之一是关系的连接，新媒体技术提供了多种方向的连接可供性。这不仅仅指人与人之间的关系，也指内容与内容之间、人与内容之间、人与服务之间等其他关系。

---

① 韩炳哲．倦怠社会［J］．王一力，译．北京：中信出版集团，2019．

② 潘忠党，刘于思．以何为“新”？“新媒体”话语中的权力陷阱与研究者的理论自省：潘忠党教授访谈录［J］．新闻与传播评论，2017（1）．

但连接只是前提，其结果却有两大走向，既可能实现真正的连通，也可能最终出现断连，这也取决于如何认识与利用连接。

（一）内容与内容的新关系

万维网的重要特性之一，是超链接的应用，它使内容与内容的连接得以实现。各种内容之间相互关联，构成无限联系、扩张的内容网络。内容的超链接关联的表象下，还包括其内在逻辑的关联，这可以基于文本或语义、基于人物、基于事件、基于知识等不同逻辑线索。

目前内容之间的超链接，主要还是由人来添加，因此内容之间的关联性，主要基于人的解读与判断。有时人为添加的超链接不准确或数量过多，会导致人们对超链接的无视或排斥，连接也走向无效。

未来的一些内容关联，会由智能技术来进行分析，并自动生成。但同样，滥用智能关联技术，人们也可能被一些关联误导，或被过多关联分散注意力，最终也可能导致人们对连接的抗拒。

（二）人与内容的新关系

网络带来的人与内容的新关系可能，在用户这一端表现尤为明显。

以往大众传播中，受众只是内容的被动接受者，而在网络中，作为用户的人与内容的关系变得更为多元。

用户附加在内容之后的评论，可视作“编辑”“审阅”或“关联”的一种形式，它们为内容带来了更多的延展空间，例如，提供了新闻的其他线索，或是提供了关于新闻的反馈。内容的可“复制”特性在用户这一端更是得到极大利用，转发就是最常见的一种复制。用户的大规模复制，对于内容的传播具有至关重要的意义。而转发网络通常是人们的人际网络，这强化了社交关系对内容传播的作用。用户在复制过程中，还可能对相关信息进行“增”（如加上自己的评论）、“删”、“变形”等各种操作，这也意味着用户在进行着内容的再生产。用户还可以以制度化或非制度化的方式直接参与到公共性内容的生产中，这更是人与公共性内容的一种新关系。对于部分用户来说，内容生产也成为他们生存的手段。

此外，内容也成为人们建构自我，以及建构与他人、社会环境关系的重要方式，内容促成了人与媒介、社会更广泛的连接。

但也需要看到，在网络广泛连接的环境中，人与内容之间、人与社会环境之间仍有可能产生不同形式的“断连”。这主要体现在以下几方面：

一是内容过载带来的人们对内容的抗拒，也就是人对内容的主动断连；

二是碎片化内容造成的人对事实全貌或信息整体认知的缺失，这是一种被动的认知断连；

三是个性化内容分发（包括社交分发、算法分发等）带来的人与某些类型信息之间的断连，以及人们对他人、其他群体或整体社会环境了解的缺乏，这种断连既具有被动性，有时也具有主动选择性。

（三）人与人的关系发展

网络中人与人的关系发展，需要以连接也就是关系链条的形成为基础。无疑，新媒体技术为人与人的连接带来了极大的便利，连接规模、连接方式也有了极大扩展。网络带来的人与人关系的扩展，不只是一对一连接链条的丰富，也是多对多的连接空间的丰富，人们被广泛嵌入整个社会关系网络中。也正是人与人关系的扩展，使人在内容生产与传播中的作用得以增强。

网络中人与人的连接关系的形成，不仅仅是人们主动选择或建立连接的结果，有时也是技术建构的结果。如何塞·范·迪克（Jose van Dijck）所言，友谊不仅可以是自发的，而且可以是被“你可能认识的人”按钮和“朋友的朋友”算法程序化社会关系的结果。[①] 社交媒体不可避免地成为设计和操纵连接的自动化系统。[②]

但连接只是基础，连接链条的存在，并不意味着人们一定会产生直接互动，互动的形成，还取决于人们对关系发展的愿望。互动可以是一对一的，也可以是一对多、多对多的。新媒体技术使得一对多、多对多的互动更易实现。

在互动基础上，一些人可能会形成协同、合作的关系，也可能形成对立或对抗。新媒体技术的可供性，也带来了不同于以往的协同、合作或对抗形式。网络互动在更高的层面上影响着社会结构，在相似的人群不断会聚的同时，不同人群之间的区隔也可能强化。因此，某些人群之间也可能会出现断连。

（四）人与服务的新关系

网络不仅可以将很多传统的服务线上化，也可以形成新的服务形式，并且在人与服务之间提供了多样化的连接通道。

在人与服务的关系中，数据成为一种重要的连接、匹配纽带，也成为提高服务精确度的依据。另外，这种数据也会强制人与平台、服务商产生他们不愿接受的连接。对此，人们能不能形成主动断连，有时取决于其对技术的了解及应用程度，例如是否有能力关闭某些设置。但某些时候，这甚至不是个人能力可以决定的。强制的连接、连通，对用户也可能是侵犯与伤害。

今天，越来越多的网络用户成为服务的提供者，如网店卖家、外卖骑手、网约车司机，以及其他共享经济模式中的用户等。这些服务也是新的劳动，而拥有规模化用户的网络平台，为供需双方的连接与匹配提供了基础。没有这一前提，很多劳动无法完成，但平台也会因此对这些劳动者强加各种连接，并对其形成控制。

> **你怎么看**
>
> 作为共享经济中的一员，你如何理解平台对劳动者的控制？

总体而言，对网络中的各类关系来说，在连接前提下，是走向连通，还是走向断连，都取决于很多因素。连通未必总是好事，断连也未必都是坏的。如何更好地判断不同情境下连通或断连的价值，让谁掌握连通或断连的控制权，都是在连接这样一个新可供性下需要进一步探究的问题。

六、文本—多媒体—沉浸式体验：体验维度的可供性变化及其影响

人们接收的信息形式，会带来相应的传播体验，这既跟身体与媒介间的交互手段和模式相关，也跟信息对人的感官刺激范围和程度相关。

从发展之初到今天，网络中的体验环境经历了从纯文本环境到多媒体环境的演变，图片、音频、视频以及复合性手段的运用，成为今天的常态。偏好不同信息形式的用户，都可以获得相应的满足。

网络时代也产生了数字化的多媒体艺术，它们带来了不同于文字、传统图片或影像的新叙事方式和思维模式。在数字化的前提下，各种艺术元素的拆解、拼贴、重构变得轻而易举，数字技术也可以制造大量超现实的、非现实的视听效果。更重要的是，计算机程序和数据本身的

① 迪克．连接：社交媒体批评史［M］．晏青，陈光凤，译．北京：中国人民大学出版社，2021：52.

② 同①12.

逻辑也可以成为创作的逻辑，计算机语言的元素性带来了艺术的革命性①，用户也由此产生了全新的艺术体验。

在新闻生产中，多媒体手段的运用，为新闻内容的呈现提供了更丰富的手段，将各种手段整合在一起的“融媒体”报道也开始出现。但这并不意味着融媒体应该成为标配，人们也并非在所有情况下都需要融媒体内容。融媒体内容生产的投入与产出往往不成正比，有时效果甚至不如“单媒体”。“可供性”只是一种趋向，这种趋向是否一定要实现，还需要考虑与用户行为或需求的适配问题。

文本、多媒体的体验环境，都只是主要调动了人们的眼睛、耳朵等感官系统，虽然它可能带来大脑及其他身体部分的兴奋，但仍然是有限的。

3D、VR、AR等技术，将带来沉浸式体验环境的兴起，推动体验维度的创新，包括触觉、位置感知甚至嗅觉等新的身体体验会被激发。这不仅为内容提供了新的表现形式，也会使身体体验本身成为一种传播目的，而不仅仅是手段。

技术的发展有可能使这些沉浸式体验朝着个性化、定制化方向发展，使人们可以通过虚拟空间或虚实相融空间中的新体验获得某种可控制的快感。但这种体验是否会变成麻醉剂，影响人们在现实生活中的生存，还有待未来的进一步研究。

从新闻报道角度看，沉浸式体验环境将改变用户与现场的关系，让观看者在三维空间里直接“到达”现场，360度沉浸于现场，实现“身体性在场”。这样一种现场感除了带来感官上的刺激外，还意味着，用户可以依据自己的主观视角，从现场发现更多的个人兴趣点。他们对于现场的认知与理解，也是基于他们从现场观察中获得的信息。当“一千个人眼中有一千个现场”时，新闻的客观、真实性究竟如何衡量，也会变成一个新的问题。

传播的体验，不仅影响到人们与信息的关系，也会影响到人们的思维模式与思维能力。尼尔·波兹曼（Neil Postman）曾对电视兴起对人们思维方式的影响忧心忡忡，他指出：“我们现代人对于智力的理解大多来自印刷文字，我们对于教育、知识、真理和信息的看法也一样。随着印刷术退至我们文化的边缘以及电视占据了文化的中心，公众话语的严肃性、明确性和价值都出现了危险的退步。”② 每一次新的传播技术变革也都会伴随着类似的担忧和质疑。当然，信息形式与体验环境对人的思维方式、行为方式等的影响，或许不是简单地用“进步”或“退步”、“进化”或“退化”可以评判的，但带来的长远影响无疑值得我们关注。

对于新媒体可供性在传播领域的体现及影响的研究，让我们意识到，新技术带来的可供性变化，既体现为人的机会与能力的增加，也体现为相应模式、思维、行为等的变化。人对新机会的理解与利用能力、思维与行为调适能力，决定了他们在全新的传播格局中的位置，无论是对于机构还是对于个人而言都是如此。

当新媒体技术的可供性深刻改变了传播实践时，传播学科也面临着一次再出发的新征程。而出发前，我们要解决的一个基本问题是：我们的起点应该在哪里？要回答这一问题，我们甚至要对媒介与传播这些基本概念进行重新理解与诠释。

第二节　网络驱动的传播形态与要素变革

目前研究者通常将人类传播主要分为五种基本形态，包括自我传播（也称人内传播）、人

① 刘阳．新媒体与数字化叙事［J］．艺术与设计（理论），2010（10）．

② 波兹曼．娱乐至死［M］．章艳，译．桂林：广西师范大学出版社，2004：36．

际传播、群体传播、组织传播及大众传播。除了自我传播外，其他传播形态都是网络中常见的传播形态。

网络一方面促成了各种传播形态内部的变革，带来了与传统时代不尽相同的传播要素与传播特性，另一方面也促成了各种传播形态之间的交融与互动。

下文将先分别分析不同传播形态在网络中的新特点，再分析它们相互融合后形成的网络传播的要素及特征。

一、网络中人际传播的演变

人际传播也称人际交流。它指个人与个人之间的信息传播活动，是社会生活中最直观、最常见、最丰富的传播现象。传统的人际传播的方式主要有面对面交流、互通书信、打电话等。

网络中可以实现人际传播的方式是多样化的，电子邮件、即时通信、游戏、博客（播客）、SNS、微博、微信等都是重要的人际传播渠道，而短视频、视频直播等新应用平台，也有浓厚的人际传播成分。

当互联网以传播媒介的角色进入人们生活时，最早承载的形态就是“人际传播”。直到今天，人际传播需求也是用户使用网络的主要动机之一。

（一）网络中人际传播的特点

网络作为一种全新的人际传播手段，提供了很多新的人际传播的体验，也有很多新的特点。

1. 传播的中介性及技术、平台依赖性

关于传统的人际传播，一种定义是：“不以诸如电视、印刷、广播或电影等媒介技术为中介而发生在人们之间的传播活动。”① 但是，网络中的人际传播，却是以具有大众媒介性质的网络渠道为中介的。这意味着，这种传播具有渠道或技术依赖性，网络及相关技术的水平直接影响着人际交流的方式、手段，以及广度与深度。

人们在网络人际交流中选择的手段，并不完全取决于他们的主观意愿，更多时候取决于技术基础，如终端的硬件条件、网络带宽、相关软件等。技术因素的制约，会在一定程度上影响到传播的过程及效果。

网络技术在推动人际传播的发展方面也起到了至关重要的作用。网络中的人际传播处于不断变化中，从电子邮件交流发展到现在的微信交流，从初期的文字交流发展到各种平台的多媒体交流，网络在人际传播方面的能力在不断拓展。

过去的人际传播大都是一对一的，但是，博客、SNS、微博、微信朋友圈、网络直播等，也带来了一对多的人际传播可能。

除了网络相关的技术的影响外，交流平台的制度对人际传播也会产生制约作用。例如，人际交流中采用实名还是匿名，往往与平台规定相关，而匿名与实名的交流中，人们在交流对象选择、交流策略使用方面，显然会有很多不同。交流平台的定位和规则也会影响成员关系的构建模式，例如，交流对象产生于陌生关系、弱关系还是强关系。平台特色也决定了可以选择的交流手段。

2. 交流对象的广泛性与可控性

传统的人际传播对象通常有两大类：一类是社交圈子中那些较为固定的交流对象，另一类

---

① 费斯克，等．关键概念：传播与文化研究辞典．2版．李彬，译．北京：新华出版社，2004：143.

是萍水相逢的偶遇对象。前者虽然稳定，但难以产生意外的收获；后者虽可能带来意外收获，但关系往往难以持续。而网络则大大扩张了人们的交流网络，且可能将那些远在千里之外素未谋面的陌生人，变成长久的交流对象。此外，对网络中人际传播的对象及交流时机、频率等，人们也可以进行选择、控制。

网络中人际传播的这些特点，提高了人们在社会资本、社会交换等方面的把控力。

社会资本是社会学研究比较多的一个话题。作为这方面的代表性研究者，布尔迪厄（Pierre Bourdieu）对社会资本的定义是："实际或潜在资源的集合体，他们与或多或少制度化了的相互认识与认知的持续关系网络联系在一起……通过集体拥有的资本的支持提供给他的每一个成员。"布尔迪厄认为："某一主体拥有的社会资本量取决于他能有效动员的关系网络的规模。"① 他也指出，社会资本不是自然形成的，而是一种有意识或无意识的投资策略的产物。这种投资策略的主要目的是要稳固关系，使其成为可靠的资源。这种策略首先确定那些在短期内或长期内直接用得着的、能保证提供物质利润和象征利润的社会关系，然后将这些本来看起来是"偶然"的关系通过"象征性的建构"，转变为一种双方都从主观上愿意长期维持其存在的、在体制上得到保障的持久稳定的关系。②

美国华裔学者林南认为，社会资本是"行动者在行动中获取和使用的嵌入在社会网络中的资源"③。通俗地说，对于个体而言，社会学意义上的社会网络多数情况下就是他的人际关系网络。这时，社会资本也就是个体在社交中的投入与回报。

美国社会学家霍曼斯（George Casper Homans）提出的人际交往中的"社会交换"理论，则将人与人之间的互动视为一种计算得失的理性行为，并认为个人之间的交换行为是维持社会秩序的基础之一。

网络人际传播的广泛性，可以扩张人们的关系网络，从而为社会资本的获得提供更好的基础，它在多方面的可控性，可以使人们较好地把握社会互动中的得失衡量，也可以在一定程度上提高人们在人际互动中的报偿。这些也是人们乐此不疲的重要原因。

3. 交流手段的多样性与可选择性

今天的技术条件下，基于网络的人际传播可以借助各种手段。当然，从目前看，文字交流仍是网络人际传播的主要手段之一。

除了技术和环境的因素外，多数人之所以偏好文字交流，还由于文字交流不受空间环境限制，更具私密性，文字便于条理、清楚地表达深刻的思想，在某些话题的交流中效率更高。同时，用文字交流可以更好地敞开心扉，克服口头表达中的羞涩感，还可以有反复修改的可能。从社会互动的"表演"策略来看，文字更便于进行"表演"的控制。如彼得斯（John Durham Peters）所指出的，在面对面谈话中是不存在"退格删除键"的，这正是相比之下某些人更青睐网络中介化文字交流的原因。④

但在网络中介化的文字交流中，人们不能面对面，一些辅助性的"语言"（如面部表情、手势、身体动作等）不能使用，这又可能削弱交流的丰富性与直接性。在缺乏其他线索的情境下，人们也可能对信息做出错误的解读与反馈。

---

① 周红云．社会资本：布迪厄、科尔曼和帕特南的比较［J］．经济社会体制比较，2003（3）．布迪厄，也译作"布尔迪厄"。

② 卜长莉．布尔迪厄对社会资本理论的先驱性研究［J］．学习与探索，2004（6）．

③ 林南．社会资本：关于社会结构与行动的理论［M］．上海：上海人民出版社，2005：24．

④ 彼得斯．奇云：媒介即存有［M］．邓建国，译．上海：复旦大学出版社，2020：333．

与面对面的交流相比，以文字为主的交流还有一个特点，那就是交流的内容是便于记录的。这些文字记录，不仅可能对后续的交流产生作用，也可能成为个人历史的一种记录。当然，这些记录常常也是个人隐私的一部分。这些隐私的泄露，则可能给人们带来危机。这也是今天一些人转向语音交流的一个原因。

与通常使用的语言文字不同的是，网络的文字交流往往另有一套自己的语言和符号体系，例如谐音字的大量使用和各种表情符号的运用等。这些独特的符号系统，是在实践中自发形成的，它们不仅成为网民交流的手段，同时也成为交流的一道门槛。如果不了解某些特定的符号，就难以跟他人进行有效的交流。如果交流双方对某些符号的理解不同，也会出现交流中的偏差。

你怎么看

在网络交流中，你是否遇到过交流双方对某些符号理解不同导致的交流障碍？你们最终是如何解决这一问题的？

语音交流在今天的网络交流中作用越来越突出。对于那些不会打字的群体，或者不方便打字的情境，这样的手段是重要的。避免留下文字证据，也是一些人选择语音交流的原因。此外，是否偏好语音交流与用户的性格因素等也有关。但是，在微信的点对点交流中，一些人对于他人发语音信息是比较介意的。

近年来的社交平台也可以提供类似面对面交流的视频聊天。在亲密关系的互动中，这样的交流手段尤为重要，特别是对老年群体来说。此外，视频直播、视频会议等，在某种意义上也是人际传播方式的一种拓展。除了视频中全方位的信息呈现外，视频交流带来的在场感与陪伴感，也给了人们另外的报偿。

网络平台还有一些特殊的人际互动方式，如“点赞”这样的简便方式，也成为人际关系的纽带。

总体来看，在网络的人际传播中，人们可以在不同手段之间进行选择或切换，寻找某一情境下最适合的交流方式，相比现实空间的交流，网络交流有更大的自由度与可控空间。

4. 传播情境的虚拟性

由于网络这一传播渠道的存在，网络中的人际交流是在一种虚拟的空间情境中展开的，它消除了现实交流中的空间环境因素的影响。例如，没有地理上的距离障碍，没有空间大小的影响，也较少受到物理空间中的背景活动、噪音等的影响。因此，它是在抽象的环境中进行的一种交流。

这种抽象环境会导致社会临场感（人际互动和关系中，交流对象的显著性程度以及主观感知的亲密性和直接性）的削弱，以及一些社交线索的滤除，特别是在以文字为主的交流中。①

现实世界中的人际交流会受到一些因素的干扰，例如交流者的性别、身份、地位等。但网络传播情境的虚拟性在某些时候会消除人们之间的差异，以及人的一些社会背景线索，相对来说是一种更平等、更纯粹的交流。它使交流内容与技巧等的重要性得到凸显。

传播情境的虚拟性也与匿名性有一定关联，但今天一些网络平台的实名规定，使得匿名在网络中不再是无条件存在。

传播情境的虚拟性一度让人们认为“身体”在人际交流中的意义被削减，甚至消失，但事实上，即使是虚拟交流，身体也并没有缺席，包括在文字交流中。就如彼得斯所言，“书写是一种具身实践”②。在基于网络媒介的文字交流中，书写变成了打字，打字的速度，直接影响

① 拜厄姆．交往在云端：数字时代的人际关系［M］．2版．董晨宇，唐悦哲，译．北京：中国人民大学出版社，2020：55－58.

② 彼得斯．奇云：媒介即存有［M］．邓建国，译．上海：复旦大学出版社，2020：294.

到交流的效率与效果，而打字的速度与身体状态相关。在网络发展早期，不能掌握打字技能，就难以参与网络人际交流；一些身体机能存在障碍的人，参与文字交流也会有阻碍。

今天的技术可以将语音直接转换为文字，这为那些不方便打字的情境提供了交流可能，但说话也是身体机能的一部分。

因此，虚拟的交流，并非身体缺席的交流，它只是在空间上对“身体出现”或“身体在场”的要求降低，一定程度上也意味着人们在网络互动中可以投入较少的“情感带宽”（emotional handwidth）。[①] 然而对身体机能及参与程度的要求并未降低，甚至可能提高了。

在越来越普遍的视频交流中，身体的在场重新变得重要，虽然不一定体现为某个物理空间的在场，但会体现为“屏幕”这样的空间的在场。身体全方位地参与交流，身体表现与交流场景的匹配度，成为交流效果的重要影响因素。

5. 传播策略选择性与差异化的增强

人际传播也有相关的策略，戈夫曼（Erving Goffman）的“拟剧理论”就是从表演角度揭示了人际互动的策略。通过对前台与后台的区分，对表演场景、方式与手段的选择，甚至是剧班的配合等，人们力图在社交环境中呈现更好的自我形象。

在网络环境中，表演的舞台有更多选择性，表演场景、手段、方式也更丰富，具有更好的可控性，这些都为人们的传播策略选择提供了可能。虽然人们的选择并非总会带来最好的效果，但人们普遍形成了面对不同平台、不同对象的差异化表演意识。

在人际互动中，人们也会有一定的自我披露，也就是向他人透露个人的信息。这既是为了通过披露来换取交流对象的信任感、亲近感，也是为了更好地塑造自我形象，以及获得其他报偿。其中的披露程度，也是传播策略的体现。以往的研究者从社会交换理论、隐私计算理论、理性行为理论、计划行为理论、人格理论、依恋理论等多种理论视角对自我披露行为进行了研究[②]，一般而言，披露收益、披露代价、个人因素、平台因素、社会环境因素等都会影响到人们的自我披露[③]。

网络中，这样的披露也同样存在。面对不同的对象，在交往的不同阶段，披露广度与深度会有所不同。在不同的平台上，人们获得的报偿和风险不尽相同，因此披露策略也会有所差异。

从各方面来看，网络使得人们在人际交流中的策略控制能力增强。面对不同对象，人们的交流策略也会产生差异。有时这会提高交流质量，但并不总是会达到人们期待的效果。

6. 传播过程的多线程可能

在现实空间的人际交流中，人们往往需要专注于某一个交流过程，难以分身，无法与不同时空中的人进行同时的对话。但网络中的交流可以是多线程的，人们可以在不同平台、用不同方式同时与多个对象展开交流，尽管有时会产生顾此失彼的结果。

（二）网络中的人际传播对现实人际关系的影响

网络中的人际传播，对人们的现实人际关系也会产生影响，有些影响甚至是深层的。

美国社会学家格兰诺维特（Mark Granovetter）最早提出，人们现实中的关系可以分为强关系与弱关系两类。他对强弱关系的区分主要基于概述关系特征的时间量、情感紧密性、熟悉

---

① 彼得斯．奇云：媒介即存有［M］．邓建国，译．上海：复旦大学出版社，2020：300.

② 黄程松，王雪．近10年国外SNS用户自我披露行为研究述评［J］．信息资源管理学报，2019（2）.

③ 邓胜利，杨璐伊，付少雄．基于自我差异理论的社交网络用户自我披露行为研究［J］．情报理论与实践，2021（3）.

程度和互惠交换等四个标准。强关系是群体内部的纽带，而弱关系则是群体间的纽带。①

基于网络的人际传播对这两种关系下的互动都产生了影响。

有研究者认为，网络促进了亲密关系的媒介化，特别是家庭关系的媒介化。手机等媒介的技术逻辑表面上制造了家庭成员共属同一物理空间的假象，实际却隔离出独立的心灵空间，创造出不同的个人网络空间。②

这种情况固然存在，但这并非网络对亲密关系影响的唯一取向。微信等应用也在一定程度上加强了亲密关系的联系与互动，特别是代际的和跨越时空的联系。但这种联系与互动的加强，并非一定使关系更为融洽，也可能制造矛盾与冲突。在与熟人的互动中，情况也是类似的。

网络对弱关系的影响主要体现为两个方面。其一，它可能加强弱关系之间的互动，从而使弱关系发展为强关系。其二，它可以为各种弱关系的建立提供可能。例如，一些大型的社交平台可以将人们更广泛地连接起来，以往在现实空间里难以认识的人，在社交空间中经过三到四个人的中转就可以建立联系。

无论是强关系还是弱关系，其交流都可能在线上或线下进行。

网络时代的一种社交现象是，人们越来越多地愿意以线上方式进行交流，包括与强关系的交流。除了社交情境的抽象性、虚拟性等带来的自由感、去抑制性外，对交流的可控性，包括在付出与报偿上的可控性，也是人们更愿意选择线上平台来进行人际交流的重要原因。

你怎么看

你喜欢线上交流还是线下交流？为什么？网络人际传播在哪些方面影响人际关系？

互联网刚刚兴起的时候，人们就意识到，网络可以让天涯变咫尺（基于线上交流），也可以让咫尺变天涯（忽略线下关系）。因为沉溺于网上的交流而忽视与自己身边的人的交流的现象，从网络普及以来就存在，今天仍然有增无减。美国心理学家雪莉·特克尔（Sherry Turkle）的分析，也许在一定程度上揭示了其中的缘由："我们开始把其他人当实用性的客体而去接近，并且只愿意接近对方那些实用、舒适和有趣的部分。无论是机器人生活还是网络生活，都可以帮助我们把自己从现实的、复杂的、凌乱的生活浪涛中转移出来，一旦实现这种转移，我们就会更不愿意离开。"③

现实社会的人际互动，是全方位的接触，既要接受对方对自己的有用之处，也要忍受对方的缺点或者给自己带来的负担。人际互动也是社会交换过程，在收获的同时要付出，有时甚至付出远大于回报。但通过虚拟空间来和他人互动，则可以选择性地接受对方的有用、有趣之处，将其他自己不喜欢或不感兴趣的部分剥离出去。从社会资本获得的角度看，网络人际传播似乎能提供一些捷径。但是，仅仅出于社会资本交换而形成的社会关系，未必能稳定、持续。

另外，线上交流也可以让人们动用各种方式进行表演和"印象整饰"，以更好地塑造自己在网络中的形象。但是，线上的这些交流技巧与现实中的交流技巧是不一样的，一些人习惯了线上交流的方式与语言，回到现实世界里来，难免会有不适应的感觉。这也会降低他们在现实生活中的人际交流的愿望。

---

① 李继宏．强弱之外：关系概念的再思考［J］．社会学研究，2003（3）．

② 李岩，林丽．人际传播的媒介化研究：基于一个新类型框架的探索［J］．编辑之友，2019（4）．

③ 特克尔．群体性孤独［M］．周逵，刘菁荆，译．杭州：浙江人民出版社，2014：165－166．

二、网络中群体传播的发展

网络的很多应用，都促进了人群之间频繁的交流互动。在这种交流的基础上，网络中很多人群的交流不再是偶然的、临时的，而是逐渐变为固定的、持续的关系，这些人群进而演进为社会学意义上的狭义群体。这些群体成了网络中新的社会单元，也对网络意见的形成、网络文化的发展起着重要作用。

但网络环境下，我们对群体的认识需要超越传统的、狭义的群体。开放性的人群之间的互动，构成了一种新的群体传播。这些传播对于网络的公共信息传播、公共意见表达、社会参与和集体行动、文化的生产与传播等，具有重要的意义。当对网络的群体及群体传播有新的界定时，“互联网群体传播的哲学意义因此便呈现出来，它通过构建新的媒介环境，解构了大众传播的主导地位”①。

（一）网络群体的两个层面：封闭性群体与开放性群体

群体本身是一个多义的概念。在社会学中，通常将群体分为广义与狭义两类。广义上的群体，指一切通过持续的社会互动与社会关系结合起来进行共同活动，并有着共同利益的人类集合体；狭义上的群体指由持续的直接的交往联系起来的具有共同利益的人群。②

社会学领域所说的群体通常需具备以下特征：有明确的成员关系，有持续的相互交往，有一致的群体意识和规范，有一定的分工协作，有一致行动的能力。③

这样的群体中有两个重要概念，即群体意识和群体规范。

群体意识就是参加群体的成员所共有的意识。它包含几个方面：关于群体目标和群体规范的合意，群体感情，群体归属感。

群体规范指成员个人在群体活动中必须遵守的规则，在广义上也包括群体价值，即群体成员关于是非好坏的判断标准。

对于群体传播，日本传播学家岩原勉的定义是：群体传播就是将共同目标和协作意愿加以连接和实现的过程。④ 群体传播的过程形成群体意识和群体结构，而这种意识一旦形成，又反过来成为群体活动的框架，对个人成员的态度和行为产生制约。

网络语境下，社区与群体这两个概念常常被人混用，但是，两者又有一定区别。

网络中人群聚集、持续互动的地方都可以称为社区。有些社区能形成稳定的、狭义的群体，成为社群；有些社区却不尽然。将社区发展成具有稳定关系、有群体意识的群体，是很多社区努力的一个目标。从另一个角度看，网络中的群体形成及互动，是以社区为依托的。

网络社区的传播可以涵盖人际传播、群体传播、组织传播和大众传播等不同层面。但是，群体传播是社区中最常见最频繁的传播方式。

群体与第七章要探讨的共同体有着很大程度的交叉，但并没有太多研究者明确研究过这两个概念的差异。人们只是出于各自的偏好和学科视角，采用不同的提法、沿用不同的研究路径，而这两条路径常常也是交织的。

就本书而言，对共同体的研究更偏向于从社会结构的视角分析相似人群是如何被连接，不

---

① 胡翼青．重塑传播研究范式：何以可能与何以可为［J］．现代传播（中国传媒大学学报），2016（1）．

② 郑杭生，等．社会学概论新修［M］．5版．北京：中国人民大学出版社，2019：175．

③ 同②176．

④ 郭庆光．传播学教程［M］．北京：中国人民大学出版社，1999：89．

同人群之间又是如何被区隔的；而对群体的分析则是为了从传播角度对网络人群的互动关系进行进一步研究。

今天的网络群体可以在两个层面进行研究：封闭性群体与开放性群体。

封闭性群体符合传统的狭义的群体界定，有持续的、直接的互动，有明确的成员关系，有一致的群体意识和规范，并且有一致行动的能力。这些群体通常也在稳定的社区内活动。以往对网络群体的研究，是以这类群体为主要研究对象的。

但在网络发展过程中，我们也可以看到，越来越多的时候网络群体呈现出开放性。群体成员未必有群体意识，但他们也会形成相互的影响，有时甚至产生一致的行动能力。在整个网络传播活动中，这样的群体性互动所起的作用越来越显著。这样的群体也是流动的，有些群体甚至可以看作是临时性的，它们只是在某个目标或行动下被激活，一旦行动完成，群体也就消失。

我们既需要研究网络中封闭的、狭义的群体及其传播，也需要关注今天开放的、广义的群体的传播机制，以及它在整个网络传播中扮演的角色。

下文将进一步分析两个不同层面的网络群体传播。

（二）封闭性群体传播的影响因素

封闭性群体的传播主要受到以下因素的影响。

1. 社区结构

封闭性群体往往都是在封闭的社区里活动。今天，这种封闭性社区主要包括论坛和微信群等。这种社区结构的一个重点特征是社区有一个明显的边界，就像画地为牢的“圈”一样，社区的活动都在这个明确的“地界”内。加入某个社区，会有明显的行为标志，而每个社区也会有一个明确的名称。人们在这种社区的互动是通过一个个明确的话题来进行的。图 2－1 示意了这种社区的结构特征。

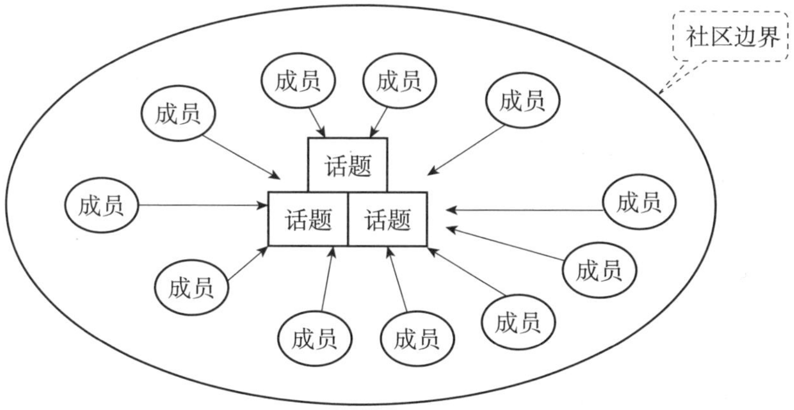

图 2－1　封闭性社区的“圈”式结构

从形式上来说，这种社区的“圈”或边界是由社区的进入机制决定的。而从本质上来说，这种边界是社区的核心维系点决定的，即社区成员共同的兴趣、意识、行为以及利益。

“圈”式结构使社区边界明确，社区成员有较明确的身份意识。社区成员作为一个集体进行的交往比较多，成员对社区的归属感更容易形成。因此，这种结构更有利于封闭性群体的形成。

2. 成员关系

在封闭性社区中，虽然互动环境是虚拟的，群体成员间的关系却是实在的，而且像现实空间一样，群体成员间会形成权力关系。

如果一个群体没有明显的权力中心，它的凝聚力往往是不强的，作为一个整体的活动能力也不强。因此，权力中心（例如意见领袖）的形成，对于网络群体的持续与稳定发展，关系重大。

网络中，群体内部的关系，一种是在完全空白的状态下，通过自然的选择机制形成的；另一种则是对现实中群体权力关系的继承或重新赋权。重新赋权的意思是，网络可能改变原有群体中的领导者地位，而赋予一些原本只是普通成员的人以领导者的地位。

有学者认为，决定群体领导的因素之一是交流的信息量。一般来说，在交流信息上最活跃的成员也就是群体的领袖。[①] 这一点，在网络群体中体现得更加突出。

目前网络里的群体传播仍主要以文字作为传播手段，因此，群体成员的影响力很大程度上取决于他的文字表现力以及文字对其他成员的影响力。一般来说，高频率地发表意见，能够提出鲜明的观点，文字生动、幽默的成员，他们发表的观点更容易引起广泛注意和讨论。因此，这样的人居于交流的中心，也就更容易成为意见领袖。

除了意见领袖这样的权力“中心”外，网络群体成员的关系，还可以体现为成员之间的认同关系、结盟关系、对抗关系等。这些关系的形成，与群体成员的性格、需求等相关。群体也是一个小的生态系统，只有形成合理的“食物链”关系，才能保持其动态的平衡。

可以看到，网络中的群体传播，往往是在一定的成员关系影响下展开的。个体对于某一事物的态度与意见的形成，不单纯取决于个人的既有倾向，在很多时候还取决于权力中心以及其他成员的态度。

在传统群体传播中，群体压力往往对群体成员产生重要影响。但是，在网络群体里，群体压力并非随时随地起作用，但也不能认为它不再存在。

在网络群体中，群体压力能否起作用，首先取决于群体结构对个体的影响程度。权力中心突出、成员关系紧密的群体中，群体压力可能更大。在这样的群体中，权力中心作为意见领袖，会影响到很多成员，因而产生较为强大的意见气候压力。同时，如果每个个体都处于比较固定的结构关系中，例如，与某一些人有牢固的同盟关系，那么，他的意见的形成就不能仅仅依据个人的判断，而是需要与他人保持一致。

此外，群体压力是否产生作用，也与人们的“群体承诺”有关，也就是与个体对群体的认同度和依赖度有关，下文将进一步解释。

3. 群体认同与群体承诺

网络中的人群之所以最终会有一些演变为群体，人们之所以要通过群体内部的交流保持长期而稳定的关系，一个根本的动力在于社会归属感。

每个网络中的群体都有自己特定的交流话题范围。从表面上看，人们参与群体的交流，是为了获得这些特定范围内的信息或知识。但是，这只是人们的外在需求。如果只从信息获得这种需要来看，人们并不必然对一个群体保持长久的忠诚度。真正能让个体留在一个群体，对群体产生忠诚度，并在必要的时候与其他成员形成统一的行动的原因在于，人们需要通过参与到某个或某些群体中，获得自己的社会归属感，以避免个体的孤立。这种归属感既可能只是虚拟

---

① 弗里德曼，等．社会心理学［M］．高地，高佳，等译．哈尔滨：黑龙江人民出版社，1984：522.

社会范围内的，也可能会延伸到现实社会中。

这种社会归属感在群体层面体现为个体对群体的认同以及承诺。

群体认同（group identity），也可称为“群体归属感”，它是指群体成员从群体活动中得到某种程度的需要满足而对群体产生的认同感。网络群体属于一种自发性的群体，因此，成员对它的认同度也不尽相同。

对群体形成认同的直接结果或行为表现是网民的“群体承诺”（group commitment）。所谓群体承诺一般是指个体认同并卷入一个群体的强度。它不同于任何人进入组织与组织签订的工作任务和职业角色方面的合同，而是一种“心理合同”或“心理契约”。

从群体承诺的主要取向看，可以将它分为三种性质的承诺。

其一，情感性承诺。它表现在以下三个方面：对群体怀有强烈信念和价值认定，愿意为群体的利益付出努力，有强烈的保持群体成员资格的愿望。

其二，工具性承诺。在群体中留任是出于对个人投入（时间、努力、机会等）代价的计算。

其三，规范性承诺。在个人所认定应该“以符合群体目标和利益的方式来行动”的规范压力下对群体进行承诺。

也许有人会推断在网络中离开一个群体的压力与成本较现实社会要低，因为，人们只要从一个群体中消失就可以，而不必像在现实社会中离开一个群体那样承受舆论压力甚至其他利益损失。但是，社会归属感的失去，对网民来说，也是一种重要的损失。所以在很多情况下，他不会轻易离开一个群体，除非群体对他的意义不大，他对群体的依赖不强。“群体承诺”这样一种因素，在虚拟情境下仍然起着作用。“情感性承诺”“工具性承诺”和“规范性承诺”在网络群体中都存在，但较传统群体而言，很多网络群体是由网民从无到有建设起来的，因此成员的“情感性承诺”程度可能更高。

而对于群体总体而言，传播的内在动力是强化群体的特质，以便个体能对群体产生更高程度的归属感。这也是群体稳定的前提。

4. 群体心理

在网络这样一个环境中，群体交流情境与传统时代交流相比有所变化，但是，这种情境变化反而可能强化群体心理。网络群体成员的交流频率、交流深度往往高于传统的群体传播，这会使网络群体成员间的相互影响加深。而上文提到的结构的因素、个体对群体的归属感的因素等，都会使网络中的群体压力和群体心理对个体产生影响。后面的章节将做进一步分析。

在网络中，似乎会更多地看到偏激言行、语言暴力、集体暴民等现象。这些现象并不能简单地从网民素质的角度去加以认识，群体在网民的意见、态度与行为产生过程中所起的作用是不可忽视的。

（三）开放性群体的传播要素

开放性群体传播可以表现为两种情形：一是由某些事件或话题引发的群体性讨论；二是在一段时间内的群体互动，这些互动对公共信息传播、舆论、舆情或网络文化会产生一定的作用。

在开放性群体的传播中，尤其需要关注以下几种要素。

1. 社会网络：群体传播的基础结构

开放性群体的普遍形成，与网络社区的结构变化相关。

今天的一些网络平台（如豆瓣、SNS 网站、微博、微信朋友圈等）上，人群聚合并没有形成明确的边界，甚至某些时候人们的互动并不需要话题讨论，而只需要通过某种方式所形成的关系链条，如“标签”功能、“好友”功能等。“标签”建立在内容的联系上，“好友”建立在人际关系的认同上。社区是靠这些关系“链条”或“纽带”产生的，最终这些纽带编织出复杂的成员关系网络。图2－2示意了这种结构。

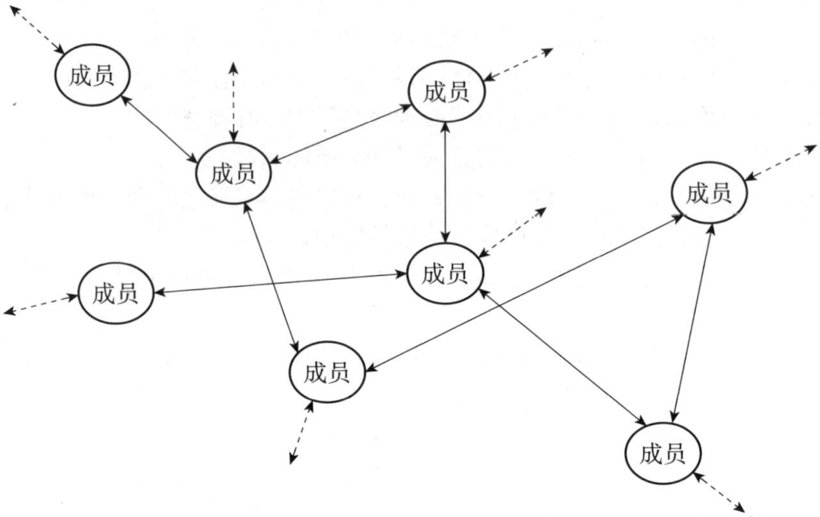

图2－2 开放性社区的“链”式结构

相较“圈”式结构而言，“链”式结构这样一种较为松散、灵活的结构关系，使社区成员的集中交往并不多，常态的交往是一对对成员之间的个别交往，因此群体意识较难形成。但是，在某些时候，成员也会形成较一致的行为。

这样的社区平台，成为开放性群体的基础，但开放性群体的成员规模不是固定的，而是动态的：不同的时机和条件下激活的成员数量不同，形成的群体规模也就不同。

在这样的平台上，每一个用户的社会网络变得明晰。所有个体的社会网络交织起来又构成了一个巨大的社会网络，这个社会网络为群体中的信息流动、意见交锋、个体态度与群体意见的形成提供了基础渠道。

当然，社会网络这样一种基础结构对人际传播、大众传播、组织传播等都会起作用。但是，在群体传播中它的作用更为突出。

2. 焦点议题：群体传播的起点

由于没有稳定的群体边界和群体结构，因此，开放性群体要形成互动，往往要由某些议题引发。焦点议题的形成，大致分为以下几个环节：

（1）公共议题出现。能够引起群体关注、激活群体的议题，首先要具有公共性，其次要能引起人们参与生产、传播的愿望，例如创作、转发、评论。某些话题还要能唤起某种行动，例如，寻找某个人、挖掘某个事实、核实某些信息等。

（2）传播力量汇聚。一旦具有价值的公共议题出现，本来分散的传播力量就会向这一主题汇聚，包括事实性信息的生产与传播，也包括意见性信息的生成。

（3）共同“投票”。一个主题引出的相关话题和讨论往往不止一个，有时是多条主线并存。但是究竟哪一个会成为焦点，取决于群体成员以阅读、转发、讨论甚至搜索等方式进行的“投票”，最终会形成“优胜劣汰”的结果，焦点议题与观点逐步凸显。当然，这种“优劣”主要是指内容受关注的程度高低，而并非指内容的好坏。在这个过程中，权力中心会起到比较显著的作用。

3. 权力中心：群体传播中的关键节点

虽然开放性群体没有稳定的成员关系，但在相关的社会网络中，仍然存在着权力中心。最典型的权力中心，就是意见领袖。

在开放性群体中，意见领袖的形成与其已有的地位和名声、信息拥有水平、专业知识水平、社交传播能力、参与社交活动的频率及深度等相关。意见领袖对于群体传播的影响主要体现为以下几方面：

（1）作为强势内容源起作用。一些意见领袖凭借自己独特的资源优势，向人们提供独家的或高质量的信息、知识、见解等。他们作为有分量的内容源，被人们推向“高处”。在“马太效应”的作用下，他们的强势地位得以不断巩固。

（2）作为信号放大器起作用。有些意见领袖自身原创的内容并不多，也较少发表意见，他们主要是通过转发的方式，促进了一些信息的广泛传播，提高了这些信息的传播效果。

（3）作为流向调节阀起作用。意见领袖不仅影响到信息传播的强度，也可以影响信息流动的方向。他们的关注（相当于打开阀门）或不关注（相当于关闭阀门），在一定程度上影响着他们的追随者所获得的信息的范围。因此，他们是群体中信息流向的调节阀。

（4）作为意见气候营造者起作用。意见领袖对于他们所在的社会网络中的意见的形成与传播，作用也是明显的。这不仅因为他们的个人意见更容易影响到相当规模的用户，还因为，他们可以凭借自己对于信息流向与流量的控制，在他们周围形成一个强势的“意见气候”。

当然，并非所有意见领袖都一定会扮演上述所有的角色。由于个人背景和资源优势的差异，他们起的作用也可能不尽相同。

除了较为稳定的意见领袖外，在某些特定事件上，一些普通用户也可能成为临时性的话语权力中心，例如，某个事件的当事人、某个行动的发起者等。

某些情况下，一些组织也会成为群体传播中的权力中心。这可能缘于它们在信息传播中的价值，也可能缘于它们用行政、商业等手段进行的干预。

4. 节点激活：群体传播的扩散

当社会网络成为群体信息流动的网络时，每一个节点都在起着“把关”的作用。传与不传，每个节点做出的每次选择，都直接影响了信息传播的广度与效果。在不同话题上形成的群体规模、互动程度、意见声浪与走向、集体行动力等，都与平台中社会网络的节点在多大范围、多大程度上被激活有关。特别受关注的话题，其涉及的社会网络甚至可以同时覆盖多个平台。

个体节点能否被激活，既与传播内容的公共价值大小相关，也与内容跟个体的私人化诉求的契合度相关。人们参与群体传播的动机中，也会夹杂着私人性的动机。

个体节点被激活后，并非只是参与信息的生产与传播，人们的情绪、情感等也被调动，这些因素也会对他们的传播行为产生作用。

节点被激活后，既可能通过与其他节点的一对一链条的互动来参与传播，也可能通过某些公共区域的互动来参与传播，例如新闻后的跟帖、微博的话题区以及其他平台的互动区域等。

对于议题聚焦、个体激活来说，热搜榜具有重要作用。有些议题在社交平台一对一的互动中并没有体现，但用户可以通过一些平台中的热搜榜来了解当下热点，从而可以加入到焦点、热点议题的讨论中，这也可以使焦点议题积蓄更多的注意力。当然，热搜榜也存在人为干扰甚至控制的可能，如“买热搜”。因此，群体互动的焦点，也并非一定是由群体的选择形成的。

此外，群体心理以及社会网络中的结构关系等，都会影响到群体传播的过程与结果。

5. 自组织：群体传播的协同机制

从系统论的观点来看，“自组织”是指一个系统在内在机制的驱动下，自行从简单向复杂、从粗糙向细致方向发展，不断地提高自身的复杂度和精细度的过程。① 也就是说，自组织的演变、进化是在内部要素的运动中而不是在外部力量的强制下实现的。

在网络的群体传播中，自组织机制也会起作用。

网络平台中的自组织主要有常态性和临时性两种。在一些封闭性群体里，往往有着常态性的自组织机制；而在开放性群体传播中，自组织机制主要体现为某一次传播活动所产生的临时性网民力量聚合和分工、协同工作，例如辟谣、人肉搜索、灾难后的信息传播以及一些集体行动。

虽然网络环境中的群体传播主要可以分为封闭性群体传播和开放性群体传播两个层面，但在现实中，这两者也会出现一些混合与交融。有些群体，例如维基平台上的群体，既非完全封闭性的群体，也非完全开放性的群体，其传播也是两种传播机制的混合。

三、网络中组织传播的扩展

网络中的组织传播，是目前新闻传播研究者较少关注的一个领域。但是，对于企业等组织来说，这却是一个非常值得关注的研究课题。

组织是指人们为了达到某种共同目标，将其行为彼此协调与联合起来所形成的社会团体。

组织传播是指组织所从事的信息活动，它包括组织内传播和组织外传播两种。两者都是组织生存所必不可少的保障。组织传播的功能包括内部协调、指挥管理、决策应变、形成共识。②

组织传播的渠道包括：

(1) 下行传播，即有关组织目标、任务、方针、政策的信息，自上而下地得到传达贯彻。

(2) 上行传播，即下级部门向上级部门或部下向上司汇报情况，提出建议、愿望与要求的信息传达活动。

(3) 横向传播，指组织内同级部门或成员之间互通情况、交流信息的活动，其目的是形成相互之间的协调和配合。

组织传播可以通过书面媒体、会议、电话、传真、组织内公共媒体和各类新媒体渠道进行。网络的发展，给组织内传播和组织外传播都带来了巨大影响。

(一) 网络与组织内传播

对组织内传播产生影响的网络技术，既包括互联网，也包括内联网。内联网是在一个组织

---

① 秦书生．自组织的复杂性特征分析 [J]．系统科学学报，2006 (1)．

② 郭庆光．传播学教程 [M]．北京：中国人民大学出版社，1999：101-102．

内部使用互联网技术实现通信和信息访问的方式，也称为内部网。

网络对传统的组织及组织内传播带来的影响主要表现在以下几方面。

1. 网络改变了传统的组织结构

对组织而言，网络的最大影响之一是改变了组织内部的信息传播模式，实现了信息的共享。这使过去许多组织中下行传播占主导地位的现象被改变，上行传播变得更容易实现，信息较容易实现自由流动，不会停滞在管理层中的任何一级。

网络的使用，有助于使组织的结构从“金字塔式”（见图 2－3）演变成“网络式”（见图 2－4）。

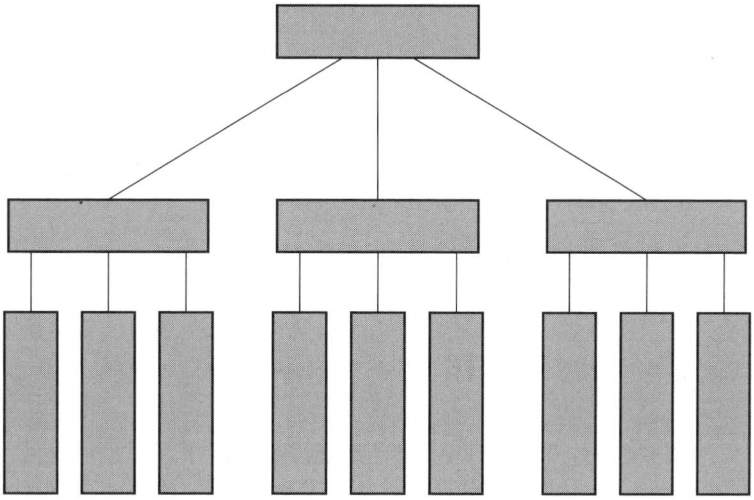

图 2－3 金字塔式组织结构

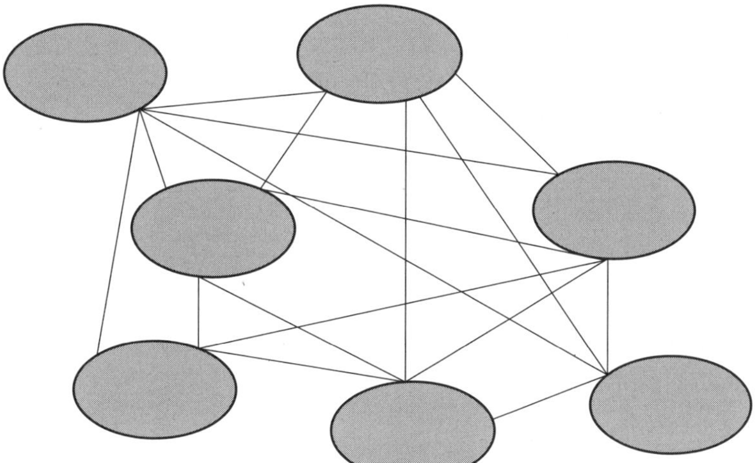

图 2－4 网络式组织结构

约翰·奈斯比特（John Naisbitt）在《大趋势：改变我们生活的十个新方向》中，把金字塔式的等级制度向网络式结构的转变作为社会发展的十大趋势之一。他认为：“在信息经济里，僵硬的等级结构使信息流程缓慢，而速度正是新社会所迫切需要的。”而“网络组织”的主要目标，是共享信息。因此，它可以提供一种官僚制度永远无法提供的东西——横向联系。“网络的存在可以促成自助，交换信息，改变社会，提高生产力和工作环境的质量，并且分享资源。网络的结构可比任何其他现有的组织以速度更快、更富有情感、更节省能源的方式传递信息。”①

网络式组织结构不仅改善了组织内部信息的流动状况，也可能会在其他方面带来影响。

（1）对组织人员的素质提出了更高的要求。只有掌握了现代生产技术与交流手段的员工，才能在这种结构中“如鱼得水”。

（2）结构的变化，促使组织由“集权制”向“分权制”转变，使组织由过去高度集中的决策中心改变为多中心决策组织。

（3）对于企业来说，网络式结构必将促进企业再造工程，企业的管理、生产、销售等网络将有机地结合在一起。

（4）这样的结构，有助于实现卡斯特在《网络社会的崛起》一书中提到的“网络化企业”（the network enterprise）的两种特性：一是连接性，即促进企业的组成部分之间无障碍沟通的结构性能力；二是一致性，即企业及其组成部分的目标之间利益的共同程度。②

2. 网络改变了组织成员间的交流方式

网络有可能对组织内传统的传播手段产生冲击，例如，组织成员可能更喜欢用电子邮件、即时通信等方式而不是面对面的交流方式。网络手段既可能增强成员间交流的热情，拓宽交流范围，也可能削弱传播中的非语言辅助信息，进而影响传播效果。因此，完全用网络来代替传统的传播渠道未必可行。

网络传播可以采用匿名的方式，因此可能导致虚假信息的出现，也可能使组织成员利用网络渠道发泄私愤。

3. 网络传播可能导致组织成员权力关系的变化

人们越来越多地用网络手段进行组织内部的交流时，可能导致权力关系的变化，例如，那些掌握了相关技术的成员的地位可能被提高。③ 特别是服务器的管理员这样的技术人员对于相关信息的掌握，可能使他们无形中变成一种新的特权阶层。

以往，一些组织的中层容易成为上行传播或下行传播中的把控者，人为制造信息的滞留，因此，他们在组织传播中的权力很大。但在网络影响下，他们在这方面的权力也受到一定削弱。

4. 网络使组织的虚拟办公成为可能

网络技术的运用，可以使“集中办公”变成“分布式办公”，“虚拟办公”也成为可能。由于新冠疫情而推行的视频会议等技术的应用，也进一步促进了“虚拟办公”的推广，这是否会进一步改变组织成员间的关系，还有待观察。

（二）网络与组织外传播

今天，网络成为组织外传播的一种重要方式。组织外传播包括以下两种。

---

① 奈斯比特．大趋势：改变我们生活的十个新方向［M］．梅艳，译．北京：中国社会科学出版社，1984：194－210.

② 卡斯特．网络社会的崛起［M］．夏铸九，王志弘，等译．北京：社会科学文献出版社，2006：167.

③ 米勒．组织传播［M］．袁军，等译．北京：华夏出版社，2000：257.

其一，组织的信息输入活动。组织的信息输入活动是组织为进行目标管理和环境应变决策而从外部广泛收集和处理信息的活动。

其二，组织的信息输出活动。宣传活动是现代组织的信息输出活动中的一个主要内容。宣传活动包括公关宣传、广告宣传和企业识别系统（CIS）宣传。此外，在危机时期的公关活动，也是组织对外传播的重要表现。

今天社会化媒体已经成为组织外传播的重要渠道。

与传统时代的对外传播相比，网络时代组织的对外传播具有以下特点。

1. 组织拥有了对外传播的直接渠道与传播主动权

过去，组织宣传往往需要借助媒体，发布内容与篇幅、发布时机等都取决于媒体。

网络时代，组织可以通过网站、博客、微博账号、微信公众号、视频号等多种形式，根据自己的需要随时发布信息，实时收集反馈信息，或者与公众互动。在危机时刻，更是可以立即启动对外传播。这也意味着它们拥有了对外传播的主动权。

得到了更多的机会与主动权，并不一定意味着传播效果的增强。如果掌握不好网络传播的技巧与手段，发布的内容也可能会遭受冷遇，一些不当的传播也可能产生负面效果。

2. 每一个组织成员都可能成为传播者

传统时代，组织的对外信息发布，往往由专门的部门来实施。但在今天，每一个组织的成员，都有可能成为一个传播者。他们在各种网络平台发布的信息，以及其他行为，都可能与组织的形象、声誉相关，或者透露出组织的动向。无论有意或无意，每个成员都有可能参与到组织的传播中。

3. 组织传播与大众传播的界限开始淡化

尽管对组织来说，它们通过网络发布的信息都是组织传播的一部分，但对媒体和公众来说，这些内容在某些时候也可以视作大众传播的信息。组织传播与大众传播在某些时候界限并不那么清晰，组织的对外传播也正在成为公共信息传播的一个组成部分。因此，组织需要对其传播内容的后续影响有充分的估计。

4. 组织传播成为公共传播的重要部分

面对网络时代组织传播的变化，我们有必要将组织传播放在公共传播这样的概念下进行认识。

对于公共传播，目前研究者认识不尽相同。有研究者的界定是，公共传播是政府机构、社会组织、公共媒体、非营利组织或公民通过媒体进行的任何一种以公众为对象的传播。① 也有学者认为，在网络环境下，公共传播是指多元主体在不同属性媒介构成的开放式传播网络中，围绕公共议题进行信息发布与沟通对话的行为、过程或现象。② 公共传播既意味着多元主体之间的沟通、对话，旨在促进认同、整合与合作；也意味着这样一种努力：多元主体基于公共性的价值和规范展开协商，以增益互惠和公共之善。③

无论如何定义公共传播，总之公共传播既意味着传播主体的多元化，也意味着传播过程的对话性、协商性。

① 石长顺，石永军．论新兴媒体时代的公共传播［J］．现代传播（中国传媒大学学报），2007（4）．

② 冯建华．后真相、公共传播与共同体构建［J］．宁夏社会科学，2019（2）．

③ 胡百精，杨奕．公共传播研究的基本问题与传播学范式创新［J］．国际新闻界，2016（3）．

组织在今天的公共传播中，成为重要的主体。尽管组织传播往往具有其内在的驱动力，有组织自身导向下的传播目标，但当它被置入公共传播的视野下时，也需要有新的定位与新的理念、能力支持。

四、网络中大众传播的变革

传统意义上的大众传播，是专业化的媒介组织运用先进的传播技术和产业化手段，以社会上一般大众为对象而进行的大规模的信息生产和传播活动。

网络是一种大众传播媒介，这一点是毋庸置疑的。1998年5月，在联合国新闻委员会年会上，网络被正式作为“第四媒体”提出。时任联合国秘书长的安南也指出，在加强传统的文字、声像手段的同时，应利用最先进的第四媒体——互联网，以加强新闻传播工作。把网络媒体当作第四媒体，正是从它的大众传播功能方面出发的。

网络时代，我们不再将专业化的媒介组织这样的生产主体特点作为界定大众传播的依据，而更多地考虑传播内容的公共性，以及内容覆盖范围的广泛性。在此基础上，我们可以从传播要素的角度总结网络中大众传播发生的变化。

（一）传播者：职业性主体与非职业性主体的共存

传统的大众传播中的传播者是从事信息生产和传播的专业化媒介组织，而网络传播的低门槛性，带来了传播主体的多元化，以及传播格局的复杂化。除了传统的大众媒体外，越来越多的非职业性的传播者，如商业网站、政府部门、各种组织与机构，甚至一些个人，都可以利用网络进行制度化的传播。有些传播也可以达到与传统媒体相当的影响力。整个网络中的信息环境也变得复杂、混沌。

（二）传播内容：多元动机、多元价值内容的混杂

生产者的多元，必然带来内容的多元。生产者内容生产的动机不同，价值衡量坐标不同，生产的内容也会有很大差异。

网络传播体系中的内容是具有公共价值的公共性内容、服务组织目标的组织性内容、与群体互动相关的群体性内容、满足个人诉求的私人性内容的混融。在某些条件下，它们之间也会发生相互转换。

在这样一种复杂的内容生态中，各种非公共性内容会与公共性内容一起争夺用户的注意力，有时甚至会占据用户较多的注意力，公共性内容的传播面临更多挑战。

公共性内容要得到更多的传播动力，除了要保持其在公共价值坐标中的价值外，也需要尽可能提升在其他价值坐标中的价值，这也包括新闻内容。

（三）传播渠道：多重渠道、多重模式的复合

在网络中，虽然有些渠道在一定程度上沿袭了传统大众传播渠道的特征，如Web网站和客户端，但网络中的大众传播并非只能利用这一类渠道。事实上，所有网络渠道都可以承载公共信息传播，且很多时候，一些备受关注的公共信息可以同时在多个渠道传播。传播渠道复合化，也意味着传播模式与机制的多元化，第一章已经对不同传播渠道的传播机制做了分析。同时，大众传播的手段也变得更为多元。

网络中的大众传播，往往会与人际传播、群体传播、组织传播等其他传播渠道交织起来，

形成多级传播，而且它们往往取决于用户的自主选择与组合。在多级传播过程中，信息的失真现象很容易出现，这也使传播效果的预测与控制变得更为困难。

（四）用户：异质性与能动性的凸显

网络的大众传播中，“受众”这一概念受到挑战，“用户”一词被更广泛接受。

传统的受众是“不确定的多数”，其规模较大，但由于传统时代大众传播的受众研究手段及传播渠道有限，媒体总会将其受众群体当成一个统一或者说同质性的对象来对待，用户的异质性被抑制。但在网络中，即使在大众传播过程中，用户的异质性也会得到体现。无论是通过社交平台的筛选，还是通过算法的筛选，人们的异质需求都可能得到满足。

相比受众，用户具有全方位的能动性。这主要表现为以下几个方面：

（1）用户在信息生产方面所表现的能动性。例如，用户利用各种社会化媒体发布他们创作的内容，这些内容是对专业机构生产的内容的一种补充或延伸。

（2）用户在信息消费方面所表现的能动性。与传统大众传播相比，网络传播中，用户在信息源、信息渠道选择以及获取信息的时间、方式、广度与深度等方面，拥有更多的自主权。

（3）用户作为信息传播渠道所表现的能动性。用户也是内容传播的渠道或媒介，他们对于公共信息的流向与流量，都会产生影响。

（4）用户与内容生产者的互动所表现的能动性。互动方式主要表现为作品中的互动、用户点击内容形成的直接反馈、用户发表的评论、用户提供的新闻线索、在线交流、在线调查等。这些互动甚至在某些时候可以演变为“共动”。

用户的能动性的增强，在某些时候甚至意味着传播者与用户之间的界限的模糊。用户的能动性也意味着其角色的变化，他们不再是单纯的消费者，而是产消一体的用户（prosumer）。

网络中的传播者与用户之间是连通的，这也是人们常说的“互动性”。一些时候，这种互动甚至不再是简单的交流与反馈，而是一种你中有我、我中有你的共同协作。

（五）传播效果：不确定性的增加

网络信息呈现方式常常具有非线性与层次性的特点，同样的作品被人们接收的内容可能不尽相同，因此，从单一作品角度看，传播效果存在不确定性。

网络传播过程的复合性、多级性，也使大众传播的效果受到多种因素的共同作用，很难单纯由传播者及内容来决定。

以往的传播学研究中，议程设置理论是解释大众传播效果的一个代表性理论。但在网络环境中我们可以看到，媒体的议程设置效果受到了削弱，而来自用户的自下而上的议程设置，对网络信息环境的影响却在增加。

上文我们沿用5W框架分析了网络时代的大众传播，只是为了与传统的大众传播进行对照，但在一定意义上，这样的框架本身已经不适用于网络传播研究了。传播者与用户角色界限的模糊，人与内容之间关系的变化，以及全新的传播模式，这些都是很难完全用传统框架来解释的。而网络传播环境的深刻变革，以及大众传播与其他传播形态之间的融合，更是呼唤我们建构网络传播研究的全新范式。

五、多形态融合下的网络传播及其特征

（一）融合性：网络传播的新常态

尽管我们今天还难以建构可以充分解释网络传播的全新范式，但至少，新范式的建构起点，应是打破传统的传播形态界限，充分研究它们的融合关系，以及由此形成的全新传播。

从传播渠道角度看，各种传播形态所利用的渠道在很多时候难以区分。社会化媒体的各种平台都是同时承载着四种传播形态，而网站、客户端等虽然从整体上偏大众传播和组织传播，但它们的评论社区，又会扮演着群体传播、人际传播的角色。

传播渠道的交织、重叠，也意味着一种传播形态很容易延展到其他形态的传播中，有时甚至会转化为其他传播形态。不同类型的传播也会相互作用、相互影响。一些内容的传播会同时受到来自多种传播形态的多种因素的影响，这些因素有时是动力，有时则是阻力。

> **你怎么看**
>
> 你如何理解网络传播形态之间的“融合”？日常有哪些体会？

各种传播形态与形式的相互交织，使网络传播的具体过程与结构变得格外复杂：传播既可以是“点对面”的，也可以是“点对点”的；既可以是一级传播，也可以是多级传播；既可以是同步传播，也可以是异步传播。

一条信息的传播可能会跨越多种传播形态，在多个传播渠道中进行着多级传播，在事实性信息传播的同时，也伴随着意见、情绪的扩散与交锋。在此过程中，会产生信息的放大、扭曲、衰减等多种可能性。

在几种传播形态中，人际传播对其他传播的影响尤为突出。

今天的社交平台，不仅促成了用户之间的人际传播，也将用户的人际关系网络连接起来形成一个巨大而复杂的社会网络。尽管在这个网络中每一个人的能力是有限的，但是，当网络将作为节点的每一个人的能量联结起来以后，就会产生巨大的社会能量。

一条信息如果调动了多数人的兴趣，就会在人际传播渠道中迅速传播，信息扩散速度呈几何级数增长。基于人际传播网络，也能实现大众传播的效果。在网络中，人际传播网络已经成为大众传播的“基础设施”，这也是第一章提到的“个人门户”传播模式兴起的基础。

网络中的人际传播网络在信息传播的同时还承载着意见、情感、态度等的传递。这意味着，人际传播在社会舆论的形成中起着越来越重要的作用。在一些情形下，包括灾难发生时，人际传播也会成为社会动员的方式。鉴于人际关系隐含的情感、信任等因素，在动员的效率与效果方面，人际传播有时会优于大众传播。

网络中的人际传播网络也是企业组织传播特别是组织品牌市场营销的重要渠道。基于人际传播的口碑效应，有些时候比基于传统大众传播渠道的广告效应更为突出，在这个渠道中出现的一些意见，也有可能引发组织危机。

另外，某些时候虽然人们的意愿是将交流限定在人际传播范围内，并保持其私人性，但在开放式的网络环境中，这未必能得到保障。人际传播的内容有可能进入其他传播渠道，产生当事人难以预料的结果。

在网络的作用下，群体传播在今天变得十分普遍。而如前文所说，群体传播本身的含义也

在扩张，既包括封闭性的群体传播，也包括开放性的群体传播。但无论是封闭还是开放，都有可能与其他传播形态互动、融合。

在封闭性的群体传播中，成员之间的人际互动成为常态。群体结构的形成，除了与群体传播相关外，往往也与人际传播相关。人际关系的黏性成为群体黏性的重要支撑。

而在开放性的群体传播中，传播网络节点的激活，很多时候也靠人际互动。当传播规模达到一定程度时，群体传播可以产生类似大众传播的效果。

群体传播在组织内外的传播中扮演着重要角色。组织中往往存在着小群体，网络互动的便利性，更有可能推助小群体的形成与发展。这些小群体既会影响到组织的权力结构，也会影响到组织内的信息传达与意见表达。在组织外的传播，特别是营销中，群体是信息交换的渠道，有时也是与组织相关的舆情的酝酿、发酵场所。一些群体在发展过程中，本身也有可能走向"组织化"。

在与人际传播、群体传播交织的同时，组织传播也在向大众传播延伸。以往组织只能借助大众传播渠道进行对外传播，但今天它们可以直接面向公众进行传播。那些具有公共价值与公共关注度的议题的传播，容易达到大众传播的效果。一些组织的对外传播渠道，也成为媒体的信源。

值得注意的一个新变化是，虽然以往我们认为自我传播只是人的身体内部的传播，与互联网无关，但随着智能设备应用的发展，当人机共生成为普遍状态时，人的自我传播也在外化，并且会与其他传播形成一定的融合。例如，人们的身体状态数据、运动数据会发布在一些社交平台，并进入人际传播或群体传播中。这一新现象将在后文的智能传播中进一步分析。

融合性传播成为常态的情况下，对网络传播的研究，虽然仍然可以从某一类特定主体出发，但不应再将特定主体与某一传播形态进行捆绑（例如媒体对应大众传播、组织对应组织传播），而是需要从复合性渠道、多元行动者、多重影响因素等的组合中去分析具体的传播过程，特别是其动态变化。

（二）网络传播的基本要素及特征

相比以往的各种传播形态，以融合性为常态的网络传播在其基本要素方面具有以下新的特征。

1. 传播的基础结构：连通的网状结构

理解网络传播我们还需要回到"网络"本身。网络的技术结构本身具有连通性的特点，从理论上来说，网络上的任意两个终端节点之间的连通都是可能的。技术结构上的连通性为信息的自由流动提供了基础。

而互联网技术逐步促成的内容-内容连接、人-人连接，使得建立在终端网络基础上的传播网络逐步形成。信息之间的联系不再是线性的、一元的，而是网状的、多元的。同时，各种传播主体（例如媒体、政府、企业、个体等），都可以看作是一个传播节点，难以数计的节点之间存在着复杂的联系，所有节点构成了一个巨大的关系网络，而这个关系网络也成为信息的传播网络，是网络传播的基础结构。网络中的信息流动路径也往往呈网状。

传播网络与关系网络的交叠，意味着网络中的传播过程与网络中的社会关系互动过程会形成共振。

2. 传播网络的权力中心："枢纽"

在这个传播网络中，还有一些"枢纽"。它们不是普通的节点，而是为节点的关系形成、为各种资源的连接提供支持。它们可以是门户网站、新闻客户端、搜索引擎，也可以是各类社交平台或服务平台。这也是第一章所提到的网络传播的渠道。但相比传统媒体时代的渠道，今天网络中渠道的功能与生态更为复杂，一些渠道已经成为超级平台。第十章将从网络社会、平台社会的视角对此做进一步分析。

就像交通枢纽一样，传播网络中的"枢纽"对于信息的流向、流量起着重要的调度作用，也对人与人的关系、人与内容、人与其他资源的关系形成重要的控制作用。因此，它们是整个传播网络中的权力中心。

3. 传播的主体：动机多元、权力分层的节点

尽管所有传播主体都可以视为节点，但节点之间也存在着传播权力等级差异。这种权力等级的形成既有节点原有社会地位的因素，也与网络中的互动有关。衡量节点权力的一个基本指标是，与其产生联系的其他节点的数量。

不同节点参与传播的动机不尽相同，在传播中参与的方式与程度也有差异。

在今天的网络传播中，除了人类节点外，越来越多的智能机器、物也以节点的方式加入，未来它们在网络传播中的作用还会不断上升。

4. 信息文本：具有"活生命"的内容

与传统媒体时代不同的是，网络传播中的信息文本的生产往往不是一次性的，它具有"活生命"，存在着不断再生产、再生长的可能。这主要通过以下方式来实现：

其一是在动态的生产中（如突发性事件的进行时式报道），不断增补新的信息，或修正错误信息；

其二是通过文本中的链接来与其他文本产生关联，因而形成意义的扩展；

其三是在用户的评论中被赋予新的意义；

其四是在各类节点的不断转发中，被修改、增删，文本意义也因此发生变化。

你怎么看

什么才算是"活生命"的内容，都体现在什么地方？

5. 信息流：多级、开放的漫延

传统大众传播时代便存在"多级"传播。按照拉扎斯菲尔德（Paul Lazarsfeld）等人的观点，大众媒体的信息传播过程常常呈现为两级流动：信息先从媒介流向意见领袖，再由意见领袖流向那些不太活跃的人群。[①] 而网络传播中信息流动的多级化是常态，流动渠道可以是大众传播、群体传播、人际传播、组织传播等渠道的多种组合，且往往是多种通道同时扩散、漫延，传播级数也可以无限增加。

但并非所有的信息都会以多级方式流动。信息能进入多级流动，有着一定的动因，例如信息本身与受众兴趣的吻合度、信息发布的方式等。

对每一次信息传播来说，信息流动层级都会存在不确定性，这也导致信息传播效果存在开放性。

---

① 拉扎斯菲尔德，贝雷尔森，高德特．人民的选择：选民如何在总统选战中做决定［M］．3版．唐茜，译．北京：中国人民大学出版社，2012：128.

总体来看，网络传播不仅是信息的传播，也是各种社会力量、社会关系的互动，理解网络传播需要深入到社会结构层面，第十章将对此做进一步阐述。

【本章学习与思考】

1. 你认为网络的传播可供性带来的最重要的影响主要是哪些？为什么？
2. 你如何理解传播与空间的关系？
3. 你认为网络传播如何影响了时间观？
4. 结合具体案例分析网络中的群体传播及其影响。
5. 今天你如何理解大众传播？
6. 你如何理解网络传播的要素及特征？

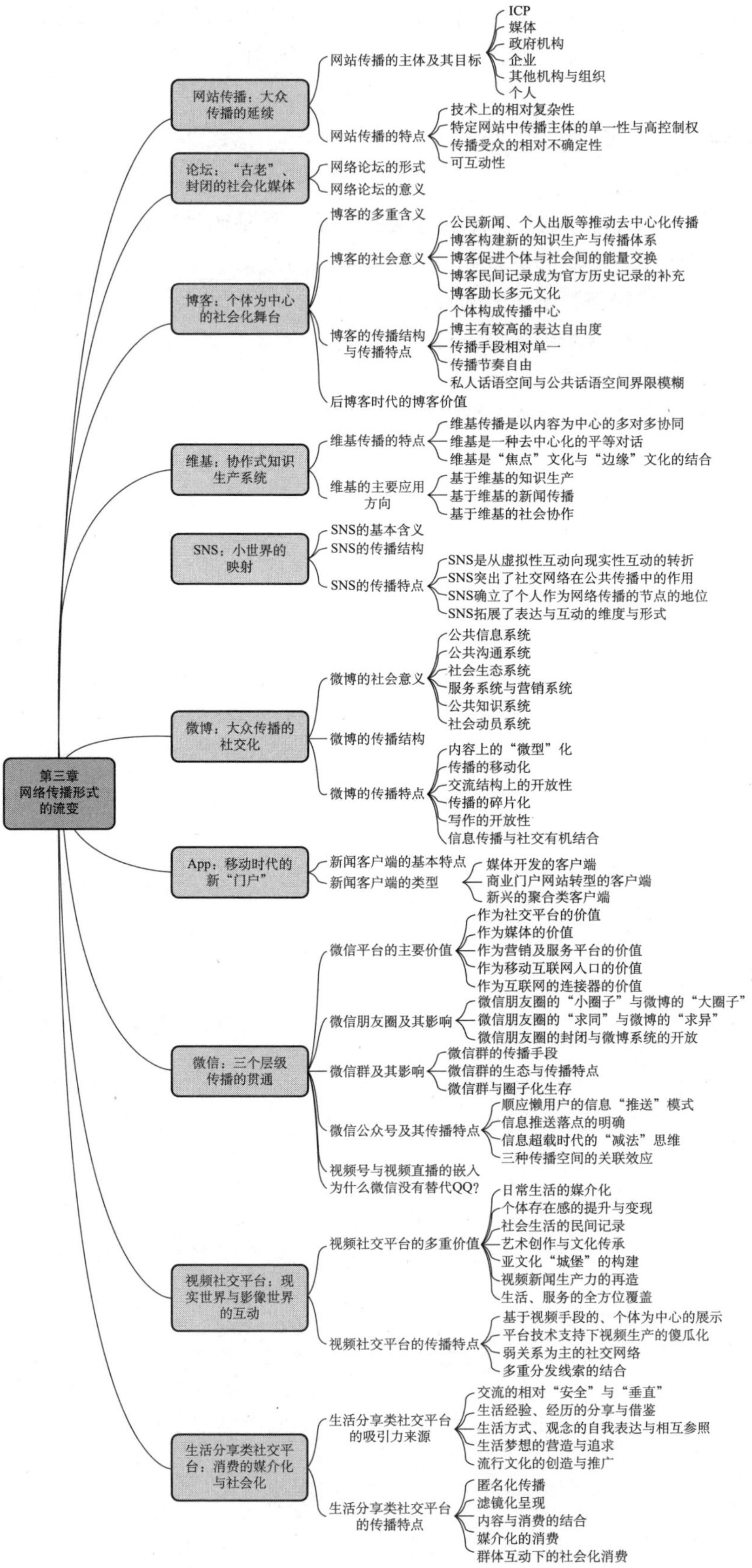

第三章
网络传播形式的流变
网站传播：大众传播的延续
网站传播的主体及其目标
ICP
媒体
政府机构
企业
其他机构与组织
个人
网站传播的特点
技术上的相对复杂性
特定网站中传播主体的单一性与高控制权
传播受众的相对不确定性
可互动性
论坛：“古老”、封闭的社会化媒体
网络论坛的形式
网络论坛的意义
博客：个体为中心的社会化舞台
博客的多重含义
博客的社会意义
公民新闻、个人出版等推动去中心化传播
博客构建新的知识生产与传播体系
博客促进个体与社会间的能量交换
博客民间记录成为官方历史记录的补充
博客助长多元文化
博客的传播结构与传播特点
个体构成传播中心
博主有较高的表达自由度
传播手段相对单一
传播节奏自由
私人话语空间与公共话语空间界限模糊
后博客时代的博客价值
维基：协作式知识生产系统
维基传播的特点
维基传播是以内容为中心的多对多协同
维基是一种去中心化的平等对话
维基是“焦点”文化与“边缘”文化的结合
维基的主要应用方向
基于维基的知识生产
基于维基的新闻传播
基于维基的社会协作
SNS：小世界的映射
SNS的基本含义
SNS的传播结构
SNS的传播特点
SNS是从虚拟性互动向现实性互动的转折
SNS突出了社交网络在公共传播中的作用
SNS确立了个人作为网络传播的节点的地位
SNS拓展了表达与互动的维度与形式
微博：大众传播的社交化
微博的社会意义
公共信息系统
公共沟通系统
社会生态系统
服务系统与营销系统
公共知识系统
社会动员系统
微博的传播结构
微博的传播特点
内容上的“微型”化
传播的移动化
交流结构上的开放性
传播的碎片化
写作的开放性
信息传播与社交有机结合
App：移动时代的新“门户”
新闻客户端的基本特点
新闻客户端的类型
媒体开发的客户端
商业门户网站转型的客户端
新兴的聚合类客户端
微信：三个层级传播的贯通
微信平台的主要价值
作为社交平台的价值
作为媒体的价值
作为营销及服务平台的价值
作为移动互联网入口的价值
作为互联网的连接器的价值
微信朋友圈及其影响
微信朋友圈的“小圈子”与微博的“大圈子”
微信朋友圈的“求同”与微博的“求异”
微信朋友圈的封闭与微博系统的开放
微信群及其影响
微信群的传播手段
微信群的生态与传播特点
微信群与圈子化生存
微信公众号及其传播特点
顺应懒用户的信息“推送”模式
信息推送落点的明确
信息超载时代的“减法”思维
三种传播空间的关联效应
视频号与视频直播的嵌入
为什么微信没有替代QQ？
视频社交平台：现实世界与影像世界的互动
视频社交平台的多重价值
日常生活的媒介化
个体存在感的提升与变现
社会生活的民间记录
艺术创作与文化传承
亚文化“城堡”的构建
视频新闻生产力的再造
生活、服务的全方位覆盖
视频社交平台的传播特点
基于视频手段的、个体为中心的展示
平台技术支持下视频生产的傻瓜化
弱关系为主的社交网络
多重分发线索的结合
生活分享类社交平台：消费的媒介化与社会化
生活分享类社交平台的吸引力来源
交流的相对“安全”与“垂直”
生活经验、经历的分享与借鉴
生活方式、观念的自我表达与相互参照
生活梦想的营造与追求
流行文化的创造与推广
生活分享类社交平台的传播特点
匿名化传播
滤镜化呈现
内容与消费的结合
媒介化的消费
群体互动下的社会化消费

第三章　网络传播形式的流变

网络传播是由一些技术手段支持的，不同的技术带来不同的传播形式，但研究网络传播的形式应该关注的是技术所营造的实在传播模式和传播情境，而不仅是技术本身。

虽然本章所分析的各种形式目前仍都存在，但从用户的角度看，大多数人总会追逐“新”的传播形式，这些“新”的传播形式也就成了某一阶段的“主流”。网络中“主流”传播形式的更迭，带来了整个网络传播图景的不断变化。

第一节　网站传播：大众传播的延续

网站是互联网进入大众化应用后最早出现的一种主流网络传播的形式，其技术基础是WWW，即利用Web页面组成的网站来发布各种信息、提供各种服务并与受众进行互动的一种传播形式。实际上网络的很多其他传播形式也都可嵌入Web网站。网站传播既可用于大众传播，也可用于组织传播等。

一、网站传播的主体及其目标

网站传播的主体可以是任何类型的组织或个人，不同的传播主体有不同的传播目标。从目前发展来看，网站传播的主要主体及其目标如下：

（一）ICP

ICP（internet content provider）即互联网内容提供商。它们以提供各类网络信息为主，并围绕内容开展各种服务。ICP包括综合性网站、专业网站、搜索引擎类网站、电子商务网站、社区型网站等。

（二）媒体

由于网站传播与传统大众传媒有很多近似之处，而在某些方面又具有自己的优势，因此，媒体也是利用网站进行传播的主要力量。

（三）政府机构

对于政府机构来说，利用Web网站进行传播主要有以下几个目标：一是将政府网站作为政府信息公开的直接渠道；二是将政府网站作为塑造政府形象的窗口；三是将政府网站作为电子政务的平台。

（四）企业

Web网站也是企业对外发布信息的渠道，是企业形象的塑造窗口。但是，在企业网站的建设中，更应该注重它与电子商务交易平台的结合。企业网站更多的应该是营销的一个平台，是营销手段的革新。

（五）其他机构与组织

其他机构与组织利用网站传播的目标，与政府是相似的：一是将网站作为机构或组织信息发布的直接渠道；二是将网站作为塑造机构或组织形象的窗口；三是将网站作为对外办公的平台；四是将网站作为内部办公的平台。

（六）个人

互联网早期，一些个人也开办自己的网站，今天这样的个人网站已经很少。个人开办网站的基本出发点，是满足与分享个人兴趣爱好。与其他主体所办的网站相比，个人网站一般规模小，内容单一，影响力相对也较小。但也有一些个人网站具有鲜明的特色，也有很高的人气。有一些个人网站在形成了自己特色的基础上，不断扩大自己的影响力，最终获得投资，进行商业化运作。

二、网站传播的特点

网站是 Web 1.0 时代的主要传播形式。与网络中的其他传播形式相比，网站传播更多地体现了传统的大众传播的一些特点。当然，它同时也具有网络传播的一些突出特点。这主要表现在：

（一）技术上的相对复杂性

虽然建立一个简单的网站比较容易，但是，要维持一个网站的定期更新、长期运转，保证内容的丰富性，却需要较复杂的技术支撑，此外也需要一定的硬件条件。缺乏一定技术背景的普通人，很难将一个网站长期地、制度化地运作下去。

因此，在网络中，网站传播是技术门槛相对较高的一种传播形式。

（二）特定网站中传播主体的单一性与高控制权

网站传播继承了传统媒体的点对面的传播，是一种“大众门户”式的传播模式。利用网站进行传播需要具有对网页上的信息进行发布的控制权。用户虽然可以浏览网页，但并不能直接对网页进行修改。即使发表留言，也不是直接修改网页内容的方式，网站也可以删除留言等。因此，网站传播的主体是网站的经营者。传播主体对于在网站上传播的内容的控制权是很高的，这一点，也与传统媒体类似。

网站虽然可以转载其他来源的内容，但是，网站通常要对这些转载的内容进行把关，所以它是由单一传播主体进行控制的传播。

（三）传播受众的相对不确定性

与即时通信传播、社区传播等相比，网站传播的受众的不确定性更强。虽然网站可以通过一些统计工具来观察网站的流量，但是，对于受众构成的具体特征的把握相对较弱。因此，网站传播对象通常并不是清晰可辨的。

（四）可互动性

与传统媒体相比，网站传播具有了互动的可能性。例如通过论坛、留言板、电子邮件等获得受众反馈。但是，是否开放互动功能，取决于传播者的意愿。

进入移动互联网时代，用户越来越多地基于手机终端来上网，也通过手机上的各种 App 来获取信息或服务，进行社交互动。但 WWW 网站并没有完全退出历史舞台，除了在电脑端可以访问各种网站外，手机上的浏览器也可以访问这些网站，一些网站还专门开发了移动版，以便为手机端的用户提供更好的用户体验。

第二节 论坛:“古老”、封闭的社会化媒体

网络论坛通常是指以各种话题讨论为主的 BBS。它是利用网络手段开展一种多对多交流的方式，也是网络中最早的社会化媒体应用之一。

1994 年 5 月，国家智能计算机研究开发中心开通曙光 BBS 站，这是中国内地第一个 BBS 站。也可以说，论坛与中国互联网的诞生几乎是同步的。

在 1994 年之后的十年间，论坛在中国的网络发展中，扮演着至关重要的角色，尤其是对民意的表达、思想的活跃、文化的多元化等，起到了不可替代的作用。

2005 年以来，博客、微博、微信等的兴起对论坛产生了一定的冲击，目前论坛并没有完全失去它的价值。在某些方面，它还具有自己的优势，但总体来看，论坛这一形式在日渐衰落。

一、网络论坛的形式

从技术手段看，网络论坛以 BBS 为主，但在组织方式上有着区分。主要包括：

（1）专题性论坛。此类论坛是基于某个特定事件或话题开设的。新闻跟帖就是这样一种论坛，跟帖往往是临时性的，成员构成也不稳定。百度“贴吧”便是专题性论坛，但它持续时间长，成员相对稳定。

（2）综合性论坛。这类论坛包含了多方面主题，“强国论坛”“天涯论坛”等都属于此类。这些论坛里通常又可进行类别区分，形成分论坛，但总体来说，每一个分论坛的内容仍然是综合的。这类论坛是长期存在的，相对来说，在这些论坛里，网民的构成是比较稳定的，常常会有一批较为忠实的成员。

（3）专业性论坛。此类论坛通常专注于一些专业性较强的领域。这类论坛的人员构成同样是较为稳定的。

从论坛的管理方式看，又可分为以下几种论坛：

（1）有限制式论坛。通常是一些成员较为稳定的论坛特别是小型的论坛会采用的管理方式。在这里，无明确身份的人，即过客，通常只能阅读别人的意见。而不能发表自己的意见。也就是说，所有发言者都有明确的 ID。

（2）半限制式论坛。既提供身份注册功能，也允许无身份的人发言，但所有这些无身份者的标识都是一样的，例如统称为“过客”。

（3）无限制式论坛。允许随意发言，发言者无须事先注册身份，而是随时为自己确定一个代号或者完全匿名发言。

二、网络论坛的意义

论坛的作用可以在不同层面表现出来。

对于网民来说，由于网络论坛的结构与传播特点，网民在论坛中的突出诉求表现在以下几方面：自我展示与表达、获得社会归属感、增强环境认知、获得社会认同与社会资本、进行社会参与。

对于网站来说，虽然经历了社会化媒体产品的不断更迭，但一些网站仍然保持了论坛这种形式。网络论坛对于网站的价值主要体现为：提供用户反馈通道，形成用户黏性，了解与研究网民，构建网站品牌。

网络论坛的社会价值主要体现为：

（1）公共信息的传播渠道。网络论坛中的公共信息，有些是网民生产的，也有一些是媒体生产的。对于媒体生产的内容来说，论坛可以起到放大影响力的作用，也可以为媒体内容提供反馈、延伸与扩展。

（2）民意表达与社会记录的重要渠道。互联网早期，网络论坛是公众意见表达的主要渠道，今天，它在民意表达方面仍具有一定作用。作为中国最早出现、持续时间最长的社会化媒体，难以数计的论坛中的内容，也记录了中国进入互联网时代以后的风云变幻。胡泳认为："从某种意义上说，一部论坛史就是一部中国互联网史。"① 事实上，论坛不仅反映了中国互联网世界的变迁，也从一个侧面记录了中国社会矛盾与冲突焦点的变化。

（3）公共服务的平台。在微博等平台兴起之前，论坛是主要的公共服务平台。无论是政府机构，还是企业，都可以通过这个平台来与公众进行互动，或者提供相应的服务。

国内的网络问政平台，最早就是基于论坛这样一种形式。直到今天，一些以新闻网站的论坛为依托的网络问政平台仍然在发挥着一定的作用。这样一种网络问政平台也可以看作媒介化治理的实践。

（4）群体的培育空间和网络文化的孕育地。论坛相对封闭的结构，有助于进行群体的培育。论坛中人们的长期互动，可以发展出更为密切、稳定的群体关系。论坛往往是由那些有相似的兴趣爱好或价值取向的人们聚集而成，发展好的论坛，可以在此基础上，发展出自己社区独有的亚文化，例如自己的语言模式、自己的行为规范、自己的价值取向等。除了各个论坛的亚文化外，网络论坛对于网络流行语的影响、网络舆论热点的影响等，也会影响到整个网络文化的形成。

第三节　博客：个体为中心的社会化舞台

博客是一种以个体为中心的社会化媒体，在某种意义上，它也是个体的一个表演舞台。

尽管博客的概念在中国引入较晚，大规模的商业化博客平台的运作也是到2005年才出现，但是在短短的几年内，博客传播得到广泛普及，在一段时期内对网络世界及现实世界产生了双重影响。

2009年以来，随着微博、微信等的兴起，博客应用大大萎缩，但目前仍然没有消亡。在某些方面，它仍扮演着不可替代的角色。

一、博客的多重含义

"博客"来源于英文Weblog。Weblog是网络上的一种流水记录形式，也有人称其为"网络日志"。人们可以用"傻瓜式"的方式，在一个专属于自己的网络空间发布文章或图片等，这些内容都按照年份和日期倒序排列。

利用博客平台进行信息发布的技术门槛非常低，几乎可以认为是"零门槛"，只需几个简单的操作就可以随时发布内容。因此，博客有助于网上个人内容发布活动的持续化。

与早于博客出现的网络论坛相比，博客的特点在于，它可以将"博主"（博客的拥有者）的地位凸显出来，使他成为主角，其他人的留言、评论是以博主的帖子为中心的，可以说这是

① 胡泳．中国网络论坛的源与流［J］．新闻战线，2010（4）．

一种“一对多”的交流。博客的交流方式，较好地保证了某一个体在信息发布与交流中的主导地位。

目前，“博客”一词具有多重含义，它既指博客活动，又指从事博客活动的人，同时还指博客活动的平台，即个人在网络中的信息发布平台。

早期的博客以文字帖子为主，但随着技术的发展，也有越来越多的人可以利用“播客”技术发布音频、视频内容。“播客”（包括视频播客）可以看作是博客的一种新的发展。

《圣何塞水星报》专栏作家丹·吉尔摩（Dan Gillmor）认为，博客代表着“新闻媒体 3.0 版”：旧媒体（old media）→新媒体（new media）→自媒体（we media）。①

但是，博客不只是一种媒体，博客传播也不只有新闻传播方面的价值。它使个人在信息传播及意见表达方面获得了更高的主动权，它也使个体在记录社会、影响社会方面拥有了更大的力量。博客所引发的网络事件也很频繁，而这些事件只是一些表征，在它们的背后，是博客所蕴含的社会能量的蓄积、转化和爆发过程。

二、博客的社会意义

博客应用的出现与普及，在各个层面给社会带来了影响，以下几方面的影响更为突出。

（一）公民新闻、个人出版等推动去中心化传播

公民新闻是指没有专业媒体背景的普通公众通过各种媒介传播自己所搜集或撰写的新闻信息，或主动参与媒体的新闻生产过程的行为及现象。虽然公民新闻可以利用的社会化媒体手段很多，但无疑，在公民新闻的兴起过程中，博客起到的作用更为关键。

除了推进公民新闻的发展，对于更广泛意义上的信息传播来说，博客也提供了一种全新的个人出版方式。它不需要经过传统媒体或出版社的把关或许可，可以自由地、无限制地进行个人化的内容出版。

方兴东等研究者认为，无论是公民新闻还是个人出版，实质都是一种大集市式的传播模式。它是对传统的大教堂式的或者说中心化的传播模式的冲击。②

本质上来说，公民新闻和个人出版，是“个人中心”对过去的“机构中心”的冲击，它以多中心的方式削弱了传统的传播中心的影响力。尽管从每一个个体来看，他们传播的内容未必能达到专业媒体和专业化出版的水准，但是，公民新闻或个人出版还是可以在一定程度上弥补专业机构的不足。

（二）博客构建新的知识生产与传播体系

博客中的知识生产与传播主要有几种途径：研究者个人研究成果的分享、整合者对知识的传播及对知识体系的梳理、机构博客进行的知识生产或分享。

博客本身的平台特点，使它在知识生产、分享与整合方面具有一定优势。即使在后博客时代，知识类博客仍然具有一定生命力。

（三）博客促进个体与社会间的能量交换

每个博客都是一个独立的舞台，但是，它们之间也是可以相互连通的。虽然相比微博、微

---

① 方兴东．何为博客［EB/OL］．（2005－04－08）［2022－05－15］．http：//jiangeu.bokee.com/1140048.html.

② 方兴东，张笑容．大集市模式的博客传播理论研究和案例分析［J］．现代传播（中国传媒大学学报），2006（3）．

信等，博客之间的连接不那么充分，但总体上来说，博客平台也是一个关系网络，每个博客账号也是一个社会节点。它使个体拥有了一个社会化的界面，这是个体吸纳与整合社会能量的接收器，同时也是个体能量放大为社会能量的转换器。博客也因此可以成为个体参与社会公共事务的一个入口。

（四）博客民间记录成为官方历史记录的补充

媒体的一个重要功能，是记录历史。而在传统媒体时代，媒体所记录的历史，只是代表了官方的或某些机构的意志；它所记录的历史片段和画面，是经过筛选的，是不完整的。而博客这些不受主流话语控制的自媒体的出现，可以在一定程度上弥补专业媒体的不足。

虽然每一个博客都只是历史画卷中一个微不足道的碎片，它只是从一个微观的视角反映历史的进程，但当所有博客的碎片聚集在一起时，仍然会构成一种丰富的历史图景。它们反映了不同文化背景、不同社会阶层的人们在历史运动中的生存状态与精神状态，反映了社会变迁中的社会风貌。因此，博客的文字、图片以及音像资料，将成为人类文明中的一种重要财富。

与微博、微信等的碎片式记录不同，博客的记录相对完整、系统，因为人们的博客写作通常以一篇完整的文章为目标。在今天的碎片化时代，博客的记录显得更为宝贵。

（五）博客助长多元文化

博客世界蕴含着丰富的文化种子，而博客平台本身为这些种子的萌芽、生长提供了肥沃的土壤。博客世界的自由精神鼓励非主流性的文化创作，博客的开放性质可以使博客的创作得到广泛传播、检验，并经由互动得以发展、丰富，也使其文化在形成过程中受到更多方面的冲击与磨炼。总的来看，博客对于多元文化的生长起到了“助长”作用。

三、博客的传播结构与传播特点

从结构上看，每一个博客上的传播都是“舞台表演”＋“观众围观”的模式（见图3-1）。

每一个博客空间，都是一个舞台。与论坛不同的是，一个博客只有一个主角。所以，博客这种模式保证了表演者的中心地位。与SNS等不同的是，博客的表演主要是通过其博客内容，其他展示手段则是相对缺乏的。

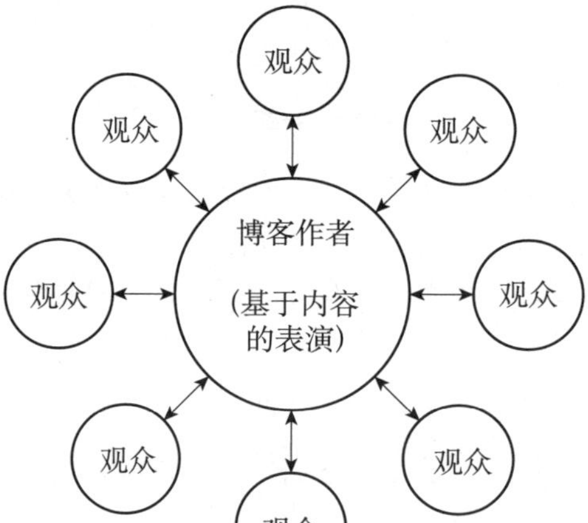

图3-1　博客的传播模式

博客的阅读者，则是观众。他们虽然对博客的表演热情、表演方式等有着直接的影响，但是，他们只是作为观众产生影响，无法争夺博客作者的主角位置。

表演者与观看者之间有时存在着直接评论、留言等互动，但也可以完全是单向的传播。

这种模式，在表面上看，类似于传统媒体的大众传播模式。但是，由于"观众"的自由选择空间较大，所以他们比大众传播时代拥有更多的自主权，且与博主之间的互动可以非常直接。而博客的"观众"的数量，多数时候也远远少于专业媒体的受众数量。

在整个博客平台上，各个个人的舞台之间，又存在一定的联系。但与 SNS、微博等相比，它的结构仍然要显得封闭些。

博客传播是一种以个体为中心的、非制度化的传播。它的传播特点主要表现为以下几点：

(一) 个体构成传播中心

上文对博客传播结构的分析表明，个体是博客舞台的一个中心。尽管一个大的博客平台是由无数个这样的个人中心构成的，但是每一个博主在自己这个中心上是绝对的主角与焦点，他人的互动必然是围绕主角展开的。这样一种中心地位，可以给予博主较大的传播控制权。当然，要让博主在这样的控制权下保持持续的活跃度，对其需求的满足与刺激，就变得尤为重要。

(二) 博主有较高的表达自由度

博客传播的内容，是由博主自己决定的。除了法律和博客平台的相关限制外，博客中的内容发布是相对自由的。

与微博等平台相比，博客写作相对封闭，受到环境因素的影响较小。作者往往是深思熟虑地在电脑上完成写作后，一次性发布。虽然博客也可以带来各种不同方面的反馈，但通常博客的阅读者群体较为稳定，他们能保持稳定阅读，一般也是出于对博主的认同，所以即使有批评，也会用更为平和的方式。博客中写作者得到的正面反馈会相对更多。因此，博主可以较好地按照自己的意愿与方式来进行写作与表达。

博客内容的自由度，还表现为它的长度不受限制。容量的自由度也为博主深度、充分地表达提供了可能。

尽管博客的内容表达有较高的自由度，但博主在这里的自我要求通常比较高，一般不会像在微博中一样发布过多的碎片式内容。从这个意义上看，博客又是一种高门槛的表达方式。

(三) 传播手段相对单一

一般的博客以文字、图片传播为主，播客则专注于音频或视频。与微博、微信等相比，其传播手段相对单一。但在某种意义上，专注于单一的手段，也可以使博客们对这些手段的运用能力与水平不断提高。

(四) 传播节奏自由

作为一种非制度化传播，博客的传播不需要遵循固定的周期或节奏，博主可以按照自己的兴趣与心情，根据自己的情况来进行内容发布。

由于博客内容通常更为厚重，因此，它的发布间隔一般会更长。

(五) 私人话语空间与公共话语空间界限模糊

博客兴起的初期，一部分人将博客视为自媒体，"媒体"这个偏向，就是强调它对公共空间的影响力。但常态下，并非所有博客都具有公共话语空间的“自媒体”的影响力，多数人只是将它视为纯私人空间。但是，在某些因素推动下，博客内容可能会越过私人空间的边界进入公共空间，从而造成影响。

四、后博客时代的博客价值

博客最辉煌的时期已经过去，博客已经不再是最耀眼、最核心的社会化媒体平台，网络已经到了“后博客”时代。

但是，就像“古老”的论坛在今天仍有一定的生命力一样，博客在今天也并没有完全“老去”。在经过大浪淘沙，以及接受了其他新技术的洗礼后，它仍有自己的独特价值。

与微博、微信等应用相比，博客的特长在于：

博客更适合于专业化的深度表达与交流。微博、微信等对于人们快速了解一些信息、进行大规模信息扩散与讨论是有益的，而博客更适合于一些专业内容的讨论。这些交流，要求人们有较为深度的阅读，也有一定的思考时间。尽管微博、微信现在都没容量限制，但这两者主要是移动社交产品，人们的行为越来越多地受到移动中的时间与空间的影响，因此，要真正实现深度阅读与交流，是有障碍的。而博客是移动互联网之前的产物，博客写作者与阅读者还在一定程度上延续着以往的习惯，这有利于深度阅读。

从现实来看，在新浪博客中，早期访问量最大的博客都是娱乐明星的博客，但后来，专业类博客特别是金融博客稳定占据了排行榜的前几位，直到今天，仍然有一些专业类博客在坚守。

博客更适合于个人资源与品牌的积累。对于那些已经在博客世界里有了深厚的资源积累的博主来说，他们一般不会轻易放弃博客这片领地，即使他们同时使用微博等平台，也会将博客作为自己的一个重要的表达空间。

> **你怎么看**
>
> 今天“播客”已经成为一种信息发布的新方式，它有哪些特征，适合表现哪些内容？

第四节 维基：协作式知识生产系统

维基（Wiki）技术指的是一种超文本系统。这种超文本系统支持面向社群的协作式写作，也就是说，这是在互联网上支持多人协作的写作工具。

在维基页面上，每个人都可浏览、创建、更改文本，系统可以对不同版本的内容进行有效控制管理。所有的修改记录都保存下来，不但可事后查验，也能追踪、恢复至本来面目。这也就意味着每个人都可以方便地对共同的主题进行写作、修改、扩展或者探讨。

维基技术理念最成功的应用，是维基百科。维基百科（Wikipedia）是一个基于维基技术的多语言的网络百科全书的全球协作计划，这是一部用不同语言写成的网络百科全书。维基百科的创办者是吉米·威尔士（Jimmy Wales）。英文版 Wikipedia（http：//en. wikipedia. org/）于2001年1月15日开始建设，中文版 Wikipedia（http：//zh. wikipedia. org/）的建设始于2002年10月底。但维基百科的作用不仅在于对那些已有的知识进行系统整理，它同样可以在新闻传播尤其是突发新闻报道中发挥作用。

在国内，与维基百科相似的应用是百度百科，它的词条也可以成为新闻的整合方式。

一、维基传播的特点

（一）维基传播是以内容为中心的多对多协同

维基的传播是以某个特定的内容（如词条）为中心的多对多传播，参与者之间的对话是以内容为中介展开的。由于目标明确，参与者之间的分工合作较容易实现。

与博客等不同，维基提供的工具，是以促进共同协作为基本目标的。网民在维基中的协作，不仅可以更好地完成特定的任务，还使得平等、沟通、合作等互联网精神得以实践。

维基中的协作，在某种意义上可以促进维基平台上的“自组织”的形成。它不仅可以创造多元的文化，而且它带来的“自组织”式协同，也是网络文化精神的体现。

（二）维基是一种去中心化的平等对话

维基提供的是一种开放、平等的工具，无论是在某一条维基内容的编辑过程中，还是在整个维基平台上，所有参与者都是相对平等的。人们对于同一事物认识的不同层次、不同角度、不同观点都可以同时呈现，每一个维基词条的生产过程也是一个平等的对话过程。

（三）维基是“焦点”文化与“边缘”文化的结合

维基文化既体现了网络中或现实社会中的热门话题，同时又可以满足人们对某些个性化的内容的兴趣。

热门话题在很大程度上是网络社会或现实社会的“焦点”。在诸如“百度百科”这样的维基平台上，那些新出现的热门词条，往往反映了社会中某些重要事件或话题，是社会的一个敏感风向标，同时也可以勾勒出一定社会阶段的典型特征。

但与此同时，边缘的或小众的文化也可以在维基中找到它们的栖身之地。《长尾理论》一书曾将维基百科作为长尾应用的一个典范。有些词条可能只是少数人感兴趣，在传统的大百科全书中肯定是不会收录的，但在维基平台，哪怕是这样的词条，也可以建立起来，而且可能得到不断的修改、完善。

二、维基的主要应用方向

（一）基于维基的知识生产

维基是为知识共享而生的。目前维基最大的应用仍然是知识分享领域。在 2001 年维基百科启动之后，维基词典（Wiktionary）、维基教科书计划、维基资源计划、维基语录计划等也陆续启动。

维基百科等应用，使人类知识在一个单一的平台上以前所未有的规模汇聚起来，超过了任何一个专业的百科全书的规模。

维基百科不仅在广度上超过了任何传统百科全书，还实现了另外一种突破，那就是对于某一事物的多元认识的集成。传统百科全书，对一个对象的介绍，往往只能反映某些主流的观点，而维基百科允许不同人的不同认识在同一个平台上展现。虽然这可能削弱词条的权威性，但却使人们有了更广阔的认识视野。

维基应用也意味着知识不再是某些专家的专利，而是人类共同智慧的集成。知识的生产变成了不同人的认识与智慧进行交流、碰撞的过程。

维基使知识的更新达到了前所未有的速度。维基百科等平台往往能以最快的速度反映世界上最新的知识进展，而传统的百科全书由于受到出版周期的限制，会产生严重的滞后现象。

维基也促进了知识的共享，知识在各类人群中得以更自由地流动，人们也能获得平等的接触知识的机会。

除了维基百科外，维基的模式，也可以用于其他的协同性知识生产项目。

（二）基于维基的新闻传播

作为目前最大维基应用的维基百科，并不只是对那些呈过去时的事物进行解释，也可以将正在发生的社会事件作为词条，因此，这些词条在某种意义上也成为一种新闻报道。

2005年7月7日上午8：50，4颗炸弹同时在英国伦敦地铁的几个车站爆炸。在专业媒体报道发布之前，就有一位叫莫文的网民在维基平台上对此事进行了报道。之后，这个维基社区的其他成员开始跟进莫文的报道，他们丰富着事件的细节，纠正着报道的误差，跟踪着事态的进展。“那天快结束的时候，超过2 500人已经创作了一个14页的易于理解的报道，比任何一则新闻所提供的信息都要丰富得多。”①

“他们证明了维基百科全书的力量，同时表明成千上万个分散的志愿者可以创造出快速的、富有流动性和创新性的工作，而这种工作的表现要超过那些最大的且资金雄厚的企业。”②

在“百度百科”的一些词条中，我们也可以看到非常明显的新闻色彩，尽管人们并不一定是有意识地把这些词条当作一个报道来写。

维基更强调多人协作，如果这一思想应用于新闻报道，将改变在博客应用中“你写我看”和“写的人少看的人多”的现象。任何人都可以成为新闻的发布者与加工者。一些重大的新闻报道，可以利用这种技术实现跨媒体、跨地区的合作。

而更具实质性意义的是，对于一个新闻事件的报道，可以由不同的人根据自己所掌握的信息来进行补充、更新，报道始终处于一种动态的状态，这会促使人们不断地探求事实的真相。

普通人通过维基平台所做的新闻报道，也会成为对专业媒体报道进行检验的手段。

学者高钢认为，维基新闻的传播方式可以推动以下目标的实现：新闻价值的公众确认、新闻信息的全程提供、新闻分析的多元展开。③

（三）基于维基的社会协作

2007年来自加拿大的泰普斯科特（Don Tapscott）和来自英国的威廉姆斯（Anthony D. Williams）共同完成了《维基经济学》一书，他们将协作基础上生成的“投入和共同创造”的经济模式命名为“维基经济”（Wikinomics）。这本书的副题解释了维基更长远的意义：“大规模协作如何改变一切”。

维基在推动着知识生产中的协作，但这种协作思想的意义远不止在这个领域。协作生产、协作商业、协作科研、协作创作，这些都正在网络中变成现实，尽管它们未必都要采用维基系统。

第五节　SNS：小世界的映射

SNS是人们基于现实身份进行交流的平台，它是现实社会中的社会关系与社交圈的映射和

①② 泰普斯科特，威廉姆斯．维基经济学：大规模协作如何改变一切［M］．何帆，林继红，译．北京：中国青年出版社2007：76.

③ 高钢．谁是未来新闻的报道者？：维基技术的本质及对新闻报道的影响［J］．国际新闻界，2008（6）.

拓展，它使得人们的关系更为多元、紧密，因此在某种意义上，它是“六度分隔”的“小世界”① 的一个映射。

一、SNS 的基本含义

SNS 是 Social Networking Service 的缩写，中文译为“社会网络服务”。它是一种帮助人们建立社交网络或社会关系的互联网应用服务。

SNS 以鼓励用户实名注册为前提，为他们提供建立自己的朋友圈的服务，用户可以通过朋友去认识他们的朋友。所有用户的朋友圈相互交织，这样就扩展成一个庞大的联系网络。SNS 网站也可以为人们提供以兴趣为基础的社群服务。由于 SNS 建立的是熟人的网络，因此，其交流的信任度更高。

SNS 在很大程度上印证了“六度分隔理论”，甚至进一步缩小了人们之间的分隔度数。2012 年 1 月几位米兰大学研究者发布的研究报告《四度分隔》(Four Degrees of Separation) 指出，一项针对 7 亿多 Facebook 用户进行的研究显示，在 Facebook 上每两个人之间的中介者平均为 3.74 个，也就是分隔度数为 3.74 度。这也意味着，六度分隔的世界已经被 Faceboook 缩小为四度。②

在很多时候，SNS 在中文中也被称为“社交网络”或“社交网站”。尽管 Facebook 这样最早的 SNS 的出现的确是源于社交的需要，但是，在发展过程中，SNS 应用已超越了单纯的社交功能，将 SNS 等同于社交网站，也许是贬低了其意义。但因为实践中这一提法较为常见，所以有些研究者沿用了这一说法。

可以说，SNS 是基于人的社会关系网络构建的新的网络平台，这个平台以个人为中心，以社交为出发点，但是，在社交的推动下，也会产生大量的公共活动与公共信息。

有研究者也将微博（包括 Twitter）视作 SNS 的一种。虽然这样的观点不无道理，但是，SNS 与微博的偏向还是有所不同，SNS 更多是社交偏向，微博是媒体偏向，因此，在本书中将微博与 SNS 分开来进行研究。

二、SNS 的传播结构

观察 SNS 的传播结构，可以从它的基本构成单元以及单元之间的连接方式这两个层面入手。

从每个用户这个 SNS 的基本单元来看，SNS 提供的是一种“个人展示”＋“多重关联”的传播模式（见图 3－2）。

个体是 SNS 的基本细胞，“展示”是以个人为中心的，而“关联”则是社会网络形成的基础。

虽然微博等平台也是以个人为中心的，但那些平台的重点目标是促进内容的分享与流动。因此，内容互动仍是微博的核心，为个人展示而设置的功能相对较少，而 SNS 网站则是围绕

① 1929 年，匈牙利作家弗里吉斯·卡林蒂（Frigyes Karinthy）在他的小说《链条》中提出了六度分隔的猜想，即平均而言，每两个人之间的关系间隔不超过 6 层，也就是任何两个人之间要形成关系，中间最多只需要经过 6 个人的中转。20 世纪 60 年代，美国社会心理学家斯坦利·米尔格伦（Stanley Milgram）通过明信片邮寄实验证实了这一猜想。他得到的数据是，两个人之间的距离为 4.4～5.7 个人，数据因样本的不同而有所不同，但都没有超过 6 个人。于是，被称为“小世界理论”的“六度分隔理论”得以确立。

② BACKSTROM L，BOLDI P，ROSA M，et al. Four degrees of separation [EB/OL]. (2012－01－06) [2023－04－02]. http://arxiv.org/pdf/1111.4570v3.pdf.

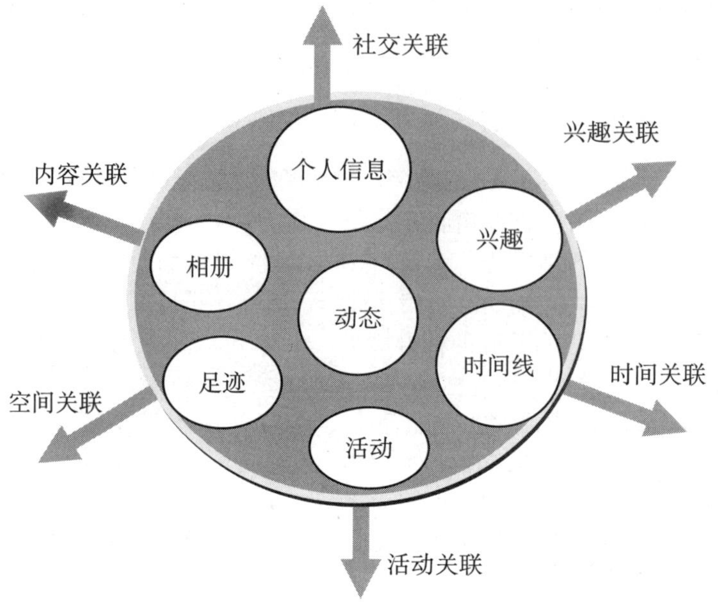

图3-2　SNS中的“个人展示”＋“多重关联”

个体展示来设计其功能。虽然不同的SNS网站的功能不尽相同，但是，在个人展示方面，它们的方向是一致的。这些展示功能，也成为个体间形成联系的重要纽带。

SNS网站里，人们的关联主要包括六种。

（1）社交关联。通过有意识的社交互动来建立和发展联系。

（2）内容关联。通过对别人发出的内容进行评论、评价或转发，来产生与他人的互动。

（3）兴趣关联。共同的兴趣爱好可以把人们连接在一起，有些情况下，即使人们不进行主动的互动，也会产生联系。

（4）时间关联。人们在某一时间里的共同行为，或特定时间节点引发的兴趣，也是用户产生关联的基础。

（5）空间关联。以空间为基础来寻找人们的共同点，例如“开心网”的“足迹”，就是以空间为基础，来展示人们的经历或爱好，而这些空间也使不同人之间建立起了联系。

（6）活动关联。通过某一活动来激发人们的共同性，使人们的连接得以强化。调查、投票、游戏等，都是SNS网站常见的活动。

与博客、微博等相比，SNS的关联维度更多，人们形成互动的方式也更多。

而从传播方面看，这样一种个人中心，也是一个传播节点，它既是一个信息的源头，也在整个网络中扮演着信息流动的开关的角色。

SNS中的基本单元——用户，需要通过某些关系链条连接起来，才能构成一个完整的社会网络。

从社会学的角度看，社会化媒体中人们的关系可以分为强关系与弱关系两大类，这主要是基于情感紧密性、熟悉程度和互惠交换等标准进行的分类。而从社会网络的角度看，人们的关系还可以分为强连接（强联系）与弱连接（弱联系）两种。

根据美国学者尼古拉斯·克里斯塔基斯（Nicholas Christakis）和詹姆斯·富勒（James H. Fowler）的研究，影响力在社会网络的传播上遵循着一定的规律，可以称之为“三度影响力原则”，即人们在社会网络中的任何行为都会泛起涟漪，波及他们的“朋友”（一度连接）、“朋友的朋友”（二度连接），甚至“朋友的朋友的朋友”（三度连接），但超过三度分隔，影响力就会逐渐消失。①

强连接与弱连接，主要是根据关系的直接程度来进行区分。强连接指三度及以内的连接，弱连接则是三度以上的连接。

在研究者看来，强连接的意义是引发行为，而弱连接的作用是传递信息。②

尽管在SNS中存在着强连接与弱连接之分，但是，这个关系并非凝固的。如果一个用户有意和一个弱连接用户建立更为直接的关系，那么可以通过有意的行为，使两者相互认识，并产生强连接。反过来，本来处于强连接关系的两个人，因某些原因而决裂，也可能会断开他们之间的直接联系链条。

因此，SNS的一个意义，也许正是可以实现强连接与弱连接之间的自由转换，构建动态的而非固定的社会网络。

三、SNS的传播特点

从传播角度看，SNS的特点主要表现为以下几方面：

（一）SNS是从虚拟性互动向现实性互动的转折

在SNS普及之前，网民更多采用昵称的方式进行交流互动，更多的互动发生在陌生人之间。而SNS大多要求实名方式，因此，过去戴着面具的ID互动，变成了真实身份基础上的熟人互动。这使得网络交往的虚拟性减弱，而现实性增强。

从虚拟性互动向现实性互动的转变，不仅意味着人们互动关系的变化，也意味着网络自我与现实自我关系的变化。网络自我不再是人们逃避现实的方式，而是现实自我的一种延伸。在这个基础上，网络与现实社会的交融也就更加深入。

SNS中基于真实身份的互动，也给人们的社会资本的获得提供了更现实的基础。

尽管在SNS之后出现的社会化媒体应用，并不一定都采用实名制，但是SNS让网络用户有了一个基本的心理基础，他们不再完全排斥实名互动。实名这一前提，为互联网中更丰富的应用开发，提供了新的可能。

而基于实名产生的社会关系映射，也使得网络从虚拟世界逐渐变成现实世界的一个构成部分。

（二）SNS突出了社交网络在公共传播中的作用

尽管由人际关系构成的社交网络早就广泛存在于互联网中，但是在论坛、博客这样的社区结构里，社交网络往往被局限在小范围里，且以隐性的方式存在，人们难以明确知道自己所处的社交网络的全貌。而从传播的角度看，人们的互动往往是基于特定内容的封闭互动，即使有转发这样的信息扩散，其路径也不太明确，社交网络在其中扮演的角色难以判断。

即时通信将社交网络的公共传播意义凸显了出来，但传播手段相对单一。而SNS实现了社交网络的大范围连接与扩张，并且从其设计机制上明确了社交网络作为信息传播渠道的功能，传播手段相比即时通信也更为丰富。

使社交网络同时充当传播网络，这是SNS最显著的传播特色之一。这也为它之后的微博、

---

① 克里斯塔基斯，富勒．大连接［M］．简学，译．北京：中国人民大学出版社，2013：39.

② 同①153.

微信等应用，开辟了一个重要方向。

（三）SNS确立了个人作为网络传播的节点的地位

论坛时代，网络是以一个个的群体为基础单元的，个体即使在一个论坛里拥有呼风唤雨的能力，在传播结构上，他也不是一个独立存在的节点。博客开始赋予个体以传播节点的角色，每个个体都可以以此为中心，来进行双向的信息交流。但在博客的结构中，个体向外发布信息的动能较大，而从外界获取信息的动能较小，因此，还是有一定的封闭性。

而SNS使个人完全成为一个传播节点，并且从传播结构上造就了平衡的双向信息流动的可能性。

（四）SNS拓展了表达与互动的维度与形式

在论坛、博客等应用中，自我表达与互动常常是单一维度的。文字表达更是自我表达以及与他人互动中的主要形式，而文字表达有一定的门槛，这会影响那些不擅长或不愿意进行文字表达、交流的用户的活跃度。

但在SNS中，音乐与图片等的分享也成为标准配置，文字交流的水平、频率等不再成为互动的障碍，人们获得的乐趣也更为多样。

此外，SNS还包含了礼物、点赞、游戏、调查等互动形式。游戏这种互动方式，对于提高用户的参与度尤为重要。中国SNS网站的兴起，在一定程度上与“偷菜”等游戏的风靡有关。

第六节　微博：大众传播的社交化

微博的鼻祖Twitter起源于美国，在中国，最早的微博应用是2007年5月推出的饭否。新浪在2009年下半年开始公测的微博，则推动了微博应用在中国的普及。

在用户间的关系结构上，微博与SNS是相似的。但是，微博用户的使用重心，是在内容的传播而非单纯的社交上，且在微博中，具有公共价值的内容更容易得到广泛的传播。因此，它可以看作是社交化的一种大众传播平台。这也是媒体、政府机构以及企业对它十分追捧的一个原因。

一、微博的社会意义

尽管在中国微博的作用是全方位的，但是，它的核心角色体现在如下方面：

（一）公共信息系统

相比它之前的SNS，微博作为社会公共信息系统的作用更为突出。在新闻信息的传播方面，其价值尤为显著。而对公共信息的了解，也会促进人们对社会事务的关注与参与。

与传统媒体不同的是，微博中人们获得公共信息的渠道是其关注对象，关注对象的范围及质量，会影响到他们获得信息的质量。

作为公共信息系统的微博，其信息来源多元，质量参差不齐。但很多时候，特别是在一些焦点事件或话题的传播中，不同来源、不同角度的信息，可以构成相互补充或相互校正，这有助于提高微博中公共信息的传播质量。

（二）公共沟通系统

各种社会阶层、社会机构的进入，公共信息、组织信息、群体信息、个人信息的交织，使得微博作为一个社会的沟通系统的作用越来越突出。

微博的公共沟通作用，体现在“纵向”与“横向”两个方面。

从“纵向”来看，微博在“上情下达”与“下情上达”方面，起到了疏通作用。尽管上下之间的信息、意见的流动仍会存在一定的阻力，但是它至少开辟了一个新的渠道。

从“横向”来看，微博为社会不同阶层、不同行业、不同群体之间的相互了解、对话提供了可能。特别是一些过去受到误解较多的职业、行业，它们的一部分从业者开通微博，使得过去的信息不对称、声音一面倒的状况得到了一定改善。

（三）社会生态系统

微博是一个小世界，尽管微博用户并没有覆盖所有社会群体，但是，其覆盖面已经很广。人们在微博中的自我记录、情绪抒发、意见表达，都是社会生活状态的一种“传感”。

人们在微博中形成的意见与态度，更是社会舆情、舆论的一个“指征”。虽然微博舆情、舆论不等于网络舆情、舆论，更不等同于社会舆情、舆论，但是，它是一个社会气候的风向标。今天的中国社会管理，需要更多地以基于微博的对社会生态的洞察为依据。

（四）服务系统与营销系统

微博中的服务，包括政府机构的公共服务以及企业的商业服务。无论是公共服务还是商业服务，都可以建立在对微博用户行为、态度、意见的分析基础上。这也是传统的服务平台难以实现的。

微博也是一个新的营销平台，它可以为企业提供全天候的信息发布渠道，带来与用户近距离的接触与互动，企业及其产品的声誉、产品推广等都会受到微博运营的影响。

值得注意的是，对企业营销产生影响的不仅有企业的账号，还包括企业成员的个人账号，特别是企业负责人的账号。

（五）公共知识系统

微博中也存在着大量的公共知识，如各种学科的专业知识等，一些用户也在有意识地进行公共知识的生产、梳理与整合。

同样，尽管个体用户提供的知识可能是零碎的、片面的，但是，微博中的协同机制，有助于知识的丰富与系统化。

（六）社会动员系统

在某些情况下，微博可以组织起社会动员，发起社会行动。尽管有些社会行动的效果并不理想，但是，微博作为社会动员的渠道的作用，是不言而喻的。

新浪微博等在其发展中，也提供了越来越多的个人化服务功能，但从网民的需求偏向来看，它的公共性功能仍是其核心竞争力所在。

二、微博的传播结构

微博是一种以内容为纽带的社会网络连接，其传播结构是“个人中心”＋“内容关联”（见图 3－3）。

每一个微博账号就是一个个人中心。但与 SNS 不一样的是，微博中的每一个个人中心，主要是基于内容的，其他的自我展示手段相对不突出，尽管微博平台本身提供的功能是较为丰富的。

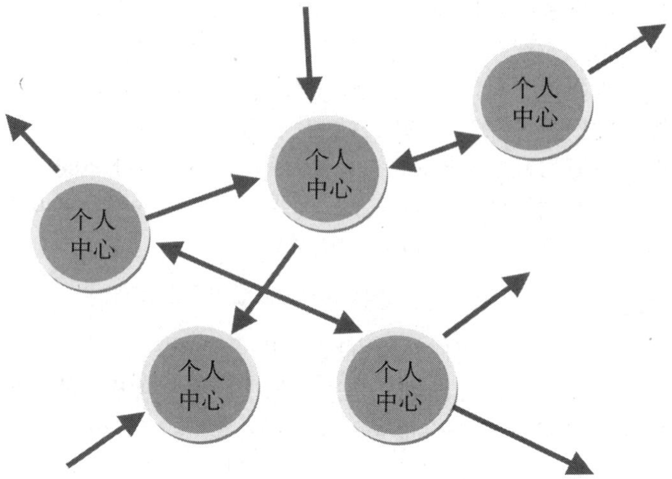

图 3-3　微博的传播结构示意图

同样，虽然微博用户之间的连接纽带不限于内容，但微博用户之间的关系的核心仍然是内容。即使有些人只是观看他人的微博内容而不进行转发或评论，但他之所以保持对他人微博的关注，也主要是为了通过内容获得信息的满足或心理满足。

微博中的内容连接既可以是双向的，也可以是单向的。

微博的传播结构也意味着，社会关联网络的质量，直接决定了个人对外发布信息的传播广度，以及他们获得外界信息的广度。每一个连接的链条，是一个传播的通道，连接的链条数越多，理论上信息传播的通道也就越广。

尽管理论上看在这样一种结构中每个个人中心的起点是相同的，但有一些用户可以借助其既有的社会地位或影响力在微博中很快赢得众多的连接（粉丝），从而变成话语权力的中心，而多数用户，其连接主要是基于原有的社会关系，规模有限，话语影响力也有限。

多数关于微博关系的研究，都会强调其弱关系的偏向。但是，对于很多普通用户来说，强关系仍是他们形成自己的微博关系网（特别是粉丝）的基础。也正是由于多数普通用户的粉丝难以突破其强关系网络，因此，其话语权力也就难以实现实质的突破。

但是，由于整个微博结构的连通性，某些特殊时候，普通用户也可以借助意见领袖，来实现大规模的传播。

三、微博的传播特点

（一）内容上的“微型”化

Twitter 的容量上限是 140 个字符，新浪微博等多数中文微博平台在运营早期上限为 140 个汉字（但后来新浪微博取消了这一限制），网易微博的“容量”上限为 163 个汉字，搜狐微博不设上限。尽管人们可以用图形化的长微博的方式来突破内容的限制，但多数情况下，人们还是会把微博内容保持在限制范围内。

“微”的特点，使个体参与信息传播的门槛进一步降低，人们也不必像博客那样端着架子做凝重思考，而是随时记录自己的所见、所想，因此信息发布的频率通常比博客要高。

除了文字的微型化外，微博中，视频传播也趋向微型化。这一方面是为了适应移动终端对流量的限制，另一方面也是为了更便于短平快的传播。

（二）传播的移动化

虽然微博早期是基于PC端，但智能手机兴起后，微博很快推出移动客户端，使用户在信息传播的时空方面限制减少，来自第一时间、第一现场的内容也更丰富。“微”与移动的结合，也使过去一些没有时间写博客的业界精英、专业人士参与到微博信息传播中，这丰富了微博内容的构成。

（三）交流结构上的开放性

微博与论坛、博客等的交流结构不同。论坛是无中心多对多交流，除了少数人，其他人很难成为主角；博客以个人为中心，但是又显得相对封闭，不容易与外界进行互动。而微博既能保证个人为中心，又可以将外界的信息随时随地吸收进来，更容易形成持续刺激，使人们处于兴奋状态。这对于促进更多的人参与新闻传播，也是重要的。

与博客相比，微博的转发非常简单、方便，这是开放性的另一个表现。转发成为微博平台上促进信息流动的一个重要手段，转发使有公共价值的新闻可以轻易地实现“病毒式传播”。因此，微博的信息传播效果通常会比博客要好。

（四）传播的碎片化

与传统博客相比，微博在内容上的“微”与信息发布上的移动性，都使它呈现出更多的碎片化的特点。

当然，碎片化的信息反映的是某些时间或空间上的点的状态，当很多碎片被以一种内在的逻辑拼贴在一起时，它反映的事物的面貌与深度，也许比某一个个体的长篇大论更为全面、深刻。但是，如果不能实现这样一种逻辑的拼图，那么碎片化的信息的确可能会带来信息消费的负担，也可能带来某些误导。

从文化的角度看，碎片化的文化，反映了多元的、碎片化的价值观和参差多态的文化个性。在微博平台上，每一个用户都是一个文化的碎片。

（五）写作的开放性

微博的写作往往是开放的，多数是边写边传播的模式。一个完整的表达可能需要几条微博来完成。

这种开放性会使其他用户的反馈快速作用于写作者。刚发出去的内容可以迅速形成涟漪式的扩散，反馈有时会像疾风骤雨一样扑面而来，因此，反馈会很快作用于后面的微博表达。微博本身又容易激发人们的批评、批判意识和情绪化表达，因此，微博带来的负面反馈往往更为集中。对于某些微博作者来说，这会使他们越来越无所适从，甚至可能失去自信。一些人会为了取悦微博中的他人，而改变自己的写作风格甚至观点与态度。

（六）信息传播与社交有机结合

微博是一种基于社交的信息传播平台，人们的信息传播与社交活动是同一的。社交是信息传播的目的，信息传播是社交的手段。人们的关系网络与信息传播网络也是同一的。人们的社会关系网络的广度，决定了其获得信息的广度与深度，也决定了其传播的信息能走多远。

另外，由于以人际关系网络为传播网络，传播结构开放，信息流动容易，因此，一旦微博中出现刺激性的或者与人们关联度很高的话题，这个话题就很容易在整个平台上“引爆”，以病毒式的扩散路径，迅速成为公共话题。

除了以上的共同特点外，中国的微博还有聚焦度高的特点。与 Twitter 不同的是，中国的微博在一开始就设置了评论的功能。这使得论坛式的、围绕一个话题的聚焦及深度讨论在微博中也能实现。评论成为微博的重要构成部分，在某些时候，它们的影响甚至比事实性信息的影响更大。

以上这些特点结合起来，使微博显现出“微传播”的特质，但同时又具有较强的大众传播属性，也就是媒体的偏向。

第七节　App：移动时代的新“门户”

客户端主要指智能手机、平板电脑以及智能电视等设备的第三方应用程序，也称为 App（应用）。

近年来，传统媒体都在开发新闻资讯客户端，门户网站也以客户端作为移动时代的转型方式。客户端在一定程度上继承了门户网站的传播模式，但也有一些差异。

一、新闻客户端的基本特点

客户端一旦安装在移动终端上，只要点击就可以打开，不像在浏览器中打开网站需要输入网址。这在一定程度上简化了获取信息的路径，降低了获取信息的成本，更方便人们在移动状态下操作，同时，它也有助于固化用户的习惯。

但多数新闻客户端的传播模式，基本上是网站传播模式的延续。它仍然是以单向的信息推送为主。在信息的选择与分发机制上，仍以编辑为主导，也有一些客户端有基于算法的推送机制。一些新闻客户端有一定的社交分发机制，其前提是客户端的“社交化”，即在客户端中加入类似于社交平台的功能，允许人们通过客户端进行社交，以及建立社交账号进行内容生产。但即使如此，其社交属性和社交黏性仍比不上社交平台。在这些客户端上的社交，也以弱关系社交为主。基于社交关系的内容分发，在新闻客户端上并非主流。

由于客户端是基于手机等移动终端，其屏幕比电脑屏幕要小很多，因此，在一个屏幕的空间里呈现的内容很有限，客户端界面中的“版面语言”也有限。

客户端的整体信息呈现模式，是一种单线条的“信息流”。信息从上至下依次排列、逐条呈现，人们不断滑动屏幕可以加载更多内容。人们的视线通常只需在垂直方向移动，视线移动规律相对简单。

这样一种信息流也构成了一种阅读时的“时间线”。人们从上往下按顺序阅读，容易形成一种感觉：越排在上方的信息越是新鲜发布的信息。但事实上很多客户端的信息流并非完全按照发布时间排列。各种不同时间段发布的信息排列在同一阅读时间线上，容易造成人们对信息的时效性的误判。为避免混乱，有必要在标题下强调信息发布的时间。

在信息流上的信息安排顺序，也成为客户端最主要的“版面语言”之一。这包括空间顺序——越是在顶端的内容显得越重要，一些特别重要的信息通过置顶的方式加以突出；也包括内容在信息流上驻留的时间——停留时间越长显得越重要。位置上相近的信息会让人们产生一些关联联想，因此不恰当的组合，会带来对内容的误解甚至扭曲。

你怎么看

你是否遇到过版面语言不当的客户端内容？你认为应当如何避免？

二、新闻客户端的类型

在中国，目前的新闻客户端主要有三种类型。

（一）媒体开发的客户端

各类媒体都在开发客户端，以实现移动时代的转型、移动优先的目标。除了新闻内容外，一些媒体的客户端还整合了本地服务、政务新媒体等内容。

（二）商业门户网站转型的客户端

除了媒体外，曾经在传统门户时代风光一时的商业门户网站，也在通过客户端的形式来进行转型：虽然基于WWW形式的网站并没有消失，但客户端已经成为运营重点。相比传统媒体的客户端，这些商业门户开发的客户端，总体体量更大，综合性更强，且有传统门户时代积累的品牌效应，在新闻客户端的竞争中，形成了优势。

（三）新兴的聚合类客户端

今日头条、一点资讯、Zaker等客户端，也是新媒体企业开发的，但它并没有门户这样一个前身，而是完全针对移动终端推出的新型聚合类客户端。今日头条、一点资讯、天天快报等，还带来了客户端的一个重要创新，那就是在内容分发上基于算法进行个性化推荐。

第八节　微信：三个层级传播的贯通

与其他社会化媒体平台不同的是，微信将人际传播、群体传播、大众传播这三个层级的传播聚合在一起，三者之间实现了无缝连接，全面贯通。

一、微信平台的主要价值

（一）作为社交平台的价值

毫无疑问，微信最早是作为社交产品诞生的。无论它后来如何发展，社交始终是它最核心的功能，也是支持它的其他功能的基础。

相比短信等社交手段，微信不只具有点对点的交流功能，还能通过朋友圈等方式使用户间保持点对点交流之外的更广泛、更密切的接触。

而与SNS等社交平台相比，微信的即时通信功能，又使它的社交黏性更强。

与微博相比，微信朋友间更多的是“强关系”，这也是社交黏性的重要来源。

总体来看，微信用一种弹性的方式，在其平台上打造出各种不同的社交手段及社交圈，以迎合人们多样化的社交需求。

作为一种移动社交平台，微信也使得空间和场景的意义大大加强，“摇一摇”就是这样一种思维的应用。通过摇一摇这样一个简单的动作，微信用户可以获得基于地理位置的信息或服务，或者找到附近的用户。这为基于地理空间的社交及服务提供了基础。

（二）作为媒体的价值

尽管与微博等社会化媒体平台相比，微信的社交偏向更为显著，腾讯公司也曾试图阻止它过于“媒体化”，但很多媒体、企业、政府机构以及“自媒体人”还是对这个拥有数以亿计用户的平台的媒体属性寄予了期待。公众号的不断发展，使微信最终成为一种不可替代的公共信息传播平台。

从用户的角度来看，他们更倾向于在一个平台上同时满足社交、信息获取等多种需求。具有媒体功能的社交平台，往往是他们的首选。而微信恰好满足了这一需求。

公众号是微信中最具有媒体属性的功能，其传播特性在某些方面也与传播媒体相似。但微信的媒体属性不只限于公众号这个部分，公众号与朋友圈、群等都是连通的，公众号内容的价值放大，需要朋友圈与群的助推。

微信公众号在时效性方面并没有优势，有时候甚至会与其他网络平台存在较大的时间差。一些陈旧的内容，也容易在微信平台反复传播。但每条公众号内容没有字数限制，又为它在深度表达上提供了一些可能。

作为一种媒体平台，就像微博一样，微信在反映社会生态、舆论动向等方面，也具有自己的价值，但微信中的情绪与意见表达，更为私密与局部，要从整体上对其进行把握更为困难。

（三）作为营销及服务平台的价值

对于企业来说，微信意味着全新的营销和服务可能。

但这并不代表着将传统的广告搬到公众号或朋友圈，就可以称为微信营销。在某种意义上，微信并不是广告的温床，甚至可能是抵制广告的。在朋友圈里，发布硬广告者可能被其他成员“拉黑”，即使在熟人间。而通过公众号来推送广告，也并不容易。一方面是因为公众号发布数量的限制；另一方面则是因为被“折叠”起来的公众号内容不容易被人们打开，尤其在人们知道它是广告内容的前提下。

在微信中，企业可以提供直接的产品销售，这一新平台上的产品销售，还会延伸到用户数据挖掘、用户管理、个性化服务等一系列环节。而这些环节，在传统的线下或线上营销中，往往是无法实现，或者是不能很好实现的。

微信也是一个个性化的服务平台。通过对服务号中功能的开发，向每个用户提供一对一的服务，是一种新的企业客服方式。这也同样适用于一些政府服务。

作为一个移动社交平台，微信的一个重要特点，是实现线上与线下的连接。也因此，它被作为O2O（online to offline，线上线下电子商务）的一个重要渠道。

（四）作为移动互联网入口的价值

作为社交入口的微信，也在不断向生活服务平台扩展，这使得它成为移动互联网上的生活入口。

2013年8月，微信的“5.0版”推出“微信支付”功能。2014年1月初，微信支付开始与“嘀嘀打车”（后改名为滴滴打车）合作，对司机与用户进行补贴。借助“嘀嘀打车”，微信支付得以迅速推广。2014年春节期间，微信推出的“抢红包”活动，使微信支付进入更多人的生活。

微信支付的野心不只在支付领域，支付实际上是互联网生活服务的核心，几乎所有服务都与支付有关，因此，抓住了支付这个命脉，也就占领了服务的入口。腾讯利用微信支付，向互联网支付领域的老大“支付宝”，发起了强有力的挑战，也由此全方位地向移动互联网的生活服务领域扩张。

而拥有了公共媒体的属性后，微信也成为移动互联网的内容入口。

在同时成为社交、内容、服务的入口后，微信在移动互联网世界的地位变得更为稳固。

（五）作为互联网的连接器的价值

马化腾认为，互联网将更多地连接用户的需求，腾讯的使命仍然是成为互联网连接器，连接一切。微信、QQ都是在做连接器，在人、设备、服务之间形成智能的连接。腾讯做的是最低层，往上要让传统行业自己去搭建应用。①

当然，无论是人与内容、人与服务还是人与物的连接，都以人与人的连接为基础。微信正是用三个不同层级的传播，连接了移动空间中的人，这也就为它实现连接一切的目标，提供了基础。

也因此，理解微信中的人的关系及其传播方式，是理解微信的其他应用方向及价值的基础。

二、微信朋友圈及其影响

微信朋友圈是一种一对多的双向传播模式，每个用户分享的信息可以发送给所有好友，所有好友分享的内容在用户的个人账户中以时间为序呈线性排列。

微信朋友圈类似于微博的结构，但关系以强关系为主，信息传播的开放性比微博要弱。

微信朋友圈是在相互关注的用户之间进行信息分享的方式，因此，关注对象的特点，也决定了信息分享的特点。

在一定意义上，微信朋友圈的交流模式，与微博有些类似，但从用户之间的关系及互动性质来看，两者又有较大的区别。

1. 微信朋友圈的“小圈子”与微博的“大圈子”

每一个微博平台，从整体上来说就是一个圈子，一个话题可以迅速传遍整个大圈子，并且围绕这个话题会形成多种信息与意见支流。

而微信平台，由难以数计的小圈子组成。虽然理论上来说，这些圈子之间都相互关联着，但毕竟各圈子之间还是有一堵无形的“墙”，信息虽然可以越过这些“墙”流入小圈子，但反向的信息与意见反馈却很难实现。因此，信息流相对单一。

在大圈子中，经过一定的博弈，会形成话语权力的差序格局。博弈中产生的意见领袖，在信息传播以及意见表达中的作用更为突出，但这种权力结构是动态的，经常会因为各种因素的影响而发生变化。

而在微信的朋友圈交流中，话语权力相对平等。微信朋友圈里，人们更注重情感连接，人们对话语权力的关注也相对较少，因此，人们的关系会更为稳定、持续。

2. 微信朋友圈的“求同”与微博的“求异”

由于微信的一个重要作用是维系小圈子中的关系，并谋求社会资本的回报，因此，在朋友圈中人们更倾向于关系的稳定与和谐。在观点表达上，人们更倾向于求同、维和，差异往往会被人们有意忽略或掩盖。

而微博这样的大圈子里，用户要凸显自己的价值时，更需要的是表现个性与差异，差异会被人们强化、放大，并且成为博弈的重要手段。

3. 微信朋友圈的封闭与微博系统的开放

虽然都是由人与人的关系构成的社会网络，但微博是一个开放的系统，人的关系圈子不是

---

① 马化腾：腾讯专注做“互联网连接器”[EB/OL].（2014-11-19）[2022-07-12]. http://it.people.com.cn/n/2014/1119/c1009-26056940.html.

固化的，而是流动的。这种开放可以促使微博整体显现一种异质性。

微博从功能上保证了转发路径的公开与清晰可辨，从原创到每一个转发的链条，都可以直观感知。而微信朋友圈虽然保留了转发功能，却隐去了转发路径，因此，一条信息在朋友圈里的传播轨迹是难以辨识的。

微博的评论内容是对所有用户公开的，不同用户之间的评论可以形成相互的参照，这为公开的社会交流提供了基础。而微信提供的是一个封闭的评论系统，只有互为好友的用户才能看到彼此在同一帖子下的评论。从隐私保护的角度来看，这样的设置不无道理，但从另一方面看，这样的评论，主要发挥的是私人社交的功能，而不是公共讨论的功能。

微博中的信息传播是在一个开放的系统中进行的。信息在微博平台流动时，各方面的用户也在快速地形成对该信息的补充、对抗、辨识等其他信息。这样一个系统给信息的真伪鉴别、价值判断、筛选过滤以及自我纠正带来了可能。

而微信是一个相对封闭的系统，朋友圈更是如此。朋友圈虽然也可以变化，但结构是相对稳定的。尽管人们在现实中有较大的差异，但朋友圈更多地强调同质性，它也会形成对异质信息与意见的排斥或抑制，成为相对封闭的信息系统。信息在微信平台的单一化流动，增加了信息互动的难度。

三、微信群及其影响

微信群是微信中小规模的多对多互动平台。多数微信群是现实关系的一种平移，另有少数微信群是基于弱关系形成的，但在互动中会慢慢转化为强关系圈子。

（一）微信群的传播手段

微信群的传播手段与网络中其他空间类似，文字、图片、语音、视频等都可以利用。而另一种特别的传播手段，是表情符号。

这里说的表情符号，不仅仅是系统提供的小的表情符号，还包括网民自己制作加工的各种代表情绪的表情包。

尽管表情符号在一对一的传播中也经常使用，但在微信群里，它的运用有特别的效果。

在很多时候，运用表情符号可以节省交流成本，一图值万言，一切尽在不言中。作为图片的表情符号，有时具有多义性，比文字符号含义更丰富。

表情符号也可以调节气氛，当交流中出现一些问题或障碍时，一个表情符号可能会化解冲突或缓和气氛。

表情符号在某种意义上也是微信群中的“流通符号”。有些原创的表情符号，会从一个群流向另一个群，并不断扩散开来。表情符号的广泛流通，不仅反映出它们受人们欢迎的程度，也在某种意义上证明着微信这个小世界中人们之间普遍存在的弱联系。表情符号流动的轨迹，可以使隐性的关系网逐步显性化。

（二）微信群的生态与传播特点

微信群也是一个小的生态系统。

群主是一个群的核心人物。作为群的发起者，他会对群进行定位，群的成员的整体构成也与他挑选的第一批成员相关，虽然成员们在之后再拉入的新成员可能会在一定程度上改变他的初衷。成为群主，是一个可以自赋的权力，多数人会因此而付出很多努力和代价以维系这样一种权力。

在微信群中，也容易出现话语权力中心。虽然与微博的意见领袖相比，这些话语权力中心的影响范围可能很有限，但是，他们对于整个群的氛围起着重要的影响作用。群中的话语权力中心可能是群主，这既是因为先赋的权力，也是因为群主为维系自己的角色和群的稳定会付出额外的代价。但未必每一个群主都能成为话语权力中心。

微信群生态系统中另一个层次的重要角色，是活跃的信息贡献者。他们虽然不一定能影响他人的态度或群内的整体意见走向，但是他们不断地发言或转发信息，给群不断带来新的话题，促使群保持着持续的活跃度。

群中的更多人，常态可能是“潜水”。但如果有一个刺激性的话题出现，很多潜水者会浮出水面，特别是当某些用来检验成员间的关系、群的凝聚力与成员忠诚度的话题出现时，多数人会“露头”表达自己的态度。

作为一种多对多同时又是简单以时间为序进行信息排列的空间，群并非一个理想的交流平台。群中的信息呈现方式，导致很难进行话题的聚合。如果不是成员有意维护某一个话题的交流秩序，那么，各种信息交织在一起组成一个队列时，话题的焦点便无法突出，话题之间的关系也很难明确，各种信息缺乏语境，显得杂乱。虽然后来微信群增加了对某一段话的“引用”功能，但并不能完全改变混杂的交流状况。

另外，由于熟人间关系的复杂与微妙，因而表达意见的自由度受到了较大的限制，很多时候人们也更愿意表达单纯的情绪，而不是复杂的意见。而一个人表达后，其他人复制、跟着站队的现象，在群里也较为普遍。

微信群里，自说自话的现象比较普遍，很多成员发出的信息可能激不起回应。

多数微信群往往有一个骤然升温、经过一段时间的保温最终由热到冷的变化过程。

一个新的群启动，往往有一定的由头。这个由头是一个刺激源，会使群的规模在较短的时间内增长。随着新成员不断加入、新老成员相互问候，群的活跃度会维持一段时间。对群有认同感的成员，为了使群的影响力扩大，也会在早期投入比较多的精力。

但是，在一些临时性刺激因素消失后，群的活跃度会较快地回落，甚至很快进入沉寂。

有助于保持或增加群的活跃度的因素主要有如下几种：

(1) 刺激源。美食、聚会、回忆、政治性话题，以及群中成员的人生各种大事，都可能刺激群成员“浮出水面”。

(2) 群内仪式。制造出某种群内的日常仪式，使之成为每天群内互动的基本方式，也是保持群的活跃度的一种方式。例如成员间每天的早安问候。当然，要让它们仪式化，需要有新颖且可持续的方式。但绝大多数群并没有形成这种形式。

(3) 线下活动。线下的活动，可以将群里培养起来的感情转化为现实空间的互动行为，这些活动往往又可以为群提供更多话题。

(4) 游戏。诸如“抢红包”这样的游戏，可以诱惑成员参与。

尽管多数群会有维护稳定的趋向，但并非所有群都能总是保持这种状态。当谈论与价值观相关的话题时，群成员尤其容易出现分化。

(三) 微信群与圈子化生存

对于个体用户来说，朋友圈其实更多的是“一对一”或“一对多”的互动，而并非圈子内“多对多”的互动。微信群，才真正构建了人们的圈子化生活。

微信群带来的圈子主要包括亲友圈子、同学圈子、单位圈子、行业圈子、思想圈子等。

微信群对于某些成员来说，是快速扩展社交圈子的一种手段。当然，要让“群友”变成实际的社会资本，必须付出足够多的互动努力。

群对于群内成员的某些信息的沟通来说，是一种便捷的方式，特别是对那些基于工作关系而形成的群。

群也可以给很多用户以归属感，在某种意义上，这种归属感比论坛或其他网络社区带来的精神上的归属感更为实在。进入某些群，可能还会意味着获得某种身份，或被打上某种标签。

每个成员可以身处多个群，也就是多个不同的社会圈子。对不同的圈子，人们有不同的诉求，也会有不同的关系策略。

群可能孕育出特定的圈子文化，也可能改变现实圈子中的某些文化。

微信群所形成的圈子，既在一定程度上映射着现实社会的圈子，也在一定程度上复制着现实中的社会关系结构，包括权力关系。

以往的网络交往多是以打破现实社会的圈子为目标的，而群却反其道而行之。人们重新回到各种既有的社会圈子里，并且在某种意义上，被这些圈子加上了更大的“枷锁”。

中国社会本来就是一种人和人的界限感不够明晰的社会，家庭成员之间、单位成员之间缺乏界限感，往往会使人觉得无法独立自主，而微信群在某些时候会进一步模糊成员之间的界限。

圈子往往会强化同质性与服从性，而抑制人们的异质性，尤其在意见表达方面。如上文所述，个体在群中的意见表达多数时候并非拥有充分的自由度，在那些对个体有着重要意义的群里，沉默的螺旋容易形成。

群往往也会形成集体的意志与集体行动。对于少数不愿意服从集体意志和行动的人来说，违背集体意志意味着要付出一定的代价。

进入一个群，不一定都是出于个人的意愿，这是微信群非常特殊的一个地方。每个用户都有可能在自己不知情的情况下被别人强行拉入某一个群，进入某种圈子，但并非每一个人都愿意留在这个圈子里。

此外，退群是一件有风险的事。一开始，微信的退群行为是在众目睽睽下进行的。退群似乎成为一种宣言，表明对群内其他人的不满或蔑视，在他人眼里也会被视作一种“脱离”与“背叛”。而这可能给退群者的社会资本带来损害，以后在现实社会的这个圈子里“混”可能会有一些障碍。尽管目前的微信优化了退群的体验，一个成员的退群不会再被明确提示出来，但人们还是容易发现那些退群者。

过多的束缚感，也可能会导致一些群被遗弃，最终走向“荒芜”。

微信群作为网络中最典型的圈子文化的平台，对人们生活与社交带来的影响也十分显著。

四、微信公众号及其传播特点

公众平台中有两种公众号。

其一是订阅号。目前的规定是限每日推送一次（早期的订阅号可以推送三次，一些媒体公众号拥有特权，可以多次推送），以信息的传播为主，认证账号拥有自定义菜单功能。

其二是服务号。目前限每月推送四次，以服务为主，拥有自定义菜单功能。

其中，订阅号的传播模式，更接近于传统的大众传播，但它也为微信平台的特点及用户的行为方式所改造。

公众平台采用的传播模式，在某些方面继承了传统媒体的传播模式，在微博式的传播模式盛行的情况下，这种“回归”了的模式带来了一些新可能。

（一）顺应懒用户的信息“推送”模式

新媒体的一个特点，是把信息的选择权交给了用户。新媒体的信息传播多数是“拉出”式的，也就是由用户从无数的信息中发现与“拉出”自己感兴趣的内容。这看上去是对用户的尊重，但时间长了，一些用户越来越懒于自己去寻找信息，或者对自己拉出信息所消耗的成本越来越在意，他们开始怀念被“喂食”而无须自己“找食”的传统媒体时代。

因此，回归传统媒体的信息推送思维的业务模式，在近年新媒体的探索中，越来越普遍。微信公众号也是继承了这样一个传统思维的新产品。

（二）信息推送落点的明确

从理论上说，公众号的每一次信息推送，都会到达订阅者的微信界面。而信息的落点，也是非常明确的。与微博内容扩散的不确定性相比，这看上去有更大的诱惑。

当然，事实上即使信息推送到了订阅者处，人们可能也不会打开。在用户订阅了大量公众号的情况下，一些公众号的内容也会被无视。

（三）信息超载时代的“减法”思维

与一般社会化媒体平台的信息泛滥甚至“溢出”的情形不同的是，微信公众号受到了严格的推送量的限制，这种限制当然并非技术本身的原因，而是微信平台管理者人工干预的结果。除了少数公众号外，一般的订阅号、服务号都有发布次数的限制。这样一种制约，在某种意义上会迫使信息发布者对内容做减法，做精选与优化，将亮点凸显出来。

（四）三种传播空间的关联效应

微信公众号的效果并不只取决于它自身。微信中的三种传播空间，即公众平台、朋友圈、微信群能够实现无障碍关联，朋友圈、微信群对公众号的信息传播有一定的扩散与放大作用。

尽管带来了一些新的可能，但公众号仍然存在很大的局限性。主要表现为以下几方面：

（1）有限的推送次数与媒体时效性的冲突。

（2）用户黏性难以维系。尽管有些微信公众号是靠粉丝的忠诚来维系的，但是，真正能够获得死忠粉丝的公众号数量极为有限。

（3）点开率有限。尽管微信公众号的信息可以百分之百到达其订阅者那里，但是无法保证推送百分之百被点开阅读。

（4）系统的相对封闭性。微信公众号内容向微信之外的平台如微博的扩散相对困难。

（5）“覆水难收”的发布机制。微信公众号的发布机制类似于传统报纸，内容一旦发布，就不能再做大规模的更正（目前的规定仅能修改 20 个字）。

五、视频号与视频直播的嵌入

近年来，随着移动视频应用的普及，微信平台也在努力开发视频社交、视频传播的相关功能，视频号、视频直播也被嵌入微信平台中。

视频号集中了短视频、中长视频和视频直播等功能，内容分发兼有朋友分享和算法推荐双重机制。而视频直播也有独立的入口，这也是为了吸引更多的人关注直播。同时，直播平台主要由平台进行内容分发，有垂直的直播内容分区，便于人们按需选择。

与那些独立的移动视频平台不同的是，微信平台中的视频应用，依托微信的大环境，因此更多的还是建立在熟人圈子、熟人社交的基础上。这既可能带来一些优势，也可能是其发展中的局限所在。

六、为什么微信没有替代QQ?

限于篇幅，本书中没有单独讨论QQ。QQ虽然起源于即时通信，但在发展过程中它也吸纳了博客、SNS等应用的一些功能，在很多方面与微信也有一定的相似性。但是，同为腾讯公司产品的微信的普及却并没有替代它的“前辈”QQ。根据腾讯公司2023年3月发布的财报，截至2022年12月，QQ的移动终端月活跃账户数为5.721亿①，虽然整体来看其用户数量在下滑，但用户规模仍是相当大的。

QQ没有被微信取代，原因是多方面的：

其一是在QQ中成长起来的年轻用户对QQ的坚守。1999年QQ推出，几乎与“零零后”同时诞生，也与“零零后”一起“长大”。“零零后”用户进入互联网世界，可能最先接触的就是QQ，QQ成了他们生活的一部分。他们在虚拟世界里的关系圈子也基本上是在QQ中建立起来的。因此，即使他们中的一些人开始使用微信，其大本营仍是QQ。而对他们来说，微信是父母甚至爷爷奶奶们的领地，在微信里，他们会在较大程度上受到长辈的约束。

> **你怎么看**
>
> 你日常使用QQ多还是微信多？它们在传播方面有何差异？

其二是社交应用中“关系”迁移的困难。无论是年轻用户还是中老年用户，只要有较长时间的QQ使用习惯，就会在QQ里建立自己的关系网络。如果一个用户迁移到微信，他的关系网络并不会随之迁移，因此，只要他还需要维系原有的关系网，就无法放弃对QQ的使用。

其三是QQ的功能和界面与微信有一定差异，更适合年轻用户的需求。特别是QQ空间，虽然它与微信朋友圈有一定相似性，但其功能与界面风格更年轻化。此外，基于主题的QQ群与基于关系（包括工作关系）的微信群也有很大的差异，群相关的功能也比微信群要丰富。

第九节　视频社交平台：现实世界与影像世界的互动

进入移动时代，用户在移动终端的视频消费比重越来越大，除了观看影视节目外，基于社交平台的视频生产与消费需求日益旺盛。在中国，一些视频社交平台也成为微博、微信之后拥有亿级用户的平台。

一、视频社交平台的多重价值

视频并非新的传播手段，但在移动时代，视频手段得到了更广泛的运用。不同的主体使用视频的诉求不同，使用方式也有所差异。

（一）日常生活的媒介化

从普通人角度看，视频平台最主要的意义是日常生活的媒介化。也就是将日常生活展现在

---

① 腾讯公布2022年第四季及全年业绩［EB/OL］.（2023-03-22）［2023-03-31］. https://static.www.tencent.com/uploads/2023/03/22/8d304603bd688ad947575f738ce62fca.pdf.

视频平台这样的媒介里，以此来显示自己的存在感，并与他人产生连接与互动。而这种媒介展现也会反过来影响到人们的现实生活，人们可能会因为视频拍摄的需要而规划现实生活。

当然，在视频生产与分享不断走向深层时，人们的展现中，也有了越来越多的“表演”与“戏剧化”成分，这也是媒介化的结果。

在这种媒介化的过程中，人们不仅在展示自己的生活，围观他人的生活，也在相互学习，并共同制造了一些流行的文化和生活方式。视频成为连接人群的新纽带。

你怎么看

人们的视频生产与分享中，有哪些“表演”和“戏剧化”成分？你怎么理解这种成分？

（二）个体存在感的提升与变现

虽然新媒体应用推动了普通用户在公共空间的表达，但以往人们在公共空间的表达主要是基于文字的意见表达，多数人表达产生的影响仍十分有限，甚至很多时候只是自娱自乐。他们在公共空间里的存在感很弱，更缺乏将虚拟空间表达权转化为现实空间权利与收益的“变现”能力。

但当个体的表达手段从文字转向视频之后，人们在公共空间的表达内容和方式大大丰富。表达的素材可以直接来源于日常生活，不需要见识与思想打底，拿起手机就可以拍摄视频。表达的力量不一定来自技巧，而更可能来自生活本身。这意味着，在视频平台，个体获得存在感的可能性增加了。过去在博客或微博等平台沉默的观看者，在视频平台上可能成为万众瞩目的表演者。

在视频世界里获得的存在感，有时也会转化为现实世界里的存在感。少数获得了平台影响力的人，也可能通过他人打赏、电商分成等，获得经济收益，从而改变自己的生存状况，有些甚至拥有了一定的 KOL（key opinion leader，关键意见领袖）地位。人们在视频平台的存在感与表达权等虚拟权利，也在以更多方式“变现”。

虽然在视频社交平台也会有马太效应与数字落差，并非所有用户生产者的视频都能得到同样的关注度，但是，至少它赋予了普通用户更多体现存在感的可能。

（三）社会生活的民间记录

除了展现、表演，普通人的视频也是对社会生活的私人化、民间化记录，而记录也是一种权力。以往的影像记录权，多掌握在媒体等机构手中。这些机构大多基于公共价值来判断记录对象、选择记录素材，实现的更多的是公共性记录，因此，很多时候也是宏大叙事。而网民生产的视频，更多的是微观的、个体的记录。虽然这些记录也是主观的，但是，当足够多的碎片化记录汇聚起来，也可以拼贴出一幅宏大的社会画卷，“一幅生生不息的清明上河图”[①]。在这个画卷里，个体有了自己的位置。

（四）艺术创作与文化传承

短视频与视频直播早期的主要卖点是生活化质感，但是，仅仅日常化的生活直播或短视频，难以产生持续的吸引力和维系力。于是，在新一轮的用户生产视频中，出现了越来越多的艺术创作成分。短视频平台出现了大量用户自编、自导、自演的微剧。“人人都是戏精”的潜力，正在被激发出来。

---

① 姚劲松．重新认识记录的力量［J］．视听界，2018（4）．

目前用户创作的微剧，还做不到像专业生产的电影、电视剧那样精耕细作，也不一定遵循专业程式，它们更多的还是来自直觉、灵感与模仿。在这里面能脱颖而出的作品并不太多。但网络视频的土壤，有可能促进艺术创作的发展，甚至孕育视频艺术的新样态。那些在传统平台找不到机会的专业视频内容生产者、影视演员，也可能会将网络视频平台作为创作成果发布的新平台。

除了内容上的戏剧性创作外，在表现形式方面，Vlog等的出现，也推动了用户生产视频艺术标准的提高。除了对画面质量有所要求外，对视觉效果、影像语言等有了更多专业化的要求。

可以预见的另一个趋势是，未来的网络视频平台还会推动纪录片这样的艺术创作的发展。

除了影视化艺术创作外，视频平台还为普通人的艺术表演提供了展示空间。曾经具有较高门槛的艺术表演，正在走向平民化、日常化。人人都获得了在公共空间表演的权利。无论这些表演是否具备专业水准，它们都为人们的自我释放、自我表现提供了一种更具现实感的途径。

在文化传承方面，特别是在对一些非物质文化遗产的传承上，视频平台也在发挥其优势。很多因技术发展、职业更替而逐渐淡出人们视野的手艺人，通过视频平台找到了自己的另一种生存方式，那就是通过视频来展现自己的手艺。手工制作的产品在现实中不一定足以帮助他们维持生计，但手艺的表演，成为他们新的谋生手段。他们也用这种方式实现着文化的传承与传播。

（五）亚文化“城堡”的构建

除了抖音、快手这样横跨各种社会阶层的视频社交平台外，网络中还有大量亚文化群体拥趸的视频平台，B站（哔哩哔哩）就是其中的代表。B站代表了视频应用的一种亚文化支流，二次元、“鬼畜”内容及弹幕成为B站的主要文化标签。

B站的文化标签，构建了它独有的文化边界，也帮助它建立起视频世界里的一座小城堡。

虽然B站作为亚文化的基地有自己的城堡与“次元壁”，但近年来，这种次元壁也在逐步被打破。2020年的跨年晚会，更是让B站进入很多以往不熟悉它的人的视野。共青团中央、央视新闻等机构和主流媒体先后入驻B站，也体现了二次元的破壁可能。

与B站类似，网络中的一些亚文化视频社区，既形成了自己的文化城堡，在未来还会有各种破壁、出圈的突围口。这也为视频生产与应用方向带来了新可能。

（六）视频新闻生产力的再造

当越来越多的用户特别是年轻用户都聚集在视频社交平台时，媒体也开始向这些平台扩张。短视频、视频直播，正在转化为新闻生产力，媒体的视频新闻生产力，开始在移动平台进行再造。

2019年8月底，“新闻联播”节目正式入驻抖音、快手两大平台，以“主播说联播”这一形式，对“新闻联播”中的一些重点话题进行展开。

移动视频的发展给报纸的发展提供了新空间。在传统视频生产领域，报纸很难与电视竞争。而移动视频是一场全新的赛跑，它的低门槛、新思维，不会使报纸输在起跑线上，甚至在某种意义上，不受传统电视套路约束的报纸，可以更自由地施展自己的创造力。

除了事实性报道外，短视频、视频直播还能为新闻评论提供新的载体。在这个方向上，或许还有很多探索空间，例如，基于个人化风格与品牌打造的视频评论专栏等。

（七）生活、服务的全方位覆盖

视频平台已经渗透到了生活的各方面，各类服务也在视频平台跟进、更新。

教育、育儿、美食、健身等生活内容，可以依托视频手段进行更直观的呈现。这些领域的账号，在视频平台十分活跃。

电商也是受到移动视频影响较为显著的领域之一。视频带货成为电商的新形式，从日用品、农产品到汽车、住房、重型机械等，都在利用视频带货。

当移动视频平台日渐活跃时，过去主要以微博账号、微信公众号形式存在的政务新媒体或企业新媒体，也开始向视频平台扩展，以视频这一方式进行形象宣传，或者提供服务。

二、视频社交平台的传播特点

视频社交平台是视频这种传统手段与社交媒体模式的结合。这种结合产生了一些“化学性”的变化，呈现出一些新的传播特点。

（一）基于视频手段的、个体为中心的展示

视频社交平台与博客平台有一定的相似性。从传播结构上看，它也是以个体为中心的展示-观看模式。这种模式有利于视频发布者的影响力累积。因此，近些年视频平台培养了一批“网红”，且这些“网红”多是从普通草根成长起来的。

视频这一手段，也给了那些不擅长文字或图片表达的人一种新可能，特别是为草根进入公共交流空间、获得话语权提供了可能。视频在某些类型的内容的呈现方面，有特别的优势，因此，视频平台的内容发展重心与微博、微信有所不同。

（二）平台技术支持下视频生产的傻瓜化

视频生产门槛的降低，不仅与智能手机这样便捷的视频拍摄设备的普及有关，也与视频平台的技术支持有关。在视频剪辑、视频优化（如加滤镜、特效）等方面，很多平台都提供了便利甚至一键式的操作。这种傻瓜化生产，有利于用户保持持续的生产热情，不断推出的新功能，也可以让人们始终保持新鲜感。

（三）弱关系为主的社交网络

快手、抖音等多数移动视频平台，虽然也是社交平台，但与微信不同，其社交关系以弱关系为主。人们在微信等平台受到过多强关系的约束与压力后，需要一些弱关系平台来缓冲、缓解。无论是从内容生产还是内容分享的角度看，弱关系都使人们有更大的自由度，这也是这些平台近年快速兴起的原因之一。

（四）多重分发线索的结合

视频社交平台中，社交分享仍然是内容分发的重要线索。通过关注形成的社交关系，为用户提供了较为稳定的内容连接。但除此之外，算法分发也成为一种重要的分发方式。这既是因为智能化技术发展到了实际应用的阶段，也是因为视频网站的海量内容需要这样一种筛选机制。

在抖音等视频平台，算法分发是以个性化推荐为主。这样的算法对于刚刚进入平台的使用者尤其有吸引力。初来乍到之时，人们会重点挑选那些自己感兴趣的内容，而算法则以用户的既有行为为依据，源源不断地推送相似内容。这种“很懂我”的感觉，以及自己喜欢内容的不

断供给，往往会让新用户上瘾。当然，如果算法总是推荐相似内容，人们也会产生厌倦感。

为避免内容生产者之间因为流量而导致“贫富差距”过大，快手平台在分发算法设计时，一方面会为所有尾部内容分配初始流量，并通过关注、同城等功能保证所有用户都有被看见的机会，另一方面会有意抑制头部视频的流量，形成“流量普惠”。这样的算法，重点在于激励内容生产者。

除了社交分发、算法分发外，基于位置的分发（如同城）在视频平台也较为常见。地理位置的接近性，也给人们的视频生产、分享与观看带来一定的动力。在同一位置的“打卡”，成为人们心理连接的一种方式。

第十节 生活分享类社交平台：消费的媒介化与社会化

今天，一些年轻用户越来越多地聚集在一些生活分享类社交平台中。这类平台以生活和消费为内容焦点，营造出不同于微博、微信的另一种虚拟世界景观。在中国，这方面的代表是“小红书”。

一、生活分享类社交平台的吸引力来源

虽然微博、微信在社会生活中扮演着举足轻重的角色，但生活分享类平台也有它独特的价值。它们对于年轻用户的吸引力主要源于以下几方面的因素：

（一）交流的相对“安全”与“垂直”

微博、微信等平台的公共话题，多聚焦于政治类或娱乐类话题。但在这些话题之外，人们还需要一些其他的公共交流内容，消费、生活方式话题既大众化，又相对“安全”。

在微博、微信这样的平台上，虽然人们也可以分享自己的生活，但由于这些平台的内容线索过多，生活类的内容往往会被淹没在其他内容中，且由于在这些平台上受到强关系的约束，人们也会有各种顾忌。生活分享类社交平台，内容相对垂直，聚焦度较高，且可以让人们用匿名方式，更自由地进行表达。

（二）生活经验、经历的分享与借鉴

在传统的电商平台，人们虽然可以买到各种商品，甚至可以看到其他用户对商品的点评，但这些都只是针对商品本身，基本不涉及商品的使用方式、心得、效果等。而在生活分享类社交平台，人们在介绍某些商品时，总会涉及与之相关的使用体验或经验，这可以为他人提供更直接、有效的借鉴。除了商品外，人们还会大量分享生活中的各种经验与技巧，这种实用性分享是其他平台难以做到的。

也有很多用户在这些平台分享自己的生活经历。这背后的诉求也是多样的，如展现自己的努力与成功、赢得他人的认可、发泄现实中的压力、寻求他人的安慰等。人们也在以别人的生活经历作为参照，来评价自己的生活状态。

（三）生活方式、观念的自我表达与相互参照

生活经验、经历的背后，是人们的生活方式、观念等。今天的用户，特别是年轻用户，在不断追求自己心中理想的生活方式，这既包括各类消费品及消费方式，也包括消费观念、文化观念等构成的生活观念。生活方式的表达与追求，成为人们自我表达的一部分。

生活方式与观念，不只与生活有关，它往往也反映了人们的“三观”。人们在分享、观看的过程中，也在寻找与自己三观相合的同道者。

（四）生活梦想的营造与追求

生活分享类社交平台营造了一个个丰富、华美的消费世界，远超人们现实中的体验与感知。对很多人来说，这个世界里很多商品是他们在现实生活中没有接触过甚至闻所未闻的，他们对更好的生活、更高的社会阶层的向往也由此被激发。很多时候，人们所关注的，不只是与自己当下经济状况相匹配的那些消费品，还有很多从别人那里了解的超出自己经济能力的奢侈品与生活方式。对这些消费品与生活方式的追求，变成一些人的生活目标。即使暂时没能力达到那些目标，人们也要用“平替”产品来实现安慰性消费。“伪精致”生活日益流行，其中的“精致”代表了人们的理想，而“伪”则体现了现实的无奈。

消费世界也折射着政治、经济、文化和社会的各个层面，呈现的是多种要素混合下的五光十色的现实世界。人们在这个消费世界里营造与追求的，是一种总体的生活梦想。

> **你怎么看**
>
> 生活分享类社交网站给我们日常生活带来了哪些影响？

（五）流行文化的创造与推广

这些平台也会创造自己的网红产品或网红风格，它们代表了时尚、潮流，很多时候的确也有助于提升人们的审美品位，因此，容易带来跟随效应。

这些平台往往是流行文化的培育地。一些网络流行词，如“种草”“拔草”等，来自这些平台，也向其他平台扩散。这些平台流行的一些生活方式，也成为流行文化的一部分。

二、生活分享类社交平台的传播特点

生活分享类社交平台，是典型的内容＋社交＋电商的平台。其传播的主要特点表现在以下几个方面：

（一）匿名化传播

很多人在“小红书”里都会说这是“不敢发朋友圈”的内容，之所以敢于发在“小红书”上，是因为这里是匿名的。同样，其他生活分享类社交平台也都采用匿名机制。

虽然在需要的时候人们可以通过某些方式来披露个人信息，包括图片、视频中的直接出镜，但平台本身的匿名机制更便于人们自我保护。匿名机制下的平台，在某种意义上，展现了人们更真实的心态。

（二）滤镜化呈现

由于匿名制的保护，这些平台让人更愿意呈现自己的真实心态，但图片、视频中的人、物、景观，往往又是滤镜化的，是非真实的。滤镜对人、物、景观的美化，既代表了人们的审美倾向，也代表了人们设定的理想自我与理想生活。滤镜化也是媒介化的一种典型特征。

滤镜下的风景、消费品，更容易带来诱惑感，引起人们的追捧、购买欲望。滤镜下的平台，呈现出一个被美化的、超出现实世界的幻象世界。当人们在滤镜化的内容引导下走向现实时，却不免失望。

滤镜化的世界也加深了人们的焦虑，包括容貌与身体焦虑。人们在看到经过美化的他人的状态与生活后，会对自己产生更多不满，即使他们知道他人的生活是滤镜化的。

（三）内容与消费的结合

在生活分享类社交平台，内容生产、分享与产品消费往往是结合在一起的，当人们被别人介绍的产品“种草”时，会求购买链接。在这些平台用户分享的体验，容易累积为产品口碑，并且通过社交互动得以广泛传播。

在这些平台上，产品营销变得顺理成章，但“硬广”往往会被人排斥。营销需要借助用户体验、用户口碑、专业测评。KOL在其中所起的作用尤为突出。KOL既可能来自普通用户，也可能来自明星或其他公众人物，或者是专业测评人员。但基于用户口碑、KOL、专业测评等方式的营销，并非没有造假可能。

在这些平台上营销，有时需要将产品的营销上升到生活方式的营造，以便为自己的产品作铺垫。

虽然用户是以匿名方式进行信息发布的，但平台也可以通过大数据对用户进行分析。这种分析可以综合用户在内容、社交、消费方面的多重数据，因而为商品营销提供了另一种路径。

在一些平台，除了内容频道外，也有“商城”等消费频道，这里的消费很多时候会受到平台内容生产者的影响。

（四）媒介化的消费

生活分享类社交平台不仅驱动了消费，更驱动了媒介化的、表演性的消费。人们的消费不仅是为了满足自己的生活需求，也是为了能在平台内向人们展示这些消费行为。

消费行为的媒介化，既是内容生产的需要，也是体现自己的存在感、获得他人欣赏的需要。一些人在这类平台的炫富（包括假富），与在视频平台的一些出位表演，在本质上是一致的。他们需要利用这个平台最重要的表演手段，来获得他人的关注。如果一个用户的受关注度可以转换为影响力进而成长为KOL，他就有了获得经济收益的基础。在这样的动力下，人们在媒介化表演中的投入程度会更高。媒介化、表演式消费自然也需要通过滤镜等方式美化。

（五）群体互动下的社会化消费

生活分享类社交平台首先是以社交为基础的，而非纯电商平台。也正是因为这种社交属性，这些平台上的消费往往会有群体感染性，因而往往是一种“社会化”消费。

虽然人们进入这些平台是为了展现或追求个性化的生活方式，但在群体互动中，这种个性最终变成了伪个性，或者走向了“去个性”。

消费领域的从众效应很容易发生。一些拥有较高人气的KOL，往往会带来其他用户的跟随；某种原本有个性和品位的商品、风格，在众人追捧之下成为“网红”，其个性化的光环也就随之褪去。

除了从众效应外，个体之间的相互影响也很显著。消费过程变成了人们相互交换使用心得、相互推荐产品、相互交流消费品位的过程。

群体性消费的过程也是人们不断被“消费总体性”驯化的过程。

法国学者鲍德里亚（Jean Baudrillard）认为，消费是用某种编码及与此编码相适应的竞争性合作的无意识纪律来驯化人们。[①] 他以广告为例说明了消费是如何完成对个体的驯化的。他指出，广告伪造了一种消费总体性，它透过每一个消费者瞄准了所有其他消费者，又透过所有其他消费者而瞄准了每一个消费者。每一幅画面、每一则广告都强加给人一种一致性，即所有

---

① 鲍德里亚．消费社会［M］．刘成富，全志刚，译．南京：南京大学出版社，2014：78.

人都可能被要求对它进行解码，通过对信息的解码而自动依附于它在其中被编码的编码规则。它让一个符号参照另一个符号，一件物品参照另一件物品，一个消费者参照另一个消费者。①

在生活分享类社交平台上，实施这种驯化的，不是传统意义上的广告，而是消费者自己。他们通过内容的生产与分享，完成了消费编码及其扩散。人们在接收他人的内容时，也在受到这种编码规则的“教育”。通过与别人生活的对照，人们的消费欲望不断被勾起。

社交平台的互动，营造出群体性的消费氛围和消费行为，消费中的个人判断与决策受到抑制，群体会对个体产生一定的驯化作用。

在这些平台上，消费主义被激发、助长，甚至在一些人群中成为主流。虽然也有一些用户开始对消费主义进行反思与批判，但在很多情况下，这种反思与批判难以抵挡整个平台的群体性的消费主义氛围。

【本章学习与思考】

1. 网络传播形式的不断变迁给网络传播带来了哪些影响?
2. 你认为网站、论坛、博客等“古老”的传播形式最终将会消失吗？为什么?
3. 你如何认识微博与微信在传播方面的差异?
4. 你认为相比各种社交平台，新闻客户端有何优劣势?
5. 你认为微信可能被其他社交产品取代吗？为什么?
6. 视频社交网站为什么能吸引各种不同群体的用户?

① 鲍德里亚．消费社会［M］．刘成富，全志刚，译．南京：南京大学出版社，2014：116.

- 第四章 网络传播的多重策略
  - 社交化策略
    - 社交化策略的三个层面
      - 社交化传播：用户成为渠道
      - 社交化生产：用户成为新生产力
      - 社交化运营：用户沉淀为持久资源
    - 社会化媒体中内容生产与传播的一般策略
      - 社会化媒体中人们偏好哪些内容？
        - 击中公众的敏感处或痛点
        - 引发争议或冲突
        - 传达某种价值观或生活方式
        - 为用户做“代加工”
        - 解决实际问题
        - 满足人们的“八卦”心理
        - 帮助人们解压
      - 社会化媒体需要什么样的语态？
        - 社交化传播语态的一般法则
        - “卖萌”的新语态能走得长远吗？
        - “年轻态”语态一定能吸引年轻人吗？
        - 如何理解“讲好××故事”？
        - 语态变革中的深层问题
      - 社会化媒体中如何做好“把关人”？
        - 多角度核对
        - 逻辑判断
        - 技术性分析
        - 直接验证
      - 社会化媒体中如何做好危机传播？
        - 危机传播原则与技巧的把握
        - 危机传播中的语态“失态”
  - 移动化策略
    - 移动传播中的场景思维
      - 共性化场景与个性化场景：场景应用的两个层面
      - 场景的构成要素
        - 空间与情境
        - 时间
        - 用户实时状态
        - 用户生活惯性
        - 社交氛围
        - 体验环境
      - 场景适配：移动服务的核心目标
    - 新闻客户端的运营策略
      - 自产与他产
      - 碎片与整合
      - 个性与共性
      - 内容与社交
      - 平台内经营与平台外引流、推广
      - 机器审核与人工审核
      - 内容生产与生态建设
  - 视频化策略
    - 新闻短视频生产力的锤炼
      - 短视频的文化基因
      - 移动终端的“微叙事”模式
      - 短视频在硬新闻中的应用
      - 新闻短视频生产机制的创新
      - 短视频新闻的局限
    - 视频直播的创新
      - “一直在场”的慢直播
      - 作为“天空之眼”的无人机直播
      - 5G条件下的高清、交互性直播
      - 人工智能与智能直播
    - 基于视频的知识分享与知识产品开发
      - 基于视频的知识分享
      - 基于视频的知识产品开发
      - 基于视频的知识付费产品开发与分发
    - 视频带货带来的线上营销新模式
  - 融合化策略
    - 网络传播中的多媒体融合报道
      - 多媒体融合报道的主要形式
      - 不同形式信息的特点
      - 多媒体融合报道的原则
      - 多媒体融合报道案例分析
    - 网络传播中的多平台联动
      - 内容样态与分发平台之间的匹配度
      - 多平台的有效互补、联动
      - 多样态生产、多平台分发的实际价值
  - 数据化与可视化报道策略
    - 数据新闻、信息可视化、信息图表
      - 数据新闻
      - 信息可视化与数据可视化
      - 信息图表
    - 数据新闻的生产要点
      - 数据新闻生产的一般流程
      - 如何用数据来讲新闻？
      - 数据新闻的数据来源于哪里？
      - 如何采集所需数据？
      - 如何让数据变得更“干净”？
      - 如何避免数据分析中的误区？
    - 如何进行新闻的“可视化”？
      - 提示要点
      - 揭示关系
      - 图解过程
      - 梳理进程
      - 展现情状
      - 解释原理
      - 阐释观点
      - 揭示规律
      - 实时交互
      - 个性化服务
    - 信息图表的制作要点
      - 信息图表的逻辑结构
      - 信息图表的构成要素
      - 信息图表中的视觉设计
      - 信息图表的用户体验
      - 信息图表的制作工具
      - 信息图表制作与传播中的常见误区
    - 数据风险与数据素养
      - 数据假象：数据应用中的重要风险
      - 数据素养的内涵及目标

第四章 网络传播的多重策略

当下网络传播的渠道具有社交化、移动化、视频化、融合化等基本特征，无论是媒体，还是政府机构、企业、各类组织，抑或个人，要在网络传播中取得更好的效果，都需要充分理解这些特征，针对不同渠道的特点采取相应的策略。

此外，随着数据技术的发展，媒体的数据化应用也在不断深化。这既包含市场与用户研究、报道策划与产品开发中数据应用的发展，也包括数据新闻、信息图表等新闻报道的新手段应用，本章主要分析后者。

第一节 社交化策略

对于今天的用户来说，各类社会化媒体是他们在网络获得信息的主要传播渠道。社会化媒体是基于用户社会关系的内容生产与传播平台，它的普及带来了第一章所提到的“个人门户”式传播模式的普及，也带来了公共传播系统的社交化变革。对于内容生产者而言，社交化变革意味着三个基本方向，那就是在社交动力下进行内容生产，基于社交网络进行内容传播，通过社交关系的运营来维系用户。

一、社交化策略的三个层面

无论是媒体等内容生产者，还是政府机构、企业或其他组织，今天都在广泛地应用社会化媒体。这主要体现在三个不同层面：社交化传播、社交化生产、社交化运营。三个层面的应用的核心，都是用户的角色升级与潜力再挖掘。

(一) 社交化传播：用户成为渠道

社交平台上的内容传播，依靠的是人们的社交网络，用户共同构成了内容流动的渠道，或者说内容的“导体”。

在传统媒体时代，社交网络（人际网络）也起着公共信息传递的作用，但由于人们的社交网络规模通常较小，且彼此连通不够，因此，在公共信息传播方面的作用有限。而社会化媒体带来的大规模人群连接，使得社交网络作为公共传播渠道的意义被大大增强。因此，对作为渠道或导体的用户的研究变得重要。

用户对内容的传导力，与他们内容消费的动机与诉求相关。人们在新媒体转发内容，往往是出于自我存在感的需要、社会支持的需要（寻求与自己的价值观、立场、观点相一致的观点）、社交表演的需要、情感性互动以及其他功利性的需要等。这也意味着，人们在进行信息传播时，并非总是出于对信息本身的客观判断与理性衡量，很多时候，是主观的、情绪化的。

当然，情绪的作用并不一定都是负面的。有学者指出，作为进化遗产的一部分，情绪优化了人的互动方式，并起到动机和知觉的作用。情绪把人引向需要优先关注的问题，从而使记忆、注意、言语、决策等认知过程变得更具选择性，并规定了认知的策略与风格。[①] 但情绪化

① 费多益．认知视野中的情感依赖与理性、推理［J］．中国社会科学，2012（8）．

的确也会带来信息传播中的一些问题。

对于内容的生产者来说，要让自己的内容在社交网络中获得更多的传播的动力，也需要充分研究用户心理，激发用户对内容的传导力。但过于关注用户对内容的传导力或“流量”甚至把不遗余力激活更多人的传导作为内容生产的主要目标或作为传播效果的唯一衡量标准时，也可能会落入流量陷阱中。毕竟，作为“导体”的人，更多是基于感性的因素进行分享，而专业的内容生产者，需要超越感性因素进行更多的专业判断。

（二）社交化生产：用户成为新生产力

社交化生产，不只是内容生产，也是口碑生产、文化生产，甚至可能是产品生产。

对媒体来说，对社交平台的更深层利用，是将用户作为新生产力嵌入媒体的生产系统中。

用户自发生产的内容中存在大量可为媒体所使用的资源，对于这些资源的挖掘与利用，可以提升媒体的内容生产能力。虽然媒体或多或少都在利用 UGC，但如何让用户参与内容生产更为制度化，仍是媒体需要探索的方向。

对于媒体来说，一个始终的担忧是，良莠不齐的用户生产内容或许会伤害到媒体的专业性。但是，既然用户参与不可避免，那么媒体就有必要建立对 UGC 内容的判断与鉴别机制，以此为基础，建立起专业力量与业余力量的协同机制。

用户的行为、情绪、态度等数据，都是媒体报道的重要资源，也可以帮助媒体更好地理解社交化传播的动力。这些资源仍是媒体需要进一步挖掘的。这些数据的深层应用，也是社交化生产的另一种表现形式。其中，数据采集能力与分析精确度的提升，是重点。

作为生产力的用户，还可以作为内容产品的优化者，参与内容产品的谋划、筛选、测试等。用户生产力的释放程度，取决于媒体思维的解放程度。

对于企业，社交化生产不仅会对企业声誉产生影响，也往往会对产品文化产生影响。一些好的产品在吸引到粉丝的同时，粉丝也会成为产品文化的积极推广者，甚至参与到产品文化的生产中。

今天一些研究者和实践者开始关注的“社群经济”，即是通过社交化运营，汇聚用户的群体力量，使之成为一种有效的生产力。它甚至可能带来集体性的产品生产。

（三）社交化运营：用户沉淀为持久资源

社交化促进了内容的传播，同时还会激发出社交媒体的用户资源，这些资源的维系与应用，需要更持续的社交化运营来实现。

社交化运营的目标是，发掘对组织具有长远价值的用户及资源，并对其进行持续的维护，利用用户资源来拓展品牌影响力，开发可能的营利模式。

社交化运营的重点是，将松散的用户聚集为社区，甚至是社群。相对社区，社群成员具有更强的趋同性与结合力，成员关系也具有更强的稳定性，成员具有一定的群体意识，有时也能形成集体行动能力。

利益的驱动对于社群的形成是重要的。这种利益，既体现为共同目标下的集体利益，也体现为个体需求与私人利益。当然，这不一定只是经济利益，而是包含信息获取、社交与情感、自我表达、娱乐、经济收益等在内的各方面的利益。

社群社会资本的水平也会影响到社群的稳定性。根据社会学者的看法，社会资本不仅体现在个体层面，也体现在群体层面。社群的社会资本包括：结构资本（structural capital），即个体之间结构化连接的程度；关系资本（relationship capital），指个体之间相互关系的强度与性质，主要体现为承诺（commitment）、信任（trust）等；认知资本（cognitive capital），即共同的知识基础、术语及表达方式等。[①] 社群运营的一个重要目标就是通过成员关系的维护与发展，提高社群整体的社会资本。

认知资本是社群的社会资本的一个基本方面，也与社群文化相关。除了社群共同的知识基础、在群体互动中形成的社群独有的“语言”或交流符号、社群的共同愿景等认知资本外，社群文化也体现为社群的群体规范，这也是群体成员共同的行动指南。社群中的文化，还会在文化趣味、价值观、消费偏好等方面体现出来。一个拥有共同文化基础与相似文化气质的社群，可以使成员超越利益的需求，对社群产生更多的文化依赖与归属感。这种文化既可能是成员既有的共同价值观、文化趣味的沉淀，也可能是在互动的碰撞中形成与培育的新文化。

二、社会化媒体中内容生产与传播的一般策略

在中国，今天的媒体和各类机构应用最多的社会化媒体仍主要是微博、微信这两个平台，所以下面所谈的策略主要是针对这两个平台，但其中的某些策略也适用于其他社会化媒体平台的传播。

（一）社会化媒体中人们偏好哪些内容?

从各种社交平台的热门内容来看，在社会化媒体中产生传播引爆力的话题，主要集中在公共性案件、与民族情感相关的事件、官员贪腐事件、名人动向、涉及公共道德与秩序的事件或话题、民生话题、教育问题、奇闻趣事、心灵鸡汤等。从话题的属性来看，社会化媒体的热门话题常常具有以下一种或几种特点：

1. 击中公众的敏感处或痛点

与多数人利益相关的话题，常常是公众的敏感点。涉及国家民族情感与利益、政治或经济改革、官员、民生、贫富分化、弱势群体等话题的内容，更容易引起广泛关注。

人情味浓的话题，特别是故事性的内容，也容易触及人们内心。

公益性的话题，诸如寻人、帮人、救人、捐助等方面的信息，往往也可唤起人们的同情心。

当然，公众的敏感处和痛点，并非一成不变。善于洞察这种变化，才有可能持续保持内容的吸引力。

2. 引发争议或冲突

一个话题中涉及的事实或观点，如果包含了冲突与争议，往往能引起普遍关注。民与官、贫与富的话题，就是典型代表。而与价值观有关的话题，往往会带来观点、态度与立场的分化，也容易成为热门话题。

今天很多热点事件的传播中，都伴随着各种价值观与立场的冲突与争议，尽管因为“同温层”或“回声室”效应，网络中的争论多数情况下并不会改变人们的立场，但人们为了强化自己的立场与态度，会更热衷于转发与自己观点相同、相近的内容。而另一方面，有时为了批评与辩论，人们也会转发一些对立的观点。

无论是哪种情形，都意味着争议性的内容更容易得到传播。

在社会化媒体中，夸大的、极端的或“雷人的”观点，从内容的转发量上看也容易产生

---

① CHIU Chao-Min, et al. Understanding knowledge sharing in virtual communities: an integration of social capital and social cognitive theories [J]. Decision support systems, 2006 (42): 1872-1888.

"引爆力"，但人们的点击、转发，未必代表认同。某些时候，这些极端的内容，也会成为舆论危机的由头。

3. 传达某种价值观或生活方式

今天是一个价值观多元的时代，人们不再为统一的价值观所束缚。但是，也正因如此，人们在价值观方面面临着前所未有的困惑与不确定感，人们更需要寻找与自己"三观"相同的人，或者在他人的坐标上确认自己的价值观。

因此，以传递价值观为卖点的内容，在今天容易受到格外关注。无论人们是否认同其观点，至少它给人们了解社会的多元价值观，提供了一种参照。

除了价值观方面的困惑外，今天在各种压力下生活的人们，也开始思考与追求新的生活方式。一些生活方式，如世外桃源或返璞归真的生活，也往往会引发人们的关注或追捧。

4. 为用户做"代加工"

惰性是人的本性之一，网络用户也不例外，特别是在信息过载的情况下。"知乎"等的走红，以及"分答""得到"等付费内容服务的一度流行，在某种程度上说明，今天人们既想获得信息与知识，又不愿付出太多代价，他们更愿意有人替他们进行信息或知识的加工，这也就会带来"代加工"式内容的流行。

"代加工"主要表现为以下几类：

（1）拼图式加工。很多事件或社会问题线索错综复杂，而人们阅读时往往只是接触某些碎片信息，认识也是碎片式的。对这些碎片进行拼图，展现事物的全貌，往往是用户所需要的。

（2）盘点式加工。对某些现象、规律、趋势进行梳理、盘点的内容常常会受到较广泛的关注。如果其中有数据作支持，则更受欢迎。各类"报告""排行榜""白皮书"正是这样的产物。

（3）萃取式加工。这往往适用于知识性的内容。帮人提示、提炼一些知识要点，甚至在某种意义上先消化后再"喂"给读者，也是今天社会化媒体中一种常见的知识加工模式。虽然它可能进一步推助了人们的思维惰性，但是也有一定的市场需求。

（4）翻译式加工。将一些专业性比较强的内容，用较为通俗的方式来解释，可以看作是一种翻译式加工。

虽然今天很多内容"代加工"的水平并不高，但是它们至少提供了一种内容增值的思路，这也成为付费内容的一个重要源头。

5. 解决实际问题

除了信息和知识方面的需求外，人们还有更多样的实际需求。实用性，也是社会化媒体内容的卖点之一。

而人们对"实用性"的要求也是越来越高的。实用性不仅体现在信息层面，还体现在实际操作层面，它也从通用性需求向个性化需求方面深化。

因此，越来越多的"垂直"内容（也就是专业化内容）在社会化媒体平台出现。某些时候，这些内容还与社群（包括线上与线下的）、电商和其他服务等联系在一起，以实现内容向操作层面的转化。社群可以实现更多实用信息、个性化信息的互通与共享，人们也可以在线上线下相互帮助。而将内容与电商等服务关联，可以帮助人们更便捷地获取服务。

利用用户分析技术，实现实用性内容与用户更精确的匹配，是提升内容传播效果的一种手段。

6. 满足人们的"八卦"心理

"八卦"心理是人的基本心理之一。

与娱乐明星相关的话题，容易成为热门话题。当红名人的动态尤其会受到较多的关注，如果这些名人的动态中有一些戏剧性的故事或言行，则更容易成为焦点话题。

这些话题一方面可以满足人们对公众人物的好奇与“八卦”心理，另一方面也可以成为人们自身境遇与问题的一种投射。

7. 帮助人们解压

今天人们生活的压力越来越大，各种社会阶层、各类人群，都生活在焦虑的状态下。娱乐性的内容，轻松、搞笑的话题，可以为人们释放一定的社会压力，因而受到普遍欢迎。

当然，除了这些热门话题外，如果表达方式打动人或有新意，其他内容也有可能被广泛关注。

除了内容本身的属性外，在社交平台的传播中，某些技巧也可以提高内容的曝光度。如在微博内容中加入“＃关键词＃”，可以建立一个针对关键词的“话题”，或者加入已经存在的“话题”。“话题”将微博平台所有相关内容聚合在一起，更容易形成传播的声势。当话题内容达到一定的阅读量时，就会成为热门话题。加入话题，也意味着相关微博内容多了一个传播渠道，它到达其他用户的可能性也会增加。

需要注意的是，尽管“引爆力”“十万＋”等是衡量内容传播的重要指标，为此我们也需要去理解爆款内容的特别“配方”，但赢得眼球并非传播者的唯一目标。有些内容容易“吸引眼球”，它们对于社会的影响却可能是负面的。有些内容可能并不具有成为“爆款”的能力，但它们对于社会来说，具有长远价值，有些价值可能会延时体现出来。如何在吸引眼球与承担社会责任之间做出平衡与选择，对于专业传播者来说，是一个考验。对于今天社会化媒体中各种传播者而言，同样如此。

（二）社会化媒体需要什么样的语态?

社会化媒体上的传播，往往也是快餐式传播，特别是在微博、微信这样的平台上。因此，“高浓缩”的表达是社会化媒体表达方式的基本特点，也就是简洁、明晰、准确。当然，这主要是指常态下的情形。长文章或深度的表达，在社会化媒体中仍有它的存在价值，在某些时候，网民也非常需要深入的、阐释性的、解读性的内容。

除了简洁、凝练等前提外，在社会化媒体中进行传播，还需要找到适合社交化传播的“语态”。

1. 社交化传播语态的一般法则

社交化传播中的语态，虽然没有固定的规则，但多数时候，一般用户更愿意看到平实、易懂、有趣、接地气、富有人情味的表达方式。

接地气因此成为今天语态变革的一种基本追求。接地气最常见的表现，是表达的民间化、口语化，而非官方化、文件化。接地气，很大程度上是对媒体与政府机构旧有思维与惯性的矫正。但对新媒体用户来说，他们所需要的不仅仅是接地气，还需要传播者“讲人话”。“讲人话”不仅意味着要使用平实、易懂的语言，还意味着在表达中要有人情味。进一步来说，“讲人话”不仅仅是对语言风格的要求，也是对传播视角的要求。即使到今天，一些媒体、政务新媒体、企业新媒体等仍然习惯将注意力放在领导行踪、工作成就等方面，“讲人话”则意味着要呼应用户关切与诉求，将报道或信息发布的重点转移到民生的视角、人的视角上来。

“讲人话”，不只体现在常态传播中，更体现在一些特殊事件的传播中。特别是在有关天灾人祸的报道或信息发布中，不能只是强调上级重视、领导到场、群众情绪稳定，而更要凸显出对人的关怀、对生命的悲悯与尊重，这是“讲人话”更重要的内涵。

但接地气并非语态变革的终极目标。在建立起与用户的稳定关系后，媒体需要锤炼出自己的专业语态。它既不是居高临下的教化语态、枯燥套路的文件语态，也不是向用户讨好的语态，而是在尊重用户需求、心理以及网络传播规律基础上的专业表达。对事实的客观陈述、冷静分析、理性解读、清晰呈现等仍是传播语态中最核心的部分。

政务新媒体、企业新媒体等各类机构的新媒体，其核心功能是与公众的沟通、面向公众的服务。仅有接地气的语态是不够的，它们也需要逐渐寻找到与自己的定位相吻合的专业姿态和语态。

媒体和其他机构性新媒体，作为公共信息传播最重要的主体，更应该以公共交往理性来支撑其信息传播活动。哈贝马斯设定的交往理性目标——言语清晰可懂、态度真诚、表达真实，行为规范正确①，应该由媒体和机构性新媒体率先实践，这也是语态变革的更高目标。

2. “卖萌”的新语态能走得长远吗？

在语态变革的风潮下，社交平台中各类机构账号的卖萌，成为一种普遍现象。账号名称拟人化、账号头像动漫化，编辑多以“小编”自称，以“萌化”的语言与用户进行交流、互动。

卖萌的背后，蕴含着机构账号的“人格化”的探索，这也是它们在网络平台与用户建立连接的一种方式。卖萌，更容易让人触摸到原本冷冰冰的账号中人的形象，有助于人们改变对媒体或政府机构“高高在上”的刻板印象，有利于在以人为媒的社交平台中获得更多的关注，也有助于增加互动的机会。因此，对于关系的建立来说，卖萌有时是有效的。

但并非所有卖萌都能奏效。一些时候不合时宜的卖萌会导致账号形象的“翻车”，一些新媒体账号的卖萌可能产生与其母体（媒体或政府机构等）形象的撕裂，长期的卖萌，也会让人产生接受疲劳甚至反感情绪。

你怎么看

官方媒体“卖萌”的现象很普遍。有哪些让人感觉舒服，有哪些让人反感？举一些例子并分析为什么会有不同的感受。

建立与用户的连接，只是传播的起点。新媒体账号的更核心任务，是完成公共信息的有效传达，这需要靠高专业度的内容。对于媒体和政务新媒体来说，如果不能真正回应用户的知晓欲、满足用户的知情权，卖萌就会变成贫嘴、油滑，变成与用户“打太极”的另一种方式，特别是在遇到危机的时刻。

官方账号卖萌时，也可能造成两种语态的混淆，那就是机构语态与个人语态的混淆，用户有时难以区分是机构在发声，还是运营者个人在发声。而在一些关键时刻，人们期待账号传达的是官方态度，个人化的语态就会显得不协调，甚至会激发人们的不满。如何把握公私语态的界限，也是语态探索中一个难点。

3. “年轻态”语态一定能吸引年轻人吗？

对网言网语的使用，对网络流行热词、热句的追逐，是媒体语态变革中的一种典型表征，因为媒体语态变革的一个重点目标群体，是年轻用户。学习、模仿年轻人的语态，特别是以年轻人为主体创造的网络语言，塑造“年轻态”语态，是媒体所认为的“新语态”的重心。

但是，年轻用户都会接受媒体对自己的讨好吗？虽然目前没有严格的实证研究，但在实践中可以观察到，年轻用户对媒体向他们抛来的橄榄枝，并非都是鼓掌叫好，有些人的第一感觉反而是“尴尬”，如同他们在网络聊天时看到长辈用了年轻人经常用的表情包一样的尴尬。

对这些感觉尴尬的年轻用户来说，对媒体新语态的不适感，或许一定程度上来自他们对自

① 哈贝马斯．交往行为理论［M］．曹卫东，译．上海：上海人民出版社，2018：388.

己的亚文化与传统媒体代表的主流文化之间的界限意识。他们更愿意保持两者的界限并相安无事。如果媒体试图闯入他们的亚文化“城堡”，他们反而可能会感到惶恐。

当然，也有一些年轻用户对媒体采用他们的语态或文化是欢迎的。他们也希望自己的亚文化被主流媒体接受，甚至成为主流文化的一部分。来自这部分年轻用户的反馈会推动媒体的语态探索。

“年轻态”语态的探索也在演进为媒体的“破圈”努力。这包含两种方向：一是试图让媒体的内容打破各种“次元壁”，进入各种亚文化圈；二是将一些本属于亚文化圈的文化，引入到传统媒体中。但媒体的“年轻态”语态以及“破圈”行动，是对年轻用户及其亚文化的真正认同、接纳，还是对其文化外壳的利用？如果只在语态等表层向年轻用户示好，在文化内核上与年轻群体存在隔阂甚至鸿沟，这种语态恐怕也很难获得年轻用户的持久认同。

而在这种紧追年轻用户语态的变革过程中，媒体还面临另一种风险，即失去一些中老年忠实用户。因为这些忠实用户不一定能理解或接受“年轻态”语态和文化，也不希望媒体变成另一副面孔。

4. 如何理解“讲好××故事”？

近年来，无论是在媒体的报道中，还是在各类政府机构、企业等组织的公共传播中，讲好××故事，都成为语态变革的一个线索。这样一种新理念的提出，是对以往一些空洞、刻板、乏味的报道或宣传模式反思的结果。

讲故事，意味着依托具体的事实来解说抽象的道理，并把这些事实放在特定的情节中，体现在人的活动、情感中。故事往往是以具体的个体为依托的，而不是抽象的“大家”。故事是在具体的场景展开的，因此，故事要有时间、地点等要素，也需要细节的刻画。有时故事也可以用非文字的方式来讲述。

但是，一些媒体或机构虽然给自己的内容贴上了“故事”的标签，也增加了一些表现手段，却仍然停留在讲工作、讲成就、讲概念、讲理念的表达层面，即使其中出现了人，这些人往往也只是论证某种成就或理念的符号或证据。看不到真实、鲜活的人及其经历，看不到打动人心的细节，这种表达仍不能称为“故事”。

另一种情形是，“讲好××故事”总要落实到“最美×××”这样的框架上。虽然挖掘人性的光辉、展现生活的美好，是媒体报道的一个方面，但是，当以“最美”这样一个标签来设定报道对象时，报道者就有可能停留在表面的“最美”而忽视对事实的全面了解，或者为了迎合这个标签有意掩盖报道对象“不美”的那些方面，甚至可能在一些方面造假来满足“最美”的人设。

在公共信息传播的语境下，讲好故事的前提是，故事是真实的。虽然媒体编故事的可能性较小，但人为导演故事的情况时有发生。为了“最美”框架而扭曲事实、遮蔽负面信息的做法，也并不罕见。为了讲好故事而采用故事化的叙事方式，也容易带来细节上的夸大或失实。

即使没有出现失实现象，将一切都落在“讲好故事”上，可能也会带来新的套路化表达，带来形式对内容的绑架。

5. 语态变革中的深层问题

语态变革的推进，也会搅动很多深层问题或矛盾。语态变革影响的不只是语态，也影响着相关机构的形象、专业性，还会牵扯到理念、文化、制度等因素。各种因素的共同作用，也会使得语态变革的过程变得纠结。

其一，语态反差是否会导致机构形象的断裂？

语态变革的实践中，常常会出现语态的反差甚至割裂。

从媒体角度看，一种常见的情形是在新老媒体平台上的语态反差。对一些媒体来说，新语态只是它们在新媒体中的特别“包装”，一旦回到传统媒体中，语态就回到原样。当用户同时接触到媒体在不同平台的内容及其语态时，他们会产生这样的困惑：这是同一家媒体吗？

当然，也有一些媒体会将新媒体中的一些文化要素“挪用”到传统媒体平台上，但这些都只是一些小的点缀，并不会改变传统媒体的整体语态面貌。

今天很多媒体都有“新媒体矩阵”，由很多部门同时运营。由于用户对象的差异、运营者的差异、部门文化的差异等，不同账号的语态也可能会出现较大的差异。

在不同平台、不同账号采用不同语态，虽然这在一定程度上可以理解为媒体面向市场的“差异化”策略，但语态的过大反差，也会带来一定的风险：它可能让媒体原有的形象变得模糊，而新的形象也未能建立，或者带来形象的断裂感，使用户对媒体的品牌产生信任危机。

对于政府机构、企业和其他组织的新媒体来说，语态的反差往往体现在常态情境与危机情境下的形象不同。常态下卖萌、温情，在遇到危机的时刻立即板起面孔，这种形象的断裂，不利于它们与用户关系的长久维系。

其二，语态变革是否会滑向娱乐化？

语态变革的另一种风险，是可能滑向娱乐化轨道。

今天媒体的语态变革，一个基本取向是硬新闻的软着陆，包括角度上的软化、呈现方式上的软化等。但是软化表达与娱乐化的界限并不清晰，一不小心，就从软化滑向娱乐化。

当下新媒体语态中，标题表达的娱乐化尤为突出。以“突然”“竟然”“这才是”“真相”“震惊”等词语以及惊叹号、省略号等标点符号滥用所代表的故弄玄虚式、震惊式甚至恐吓式文风，并非只是自媒体的专利，也出现在很多专业媒体的新媒体内容中。

情绪的过分渲染，是新媒体语态中的一个突出问题，短视频应用的普及，更是通过视觉化手段助推了情绪的泛滥。虽然情绪化的表达有时的确容易击中用户的敏感神经，带来更大的流量，但是对于媒体来说，如何在情绪泛滥的环境中保持客观、冷静，但又不冷漠、冷血，是对专业能力的一个极大考验。

在一些重大题材的报道中，硬新闻常常被完全软化为花絮新闻、娱乐新闻，用户的注意力被带偏。硬新闻在软着陆过程中，其新闻性也完全“挥发”了。

多媒体手段的应用，也是新语态中的一部分。但一些多媒体新闻，只是形式上的花哨，技术上的炫技，虽然有些作品会因为形式新颖带来用户的关注与参与，但在关注形式的过程中，人们可能会完全忽略内容，传播的意义因此而消解。

语态的拿捏，不仅是形式表达的问题，更是专业能力和专业定力的综合体现。如果因语态变革而陷入娱乐化狂欢，媒体的专业形象将会受损。

其三，语态变革是否一定能打破新老媒体的文化隔阂？

前文提到，媒体语态变革的一个重要目标，是“破圈”进入年轻用户的文化领地。但语态的变换是否一定能打破不同文化间的屏障？答案或许并不简单。

媒体在新媒体时代的转型中所面临的文化性障碍，不仅体现为传统媒体代表的主流文化与年轻用户代表的亚文化之间的隔阂，还有更深层面上新老媒体间的文化差异。第八章将进一步分析。

作为专业内容生产者的媒体，在进入新媒体文化疆域后，并非要被新媒体文化同化，而是需要在新媒体文化土壤中重新培育“媒体文化”。既能适应新媒体文化环境，又以公共信息生产所需要的专业能力与专业成色作为“主干”，这样的媒体才能在新媒体土壤中长成参天大树。

（三）社会化媒体中如何做好“把关人”？

知识窗

把关人

“把关人”这个概念最早由美国社会心理学家库尔特·卢因（Kurt Lewin）提出，他当时研究的是家庭主妇对家庭食品的把关作用。1947 年，他在《群体生活中的渠道》一书中，再次论述这个问题，指出群体传播中存在一些把关人，只有符合群体规范或把关人价值标准的信息内容才能进入传播的渠道。

1950 年，传播学者怀特（David Manning White）将这个概念引入新闻研究领域，明确提出新闻筛选过程中的“把关”模式。他指出，社会上存在大量新闻素材，大众传媒的新闻报道不是也不可能是“有闻必录”，而是一个取舍选择的过程。在这个过程中，媒介组织形成了一道“关口”，通过这个“关口”传达到受众那里的新闻只是众多新闻素材中的少数。①

“把关人”这个概念最早由美国社会心理学家库尔特·卢因提出，1950 年，传播学者怀特将这个概念引入新闻研究领域，明确提出新闻筛选过程中的“把关”模式。

传媒组织“把关”，首先直接体现为对新闻素材“新闻价值”的判断。新闻价值的标准，可以表现为业务标准和市场标准两方面。业务标准指事件适合于媒介进行新闻处理的各种条件，而市场标准指的是事件能够满足受众新闻需求的各种条件以及吸引受众兴趣的各种条件。

其次，把关活动最终还受到传媒的立场、方针和价值标准的影响。

美国学者休梅克（Pamela J. Shoemaker）和瑞斯（Reiss）的研究，更系统地阐明了影响媒介内容的五种因素：来自媒介工作者个人的影响、来自媒介日常工作惯例的影响、媒介组织方式对内容的影响、来自媒介机构之外的组织对媒介内容的影响、意识形态的影响。这五种因素，是从微观到宏观的等级结构。其中意识形态处于结构的顶端，其影响力通过各个层次向下渗透。②

在社交平台的传播中，人人都是把关者，而有着机构背景的社交媒体账号，在信息把关方面，担负着更重要的责任。转发、转载的过程也应看作是一次把关过程。社会化媒体中信息把关的主要方法包括：

1. 多角度核对

（1）核实来源与多源求证。

核实来源，往往是内容审核的第一个环节，即查看信息是否来自权威信源，以判断信息准确性、可靠性。对于那些没有新闻发布资质的自媒体发布的信息，则需要格外小心。

“多源求证”是传统媒体核实新闻真实性时的主要手段之一，即通过两个以上与事件无关的独立消息来源对新闻进行交叉验证、核实。这一方法，也可以为其他机构的社交账号运营者所借鉴。

在网络中进行信息核实时，对于“多源”的选择十分重要。因为很多媒体或自媒体相互转载，有时有几家信息源同时发布了某新闻，但它可能是由同一个来源提供的。一定要注重鉴别

① 郭庆光．传播学教程［M］．北京：中国人民大学出版社，1999：162－165.

② 赛佛林，坦卡德．传播理论：起源、方法与应用［M］．郭镇之，等译．北京：华夏出版社，2000：264.

谁是独立消息来源。

信源的身份、信源的一贯信用等，也是在进行来源核实时需要注意的问题。有些网站或微博、微信账号，本身定位就是虚构新闻，例如美国的“洋葱新闻”。对这些来源的信息，一定不能轻信。

（2）要素核查。

对于新闻的真实性的判断，一个重要的分析手段是对新闻要素（5W）的核查。如果要素不全，或者要素含糊（例如没有明确人名），或者要素存在明显漏洞，对这一新闻的真实性就需存疑，需要进一步核实。

（3）查看原文或原始出处。

社会化媒体中很多偏差是以讹传讹造成的。例如，一个微博账号转发他人的文章，在写引导性文字时，曲解了原文的意思，如果再转发者不看原文，直接转发，就可能将错误延续下去。因此，如果转发的对象中有链接，一定要先查看链接中的原文，做出判断。

对照片的移花接木的使用，是社会化媒体信息混乱的一个主要表现。查找照片的原始出处，也是减少错误的主要方法。今天的一些搜索引擎，如百度，有“以图搜图”的功能，即在图片搜索时，将本地一张图片上传，让搜索引擎找出相似的图片。尽管这一功能目前还不完善，但对原图出处的核实仍有一定帮助。

（4）核对时间。

有些信息本身是真实存在的，但已是旧闻，如果把旧闻当新闻来传播，也会出现问题。对于一条信息涉及的时间进行核查，也是判断信息真伪和准确性的重要方法。如果出现了图片，用“以图搜图”功能，可以分析图片是否在更早的时间点出现过。

（5）知识性内容的核查。

对于社会化媒体中出现的知识性的内容，除非是自己特别有把握的知识，否则尽可能通过相关手段对这些知识进行核查，这样可以少犯错误。

（6）核实名人名言真伪。

社会化媒体中虚假消息的另一个常见表现，是假借他人之口表达一些观点，名人尤其是常被借用的对象。白岩松、崔永元、王朔等以及国外一些已经去世的政治人物，最常出现在这样的虚假消息中。对于打着名人旗号的信息，要格外小心。

2. 逻辑判断

一些信息中出现的问题，用逻辑推理的方法很容易做出判断。例如分析前后文是否存在矛盾，文中提到的一些情况或信息是否合乎常理，文中提到的因果关系是否合理等。但是，很多有明显逻辑漏洞的消息，仍然在社会化媒体上大量传播。这一方面是因为在社会化媒体中很多人不愿意花时间对看到的内容进行思考，另一方面是因为时间上的压力。

3. 技术性分析

技术性分析也是鉴别信息真伪的一种方式。例如，PS过的照片、加工过的音视频，常常是虚假信息的一个源头。如果有一定的图片或音视频加工处理经验，则可以更好地判断信息的真伪。

另一类常见的技术性分析，是对文中出现的数据进行计算或推理，这也可以帮助发现数据在准确性方面的问题。

4. 直接验证

对于一些似是而非的说法，当推理或核查仍不能做出肯定判断时，如果条件允许，可以做些实验进行直接的验证。

当然，对于个人用户来说，这样的验证有时会费时费力，所以通常不太可行。但是机构新媒体的运营者在面对一些重要的信息又不能做出明确判断时，可以尝试进行验证，特别是这些信息与自己的工作领域相关时。如果把这个验证过程直播出去，则会增加过程的可信度，也会吸引更多人关注。

（四）社会化媒体中如何做好危机传播？

1. *危机传播原则与技巧的把握*

在社会化媒体中，进行危机相关的信息传播时，需要把握以下几个方面的主要原则：

第一，主动公开，分秒必争。

对于危机管理来说，这既是原则，也是策略。及早发布真实信息，可以避免各种谣言带来的被动局面。

公关界过去曾有“黄金四小时”的说法，也就是在危机发生后四小时内要做出反应。但在社会化媒体时代，四小时甚至都太长，应该是分秒必争地尽早进行信息披露、情况说明。

虽然这样的信息发布可以通过新闻发布会的方式进行，但新闻发布会毕竟需要一段时间准备。与新闻发布会相比，微博、微信等平台可以在危机发生后，更快地建立起对外信息发布通道，完整、充分地传达相关信息，信息发布的频率与节奏也可以自己把握。

如果组织的社交账号日常影响力有限，那么，危机发生时所发布的信息的传播面也会有限，这时需要通过一些意见领袖的转发来促进信息的扩散，否则仍有可能是自说自话。

第二，充分告知，如实告知。

有些组织害怕某些信息公开后会带来麻烦或不利于自己的形象，因而采用语焉不详的模糊说法，有时甚至会隐瞒真相或者编造谎言，但这样往往会给自己带来更多的不利影响。因为开始时的一个谎言，后续可能需要用千万个谎言去弥补。很多案例中存在这种问题。

有研究者提出了危机传播中的告知原则，包括：寻找“共同关心”，进行理性、周全的告知；寻找适宜的人、时机和渠道告知真相；在缺少确切信息、可靠结论的情况下，要做到“没结论，有态度”。[①] 这些原则对于实践有十分有效的指导作用。

第三，不打太极，不逃避责任。

很多时候，危机公关被形容为“打太极”，就是左推右挡，不正面回应。虽然看上去这样的公关很有技巧，但是，从实际效果来看，它往往不如正面回应问题来得有效。推挡太多，容易造成公众的逆反心理，甚至变成火上浇油。在危机传播中，尤其需要面对公众的质疑焦点做出解释、回应，装作没听见，往往可能会带来更多质疑。

危机传播不是要证明组织没有任何问题或责任。有很多危机公关的做法是把问题都推到“临时工”身上，结果是网民并不买账，反而可能引起更大的风波。面对错误，坦诚承认错误，反而更容易获得主动。

有时，组织对于危机中责任的认定本身可能存在偏差，这也会导致其在传播中表达的错位。

因此，危机传播呈现的不仅是传播素养与技巧，也呈现着组织的价值观。危机传播的过程，会使组织的价值观显露在公众面前，并接受来自各方面的挑战。

第四，掌握表达与对话策略。

危机传播和风险沟通都需要真诚的态度，但这并不意味着不需要讲究表达策略。

---

① 胡百精．危机传播管理对话范式（中）：事实路径［J］．当代传播，2018（2）．

针对组织的公共关系传播实践，研究学者认为有两个基本导向：事实导向与价值导向。前者旨在告知事实层面的议题信息，包括一项政策、服务、行动的根本观点与事实支撑，这构成了对话双方进行交流、沟通的事实基础；后者则旨在探寻超越事实对话的方法，力图创造对话者之间共同的价值语境，凝结组织与利益相关者之间的共同信念，构建稳定、积极、建设性的话语秩序。[①] 在危机传播的话语表达中，这两者应该是结合的。

第五，持续对话，善始善终。

在对危机相关的舆情的回应方面，组织的社交账号也需要根据事态的变化做出持续反应，而什么时候需要发布什么信息，应该是基于对公众意见反馈和舆论氛围的观察，是一个有效的对话过程，而不是自说自话的机械动作。

一个好的危机公关，需要一个善始善终的过程。既能让人看到组织对危机的快速反应，又能让人看到问题解决的进程，最终应该以给公众一个完整的交代为目标。

第六，坚守伦理底线。

对组织来说，危机传播的目标是要尽可能消除对组织的不利影响，但这并不代表危机传播的目标就是进行信息和舆论的“控制”。

有研究者提出，危机传播中的伦理底线之一，应是“不封人之口”，也就是给人以说话的权利，把危机传播中最重要的交流和沟通环节放在一个基本的、首先得以充分保障的基础性要求的位置上。[②] 从组织角度看，既要做到不封公众之口，也应该充分利用自己说话的权利。在应该回应的时候保持沉默，不仅不利于自己的形象修复，也不利于真相的还原。

2. 危机传播中的语态“失态”

对政府机构、企业和其他组织的新媒体运营来说，最突出的语态问题往往发生在危机传播中。虽然卖萌式互动、亲民化内容已经成为这类新媒体账号的常态，但一些事件发生后，当事机构账号可能瞬间会变成另一副面孔，语态上的“失态”也频频发生。其“失态”表现主要有以下几类：

其一，丧事当作喜事办，将危机事件后的处理作为自我表扬、自我宣传的机会。

一些机构的宣传思维是，无论什么情况下总要强调正面形象、正面成果，甚至丧事当成喜事办，而网民对此尤为反感。与此相关，在危机发生后，强调领导重视、领导到场甚至用大量篇幅强调领导的级别与身份的表达方式，也容易引起网民的反感。

其二，信息通报语焉不详，关键信息缺失，由此引发网民的猜测与质疑。

有些机构不理解公众的认知心理与诉求，或者害怕某些信息公开后会带来麻烦或不利于自己的形象，因而采用语焉不详的模糊说法，但这反而容易引发进一步的舆论风波。

其三，采用缺少人情味的工作式语态进行“通报”，不反思问题，而急于“择清责任”。

“关于××事件的情况通报”成为危机发生后的一种固定发布模式。这种修辞模式追求所谓的事实本体和表达理性，最后变得“面目冷漠”。[③] 尽管现在一些通报中也开始采用“我们深表痛心”这样的话语，但是，这样的话语与上下文那些生硬、冷漠的表达放在一起时，也变成了一种新的套话。

---

① 胡百精．公共关系学［M］．北京：中国人民大学出版社，2008：173－220．

② 廖卫民．论危机公关的传播本质和伦理底线：基于“奶粉事件”危机传播的案例分析［J］．新闻记者，2008（5）．

③ 李彪．霸权与调适：危机语境下政府通报文本的传播修辞与话语生产：基于44个引发次生舆情的“情况通报”的多元分析［J］．新闻与传播研究，2019（4）．

除了通报语言的硬邦邦、冷冰冰外，不少通报的另一个特点是，急于择清当事机构的责任，对责任的归因都是“临时工”。尽管很多通报陈述的也是事实，但这样的表述越来越多时，网民也很难相信了。择清责任的目的是不损害当事机构的形象，但今天的网民心态是，越推脱责任的机构他们越是穷追不舍，最终机构形象不仅不能被维护，反而可能一落千丈。

其四，以“警告性”语言将用户推向对立面。

危机传播早期的语态失当，往往会激发公众的不满情绪。面对汹涌的舆论，一些账号总是以“不造谣、不信谣、不传谣”这类“警告性”话语抵挡。官方账号采用的“警告性”的语言在很多时候会进一步激发用户的对立情绪。

危机传播中的语态表达很多时候不在技巧，而在于态度。及时、完整披露事实真相，在真相尚未明了的情况下告知事件关键进展，彰显人文关怀，勇于承担责任，这些都应该是危机传播语态的底色。但即使运营者都了解这些原则，平日也接受了相关培训，一旦危机事件发生，还是会出现各种失误。有时这并非运营者的问题，因为这种时候，“小编”们往往并不拥有表达的决定权，而是要根据相关部门的指示进行信息发布。因此，危机传播中的语态更多地受制于机构的理念、文化与制度等因素。

这也说明，新媒体语态变革走向深层时，触及的是制度性、文化性问题。如果只有表达形式上的变革，没有新的理念和相应制度做支撑，平日里热热闹闹的语态变革，往往关键时刻就会退回原点。

社会化媒体带来的，不只是传播渠道的变迁，更是一场全面变革。它不仅要求传播者在传播手段与策略方面做出调整，也要求传播者在思维与机制方面做出调适，最终一切策略都是为了促成专业目标的实现。

第二节　移动化策略

智能手机的普及，带来了网络传播渠道的迁徙。移动化不只是将原来 PC 端网站的内容搬运到各种新闻客户端，而是同样需要传播思维、传播模式的变革或调适。

一、移动传播中的场景思维

移动传播中，“场景”的意义得到凸显。

知识窗

场景与传播的关系

约书亚·梅罗维茨（Joshua Meyrowitz）在《消失的地域：电子媒介对社会行为的影响》一书中对场景与传播的关系有过系统的研究。他研究的主要是媒体视角下社会场景与社会角色之间的关系。

梅罗维茨从戈夫曼关于社会互动中的表演与场景的研究中受到启发，并进一步延伸了对场景的研究。他认为，社会场景形成了我们语言表达及行为方式框架神秘的基础，每一个特定的场景都有具体的规则和角色，每一种场景定义也为不同的参与者规定和排除了不同的角色，场景与行为之间有一定的匹配关系。因此，人们在进行交往时，需要知道场景的定义。[1]

① 梅罗维茨．消失的地域：电子媒介对社会行为的影响［M］．肖志军，译．北京：清华大学出版社，2002：21.

他还认为，虽然场景通常是根据有形的地点中的行为来定义的，但场景更需要被当作一种信息系统来看待，即将它看作人们接触他人或社会信息的某种模式。① 他更关注的是，电子媒介（如电视）的出现，是如何改变社会场景与原有的物质地点间的关联性的，以及社会场景与社会角色之间的关系，例如，电子媒介带来的公共场景的融合、公开和私下行为的模糊以及社会地点与物质地点的分离等。②

虽然今天关于移动传播的场景的研究中，人们关注的重点并非社会场景与社会角色间的关系，但梅罗维茨的研究仍然可以为我们提供一种重要思路：无论是哪种类型的场景，都可以视为影响人的行为模式及逻辑的一种框架。人们在不同场景下的行为表现、需求，往往有着一些基本模式。这些模式既包含了社会规范的约束，也是社会习俗长期作用和人们在社会化过程中不断学习的结果。因此，场景的研究，不仅仅是一种个体行为的研究，更是社会关系与互动模式的研究。

移动时代将“场景”概念从社会场景延展到了更广阔的场景。虽然我们仍然可以参照梅罗维茨的“信息系统”的思路，但现在的场景不仅包括人与人之间的关系模式，更涵盖了人与内容、人与服务之间的关系模式。个体化的用户作为连接终端、人、内容、服务的节点，带来了一个更复杂的信息系统。

无论是戈夫曼的研究，还是梅罗维茨的研究，都关注社会场景对个体的约束，以及人在社会场景中的被动的反应模式。但今天，当人们提出场景思维时，目标却是使场景中的个体得到更多个性化满足。

从早期关于社会场景的研究，到今天将场景变成一种服务思维甚至是新经济模式的基础，这种变化与技术的变革相关。

知识窗

“场景五力”

罗伯特·斯考伯（Robert Scoble）和谢尔·伊斯雷尔（Shel Israel）所著的《即将到来的场景时代》一书指出了与场景时代相关的五个要素：大数据、移动设备、社交媒体、传感器、定位系统。他们把这五种要素称为“场景五力”，并认为：“五种原力正在改变你作为消费者、患者、观众或者在线旅行者的体验。它们同样改变着大大小小的企业。”③ 这些新的技术之所以推动了场景这个要素在经济中的应用，是因为，它们将以往抽象的场景变成了今天具体的、可测量的场景，使其成为移动服务中可以直接应用的各种“变量”。

但今天人们对于场景的界定也并没有达成一致，有些关于场景的界定仍然是含糊、抽象的。本书认为，从移动时代的技术特征与场景经济的目标来看，在界定中需要突出场景的构成要素，特别是可以量化的要素，因此在此将场景界定为：由时空环境、个体特征和传播氛围等方面的要素共同构成的一整套服务情境。

---

① 梅罗维茨．消失的地域：电子媒介对社会行为的影响［M］．肖志军，译．北京：清华大学出版社，2002：32-34.

② 同①65-120.

③ 斯考伯，伊斯雷尔．即将到来的场景时代［M］．赵乾坤，周宝曜，译．北京：北京联合出版公司，2014：11.

(一) 共性化场景与个性化场景：场景应用的两个层面

明晰场景的相关要素，才能将场景变成可操作的用户分析的变量，而这需要区分共性化场景与个性化场景这两个场景应用的层面。

共性化场景研究的是在某一特定场景下用户的共性需求与行为特征。其构成要素主要包括：时间、空间与情境、用户共性、体验环境。

而个性化场景，则需要考虑在每一个具体的情境中用户个体的即时处境及需求。构成个性化场景的基本要素主要包括：空间与情境、用户实时状态、用户生活惯性、社交氛围、体验环境。在个性化场景的分析中，时间要素需要转化为用户的实时状态与需求，才能为相关服务提供更精准的指导。

对于用户所处的场景的分析，既需要考虑共性化场景的因素，又需要考虑个性化场景的因素。

(二) 场景的构成要素

下文将综合共性化场景和个性化场景两个层面，对构成场景的主要要素进行分析。

1. 空间与情境

在此将空间与情境并列起来，是表明，场景不仅仅是一种空间位置指向，也包含着与特定空间或行为相关的情境特征，以及在此情境中的人的行为模式及互动模式，这种情境与梅罗维茨所说的社会场景有很大关联。空间与情境不等同，但又不可分割。

从空间与环境这个变量来看，人们使用移动媒体的场景又分两种：固定场景与移动场景。

固定场景指的是人们在相对静止的状态下所处的空间环境，是与人们日常活动规律相关联的环境。通常它们与人们的关系是稳定的，可以视作一个“常量”。

在家庭中，在以 PC 电脑为上网终端的时代，人们使用互联网的固定场景主要局限于书房和客厅这样的公共空间；而移动时代，固定场景在向卧室、卫生间这样的私密空间延伸。卧室（床上）这样的空间，也对应着一定的时间上的特点，它更偏向于夜间，而相比其他时间段，这个时间具有更大的可伸缩性。

同时，吃饭（餐桌）这样过去很少被电脑终端“侵入”的场景，在今天已经受到移动终端的普遍干扰。

移动终端在改变着家庭中的媒体使用场景的同时，也在影响着家庭成员的关系，家庭成员之间交流的干扰因素正在增多。如何针对家庭这样的场景开发新功能，弥合正在产生断裂的家庭成员关系，促进家庭成员的互动，应该是未来移动产品设计的一个重要方向。

而在学校或单位，过去使用互联网的场景往往是休息时，而在今天，移动互联网的使用已经打破了工作与学习场景中本应具有的“封闭性”与“专注性”，使得工作、学习与休息、娱乐这几者之间的界限被模糊。这也加剧了移动信息消费的碎片化特征。

移动场景指的是人们活动中遇到的环境在不断变化。对于每一个特定用户来说，移动场景意味着快速切换的时空，而每一种场景会带来不同的需求。

但换一个角度看，商场、旅馆、餐厅、图书馆、公交等这些人们在移动状态下遇到的场景，也是一种固定场景。它们本身是静止的，用户在这些空间里的行为也较为稳定。因此，多数情况下移动场景分析实际上是要分析与用户的移动轨迹相交的固定场景的使用。

你怎么看

你如何理解移动传播中的场景？

在移动场景的分析与应用方面，目前我们的关注重点是用户此时此地的位置及其意义；但是，从长远来看，移动场景的分析与应用需要涉及三个阶段。除了此时此地外，还可以向“此前彼处”和“此后彼处”两个不同的时空延伸。

分析用户从何处到达此处，可以更好地理解用户在此时此地的行为的目的及可能的特点。例如，一个用户在逛商场时顺带去看一下旁边的书店，与他从很远之外的家特意到某个书店，两者有本质的差异。顺带逛书店，意味着他在书店停留的时间可能是短暂的，对书的浏览可能是漫不经心的。要想留住他，需要诱导出更多的需求。打折信息、营业员的推荐、排行榜等信息的推送，对于需求的诱导，可能会产生作用。而特意来书店的用户，往往是对书店有着明确的需求，可能是为了购买特定的书，也可能是为了感受书店的氛围。这时需要注重的主要不是对其需求的诱导，而是对现有需求的更好满足。

另外，在满足了用户此时此地的需求后，如果能够预测他们下一步的行动方向并提供相应服务，或者通过理解他们此时的行为而诱导他们的未来需求与行为方向，那么也可以产生新的产品空间。例如，对于在书店的顾客，是引导他们去看一部与热门小说有关的电影，还是引导他们去附近的餐馆就餐，都是在移动场景的分析中可以涉及的。

对于此时、此前、此后这三个时段的场景和情境分析，显然是需要 LBS、各种传感器以及大数据等技术的支持的。

当然，我们也可以把这个思维移植到网络这样的虚拟空间中。在网上，人们从哪里来、现在在哪儿、要去哪儿，同样可以用场景的思路来进行分析与引导。

2. 时间

对于共性化的场景分析来说，时间坐标可以有很多种选择，可以是轮回的四季、周而复始的节假日，也可以是一周、一天这样的时间轴。不同时间点，人们会有不同的行为方式、不同的需求。上下班时间与工作时间显然会对应不同的场景，开始新一周工作的周一早上与即将迎来休息的周五下午，也会有不同的场景特征。而不同季节、不同的节日也都会有不同的行为与需求。

3. 用户实时状态

对个性化场景分析而言，基于时间轴的行为共性虽然需要参考，但重点还需要分析用户的实时状态，包括用户在此时此地的各种身体、行为、需求等数据，它们既可能基于用户以往的惯性，也可能具有偶然性、特发性。

无论是在固定场景还是移动场景中，人们的实时状态，都会与空间因素共同作用。仅仅注意空间要素而忽略个体的实时状态，很难实现真正的个性化服务。

用户的实时状态，不仅仅表现为他们自身的数据，也表现为他们所感兴趣的环境信息。一个人周围环境的信息往往是丰富的，但任何人都会只捕捉自己感兴趣的那部分为己所用。他们究竟抓取的是哪些信息，也是理解他们此时此地行为的一个关键。

对每一个用户实时状态的分析，在过去是难以实现的，而今天，可穿戴设备的出现，使这个维度的数据采集与实时加工开始变得可能。

2014 年百度发布的可穿戴设备百度眼，正是试图定位于某些特定空间中的信息采集和个性化服务，如商场、博物馆等。当人们身在博物馆时，他们感兴趣的展品，与其视线相关。百度眼了解了用户感兴趣的展品后，可以自动获取与这些展品相关的信息并通过语音传送给用户。

对于用户实时状态的分析，并不仅仅依赖用户身上的移动设备，固定设备也可以成为监测移动状态下的用户的手段。

例如，阿根廷公司 Shopperception 已经在一些沃尔玛超市进行了这样的试验：在天花板上安装带立体传感器的面板，这些传感器可以了解到顾客查看了哪些商品，在哪些地方停留，把哪些商品放进了购物车以及所花的时间等。[①]

类似这样的探索也意味着，对用户的实时状态的数据的采集与分析，还可以集合起来，变成对用户群体的分析的依据。例如，当一个超市内所有顾客的路线移动、视线移动等数据被结合起来，就可以帮助超市理解顾客在超市活动的一般规律，了解到哪些商品受到过顾客的关注；也可以将这样的观察聚焦于某一个特定区域，研究特定品牌产品受到关注的程度。

因此，对于场景中的用户状态的分析，不仅可以理解此时此地的个别用户，还可以成为研究用户群体的一种新手段。

4. 用户生活惯性

人们在各种场景下的需求与行为模式，常常会带着他们以往的生活经验，打着惯性的烙印，惯性是理解他们行为走向的基本依据。因此，个性化场景的分析，往往也要结合用户以往的习惯。例如，当一个平台向用户推送各类餐馆信息时，需要考虑他以往的消费偏好。如果了解到某个用户是回民，那么，给他推送的信息应该将那些不适合他的餐馆信息过滤掉。

数字化时代，人们的生活惯性越来越多地被以数据的方式收集，通过数据库的方式存储。场景分析的目标，是将某一个对象识别出来并与其数据库进行匹配。而对用户的识别、匹配，也有赖于可穿戴设备。

5. 社交氛围

在《即将到来的场景时代》一书中，两位作者将社交媒体作为场景时代的一个重要元素，并指出，正是通过在线交谈，我们明确了自己的喜好、所处的位置以及我们所寻求的目标。随着社交媒体与其他四种技术的结合，它将成为极富个性化内容的源泉。这些内容使得技术可以理解你是谁、你正在做什么以及你接下来可能做什么等场景。[②] 社交氛围对于人们的活动（包括空间的变化方向）的确是有影响的，而且在人们被社交媒体包围的今天，其影响越来越明显。因此，对于社交媒体中用户及其相关者的数据的分析，可以为场景分析提供另一个维度的支持。

梅罗维茨的研究，早已深入阐释了社交互动模式与场景的关系，这也可以为我们理解与开发移动服务提供参照。

6. 体验环境

从未来发展来看，当移动传播进入 VR、AR 的体验阶段时，场景也会与体验环境相关。什么样的环境适合 VR，什么样的环境适合 AR，用户在体验中会获得什么样的感受，都将成为需要考量的场景因素。

（三）场景适配：移动服务的核心目标

场景分析的最终目标是要提供特定场景下的适配信息或服务。适配意味着，不仅要理解特定场景中的用户，还要能够迅速地找到与他们需求相适应的内容或服务，并以合适的渠道与形式推送给他们。

基于地理位置的信息推送，今天开始在商业应用中推广，例如针对附近的移动用户推送各类商业信息。但在新闻资讯类应用中，它的应用还比较有限，可未来也有探索空间。例如，对

---

① 斯考伯，伊斯雷尔．即将到来的场景时代［M］．赵乾坤，周宝曜，译．北京：北京联合出版公司，2014：78.

② 同①15.

于一些与位置关联度很高的信息（如突发的自然灾害、交通事故、道路拥堵等）的推送来说，场景化匹配是必要的。

从信息推送的角度看，适配不仅意味着内容与场景的匹配，也意味着表现形式与特定场景下的阅读特点相适应，特别要注重时间的碎片化、情境和空间的快速切换对用户阅读带来的影响。

对于移动时代的媒体来说，场景成为继内容、形式、社交之后在传播中需要考虑的另一种核心要素。

服务适配比信息适配的范围更广，手段更多样，满足的需求更多元。服务适配可以只是针对用户的某个特定活动提供单一化的服务，也可以通过了解他的行为逻辑与习惯来提供综合性的配套服务。

打车类应用，是目前对于场景的理解与应用做得较为到位的移动服务的代表，也是个性化场景满足的代表。通过GPS等定位系统获得用户的实时位置，通过用户自己的设定或打车历史记录来推测用户的目的地，再通过位置来匹配最合适的司机，都体现了场景要素的应用。而随着这一应用的普及，司机和乘客两个方向的安全保障的需求也变得突出，分享行程、一键报警等功能的推出，则是对新需求的回应。未来在这一应用中可能还会出现向乘客推送沿途相关资讯，推荐目的地附近的购物、餐饮、娱乐设施等信息的功能。

地图类应用，也是典型的场景类应用。从早期主要满足用户搜索地点与路线的需要，发展到今天整合了打车类应用、实时公交动态、餐厅点评、旅馆预订、景点门票预订等多种与位置相关的服务，都体现了场景应用的拓展。

服务类应用场景适配的目标，是更为便捷、人性化的操作。多数时候，“一指搞定”是理想的境界。某些场景下，语音操作也是必要的。多数服务类应用都涉及支付，所以支付形式的优化及安全性的保障，更为关键。

从场景适配的对象范围来看，又可以分为标准化适配和个性化适配两个层面。标准化适配，是对共性的理解与满足，即针对用户群体在一个特定场景中的普遍性、一般性需求，进行信息、服务等的提供，使不同的用户都可以获得这一场景中的基本满足。而个性化适配，则意味着对前文所说的个性化场景要素的充分理解及相关数据的获取与应用。

场景的适配可以是迎合性的，也可以是诱导性的。诱导性的适配意味着对人们自己尚未意识到的需求的挖掘。当然，这种挖掘与诱导的分寸把握是十分重要的，过犹不及。

研究用户的场景，也不意味着要将移动内容与服务的推送渗透到每一个场景中，给用户留下一些自主的空间，反而更人性化。

二、新闻客户端的运营策略

对于媒体来说，新闻客户端是其在移动互联网上的主要传播渠道之一，且是由媒体自营的，不像微博、微信等受到平台的约束。因此，媒体在新闻客户端上投入了大量人力、财力。要做好新闻客户端的运营，需要处理好多方面的关系。

（一）自产与他产

媒体开发自己的客户端，首先是将它作为媒体自产内容的发布平台。因此，自产内容必然是客户端内容的核心，特别是本土的或垂直的（专业性）内容。

客户端虽然可以充分利用媒体的内容资源，但并不能把报纸、广播电视等母体内容直接搬运到平台上，而是需要针对客户端的用户以及移动终端的特点做一些调整或再编辑。如果客户端编辑力量有限，发布的内容也会有限。

鉴于客户端的容量，如果只有媒体自产内容，可能会出现供给困难。因此，大多数客户端会转载“他产”的内容，包括其他媒体生产的内容，政务新媒体或企业新媒体内容，以及 UGC 内容。

为了鼓励“他产”，一些平台还会采用“××号”的方式为内容生产者提供自主发布的渠道。这不同于客户端编辑选择后进行的“转载”。“××号”中的发布主体有独立的账号，可以整合其所有发布的内容，在内容发布方面有自主权。对优质内容生产者，有些平台也会有相应的激励机制。这种方式对于促进客户端内容的多样化和持续繁荣是有一定的价值的。

如何吸引其他内容生产者，如何从他产内容特别是 UGC 内容中吸收更多能量，如何实现自产内容与他产内容的互补，都是运营中需要解决的具体问题。

> **你怎么看**
>
> 你都使用过哪些“××号”？它们作为“他产”，有何特征？

（二）碎片与整合

移动时代，人们获得新闻信息的渠道更多，既包括新闻客户端，也包括社交平台，甚至包括一些服务平台。但后两种平台，信息的传播更易呈现碎片化的特点。

即使是在新闻客户端，由于信息界面的特点，信息之间的关联、整合也被削弱。在门户网站中曾经盛行的作为新闻整合重要方式的新闻专题，在客户端里也被弱化。有些客户端还保留了专题这样的形式，但整体篇幅已经缩减，且整合形式通常只是简单的罗列，缺乏深层的结构化整合。

如何在新闻客户端中重新实现碎片化信息的整合，是对新闻客户端的一个挑战。在简化了的新闻专题中，更需要对内容精心筛选，筛选也是整合的一部分。此外，还要寻找将信息组织在一起的逻辑线索，实现信息的结构化整合。

在一些复杂事件的信息整合中，梳理事件发展的时间线或许是一种有效的整合方式，即按照事件本身的发展顺序而不是获得信息的时间将相关信息排列，使人们理解事件的来龙去脉与进展过程。当然，很多时候，在报道开始时，事件在一些关键时间节点的信息是缺失的或不明了的，而对这些信息的填补、探究也正是媒体需要努力的方向。

当然，专题的结构线索不是只有时间这个维度，不同主题会有不同的解读维度与逻辑，找到一条好的结构线索，是信息有效整合的重要前提。

（三）个性与共性

基于个性化推荐的新闻客户端越来越流行，这在一定程度上是因为人们需要减轻移动端的阅读负担，降低信息获取的成本。对于吸引新的用户来说，个性化推荐往往也是有效的。

一些客户端允许用户进行个性化设置，只看某些方面的内容，这也是个性化信息服务的一种方式。

但过于强调个性化服务，使人们只沉醉于自己感兴趣的内容，也会在一定程度上局限人们的视野。长期的个性化信息消费，会使人们对同质化内容产生疲劳、倦怠。

新闻客户端在今天仍是重要的公共信息传播平台，它仍需要促成具有重要公共价值的内容的传播，促成不同群体之间的相互关注、对话。因此，在个性化推荐的同时，客户端仍有必要进行公共性内容的推荐，这既可以体现为版面上的直接推荐，也可以体现为算法的推荐。

（四）内容与社交

尽管新闻客户端是重要的内容入口，但在今天这样一个时代，内容与社交已经成为一种相辅相成、相互激发的关系。如果内容与社交不产生关联，如果内容脱离人们的社交活动而孤立存在，那么，这样的内容产品恐怕很难有足够广阔的发展前景。

“社交”与“内容”的相互激发，意味着新闻客户端也需要一定的“社交化”。这需要由以下几个方面予以体现：

一是促成分享与交流。今天已经进入一个“无分享，不新闻”的时代。新闻或其他公共信息如果不能通畅地进入人们的社交平台，成为人们社交的话题，就难以实现影响力的不断放大。让内容具有社交价值，如帮助人们维系社交形象、维护社交关系、提供社交谈资，是内容进入社交平台的核心动力。在形式设计上，在客户端置入更方便的分享、讨论功能，将客户端与主要的社交平台打通，应是新闻客户端的“标配”。

二是推动参与。新媒体的核心特质之一是用户参与。移动终端使用户的参与更为便捷。今天用户的参与不仅仅是跟帖、爆料，而是全面渗透到新闻信息生产的所有环节，有时用户提供的线索甚至成为重大新闻事件传播的起点。除了新闻报道中的参与外，一些线上、线下活动也有助于提高人们社交的活跃度，促成客户端的品牌推广。如人民日报新媒体中心在2017年“八一”建军节策划的“军装照”活动，不仅成了现象级网络互动产品，也获得了中国新闻奖媒体融合类别的融媒互动奖，引发一批媒体的效仿。将媒体主导的“新闻报道”变成用户参与的“新闻产品”，让用户深度卷入，这也是内容与社交融合思维的体现。

三是平台的“社交化”和“社区化”建设。早期的新闻客户端仍是沿用门户网站的思路，以内容的传播为主，即使有新闻跟帖这样的互动空间，用户在这些空间的独立存在感也较弱。但今天一些客户端将社交平台的架构与资讯平台的架构整合在一起，使整个平台社交化。如“腾讯新闻”平台有专门的社区频道，类似微博平台，用户可以通过稳定的社交账号进行内容生产，用户之间的社交关系也更易于建立。“今日头条”等平台也有类似的架构。这使得用户在新闻客户端不再只是消费者身份，而是具有独立身份意识的内容生产者、消费者，以及可以与他人产生社交互动的社交者。

（五）平台内经营与平台外引流、推广

新闻客户端是一个独立的平台，虽然有些客户端能够吸引到足够的用户，甚至吸引到足够丰富的内容生产者，从而成为一个具有广泛影响力的平台，但在客户端的大战中，能够胜出的毕竟是少数。相当数量的新闻客户端很难成为大平台，而可能成为一座座孤岛，流量和影响力必然受到限制。

在经营好客户端这个平台的同时，客户端也需要有引流和推广的策略。

社交平台的引流是客户端主要的引流策略之一，这在很大程度上依赖用户的分享。人们在社交平台看到别人分享的感兴趣的内容时，可能会点开客户端看全文。但这对内容的“社交价值”是一个考验。如果不具备社交分享、传播的动力，内容在社交平台的流动会有障碍，更难形成导流效果。

在社交平台建立账号或嵌入小程序，也是为客户端引流的方式。在这些账号或小程序中推送的内容，同样需要适应社交平台进行一定的编辑，有时甚至需要为社交平台“定做”。

当然，即使一些人对客户端的内容感兴趣，但手机里没有装相应的客户端，也还是难以实现流量的转化。如果强制人们安装，也会引发反感。

社交平台上对客户端的推广，虽然也有引流的目标，但其核心是建立品牌形象。社交平台的内容，也不必局限于客户端的内容，而是可以针对社交平台的对象与“调性”进行策划与生产。即使不能实现对客户端的导流，如果有助于品牌建立，也是一种对客户端品牌的推广。

弹出窗口式的信息推送，对于客户端的推广与引流也是有价值的。弹出的信息虽然更容易被用户看到，但能否真正将用户带到客户端，内容本身的表达策略、吸引力仍是关键。“标题党”、诱骗式的表达，对客户端的品牌形象是一种损害。

（六）机器审核与人工审核

今天大多数客户端的内容都十分丰富，有些甚至是海量的内容，对于内容的审核完全靠人工来完成已经不现实。因此，越来越多的平台都开始采用机器审核，也就是运用人工智能技术，对内容进行判断、筛选。

机器审核在某些类型的审核方面具有优势。例如，某些类型的不良信息的筛查，字、词错误校正，对具备某些模式特征的谣言信息识别，信息来源、传播路径的跟踪等。

但机器审核只是人工审核的基础，完全依靠机器进行内容审核，会出现一些漏洞，有时甚至会出现大的失误。在新闻价值判断、政治性问题审核等方面，人工编辑仍然不可或缺。

（七）内容生产与生态建设

虽然内容生产与传播是新闻客户端的首要目标，但新闻客户端的竞争不只是内容的竞争，也是一种综合性的平台竞争，仅有内容的客户端往往不能构成一个完整的平台生态。因此，在内容的基础上，发展社交、服务等其他功能，包括一些本地服务或面向特定群体的服务，以形成更具多样性的新闻客户端的生态十分必要。

吸引多样化的内容生产者，也是生态建设的一部分。

丰富、完整的生态，有助于提高用户黏性，也有助于带来更多样的营利模式。

第三节　视频化策略

尽管视频内容生产是电视媒体的强项，但网络的视频化，带来的并非电视文化的复兴，而是与电视文化有着很大差异的新视频文化。相应的，在视频表现形式、叙事模式上，网络的视频化也与电视节目渐行渐远。视频化与移动化往往是交织的，网络中的视频化策略也需要与移动思维相结合。

移动平台的视频应用主要有短视频和视频直播两种形式，它们在新闻生产、知识分享、市场营销等方面有着广阔的应用空间。

一、新闻短视频生产力的锤炼

虽然短视频有广泛的应用场景，也有多样化的表达形式，但对媒体来说，新闻短视频是应用的重点。

新闻短视频生产，需要培育一种新的视觉生产力。这既要对传统新闻视频生产模式进行一定的改造，也需要对发源于民间的短视频进行专业化锤炼。

（一）短视频的文化基因

“生活化”是民间短视频的底色，也是短视频走向公共性传播的早期策略。当然，随着时间的推移，生活化这一特色或许会淡化，但无论未来如何发展，以人为本，都将是短视频的核心基因。

与传统媒体“内容为王”的基因不同的是，新媒体是“以人为根基”的文化。它重视人的视角、人的故事、人的情感、人的体验与人的参与，也强调“以人为媒”的传播，短视频在很大程度上也继承与发扬了这种文化。做好短视频，需要理解这种文化基因。

虽然电视媒体在视频新闻方面有悠久的传统，也有成熟的模式，但电视新闻的基因未必适应短视频的土壤。如果没有基因上的改变，只是将传统的电视新闻照搬到短视频平台，或者将电视新闻简单剪辑成几段，可能难以产生好的传播效果。

（二）移动终端的“微叙事”模式

新闻短视频不仅不能简单沿用传统电视、电影的叙事模式，而且还要针对移动观看需要，形成新的“微叙事”模式。从现有的实践来看，下列方面对于微叙事是重要的：

（1）文字“激活”。在一些平台上，短视频需要用户点击后才会播放。这时标题或其他引导性文字对于视频的点开率至关重要，它们也是短视频叙事的一部分。就像文字稿件的标题一样，视频的标题要能快速揭示视频的亮点，激活人们的注意力。

（2）“秒级”响应。短视频资讯需要在3～5秒内引起人们的兴趣，否则就可能被人们放弃。主角通常需要在几秒内出现，最好以富有冲击力的近景、特写等方式呈现。

（3）身临其境。短视频需要真实的现场感，还要让观众产生身临其境的在场感，除了拍摄对象外，还与拍摄视角有关联。

（4）“第一人称”视角。让观众从“第一人称”视角观看视频，会让他们产生更多的卷入感。以往的电视新闻往往有记者或主持人出镜进行叙述、评论，但这种第三方的视角与转述，会造成观看者与内容的距离感。对短视频来说，除非某些必须有记者出镜的场合，否则尽量让记者隐藏起来，让用户感觉是用自己的眼睛在观察与发现。

（5）细节放大。短视频更适合微观叙事，而细节是其中的关键。这也需要调用相关视觉语言，以放大细节的力量。

（6）“高光”营造。每个短视频在内容上都需要一个明确的亮点，它们在视频中应该获得形式上的“高光”处理，包括视觉的冲击力、叙事结构赋予的张力、文字的强化等。

（7）“后台”前置。以往电视节目往往会将不完美的内容剪掉，或将拍摄视频过程及“后台”隐藏起来，只呈现完美的效果或结果，但短视频有时更需要这些不完美的或后台的内容，它们会更容易让用户产生亲近感、在场感。

（三）短视频在硬新闻中的应用

目前的短视频，多用于软性新闻的表达，但这并不意味着短视频只能用于软性新闻，一些严肃主题的新闻，包括批评性报道，也可以通过短视频来呈现。要依托短视频发展硬新闻，需要在新闻的硬与短视频的软之间找到平衡与兼容。

（1）硬核与软壳的兼容。即使有坚硬的内核，也要尽可能在短视频中给予其相对柔软的外壳，例如人性化的故事或视角。

（2）“正能量”与批评性报道的兼容。虽然目前短视频更多地突出了温情与美好这些被称为“正能量”的主题，但短视频也应该广泛用于批评性、监督性报道，批判、监督仍是媒体的核心职责所在。

（3）完整线索与明晰焦点的兼容。作为新闻作品，短视频新闻需要在一个相对完整的线索与框架下展开，避免以偏概全的误差，但又需要在每一段视频内营造一个明晰的焦点。某些时候，将相关短视频整合在同一专题内，或许是解决碎片与完整之间矛盾的一种方案，特别是对那些“进行时”式的报道。

（4）时效性与准确性的兼容。准确仍是短视频新闻的核心要求，应在此基础上再追求更高的时效性。

除了事实性报道外，短视频还能为新闻评论提供新的载体，在这个方向上，或许还有很多探索空间，例如，基于个人化风格与品牌打造的视频评论专栏等。

> **你怎么看**
>
> 深度报道是否可以通过短视频平台进行有效传播？为什么？

（四）新闻短视频生产机制的创新

即使是专业媒体生产的短视频，也不只是依赖媒体的封闭生产系统，短视频生产更需要开放与协作。

从生产主体方面来看，新闻短视频需要“PGC＋UGC”机制，UGC 带来内容的丰富度、覆盖面与时效性，PGC 则可以保证内容品质的稳定。

梨视频的探索，已证明了这种模式的有效性。它拥有全球最大的拍客网络，6 万多核心拍客分布在全球 520 多个主要城市。此外，梨视频从创立开始，就在短视频平台中将三审制度引入短视频生产全流程，并对拍客进行强认证，对选题采取审核前置。①

协同要顺利展开，需要有相应的平台以支持原创、编辑、分发等方面的协同。梨视频的规模化生产，也是基于其开发的 Spider 系统。

除了 UGC 外，媒体还可以与诸如拥有道路监控录像的交通管理部门等机构开展合作，以获取更多的视频素材。

（五）短视频新闻的局限

短视频虽然有广泛的场景适应性，也更能满足移动传播的需要，但它也有着风险与局限性，有一些发展瓶颈。例如：

（1）过度的情绪激惹。视频的直观性，使其在唤起人们的情绪上更为有效，但过度的情绪渲染与激惹，也可能会激发非理性情绪。

（2）短视频化后的断章取义。一些原来应该用完整的长视频呈现的内容，切分成短视频后，容易造成受众理解的偏差，甚至是断章取义。

（3）短视频的新套路化与同质化。无论是 UGC，还是 PGC，短视频新闻都在形成新的套路，有些套路是创新的阻力和审美疲劳的来源。对于媒体来说，除了生活场景中的亮点发掘外，如何在一些重大的新闻报道方面更好地运用短视频手段，仍然是一个有待解决的问题。

二、视频直播的创新

移动时代技术的发展，为视频直播的创新提供了各种新可能。

（一）“一直在场”的慢直播

2019 年 11 月 20 日，中央广播电视总台推出的“央视频”平台正式上线，这也是主流媒体

---

① 梨视频总编辑李鑫：短视频时代，谁说正能量难出“爆款”？[EB/OL].（2018-10-16）[2019-03-23]. https://www.sohu.com/a/259848363_181884.

中首个视频社交媒体。2020年新冠疫情期间，央视频等推出了火神山、雷神山医院建筑工地的一天24小时不间断的慢直播，用多个角度固定机位的镜头呈现两家医院的现场施工状况，整个直播观看人次达1.2亿。① 人们对武汉疫情的关注之情有了一个安放之处，“云监工”也因此流行一时。新冠疫情期间，央视频还联合武汉天河机场发起慢直播《驰援！驰援！武汉天河机场实况》，在武汉大学开启《云守望：见证此刻　期待春暖花开》直播。此后，慢直播在央视频不断使用，成为其特色，这种直播方式也逐步为其他一些媒体或平台所采用。

慢直播的起源可以追溯到电视时代。2009年，挪威广播公司（NRK）的一个直播节目记录了一列火车从首都奥斯陆开往卑尔根的全过程，长达7小时。此后，它又直播了“北挪威”号邮轮沿挪威海岸线航行的5天游旅程。该电视台还直播过壁炉中熊熊燃烧的柴火、织毛衣的过程等。这些节目都受到挪威观众的欢迎。在中国，2013年央视网上线了“熊猫频道”，用固定机位24小时直播成都大熊猫繁殖基地熊猫的日常活动。

智能手机、4G及5G技术等，为慢直播的更广泛应用提供了基础，这也是慢直播近年来兴起的原因之一。

从新闻直播角度看，慢直播过程中，没有导播等人工控制方式，只有几个固定机位，但它可以完整呈现新闻现场与新闻的发展过程，让用户成为新闻事件全程的目击者、在场者，也使他们深入新闻事件的“后台”，有了更多的进入感、参与感。而围绕直播的互动，使观看者之间形成了更强的连接，甚至可能形成临时的“共同体”。

同时，直播的景象，也成为对人们的一种陪伴。营造陪伴感，也是直播的一种重要功能。对于长年处于快节奏、高压力生活中的人们来说，这种陪伴，也是一种放松与调剂。

对慢直播而言，“无叙事结构”成为一种新的叙事模式，这也使得用户可以自主地观看、解读直播对象与过程。

慢直播与观看者，形成了双向的“一直在场”感：用户在持续观看中不知不觉进入直播现场，产生“在场感”；而直播的现场景象，也逐渐进入人们的生活中，成为生活的“在场者”，或者说生活的一部分。

虽然慢直播看上去没有太多技术、技巧，但判断什么样的主题适合慢直播，仍是策划中的关键。滥用慢直播，也会使得人们对这种形式失去兴趣。

（二）作为“天空之眼”的无人机直播

虽然目前的新闻直播主要是通过摄像机、手机等方式完成，但随着被称为“会飞的照相机”“天空之眼”的无人机的普及，无人机在新闻直播中的应用也逐步增长，未来也会有进一步拓展的可能。

相比传统的直播设备，无人机直播在以下几方面具有独特优势：

其一是新闻现场的近距离观察。

对于人难以达及或难以进行全面观察的某些新闻现场，以往一些媒体也会通过直升机来进行航拍，包括在直播中。但航拍成本很高，有些新闻现场环境复杂，直升机也无法到达。无人机为“到达现场”提供了一种便利的方案，无人机飞行高度更低，可以捕捉很多直升机拍摄不能获得的细节，这也可以增强直播的现场感与细节的丰富度。

其二是宏大场景的全景视角拍摄。

---

① 一不小心，你参与了这个1.2亿的大工程，背后可不简单！[EB/OL].（2020-02-17）[2022-06-23]. https://mp.weixin.qq.com/s/uszk63gmi5zbbFhhB-1lDw.

一些新闻直播面对的是宏大的场景，传统摄像机受拍摄视角限制，难以完整呈现宏大场面，而无人机的空中俯瞰则可以突破视角限制。它不仅可以带来视觉上的震撼，还可以让人们对整体场景有更好的感知与把握。

其三是突破常规的全新视角。

除了俯瞰的特长外，无人机在运动轨迹方面的灵活性，可以使它获得不同于手持设备拍摄的效果，提供一些拍摄的新视角，这也有助于推动新闻直播的创新。

无人机可以深入以往的“无人之境”，这也有可能为媒体带来新的选题。

从未来发展来看，无人机的直播，还可能通过其搭载的传感器，在影像拍摄的同时，采集其他维度的数据。例如，可以在无人机上搭载环境数据的采集器，如红外成像仪、气体传感器等。虽然这个方向上的应用普及还依赖于轻型传感器的发展，但从技术发展趋势来看，这是完全可以期待的。多元传感器的引入，将进一步提升无人机的信息采集能力，丰富新闻直播的信息维度。

（三）5G条件下的高清、交互性直播

2018 年 10 月的杭州国际女子马拉松比赛，实现了国内首次重大体育赛事的“5G 高清直播”，这也是马拉松史上的首次 5G 直播。①

5G条件下，多个摄像头采集的信息可以同时实现高速传输。这意味着，用户可以从更多视角来体验一场盛大的活动、一场精彩的比赛。加上高清技术的应用，即使不采用 VR 技术，用户也可以获得全方位的“进入感”。5G 也为 VR 直播提供了更多保障，5G＋8K＋VR，将成为未来一段时间重大活动、赛事、文艺演出等直播的标配。不在现场的人获得的信息、感受，与在场的人会越来越接近，观看者由此真正获得“在场感”。“遥在”，会成为在场的另一种形式。

2020 年两会期间，新华社首次推出 5G 全息异地同屏系列访谈，通过 5G 网络传输和全息成像技术，将北京演播室和武汉、广州、昆明的摄影棚“无缝衔接”，北京的记者与三地的两会代表进行了“面对面”的交流。异地的交流，变成了同一时空下的共同“在场”。类似这样的应用，在未来也将普及。

5G条件下的直播设备也会发生变化。除了大型直播车外，智能眼镜也可能成为一种直播设备，这会使得直播者的视角更接近“第一人称”视角。

（四）人工智能与智能直播

今天的慢直播，都是基于固定机位，但未来在人工智能技术的推动下，机器人会成为直播中的重要辅助手段，使固定机位变成流动机位，展示现场更丰富的细节，提供更多的观看视角。

新华智云已经尝试在一些会议报道中全程采用智能系统。它开发的“云上新闻中心”，集成了新华智云“媒体大脑”（MAGIC）的 30 多款 AI 媒体机器人，全天候在线处理会议直播，分秒级生成剪辑视频和精彩片段；还制造了首台拥有 7 个智能摄像头的实体机器人，它可以全程拍摄画面并同步上传到 MAGIC 云端处理。在会议直播、体育直播等方面，全流程智能化的视频直播，可以为用户带来更多的具有在场感、沉浸感的新闻，也将解放媒体记者，使他们从程式化的报道转向其他更具挑战性的深度报道。

智能系统可以与记者的现场直播相结合，在记者拍摄的直播画面基础上进行快速加工，生成相关的短视频。2019 年国庆大阅兵和大游行中，央视新闻在直播素材基础上采用人工智能

---

① 浙江移动打造国内首次体育赛事“5G 高清直播”[N]. 钱江晚报，2018-10-28.

来完成分列式与群众游行的82个方队方阵的视频剪辑，单个AI剪辑视频在阅兵方阵完成表演后5分钟内迅速生成。这一创新应用获得了第30届中国新闻奖。

人工智能技术也可以对视频中的特定对象（如人物、地点、文本等）进行识别、解读，自动将音频信息转成文字信息，挖掘视频背后的深层信息，为用户提供视频之外的延伸性内容。

可以预见的是，未来基于人工智能技术的虚拟主播也会在直播中发挥一定的作用。

三、基于视频的知识分享与知识产品开发

视频今天已成为知识分享、知识产品的主要依托手段之一。

（一）基于视频的知识分享

利用视频来进行知识分享，需要充分利用其直观展示的优势，尽可能将原理、过程、要点等视觉化、动态化，有时可以结合动画的运用。

视频可以让更多知识的分享者出镜，全方位展现其魅力，这对于形成个人的品牌形象也是有利的。

对今天的年轻用户来说，弹幕已经成为视频观看中不可或缺的元素，在知识类视频的观看中也同样如此。研究者发现，在教育类的视频中，弹幕有利于提升用户的参与感，增加活跃周期，更好地支持用户与视频内容的实时互动。[①] 内容的生产者可以通过弹幕来分析传播效果，判断用户观看兴趣点，以进行产品的优化。

虽然知识分享应用采用较多的是短视频、视频直播等手段，但近些年视频会议应用的普及，也为知识分享、知识产品开发提供了新的平台。基于视频会议这样的平台，知识的分享能够更多地以课堂的氛围实现，更多的个性化教学也可以实现。

（二）基于视频的知识产品开发

移动视频平台要在知识分享、知识产品领域有更大的作为，不仅需要充分理解视频的运用，更需要理解移动时代的知识及知识生产、分享的动力与机制。

1. 移动时代的知识

移动时代的知识产品中涉及的知识，既有狭义的知识（体系化的知识），也有广义的知识（例如关于某个问题的答案）。对于后者，普通用户的参与更为重要。

从对人的作用效果来看，今天的知识可以分为两类：一种类似于“美颜”，就像美颜相机和滤镜一样，可以迅速从外表上修饰人们，让他们跟上现代社会的步伐，也可以在一定程度上帮助人们获得工作中所需要的新能力。这些知识的传播常常是碎片式的，人们对这些知识的吸收往往也是表层的。另一种类似于“健身”，需要人们自己花费较大的时间与精力代价去获得、消化、吸收，转化为自身“机体”的一部分。它们会更深层地改变人的能力、思想、思维方式等。这些知识的获得多数需要通过系统的学习。目前的知识付费产品主要提供的是前者，而后一类知识产品的生产，将是未来发展的重点。

2. 移动时代知识内容的生产者

从生产角度看，目前的知识内容的生产者主要包括几个层次：在业界具有影响力的大咖、拥有某种专业知识特长的专家（包括教师）、在某个特定问题上拥有相关知识或资源的一般用

---

① 张璐，王若佳. 在线教育视频用户评论行为比较研究：以Bilibili网站视频评论为例 [J]. 现代情报，2020 (2).

户。目前多数知识付费平台主要是利用大咖的生产力与影响力，但大咖的生产容易疲软、枯竭，且大咖更多的是满足用户的公共需求。长远来看，还需要激发专家和一般用户的知识生产力，为用户对知识的个性化需求提供更丰富的供给。

要激发普通用户的知识生产力，需要促成对他们“认知盈余”的开发。“认知盈余”概念出自美国学者克莱·舍基（Clay Shirky）。舍基把全世界受教育公民的自由时间看作一个集合体，一种“认知盈余”，进而指出“这是一个不平凡的时代，因为现在我们可以把自由时间当作一种普遍的社会资产，用于大型的共同创造的项目，而不是一组仅供个人消磨的一连串时间”①。尽管舍基的认知盈余概念主要强调的是时间盈余，但这个词里还隐含着人们的其他盈余，如信息盈余、知识盈余等。

但这些盈余的发现、发掘，并不仅仅取决于用户本身，还取决于平台。与金钱、物质的盈余不同的是，认知盈余有时并非那么显而易见，用户的认知盈余也多是碎片化的。因此，平台需要通过某种机制，实现碎片化知识的集结与整合，调动用户的“认知储备”。

用户的知识生产动力，还来自他们对知识生产社区的关系需求、归属感及文化认同。知识分享平台运营的更高目标，应该是构建具有良好秩序、生态与文化的社区，甚至促成知识共同体的产生。

（三）基于视频的知识付费产品开发与分发

从消费角度看，知识付费产品的发展需要深层研究用户付费意愿的动因。参照美国学者戴维斯（Fred D. Davis）等提出的用于描述用户信息技术接受行为的TAM模型②来看，感知有用性和感知易用性都会影响到用户使用知识付费产品的意愿。影响用户感知有用性的相关因素包括：主观规范（个体感知到的社会对于实施或不实施某一行为的态度或压力）、使用者形象（使用某一创新产物之后对使用者个人形象或社会地位的提升程度）、工作相关性、产出质量（新技术对于工作产出的质量所起的作用）、成果的可证性（采用某种技术后的成果是确定的）等。

由于付费内容市场环境向好，知识付费产品的主观规范在向积极的方向发展，多数用户也认为知识付费产品对其形象的提升有正面效果。加之知识付费产品的推广者在不断“贩卖焦虑”，诱导用户将知识学习作为治愈焦虑的解药，因此，知识付费产品在2016年开始的几年间，迅速升温。但随着时间的推移，在产出质量、成果的可证性等方面，一些知识付费产品的效果不尽如人意，也有很多人开始质疑知识付费产品里“贩卖”的知识是肤浅的。这也是知识付费产品未来要解决的问题。

从分发方式来看，一个值得注意的动向是，一些垂直资讯或知识产品，不一定通过通常意义上的内容分发平台（包括视频社交平台）传播，而是可能在其他平台集散，特别是与知识相关的场景型平台，如地图。依托特定场景进行知识传播，可以使知识内容与用户的连接更为直接、顺畅。

你怎么看

你遇到过哪些优秀的知识付费产品，并进行了消费？是什么促使你进行消费？你认为好的知识付费产品开发时应注意什么？

---

① 舍基．认知盈余［M］．胡泳，哈丽丝，译．北京：中国人民大学出版社，2012：13.

② VENKATESH V，DAVIS F D. A theoretical extension of the technology acceptance model：four longitudinal field studies［J］. Management science，2000（2）：186－204.

四、视频带货带来的线上营销新模式

2019年以来，通过视频直播或短视频带货，成为一种风潮。一批“网红”也在不断刷新视频带货的纪录，一些娱乐明星开始尝试直播带货。2020年，在新冠疫情的背景下，包括央视主持人在内的电视主持人以及一些地方官员也加入直播带货行列，以助推各种产品销售，促进生产复苏。

视频带货既不同于传统的广告，也不同于一般的线上电商模式，它结合了线下商店的氛围，也有名人代言广告、电视购物推销的一些特质，同时又有自己的突破。

带货者的出现，打破了一般电商购物中全靠消费者自己的搜索、判断来选货的模式，带货者以专业经验和信誉背书，成为人们的导购者。相比名人代言的传统广告，带货者会提供更多个人使用体验的分享、对产品的更详细介绍，也可以通过互动提供更多个性化信息。相比电视购物或商场中的推销者，带货者往往把自己放在消费者的角色上，这更容易带来消费者的信任与跟随。

那些成功的视频带货，除了产品品质或价格优势外，还与其他因素相关。主要包括：

（一）个人魅力

虽然有人认为，网络视频带货就是传统的电视购物的翻版，但事实上，网络视频带货与电视推销有着不同的支持机制。电视购物主要依靠电视这一强大的媒体，依靠的是渠道优势。虽然推销者的口才、营销技巧也很重要，但他们背靠的电视台的品牌更为重要。而网络视频特别是直播带货，全靠个人魅力——既包括“人设”魅力，也包括营销表达魅力。虽然有些人（如电视台主持人、明星）已经自带“光环”，拥有很好的个人魅力基础，但很多带货的网红，其魅力是逐步积累的，他们长期努力打造的个人品牌形象，是视频带货的重要铺垫。

与电视推销不同的是，直播带货可以使直播者与观看者、购买者产生更直接的接触，甚至形成面对面、熟人交流的感觉，这也更容易将个人魅力兑换成经济收益。

> **你怎么看**
>
> 短视频博主带货“翻车”案例屡见不鲜，为何会“翻车”？谈谈你的理解。

（二）专业魅力

带货者的影响力，往往还要靠他们在某些领域的专业能力做支撑。有时这是带货者自己的积累，有时是其背后团队提供的支持。

当然，现在的视频带货者涉及的品类往往五花八门，他们显然无法对推销的每一种商品都具有专业判断力。这也是很多带货者“翻车”的原因。从长远来看，带货者在推销产品上的专注、专业化，有助于形成持久的带货能力。

（三）场景与体验诱惑

很多农村的网民之所以能带货成功，主要是靠他们所展现的“场景”的魅力。田间、果园等原生态环境，让人们对农产品的质量有更多信赖，对带货者产生情感上的认同。

另一种场景的诱惑力来源于直播间的场景。直播间人声鼎沸、争先恐后下单的氛围，很容易激发起观看者跟风“剁手”的冲动。虽然很多人事后会为自己的冲动行为后悔，但群体氛围等场景因素的确也是直播带货的一种重要元素，这也是以往的电视推销无法企及的。直播间在承担着带货功能的同时，也承担着社交的功能，而这种社交功能会成为带货的隐秘动力。

带货者对产品的体验过程，如试吃、试穿，很容易使观看者产生感同身受的体验感，从而产生购买欲望。

（四）文化诱惑

很多时候，带货魅力还来自视频营造、展现的生活方式与文化诱惑。如一些视频中描绘的慢节奏的田园生活，迎合了当下全员加速的焦虑社会中人们对慢生活的想象，因而会格外受欢迎。

因此，想要通过视频达成带货能力，需要洞悉今天人们在商品的使用价值之外的其他价值诉求，包括文化诉求。

第四节　融合化策略

在媒介融合的背景下，今天媒体也越来越强调融合化策略的应用。融合化策略主要体现为两个方面：一是多媒体手段的融合性报道，二是多种传播平台的联动。

一、网络传播中的多媒体融合报道

网络平台为多种媒体的整合传播提供了技术可能，多媒体融合报道在媒体也越来越常见。但是多媒体融合，不是各种形式的信息的简单堆积，而是在对各种手段的优势、劣势进行综合分析、权衡基础之上做出的一种资源配置。它不仅要充分发挥每一种手段的长处，而且要使各种不同形式的信息之间相互呼应、相互配合，给用户带来信息和体验的增值。它应该是一种化学性融合与反应，而不是简单的物理性叠加。

要实现这种“化学性融合”，既需要对每一种信息的作用有透彻了解，也需要对它们的整合原则和整合方法有深入认识。

（一）多媒体融合报道的主要形式

在新媒体发展过程中，多媒体融合报道先后出现了以下几种主要形式：网页整合的融合报道、Flash 整合的融合报道、电子杂志整合的融合报道、信息图表整合的融合报道、移动终端基于 H5 的融合报道等。

随着技术的更迭，今天有些报道形式已基本消失，另一些则仍在发挥着作用。未来的技术必然会催生新的融合报道形式，VR/AR 等技术也可能会带来新的融合体验。

（二）不同形式信息的特点

要在多媒体融合报道中发挥每一种信息形式的长处，就需要对它们各自的特点及适用范围有充分的了解。

1. 文字

虽然多媒体报道中，图片、音视频等手段会占据重要位置，但是文字常常是不可或缺的。

在多媒体报道中，文字的作用主要表现为：

(1) 及时、全面传递信息。图片、音视频虽然有自己的优势，但它们未必能传达一切信息，而且这些素材的采集与编辑较之文字也更困难、更费时。因此，在时效性要求高、信息需求广泛的情况下，文字仍然是多媒体报道中的基础力量。

(2) 进行深度分析。多媒体报道有时也需要利用文字的深度分析能力。这种深度分析是其他信息手段不能替代的。

（3）评论。许多报道试图通过评论来为用户更好地解读新闻，而在评论方面，文字的力量是不可取代的。这些评论可以出自媒体自身，也可以出自特约评论员或相关领域专家，还可以出自网友。

（4）黏合各种素材。如果没有文字，很多时候，图片、音频、视频等内容便会处于一种离散的状态，缺乏有机结合。文字可以充当黏合剂，将各种类型的稿件整合起来。

（5）提供背景与知识。在背景与知识性资料中，文字资料通常占有很大比重，因为它较易获得。

2. 图片

除了新闻照片和信息图表这些图片新闻素材外，在多媒体报道中利用的图片资料还可以包括漫画、记者的照片、采访对象的照片、资料照片、报纸版面照片等。当然，在实践中还需要创造性地利用其他图片形式。

从多媒体报道角度看，图片的作用主要有：

（1）传达现场感。图片可以让用户获得对新闻现场的直观感受，记住那些有代表性的瞬间。这不仅有助于加深对新闻的理解，也有助于加深对新闻的记忆。

（2）定位报道基调，烘托气氛。用户在接触多媒体报道时，第一印象往往来源于其中的照片，他们对报道基调的认识也来源于照片。图片还可以渲染报道的气氛。

（3）补充、解释新闻信息。虽然文字可以传达大量的信息，但是，有些信息仍需要通过图片来补充。信息图表可以用直观的方式阐释某些文字信息。

（4）提供旁证。图片可以在一定程度上作为旁证材料，增加文字新闻的说服力。

（5）调节视觉感受。图片是影响视觉感受的重要因素。当页面上密密麻麻的文字带来视觉疲劳时，一张图片可能会引起视觉上的兴奋。图片的大小、位置等对于视线的移动也会起到一定作用。因此，在多媒体报道中，图片的运用不仅是报道内容上的需要，也是设计形式上的需要。

（6）消除距离感。当人们通过纯文字信息符号来接触报道时，因为缺乏直观印象，可能产生一种距离感，特别是对报道中出现的人物或场景。而照片有助于消除人们心理上的这种感觉，拉近他们与报道对象的距离。

（7）设置导航。在页面中，如果将图片划分为若干“热区”，每个热区上链接不同的对象，那么图片可以作为一种导航手段。

（8）提供比较。通过一些资料图片，能够形成纵向与横向的对比。有些多媒体报道会提供多家报纸对于同一事件报道的版面照片，这些照片既可以活跃页面的气氛，也便于读者进行比较。

（9）传授知识。一些与新闻主题相关的图片，能起到知识介绍的作用。这些知识不仅可以开阔人们的视野，也可以为新闻报道服务。

照片的使用应该是有层次的，重点图片一定要给予足够醒目的位置与足够大的空间，而一般的图片则可以淡化处理。

在进行图片素材的采集时，就需要考虑到它的分量与运用方式，以使采集到的素材最大限度地满足后期制作的质量要求。

需要记住的是，不要在报道中无谓地堆积图片，一定要适量、适度。

3. 音频

多媒体报道中可以利用的音频素材主要包括相关的音频新闻、采访录音、录音历史资料、背景与环境音响、音乐等。它的作用主要表现为：

（1）补充信息。音频新闻与其他形式的新闻常常是从不同的角度、不同的侧重点对新闻进行报道的，因此，音频新闻可以补充在其他新闻中没有出现的信息。

（2）渲染现场感。利用与新闻事件相关的现场音响，可以让人如临其境，产生感同身受的效果。

（3）加强真实性。当事人、目击者的述说，是一种“证据”，可以增强新闻在真实性方面的说服力。这些录音材料，不一定要制作成完整的新闻，而是可以用音频片段的方式，在合适的地方整合到多媒体报道中。例如，当文字稿件出现了某个人讲话的引语时，可以提供一个链接，让用户收听他的原始录音。当图片中出现了某个人物时，也可以在他的图像下方加入一个录音的链接。

（4）传达报道的基调。与图片一样，音频也可以让人直观感受报道的基本情绪，特别是音乐的运用。一些多媒体报道会加入背景音乐，如果背景音乐选择恰当，那么可以形成一种贯穿始终的情绪氛围，让用户沉浸其中。但滥用音乐，效果可能适得其反。

在多媒体报道中声音的运用方式主要包括：作为链接，由用户点播；作为背景声音，伴随用户的阅读过程。

为了使多媒体报道拥有足够的音频素材，可以考虑在采访时对每个采访对象的讲话进行录音，当然其前提是征得对方的同意。此外，应该有一个基本的音频素材库，积累一些常见的自然音响、音乐等资料，以备不时之需。

4. 视频

多媒体报道中可以利用的视频素材主要包括相关的视频新闻、视频资料等。除了各媒体提供的新闻外，视频资料也可以来源于一些影视作品等，当然，这类素材的使用一定要谨慎，不能滥用，且不能有版权纠纷。

视频素材在多媒体专题中往往兼具图片、音频、动画等的作用，运用得当的话，可以获得很好的效果。多媒体报道中的视频既可以是短视频，也可以是中、长视频。

5. 动画

动画既可以是多媒体信息的一种整体整合形式，也可以是更大型的多媒体报道中的一个组成部分。它的作用表现在下列几方面：

（1）将某些素材整合在一起，形成大报道中的一个小单元。

（2）作为替代性材料，弥补报道中需要的影像材料的不足。

（3）活跃报道的气氛，使报道更加生动。

（4）提高报道的互动程度。

6. 互动

除了用户调查、评论等互动手段外，多媒体报道还可以利用相关技术来增加用户与报道内容之间的互动，加强用户在阅读过程中的控制能力，丰富用户体验或增强他们的个性化体验，收集用户反馈。一些多媒体报道的核心亮点就是互动的创意。

（三）多媒体融合报道的原则

总体来看，多媒体融合报道要遵循的主要原则包括：

1. 物尽其材

前文分析了每一种信息手段的优势。在多媒体报道中，

> **你怎么看**
>
> 你认为融合新闻如何才能产生“1+1>2”的效果？

应该根据每种信息手段的特点来考虑它们在整体报道中的作用与位置，要使每一种素材的作用得到相应的发挥，而不是让它们成为摆设。

2. 取长补短

多媒体信息传播不仅要考虑每一种信息手段的独立使用效果，还要考虑它们结合以后的效果。运用得好，会使各种手段相得益彰，相互补充，相互映衬；运用失败，也有可能使得各种信息手段相互冲突，彼此拖累。一个理想的多媒体报道，应该产生“1+1>2”的效果。

3. 有机融合

一个好的多媒体报道，应该使多种信息手段成为一个有机整体，相互交融。就像合唱一样，不同信息手段扮演着不同的声部，有着自己独特的“音色”，但任何一个声部都不是突兀的、孤立的，而是与其他声部相互配合，浑然一体。

4. 注重用户体验

因为要动用多种媒体手段，因此，多媒体融合报道通常文件体积更大，加载时间更长，因此在制作时需要特别注重用户体验。在保证信息呈现完整、清晰的前提下，尽可能缩小图片的尺寸、音视频文件的体积。可用可不用的多媒体手段坚决舍弃。报道中的互动也需要有明确提示，特别是一些隐藏的点击按钮。

在这一切原则之上，首先需要考虑的是多媒体手段应用的必要性。如果针对某个特定题材，多媒体报道在信息传达的充分性、有效性上并不比单媒体报道更有优势，那么就没有必要为了多媒体而多媒体。

（四）多媒体融合报道案例分析

下面将分析两个多媒体融合报道。它们出现于网络发展的不同阶段，虽然现在看它们已经显得有些“老”，但是它们体现了不同阶段媒体人对于融合报道的思考以及实践演变。

1. 案例1：《雪崩》

图4-1所示的《雪崩》是《纽约时报》推出的一个融合性报道，主要作者为《纽约时报》记者约翰·布兰奇（John Branch）。2013年，该报道获得普利策新闻奖“特稿写作”（Feature Writing）奖。

图4-1 《纽约时报》的多媒体融合报道《雪崩》页面（局部）

资料来源：BRANCH J. Snow fall [EB/OL]. [2023-04-22]. http://www.nytimes.com/projects/2012/snow-fall/#/?part=tunnel-creek.

《雪崩》以16位滑雪者的经历为主线报道了美国的卡斯克德山脉“隧道溪”滑雪场的一次雪崩灾难。这16位滑雪者中有人幸运地活了下来，也有人在雪崩中失去了他们的生命。尽管布兰奇的文字报道已经惊心动魄，但为了给读者更多的身临其境的感受，报道充分运用了各种类型的动画、视频、图片等视觉材料。

当报道开始进入正文的第一个部分时，屏幕上出现了似乎是航拍的卡斯克德山区的地表视频，而事实上，这是一张计算机生成的动画，它是图片编辑杰里米·怀特（Jeremy White）收集了这个地区的地图数据以及激光雷达数据后，通过计算机建模实现的模拟效果。

报道的第四部分，也出现了计算机模拟的自上而下不断延伸的雪崩的行进路线，真实地还原出雪崩的全过程。在其中，我们可以看到几位滑雪者当时的大致位置。

对于这样一场灾难来说，当时的完整情形是任何一个亲历者都不可能描述清楚的，也无法在事后用图片或视频来还原。报道团队充分利用了计算机技术来模拟与还原现场及过程。通过模拟动画、卫星地图与气象动画等的结合，人们可以了解为什么雪崩会发生，也可以了解每个滑雪者所面临的险境。

视频也是这个多媒体报道的主要手段之一。除了交代地理与气候环境，视频还用于呈现对当事人的采访。这些视频出现的位置对应于文字报道中的相关部分，视频与文字相互呼应。

在报道中，当事人的名字出现时，在版面右侧都会有展现他们生活画面的幻灯片。报道中还有一个独立的部分，是16位滑雪者的照片，任何时候，人们想看到某一个名字所对应的那张面孔，都可以打开这组照片。这使得文字呈现的每个名字背后的那个“人”，都变得更加“可触及”。

报道中也运用了一些来自当事人的视频和图片素材。这些珍贵的素材，展现了雪崩之前他们滑雪的某些片段，甚至是雪崩后搜救他人的场景。

在音频运用方面的一个特色是，报道中加入了雪崩后人们向“9·11”报警的电话录音。类似这样的声音素材，在美国媒体的其他多媒体报道中也常常出现。

在版式设计上，报道中所应用的图片，被嵌入了文字段落中，与文字内容的结合更为自然。

在多媒体报道中，如何在多媒体的运用与用户体验间进行平衡，是一个需要把握的问题。《雪崩》在这方面，做出了较好的示范。在报道中出现的视频，其长度都控制在1分钟左右，这使得人们即使观看相关视频，也不容易从文字阅读中游离。网页还会根据读者鼠标浏览动作的快慢，自动调整视频的播放速度。

为了完成这样一个多媒体报道，在选题策划阶段，布兰奇便与该报网络版数字设计部进行沟通。为了满足后期音视频、图片、动画制作的需要，相关视频记者、摄影记者配合布兰奇一起进行采访。计算机数据处理专家，对于这个报道的完成，也起到了重要作用。

《雪崩》发布后六天中，获得了290万访问量和350万页面浏览量。其发布的策略是，网络先行，三天后这个报道才在报纸上推出。同时，《纽约时报》还专门为这个报道发行了电子书，之后在周末版《纽约时报》上推出了特别报道。

该项目由11人的制作团队共耗时六个月完成，耗资高达25万美元。

尽管《雪崩》看上去获得了很大的成功，但是它的成功是否可以复制，一直也是业界争议的话题。一个较为集中的观点是，这样一种费力、费时、资金方面投入巨大的尝试，不可能在太大程度上被其他媒体效仿。也有一些人对于这个报道中多媒体运用的效果提出了批评。

2. 案例2：《解密国安局档案》

2013年6月，美国中央情报局（CIA）雇员爱德华·斯诺登将美国国家安全局（NSA）关于“棱镜”监听项目的秘密文档披露给了《卫报》和《华盛顿邮报》。这个被称为“棱镜门”

的事件，引起全球关注。六个月后，《卫报》作为第一个得知并披露文件的媒体，制作了《解密国安局档案》这个专题。

这个专题的一个核心目标，是让普通人理解“棱镜”这一监听项目对他们来说意味着什么，以唤起他们对互联网隐私安全问题的重视以及对个体隐私的保护意识。

与《雪崩》不同的是，《解密国安局档案》这个专题报道的主题（互联网中的隐私问题）是抽象的，无法用大场面的视频来进行重现。但是，在这个专题中，视频依然扮演了非常重要的角色。记者们在调查过程中，对六位不同领域的代表性人物进行了采访。在整个报道中，体现采访对象观点的视频，就像文字报道中的“引语”一样，出现在报道的各个部分，如图4-2所示，它们有力地增强了报道的“实证性”，避免了由记者转述可能造成的信息偏差。而在技术上，这些视频播放的处理也非常独特。当每一个采访对象的视频进入页面的主体位置时，视频就会自动开始播放，一旦页面拖动，这些视频自动停止播放，视频下也有用户可以控制的播放/停止按钮。这样一种设计不仅减少了用户的点击动作，改善了用户体验，也使得这些视频的播放率大大提升。视频中的背景处理成白色的，隐去了视频播放时常见的播放窗口，使采访人物与整个专题融为一体，成为报道中的有机体。

图4-2 《卫报》《解密国安局档案》页面（局部）

资料来源：NSA FILES：Decoded What the relations mean for you. [EB/OL]. (2013-11-01) [2023-04-22] http://www.theguardian.com/world/interactive/2013/nov/01/snowden-nsa-files-surveillance-revelations-decoded.

在整个专题中，信息图表的作用也是突出的。

例如，为了解释“三级监控”及其影响，报道设计了一个交互式信息图表（见图4-3），用形象的方式解释了对一个人的“三级朋友”进行网上信息监控时波及的人群之广。用户选择1～2 000中的某一个数字（这是人们在社交平台上的直接好友数量的常见范围），便可以看到一级（直接朋友）、二级（朋友的朋友）、三级朋友（朋友的朋友的朋友）的数量。而信息图表对每一个数字都会采用类比的方式，来增强人们对数量规模的感受。例如，如果一个人在Facebook上的一级好友数量是190个——意味着比一架协和飞机的乘客数量都要多，他的二级好友数量将会达到31 046个——比整个哥伦比亚大学的学生数量还多，而他的三级好友数量则会达到 5 072 916 个——这个数量超过了科罗拉多州的人口数。通过这样一种互动过程，很多人可能会对 NSA 监控与自己的关系产生前所未有的体会。

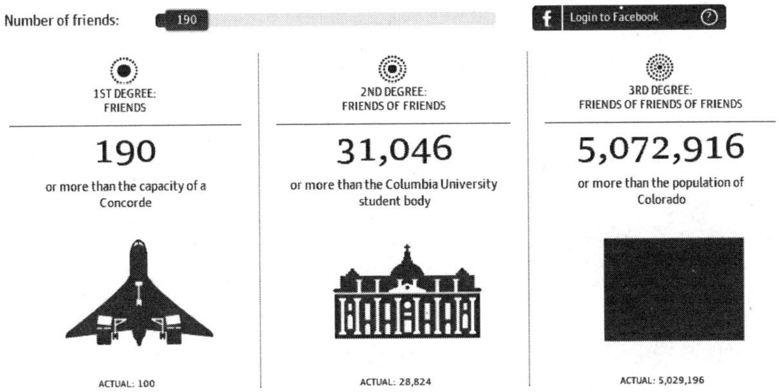

图 4－3　《卫报》《解密国安局档案》中关于“三级监控”的信息图表

报道中还用信息图表解释了人们在网络中的个人信息数据的类型、可能泄露的渠道，元数据的含义及风险，以及信息加密与解密的过程等，让人们更深入地理解这些技术对自己意味着什么。

报道中还有一个细节的设计，在第一部分临近结尾之处，可以看到一个在不断跳动的数字，这个数字是“你”打开专题页面这段时间内，NSA 收集到的网上数据量。为了让人们理解这些数据的量级，还有另外一个数字告诉人们，这些数据相当于多少部时长 2 小时的高清电影的数据量。

《解密国安局档案》这一报道，为相对抽象的主题的多媒体呈现，提供了多方面的启发。

二、网络传播中的多平台联动

从业务层面看，多平台联动传播越来越常见，主要方式有两种：其一是将某一个报道或产品通过多个平台同时分发；其二是在一个大型报道活动中，同时启用多个平台，不同平台传播不同类型的内容。

虽然网络为多平台的联动传播提供了充分可能，但是，对内容生产者来说，有了更多传播平台，未必能有更好的传播效果。在采用多平台联动传播时，需要考虑以下几方面的问题：

（一）内容样态与分发平台之间的匹配度

启用更多传播平台，是为了使不同的内容样态通过适宜的渠道得到更好的传播。因此，需要充分评估内容样态与分发平台或渠道的匹配度。

从技术上来说，网站、客户端这样的平台，仍然是深度信息、整合性信息（如专题）的较优、有效传播渠道。但是它们的局限是，有些平台流量有限，如果缺乏用户导流，这些平台的一些深度内容无法被用户关注到。

而社交平台有足够的用户流量，但是在传播深度内容方面有一定的局限性，特别是微博这样的平台。不过，在传递时效性很强的信息方面，它们是有优势的。

（二）多平台的有效互补、联动

在为内容找到合适的平台与渠道的基础上，多平台之间需要形成联动与互补的关系。这种互补包括：

（1）时效性的互补。不同平台分发的不同形式的内容，由于生产时效的不同，会有不同的时间落点，它们的配合可以实现全程的覆盖。但也需要注意，并非所有事件、话题的报道都需要实现全程覆盖，过于密集的报道可能引发用户的厌倦。

（2）深度的互补。有些平台适合短、平、快的内容，深度内容的传播相对受限；而有些平台适合深度内容传播，但这些平台可能影响力有限。因此，用短、平、快内容为深度内容导流，实现不同平台的互动，也是必要的。

（3）语态的互补。不同平台的语态应有所差异，用不同语态吸引不同的用户。但不同平台上语态过大的反差，会带来媒体形象的割裂感，需要把握好度。

（4）流量相互引导。不同平台的内容相互推荐，实现相互导流，以提高内容覆盖度。

但所有联动与互补都应该以有效为目标，如果是无效的联动，将会事倍而功半，甚至不同平台的内容之间还会产生冲突。平台需要有一种对多平台内容分发进行统一协调的机制。

你怎么看

针对同一媒体，观察其在不同平台的同一主题内容，分析它们之间是如何实现互补和联动的。

（三）多样态生产、多平台分发的实际价值

今天，“一次采集、多种生成、多元传播”成为媒体的一种普遍观念。多种生成意味着样态的多样，多元传播则强调平台的多样。看上去，这样的做法有助于提高生产与传播的效率，但是，我们也需要从市场和用户需求角度来把握这样一种做法的“度”。已经面临着信息过载的用户真的需要那么多的内容样态吗？同一主题的反复传播是否反而造成注意力的分散？过多形式的轰炸是否会让用户产生厌倦？内容的“一鱼多吃”，是否会导致本来可以精耕细作的一道“菜”变成粗制滥造、偷工减料的多道“菜”？如果不注重分发的有效性，而只是片面强调内容样态和分发的多样性，也许只是带来了数量上的“大跃进”，而效果则适得其反。

传播手段的融合、平台的联动在今天虽然已经是常态，但融合是提高传播效果的途径，而不是目标。机械地将融合的“量”作为主要追求，而忽视融合的“质”和传播的核心目标，最终可能是舍本逐末。

第五节　数据化与可视化报道策略

数据技术在媒体中的一种典型应用方式，是数据新闻。虽然数据新闻几十年前就已经出现，但它得到普遍应用是近十年以来的事。与此相关的另一种报道形式是信息图表，这也是可视化的重要手段。数据新闻与信息图表虽有很大程度的交叉，但各有侧重。两者在今天媒体的报道中都得到了更多应用。

一、数据新闻、信息可视化、信息图表

数据新闻、信息可视化、信息图表这几个词常常被人们联系在一起，但它们之间也存在一定的区别。

（一）数据新闻

数据新闻，其英文为 data driven journalism，即数据驱动的新闻。这个词表明，数据对于

新闻的发现具有特别的意义。

数据新闻记者墨科·劳伦兹（Mirko Lorenz）对数据新闻的定义是，数据新闻是一个工作流程，它意味着深入数据之中，对数据进行清洗、结构化，为特定目标进行数据过滤，以及通过可视化来完成报道。① 他的定义不仅说明了数据新闻的特点，也概括了数据新闻的基本流程。

《纽约时报》阿隆·菲尔霍夫（Aron Pilhofer）则认为，数据新闻是一个概括性术语，它包括了持续发展着的一整套新闻叙事的工具、技巧与方法，涵盖了从传统的计算机辅助报道（使用数据作为"信息源"）到最前沿的数据可视化和新闻应用等。②

结合研究者的各种定义，本书将数据新闻定义为：通过数据的采集和加工来发现新闻、呈现新闻要素、解释新闻的手段和形式。

知识窗

数据新闻与计算机辅助报道、精确新闻

数据新闻这一概念近十年来才开始变得热门，但是多数研究者认为，数据新闻的源头可以追溯到20世纪中期在美国出现的计算机辅助报道。1952年，哥伦比亚广播公司（CBS）已经采用计算机辅助报道的手段来预测美国大选的结果。20世纪60年代后，在美国，调查报道记者通过对公共数据库的信息的分析来发现新闻线索也变得普遍。而公共服务类新闻，也在利用计算机作为辅助手段来预测趋势、告知常识，或者揭露政府或私人企业的不端行为。数据新闻的先驱者之一北卡罗来纳大学教堂山分校的菲利普·梅耶（Philip Meyer）曾通过对1967年底特律骚乱中的相关材料进行数据分析，得出判断，认为这场骚乱的参与者并非都是文化程度低的南方人，这也是早期数据新闻的代表作。

在美国新闻界，有一种看法认为，数据新闻与计算机辅助报道是不同的。计算机辅助报道主要是把数据的收集与分析作为提高报道能力的一种手段，而数据新闻则把主要注意力放在数据上，也就是把数据作为一种核心要素而不是一种附加手段。当然，也有人认为，这两者并没有本质区别。

在美国，20世纪70年代初期，还出现了与计算机辅助报道相似的另一个词——"精确新闻"，其目标是将社会科学与行为科学的研究方法引入新闻采访报道中。尽管与数据新闻有着一定的血缘关系，但精确新闻并不等于数据新闻。

无论给相关实践或作品贴上什么样的标签，总之，将数据作为新闻报道的资源甚至是核心资源，用数据思维来进行新闻报道，已经是大势所趋。在国外，英国《卫报》和美国《纽约时报》在数据新闻方面的探索，被认为代表了今天媒体在这个领域的最高水平。

数据新闻提供了一种全新的叙事方式。传统媒体常用的文字、图片、音视频等形式都有自己的特长，也适合于不同主题与对象的叙事。但是，数据化的叙事，会提供新的认识和表现事物的角度。

作为一种驱动和叙事手段，数据的优势在于：

---

① LORENZ M. Data driven journalism：what is there to learn[EB/OL]. [2023-04-22]. http：//www.slideshare.net/mirkolorenz/datadriven-journalism-what-is-there-to-learn.

② KAYSER-BRIL N，et al. Why is data journalism important? [EB/OL]. [2023-04-22]. http：//datajournalismhandbook.org/1.0/en/introduction_2.html.

其一，它可以刻画事物的某些特征，也可以展现一个事物的动态变化过程，便于进行相关事物的对比。

其二，它可以帮助人们更好地了解事物的整体面貌或深层表现。尽管数据不是万能的，但在某些时候，数据特别是大数据的应用，的确可以在一定程度上超越人的观察能力的局限，实现整体上对事物的描绘与把握。2014年春节期间，百度推出了“百度迁徙”项目，它通过对用户手机的GPS定位数据的收集与整理，将分散的个体用户的迁徙轨迹聚合起来，呈现出春运期间中国人口流动的整体面貌。央视《晚间新闻》开设的《“据”说春运》栏目，多次引用了“百度迁徙”的数据。这个项目也在一直持续。尽管目前百度掌握的数据规模还有限，但这样一种对春运人口迁徙全貌及其内在规律进行揭示的思路，是过去传统的新闻采访报道难以实现的。

其三，它可以帮助人们理解事物之间的内在联系。有些看上去无关的事物之间，或许存在着一定的内在联系，而这种内在联系有时需要通过数据分析才能得到揭示。

其四，数据可以揭示某些事件发生的原因，或提供相关证据。

其五，借助数据，我们有可能触及某些现象或事物的内在模式或规律。数据的特长之一，是发现内在模式或规律。规律与模式的梳理也是数据新闻对传统新闻报道方式的突破之处。

其六，在预测某些事物的趋势与走向方面，数据具有独特的力量。未来人工智能技术、物联网技术等的结合，将进一步提高数据预测能力。

（二）信息可视化与数据可视化

信息可视化指的是用图形、图像、视频等视觉符号方式来进行数据、知识、新闻或其他抽象信息的传达。

尽管图形、图像、视频类信息在网络中广泛存在，但是还有一些信息原本是“非图形化”的，例如，文字、抽象的数字等。将这些信息转化成视觉符号的过程，即为“可视化”过程。新闻可视化是信息可视化中的一种常见类型。

数据可视化（data visualization）是信息可视化中的一种。数据可视化需要具备两个要素：一是可以被用于分析的数据，二是其形象化的呈现。也就是说，数据可视化既强调“可视化”，更强调这种可视化的基础是“数据”。

目前数据可视化领域所处理的数据，主要包括数值型数据（即我们通常所说的数字）、文本型的数据以及“关系型数据”（例如社会化媒体中人们的相互关注关系、信息转发关系，企业间的合作关系、投资关系等）。数据可视化往往需要借助一些专业软件。数据可视化虽然在新闻领域得到更多的关注，但显然，它不仅应用于新闻领域。支付宝提供的个人账单，已经可视化。类似的，在商业领域里，数据可视化手段必然会日益普及。

而一般信息图表中的形象化呈现，并不一定都要以数据的分析与加工为前提。目前在国内流行的“图解”类信息图表，大多只是将文字符号简单地转换成形象易懂的图形符号，很多并不能称为纯粹的数据可视化作品。因此，信息图表是一个比数据可视化涵盖范围更广的概念。

也有人将信息图表与数据可视化对立起来，认为不包含数据可视化的图解，才是信息图表。但是，在现实中，把这两者截然分开并不现实。

今天的技术，已经不满足于“可视化”，数据的呈现方式，正在向“可听化”（sonification）等方向拓展。获得“信息是美的”数据可视化大奖“交互式作品”类银奖的“倾听维基百科”（Listen to Wikipedia）①，是一个极具创意的案例。它将维基百科上的每一个信息的变动都用视

① 具体作品参见：Listen to Wikipedia [EB/OL]. [2023-04-22]. http://listen.hatnote.com/#sthash.740HdS3S.dpuf.

觉与听觉双重手段表现出来：不断变化的声音是维基百科上文章的变动信息的呈现，声音越低沉表示文章变动越大；与此同时，视觉化手段——圆圈也呈现着这些变化，圆圈大小反映着变动的大小，色彩反映的是编辑者的身份（注册用户、非注册用户或机器人）。任何一个新用户加入时，在这个图表中都会显现他的用户名及欢迎语。点击每一个圆圈，可以进入相应的维基百科页面。这个交互式信息图，使人们真正在耳闻目睹着维基百科的成长历程。

尽管数据新闻并不等于可视化，数据新闻的结果也不一定要通过可视化方式来呈现，但是在网络信息超载的情况下，可视化有助于提高信息获取的效率。此外，在网络特别是社会化媒体平台上，可视化的信息图表，也更便于传播与分享。因此，越来越多的数据新闻的最终成果是可视化的。

（三）信息图表

信息图表（information graphic，简写为 infographic），是信息可视化的结果。

加拿大研究者马克·斯米克莱斯（Mark Smiciklas）指出，信息图表是一种将数据与设计结合起来的图片，有利于个人或组织简短有效地向受众传播信息。它是可视化的数据或概念，它们把复杂的信息传递给受众，使其快速消化和理解这些信息。①

综合不同研究者的定义，可以认为，信息图表是将数据、知识、信息等形象化、可视化的手段。

信息图表可以是静态的图片或表格，也可以是具有互动效果的图片或表格。在交互式的信息图表中，用户的鼠标可以成为探索深层信息的工具。也就是说，在信息图表中隐藏着一些信息，它们可以通过鼠标的动作触发出来。一些数据可视化或信息图表，也在与动画结合起来。信息图表中的一些数据通过动态化展现，可以给人留下更深刻的印象。

信息图表与融合报道也有一定的关联。信息图表可以是融合报道的一个构成部分，也可以成为一个融合性报道的完整载体，因为交互式信息图表本身具有整合信息的功能。例如，时间线这样的信息图表，既可以基于时间线索展示事物发展过程，也可以将成百上千的各种形式的报道整合在时间的坐标上。融合报道的核心，是将多种形式的报道内容在深层结合起来，而信息图表这个框架往往具有这样的优势。

尽管数据新闻、数据可视化和信息图表三者有一些区别，但在现实中，的确难以在它们之界划出一条清晰界限。在新闻传播领域，这三者在很多时候更是彼此交织的。

二、数据新闻的生产要点

（一）数据新闻生产的一般流程

数据新闻与其他类型的新闻生产，有些地方类似，但也有其独特之处。

数据新闻需要进行选题策划，在这个过程中，不但要判断新闻选题的价值，更需要判断这一选题能否找到适合的数据以及适合用数据表现的角度。有时好的选题未必能得到足够的数据支持。

在确定选题的基础上，需要寻找和获得与主题相关的可靠数据，并对数据进行有效清洗、加工，最后找到最有表现力的形式。

---

① SMICIKLAS M. 视不可当：信息图与可视化传播［M］. 项婷婷，张东宁，译．北京：人民邮电出版社，2013：1.

研究者保罗·布拉德肖（Paul Bradshaw）曾提出数据新闻的倒金字塔结构（见图4-4），这个结构概括了数据新闻所需要的几个步骤。①

（1）数据的收集（compile）。通过各种途径收集相关数据。

（2）数据的清洗（clean）。通常包括两个方面：去除人为的错误；进行数据格式的转换，以便进行相应处理。

（3）了解数据的背景（context）。像对待其他信息一样，对于数据，我们也需要了解数据是由什么人在什么时间于什么样的情况下采集的，数据收集的方法是什么，此外还需要了解与数据有关的术语，清楚数据的含义。在这一前提下，还需要了解此数据的背景数据，以便在更大的背景下进行分析。

（4）数据的结合（combine）。将两个不同系列的数据结合起来，往往可以发现更多深层问题。例如，当一个数据系列与地图这样的数据结合时，基于空间的数据分布规律将更加一目了然。

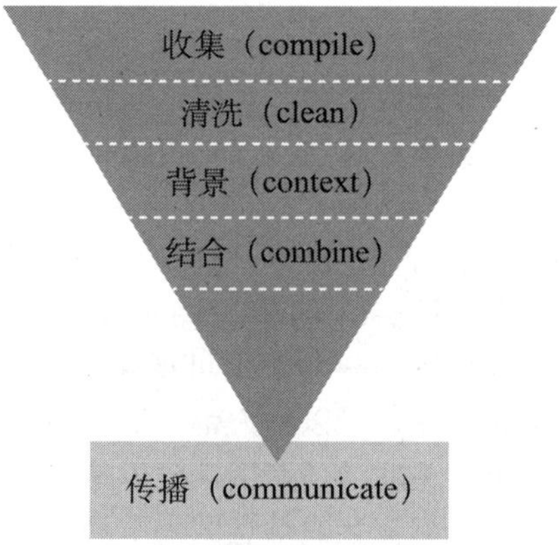

图4-4　数据新闻的倒金字塔结构

经过以上这四个步骤，数据里的杂质越来越少，数据的价值不断提升。从数据量来看，这是一个倒金字塔式的结构。最终，经过筛选、加工的数据需要进行传播（communicate），即通过各种手段特别是可视化手段，将数据的结果呈现出来。

（二）如何用数据来讲新闻？

数据新闻的核心资源是数据，但其目标是用数据来“讲新闻”。用数据讲新闻的主要思路是通过对包括状态、特征、冲突、异变、规律、关系、原因、趋势等的分析与揭示，来呈现新闻主题或事件。确定了讲新闻的具体角度、思路后，才能有目的地进行数据的收集和后续加工。

1. 用数据描绘新闻对象的主要状态

大量数据新闻都是从数据角度来描绘新闻对象的状态的，这与文字或视频报道是类似的。但数据可以揭示一些事物的深层状态，有时这些状态的描绘也会在一定程度上揭示导致这些状态的原因，而这往往是传统的采访手段难以抵达的。数据角度的状态呈现，会更强调整体状态而非个别对象的状态，所以也可能揭示一些整体的规律。

① The inverted pyramid of data journalism[EB/OL].（2011-07-07）[2023-04-05]. http：//onlinejournalismblog.com/2011/07/07/the-inverted-pyramid-of-data-journalism/.

例：

信息图表《诺贝尔奖获奖者》（Nobels：no degrees）（见图 4－5）曾获得“信息之美”奖信息图表设计大赛的数据可视化金奖。它通过对 1901 到 2012 年间六大类诺贝尔奖获奖者的个人信息的数据梳理，呈现了获奖者的整体状况及内在规律。

这个看上去像乐谱的图表，按照诺贝尔奖的类别列出了六条时间线，线上每一个点代表一位获奖者。这些点被定位在获奖的时间点上，而此时获奖者的年龄，也在图中被标识出来，从中可以看到获奖时集中的年龄段。在时间线的右端，列出了世界上最著名的七所大学，通过指向这几所学校的线条可以看出来，大多数获奖者都出自这几所名校。同时，该类获奖者的学位构成也在右侧用条形图进行了统计。从中可以看出，医学奖获奖者的博士比例为 100%，而文学奖和和平奖的博士比例则较低，甚至很多人没有学位。在六条时间线的下方，是对获奖者出生地进行的数据统计，以 30 年为一个统计周期。这个出生地的比较，显示了 20 世纪 60 年代后获奖者从欧洲向美国转移的动向。

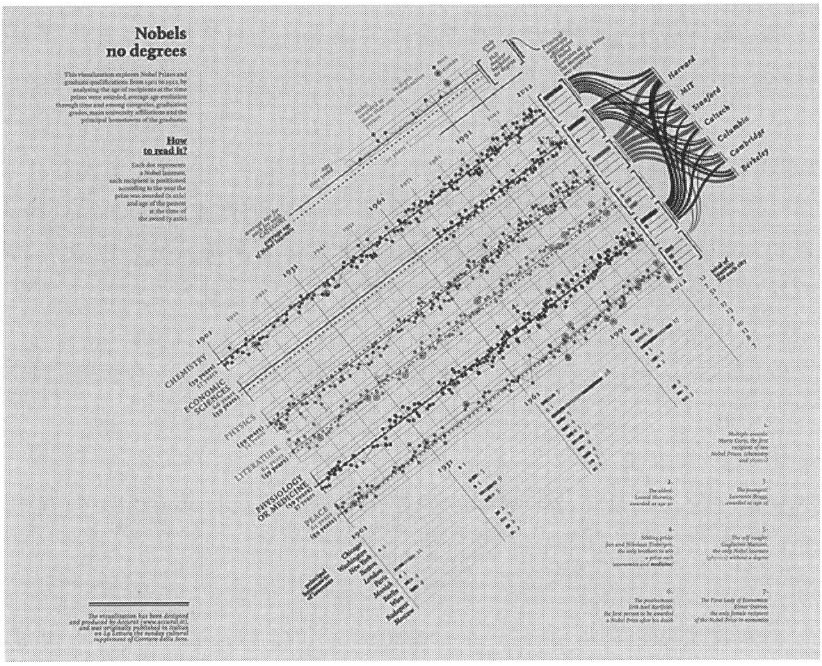

扫码观看
高清彩图

图 4－5　信息图表《诺贝尔奖获奖者》（局部）

资料来源：LUPI G，et al. Nobels：no degrees［EB/OL］.［2023－04－05］. https：//www. behance. net/gallery/14159439/Nobel-no-degrees.

2. 用数据强调新闻的某个典型侧面或主要特征

在给一个人画像时，我们往往需要突出人的面部特征。同样，用数据给某个新闻对象“画像”，有时也不需要面面俱到，而是可以突出新闻对象的某个侧面或某些特征。对于一些宏大主题的数据新闻报道来说，尤其需要找到那些能体现事物特征的角度。

例：

2019 年，《经济日报》推出了数据新闻专题“数说 70 年”（共六则数据新闻短视频），以数据展现新中国成立 70 年发展的成果。但 70 年是一个大的时间跨度，这 70 年的建设成果也极为丰富。“数说70年”只选择了消费、饮食、大国工程、数字经济、生态、外贸这六个典型方面展现中国在这70年的发展。在每一个主题下，也选择了那些人们最为熟知、典型的数据，如消费主题下的报道，从电商平台卖出的小龙虾、快递公司处理的包裹数等维度强调了中国消费的“速度与激情”这一特征。

资料来源：中国消费的“速度与激情”[EB/OL].（2019-09-23）[2022-06-06]. https://mp.weixin.qq.com/s/QC9AeoHBofwxgYkf4mEgTw；如何解决14亿人的头等大事？[EB/OL].（2019-09-24）[2022-06-06]. https://mp.weixin.qq.com/s/ICbEG8JRfmzwfZiFSPbb8Q；中国“大动脉”带你玩“穿越”[EB/OL].（2019-09-25）[2022-06-06]. https://mp.weixin.qq.com/s/H0cDomIZ7fv5YvOBP1EMlw；看完这些数，你心中有“数”了吗？[EB/OL].（2019-09-26）[2022-06-06]. https://mp.weixin.qq.com/s/vZDHZ4dseG19b8dkAhxhhg；这是我见过的，最强大“美颜滤镜”[EB/OL].（2019-09-27）[2022-06-06]. https://mp.weixin.qq.com/s/6cJLnZ8E3riJyzoTLA0IYA；中国外贸“修炼记”[EB/OL].（2019-09-28）[2022-06-06]. https://mp.weixin.qq.com/s/g9eup6yimGwYrqFHWunvMA.

3. 通过数据揭示内在冲突或戏剧性

冲突或戏剧性往往也是新闻吸引人的地方，或者新闻价值所在，而有些内在冲突需要通过数据对比、分析才能发现。

例：

《新京报》的数据新闻作品《在中国，每1 587名儿童分一位医生》，根据媒体公开报道、历年《中国卫生和计划生育统计年鉴》发布的数据，计算出中国儿科医生与儿童人口的比例，并与世界主要发达国家的相关数据进行对比，从而揭示了在中国计划生育政策不断放开的背景下中国儿科医生极为短缺这一矛盾。如果只有儿科医生的数据，而没有引入其他维度数据进行参照、分析，这样的矛盾就可能被掩藏。

资料来源：李媛，陈冬，等．在中国，每1 587名儿童分一位医生｜有理数[EB/OL].（2018-11-13）[2022-05-06]. https://www.bjnews.com.cn/detail/154209970914851.html.

4. 用数据呈现事物的异常或变动

有些新闻事件中的异常之处，或是相比同类事物的变化之处，也会体现在相关数据中。通过数据来揭示这些异变，便突出了这一事件的新闻价值。

例：

2020年4月4日是为新冠疫情中的逝者设立的国家哀悼日。那天上午10点，全国进行三分钟默哀。图4-6显示的是这一天上午9点50分至10点10分之间百度搜索流量的变化。可以看到10点时搜索量断崖式下降，可以想象这是因为人们在那一刻因为默哀而停下了手中的操作。这是一个简单、有力的数据新闻，它强调了10点这个特定时间点上的数据流量的异常，也传达出这背后举国同悲的情绪。2008年5月19日在为汶川地震死难者举行的全国哀悼日当天，谷歌搜索中也出现过类似的曲线。

5. 在数据分析中梳理内在规律与模式

数据分析可以帮助我们认识事物的特征，或将分散的个体、孤立的现象之间的共性或者共同规律挖掘与呈现出来，也可以揭示一个事物的变化、发展规律。

例：

腾讯网的《中国发言人：外交部发言人表态可视化分析》（见图4-7），以2009年2月至2013年5月间外交部网站1 000余篇新闻为基础，对外交部历任六位发言人涉及16项事务议

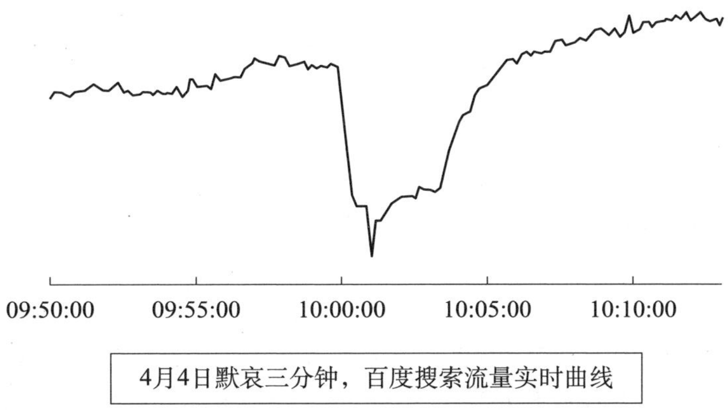

图 4-6　2020 年国家哀悼日的百度搜索流量实时曲线

资料来源：4 月 4 日上午 10 点的这张百度搜索流量曲线图值得被记住，中国加油！[EB/OL]. (2020-04-07)[2022-09-23]. https://tech.ifeng.com/c/7vTK5zLZwu8.

题、涵盖 21 个国家和地区的回答进行了数据分析。数据分析对中国外交部发言人经常使用的不同属性的词语进行了词频分析，此外还通过对词语间的关联、词语出现的语境的分析挖掘，揭示了中国外交表态中的常见模式和内在规律。这篇数据新闻为人们理解今天中国的外交政策、外交格局提供了一个新颖的视角。

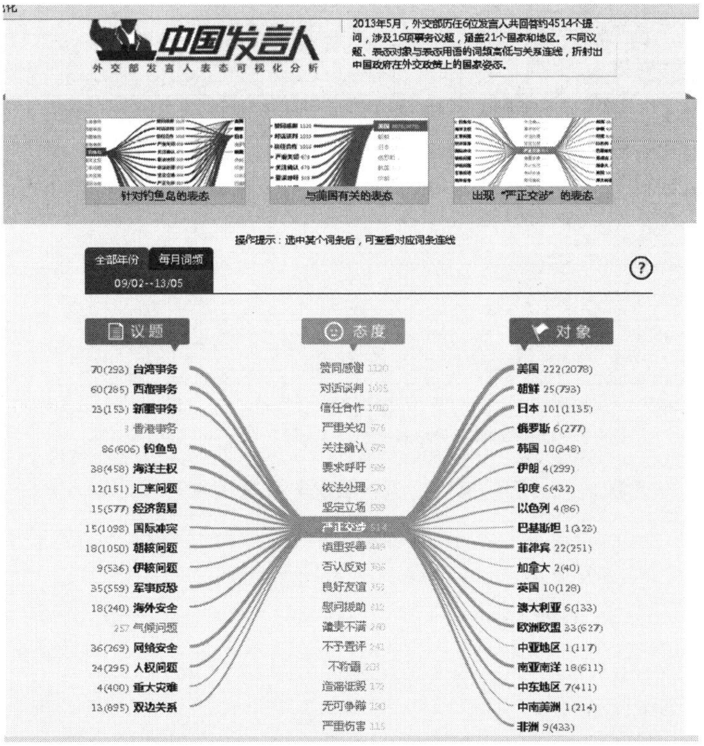

扫码观看
高清彩图

图 4-7　腾讯网的数据新闻《中国发言人：外交部发言人表态可视化分析》(局部)

资料来源：中国发言人：外交部发言人表态可视化分析 [EB/OL]. [2022-09-23]: http://news.qq.com/newspedia/attitude.htm.

当一些事物的共同规律变得日益明晰时，一些不断重复的行为或变化模式甚至可以上升到“模式”或“模型”的高度。这样的模式或模型，不仅可以呈现或解释当下，也可以用于预测未来。

6. 用数据刻画事物之间的关系、关联

新闻报道往往需要揭示那些隐藏的事物之间的关系，有时这会通过记者的采访、调查来实现，有时也可以通过相关数据分析来实现。相比记者在一个点上的深入挖掘，数据涉及的对象可能更为广泛，可以在总体层面来进行关系的发现。

例：

图4－8是《华盛顿邮报》制作的美国的麻疹病流行状况与疫苗接种关系的信息图表，其中的横坐标为时间，纵坐标为美国的不同地区，时间与地区交叉形成的小方格的颜色代表的是麻疹病感染规模，越接近红色，表明感染人数越多，黑色竖线对应的是麻疹疫苗引入的时间，即1963年。从图中可以看到，疫苗接种普及后，美国的麻疹病例急剧减少，最终消失。尽管仅凭这张图并不能证明疫苗接种与麻疹感染率降低之间的直接因果关系，但它为因果关系的进一步研究提供了基础。结合其他方面的情况可以判断，疫苗接种对预防麻疹病具有显著的作用。

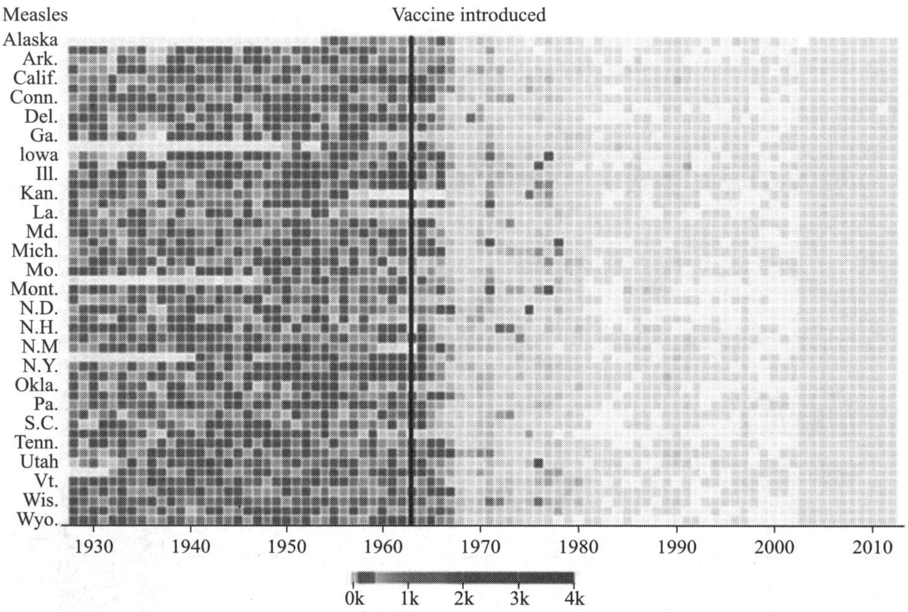

扫码观看
高清彩图

图4－8 信息图表《美国的麻疹病流行状况与疫苗关系》

资料来源：Battling Infectious Diseases in the 20th Century: The Impact of Vaccines (2015－02－11) [2023－07－04] [EB/OL]. http://graphics.wsj.com/infectious-diseases-and-vaccines/.

7. 在数据分析中探究原因及背景

新闻报道的任务，不仅仅是告诉人们发生了什么，还要告诉人们这些事为什么发生。有时，数据可以直接解释原因或背景。

例：

获得2016年全球数据新闻奖（DJA）年度最佳突发新闻数据使用奖的半岛电视台美国频道制作的数据新闻《冲向死亡曲线的脱轨美铁列车》是这方面的一个代表作。2015年5月，美国铁路公司（Amtrak）188次火车在费城路段一处急转弯处发生脱轨事故，造成乘客严重伤亡。次日早晨，半岛电视台美国频道的报道指出，该火车在出轨前最高行驶速度达到每小时170公里，而它当时行驶的路段直线段限速是每小时128公里，弯道段限制时速是80公里，严重超速是火车发生事故的原因。之所以能如此迅速地获取这列火车的行驶速度，是因为美国频道的相关人员此前一直利用美铁公司的在线交互地图“跟踪火车”（Track a Train）定期下载火车的数据。这一地图可以显示该公司所有火车在美国行驶的位置与速度，因此，事故发生后，编辑人员可以迅速查到相关数据，并从数据中推测出事故原因。

资料来源：Derailed Amtrak train sped into deadly crash curve [EB/OL]．(2015-05-13) [2023-04-12]. http://america. aljazeera. com/multimedia/2015/5/map-derailed-amtrak-sped-through-northeast-corridor. html.

在这样的分析中，要防止出现的一种现象是，将相关关系过度解读为因果关系。尽管相关关系常常是因果关系的基础，但它并不等同于因果关系。

8. 基于数据预测变化趋势

近年来，包括大数据技术在内的数据分析技术在一些事物发展走势、趋势的预测方面，发挥着越来越重要的作用，未来的数据分析技术还将进一步提高预测能力。

例：

中央广播电视总台旗下的公众号“玉渊谭天”一直致力于智能大数据新闻报道，其在疫情期间发布的《返程高峰：大数据给出战“疫”路线图》一文，对每天55亿条原始数据进行分析，对全国351个城市逐一进行返程人口流动规模预测，分析出流量规模排名前10的城市，并从总体上预测了春节返程被“摊平”、返程时间明显拉长这一趋势。

资料来源：玉渊谭天．返程高峰：大数据给出战“疫”路线图[EB/OL]．(2020-02-09) [2021-07-03]. https://mp. weixin. qq. com/s/7CIWABPUMTJRwWS0s52GRQ.

当然，在现实操作中，一条数据新闻可能会综合若干种讲新闻的思路。在确定了用数据讲新闻的基本思路后，最终可以通过各种方式来体现相应的数据分析结果，而信息图表往往是体现这些思路的具体方式。当然，除了信息图表外，数据新闻的呈现有时也可以采用视频新闻、融合新闻、图文组合，有时甚至是纯文字的方式。

（三）数据新闻的数据来源于哪里?

用于数据新闻或可视化的数据的发现或采集，可以依赖不同的渠道。主要包括：

1. 来源于新闻或媒体的数据

数据新闻所需的数据，可以来源于媒体已有的报道。有些记者采写的报道中，包含了各方面的数据，可以以这些数据为基础生成可视化图表。

媒体的报道本身也是一种数据。很多时候基于某一时间跨度对同类型报道或同主题报道进行归类统计、分析和可视化呈现，便可以做出有价值的数据新闻。

2. 来源于政府机构、组织或企业的数据

政府机构、各类组织以及各企业都会发布很多公开信息，这些公开信息可以作为已有数据的背景或对比性信息，加以单独利用。

在美国等国家，有很多公共的信息或数据库，其中美国的Data. gov是一个代表。在美国政府“开放政府计划”（Open Government Initiative）的背景下，2009年5月21日，Data. gov上线发布。Data. gov网站公布的数据主要由联邦政府授权机构进行采集与整理，用户也可以推荐其他的数据集载入网站。此外，网站还提供地图索引方式链接各州政府公开的数据集。

在我国，自2019年5月15日开始，修订后的《中华人民共和国政府信息公开条例》开始施行。《条例》要求各级人民政府积极推进政府信息公开工作，逐步增加政府信息公开的内容。《条例》的实施，推动了各级政府信息的公开，在各类政府机构网站上，可以获得的数据也越来越丰富。国家统计局的网站更是集成了工业、农业、消费等各领域的系统数据。

当然，对于这些来源的数据，特别是来自组织和企业的数据，需要对其可信度进行判断。

3. 来源于专业类网站（客户端）或数据库的数据

今天的一些专业类网站蕴藏着很多数据。例如，所有上市公司都要定期在证券交易所的网站进行信息披露，因此，证券交易平台也是收集上市企业数据的重要来源。

天眼查、企查查等网站，收集了与企业经营相关的各类数据。了解企业基本状况，以及企业之间的关系，可以利用这些网站的数据。

铁路、民航系统的网站或客户端如12306、航旅纵横等，是与交通有关的重要数据来源。

今天的网络中有越来越多的专业数据库，包括各类报纸、期刊的数据库等。这些数据库中的数据也可能成为数据新闻的来源。

4. 来源于用户的数据

对于网站来说，来源于用户的数据是重要的数据资源。这包括两方面：一是用户主动生产的内容，二是用户各种行为记录数据。前者主要存在于各类社会化媒体平台；后者则广泛存在于各类服务平台，如淘宝、大众点评、高德地图、百度地图和其他电商、外卖平台等。

来源于用户的数据，网站可以用各种技术进行记录、统计与分析。而数据分析者也可以通过一些工具对这些数据进行收集。

通过对用户数据的收集、分析与挖掘，可以将个别的、分散的行为中蕴含的共同规律揭示出来。

5. 来源于物联网的数据

当物联网的传感器日益普及时，各种物体采集或发出的数据也越来越普遍，物联网数据（包括监控视频）将成为数据新闻及可视化数据的重要来源。对于物联网数据的采集与分析，将成为数据新闻的一个新挑战。

6. 众包化数据采集

今天的数据新闻还需要更多地利用网民的力量来进行数据的收集。英国《卫报》在很多时候会将其读者转化为数据的采集者。《卫报》的西蒙·罗杰斯（Simon Roggers）在接受采访时说："如果现在有一个有意思的项目，我们需要人来录入数据，就可以让读者帮助我们。这是我们在调查国会议员开销时所采用的方法。当时有45万个文件，但时间非常少，几乎干不了什么事情。那除了向读者开放项目，还能有什么更好的方法么？"①

这样一种方式，可以称为"众包化"数据采集方式，也就是当我们需要的数据无法从一个数据来源获得时，可以建立一个平台，通过激发网民的参与，使他们成为数据的生产者或贡献者。

---

① 《卫报》数据博客的众包式数据［EB/OL］.［2022-10-22］. http://datajournalismhandbook.org/chinese/getting_data_5.html.

7. 其他数据来源

除了以上数据来源外，一些新闻选题还可能有其他的独特数据来源。

（四）如何采集所需数据?

上面介绍了数据的主要来源，可以看到，大部分数据存在于网络中。在具体操作中，我们还需要通过一定的工具，将数据抓取下来保存到本地。常见的数据抓取工具主要有以下几类：

1. 需要编程的工具

Python是常见的数据抓取工具，用它可以对各种不同类型网页中的数据进行爬取，效率很高，但应用它需要掌握一定的编程知识。

2. 傻瓜式工具

这类工具使用相对简单。常用的有：

Web Scraper，是一款基于Chrome浏览器的插件，可以直接通过谷歌应用商店免费获取并安装。它可以轻松抓取静态网页和js动态加载网页。

“八爪鱼采集器”“后羿”“集搜客”等，使用很方便，不懂代码的人也易于上手。当然，它们在抓取数据方面有一定的局限。

3. 软件中内置的工具

例如，利用Excel软件中的“数据”功能下“自网站”操作（不同版本的使用方式有所不同），可以直接将网站中一些表格中的数据导入Excel中。

限于篇幅，本书不能详细介绍这些工具的具体使用方法，有兴趣者可以自学。

用于数据新闻和可视化的数据采集工具有些相对简单，而有些则比较复杂，需要较好的技术能力才能实现。

（五）如何让数据变得更“干净”?

在运用数据来讲故事或进行数据的可视化之前，我们必须对数据进行一定的预处理。

1. 数据“可用性”的判断

在采用任何数据之前，都需要对数据的“可用性”做出甄别。可用性的鉴别目标主要包括：

其一，对数据的真实性、权威性等的判断。

在数据随手可得的时代，我们更应该警惕数据应用中的误区，特别是要避免使用虚假、错误或失效的数据。

对数据进行鉴别，首先需要对数据的来源进行分析。来自权威部门的数据相对可靠，收集数据时应该尽可能以最权威部门的数据为准。当然，即使这些部门提供的数据，也需要进一步分析。对于来自商业化机构的数据，需要格外小心，因为商业利益的干扰，常常可能导致数据出现偏差或者“不公正”。

对同一方向下不同来源的数据进行比较，往往可以帮助判断数据的质量。

其二，对数据产生背景的了解与分析。

对数据的可用性的鉴别，还需要了解数据产生的背景。数据是在什么时候、什么情况下生成的？它们是否还适用于现在的情况，是否适合我们所要表达的主题？这些分析，一是有助于我们了解数据的时效性，判断它们是否仍然有效；二是有助于我们了解数据的价值及适用范围。

其三，对数据质量的分析。

数据也有质量的好坏。数据的完整性，是其质量的一个基本标准。例如，一次调查问卷中，如果多数问卷回答都不完整，那就意味着多数人的数据都不完整，这样的数据质量显然是较差的。

数据的一致性，也是判断质量的一个重要指标。如果一组数据存在着相互矛盾的地方，那么数据的质量就存疑。需要进一步判断这种矛盾产生的原因，再决定数据是否可用。

其四，对数据在特定主题下的价值的判断。

即使数据本身没有任何错误，我们仍需要判断，在我们要表现特定的主题时，我们使用的数据是否具有真正的价值或足够的说服力。

这种判断主要表现为两个方面：

一是数据对特定主题或观点的支持能力。例如，如果我们要反映中国青少年网民的行为特征，仅仅用一个大学的抽样调查数据是否有说服力？

二是在此主题下数据的完备性。某些数据的确可以为某些主题服务，但仅有这些数据还不充分，需要有更多的数据作为它的背景或者比较对象，才能揭示主题。例如，我们只说明今年的高考录取比例，而没有既往的数据做比较，那么这些数据的意义并不能完全体现出来。

数据可用性问题是数据新闻或信息图表制作中一个十分重要但又往往被人忽视的问题。如果在数据新闻或信息图表中充斥着不可靠或不充分的数据，那么它们就失去了意义，甚至成为“陷阱”。

2. 数据的“清洗”

数据的清洗是完成数据新闻或数据可视化前的一个必备步骤，其目的是提高数据的质量，为可视化做好准备。具体工作主要包括：

（1）去除数据中的杂质。

即使数据来源可靠，收集到的数据中也难免存在一些“脏数据”。

知识窗

脏数据

“脏数据”通常包括以下四种。

重复数据：有些数据在数据表中多次出现。

错误数据：例如数据出现逻辑上的错误或不合理，数据值超出正常范围或录入过程中产生了错误。

不完整数据：一条数据记录可能存在若干字段，例如个人信息包括姓名、性别、年龄、学历等字段，如果缺失了其中的一个或几个字段，那么数据就是不完整的。

相互冲突的数据：有些数据之间可能会存在一些相互矛盾之处。

对于脏数据，可以通过相应的数据分析工具来发现并进行处理。对重复数据的处理比较简单，直接删除就可以。对于错误数据，需要根据错误性质进行相应调整或删除。对于不完整数据，需要进行补充。有些数据可以通过补充收集获得，但对于难以再收集的数据，一个简单的办法是用某个变量的样本均值、中位数等代替无效值和缺失值。但这样的处理可能会产生较大偏差。另外也可以通过其他数据来推断缺失数据。在不影响数据规模或数据分析效果的前提下，也可以删除某些不完整的数据记录或者某个字段。对于相互冲突的数据，可以通过校正数据、删除不合理数据等方式进行调整。

(2) 规整数据格式。

有些数据本身没有问题，但格式上有些混乱。例如，年月日的表示，有的用“××年××月××日”，有的用“××-××-××”等。又如，一个单位名称有些用全称，有些用简称。这些格式都需要进行统一。有些数据本身没有错，但数据单位可能不一致，也需要通过统一单位，使数据格式一致。

数据清洗需要借助一些工具。较为简单好用的数据清洗工具包括 Open Refine、Excel 等。

Open Refine（原名 Google Refine）是 Google 发布的一个用于数据分析的工具，它可以安装在本地电脑上，通过浏览器打开。利用 Open Refine，我们可以完成对数据错误的清洗和统一格式等工作。

Excel 本身也可以进行数据的清洗工作，在 Excel 中有多种方法查找重复数据、检查数据错误等。

(六) 如何避免数据分析中的误区?

数据新闻往往基于数据的应用与分析，下面这些数据应用与分析中常见的误区，需要格外小心。

(1) 用局部数据代表全局数据。在数据应用中，不注意数据的代表性，简单用局部数据来证明全局状况，是一种常见的误区。

(2) 绝对值滥用。数据应用中另一个常见问题是，只提数据的绝对值，而不把它放在大的背景或动态发展过程中去比较。很多时候，数据的绝对值并不能说明什么问题，只有比较（横向或纵向）才能揭示出数据的意义。

(3) 平均数误用。这也是数据应用中的一个典型误区。简单的算术平均数（一组数据的总和除以这组数据的个数）并不总能反映一个群体的平均状态。从统计学角度看，有些时候，中位数（将一组数据按大小顺序排列，处在最中间位置的一个数）或众数（一组数据中出现次数最多的数），更能反映一般状况。需要根据对象的具体情况选择不同的平均状态的代表值。

(4) 错误的概念使用。一些与数据统计、分析相关的概念在现实生活甚至媒体上常常被误用，如“离婚率”。

(5) “幸存者偏差”。幸存者是经过筛选后的结果，如果只看幸存者的数据并以此推及整体，也就会产生结论上的误差。

知识窗

幸存者偏差

“幸存者偏差”这一提法来源于二战中对战斗飞机受损情况的数据统计。当时维修人员发现飞回来的飞机机翼中弹特别严重，机身弹孔并不多，于是有人建议在设计中加固机翼。但事实上，那些机身中弹的飞机受损更严重，因而没能飞回来。

(6) “相关关系”误为“因果关系”。相关性只能表示两个对象（如 A 与 B）之间存在着一定关联，即A出现时，B也出现了。但是很多时候，这并不意味着A一定导致B，或者B一定导致A。有可能是另一个因素导致A与B同时出现，或者两者的同时出现只是巧合。在我们日常生活中，错误将相关关系理解为因果关系并使用的情况屡见不鲜。

（7）虚假的“相关性”。有时两个对象同时出现，或两个现象同时发生，并不是因为它们之间存在相关性，而只是碰巧。如果不能区分是碰巧发生还是的确存在相关性，便会产生数据分析中的偏差。

（8）“辛普森悖论”。这是统计学中存在的一种现象，即总体结论和部分结论相反，在分组比较中都占优势的一方，在总评中有时反而是失势的一方。这也意味着不能简单用部分结论推导总体结论。

（9）小样本或样本偏差。如果样本量不够，或样本代表性不够，样本的数据与全局数据就容易产生偏差。即使在大数据时代，抽样调查仍是必要的，而且需要提高抽样的科学性。

三、如何进行新闻的“可视化”?

尽管数据新闻和信息图表不能画等号，但多数数据新闻最终的呈现形式会包含信息图表。一些非数据驱动的新闻，也可以利用信息图表来提升传播效果。信息图表是新闻可视化的主要方式。除了信息图表外，视频手段（特别是短视频）也是新闻可视化的一种方式。

无论是信息图表还是视频，总之新闻可视化的主要任务包括以下几方面：

（一）提示要点

一条新闻中的重点内容，如果用信息图表的方式提示出来，可以使人们更好地关注、理解和记忆这些要点。很多“看图说话”类信息图表，主要的功能都是提示要点。在社交平台的传播中，这类信息图表往往较受欢迎。

这类信息图表，首先要突出最具新闻价值或人们最关心的问题。制作信息图表的过程，也是对信息的价值进行判断与提炼的过程。其次，要讲究信息呈现的逻辑。最后，在设计与编排上，要注意信息在时间或空间上的逻辑关系，以方便人们阅读与理解。

（二）揭示关系

前文提到，数据新闻的一个重要思路是揭示各种关系，例如人物关系、利益关系、结构关系等。信息图表这样的可视化手段有助于关系的梳理与揭示。很多时候，对于数据新闻的生产者来说，梳理这些关系的过程，也是对事物的认识不断深化的过程。

例：

图4-9是Business Insider制作的获得“信息之美”奖的一个作品，它以滴滴（包括其合并的Uber中国）、Uber、Lyft、Grab、OLA这五家全球最具代表性的网约车运营平台为核心，勾画了它们与高科技企业、汽车制造企业以及其他投资者之间的复杂关系（包括合作关系、投资关系、共同开发自动驾驶汽车、独立开发自动驾驶汽车）网络，这些关系也揭示出新媒体时代多重力量作用下交通业的未来格局。

（三）图解过程

很多时候，信息图表可以将一个事件的发展过程图示出来，使人们有更直观的认识。

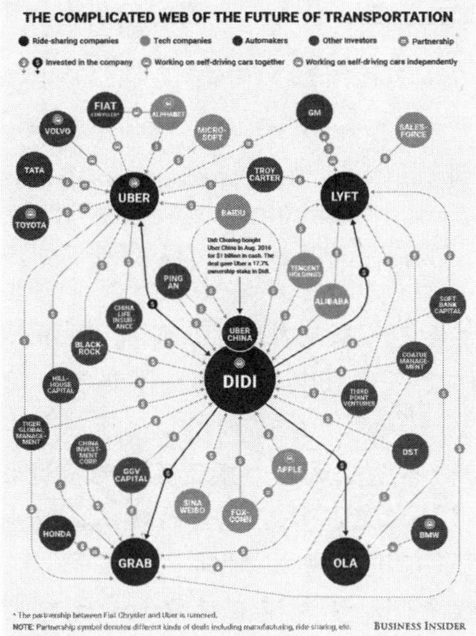

图 4-9　信息图表《交通业未来的复杂网络》

资料来源：The Complicated Web of the Future of Transportation [EB/OL]. 2017-11-28 [2023-04-10]. https：//www. informationisbeautifulawards. com/showcase/2219-this-is-the-tangled-future-of-tech-and-transportation.

例：

图 4-10 是英国《卫报》“解读骚乱”专题中的一个数据分析成果。研究人员将 Twitter 上超 250 万条与英国骚乱有关的数据进行提取、分析，研究在此次骚乱中 Twitter 所扮演的角色，其中一个重点是研究谣言在 Twitter 上的流传过程。每一个谣言的传播过程是一个可以交互的动态图表，当拖动时间轴的滑块时，可以看到各种不同颜色的气泡的运动过程。其中代表着谣言及其支持信息的是绿色气泡，代表着反对谣言的信息的是红色气泡，代表质疑谣言的信息的是橙黄色气泡，代表一般性评论的是灰色气泡。气泡的运动，也就是各种声音在 Twitter 上的传播及相互作用过程。在很多个案中，绿色气泡的势力在红色气泡与橙黄色气泡的“围攻”下，最终会逐渐衰落。这个过程形象地说明，Twitter 本身具有一定的对谣言的识别与澄清能力。

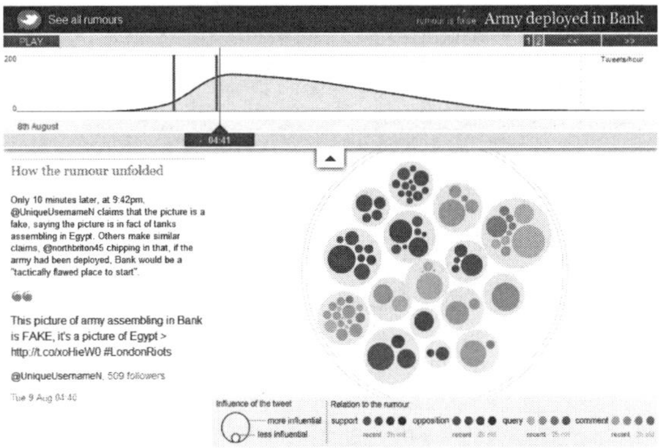

图 4-10　英国《卫报》“解读骚乱”专题中关于《Twitter 上的谣言传播》的信息图表（局部）

扫码观看高清彩图

资料来源：How the rumor unfolded [EB/OL].（2011-12-07）[2023-04-06]. http：//www. guardian. co. uk/uk/interactive/2011/dec/07/london-riots-twitter.

当然，上面这个例子比较复杂，技术上难度也大。多数信息图表会用更简单的方式来进行过程的图示。

（四）梳理进程

除了图解某些事件的发生、发展过程外，对一些时间跨度比较大的事件或主题，信息图表还可以进一步呈现整个事件的进程。

例：

图4－11是法国工程师查尔斯·约瑟夫·米纳德（Charles Joseph Minard）绘制的信息图表，它反映了拿破仑的军队在1812—1813年入侵莫斯科的整个进程。这也是信息图表发展史上的代表作之一。

在这张图表中，米纳德描绘了拿破仑军队从进军到撤退返回的全过程（浅色代表向莫斯科进发，黑色代表从莫斯科撤退），并从多个维度反映了战争的状态，分别是部队人员规模、进军路线（包括地点名、地理上的经纬度、行进距离）、时间、气温等。从图中可以看到，随着时间的推移，部队在向莫斯科进军过程中，人员规模不断缩小，这表明在战斗中人员伤亡很大。从气温与军队规模的对应关系也可以看到，严寒天气给部队带来很大伤亡。这张图表虽然非常简练，但已经传达了足够丰富的信息，让人们对战争的全过程有一个清晰、完整的把握。

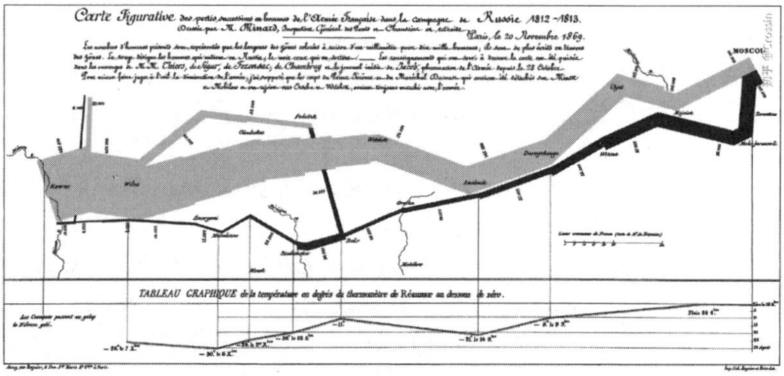

扫码观看
高清彩图

图4－11　信息图表《拿破仑军队入侵莫斯科的进程》

资料来源：150年前，他对拿破仑做数据可视化［EB/OL］．［2023－04－26］．https：//zhuan lan. zhihu. com/p/45389598.

在国外，梳理进程的一种常见的信息图表是"时间线"。其主要作用有：一是以时间为依据将相关内容整合起来；二是以时间为线索揭示整个事物的变化过程。与前面图解过程的信息图表相比，"时间线"这样的方式，通常涉及跨度很大、线索较多的事物的演变全程，而不是单一事件的发展过程。

（五）展现情状

信息图表是展现事物的形势、状态等的一种重要手段。

例：

图4－12是DT财经制作的《上海地铁沿线房价图》。它以上海地铁图为基础，将地铁站点周边一公里范围内的二手房房价直接标在地铁各站点上。整个信息图结构清晰，一目了然。

扫码观看
高清彩图

图 4-12　DT 财经制作的信息图表《上海地铁沿线房价图》

资料来源：用 1 亿数据，发现上海最划算的地铁房［EB/OL］.（2017-11-24）［2023-04-09］http://www.dtcj.com/datainsight/1047.

（六）解释原理、原由

用信息图表或视频，来解释某个现象或知识的原理，可以产生深入浅出的效果。对一些常人不熟悉的知识进行解读时，这样的手段更有价值。

例：

2022 年 10 月 29 日，韩国首尔梨泰院地区的万圣节聚会发生踩踏事故，导致 156 人死亡，另有超过 100 人不同程度受伤。《新京报》“动新闻”栏目在报道中制作了《血色万圣节｜3D 还原梨泰院踩踏事故》的视频，除了采用现场的图片、视频素材外，还用 3D 的方式还原了当时的现场情形，解释踩踏事故发生的具体原由。在很多重大新闻报道中，“动新闻”也通过 3D 手段还原现场，解释相关原理、原由。

资料来源：血色万圣节｜3D 还原梨泰院踩踏事故［EB/OL］.（2020-10-31）［2023-07-04］https://www.bjnews.com.cn/detail/166714738514786.html.

（七）阐释观点

信息图表正在日益变成表达观点或进行评论的一种方式。有些信息图表，表达或隐含了媒体或编辑的某种态度与意见，是媒体“借图说话”的一种手段。为完成这样的意见传达，手法之一是在信息旁加上简单的评论，以便人们对这些核心信息的意义有更深的理解；手法之二是通过对要点的组合逻辑来体现态度。

在这类信息图表的视觉信息组织中，包含着一种内在的论证思路。数据以及其他视觉信息手段成了论据，当充分的论据按照合理的逻辑呈现、演进时，一些观点的达成也就是水到渠成的事；虽然有些图表中并没有直接的观点呈现，但一切已尽在不言中。

当然，通过信息图表进行观点的表达，也应当基于全面、客观的信息呈现，而不应是断章取义基础上的个人偏见，也要防止在数据论据不足的情况下进行过度解读。

（八）揭示规律

前文已经说到，数据的特长之一是揭示规律。这些规律如果通过信息图表来揭示，会给人更直观的印象。

例：

图4-13是1854年伦敦霍乱流行时约翰·斯诺（John Snow）医生绘制的信息图表。他想通过这样的图来推断霍乱传播的原因。图中每个街区有一些黑色柱状图，柱子越高，代表街区的死亡人数越多。通过这张图，斯诺医生发现，死亡案例都集中在靠近供水系统的位置。这张信息图表不仅呈现了死亡者的分布规律，还帮助斯诺医生得到了这样的判断：霍乱是通过水源来传播的。

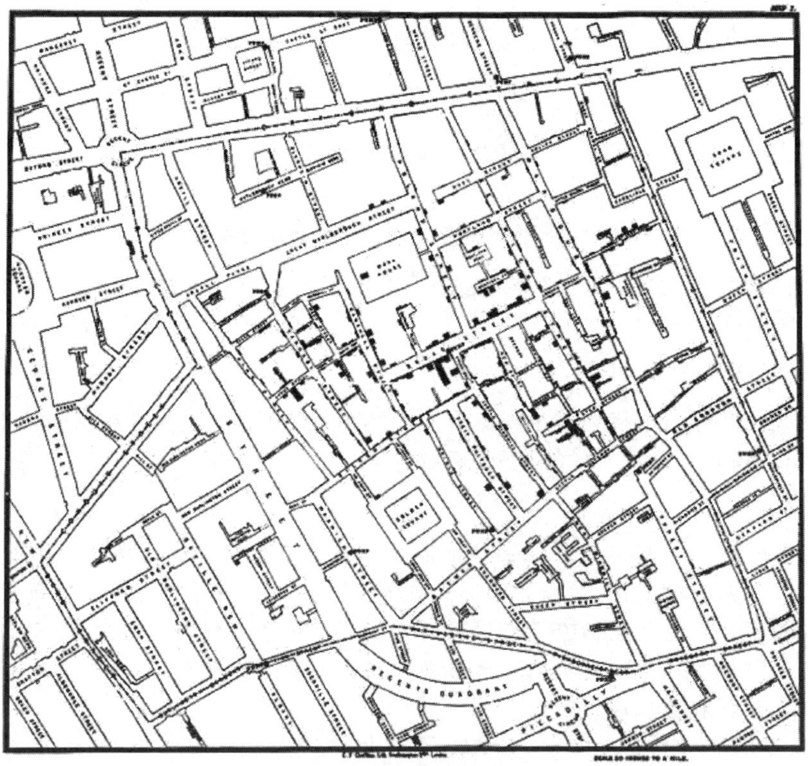

图4-13　信息图表《伦敦霍乱的分布》

资料来源：信息图经典之作：1854年伦敦霍乱爆发的案例［EB/OL］.（2018-01-18）［2023-04-26］. https：//www.sohu.com/a/217516540_421524.

(九) 实时交互

今天的新闻报道，不仅要揭示已经发生的新闻事实，还要努力收集与反映用户的反馈。一些具有互动功能的信息图表本身就是一种数据“采集器”，可以实时收集用户意见，并且将它们马上转化为新闻内容的一部分，成为新闻延伸与深化的基础。

(十) 个性化服务

信息图表正在向着深层次的、个性化的数据分析发展。例如，在一些个性化的交互式信息图表中，每一个用户都可以将自己的相关数据输入进去，从信息图表里获得个性化的数据处理结果。信息图表变成了一种个性化工具。

例：

图 4-14 展示的《纽约时报》网站的信息图表《租房还是买房?》，实际上是一个在线的个性化计算器。用户在信息图表中输入自己希望买到的房屋的价格、在该地打算居住的时间、贷款额度与期限、房屋税等数据，信息图表就可以计算出一个月租价格，如果能在这个月租标准以下租到同等条件的房子，则租房更为合算。这可以帮助用户根据自己的情况做出判断：在特定的条件下，是买房合算还是租房合算。

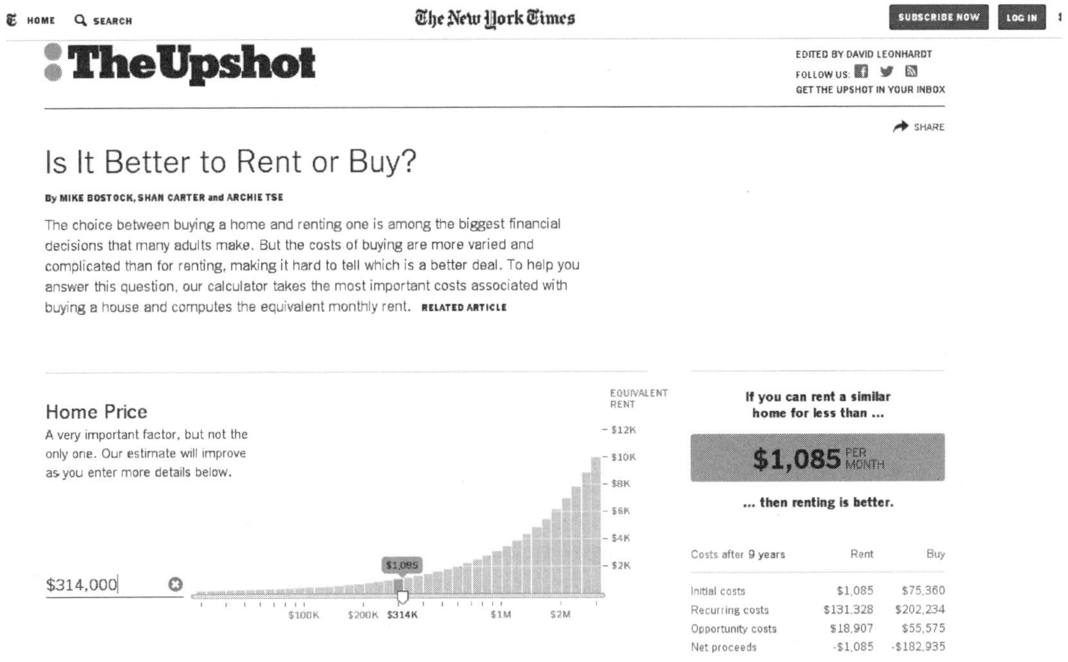

图 4-14 《纽约时报》网站的信息图表《租房还是买房?》(局部)

资料来源：Is it better to rent or buy? [EB/OL]. [2023-04-26]. http://www.nytimes.com/interactive/2014/upshot/buy-rent-calculator.html? _r=0&abt=0002&abg=0.

以上从不同侧面说明了信息图表在新闻报道中的作用，显然有些图表同时兼具数种功能。

因为信息图表与数据新闻有很大程度的交叉，所以我们也看到它们在很多方面的目标是一致的。

四、信息图表的制作要点

数据记者大卫·麦克坎德雷斯（David McCandless）在TED演讲中曾指出，图形是一种语言，这种语言可以改变我们的认知和观点。

要掌握这样一种新的“语言”，首先要完成思维方式的转换。在思维方式转换基础上，寻找到合适的逻辑结构与表现形式，并用相应的技术来实现它。

（一）信息图表的逻辑结构

有些信息图表只有一个简单的图表，而有些信息图表则是一系列图表及相关文字的组合。无论是单一的图表，还是图表的组合，其内在的逻辑结构都是重要的。

目前信息图表最常见的逻辑结构包括以下几种：

1. 基于“展示”的逻辑结构

通过信息图表来展示事物的状态，往往先要设置某一个基本维度。其中空间是最常见的，也是最容易实现可视化效果的。在此基础上，再呈现体现事物特征的数据。如前文图4-12所示的例子。

2. 基于“叙事”或“论证”的逻辑结构

和文字表达一样，很多信息图表也是运用叙事的逻辑，对一个主题或事物进行介绍、描述或解释。当然，叙事有很多方式，可以是并列式，也可以是递进式等。

也有不少信息图表是基于对某一观点的阐释、分析过程来组织内容的。其思路与文字评论的论证思路类似。

这两者都直接借鉴了文字表达的逻辑，常用于“看图说话”类信息图表。

3. 基于“比较”的逻辑结构

在可视化或信息图表中运用比较的思路是非常常见的。饼图、柱状图本身就是对比的手段，而更复杂的信息图，可以将对比的思路放在更大的时间跨度和空间跨度上。

比较可以直陈差异，也可以在不动声色中让人们了解矛盾与冲突。因此，比较性的图表，往往具有一种内在的张力。很多时候，它们也具有评论的力量。

当然，和文字表达一样，比较性的可视化图表虽然有其特定的数据比较维度，但也需要将客观性原则放在首位。

4. 基于“演变”的逻辑结构

在可视化或信息图表中，展现事物演变过程的逻辑也是常用的。从某种意义上看，这也是一种比较，只不过它是基于时间维度的比较。这种思路可以直接通过可视化软件中的折线图、堆栈图等来实现，也可以通过更复杂的“时间线”等揭示更大跨度的变化过程。

5. 基于“关联”的逻辑结构

这种结构的思路就是将事物之间的联系或数据之间的相关性直观地呈现出来。

多数时候，不同事物之间的“关联”是用形式上的线条来代表的，如前文提到的《交通业未来的复杂网络》。但在某些案例中，也可能通过空间关系等来体现。

关联还有另一种可能性，即一个事物需要通过多维度的数据来展现，而不同维度的数据之间也存在着相关性，这种相关性的揭示往往可以让人们看到事物的深层。

当然，信息图表并不局限于以上几种逻辑结构，有些信息图表也可能把几种逻辑结合起来使用。无论如何，一个好的信息图表作品，一定要有清晰的逻辑线索。

（二）信息图表的构成要素

在制作信息图表时，需要注意以下几个方面的构成要素的运用。

1. 信息图表的视觉符号

信息图表中的视觉符号主要有两类：一类是数据可视化后的图形，一类是不依赖数据的图形。

（1）基于数据的可视化图形的选择。

对于可视化图形来说，具体表现形式的选择非常关键。因为每一种图形适应的数据性质不同，视觉表现的特点也不同。具体而言，不同的可视化图形有不同的功能特点。

饼图：显示一个数据系列中各项的大小及在总体中所占的比例，也就是一个整体中的各部分及其关系。如果数据不是这样一种关系（所有数据相加不是100%），采用饼图就是错误的。

圆环图：和饼图一样，圆环图显示各个部分与整体之间的关系，但是它可以包含多个数据系列。

条形图：显示各个项目之间的比较情况。条形图用的是水平条来体现数据量值。

柱状图：用于显示一段时间内的数据变化或各个项目之间的比较情况。柱状图用的是垂直条来体现数据量值。

折线图：显示随时间而变化的连续数据，适用于显示在相等时间间隔下数据的变化趋势。

堆栈图（面积图）：强调数量随时间而变化的程度，用于引起人们对总值趋势的注意，也可以显示部分与整体的关系。

散点图：显示若干数据系列中各数值之间的关系。

树图：显示多层次数据及数据之间的关系。如果要将多层次数据在一个图表中进行呈现并予以比较，树图是一种非常好的形式。

知识窗

多层次数据

所谓多层次数据指的是，一个数据可以分为若干子项目，而子项目还可以继续细分出子项目。例如，某企业的“产品销量”这个数据项目下，包含电子产品销量、图书销量、音像制品销量。而电子产品销量又包括电脑销量、手机销量、配件销量，图书销量又分为自然科学类图书销量、人文社科类图书销量、教材教辅销量，音像制品销量又包括音乐产品销量、影视产品销量、教育产品销量、游戏产品销量等。

雷达图：比较几个数据系列的聚合值。

地图：用于基于地理空间的数据项目的比较。

网络图（关系图）：用于展现对象之间的各种关系。

词云图：用于呈现文本中词语出现的频率。

在信息图表中，如果要用到可视化图形，一定要选择合适的图形。

当然，对于有创造力的信息图表制作者来说，他们深知人们可能已对柱状图、饼图等常规图形产生了审美疲劳，因此会不断地引入新的视觉手段，让数字形象更“性感”。如果要进行个性化的可视化，则需要注意可视化结果中的比例关系要正确体现数据间的关系，可视化的图形应该直观易懂。

有时，可视化的个性化图形，也会传递制作者的温度。例如，某媒体在一个纪念逝者的数据新闻中，用一朵花瓣代表一位逝者，在可视化的同时也传达出了浓厚的情感。

（2）与数据无关的图形符号选择。

与数据无关的图形符号的选择更为自由，但总体原则是直观、简洁。

可视化的目标是降低信息的复杂度，使大脑更快接收、理解信息。如果图形符号过于复杂、晦涩，那么就难以实现这样的目标，甚至增加了人们的负担。

2. 信息图表的标题

信息图表是一个完整的信息传播单元，因此，它也需要有标题。

标题是信息图表的阅读起点，它不仅可以对信息图表的内容进行提示、提炼，也可以从一开始就铺垫信息图表的阅读线索。有些信息图表的标题采用疑问句式，以引起读者更多的好奇心和阅读兴趣。

信息图表的标题的角度要尽可能小，避免过于宽泛的表达。信息图表的标题的提炼与表达也应该准确，避免误导。

3. 信息图表中的文字

除了标题外，信息图表中可能还存在其他的文字。它们的作用包括：

（1）对图形、图表等的意义进行补充说明。尽管可视化符号已经传达了丰富的意义，但有些通过图形、图表等无法传达的内容，则需要用文字直接揭示。

（2）起到起承转合的连接作用。在一些图形、图表间加入文字，可以使整个信息图表形成连贯的意义，文字构成整个图表的核心线索。

4. 信息图表中的图例

信息图表中，很多时候需要用到图例。图例说明了可视化图表中不同的数据系列所代表的内容，例如用颜色或者形状来区分不同数据。可视化软件通常可以自动添加图例，但这些软件也允许对图例的文字和颜色等进行自由设置。图例中的文字说明应该简洁、明了，也可以通过调整图例的色彩等，使信息图表呈现出更好的美工效果，使用户获得更好的阅读体验。

如果是人工添加的图例说明，则应该能够让人一目了然。

信息图表中如果有坐标轴，应该对坐标轴的意义及单位做出明确标识。

5. 信息图表中的注释

信息图表往往要用注释的方式说明资料和数据来源，这是体现信息图表可信度的一种重要手段。

尽管信息图表中的注释不一定需要像论文中的注释那样项目齐全，但是，也必须让人们能够通过提示查到相关信息。

注释可以放在图表标题区域，也可以放在图表的最后，或者在重要数据或信息出现的位置，加上相关注释说明。

（三）信息图表中的视觉设计

一个信息图表如果由很多的元素构成，就需要讲求版面布局。这一方面需要考虑美观的因素，另一方面也需要考虑内在的逻辑因素。

一个信息图表中采用的具体表现形式（如饼图、柱状图等），既不要过于单一，也不要过于繁杂。过于单一的形式，容易让人感觉单调，产生“审美”疲劳；过于繁杂的形式，让人眼花缭乱，难以抓住重点，也难以形成完整印象。

色彩对于信息图表的成功也很关键。和谐是色彩运用的基本原则，在这个基础上，可以结合图表的主题来设置颜色。常见的色彩搭配方法，如对比色搭配、邻近色搭配、同色系搭配等，在信息图表中都可以运用。一些信息图表会采用强烈的色彩对比，例如在黑色背景上加上橘黄色的图案或文字。通常这样的色彩搭配容易吸引人。但是，也需要考虑到用户眼睛的承受能力，过多过强的色彩刺激，可能会影响到信息的接收。

有些信息图表也可以加上背景图片。背景图片可以提示信息图表的属性或特征，给人更深刻的印象。但同样要注意，背景图片不能妨碍主要信息的呈现。

（四）信息图表的用户体验

除了讲求内在逻辑和视觉效果外，信息图表还需要强调用户体验，用户体验也是信息图表传播效果的重要评价指标。信息图表的用户体验，需要遵循以下几个原则：

1. 明晰

信息图表的用户体验，首先应该表现为“明晰”。图表的内在逻辑、图形的意义等，应该能够让人一目了然，不能把信息图表变成一个挑战人们智力的游戏。

如果信息图表中有互动区域，应该明确指出它们的存在，否则设计者精心的安排，可能不会被用户发现，也会影响到信息的充分传达。

2. 好看

从用户这端来看，信息图表好坏的另一个重要衡量标准是“好看”。这既体现为审美上的“好看”，也表现为用户体验上的“好看”。用户体验上的“好看”更是重点，也就是说要让用户在不必费太多力气的情况下，就可以看清图表中的内容，抓住要点，并能产生深刻印象。

有很多信息图表，包括一些优秀的作品，其思路非常清晰，内在逻辑也简单明了，但是，因为版面本身的限制，很多线条交织在一起，线条的走向与归属很难分辨，因此，信息传达的有效性受到了限制。类似这样的问题，是未来可视化实践中需要继续解决的。

如果传播平台允许互动，一些细节可以通过互动方式来展开。这样可以在保证版面清爽的同时，根据需要展开更多细节信息。

3. 高效

在网络平台上，信息图表的传播必须以高效为前提。在网络平台，人们对一个页面打开时间的容忍度是两三秒。如果信息图表的文件体积过大，受众多数没有耐心等待其打开。

文件体积的限制往往意味着信息图表的版面不能过大。在版面有限的情况下，如何保证用户能看清楚每一个细节，是需要考虑的一个点。

在信息图表中应用互动手段，也需要有所节制。今天的用户是“懒”的，不能期望他们在一个信息图表中做很深的互动探索，除非有特别的互动诱惑。因此，应该减少不必要的互动。

（五）信息图表的制作工具

信息图表的制作主要有以下几类工具：

1. 数据可视化工具

对于那些需要依赖一定的数据生成的信息图表，常见的工具包括 Excel、Tableau（它的免费版本是 Tableau Public）、Google Chart、百度 Echarts 等这样的专门数据可视化工具。它们可以将数据转化为多种图形，有些图还带有互动效果。其中，Google Chart、百度 Echarts 是在线工具。此外，现在各类傻瓜式的可视化工具平台越来越多，如文图、镝数、花火数图、piktochart、infogram 等。它们可以帮助人们快速制作各类信息图表，但其缺点是只能采用平台提供的模板，难以产生创新与突破。

词云的制作，也有一些专门的工具，例如 Tagxedo、Tagul 等。但有些工具不能对中文生成词云。此外，在中文的词云制作中，对文本进行“分词”处理是必要的前提，即将一段中文拆分成一个个的词，这往往需要用到分词软件。

如果是社会关系数据的可视化，可以利用 Gephi、Ucinet 等社会网络分析软件。如果数据相对简单，也可以用其他绘图工具来进行关系绘制。

2. 图形、图像处理工具

要完成图解类的信息图表，或者将各种基础的图表整合在一张大图上，可以利用 Adobe Illustrator、CorelDRAW、SmartDraw、Photoshop、Visual. ly Create 等工具。

要做出美观的信息图，通常还需要制作者有一定的美术基础。

3. 交互式效果制作工具

HTML、CSS 与 JavaScript 等技术的结合是常见的互动信息图表的制作方法，通常可以采用 D3 等工具。

更专业的工具还包括 Python、PHP、Processing、R 等。

信息图表制作涉及的软件非常多，本书无法对具体软件的使用做详细介绍，有兴趣者可以自学相关软件。

（六）信息图表制作与传播中的常见误区

1. 数据应用与分析中的误区

如果信息图表中要应用数据，或者需要进行一定的数据分析，那么要特别注意数据应用与分析的准确性、合理性。前文已经说明了数据分析中的常见误区，要防止掉到这些“坑”里。

在信息图表制作时，需要反复考量自己拥有的数据究竟能说明什么问题，是否可以充当论证主题的充分依据。在用文字对数据及其关系进行解释时，也要防止“过度解读”。

2. 表现形式中的误区

信息图表的表现形式应用中，也存在着一些误用的风险。

（1）图形选择失当。

尽管有些图形的功能看上去是相似的，但实际上它们呈现的效果存在差异。如果我们在表现某些数据对象时选错了图形，就可能会影响传播效果，甚至对用户产生误导。

例如，前文提到，如果各部分数据相加不是 100%，这样的数据关系用饼图来表现就是不合适的。另外，如果某一个或某几个局部的数据值过小，在整个饼图中难以得到体现，那么这样的数据也应该避免用饼图呈现。比例过于接近的一组数据，用饼图来反映时，各个局部的差异不容易被人们的眼睛辨别出来，效果也会受到影响。

（2）单位或坐标轴起点失当。

单位选择不当，也会使可视化图形出现误导。例如，横轴或纵轴上的某个单位过大，可能使得本来数值差距较大的数据在视觉上的差距被缩小；反过来，单位过小，则可能放大数据间本来的差距。这两者都会对受众产生误导或欺骗。

信息图表的坐标轴的起点不一定都从零开始，不同起点带来的视觉效果也不一样。如果起点选择不合理，则会掩盖或放大数据的某些特征，带来误导。

3. 应用中的误区

在信息图表的应用中，也常常会出现失当的情形。

（1）滥用信息图表。

信息图表进入媒体之初，的确让人眼前一亮。因为与此前的传播手段相比，它有新意，在早期，也容易抓住人们的眼球。但是，如果毫无节制地使用信息图表，甚至只是把信息图表当作一个花哨的装饰，那么，最终人们也会对这种形式失去兴趣，甚至产生抗拒。

采用信息图表的主要目的，是减轻人们的阅读负担，提高信息传播的效率。如果一个信息图表达不到这样的效果，就需要果断地舍弃它。

(2) 传播平台选择失当。

有些信息图表本身是有价值的，但如果放错了传播平台，也可能使其效果打折扣。例如，有些信息图表需要足够大的尺寸、足够丰富的色彩，加上互动功能，才能传达出足够多的细节；但如果放在报纸上，给予的版面空间不够，只能呈现黑白色彩，又没有互动可能，就难以实现应有的效果。很多信息图表都可以在微博、微信平台传播，但这些平台同样也会限制信息图表的呈现效果。如果要为这些平台制作信息图表，就需要采用适合这些平台的更有效的方式。

五、数据风险与数据素养

尽管数据应用的价值不可否定，但数据并不是万能的，数据应用不当或失范，还会带来很多风险。充分认识数据的局限性以及应用中的风险，拥有识别数据风险的能力，提高数据应用的素养，才能更好地发挥数据的价值。无论对于内容生产者，还是对于网络用户，数据素养都是新媒体时代越来越重要的素养。

(一) 数据假象：数据应用中的重要风险

数据往往被当作描述客观事物、揭示真相的一种手段，但是，数据应用本身有一整套的规范，如果不遵循这些规范，或者在数据应用中出现了漏洞而未能察觉，未来我们或许会被更多由貌似客观的数据堆积成的假象包围。从数据生产的角度看，每一个相关的步骤，都可能存在着导致假象的因素。

1. 数据样本偏差带来的“以偏概全”

尽管我们已经进入大数据时代，大数据的特点之一是“全样本”，但在现实中，获得“全样本”并不是一件容易的事。

今天的数据，特别是互联网数据，被少数平台垄断，出于利益保护等因素考量，平台通常并不愿意将数据完全公开。他人从这些平台“扒”数据时，会受到技术能力和权限等限制，这可能在一定程度上影响到数据的完整性。平台本身，因为各种原因，也未必能保留全样本数据。例如，在社交平台，删帖必然会导致相关内容的不完整。

大数据分析也常常要依赖行业性数据，但在中国，由于历史性的原因，很多行业本身就缺乏完整、系统的数据积累，能提供的，常常也是残缺的数据。

即使是传统的小样本分析，样本的规模和代表性等方面的质量也越来越令人担忧。

无论是全样本数据，还是行业数据，抑或是传统抽样方法下的小数据等，都可能存在样本不完整的问题，这也必然对数据分析结果的完整性、代表性产生影响。

2. “脏数据”带来的污染

除了样本的问题外，用各种方式获取的数据，本身质量也可能存在问题。尽管数据处理前都会要求数据清洗，但这未必能完全消除脏数据带来的污染。某些数据分析者也可能因为一些原因而无视脏数据的存在，甚至会制造一些脏数据、假数据。

3. 数据分析模型偏差带来的方向性错误

完整、可用的数据只是数据分析的前提，要利用数据来准确描述或解释客观现象，还需要有科学、合理的分析模型。但是一些基于数据的实证分析，有可能建立的模型本身是有偏差的；有些数据应用者，甚至为了得到自己希望的结果而在分析模型的设计中进行人为的“扭曲”。这些都必然导致结果的偏差。

4. 数据挖掘能力有限带来的“浅尝辄止”

数据量愈大、数据种类愈丰富、数据应用目标愈多元，意味着对数据挖掘能力的要求愈高。然而各种力量在快马加鞭地涌入数据应用领域，争做各类数据产品时，却未必都拥有相应的数据挖掘能力。特别是在媒体行业，以往数据应用传统的缺乏、技术能力的不足，都会限制其数据挖掘能力，然而外界压力又迫使媒体力不从心地走向数据化应用，因此，其数据应用多流于表面，其中的漏洞也越来越多。作为“拟态环境”的构建方式，媒体生产的过于简单的、浅层的数据，也可能会误导人们对现实社会的认识。

5. 数据解读的偏差

数据解读能力，是数据利用能力的另一个重要层面。没有良好的数据方面的训练，对数据的解读可能会出现主观随意、简单化等种种问题。例如，将数据的相关关系过度解读为因果关系，是实践中常见的问题之一。

数据描述与分析偏差，不仅会误导人们对环境的认识，而且会带来更大的风险——决策偏差。在大数据或其他数据分析方法越来越多地用于公共决策和个人决策的指导时，这种风险将日益增加。

这些数据的误用、滥用，一方面是因为数据应用能力的不足，另一方面则是数据应用者的价值导向和利益驱动的问题。一些数据分析的出发点，本来就不是要获得对真相的完整认知，而是为了制造符合自己需要的“真相”或结果。错误导向或利益驱动的数据滥用，成为“后真相”现象更大的背景。

所有这些风险与陷阱，都对内容生产者及公众的数据素养提出了更高的要求。

（二）数据素养的内涵及目标

数据应用的快速发展，需要有足够的基础设施做铺垫，包括数据资源基础设施、数据质量评估体系、数据伦理规范等，也包括全民的数据素养。

19世纪后，美国的数据文化沿着“共和政治”和“经济发展”两条线共同发展，以培养有智识的公民为目标，大力普及数学教育，把数据意识成功推向整个社会。①，这样的数据素养基础或许是美国在大数据应用方面走在世界前列的原因之一。

在中国，尽管“中国人的数学好”是国外对中国人的刻板印象之一，中国的中小学数学教育似乎也是很严格的，但数学教育不等于数据教育，数据素养比进行数学运算的能力要复杂得多。事实上，中国公众的数据素养存在着普遍不足。

知识窗

数据素养

研究者金兼斌指出，所谓数据素养（data literacy），是指人们有效且正当地发现、评估和使用信息与数据的一种意识和能力。通常，数据素养概念包含数据意识、数据获取能力、分

① 涂子沛. 数据之巅［M］. 北京：中信出版社，2014：34.

析和理解数据的能力、运用数据进行决策的能力以及对数据作用的批评和反思精神。① 这一界定，揭示了数据素养所涵盖的多个层面。他的观点也代表了很多研究者的观点。也有研究者把数据素养归纳为数据态度（数据道德观、数据价值观）、数据意识（主体意识、获取意识、共享意识、更新意识、安全意识、人才意识）、数据知识、数据技能（获取、处理、利用、展示、评价和再创造）和数据伦理（法制观念、数据安全、数据道德、知识产权）五个方面的基本要素。②

虽然数据素养对数据相关行业（包括媒体）的从业者、管理者和决策者更为重要，但是，对普通人来说，数据素养同样也很重要。面对越来越多的数据，对数据可靠性、权威性等的判断能力，以及对数据含义的理解能力，已成为数据时代必须具备的基本素养之一。

你怎么看

你如何理解数据素养？如何提升个人的数据素养？

此外，数据伦理的教育，也应逐步纳入公众的数据素养体系中。20 世纪 70 年代中期，美国伦理学家曼纳（Walter Maner）率先提出并使用“计算机伦理学”这个术语。1986 年，美国管理信息科学专家梅森（Mason）提出了信息隐私权（privacy）、信息准确性（accuracy）、信息产权（property）和信息存取权（accessibility）四个信息伦理议题。拉里·贾德（Larry R. Judd）在 1995 年提出了信息时代提高伦理与道德水平的三个准则：适当地承担责任，预料消极影响，以约翰·罗尔斯（John Bordley Rawls）的正义原则为指导试图追求公平。③

虽然数据伦理最初是面向专业的数据分析者提出来的，但它也与用户个体紧密相关。面向公众普及数据伦理知识，提高他们的相关伦理意识，也是必要的。

此外，在今天这个时代，当个体用户自身拥有了无限的数据时，数据素养还应包括对自我数据的风险意识，如个人数据的保护意识、隐私意识等。

全民数据素养的提高，不仅有助于公众自身对数据判断能力的提高，也会带来“水涨船高”的效应，对数据分析机构（包括媒体）的数据分析水平进行监督，反过来推进数据应用水平的整体提升。

【本章学习与思考】

1. 你认为内容生产者应该如何利用好社交化传播？
2. 结合实际案例分析媒体的语态变革的经验或不足。
3. 结合实际案例分析短视频新闻实践中的经验与问题。
4. 你认为好的数据新闻应该有哪些标准？
5. 你认为目前中国的数据新闻实践有哪些特色，存在哪些障碍？

---

① 金兼斌．财经记者与数据素养［J］．新闻与写作，2013（10）．
② 郝媛玲，沈婷婷．数据素养及其培养机制的构建与策略思考［J］．情报理论与实践，2016（1）．
③ 杨晶晶，谷立红，田红．信息伦理研究综述［J］．电子政务，2011（7）．

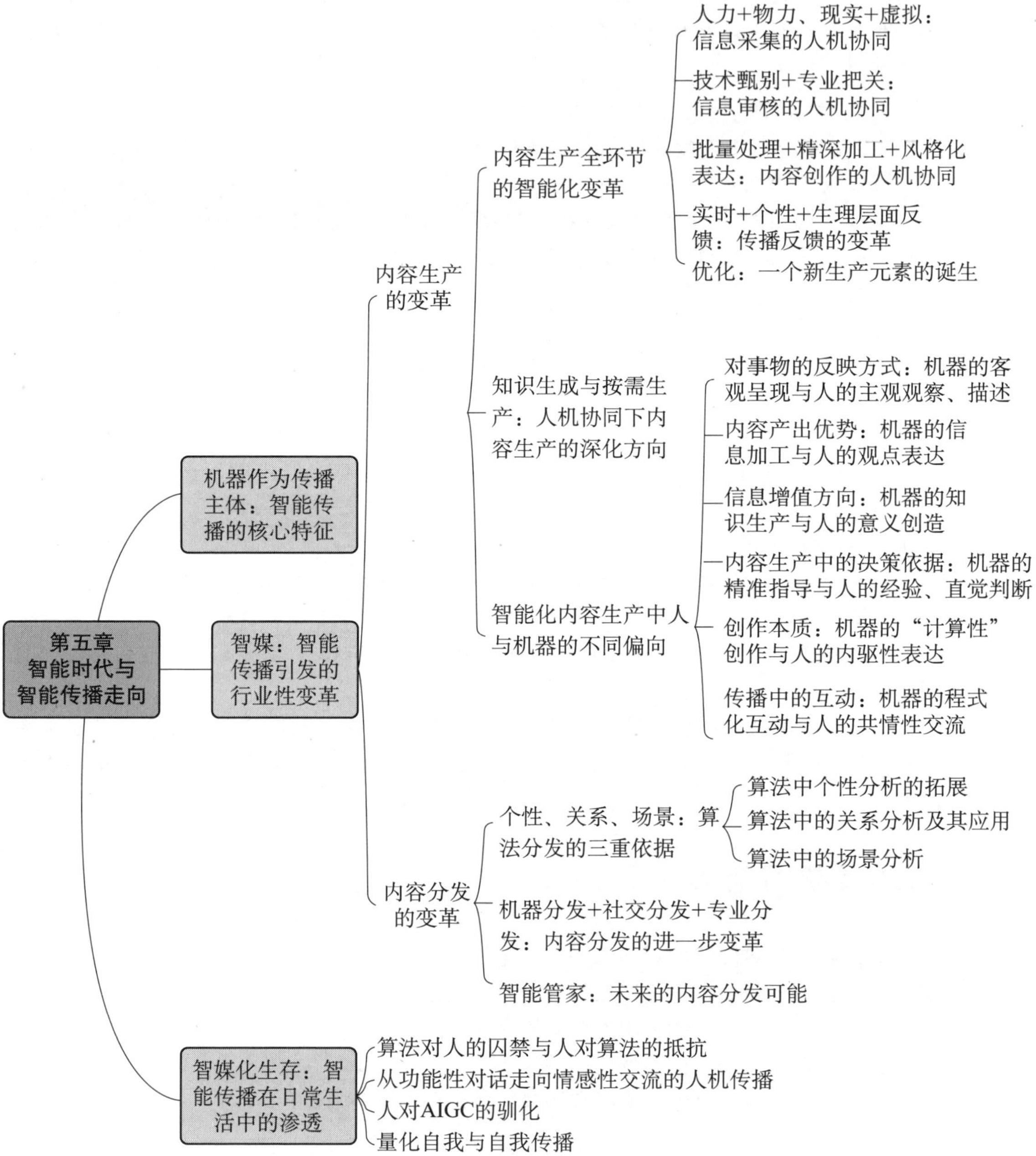
第五章
智能时代与
智能传播走向
机器作为传播
主体：智能传
播的核心特征
智媒：智能
传播引发的
行业性变革
内容生产
的变革
内容生产全环节
的智能化变革
人力+物力、现实+虚拟：
信息采集的人机协同
技术甄别+专业把关：
信息审核的人机协同
批量处理+精深加工+风格化
表达：内容创作的人机协同
实时+个性+生理层面反
馈：传播反馈的变革
优化：一个新生产元素的诞生
知识生成与按需生
产：人机协同下内
容生产的深化方向
智能化内容生产中人
与机器的不同偏向
对事物的反映方式：机器的客
观呈现与人的主观观察、描述
内容产出优势：机器的信
息加工与人的观点表达
信息增值方向：机器的知
识生产与人的意义创造
内容生产中的决策依据：机器的
精准指导与人的经验、直觉判断
创作本质：机器的“计算性”
创作与人的内驱性表达
传播中的互动：机器的程式
化互动与人的共情性交流
内容分发
的变革
个性、关系、场景：算
法分发的三重依据
算法中个性分析的拓展
算法中的关系分析及其应用
算法中的场景分析
机器分发+社交分发+专业分
发：内容分发的进一步变革
智能管家：未来的内容分发可能
智媒化生存：智
能传播在日常生
活中的渗透
算法对人的囚禁与人对算法的抵抗
从功能性对话走向情感性交流的人机传播
人对AIGC的驯化
量化自我与自我传播

第五章　智能时代与智能传播走向

人工智能时代，智能化机器全面进入我们的生活，这也包括传播领域，传播开始打上“智能化”的烙印。智能传播不仅影响着传媒行业的走向，也对人的生存产生了影响。这种影响虽然才刚刚开始，但可以预见其将是长远而深层的。

第一节　机器作为传播主体：智能传播的核心特征

在中国，智能传播的相关实践在2015年左右便已开始，但对它的关注还局限于传媒行业和新闻传播研究者。然而2022年底ChatGPT的问世，让人工智能及智能传播成为全民话题，它的出现也提供了全面认识智能传播图景、预测智能传播前景的新契机。

智能传播这个词组虽然在近几年被不少研究者使用，但多数时候，研究者并没有做出明确界定。有些研究将智能传播窄化为算法分发，这无疑会局限我们的视野；有些研究则将人工智能时代的传播默认为智能传播，但这种默认会带来概念泛化的问题，人工智能时代仍有些传播是传统的或非智能的。

周葆华等人对智能传播的定义则更为明晰，他们认为，“智能传播”即人工智能技术介入和参与的传播活动：可以发生于生产环节（如机器新闻生产），也可以发生在分发、使用环节（如算法推荐）；不仅包括以智能技术为中介的人类交往过程（不限于人际范围）及其影响，也包括人类与智能技术交往的人机传播过程（HMC）及其影响。① 这个定义不仅明确了人工智能在智能传播中的角色，也指出了人机传播这样新的智能传播形态。

与智能传播一样，人机传播这一概念虽然近年已经出现，但学界并没有达成统一认识。有学者强调人机传播的特征是，机器并非传播的渠道，而是信源或/和信宿②，对这一特征研究者容易达成共识，但如何理解人机传播与此前已经出现的人机交互这一概念的关系？有人将人机交互与人机传播视为同义词，或者将人机传播作为人机交互的新阶段。

知识窗

人机交互

人机交互（human computer interaction，HCI）是研究人、计算机之间相互影响的技术，其研究重点是用户界面，即人与计算机之间传递、交换信息的媒介和对话接口③，主要涉及的是人与各种输入、输出设备之间的交互。而今天我们谈论人机传播时，机器已经变成与人一样的交流主体，人与机器的交互，已经从界面的交互，转向信息甚至情绪、情感的交互，这种交互也在对人类行为产生影响。因此，将人机传播与人机交互“切割”开来是有必要的。

---

① 周葆华，苗榕．智能传播研究的知识地图：主要领域、核心概念与知识基础［J］．现代传播（中国传媒大学学报），2021（12）．

② 牟怡，许坤．什么是人机传播?：一个新兴传播学领域之国际视域考察［J］．江淮论坛，2018（2）．

③ 董士海．人机交互的进展及面临的挑战［J］．计算机辅助设计与图形学学报，2004（1）．

从广义来说，机器作为主体参与的各种能触达人的智能传播活动都可以算作人机传播，机器自动化新闻生产、算法分发等也可以包括在内。而从狭义来看，人机传播是指同为传播主体的人与机器之间的直接互动，这样的人机传播更多类似于人际传播，也可以称为人机交流。

除了人机交流外，在机器新闻生产、算法推荐中，机器也是一种新的主体，而不仅仅是工具或渠道。机器成为传播主体，可以视为智能传播的最本质的特征。

目前内容领域所依赖的智能技术主要体现为算法，算法即规则，它不仅确立了机器所试图实现的目标，也指出了实现目标的路径与方法。① 算法是对现实世界做出的简化模型，它将抽象的问题变成可以量化、计算的对象。算法既可以应用于内容生产，也可以用于内容分发。ChatGPT 背后也有各种算法支持。

除了算法等技术外，数据也是智能传播中的一个核心要素。如方兴东等指出，数据驱动的信息生产和传播方式，是智能传播的本质。② 无论是哪种类型的智能传播，都以数据为基础，数据是智能成长的“营养”或技术推进的“燃料”，没有数据就没有智能；数据不准确、不完备，也不会带来足够的智能。智能传播的深化，不仅基于互联网上难以计数的各种内容数据，也基于人本身全方位的数据化，未来物联网中生成的“物”的数据，也会成为智能传播的“新能源”。

智能传播对内容生产、传播的一个关键影响，是以算法、数据思维为代表的机器思维的全面引入，这些思维会在某些方面拓展人们对世界的认识与反映方式。算法、数据思维也会对人的经验性、直觉性思维形成一定的冲击。但仅有算法、数据是否就有了完备的智能传播，算法与数据的局限在未来需要如何解决，这些也是智能传播实践与研究中的重要问题。

数据加上相关的算法或其他智能处理技术，再加上相关的硬件，共同组成了智能传播中的一个新主体或者说一种新行动者，我们可以将其统称为智能机器。不同于以往作为内容生产或交流工具的机器，作为行动者的智能机器在内容生产、分发中会产生各种“转义”的作用，它们会放大或削弱某些内容的价值，改变某些内容的意义，它们也会在某些方面改变人类生产者与消费者的行为模式。当然，这种新的行动者在行动中引发的一些问题，也引起了人们的关注。

研究中，人们容易将智能传播与智能化媒体（也简称为智媒、智媒体）混淆。两者虽然有很强的相关性，甚至在很大程度上正是智能化媒体实践推动了研究者对智能传播的认识，但智能化媒体这一概念强调的更多是专业化内容生产者利用智能技术进行内容生产与分发手段的创新，它是发生在媒体内部的变革。智能化媒体是智能传播的一种表现形态，但并非全部。

包括 ChatGPT 在内的 AIGC（人工智能生成内容）技术，使智能化内容生产翻越了专业围墙，进入普通人的领地，这正是其对智能传播的一个推动。同时，ChatGPT 将人机交流带到一个新的起点，也会使人对机器有更多的信任，对与机器的交流有更多期待，人机交流日益成为常态。从这两条线索我们都可以看到，智能传播正在逐渐蔓延为一种全民行为，甚至会像以往的社交媒体应用一样，推动人们日常生活的媒介化，而这种媒介化前面，还需要加上一个修饰词：智能。

对普通人来说，智能技术还有另一种介入传播的方式，那就是智能化的传播终端与人的共

---

① 贾开，蒋余浩．人工智能治理的三个基本问题：技术逻辑、风险挑战与公共政策选择［J］．中国行政管理，2017（10）．

② 方兴东，钟祥铭．智能媒体和智能传播概念辨析：路径依赖和技术迷思双重困境下的传播学范式转变［J］．现代出版，2022（3）．

生。但仅有智能终端并不等于拥有了智能传播，智能终端需要与其他应用技术结合，才会实现数据与算法驱动的智能传播。

智能传播研究不仅要关注传播活动，更需要关注新的人机关系。智能传播带来了三种人机关系：人机协同、人机传播（人机交流是其最典型的体现）、人机共生。对智能传播的认识，可以基于这三种新的关系展开。智能传播的发展，也是这三种人机关系不断深化的过程。后面的章节将对此做进一步分析。

第二节　智媒：智能传播引发的行业性变革

传媒业是人工智能较早进入的领域之一，这既是因为其核心工作（信息处理）正是人工智能技术的强项，也是因为海量的内容加工与分发更需要依赖智能化机器的效率。

一、内容生产的变革

今天，各种智能化技术正在共同推动内容生产各环节的变革。下面将以新闻内容生产为重点分析这些变革。

（一）内容生产全环节的智能化变革

1. 人力＋物力、现实＋虚拟：信息采集的人机协同

与新闻生产相关的信息，既包括与选题策划相关的信息，也包括新闻报道中直接采用的信息，还包括用户分析的相关信息。传统媒体时代，这些信息的获取主要靠人的力量，但今天在人工智能、大数据、物联网等技术共同作用下，智能机器具有了信息采集能力，这种能力也是对人力的补充与增强。

机器使得全时化的信息采集得以实现。以往人的采访，只能在一定的时间点或时间段内进行。如果记者没能在新闻事件发生时到达现场，一些信息就会错过，事后采访并不一定能还原现场、获得完整信息。而物联网传感器（包括摄像头）可以实现全天候的信息采集，虽然因为各种因素的干扰，来自物联网的信息可能并不能完全还原现场，仅靠"物"并不能完成完整的采访，但它们在某些方面可以弥补人的采访素材的不足。在近年一些新闻事件（例如重庆大巴坠江事件）的反转中，摄像头采集的视频成为了解真相的关键证据，这也说明了包括摄像头在内的传感器在信息采集中的价值。

机器也可以为记者的采访提供帮助。例如，智能眼镜、媒体的智能系统等，可以通过图像识别等技术对采访对象、新闻现场环境和其他对象进行实时识别，也可以实现多媒体信息间的智能转换，这些都会为记者的采访提供新的支持。

物力对人力的增强，也体现在信息采集维度的丰富上。

传统媒体时代，记者所获得的是现实世界（物理世界）的信息；数字时代，虚拟世界信息（数字化信息）的采集与应用成为常态。虚拟世界是现实世界的一种映射，社交平台的虚拟信息，在一定程度上反映着社会情况与人们的意见、情感、情绪，也可以反映集体或个体层面的行为规律，而物联网中的虚拟信息，更是直接反映着现实环境的状态。虚拟世界信息与现实世界信息的结合，可以从更多层面反映新闻事实要素、背景及深层影响，而虚拟信息的采集要依赖机器。

机器对信息采集维度的扩张还体现为，智能物体和传感器等成为人的器官的延伸，可以帮助人获得更广泛、更多层面的信息，这些信息可以丰富人对新闻事件或主题的认识。传感器的

应用，也可以使得一些现实的、抽象的信息被虚拟化、量化。例如，人的表情、情绪可以被数据化。这些新维度的数据或许会越来越多地出现在新闻中。

机器采集或分析的数据，会越来越多地进入新闻选题策划环节，为选题提供更多依据。

虽然机器可以在很多层面拓展信息采集能力，但它不可能替代人的采访，人在信息采集特别是现场的新闻采访中的核心地位不会被动摇。人对新闻现场的观察、对特定对象的采访，仍是新闻报道中最核心的信息，是支持新闻报道的重要基础。对于机器采集的信息，人也需要有自己的判断与筛选。

2. 技术甄别＋专业把关：信息审核的人机协同

今天的信息审核，主要是要解决几个方面的问题：假新闻等虚假信息的识别、不良信息的识别、内容中差错（如文字错误、语法错误等）的识别、内容价值（如新闻价值）的判断以及版权核查等。

面对海量信息，要对内容进行审查，仅仅依靠人力是不够的。智能机器已经成为信息核查的重要辅助力量，它也可能带来信息核查的新思路与新机制。例如：

（1）来源分析。通过对信息来源的分析，可以在一定程度上判断信息可靠性或质量。机器的数据处理能力可以在这方面大大提高核查的广度与效率。版权方面的核查，很多时候也可以通过来源分析实现。

（2）模式识别。通过对特定的关键词、表达模式或声音、图像特征等的识别来判断虚假信息和不良信息。通过人工的辅助，以及机器的不断学习，未来的分析与识别准确度会不断提升。

（3）技术鉴定。智能时代机器的造假能力也在增强，基于智能技术的面部交换、镜像身体运动、通过深层视频肖像转移面部表情、基于真实人的音频样本生成人工语音等技术在今天也越来越成熟①，它们带来的“深度伪造”（deep fake），对信息真伪的核查提出了新的挑战。但技术人员也在研究如何通过技术来鉴定深度伪造的痕迹，甚至通过技术将伪造后的信息复原。要辨别或对抗深度伪造带来的造假，同样也需要智能技术。

（4）交叉验证。对与同一对象相关的不同来源的信息进行交叉核实，是信息核查的一种重要方式。机器在这方面也具有优势。

（5）演变跟踪。对一条信息从产生到传播到变异的过程进行跟踪分析，是机器审核的特长。在演变跟踪方面，区块链技术是一种有效的技术，采用这一技术，容易对假新闻的来源进行追溯，这也会对假新闻的制造者形成约束。

虽然机器可以对海量信息进行快速判断与筛选，但最终的把关者仍是人。信息的真伪判断、价值判断、风险判断等，很多时候仍要依赖人来完成，这些判断需要建立在良好的专业能力基础上。此外，机器的审核算法，也需要向人类学习。

3. 批量处理＋精深加工＋风格化表达：内容创作的人机协同

媒体最终要提供给用户的是完整的信息作品，在作品生产方面，机器的介入也将成为常态。

以腾讯的Dreamwriter为代表的机器新闻写作已经进入实践应用层面，并在特定内容的“批处理”生产方面显现了它的力量。对于某些专业领域（如财经、体育等）的一些程式化的内容，基于机器的生产效率，可以实现全范围、全时化的自动内容生产，同时兼顾大众与小众

① 斯坦福关于“深度伪造”研究的六个问题，速来提升你的媒介素养[EB/OL].（2019-06-11）[2020-04-23]. https://mp.weixin.qq.com/s/VnhyblNe2gI1HHWrB7rQrw.

需求，机器也可以自动实现相关信息的关联，丰富与拓展稿件内容。

在视频的自动化生产方面，新华社的“媒体大脑”在会议报道、体育赛事报道等领域，已经可以完成视频的自动拍摄、剪辑等。它也在探索机器作为人的助手的相关功能。例如，在会议视频报道中，它可以根据发言者、大会议程对视频进行自动拆条，而人可以在机器剪辑的视频基础上进一步编辑。[①] 类似这样的系统在国内媒体中也会越来越多。

在整合性的作品生产方面，如多媒体信息的智能组合、同主题信息的自动整合等，机器的作用也将日益增长。

从长远来看，机器独立完成的信息作品的水平将不断提高，但高质量的内容作品生产，需要更为精深的加工，这将更多地基于人机协同。

在人的主导下，机器作为人的助手，可以通过数据分析，为人提供选题依据或方向启发，也可以为人进行部分素材的采集、筛选和粗加工。机器对多维信息的采集，对事物关系、知识图谱等的分析，有助于更完整地呈现新闻事实，解读其深层含义，解释其来龙去脉，预测事物的发展趋势与走向，提炼事物规律。如果运用得当，机器的辅助，会提高调查性报道、解释性报道等作品的技术含量及深度与精度。

在作品完成并进入分发后，机器的数据分析，也可以帮助人更好地分析内容的传播过程与效果，对作品及其传播路径进行优化。

内容作品的创作，需要体现内容生产者和消费者两方的审美需要，风格化、个性化的内容，不仅可以为消费者带来独特的审美体验，也可以成为生产者的竞争优势。机器写作领域的探索者已经意识到，机器写作“真正的难点在于怎么让它看起来像人写的，因为只有数据不是好故事”[②]。在这方面，基于对人的写作模式的分析和学习，机器也在不断提高自己的创意性表达水平，也有可能逐渐形成一定的个性化写作风格，在视频作品的自动创作中，也会如此。但机器的创作，始终是在遵循一些“套路”，特别是结构方面，难有意外惊喜。而作品的力量一定程度上来自结构的张力。在语言表达、视听语言运用方面，人的创意能力也是机器不可替代的。即使是在人机协同的模式下，人也需要作为创作的主体，坚持人的判断力与表达个性，突破机器创作的“套路”，提高作品的表现水平与审美价值。

智能时代，机器进入信息作品创作领域，其目标并不是完全替代人。相反，机器的高效生产、深度挖掘能力，有助于解放人，使人在某些类型的作品生产中投入更多精力。人和机器独立或协作生产的作品，将以不同的风格满足用户的不同需求。基于人的视角、人的观察、人的情感由人主导完成的文字或多媒体作品，仍将是主流。面对各种机器生产的程式化内容产品，人的作品需要更能展现人性与人文的光辉。

4. 实时+个性+生理层面反馈：传播反馈的变革

机器采集的新维度的信息，可以为用户分析提供新思路。以往的用户分析，主要依靠问卷调查等常规手段。虽然未来问卷调查这一方法不会完全失灵，基于科学的方法与手段的问卷调查形成的结果仍有较强的说服力，但是，基于社交平台、用户平台的大数据采集和分析，已经越来越多地进入实践，而这些层面的用户分析，在很大程度上需要借助机器的力量。

可穿戴设备、传感器等也会给用户分析带来全新的手段与思维，使用户分析个性化、场景

---

① 媒体大脑 MAGIC：会议报道更 AI 直播拆条超高效[EB/OL].（2019-07-01）[2022-05-11]. https://mp.weixin.qq.com/s/Hv5DTK338XpPwtKomluu0w.

② 刘康.未来媒体行业的新常态是“人机协同”：腾讯机器人写手 Dreamwriter 的“大白”定位 [J]. 南方传媒研究，2017（1）.

化、实时化。人们的行为与情绪，可以通过其生理层面的数据被揭示出来。基于传感器等进行的生理层面的数据监测，意味着用户反馈是精确到个体的，这也为个性化内容服务提供了新的参照。当然，这样的方式会带来很多隐私层面的困扰，对使用这些新手段的伦理规范的研究及政策法规制定，需要未雨绸缪。

5. 优化：一个新生产元素的诞生

智能化技术对内容生产的一个显著的影响，是对内容生产全流程的实时、多维监测与分析，这带来了内容生产中的一个全新元素——优化。

借助各种数据进行竞争对手分析、传播平台与路径分析、到达落点与流量分析、环境变化与走向分析、用户反馈分析、表现形式分析等，可以随时为内容生产提供优化依据。优化不是事后的反馈与调整，而是伴随内容生产的全过程。

在这些实时的优化方案中也可以逐渐沉淀出传播的规律模型，它们可以为研究者提供更多的实证资料。

（二）知识生成与按需生产：人机协同下内容生产的深化方向

ChatGPT 以及其他 AIGC 工具的出现，会对传媒业的智能化带来进一步的影响。这些新的智能工具，不仅可能逐渐淘汰只会搬运、堆砌信息的媒体或自媒体，而且会为媒体的信息加工、整合设置更高的目标，同时也会带来新的信息产品开发，如学者指出，ChatGPT 类大模型在信息推理、数据整编、报告撰写、知识库构建等方面的能力进一步推动了衍生信息资源的建设。[①] 我们也可以期待，未来的智能技术还将在整合信息的基础上，推动知识的生成，这也是信息超载时代人的重要需求。

哲学家波兰尼（Karl Polanyi）认为：人类的知识有两种。通常被描述为知识的，即以书面文字、图表和数学公式加以表述的知识，是明确知识。而未被表述的知识，像我们在做某事的行动中所拥有的知识，是默会知识。[②] 虽然今天人们普遍认为，智能机器不能拥有默会知识，但它是否会拓展明确知识的生产模式，提高知识生产能力？这一点已得到了很多研究者的肯定。

挖掘已有信息的关系，从中总结提炼以往人没有发现的模式或规律，这便是一种知识生成，而在这方面，大数据与人工智能的结合，已经展现出了很大的潜能。

有研究者指出，从知识表示与推理视角来看，人工智能参与的知识生产是一种基于知识库和规则事实逻辑的“集体知识系统”，是集搜集、处理、生成、匹配、推荐于一体的某种“实在的对象”的生产系统，其生产出的知识是一种“计算知识”。[③] 计算知识最终也可以归为明确知识的范畴，但与以往相比，其生产机制发生了变化。

当然，无论是现在的 ChatGPT 还是未来的其他应用，要推动知识的生成，仍然需要人的参与，这体现在机器学习素材的提供方面，也体现在知识生成的目标与具体任务设置方面。

除了知识生成方面的推动外，ChatGPT 等应用带来的内容生产的另一个变化，是“按需式”或“点播式”的内容生产。今天的内容分发虽然已经全面走向个性化，但这仍然是在已有的内容中挑选适合不同用户的内容进行推荐。如果人们需要的某些内容没有生产出来，需求就

---

① 陆伟，刘家伟，马永强，等．ChatGPT 为代表的大模型对信息资源管理的影响［J］．图书情报知识，2023（2）．

② 郁振华．波兰尼的默会认识论［J］．自然辩证法研究，2001（8）．

③ 方师师，郑亚楠．计算知识：人工智能参与知识生产的逻辑与反思［J］．新闻与写作，2018（12）．

无法得到满足。而 ChatGPT 等可以由用户提出需求，再进行内容的生产，这是完全由用户的个性化需求驱动的。

20 世纪 90 年代，出版界开始探讨“按需出版”的可能。在理论上这是完全可以做到的，但成本等因素限制了这一理念的推进，实践中出现的有限的按需出版也主要体现为按需印刷。今天，当人工智能和相关技术极大地降低了某些内容生产的成本时，按需生产变得更为可行，在以信息整合、信息挖掘为主的内容生产领域，尤其如此。

按需生产在未来的发展，会使得个性化内容对公共性内容的挤压进一步加大，公共性内容由谁来生产、如何到达更广泛的用户，也会成为新的问题。

（三）智能化内容生产中人与机器的不同偏向

人工智能技术的目标是了解人类智能的本质，以模拟、延伸和扩展人的智能。同样的，智媒变革将机器引入内容产业，也是为了弥补人在某些方面的不足。了解人与机器各自的特长与偏向，才能更好地实现两者的相互补充。

在内容生产中，机器与人的能力偏向可以在不同层面表现出来。

1. 对事物的反映方式：机器的客观呈现与人的主观观察、描述

媒体的报道是对事物的反映。以往在新闻生产中，对于新闻现场的采访，主要取决于人的观察。人的主观观察、探索、分析与描述能力直接影响到新闻报道的质量与深度。

而机器对于新闻现场的反映，则是通过各种客观方式特别是数据来呈现的。例如，对于一个大型的活动报道来说，基于位置传感器数据形成的热力图可以反映现场的人群密集度，来自环境相关的传感器的数据可以反映现场的空气质量，来自人的可穿戴设备的数据可以反映人们的兴奋程度等。这些新维度的数据，可以超越记者的个体视角和人的感官局限，提供新的观察线索，丰富人们对于新闻现场的认识，也可以在某些层面反映现场的整体状况。某些时候，客观的数据也可以证实或证伪人的主观判断，为报道提供更准确的依据。

但是，这些数据不能替代记者在现场的采访、分析判断及主观视角的描述。记者对于局部、个体、细节的捕捉与呈现，能带来真正的“活”的新闻现场。记者与当事人之间的面对面交流不仅可以发掘出数据之外的一些事实，也可能会触碰或激发出数据所不能反映的人的深层情感。如果那些本来鲜活的需要人用感官去观察、还原的新闻现场，都变成了干巴巴的数据堆积，那么新闻的色彩与温度也会丧失大半。

在同一个现场，不同记者可能会有完全不同的观察与呈现。他们的报道会引起不同人群的兴趣，唤起不同人群的共鸣。虽然在事实性报道时需要尽可能客观，但是，这并不意味着不需要主观判断与选择。而在特稿等新闻作品中，正是主观性的观察与描述，构成了作品最重要的风格。

将机器的客观呈现与人的观察和描述结合起来，可以使报道更为丰富、多元，满足受众的不同需求。

2. 内容产出优势：机器的信息加工与人的观点表达

在信息处理能力方面，机器无疑具有显著优势：无论是信息采集的维度与广度，还是信息加工的速度与效率，抑或是信息延展的能力。

智媒趋势下，内容生产者一方面需要充分利用和进一步发掘机器在信息生产方面的能力，补充人本身的不足；另一方面，当人无法在信息处理方面与机器相竞争时，就更需要在观点表达方面体现自己的优势。从用户这方面来看，在信息超载时代，他们对有价值的观点的需求也不会下降。

观点包含了态度与立场，某些时候甚至包含了情感，能提出有针对性的观点的，最终还是人。当然，人的观点提炼也不能完全脱离信息背景，基于机器提供的更丰富、深入的信息背景，人的观点会有更坚实的依据。

3. 信息增值方向：机器的知识生产与人的意义创造

媒体不仅仅是信息的搬运工，还需要挖掘信息的深层意义，实现信息的增值。机器主要通过知识生产来完成这样的增值，而人则需要在知识生产基础上实现意义的创造。

随着深度学习等技术的发展，机器在知识生产方面能力会越来越强，甚至在某些类型的知识生产方面，会比人的能力更强。这也给媒体的资讯内容升级为知识产品提供了基础。

即使如此，一些研究者仍认为，机器学习的范围比人类学习建立的范围要小得多，而且可解释性更差，容易出现理解盲点。人类的学习不但能建立起一种范围不确定的隐性知识，还能建立起一种范围不确定的隐性秩序/规则，人因此所起的作用是“意义创造”。① 意义创造的另一种表现，是基于人的视角及人的目标对知识的应用，是将知识转化为生产力、创造力。人的意义创造是基于对人自身及其社会环境的思考，以及对人的需要的回应。因此，人的意义创造，始终是机器无法达到的。

4. 内容生产中的决策依据：机器的精准指导与人的经验、直觉判断

以往的媒体，从内容的选题和角度策划到采访实施再到呈现、传播，相关的决策主要依赖人的经验。但机器、算法进入内容产业，则带来了基于数据的精准思维，数据越来越多地成为媒体的行动“指南”。

精准的数据分析与算法有可能在某些方面突破人的经验性认识的局限，某些时候数据的精准性还可以纠正人的经验判断的偏差，数据分析也有助于将个别性经验沉淀为一般性规律。

但我们也需要警惕，人也可能会因此被数据与算法捆绑，跟在机器后面亦步亦趋。如果内容生产的每一个环节都只是机器计算出来的一种行为，没有了人的悟性，没有了灵机一动与思维火花，也没有了人文情怀的指引，那么，内容生产的路便会越走越窄。此外，如果人对数据本身的精准性不能做出判断，而只是被数字迷惑，那么，表面精准的数据，可能带来更大的偏差与误导。

另外，精准的算法的形成，也需要依靠人的经验。内容相关的算法，大都是对人的内容生产、传播经验与价值判断学习的结果。

未来内容生产各环节的决策与行动，仍需要在直觉与程式化、经验与精准之间寻找平衡。

5. 创作本质：机器的“计算性”创作与人的内驱性表达

机器的内容创作能力包括艺术创作能力在不断增强，某些方面它们也能给人带来审美的愉悦。也因此，有研究者提出了“人工智能美学”这一概念，希望在此方向下研究人工智能技术发展过程中所出现的与美学有关的一些问题，包括人工智能对人类感性（包括情感）和艺术的模拟、人工智能艺术的风格与鉴赏、人工智能视野下人类情感和艺术本质问题等。②

虽然从作品角度来看，人工智能创作的作品有些也具有审美性，甚至也有超出人类经验的创意，但从创作原理来看，机器更多的只是用数据分析与算法模仿人的创作模式，形成自己的一些表达程式，它们的创作行为是在人的指令下完成的一系列计算行为。

而在人类的发展历史中，艺术活动之所以出现，是源于人的表达需要，艺术创作是以人的

① 刘伟．智能传播时代的人机融合思考［J］．人民论坛·学术前沿，2018（24）．

② 陶锋．人工智能美学如何可能［J］．文艺争鸣，2018（5）．

经历、情感、思想、审美、创造需求作为基本驱动力的。作品是思想与情感的载体，即使创作者的编码与接收者的解码有所差异，它也能传递或触发人的情感。

尽管人类一直在总结创作的规律，但人类的创作，很多时候仍是来源于顿悟与灵感，人类的灵感是机器难以计算与复制的。在面对机器创作的冲击时，保持与进一步激发灵感，变得更为重要。

机器创作的作品是否具有艺术价值这一问题一直存在争议，但有一点是确定的，即机器参与的艺术性创作，不会替代人的艺术表达。当然，它们可能会对人产生启发，它们的出现有助于增加艺术表达的丰富性，也可能促使人去寻求新的表达形式。就像“阿尔法狗”的出现促使人类围棋选手对围棋的领悟进入新的境界一样，机器的创作也会为人带来对艺术与审美的新的领悟，最终的结果仍是更多地激发人的创意需求与创作动力。

6. 传播中的互动：机器的程式化互动与人的共情性交流

近年来，智能主播或主持人这样的新“机器”也开始进入我们的视野。它们的出现，意味着“机器”开始以人的形象走向与用户交互的前台。可以预见的是，在未来的内容传播中，智能主播或社交机器人与人的互动会变得越来越普遍。未来的机器也会拥有“情感智能”，也就是识别和表达情感的能力。[①] 这会使得它们在与人的互动中，越来越多地体现出人情味。

但是即使智能机器可以识别人的情感或向人表达情感，它们的情感也都是被计算出来的，而缺乏人的经历支撑的情感只是一些数字化符号。它们与人的互动，更多基于机器的程式。虽然这样的人机互动也能在一定程度上帮助人减少孤独、获得安慰，但本质上是机器对人的“侍奉”，而不是对等的情感分享。

而人与人的交流，多是基于双方的经历、需要和特定情境展开的共情性的交流，虽然有时这样的交流可能比人机互动要付出更大的成本，但这也是人际交流的特质。主持人与受众之间的互动，虽然不完全等同于人际交流，但主持人与受众之间能形成共鸣，也需要有足够的感同身受。好的主持人一般有自己的表达风格与个性，这种风格与个性是交流中的一种个人化符号，而这背后是丰富的经历，以及良好的洞察力、感悟力与共情力，这些是机器难以企及的。此外，在面对复杂多变的互动场景时的随机应变方面，机器仍不可能与人匹敌，机器主播也难以履行今天人类主持人的全部职责。

二、内容分发的变革

近几年兴起的一些内容平台，以算法为核心创造了内容分发的新模式，这也启动了内容分发的变革。但未来的分发不会停留在今天的“个性化分发”这一简单模式上，其设计思路也会进一步丰富。

（一）个性、关系、场景：算法分发的三重依据

在算法领域，内容分发算法也可以称为推荐算法。第一章提到，推荐算法的设计思想包括基于内容的推荐、协同过滤推荐、基于标签的推荐、社会化推荐、基于深度学习的推荐、基于知识的推荐、基于网络结构的推荐、混合推荐等。虽然这些推荐算法有时是用于商品的推荐，但内容分发中的思路也是相似的。

无论是什么思路，智能化算法分发，主要解决的都是人与内容的适配问题。适配依据包括

---

① 特克尔．群体性孤独［M］．周逵，刘菁荆，译．杭州：浙江人民出版社，2014：151.

用户个性、所处关系以及场景等三种主要维度。

1. 算法中个性分析的拓展

目前算法所关注的个性主要是用户当下的需求，但这带来的问题是，算法会过于拘泥于用户的短期行为，形成正反馈效应，将人们约束于狭小的视野当中。因此，未来的算法除了要准确定位用户当下需求外，还需要有两个方向的拓展。

一是可以预测需求的自然转化方向。人们的需求会有自然的变化过程，外部环境的变化、个人状态的变化等，都可能导致用户的需求与偏好等发生一定的转变。算法需要预测人们需求的转化方向，并适时做出调整。

二是人工激发新需求。用户的阅读总是偏向个人兴趣的，但一些他们忽略的公共性的话题能帮助他们了解更广阔的世界。因此，算法不仅要满足个性化需求，也要引导用户关注公共事务，激发他们对公共信息的兴趣。此外，从破解信息茧房的角度看，算法也需要通过对用户阅读线索与逻辑的深层了解，激发出他们的新兴趣、新需求。

2. 算法中的关系分析及其应用

虽然今天一些内容推荐算法已经开始注意用户的社会关系这一维度的数据，但应用还不充分，未来算法还需要充分考虑用户所处的多重“关系”。这不仅意味着将关系作为内容推送的参考依据，更意味着通过内容来实现人的关系连接与整合。

从关系维度看，算法需要重点关注三种关系。

（1）社交关系。即用户在不同平台上的社交圈。社交圈意味着或直接或间接的社会交往，很多社交圈中的关系也是现实生活中的关系。人们的信息消费往往与社交圈中的形象管理相关。让人们在社交圈获得更多的存在感，塑造更好的社交形象，是内容分发中需要顾及的问题。

（2）群体归属。分散在不同网络空间里的人，可能有着相同的志趣、相同的文化特征，他们可能归属于同一类文化群体。算法应该有助于人们发现自己的同道中人，并与其产生广泛的关联与互动。

（3）社会归属。个性化时代，仍然需要社会整合，也要通过算法让个体与整个社会产生更多的联系，促进他们对公共议题的关注，参与公共对话、公共行动，增强他们的社会归属感。

3. 算法中的场景分析

未来，场景也会成为智能分发的主要参考维度。第四章分析了场景的要素，目前的算法，对于空间这一场景要素有所涉及，但应用还不够充分，而其他要素则基本还未考虑，未来的场景研究与应用还有待深化。

从综合性的场景看，家庭、办公、交通（开车、坐车）、休闲娱乐等，都是未来值得重视的场景。

智能技术将重新定义媒体使用的家庭场景。智能音箱在家庭场景中将会得到更多的应用，它的语音交互特点，尤其为老年人带来了方便。借助智能音箱，老年人可以点播新闻、娱乐内容。未来的智能音箱也需要帮助老年人实现各种服务功能，如打车、购物、挂号、健康监测，甚至成为老年人的陪伴。通过算法来分析老年人的需求场景并相应满足，是智能音箱的算法需要解决的问题。

未来的家庭场景里还会有智能空调、智能冰箱、智能空气净化器、智能监控等各种新型智能设备，这些设备中的信息与服务推荐，也需要算法的支持。

作为重要内容分发渠道的智能汽车，也需要场景的分析与匹配。汽车这一场景意味着不断变化的位置，意味着与交通相关的各种需求，如导航、加油、停车、求救、报警、预警等。同时，对于开车的人来说，听的需要远远高于看的需要，理解这种场景下人们的行为与需求并提供相关服务，是基于汽车的智能分发的核心目标。进一步，在未来车联网、无人驾驶的时代，汽车这样的移动场景还会发生重大变化，这些也会给内容的智能分发带来新的可能。

智能分发算法设计中还需要考虑以下几对矛盾的平衡：

(1)“偶然”与“必然”。用户的阅读行为有很多偶然性，如果把偶然行为当作算法依据，就可能产生偏差。算法应该更多把握用户行为中的“必然”，以提高算法的有效性。

(2)“习惯”与“奇遇”。在迎合个体的阅读“习惯”的同时，算法也需要提供一些惯性之外的信息，给个体带来更多“奇遇”，让个体看到更广阔的世界。

(3)“悦耳”与“刺耳”。算法总想为用户提供“悦耳”的声音，但某些时候也需要提供一些“刺耳”的声音，让用户了解真实世界的多面性。

虽然未来的分发需要考虑多维度的用户数据，更精准地定位用户，但这种手段的应用又需要一定的节制。算法对用户过多的算计，未必带来更人性化的服务，反而会造成对人的束缚甚至威胁。

(二) 机器分发 + 社交分发 + 专业分发：内容分发的进一步变革

内容分发机制不仅在为内容生产者解决内容的推送问题，也在为用户解决海量内容的过滤与选择问题。虽然一直备受争议，但算法技术在内容分发方面的应用也是一种必然。

今天的分发算法未必已经达到理想状态，它还需要进化，而进化的原则与方向，则需要更多体现来自传媒业的专业原则与价值判断。

在内容的智能分发中，也会出现社交机器人（聊天机器人），它们可以通过与用户的互动，更精准地了解用户需求，并选择相应的内容进行推送。这些社交机器人，同时也可能扮演记者的角色，在与用户的互动中，收集用户对某些新闻事件或话题的意见。

未来另一种可能参与信息分发的机器是传感器等智能设备。它们在自动采集到一些重要信息后，可以通过自主的渠道针对特定对象进行信息发布。例如，地震地区的一些传感器监测到地震波后，可以向相邻地区的人推送预警信息。此外，监测空气和环境质量、车流状况、人群密度甚至人群健康状况的传感器，都有可能通过自己的媒介渠道自主发布信息。当然，上面的判断主要是基于技术的可能性，管理部门对这些技术做出的政策规定，会影响到这种可能性的实现。

> **你怎么看**
>
> 你如何理解内容分发中算法的作用？

即使相关技术日益成熟，未来用户获取的内容也不可能完全来自算法或机器，社交平台上的人际关系网络仍是一种重要的分发渠道，但人际关系网络作为分发渠道也有着自身的局限。当人作为内容传播的一种中介时，人的感性因素在其中必然会扮演重要角色，情绪、态度与立场等，会作用于人们对内容的选择与传播，这也是后真相问题在社交媒体时代之后变得显性的重要原因。社交分发，也有可能加重信息茧房问题或“回声室效应”，使个体或群体被局限在自己的视野与圈层中。

为了帮助人们更充分地获得专业化的内容，更完整地了解社会环境，也为了更好地实现社会的整合，超越机器分发和关系分发的专业化传播仍是必要的。而在其中扮演主要角色的，仍是专业媒体，它们以专业眼光进行的信息筛选与推送是不可取代的。在机器分发和社交分发不断普及的情况下，专业判断与专业分发会显得弥足珍贵。当然，在机器分发和社交分发的冲击下，专业分发的渠道如何重建和维系，对专业媒体来说也是一个挑战。

未来的内容分发，将是机器分发、社交分发、专业分发几者的结合，是人的价值判断与机器价值判断的结合，是个性化满足与公共传播、社会整合的兼顾与平衡。

（三）智能管家：未来的内容分发可能

ChatGPT 的出现，使得另一种智能分发模式浮出水面。

ChatGPT 带来的是跨平台信息分发。以往平台的算法都是解决本平台的内容分发问题，而 ChatGPT 则是应用各种不同平台、不同来源的信息与语料，因此，是多平台内容的集成加工。

ChatGPT 给搜索引擎带来了新的思路，因此，搜索引擎平台也对 ChatGPT 应用做出了快速的回应。微软的新必应集成了 ChatGPT 应用，谷歌等也开始探索类似的新用户界面。

搜索引擎是对信息的二次乃至 N 次分发具有重要意义的渠道。ChatGPT 面对的是与以往搜索引擎相似的用户需求，那就是针对某一问题提供相应的信息。但搜索引擎提供的只是一些信息索引，是相关的信息链接，不负责对信息进行整合，而 ChatGPT 则将信息的搜索与信息的筛选整合。在新必应里，还同时提供作为答案生成依据的相关信息的链接。能够进入答案的链接，便为其原始内容提供了再分发机会。如同现在的网站往往通过 SEO（搜索引擎优化）来扩大传播面一样，未来的内容生产者也要力图通过优化策略让自己的内容进入各种答案中，这需要对 ChatGPT 类应用的具体原理有着深层的理解。

从用户这端看，ChatGPT 带来的另一个变化，是采用人性化的对话方式提供答案，人在信息获取过程中有了更多参与。用户提出的问题，决定了信息获取的方向；用户也可以对机器的回答进行反驳、质疑。这些都有助于机器不断提高回答质量，丰富信息整合的内容。这样的对话过程，也是人机协同的过程。

ChatGPT 的模式也意味着，智能分发不必都通过集中性的平台，而是可以以更个性化的“智能管家”的方式实现。用户可以通过适配的终端或渠道，通过嵌入各种 APP 里、专属于自己的信息管家获得特定场景下所需要的内容。个性化内容接收的终端也不限于手机，而是可能会向智能家居、智能汽车等空间中的各种智能设备延伸。

对于使用者来说，智能化的内容分发模式决定了他们认识世界的广度。那么，目前某些算法分发可能强化的信息茧房问题，是否会在智能管家这一模式下得到解决？答案也许并不明确。

ChatGPT 类应用是以广泛的信息源为学习对象的，因此提供的信息或答案会超出人们日常的信息获取渠道特别是社交渠道。这有助于打破人们现有的社会圈子、社会位置的限制来获取信息、知识，也可以使不同圈层的人获得的信息差有所减少。当然，其前提是人们能平等地接触与使用这些智能应用。

但未来的“智能管家”是否会越来越了解一个人的习惯、性格，所提供的信息是否会不断迎合用户的偏好？理论上是完全可能的。究竟是否要向这一方向发展，则取决于开发者与应用者的意愿。像今天的算法分发一样，机器是强化还是破解信息茧房，最终还是取决于人如何利用机器。

第三节　智媒化生存：智能传播在日常生活中的渗透

当下，媒介化生存已成为人们普遍的生存状态。人们的生存时空被媒介侵蚀，也被媒介逻辑塑造；人们的现实行为与媒介行为两者相互映射、相互促成或转换，对媒介中的存在感、影响力的追求也深刻影响着人们现实中的行为。

而当媒介走向智能化时，人们的媒介化生存也加入了智能化的新特征，这体现在算法的影响方面，也体现在人机传播、AIGC、量化自我等新的智能传播实践中。

一、算法对人的囚禁与人对算法的抵抗

就普通人来说，对智能传播最早、最直接的感受来自推荐算法。

即使普通人不理解什么是推荐算法，也能感受到一些平台似乎很懂他们，他们喜欢看什么或想看什么内容，相关的内容就源源不断地出现在他们面前。有些人也知道这后面有着大数据的作用，因此，会将这样的算法称为“大数据”。

当前推荐算法的思路更多的是迎合人们的兴趣，强化推荐信息的同质性，因此，算法是否会带来信息茧房成为一个研究热点。

知识窗

信息茧房

信息茧房（information cocoons）这个概念来自美国学者桑斯坦（Cass R. Sunstein）。他指出，信息茧房意味着，我们只听我们选择的和愉悦我们的东西。① 而他提出这一问题的主要背景，是数字时代的个性化信息服务的逐步兴起。在算法应用普及后，对算法与信息茧房关系的研究也成为热点。但研究者的判断却并不一致。虽然有很多研究者担忧算法会造成信息茧房，但也有研究者认为信息茧房还不是一种科学概念，目前也还不能证明算法与信息茧房之间存在确切关系。

无论算法与信息茧房之间的关系是否被证实，至少我们可以看到，从算法本身的原理来说，算法的确会带来过滤，这种过滤不可避免地会在一定程度上影响人们对外部环境的认知。

算法作为一种媒介，连接着人与人、人与商品、人与服务、人与劳动等，它也日益渗透到人们生活的各个方面。价格算法影响着人们购买商品的价位，导航算法、网约车平台算法和未来的自动驾驶汽车的算法影响着人们的出行，外卖平台算法决定着人们收到外卖的时效。一些婚恋网站，则用算法来进行相亲匹配。

算法越来越多地左右人们的消费：一方面，它影响着消费者获得的商品及其价位；另一方面，它通过数据反馈让商家更多地算计、控制消费者。算法不仅在满足着人们的消费需求，也在挖掘、诱导着人们的需求，把人们进一步推向消费主义的陷阱。

算法也在对人们的劳动产生控制，无论是外卖骑手、网约车司机这样的体力劳动者，还是网络平台的各种内容生产者。通过算法规则，平台可以对劳动者进行严密控制，这种控制甚至会演变为劳动者的自我约束与激励，一些劳动者因此变成“永动机”。

人的社会资源获取、社会位置流动，也越来越多地受到算法的影响。经过算法“计算”后获得某种资格的人，可以获得相应的资源或上升的空间；相反，被算法认定为不合格的人，就与资源、机会无缘。算法往往依据的是一些量化指标，有些指标难免简单、粗放。仅以指标来评判人们的资格、潜力的算法，会对人带来另一种囚禁。

尽管算法对人的囚禁在越来越多的方面得以体现，但随着算法实践的深入，越来越多的用

---

① 桑斯坦．信息乌托邦：众人如何生产知识［M］．毕竞悦，译．北京：法律出版社，2008：8.

户意识到了算法的存在，部分用户开始用自己的方式解读算法，进行算法的利用、训练、驯化。

算法的“民间理论”指的是用户对于算法的朴素认识，是人们凭借日常媒介实践中的线索来推理和猜测算法逻辑。有研究认为，算法民间理论的形成主要涉及两方面：一是激发用户推测算法系统的外显线索（如文本特征、用户特征、系统特征）和内隐线索（如态度、情感、心理）；二是感知模式，包括社交关系模式、因果推理模式、用户参与模式等。[①] 算法的民间理论体现了用户对算法的认识与理解，是用户的能动性的体现。

在认知、理解算法的基础上，一些用户试图对算法做出反向利用，通过投喂相关的数据，训练算法向自己所需的方向发展。例如，当理解了某些排行榜算法的原理后，一些用户会制造有利于提升排名的数据，来获得自己需要的结果。

进一步，一些用户也会有意无意地对算法进行抵抗，即从算法的执行后果出发，对其加以逆向追问以迫使其修正。有研究者认为，用户的抵抗战术非但不是针对算法的敌对力量，反而是具有治理意味的引导策略。[②] 但也有研究者担忧，用户自以为聪明的抵抗实质上变成了一种自我强化的不平等。[③]

一些研究从媒介素养角度来研究用户与算法之间的关系。有研究发现，算法媒介使用时间越久，信息茧房效应反而越低；在价值理性的视野之下，个体在使用智能媒体时会主动地在“信息效率”和“信息多元”之间取得平衡；受众主观能动性和高维度媒介素养的提升对于突破信息茧房具有积极价值。[④] 另一项类似的研究指出，网络媒介使用越频繁，同时媒介素养越高，与算法推荐相关的“回音室”被弱化的效应越明显。[⑤]

但并非所有用户面对算法都有同样的意识与媒介素养。算法素养方面的差异，带来了智能鸿沟。算法素养的高低，也在一定程度上影响着人们生存的质量。

二、从功能性对话走向情感性交流的人机传播

这里所讨论的人机传播，是第一节所指的狭义的人机传播，即同为传播主体的人与机器之间的直接交流、互动。

在这样的语境下，人机传播中的“机”，包括智能手机、智能语音助理、智能家居设备、社交机器人（包括虚拟与实体机器人）、服务性机器人等。

或许我们会问，在新媒体技术的推动下，人与人的连接变得更为容易，人与人的交流也变得无比丰富甚至过载，在这样的情况下，人需要与机器交流吗？如果需要，动因何在？

从现实来看，人与机器的直接对话，首先会在智能助理、家政服务、家庭教育、医疗护理、驾驶等服务场景下普及。人对这些场景下的人机传播的主要需求是功利性的，机器会针对特定的场景和服务目标与人类进行交流互动。由于应用场景的明确性，这种交流目的性很强，对话会较为顺畅。虽然这些机器主要是提供功能性服务，但它们的拟人化存在（无论通过外形

---

① 晏齐宏．用户算法感知对反馈行为的影响机制研究：基于社会认知理论的分析［J］．新闻与写作，2022（7）．

② 洪杰文，陈嵘伟．意识激发与规则想象：用户抵抗算法的战术依归和实践路径［J］．新闻与传播研究，2022（8）．

③ 张萌．从规训到控制：算法社会的技术幽灵与底层战术［J］．国际新闻界，2022（1）．

④ 虞鑫，王金鹏．重新认识“信息茧房”：智媒时代工具理性与价值理性的共生机制研究［J］．新闻与写作，2022（3）．

⑤ 吴锋，杨晓萍．算法推荐背景下用户媒介使用对“回音室”效应的影响研究：兼论媒介素养的调节作用［J］．西南民族大学学报（人文社会科学版），2022（5）．

还是声音方式），也会让人对它们产生亲近感，某些时候也会获得陪伴感。

目前 ChatGPT 与人的交流，同样是满足人们获取信息与知识等功利性需要，而它所呈现出的“智商”，让人们对人机交流的质量与效果有了更多期待。

今天，机器人还用于一些治疗，例如对 ASD（孤独症谱系障碍）的治疗。研究发现，社交机器人能增强 ASD 儿童的社交兴趣和情绪唤醒，减少社交回避，诱导社会互动行为主动发生。① 机器人有助于提高孤独症儿童的社交能力、专注力与行为能力。② 在阿尔茨海默病等其他疾病的治疗中，社交机器人也发挥着一定的作用。

而进一步，人在人机传播中会寄托更多情感性诉求。

当机器的智商、“情商”进一步提高时，人机传播会成为人际传播的补充。当人们渴望交流但又无法找到合适的人交流时，机器可以填补这种交流的真空状态，对于某些人群（如儿童、老年人、特殊人群等）尤其如此。机器虽然不能全方位替代人进行交流，但在某些方面，可以给人们带来补偿性、替代性满足。

人们在与机器交流时，有时也可能会想象这是他们的某个朋友或宠物，将相应的情感、交流愿望与行为投射到机器身上。即使他们知道这只是一种投射，但也可以获得暂时的、补偿性的满足。如果未来某些机器人身上可以植入特定人（例如逝去的亲人）的特征，这种投射和补偿效应会更为显著。

当人们只需要一个单纯的倾听者时，有些时候也会更愿意选择与机器交流。虽然机器不会做出像人那样丰富的反应，但它不会打断人的倾诉，也不会流露厌烦感。这可以使人无所顾忌，更充分地宣泄、释放情绪。

> **你怎么看**
>
> 你认为人是否需要人机传播？为什么？

人机传播不仅是对人际传播的一种补偿，某些时候也是对人际传播产生的问题的回避，因为人际交流依赖交流双方，任何一方都难以实现绝对控制，而人与机器的交流则具有更强的可控性。美国学者雪莉·特克尔指出，移动设备能保证实现我们的三个愿望：第一，我们的话语总有人听到；第二，我们想把注意力放在哪儿就放在哪儿；第三，我们永远不会独自一人。这三个愿望顺便还带来了另外一个好处，就是我们永远都不会无聊。③ 虽然她这段话主要针对的是早期的移动应用，但未来的人机交流同样可以轻易地满足这三个愿望，这也会是人们某些时候愿意选择人机交流而不是人际交流的理由。

其中的第二个愿望——可以随意控制注意力，在交流中还会体现为对付出与回报比的控制。人们之所以在某些时候选择与社交机器人交流，一个重要的原因是对交流成本、代价等因素的考量。如特克尔所说，我们时常感到孤独，却又害怕被亲密关系束缚，数字化的关系和机器人恰恰为我们制造了一种幻觉：我们有人陪伴，却无须付出友谊。④ 线上互动可以使人们选择性地接受某个交流对象有用、有意义的部分，而回避其他。⑤ 而人机互动，更是可以让人们回避人际互动中的成本与负担，更好地控制交流的方向，因此会被当作一种更具“性价比”的交流。

---

① 王永固，等．社交机器人对 ASD 儿童社会互动行为的诱导效应［J］．应用心理学，2019（2）．
② 陈东帆，李睿强，韩琨．人形机器人技术在孤独症儿童干预中的应用［J］．中国康复理论与实践，2015（11）．
③ 特克尔．重拾交谈［M］．王晋，边若溪，赵岭，译．北京：中信出版集团，2017：29．
④ 特克尔．群体性孤独［M］．周逵，刘菁荆，译．杭州：浙江人民出版社，2014：2．
⑤ 同④165－166．

交流的“定向性”甚至可定制性，也是人们对于人机传播优势的一种期待。人们在不同心境下需要不同的交流对象、交流风格以及内容，在人际交流中这并不容易实现，而人对人机传播的控制性，或许可以进一步发展到对交流要素的全方位控制，从技术上来看这是可能实现的。

虽然今天情感性人机交流还不普遍，但一些功用性的人机对话已经在生活场景中出现，并且被用户广泛接受。可以预期的是，基于补偿、投射、定向、可控等动因，人也会进一步走向与机器的情感性交流。尽管有研究者认为，考虑到人工智能所带来的伦理安全风险及社会后果，人们应该尽量避免卷入与机器之间的深度社会情感关系，更多地专注于其工具性服务功能[①]；但或许这只是一个主观愿望，当人们与机器产生密切的互动时，很难不在其中添加感情色彩。

三、人对AIGC的驯化

以往智能化内容生成技术主要局限于实验室以及媒体圈，而ChatGPT进入人们视野时是作为一种开放的工具，是面向普通人的，因而很快被大众知晓、使用。这也会形成一种示范，未来越来越多的AIGC应用会面向普通人。智能化内容生产因此扩展为全民应用，也就是从媒体内部走向媒体外部，这一点，正如互联网从Web 1.0到Web 2.0的飞跃。

AIGC应用不仅为个体提供了内容创作的新工具，也在一定程度上重新定义了人们的工作与学习，使得日常生活被智能化媒介改造。这个过程中人也在对AIGC技术进行驯化。

在英国学者罗杰·西尔弗斯通（Roger Silverstone）看来，人对技术的驯化，既包括个人合理地利用技术满足自身的私人目的，同时也意味着技术对人的机能的拓展，使得个体能够更好地参与到公共空间活动之中。人对媒介技术的驯化有四个阶段：占有（appropriation，即消费购买）、物化（objectification，对其进行实际处理）、融入（incorporation，技术在被使用的过程中逐渐融入个体的日常生活，成为日常生活实践的一部分）、转化（conversion，技术脱离私人生活范畴，重新“转化”进入公共空间）。[②] 个体对AIGC的驯化大致也分为这四个阶段。

从占有来看，虽然AIGC目前大多还是免费的，但人们也需要通过一些手段才能获得它们。此外，有些技术也已经或正在走向收费，使用AIGC仍需要一定的代价或成本。但可以预计的是，这样的代价和成本不会太高，当人们获得的收益越来越大时，人们也会愿意付出相应的代价与成本。

人们对AIGC的物化，会表现出不同的形式。我们至少可以预见以下可能：

其一是将AIGC技术收编，使其成为工作中的助手。虽然现在对于AIGC在工作中合理应用的边界还存在争议，一些机构甚至明确禁止类似ChatGPT类的应用，但在智能化大趋势下，AIGC应用恐怕很难被一纸禁令阻挡。微软Office 365 Copilot的推出，更会促成AIGC进入很多工作领域。在机器可以带来更高的效率且不降低质量（甚至某些情况下还能提高质量）的前景下，从产出角度看，未来越来越多的领域和行业接受、认可AIGC技术及其生产的内容，是可以想象的。

这样的AIGC应用，会使得那些程式化的工作或可有可无的形式主义的工作被机器接管。人们从这些工作中解放出来的同时，也开始担忧自己面临的被淘汰风险。

---

① 王颖吉，王袁欣．任务或闲聊?：人机交流的极限与聊天机器人的发展路径选择［J］．国际新闻界，2021（4）．

② 戴宇辰．“旧相识”和“新重逢”：行动者网络理论与媒介（化）研究的未来：一个理论史视角［J］．国际新闻界，2019（4）．

但 AIGC 本质上仍是人机协同的应用，人如果能在与机器的协同中找到自己的新角色、新价值，就能实现和机器的和谐共处。

其二是在 AIGC 的应用中学习知识。这里提到的学习既包括狭义的在学校里的课程学习，也包括广义的学习。相比由教师引导的系统性知识学习，通过如 ChatGPT 这样的工具进行的知识学习，直接针对人们的某些疑问或目标，目的性更强。

AIGC 工具本身包含了知识的收集与整理过程，而以往这样的过程需要人自身来进行。知识的整理过程在人的知识学习过程中的淡化甚至消失，看上去提高了学习的效率，但这也意味着人们更多时候只是被动地接受答案。AIGC 可以帮助人们快速获得知识，但并不能给人们带来足够的思维训练。答案式的信息获取，让人们通过捷径到达某个目的地，但这也使得人们缺少了“在路上”的过程，因此会错过很多路上的“风景”与“奇遇”。

过分依赖 AIGC 工具进行学习，只会让人们获得越来越多的未经自己消化的知识，知其然而不知其所以然，人的思维能力也可能面临退化。面对 AIGC 的影响，学校的教育需要设置新的目标。

其三是利用 AIGC 完成一些仅靠自身能力不能完成的创作，特别是在绘画、音乐等需要长时间训练的创作领域。虽然这些创作未必能产生精品，甚至大多都不能称为艺术作品，但它们可以满足人们的自我表达愿望，人们也会期待通过这种表达在社交空间中获得更多存在感和关注度，密切自己与他人的关系。

这样的创作工具也为人们在元宇宙中生成化身或创作其他内容提供了支持。虽然 2023 年 ChatGPT 带来的热议大大冲淡了元宇宙的关注度，甚至有人认为 ChatGPT 的出现意味着元宇宙概念的破产，但是，两者之间并非后者替代前者的关系。元宇宙所昭示的虚拟与现实世界的关系、AIGC 所代表的人与机器的关系，都是智能时代重要的发展线索。当下对人机关系的热议，并不代表新技术推动下虚实关系的演化会终止。事实上，AIGC 与元宇宙的发展是相互交织的，AIGC 的发展也给元宇宙方向下的应用提供了新动力。

其四是将 AIGC 工具作为聊天对象，将智能机器作为日常生活的技术伴侣。这也会推动人机交流的常态化。

可以预见的是，大众对 AIGC 物化的结果，并非只是产生了各种各样的内容产品，更重要的是丰富了人们的自我表达与社会互动模式，改变了人们的工作与学习模式。正是在人们对 AIGC 多样化的物化过程中，AIGC 与日常生活不断融合，人们的思维方式被智能技术思维浸染，行为模式也会越来越多地打上机器的烙印，这也是智能媒介化生存的更深含义。

AIGC 向公共空间的转化过程，会带来内容生态的进一步丰富，也会带来生态格局的调整，人机协同的创作甚至可能迫使一些低质量的单纯由人生产的内容退出。

AIGC 可能会成为社区发展的新土壤，成为社会关系重组的新纽带，但同时也会带来新的智能鸿沟。这既体现为在 AIGC 技术的可获得性方面产生的差距，也体现为对 AIGC 的驯化过程中产生的差距，后者在未来会表现得更突出，影响也更深刻。进一步，人们所处的社会阶层也会受到智能技术掌握能力的影响。

AIGC 相关的智能技术还会改变人们的生存环境。一方面，它降低了艺术创作的门槛，使人们的日常生活走向艺术化；另一方面，这种创作也会使虚构的影像充斥人们的生活，现实世界与虚构世界将难以分辨进行。

可以看到，在人对 AIGC 进行驯化的过程中，AIGC 也在对人进行驯化，这也是人机协同过程中必然要经历的。这种双向驯化，也将促生人的智媒化生存的新状态与新特征。

四、量化自我与自我传播

可穿戴设备以及相关的智能技术的发展，使人与机器越来越呈现出共生的状态，这也带来了量化自我活动的增加。

知识窗

量化自我

由美国学者凯文·凯利（Kevin Kelly）和技术专栏作家加里·沃尔夫（Gary Wolf）提出的“量化自我”（quantified self）概念，是指利用可穿戴设备和传感器技术等收集人们日常生活中不同方面的个人数据，用于探索自我、反思自我，从而获取自我认知的运动。① 虽然目前量化自我的研究主要集中在健康管理、产品开发、技术赋权等方面，但未来的研究也需要更多传播学的视角。

量化自我，在某种意义上是一种新的自我传播方式。自我传播，也有人称为人内传播、内向传播等。这一传播往往与人际传播、群体传播、组织传播和大众传播并称为五大传播形态。但有学者认为，“人内传播”概念从20世纪90年代开始，已经被西方传播学界弃置不用。我国传播学者将其作为一个传播学的范畴广为传播，乃是忽略了认知心理学、心灵哲学等诸多学科的研究成果，混淆了传播学与这些学科的特点，在哲学上有坚持身心二元论的嫌疑，在形式上曲解了米德（George Herbert Mead）的社会学理论，因而是一种错误的观念，急需纠正。②

这一看法不无道理，但也有一定局限。在人机共生的状态下，人借助机器实现的自我对话、自我审视并不能完全从人的神经系统活动或哲学角度加以解释，也无法纳入其他四种传播形态之中，因此还是有必要将其作为一种独立的传播类型加以关注。为了避免人内传播这一提法可能带来的误导（即这种传播仅仅存在于人体内部），在此采用“自我传播”这一称呼。自我传播不仅是人体内部神经系统的活动，也涉及人与环境、他人及社会的互动。

可穿戴设备、传感器等带来的自我量化、自我认知，正是自我传播需要得到更多重视的理由。相比以往的自我传播，量化自我使得精神层面的自我与物质层面的自我的对话增加，身体的物质状态成为自我认识、自我调节的重要指标。

美国学者凯瑟琳·海勒（Katherine Hayles）在研究控制论对后人类主义的影响时，谈到了控制论发展过程中对“反身性”问题的讨论。她认为，“反身性就是一种运动，经由这种运动，曾经被用来生成某个系统的东西，从一个变换的角度，被变成它所激发的那个系统的一部分”③。从控制论的角度看，这意味着“信息从系统流向观察者，但是反馈回路也可能回溯到观察者，将他们变成被观察的系统之一部分”④。传感器也带来了反身性效果。当个体利用传感器来了解自身的状态时，个体既是被观察者也是观察者。传感器将被监测的个体信息发送给同时作为观察者的个体，作为观察者的个体会对这些信息做出反馈，而这些反馈也会体现在作为被监测对象的个体身上。

---

① 杨梦晴，朱庆华，赵宇翔，等．量化自我研究：发展脉络、构成要素与学科机遇［J］．情报学报，2022（3）．

② 聂欣如，陈红梅．“人内传播”再商榷［J］．上海大学学报（社会科学版），2018（2）．

③ 海勒．我们何以成为后人类：文学、信息科学和控制论中的虚拟身体［M］．刘宇清，译．北京：北京大学出版社，2017：11．

④ 同③12．

作为观察者与被观察者一体、传者与受者一体的人，其自我传播就是一种反身性运动，是“行动的反身性”，即作为观念动物的主体拥有反过来针对自身并监控自身行动的能力。[①] 而传感器的作用，是将过去人很难量化的一些状态量化了，甚至包括过去被认为不可量化的精神层面的反映，如情绪与心理状态等，这使人对自身的认识达到了一个新的层面。

量化自我也推动了自我传播向外部流动，物质化自我的数据变成一种社交表演的方式，以及与他人互动的中介。这种自我既要表现给他人看，又要受到他人的审视，被他人评价，这些评价也会反过来影响个体的行为。个体向他人展示自我，同时又根据反馈进行自我调节的过程，在社会心理学的意义上，是一种自我建构，而在传播学意义上，这也可以看作是一种传播。其中，可以传递的信息及其传递方式，都会影响到人们的自我认知。当智能设备使人们展示的身体信息走向多维化、精准化、实时化，与他人的互动也会发生相应变化，自我认知、自我调节的方式与程度也会随之变化。

你怎么看

你认为量化自我会给人带来哪些影响？

原来属于“精神自我”与“物质自我”的反身性对话，会变成个人与他人、环境之间的一种互动，物会成为外界对人的深层监视的一种新手段。

量化自我对人产生的规训，还来自量化设备以及提供相关服务的软件或平台。在量化自我的过程中，人们会受到各种指标的引导，但很多指标并非权威机构提供的，而是在社交平台的互动中产生的，一些意见领袖对这些指标的影响尤其明显。应用平台在应用中内嵌的指标对人们也会有很大影响，但这些指标的科学性未必经过严格检验。无论是社交平台自发形成的规则，还是其他机构制定的各种指标与规则，量化自我都会让人们对各种指标变得更为敏感，并且努力遵循这些指标的引导，某些时候会走向机械化、非科学化甚至极端化。使用者在试图借助量化自我技术来进行自我管理的同时，也在不同程度上接受和内化了 App 的技术逻辑。[②]

针对量化自我带来的影响，美国学者贝克（Baker D A）提出了四个层面的思考：量化自我究竟是让人们对自己的了解更多、更好，还是走向它的反面？量化自我究竟是一种更强的自我控制，还是一种更强的社会控制？量化自我究竟是让人们变得更幸福，还是从来没有让他们得到足够的幸福？量化自我是给人们带来了更多的选择，还是侵蚀了他们的选择？很多时候，结果可能都是后者。[③] 虽然这只是他的一家之言，但这一观点也促使我们对量化自我实践的审视与评价进行深层思考。

【本章学习与思考】

1. 你观察到的智能传播在生活中有哪些体现？
2. 你认为智媒化实践给内容行业带来了哪些影响？
3. 你是否存在对算法的利用与抵抗行为？为什么？
4. 你认为未来普通人会如何利用 AIGC 技术？

---

① 赵超．反身性视野下的当代社会科学哲学：知识、社会与行动［J］．科学技术哲学研究，2015（2）．

② 曹璞，方惠．“专注的养成”：量化自我与时间的媒介化管理实践［J］．国际新闻界，2022（3）．

③ BAKER D A. Four ironies of self-quantification：wearable technologies and the quantified self［J］．Science and engineering ethics，2020，26（3）．

- 第六章 网络传播与网络空间中的人
  - 数字化与数据化的人
    - 数字化生存
      - 从“超现实”走向“现实”的文字化生存
      - 从“原生态”到“滤镜化”再到“想象性”的视觉化生存
      - 从小众游戏走向大众狂欢的化身式生存
    - 数据化生存
      - 被全息、全程数据化的用户
        - 用户画像的数据化
        - 身体的数据化
        - 位置的数据化
        - 行为的数据化
        - 心理状态的数据化
        - 关系的数据化
        - 评价的数据化
        - 生命历程的数据化
        - 思维方式的数据化
      - 数据化用户的隐私权与被遗忘权问题
        - 以隐私换便利？
        - “遗忘”变成例外？
  - 节点化的人
    - 传播网络中的个体节点
    - 关系网络中的个体节点
    - 服务网络中的个体节点
  - 媒介化的人
    - 时间的媒介化及其影响
      - 现实时间多重投射形成的“媒介时间轴”
      - 实时、伪实时与延时的交织
      - 当下与永恒的纠结
        - 当下的表达、永恒的痕迹、模糊的记忆
        - 流动的热点与难以凝固的记忆
    - 空间的媒介化及其影响
      - 媒介（虚拟）空间与现实空间的融合
      - 媒介内容生产推动的现实空间“媒介化”
      - 媒介化空间成为日常生活空间
      - 媒介化空间与“在场”
    - 生存的媒介化及其影响
  - 赛博格化的人
    - 智能设备推动的赛博格化
    - 人的虚拟实体化与元件化
    - 虚拟空间中并未消失的“具身性”

第六章　网络传播与网络空间中的人

传统媒体时代出现的“受众”这个概念，在今天显然已经不合时宜，因此，我们更多的时候采用“用户”这一说法。用户不仅是传播的参与者，也是网络空间与网络社会的“居住者”和“生存者”。他们既用自己的方式使用着网络媒介及其内容，构筑着自己的生活，也为网络的技术、应用和其他力量所形塑。

第一节　数字化与数据化的人

网络空间的言行构成了人们的数字化生存，无论它是否会对现实世界产生影响，都表达了人们的现实诉求，也是人们生存体验的重要组成部分。进一步，当技术进化到一定程度，虚拟世界与现实世界的种种生存活动被映射为数据，我们也进入“数据化生存”阶段。数字化生存与数据化生存并不等同，人们在其中的能动性也有差异，但这两者共同构成今天人们生存的整体。

一、数字化生存

互联网的普及开启了人的“数字化生存”。虽然美国学者尼葛洛庞帝（Nicholas Negroponte）早在20世纪90年代便在《数字化生存》一书中提出了“数字化生存”这一重要的命题，但这本书里更多讨论的是内容、产品、服务等的数字化，谈及“生存”之处并不多。而今天我们对数字化生存这个词的认识，不仅与数字化产品、服务有关，更与我们自身在数字空间里的生存方式和状态有关。数字化生存至少有三重含义：虚拟化的存在方式、基于数字化符号的表达与互动、跨时空与多道并行的交流。其中，数字化符号表达是数字化生存的核心。

数字化生存意味着人们在网络中的言行成为计算机处理的对象。而在计算机的处理中，无论是数字，还是文字，抑或图片、音视频等，最终都要转化为“0”或“1”进行处理，也就是变成了数字化符号。数字化生存，也就是人们在各种网络空间中以多样化的ID和身份，基于各种数字化符号进行自我表达，与他人进行互动，以赢得虚拟空间的存在感与满足感的过程。

尽管人们在网络空间中的生存都是数字化的，但在不同发展阶段，人们数字化生存所倚重的表达符号有所侧重，这也带来了数字化生存方式的几次重心转移。

（一）从“超现实”走向“现实”的文字化生存

互联网发展早期，由于技术因素的限制，人们在网络空间使用的符号只有文字，人们的数字化生存主要是以“文字化”方式存在。文字化生存的空间，一是私人化的交流空间，如聊天室、即时通信平台；二是公共化的空间，如论坛。

早期的网络私人空间中，最吸引人的是来自远方的呼唤或与陌生人的奇遇。人们在“昵称”这一面具下，在文字的试探、碰撞中，开启精神的漂流。在这些私人空间里，文字化生存是自我释放与自我再造的冲动，是冲破现实约束的努力。

网络的公共空间，则将数字化生存变成一种以文字为武器的“江湖”厮杀。文字化生存，不仅依赖文字表达水平，也倚仗人的阅历、见识、知识、思想等。公共空间中的文字化生存，最终成为声誉与权力金字塔的构建活动，人们的文字化生存能力及存在感会有很多落差。在这一时期，原本在现实世界没有声名、地位的一些人，可以靠文字能力在“网络江湖”中胜出，成为技术赋权的受益者。

早期虚拟空间的文字化生存很多时候是隔绝或回避现实生活的。人们可以在文字中营造一个全新的自我，也可以描绘完全虚幻的图景，搭建自己的“白日梦”。很多时候文字描绘的自我，是“超现实的”，在不同的网络场域中，文字塑造的自我往往可能是分裂的。同时，这样的文字化生存也是“去身体化”的。

但互联网的发展，使得网络空间属性变得日益复杂，文字化生存的环境也在发生变化。早期那样戴着面具的私人或公共空间，越来越多地被实名的社交环境排挤，人们的文字表达，也很难再像早期那样恣意随性。实名环境的文字竞争中，人们的既有社会身份、地位或关系网成为一种重要的加持因素，单纯凭文字能力胜出变得更困难。

随着技术的发展，文字不再是互联网中唯一的表达符号，但一些人出于对文字符号的偏爱或个人性格等原因，继续文字化为主的生存模式，而整个互联网逐渐进入新的符号化生存阶段。

（二）从“原生态”到“滤镜化”再到“想象性”的视觉化生存

移动终端特别是智能手机的普及，以及网络多媒体应用技术的发展，将人们带到了视觉化生存这一新阶段。图片、视频的随手拍，以及便利的分享方式，使更多人开始用视觉化内容进行自我表达与社交互动。

图片和视频，直接取材于现实生活，缺乏文字表达能力的普通人，也容易凭借图片、视频产生存在感。视觉化表达带来了社交平台话语权力格局的重新洗牌，景观、颜值、身体、才艺、活动等成为视觉化表达中新的流量秘籍。普通人成为“网红”的机会，因视觉化手段的流行而增加。

人们的视觉化生存，是一个不断寻找、发现和创造视觉素材的过程。他们会随时审视周遭环境以及自身的活动与行为是否适合拍图片、视频，拍出来的图片、视频是否能吸引他人的关注。有时人们甚至以社交平台中的图片或视频展示而规划、引导自己的现实活动，图片、视频生产成为“因”，现实活动反而变成了“果”。

移动时代，图片、视频成为社交平台上更常见的表演道具，随着社交表演过程的深入，道具本身的特质也在发生一定变化。早期的图片和视频多数是原生态的、未经加工的，它们反映的是“我眼中的我与生活”；但渐渐的，这些道具也表达了“我希望成为的我和我希望过上的生活”，对生活原貌的美化、加工成分越来越多。“滤镜化”成为互联网平台中视觉化表达的一种常态。

美化、加工后的图片或视频，虽然没有完全脱离现实的基础，但在一定程度上变成了对现实的重构。人们往往会被这些重构的“视觉化现实”欺骗，把他人制造的幻象当作自己对标的追求，基于美化的现实进行社会比较与竞争，甚至有人会沉溺于美化后的自我影像而忘记自己的本来面貌。

但这种自我美化的幻象，却有可能收获现实的社会资本甚至经济收益。一些靠滤镜化形象走红的网红，正是掌握了视觉化表达的技巧，满足了人们的某些视觉幻象，因而名利双收。

滤镜化生存虽然有美化成分，但依然有现实的基础，而正在兴起的 AIGC 技术，则将带来视觉化生存的再一次升级。在机器的帮助下，人们在网络中分享的视觉内容将越来越多地挣脱现实的羁绊。

在 AIGC 中，人更多地只需要把对画面的描绘告诉机器，例如，获得美国科罗拉多州艺术博览会数字艺术类别冠军的画作《太空歌剧院》，其创作者给出的描述是："身着维多利亚时代褶边连衣裙、戴着太空头盔的女人"。这样的时空穿越场面，在以往的绘画中几乎不会出现，但在 AIGC 中却会成为一种常态。这样的创作不再存在技艺上的门槛，却对人们的想象力发起了挑战。

AIGC 既可以完成天马行空的绘画，也可以完成以假乱真的图像、影像创作。类似 Midjourney 这样的平台，可以制造各种惊天假新闻，也可以生成不同国家、不同年代、不同氛围的日常生活影像。人们只需要给它一些基本的关键词，就可以进入自己想象的时空与场景。

这也意味着，未来的数字空间中，将是真实的人与虚拟的人、现实的景象与虚幻的景象的共存，但虚幻的人与景象却会更多地以真实的面貌出现。真假难辨的影像世界里，人们不仅会更多地被幻象误导，也会逐渐模糊现实与虚拟的界限。虚拟出来的"现实景象"，也可能会成为现实的一部分，因为它带来的影响很多时候也是现实的。

（三）从小众游戏走向大众狂欢的化身式生存

电影《阿凡达》（*Avatar*）让更多人了解了"化身"这个词，但"化身"这个概念最早出自电子游戏，它指的是以数字的方式呈现的感知形象，也可以说是人为自己选择的一种数字化的形象。

化身是一种符号，它既是隐藏人们真实身份的外壳，又是人们内心愿望的载体。化身往往对应着一定的行为模式，也会与游戏的具体情境、故事联系在一起，而有些游戏的背后还有更多的文化、历史背景，人们也试图通过这些承载着背景的化身，进入特定的人文、历史时空。化身隐藏着人们的真实自我或理想自我，化身扮演过程也会反过来影响人们的自我认同。后面的章节将做进一步分析。

相对而言，以化身方式参与各种游戏的仍是小众，但这些小众的化身实践，展现了数字化生存的另一些可能。目前关于游戏化身的研究，也可以带来合理的推测：人们在游戏化身上所做的自我塑造甚至自我突破的努力，在其他化身实践中也会得到体现。

在元宇宙概念及各种相关技术的推动之下，具有沉浸感的各种社区或应用将逐步兴起，这为大众化的化身实践提供了可能。走向大众的化身将为人们逃避当下各种实名社交环境提供机会，为人们的自我塑造提供新的手段，给人们提供了对理想人生的追求、对现实的逃避与转移、对自我能力的延伸等多重可能。

游戏或元宇宙空间中的化身式存在，也可以让人们拥有生活在多重平行空间的体验，探索生活方式与自我实现的多种可能：在一个空间中犯下错误导致"游戏终结"或"死机"时，可以在新的空间里清除错误，重启人生。当然，人们最终还是要从这些平行空间中回归现实，而现实里很难有简单清除错误的机会，也不可能重启人生。数字平行空间里的体验，究竟是会让人们更好地面对现实生活，还是让人们失去对现实的把控，不同的人可能会有不同的答案。

化身不但表达了人们的精神向往，也可以实现人们对自己身体再造的愿望，且不需要付出现实生活中的实质努力。AIGC 工具为人们完成自己的化身创造提供了可能。可以想象，化身将成为一种新的身体建构方式，就如同自拍、美图，多数时候这种建构也会沿袭自我美化的取向。但这种身体的建构也会时时处于他人的凝视下，并非完全自主。

二、数据化生存

今天，人的数字化生存的基础——数据（data），不仅支持着人们的虚拟化生存，也成为被计算、分析的对象，变成被各种服务商算计、利用的资源，从而有可能成为被管理、操控的对象。人被全方位映射为数据，数据也会反过来影响人们的生存。因此，有必要从“数据化生存”这个视角再次审视人被数字化的结果。

从信息技术的角度看，任何数字化的信息都是“数据”。从个体对数据的控制关系角度看，个体的“数据”有三种：

其一是个体被动生产的数据内容。例如在平台注册时被强制要求提供的信息，以及人们在各种平台的操作被收集变成的数据。

其二是个体主动生产的数据内容。在各种社交平台上用户都会自主地制造出大量的内容，这些内容也是数据。

其三是处于主动与被动之间的数据。如可穿戴设备形成的用户数据。用户在使用可穿戴设备方面具有主动性或者说可选择性，但一旦使用这些设备，设备产生的数据就是用户难以左右的，因而用户在这方面具有一定的被动性。

（一）被全息、全程数据化的用户

用户在今天已经被全息、全程数据化。数据化的控制与反控制（无论是来自自我的，还是来自外界的）程度会不断加深。基于数据的算法，也在对人产生全面影响。

1. 用户画像的数据化

对于网络服务的提供者来说，用户数据主要的使用方向之一，是对用户画像的描绘。

知识窗

用户画像

交互设计之父阿兰·库珀（Alan Cooper）较早提出了用户画像（persona）的概念，并指出用户画像是真实用户的虚拟代表，是建立在真实数据之上的目标用户模型。在交互设计/产品设计领域，通常将用户画像界定为针对产品/服务目标群体真实特征的勾勒，是一种勾画目标客户、联系客户诉求与设计方向的有效工具。借助用户画像手段，设计师将头脑中的主观想象具化为目标用户的轮廓特征，进而构造出设计原型或产品原型。[①] 用户画像的内涵主要包含三个要素，即用户属性、用户特征、用户标签。[②]

用户画像这一概念最早源于交互设计/产品设计领域。除了交互设计外，市场营销、媒体等也常常会使用用户画像这样的说法。传统时代，因为数据获得的困难及相关技术的难度，用户画像往往是“群像”，这种群像也是粗略的、模糊的。今天在新技术的支持下，针对个体用户的数据画像已经变得可能，其目标是揭示用户的自然属性、个性特点、兴趣偏好、行为习惯、需求特征等，甚至有些画像还能揭示出个体的政治倾向、态度立场等。

无论是哪种画像，在网络环境下，这些画像都是由数据分析得出的，最终也会用数据来描绘。

2. 身体的数据化

移动终端、可穿戴设备、智能传感器等的发展，全面开启了身体的数据化，包括身体或身体“元件”的全貌或特征、身体的运动轨迹、身体状态等数据。

---

① 亓丛，吴俊．用户画像概念溯源与应用场景研究［J］．重庆交通大学学报（社会科学版），2017（5）．

② 宋美琦，陈烨，张瑞．用户画像研究述评［J］．情报科学，2019（4）．

人的某个“元件”（如人脸、指纹、声音）被数据化后，便可与人的身体分离进入数字空间里。这些数据的收集通常是服务商基于服务的需要，但这也给个体带来隐私和安全方面的风险。每个人的元件都可以与其他人的元件重组，这是深度伪造技术产生的原因之一。

身体运动轨迹数据，反映了人的物理位置、活动路径，因而成为一些网络服务的依据，如打车类应用、健身类应用。运动轨迹在某些时候也能反映人的其他状态与特性。在社会管理系统中，类似思路将越来越普及。

身体的数据化，也变成了验证人的身份的重要手段。人脸、指纹、声音等身体数据都是类似的，相比传统的一些验证手段，这类方式更为便捷，但也会给人们带来更多的风险。

对于个体来说，身体的数据化会增加个体的自我控制，也就是以身体的相关数据为依据，对自己的身体进行更多控制，以达到个体所期待的更好的身体状态。同时，身体数据也会成为社交平台的表演手段，例如每天走路的步数、跑步的公里数等。人们基于身体数据产生的社会比较，也会带来更多的身体焦虑。

当身体上的智能设备越来越多时，身体数据本身将构成一种新的信息网络，身联网便代表了这样一种趋势。

知识窗

身联网

2020 年 7 月，世界经济论坛（WEF）发布了研究报告《身联网已来：应对技术治理的新挑战》（The Internet of Bodies Is Here：Tackling New Challenges of Technology Governance）。报告中对身联网的定义是，通过联网的传感器连接的身体及其数据网络。联网设备包括通过非侵入式或部分侵入式部署，用于监测人体生物特征和行为数据的医疗设备、健康状况跟踪设备、部署在身体内外的智能消费设备，以及在企业、教育、娱乐等场景中连接或嵌入身体的智能设备。[①]

身联网虽然会带来一些便利，但也可能加剧身体的新“物化”趋势。在身联网中，人的身体只被作为像其他物体一样可以监测与计算的数据化对象，对身体的控制，也并非总是个体基于自我经验与愿望的自主选择，而是在很多时候成为流水线上、统一量化标准下的机械操作，有时也变成外在力量暗示或胁迫下的自我规训。量化的、精准的对身体的规训进一步被纳入身体的符号化、资本化的轨道。当身体处于数据网络的监控下不断接近某种健康或美的“标准”时，身体也会更多成为展示或换取社会资本、文化资本的“物”。

3. 位置的数据化

今天的用户是多种网络的节点（后文将进一步分析），正如网络上每一台计算机可以用一个地址来表示一样，用“位置”来测定每个用户，可以更精准地定位每个用户。个体用户画像与其节点位置的结合，可以使用户分析更为精准、深入。

用数据来测定的用户节点位置，主要包括物理位置、社会位置（所处的关系网络及其地位）与服务位置（所需要或提供的资源状态）等。在此所说的社会位置指的是用户在社会关系中的位置（如所处的关系网络及其地位）及这一位置中蕴含的资源。而服务位置比喻的是用户

---

① World Economic Forum. The internet of bodies is here：trackling new challenges of technology governance [EB/OL]. [2023-01-10]. https：//www3. weforum. org/docs/WEF _ IoB _ briefing _ paper _ 2020. pdf.

在服务网络中的具体“定位”，包括用户的需求“方位”，以及用户能够提供的资源“方位”。

4. 行为的数据化

将用户的信息生产与消费、社交活动、电子商务、学习工作、日常活动等各方面的行为数据化，在网络时代越来越常见。对于服务提供者来说，用户行为的数据化是他们描绘用户画像，理解用户的社会位置、服务位置的重要依据，在此基础上可以提供个性化的或者针对性的内容与服务，但这可能同时意味着服务商对用户控制的增加。

各种网络平台也在利用数据对平台中的劳动行为进行管理。无论是内容生产这样的精神性劳动，还是送外卖、送快递、开网约车这样的物质性劳动，平台不仅可以将其成果数据化，还可以将其劳动过程数据化，包括他们的空间位置、运动轨迹、劳动进度、时效等。

即使用户不参与内容生产，当他们阅读贡献的流量构成平台的影响力并成为广告投放的依据时，阅读行为也成为劳动的一种，阅读行为数据也就变成了一种劳动数据。这些数据既影响着平台，也会受到平台的影响。

今天，人们在手机、电脑中输入的任何信息，拍摄的任何照片、视频，以及不想被记录的谈话和活动，都是行为数据，它们更直接、深层地反映着人们工作、生活中的细节，甚至是个人隐私。这些本来只应该由个人掌握的信息，却有可能被某些应用或平台“偷走”，成为分析数据。

对于用户本身，数据既可以反映人的行为，也可以反过来控制人的行为。如彼得斯所言，通过数字媒介，用户的网络使用行为可以被不断添加标签、阅读和跟踪。① 从社会表演、社会比较等角度看，这种数据会成为个体审视自我以及自我与环境关系的一种依据。为了获得更好的表现，人们也会反过来调整自己的行为。与此同时，建立在行为数据洞察基础上的外界控制也会不断增强。除了服务商之外，管理机构也可能基于用户行为数据进行社会管理与控制。虽然这可能意味着社会风险的降低，但同时也意味着个体自由的受限。

行为的数据化及其分析还可能会成为人的行为的诱导。例如人们的行为数据成为个性化算法计算的基础，算法反过来也在影响人们的行为，诱导人们阅读更多算法推送的信息。

5. 心理状态的数据化

随着技术的发展，将人的情绪、心理状态等意识层面的对象数据化并进行分析，也变得越来越常见。

在对社交媒体的各种研究中，对用户情绪的分析是一个重要方向。研究者可以通过人们自主发布的内容来分析其情绪倾向，既可以是个体的情绪，也可以是群体或整体性的情绪分布。

而眼动设备、脑电设备、皮电传感器等，则是通过采集与分析人的视线移动、脑电波、汗液等生理信号，将人隐秘的内心活动变成显在的数据，例如人的注意力指向、大脑兴奋程度等。

6. 关系的数据化

今天的各种关系（人与人、人与信息、人与服务、人与机器的关系等），也越来越多地以数据的方式进行描绘、计算。

社会学的社会网络分析方法，就是将关系数据化的一种典型方式。它不仅可以反映关系的有与无，还可以反映关系的方向，甚至分析在关系基础上形成的权力结构、凝聚子群或社区等。这一方法今天在很多领域的研究中都被借鉴。而20世纪末系统科学领域出现的复杂网络

---

① 彼得斯．奇云：媒介即存有［M］．邓建国，译．上海：复旦大学出版社，2020：26.

理论，虽然与社会网络分析一样都以图论为基础，但相比社会网络分析的静态社会学研究，复杂网络理论侧重于网络动态学的研究，反映的是网络结构的演化、网络结构与网络行为的互动规律。① 无论是社会网络分析，还是复杂网络分析，都是对关系的数据化研究。

在利用数据描绘关系的基础上，今天通过数据分析去揭示甚至发现潜在的关系也变得可能。这不仅包括大数据常常强调的各种现象之间的“相关关系”的发现，也包括人与内容、人与人等潜在关系的发现。

数据不仅显示了关系的有无，也将关系的亲密度、忠诚度、重视度等过去相对模糊的关系程度用数据方式量化。朋友圈与群里的点赞数、评论数就在将关系程度量化并且公开化。

一定意义上，数据让世界的关系变得更为多元，它揭示了一些过去不显在的关系，也建立了一些过去不存在的关系。但同时，数据又使得世界的关系变得单一，它抽离了原有关系的丰富属性，使各种关系都变成数据能表示与匹配的关系。

7. 评价的数据化

以往很多时候对人的评价方式都是定性的，但数字化时代，对人的评价也开始全面走向量化，亦即数据化。

今天最典型的一类评价，是网络平台中个体之间的相互评价。从电商体系中的卖家、买家、快递员、外卖骑手，到内容平台的创作者、消费者，再到共享经济平台的用户，相互评价制度越来越普及，而这些评价基本都是以打分这样的数据化方式来呈现的。

另一类评价，是机构对个体的评价。管理机构用评价来进行社会治理，用人机构用基于某些算法的评分来选人用人，投资机构用评分来决定资金的投放。很多时候，这种评价也会落实为评分。

8. 生命历程的数据化

在人被全息数据化的同时，人的生命全程也在进入数据化记录的过程。通过各种数据采集系统、各种生产方式形成的数据，汇聚在个体的时间轴上，也散落在各种终端、各种平台，共同勾勒出个体的生命轨迹。技术的发展会使得这个由数据构成的生命轨迹变得更加多维。

虽然数据化的生命轨迹并不能完整反映个体的全部生活历程，但作为一种记录、记忆方式，外部空间的数据有些时候比人的大脑记忆更为持久。当大脑记忆变得模糊时，人们可能会依赖数据化记录来进行自我历程的回顾。而他人对某个个体的了解，也越来越多地借助于其公开的数据化记录。

因此，数据会成为生命历程重要的显在记录与呈现方式，尽管数据可能是片段的、片面的，甚至因为人们的“表演”行为而变得失真。

不过，数据记录的载体出现的问题，也会导致记忆出现破损、缺失。例如某个手机的丢失、某个存放信息的服务器的损坏，可能导致人生某一阶段记录的缺失。

当数据化的记录成为常态时，人们的“黑历史”也会以超出人们预期的时间与空间范围留存。甚至人们自己都不会意识到这种“黑历史”，他们以为自己的信息是碎片化的、隐秘的存在，但数据分析技术或人肉搜索都可能将它们拼贴、整合、公开。

9. 思维方式的数据化

今天人的全面数据化，不仅是由于技术的发展，在其背后还有“数据主义”这样一个大背景。在数据主义者看来，数据取代原子、实体、物质，成为世界的新“基质”，数据遍布世界，

---

① 罗家德. 社会网分析讲义［M］. 北京：社会科学文献出版社，2005：202.

世界可以还原为数据。[1] 尽管数据主义受到学者们的普遍批评，但在现实中，数据的应用仍在不断推进，渗透到社会生活的各个方面。人的数据化是这种渗透的典型写照。

在这样的背景下，数据化思维也遍布于社会环境中，人们或多或少会受到其影响。当然，数据化思维在很多方面具有独特的价值，也是对人的直觉、经验性思维的补充，但那需要足够的数据素养做支撑。而大众的数据素养普遍不足，人们会将具有严格规程的数据应用、思维简化为数字思维、流量思维，只看简单的数据结果，也容易被不科学、不准确的数据迷惑、误导。一些拥有系统的数据思维与应用能力的人，则可能会过于看重数据的价值，过于强调数据、模型等的意义，而忽视其他思维方式的作用。数据化思维以及相关的算法思维正在形成对人的思维的限制与固化。

（二）数据化用户的隐私权与被遗忘权问题

在人被全面数据化的背景下，隐私权与被遗忘权这两类个体权利也备受关注。

1. 以隐私换便利？

属于自己的数据，保存权却不在用户手中，用户本身也无法限制其使用范围，这是数字时代对隐私权的一个巨大挑战。棱镜门事件、Facebook 数据门事件更是引发了这方面的集中讨论。

2018 年 3 月，百度董事长兼 CEO 李彦宏在中国发展高层论坛上提到，中国人对隐私问题的态度更开放，也相对来说没那么敏感。如果他们可以用隐私换取便利、安全或者效率，在很多情况下他们就愿意这么做。他称："当然我们也要遵循一些原则，如果这个数据能让用户受益，他们又愿意给我们用，我们就会去使用它的。我想这就是我们能做什么和不能做什么的基本标准。"[2]

虽然李彦宏在这段话里也提到了互联网公司应该遵循相应原则，但媒体和公众更多地关注的是他的"隐私换便利"这一说法。一时间，李彦宏成为众矢之的。

今天的公众未必都没有隐私保护意识，也不是所有人都愿意拿隐私换便利，但是对普通公众来说，一个大的问题是，他们并不知道自己的隐私会如何被侵犯，以及被侵犯到何种程度。他们与那些掌握并利用甚至可能出卖他们的隐私数据的公司之间是天然不平等的，在缺乏对自己数据的知情权的情况下，隐私保护也就无从谈起。

虽然在某些时候，以隐私换便利是用户的一种不得已的选择，但用户应该有权利知道，出让的是哪些隐私数据，能获取哪些便利，以便权衡。但今天的网络服务提供者多数并没有提供充分的解释，即使有一些隐私条款，也往往语焉不详或者暗藏陷阱。

即使用户同意向某个服务商提供个人信息，但服务商是否有权向第三方透露？而第三方是否可以再次将数据转手？网络中的数据都是相互关联的，获取未经授权的关联数据是否合法？或许在理论上做出限定是容易的，但在现实中操作又并非那么简单。

除了要对服务商的用户数据使用权限做出限定，另一个事关用户隐私权的问题是，今天的用户是否应该拥有一种隐身能力，使自己的数据不被他人获取或存储，从而在根本上保护自己？虽然表面上用户的一些设置可能会有助于他们隐身，但事实上，获取某类数据的方法往往不止一种。例如，即使人们出于安全考虑而关闭了手机 GPS 定位功能，网络服务商仍有其他

---

① 林建武．数据主义与价值重估：数据化的价值判断［J］．云南社会科学，2020（3）．

② 李彦宏：中国用户愿用隐私换效率［EB/OL］．（2018-03-26）［2020-05-15］．http：//tech.ifeng.com/a/20180326/44919938_0.shtml.

办法对其进行定位。一些服务商甚至在用户不知情的情况下通过电脑或手机上的摄像头、麦克风等暗中获取信息，隐身变得更为困难。

在个体被随时随地数字化映射的情况下，隐身也是保护隐私的一条重要途径。虽然在法律上要独立形成一种“隐身权”或许并不现实（它更有可能是隐私权的一部分），但至少在技术层面，需要给予用户更多的隐身可能。在物联网将广泛应用的未来，隐身可能将变得更为重要。

2.“遗忘”变成例外？

曾经因《大数据时代》一书而在中国获得广泛关注的学者维克托·迈尔-舍恩伯格（Viktor Mayer-Schönberger），在另一本关于大数据时代的著作《删除：大数据取舍之道》里，提出了一个不可回避的问题：今天这个时代，遗忘变成例外，记忆成为常态，人类住进了数字化的圆形监狱。①

迈尔-舍恩伯格不仅指出了“数字化监视”这样一种现实，也指出了因数据保留的永恒而使监视成为永恒的可能。也正是对这一问题的担忧，催生了被遗忘权这一概念。

知识窗

被遗忘权

被遗忘权概念在官方的首次提出是在欧盟 2012 年出台的《一般数据保护条例》建议稿中。该条例称：信息主体有权要求信息控制者删除与其个人相关的资料信息。该权利被称为被遗忘及擦除权（The right to be forgotten and to erasure）。该条例在 2016 年修订后通过，2018 年正式生效。其第 17 条规定，数据可获得删除的情形包括六项：(1) 数据与收集时或其他处理目的不再相关；(2) 数据主体撤回同意时；(3) 数据主体行使第 21 条第 1 款的反对权 (right to object)，以及基于这些规定而形成的个人画像；(4) 个人数据被非法处理时；(5) 为履行欧盟或者成员国的法律义务，数据控制者应删除个人数据；(6) 个人数据是基于第 8 条第 1 项规定，为了提供信息社会服务而进行收集时。②

2012 年 11 月我国工信部颁发的《信息安全技术公共及商用服务信息系统个人信息保护指南》中指出，当个人信息主体有正当理由要求删除其个人信息时，个人信息处理者应及时对相关个人信息进行删除。2016 年 11 月，全国人大常委会通过并经国家主席令颁布了《网络安全法》，正式确认了个人对其网上个人信息的“删除权”：“个人发现网络运营者违反法律、行政法规的规定或者双方的约定收集、使用其个人信息的，有权要求网络运营者删除其个人信息”。

不管是将被遗忘权作为一种独立的个人权利提出，还是将它列入擦除或删除权中，这些新概念的出现，都是对数字时代个人信息的存留风险做出的法律回应。

对被遗忘权的讨论，常常会涉及它与言论自由、国家安全的关系。对此，在司法实践中对被遗忘权主要有两种态度：第一种认为，当言论从私人领域进入公共领域，个体可以以保护隐私权为名，用“被遗忘权”删除自己的言论，从而保护个体的言论自由；第二种认为，言论一旦进入公共领域，就与私人领域无关，即便个体要使用“被遗忘权”保护自己，也与隐私权毫

---

① 迈尔-舍恩伯格．删除：大数据取舍之道［M］．袁杰，译．杭州：浙江人民出版社，2013：5-18.

② 蔡培如．被遗忘权制度的反思与再建构［J］．清华法学，2019（5）．

无关系，因此，坚持“被遗忘权”不利于保护言论自由。① 欧盟更倾向于前者，而美国更倾向后者。有研究者认为，欧洲国家与美国对待隐私的差异，体现了西方关于隐私的两种文化，即尊严与自由。对前者的主要威胁被欧洲国家认为在于大众传媒，对后者的最大威胁被美国认为来自政府。②

传播学者吴飞等指出，一方面我们要保护私人领地的神圣性，要防止有人假公济私；另一方面同样也必须保护公共领域的开放性，要防止有人假私损公。③ 但这种平衡的拿捏并非易事。

从法律层面看，被遗忘权的具体执行存在很多难题，如被遗忘权的效力（包括内容效力、范围效力等）、被遗忘权的权利主体范围（这一权利对公共人物、罪犯与恐怖分子是否适用）、被遗忘权的义务主体范围等。④ 欧盟经过不断地进行理论研究和实践修正，才于2016年4月正式通过了《一般数据保护条例》。但不同于此前在条例建议稿中的独立地位，此次被遗忘权在擦除权之后以括号的形式标注。在中国的《网络安全法》中出现的“删除权”，也并不完全等同于被遗忘权。删除权更多的是“作为国家网络信息安全中的一个组成部分而设立的，而整体制度设计的重点在于保障网络信息传播秩序的稳定”⑤。

从技术上看，网络信息复制、扩散之方便，也意味着删除未必是能“一键实现”的。

另一个值得注意的事实是，被遗忘权或删除权更多的是在学界和法律界被讨论，大多数人并不知道它的存在。在今天，数据上的“遗忘”还是例外。

即使有被遗忘权或删除权，个体也会面临比以往更多的风险，虽然谨言慎行或许是人们自认为可以减少风险的办法，但在算法通过若干点赞就可以判断用户性格的情况下，在未来各种传感器可以随时随地捕捉人的数据的情况下，永恒记忆仍会是常态。

第二节　节点化的人

目前基于互联网形成的活动又构成了三种网络：传播网络、社会网络（人的关系网络）、服务网络。网络用户的角色，也从“受众”变成了网络的基础单元——节点。用户同时存在于三种网络中，他们既是三种网络中具有独立存在感的节点，也成为三种网络的连接者。

一、传播网络中的个体节点

当我们研究网络传播的特点、机制及影响时，往往都会涉及用户在其中所起的作用。但要从深层认识用户的作用，还需要深入传播模式与传播机理层面，探究用户在网络传播中角色的变化。

第一章谈到了“个人门户”这样一种传播模式的兴起。这种传播模式意味着，个体成为公共信息传播网络中的节点，这个节点也是一种个体化的传播中心，它将个体作为信息的生产者、传播者与消费者的三种角色集成在一起，由此引发了传播机制的一系列变化。

从内容的生产角度看，这样的个体节点对专业媒体构成的传统传播中心产生了分权作用，

---

① 吴飞，傅正科．大数据与“被遗忘权”［J］．浙江大学学报（人文社会科学版），2015（2）．
② 郑志峰．网络社会的被遗忘权研究［J］．法商研究，2015（6）．
③ 吴飞，傅正科．大数据与“被遗忘权”［J］．浙江大学学报（人文社会科学版），2015（2）．
④ 同②．
⑤ 周冲．个人信息保护：中国与欧盟删除权异同论［J］．新闻记者，2017（8）．

在很多情形下，新闻的生产变成无中心或多中心的分布式内容生产。

用户参与的分布式的内容生产，可以延伸媒体的触角，也可以成为检验媒体内容质量的参照。用户参与带来的噪声与干扰，也意味着媒体的专业成色会受到更多的考验。

用户参与的内容生产，往往与媒体内容生产有着伴随关系，这会形成一种“正反馈”效应——使某些内容得到放大，同时也使某些内容削减。如果媒体的内容得到很多用户节点的响应，那么，用户也可以成为媒体“扩音器”。

除了分布式生产对媒体的补充、检验和扩张等意义外，用户生产的内容，用户的行为、情绪、态度等数据，以及用户社群等，都可以为媒体提供能量补给。

从内容的传播角度看，在基于个体节点及其构成的传播网络的社会化媒体平台上，有三种机制有助于信息的筛选与整合：用户“全民投票”与“自组织”式的信息筛选整合机制、意见领袖的权力中心作用、专业生产者的信息整合与引导作用。前两个方面都与用户的参与相关。

个体节点对于内容具有“人媒”或者说“导体”的作用。它们可以影响信息的流向与流量，能引起个体节点广泛共鸣的内容也就会得到广泛传播。

以往我们对于媒体用户的研究，主要关注的是他们作为信息消费者的心理与行为，但在观察社会化媒体的传播中，我们意识到，作为内容“导体”或媒介的人，与作为信息消费者的人，会表现出不同的需求与行为模式，心理动因也不尽相同。

作为单纯的信息消费者时，人们对内容的需求侧重于环境认知、社会归属、自我提升等方面。但作为内容“导体”的人，在追求以上满足的同时，还会考虑社交情境下的需求。

在社交平台，人们分享内容的动力常常源于谋求自我存在感、寻找社会支持、进行社交表演、增加情感润滑等社交需要。因此，社交平台分享的内容，往往具有流通的社交货币、强化自己立场观点的论据、表演的道具、关系的润滑剂等功用。内容是否具有社交价值，是否有助于体现用户的存在感、提升人们的社交形象，或帮助他们维系、扩张自己的社交网络，或者融入自己希望加入的群体，都成为它们是否能快速扩散的因素。

用户在内容的传播中，会基于自己的多重需求特别是社交需求来进行内容的选择性传播。最终用户的选择形成了“全民投票”式的结果，在很大程度上决定了哪些内容胜出、哪些内容“沉没”；一些热点话题也会吸纳相关的信息、评论，引发讨论，并可能进一步发酵。在这个机制中，意见领袖会起到一定的导向作用。

对内容生产者来说，既要理解用户对内容的传导机制与心理动因，又不能完全为用户的导向所制约。

从内容消费角度看，个体节点可以以自己为中心，通过不同的方式来编织信息网络。这个信息网络里既有以社交关系为基础的信息筛选线索，也有以话题为核心的信息整合线索，有时还会夹杂着平台、算法等其他的引导线索。虽然个体在构建信息网络中具有一定的主动性，但很多时候他们也是被动的。当个体作为一个独立的节点来进行信息消费时，他们的选择性心理可能会被强化，但是，个体是否会因此陷入作茧自缚的困境，取决于很多因素的共同作用。

从总体上看，作为传播网络节点的人，是主动性与被动性并存的用户，他们的活动既体现着自主意识，也包含着“技术无意识”。①

网络新的传播渠道与传播模式的确赋予了用户更大的主动选择的权利，但另一方面，用户们并非在所有时候都会利用这种权利，因为人的本性天然存在着很大的被动性，如“懒惰”带来的被动性，以及惯性左右下的被动性。

---

① 迪克．连接：社交媒体批评史［M］．晏青，陈光凤，译．北京：中国人民大学出版社，2021：2.

用户在网络中的行为，会在很大程度上受到技术与平台的限制，人们常常不得不屈从于平台。技术与平台在贩卖个性化这些卖点时，也在深层制约着人们的行为。个性化服务会带来人的惯性、惰性以及被动性，人们会越来越多地被算法钳制。

人们的“个性化”行为的背后，也隐藏着非常强大的社会环境的因素。很多时候，人们的认知、态度与行为，并非自主的判断、表达与选择，而是被“传染”、被“诱发”、被“裹胁”的，这是用户的被动性的另一面。

二、关系网络中的个体节点

作为网络节点的个体，还有一个重要的意义，即成为社会连接的单元。

各种网络社交平台等用一种看似松散实则紧密的方式，将平台上的个体连接起来，使每一个个体都能直接或间接地连接到其他所有的用户。“小世界理论”在网络中得到了更好的体现。

社会网络中的关系成为影响网民行为和能力的重要因素。它在两个方向上作用于个人：

其一，它可以有效地放大个人的影响，尤其在微博、微信等平台上。这意味着每一个个体都拥有了一个“引爆器”，如果“天时地利人和”，这个“引爆器”可能迅速引起整个网络平台的大爆炸。

其二，它可能对个体施加更多的社会影响。基于今天网络中的社会关系结构和信息传播结构，作为社会网络中的关系节点的个体受到的社会关系的约束与影响也更强。每一个社会关系链条，都是社会压力的一条传导线路。对于某一个体来说，无论是与他有直接联系的用户，还是与他只有间接联系的用户，都有可能通过社会网络中的关系链条对他产生影响。而社会网络中的群体互动，也可以对一个用户产生影响。这些影响体现在情绪、心理状态、意见与态度、行为等各种方面。此外，关系网络中流动的信息，也是影响个人认知、态度的基础。

社会化媒体应用的普及与深化，在不断改变着个体节点间的连接和互动模式、强度，网络互动激发了网络的集体行动，催生了共同体，也在推动着人群的汇聚与分化，这一切都使得网络社会结构也处于不断的运动中。下一章将对此做进一步分析。

三、服务网络中的个体节点

网络时代出现了一些新经济概念或思维，如共享经济、社群经济、场景经济、数据经济等。在这些新经济思维中，用户个体的意义得到强化，新的经济模式多数时候是以节点化的个体为服务对象的，或力图从个体节点中获得可能的资源。在这些新经济模式中，用户扮演着几重角色：

一是服务的需求者。当用户作为节点存在时，通过数据精准定位个体需求，已经变得可能。

二是数据的贡献者。无论是哪种模式的新经济，都需要用户数据作为基础。有些数据是满足个体服务的需要，有些则是整体市场分析的需要。用户随时随地产生的数据，都可能成为重要的资源，成为服务者向其提供服务的依据。

三是资源或服务的提供者。在共享经济等模式下，一部分用户也在参与服务。这就需要通过数据等方式发现与评估用户在某个特定方向下的资源拥有水平或服务能力，并且在资源或服务的供需者之间建立起关联链条。同样，作为节点的用户所拥有的资源可以更好地被发现，这既可以源于他们的主动行为，也可以源于对他们的数据分析。而在用户中的资源供需双方之间建立起关联，过去网络中常规的方式是传统的自发性的社区：有共同兴趣的人自发地集聚在一起时，供需双方也就创造了直接互动的可能。但在今天，对双方的匹配与关联的实现，已经不再限于这类社区，更多的是通过一些中介平台，而真正完成匹配任务的，是以数据为基础的算法。打车类应用就是典型的例子。

四是集体生产力的创造者。共享经济、社群经济等，不仅需要用户个体的参与和贡献，也需要集体的生产力，即在共同目标下的协同行动和创造力。

五是文化共同体的建设者。共享经济、社群经济等新的经济模式里，用户不仅在生产与消费产品（包括内容），也在建设自己的文化共同体，共同的文化对于社群的持久生长及活力具有特别的意义。

作为节点，用户同时居于传播、社交与服务三种网络上，他们在内容、社交、服务这三方面的需求和行为特征都是有关联的。他们对于内容的需求可能会决定他们选择什么样的社区，社区中的氛围也会影响人们的内容选择取向。而人们在内容消费上的偏好，与其服务需求有一定的相关性。因此，未来有必要将用户的内容、社交与服务需求及行为作为一个整体来认识，挖掘三个方向上的数据的相关性，但这也可能带来对用户更深层的控制。

由于个体节点的连接，三种网络也相互连通、相互作用，包括网络中的信息与资源，例如“双十一”从电商平台的促销活动扩展为一种公共话题和社交互动的“谈资”。

第三节　媒介化的人

“媒介化”的研究是传播学领域里一个重要的研究领域。媒介化研究主要面向的是文化与社会的媒介化，一个核心出发点是，媒介日益融入其他社会制度与文化领域的运作中，同时自身也成为社会制度。社会互动——在不同制度内、制度之间以及社会整体中——越来越多地通过媒介得以实现。[①] 这一研究的基本思路也可以推及其他方面的媒介化研究。

一、时间的媒介化及其影响

网络用户的媒介化，首先体现为他们的时间观或与时间相关的行为的媒介化。

（一）现实时间多重投射形成的“媒介时间轴”

以往的大众媒体建立了不同于现实时间的媒体时间轴（如新闻报道的时间顺序、时长等），这个时间轴的建立是基于媒体对内容价值的判断，但这样的时间轴是公共性的，也是由媒体掌控的。而互联网的出现，意味着私人性的媒介时间轴建立的可能。

但在互联网早期，在论坛（包括新闻跟帖）等公共空间，所有人发出的帖子按时间顺序混排在一起，个体用户没有独立的时间轴，只能在和别人共用的时间轴上留下自己的点状的印记。个体很难用这样的离散的时间点形成他在媒介空间中的完整生存轨迹。

从博客开始的社交媒体，给了人们独立的信息发布空间，私人时间轴于是得以确立。移动时代多种社交平台的并存，更是给予人们多条时间轴。有了私人的时间轴，个体的现实生活在虚拟空间的“投影”有了更清晰的个人坐标。个人的生活碎片可以随时被捡拾起来，被“晾晒”在私人的时间轴上，成为个体与他人交流、分享的由头。也正是基于个人化的时间轴及其上面累积的内容，个体的独立存在感得以提升。

人们可以在多个平台建立起多重时间轴，不同类型的活动与状态被刻录在不同的时间轴轨

---

① 夏瓦．文化与社会的媒介化［M］．刘君，等译．上海：复旦大学出版社，2018：21.

道上。多轨时间轴的混录共同构成了个人的生活轨迹，这也是现实化生存和数字化生存的混合轨迹。

每个人的私人时间轴也会和他人的私人时间轴交织起来，如在微博、微信朋友圈中，但也可以在需要时独立出来。人们可以通过权限设置的方式使不同时间轴上的内容有所差异，形成面向自我的时间轴与面向社交的时间轴。在面向社交的时间轴中，还可以针对不同类型的社交对象进行分组呈现，几者之间也可以进行灵活切换。

私人时间轴的出现，在一定程度上转移了人们对媒体建构的公共时间轴上的话题与活动的注意力，削弱了媒体在媒介时间上的控制权。在每个人越来越沉迷于自己的时间轴的时候，如何让他们在一些时候将注意力重新投向公共时间轴，关注公共叙事与公共讨论，这是对专业媒体和平台的一个挑战。

但是，在私人的时间轴里，也会混杂进一些公共性的话题和大众媒体生产的内容。人们分享这些公共性的内容，主要是出于社交和社会融入等方面的需要。但这些时间轴还是由个体来控制的，对于媒体来说，让自己生产的内容更多地进入私人的时间轴是另一种挑战。

在一些平台上，如微博和一些资讯分发平台，公共信息源（媒体）的公共时间轴与私人信息源（自媒体）及用户个人的私人时间轴交织在一起，这有助于对私人时间轴上的内容进行补充。但信息源的混融也会带来信息的混杂，增加人们信息判断中的困扰。

私人的媒介时间轴，是个体自身建构的微型拟态环境。这种微型环境既反映了个体自身的生活，也部分反映了社会生活。个体的时间轴串联起了个人史，而无数个体的时间轴与公共的时间轴的汇聚，构成了社会史的一部分。

（二）实时、伪实时与延时的交织

> **你怎么看**
>
> 你如何理解时间的媒介化？

在私人的时间轴上，实时与延时信息常常交织在一起。

虽然记录与分享是人们在私人时间轴上的主要行为，但人们发布的信息未必都与实时发生的事相关。很多时候，人们会把各种延时的信息放在实时的时间轴上。有时这是因为他们没有实时的活动可以分享，为了保持自己在社交平台时间轴上的持续存在感，需要从“存货”中寻找素材；有时则是人们有意想用延时信息伪装成实时信息，以形成某种表演效果。这种伪实时的信息广泛地存在于个人的时间轴上。

“弹幕”很多时候也是伪实时的。在每一个观看者的时间轴上，实时的和以往的弹幕累积起来，共同构成了实时互动的效果。虽然有些弹幕是伪实时的，但对于观看者来说，具有与实时互动同样的心理满足。这也是弹幕相比以前的评论区评论更能引发人们的情绪的原因之一。

今天人们的互动可以方便地在实时（同步）与延时（异步）交流中切换，这也是一种互动的策略选择。实时回应还是延时回复，从一个侧面体现了人们关系的发展阶段、关系性质等。当人们处于关系的初建阶段时，往往会较快地对彼此的互动请求做出回应。但是，一旦关系进入相对稳定阶段，就可能渐渐减少实时的回应。

人们常常会根据关系的性质来安排回应的优先级别。对于有利益关系的人，例如下级对上级、服务者对客户，常常需要实时做出回应，以减少可能的负面结果。关系亲密的人因为顾虑较少，延时的互动反而是安全的，优先级别不一定最高。而对于关系不亲近又没有太多利益关系的人，延时回应的风险也少，所以在互动的优先级别中一般会排在较低层。

实时与延时回应有时也暗含着对互动对象的某种情绪与态度。有些情况下，人们即使有困难也要努力争取实时回应；而有些情况下，人们即使可以实时回应也要拖成延时回应。

实时与延时回应也与社交表演的难易度相关。当人们需要较多时间来进行后台的修饰、整理时，往往会采取延时策略。

除了私人空间外，网络中的公共空间也存在各种不同时态的信息的交织，人们对信息的真假、时效性的判断变得十分困难。

（三）当下与永恒的纠结

对于时间的另一个观察维度是记忆，而今天人们的记忆在普遍媒介化、网络化。

有时人们说网络是有记忆的，有时又说网络是没有记忆的。在不同的情境下，它们可能都是成立的。前者主要指数据记录方面，而后者则指人的大脑与心理方面。数据记录与大脑记忆、当下记录与永恒记忆，几者之间相互纠结、缠绕，有时又相互对抗。

1. 当下的表达、永恒的痕迹、模糊的记忆

进入“数据化生存”阶段，以各种数据形式存在的人，既会存在于当下，也会存在于永恒。

一方面，用户可以在各种平台上，以实时的信息来宣示自己当下的存在。这既可以是他们各种行为的数据化，也可以是他们主动发布的内容。它们表达了人在当下的需要，传达了此刻的情绪。

另一方面，由于数据保留的长期性，人们的当下表达可能会被永久保留在数字空间里，成为他们永久的数字化印迹或数字化存在，即使很多时候他们并不希望如此。

迈尔-舍恩伯格在《删除：大数据取舍之道》一书中指出，如今遗忘已经变得昂贵而又困难，记忆反而变得便宜又容易。[①] 这里的记忆，指的是数据记录，亦即数字化的记忆。

这样的数字化记忆并不只是自我记忆，它也会来自他人甚至社会。当人们在一段时间之后重新检视自己在数字空间的行为与发布的内容时，有可能会后悔并试图抹去当初的痕迹，但是，这些信息可能已被他人或某些平台、机构永久记忆。而这些从个体“当下”信息中提取的信息已经被去语境化与再语境化[②]，因此，它们对个体的记录与反映是片面的，有时甚至是对个体的曲解。

数字化信息在时间上的延续与在空间上的扩散，可能带来永恒的圆形监狱。数字世界里个人的“黑历史”很难完全抹去，个体间相互的监视、机构对个体的监视，也会因这些数字化记录变得更简单、持久。

人们以数字化记录方式实现的永久记忆，并非全面的个人历史，而是有侧重的、片段的。适宜在社交平台分享的内容往往是不涉及个人深层隐私的，真正的个人隐私更多地需要保存在人的大脑里。然而当人们越来越多地将记忆功能转移到“外存”时，大脑记忆能力可能会弱化，也可能意味着个人历史中最重要部分的记忆的模糊。

2. 流动的热点与难以凝固的记忆

虽然对个体来说，每一个当下的表达都有可能以数据的方式被各种平台记录，成为难以抹去的痕迹，但是对社会群体来说，保持对一个事件或话题的持久关注并将之保留在记忆里却并不容易。这种群体记忆不是信息的留存，而是头脑与心理上的保留。

虽然移动空间里时时刻刻都在涌现无数的信息，但绝大多数信息是转瞬即逝的。社交平台里也不时地会形成热点，但它们一波接一波不断涌动，一个新的热点袭来，旧的热点随即被淹没。

---

① 迈尔-舍恩伯格．删除：大数据取舍之道［M］．袁杰，译．杭州：浙江人民出版社，2013：119.

② 同①114.

人们的注意力不断被一个个新的热点事件或话题牵引着，但人们之所以需要这些热点，并不一定总是出于对事件本身的关切，很多时候是因为需要谈资、社交货币，需要融入群体。对热点的追逐，是“吃瓜群众”保持自身存在感与参与感的方式之一。当代社会瞬息万变，大事小事起起落落，人们也在热议与遗忘之间不断切换。

在头脑里随时抹去一些记忆，也是今天的人们面对海量信息的一种自我防御机制。如果不随时清理大脑“内存”，新的信息就不能涌入。

在制造热点的内容生产者中，有一部分人，只是为了不断获得流量，所以他们也会随着用户关注点的变换不断改变自己生产的内容，而不会在一个话题上持续追踪、挖掘。即使有些内容生产者执着于某个话题，但用户注意力的迅速转移，也会让他们的努力付诸东流。

尼尔·波兹曼在《娱乐至死》一书中引用了1980年诺贝尔文学奖得主切斯拉夫·米沃什（Czeslaw Milosz）的话：“我们这个时代的特征是拒绝记忆[①]。”波兹曼引用这句话是为了批评电视媒体信息传播模式带来的弊端，而今天，移动时空下的信息生产与传播方式，使得记忆变得更加困难。

虽然互联网也会有自己的集体记忆，但相比网络中出现的信息和热点数量，能沉淀下来的记忆十分有限。并且很多记忆也会随着时间推移而迅速褪色，特别是事实本身的面貌越来越模糊，最后在集体记忆中只留下一些标签，或者已经脱离了语境的语词。与其说人们是对某些事件形成了记忆，不如说是对与之相关的某些标签或象征意义形成了记忆，有时这些记忆甚至与事实相去甚远。

当然，这并不意味着互联网不存在群体性的记忆。对于人们参与程度很深的一些事件或网络空间，个体的、群体的记忆都是存在的。当某些网络空间或事件与人的生命历程相互嵌入时，记忆就会持久、深刻。

二、空间的媒介化及其影响

人们生活的现实空间与媒介空间（虚拟空间），正在形成相互融合的关系。媒介内容生产推动了现实空间的媒介化，进一步，媒介化空间也成为人们的生存空间。

（一）媒介（虚拟）空间与现实空间的融合

在LBS技术的支持下，现实空间的位置属性可以直接映射到虚拟空间，虚拟空间的需求也会随现实空间的位置变化而转换，虚拟空间与现实空间两者会越来越如影随形。这种新的关系也会影响到人们的活动。

虚拟世界里人们的互动越来越多地与现实空间的互动连接起来。过去人们在网络中的互动可以完全超越现实空间，网民只需要借助网络中的各种符号互动就可以实现“神交”，虚拟互动可能永远不会演变成现实互动。但是，LBS使得虚拟互动越来越多地由现实空间位置的邻近性引发，虚拟空间的互动也成为现实空间互动的前奏。

VR/AR技术的应用，推动着现实空间与虚拟空间的融合。通过VR技术，现实空间的某些属性可以进行虚拟还原，AR技术更是以现实空间为基础来营造虚拟空间。

尽管相关技术在某些时候会带来现实空间与虚拟空间的融合，但有时人们仍会选择将两者区隔开来，因为两者捆绑过紧，会使人们失去自由与乐趣。在今天的技术下，人们也拥有了在多种空间中穿越的可能。

---

① 波兹曼．娱乐至死［M］．章艳，译．桂林：广西师范大学出版社，2004：177.

（二）媒介内容生产推动的现实空间“媒介化”

现实空间的“媒介化”还有另外一种方式，那就是成为“媒介内容”。

人们往往会将现实中的空间变成在虚拟空间中传播的内容，人们越来越多地从传播价值的视角来审视空间——它能否变成吸引人的照片或视频，人们也越来越多地透过手机的取景框来看现实空间，取景框成为空间的媒介化的一个重要“隐喻”。被取景框选定的空间，还会经过剪辑、滤镜化等加工，从而呈现出比现实空间更吸引人的面貌。当人们专注于媒介中的内容生产与分享时，他们甚至会完全忽视现实空间。

不同的人生活的空间不同，能到达的现实空间也不尽相同；某些空间的到达，是权力、能力、财富等的标志。因此，不同社会阶层的人基于现实空间的内容生产，会在一定程度上产生区隔甚至落差。

媒介化的内容生产过程也在对现实空间进行再造。这种再造主要表现为以下方式：

（1）美化。图片、视频往往会通过一些技术手段如剪裁、加滤镜等美化现实空间。

（2）压缩。海量的图片、视频将现实空间压缩并拼贴在社交平台上，在一定程度上可以满足人们的“世界那么大，我想去看看”的探索欲。

（3）赋值。图片、视频的生产与传播，赋予不同的空间不同的醒目度，或者说影响力“值”，有些空间成为“网红”并带来持续的价值放大。

（4）连接。在同一个平台汇聚的图片或视频让原来没有关系的地理空间产生了关联。它们将人从媒介空间引向现实空间，增加了人与现实空间的连接。进一步，空间也连接了人。将原本没有关系的人连接在一起，这既可能是在现实空间里的共同打卡，也可能是在虚拟空间里的基于同一地点的内容汇聚。

（三）媒介化空间成为日常生活空间

网络营造的媒介化空间是重要的社交空间，也是自我形象塑造的舞台，在这儿可以方便地进行各种社会互动或社交“表演”，以谋求现实的社会资本。媒介化空间的社交和表演比现实空间的社交和表演更具有可控性，也有可能带来更大的报偿，因此人们会在这一空间里流连忘返。

随着技术的发展，人们的衣食住行、工作学习等生存活动都可以以网络为服务媒介，日常生活与媒介化生活的纠缠也因此走向深层。

（四）媒介化空间与“在场”

数字时代空间的媒介化，加之移动终端的普及，带来了多种性质的“在场”。

其一是“缺席的在场”。虽然不在某个现场，但通过直播、VR 等方式进入媒介空间的现场。缺席但试图在场是一种心理性的在场。

其二是“在场的缺席”。虽然身在某个现实的现场，但心不在此，注意力全部转移到虚拟空间，在场却试图缺席。

其三是“伪造的在场”。用“盗图”“P 图”等方式制造自己在某个现场的假象。

人们对“在场”或“缺席”的选择，除了个人兴趣的因素外，很多时候也是基于回报/投入的考量——什么样的现场、什么样的“在场”方式可以获得更多回报。例如，当处于虚拟空间的交流对象可能带来更多回报时，人们就

> **你怎么看**
>
> 你如何理解空间的媒介化？

会将注意力转移到虚拟空间，对身边的人反倒视而不见。但是，人们并不总是能准确估算出可能得到的回报，所以也会有失算的时候。

如前所述，在“空间”到达方面，人们的机会是不相同的。“现场”同样如此，一些情况下到达某个现场本身是资格、地位的象征，例如学术会议、娱乐庆典、名流俱乐部。“在场”因而也可以成为一种表演的策略，这也就不难理解为什么一些人要伪造在场。

空间的媒介化，使得人们有了更多到达以往无法到达的现场的机会，也增加了空间与现场作为表演手段的可能性。

三、生存的媒介化及其影响

网络用户的媒介化，在很多时候也体现为日常生活的媒介化。媒介化行为与日常生活相互渗透与融合，媒介化行为成为主要的生活方式之一，人与人的互动也更多地依赖公共媒介。人们谋求自己的生活在公共化的媒介世界里的曝光，以此追逐公共媒介里的话语权。人们常常也会以如何进行媒介化表达来审视自己的生活，甚至会为了媒介化表达来调整生活，改变自己在现实时空的行为。如“为赋新词强说愁”一样，人们为了获得在媒介世界里的表达素材，也会在某些时候制造一些行动与情绪。而图片和视频或许是将人们的现实生活媒介化的最好手段。

在媒介化的导向下，现实生活变成了媒介表演中的剧目或道具，在自拍、美图和网络视频中体现得尤为突出。人们会更在意“观众们”对自己的表演的反应，社交关系对个体自我建构、自我认同的影响会进一步加深。后文将对此做进一步分析。

当人们把现实生活变成媒介内容时，往往会从素材的易得性、吸引注意力的能力、对存在感与自我形象（人设）的作用，以及对关系维护、社会资本、现实利益等的作用角度来进行考量。

而媒介内容与现实生活的关系也存在多种可能。

（1）媒介内容对现实的直接展示。图片、视频等可以直接展示现实生活。当一个平台中的内容对现实生活的展示足够丰富、广阔时，它可能成为一种反映原生态生活的“清明上河图”，也会成为社会学家的“田野”。

（2）媒介内容对现实的美化。很多时候，人们会通过“滤镜”等加工方式对现实生活进行美化，人们在社交平台的行为越来越像真人秀，虽然还是以真实的人和生活为基础，但其中的“秀”的成分也越来越多。

（3）媒介化对现实生活的引导。现实中的生活与网络媒介中的分享的因果关系也有可能颠倒。原本生活是因、分享是果，但在有些人那里变成分享是因、生活是果——为了分享而设计、制造生活。

（4）媒介内容塑造的幻象。这些内容是虚构的、向往的生活，它表达了人们的理想而非现实生活。

（5）媒介表现与现实生活相互渗透。在很多情况下，现实生活与媒介表现会融合成一种新的生活，例如视频直播。

移动互联网的新应用，特别是视频会议等应用的普及，则推动了工作的媒介化。

社会环境的变化，带来普遍的居家工作、远程工作需求，视频会议由此普及。它导致原有的工作场景边界被打破，带来各种场景的混融，人们的行为模式也因此而发生变化。在一定意义上，人们的工作行为变成一种基于屏幕的表演，这种表演会时时受到来自他人和自我的审视。与此同时，媒介化工作中对空言说也成为一种常态，人们在交流中获得的来自他人的反馈可能减少，工作效率、效果可能降低。

外卖骑手、网约车司机等也是基于网络平台的劳动者，网络平台也连接着他们与客户、商家、平台管理者之间的关系，因此，他们的劳动在很大程度上是媒介化的。

从日常生活到工作学习，不断渗透的媒介化过程，也意味着人们的生存日益走向媒介化。媒介化生存是人们的现实自我在某个维度的网络镜像，这些镜像虽然不是对现实生活的原样映照，但都有现实自我的影子，它们也会对现实自我产生反作用。它们的背后时时闪现着现实中的社会关系、群体文化、阶层属性和特定的社会阶段等大背景。现实化生存与媒介化生存两者互为映照、相互指涉、相互干扰，它们构成了网络用户的双重生活。

下一章将从人-媒介-内容的关系视角进一步分析人们是如何利用媒介内容来实现媒介化生存的。

第四节　赛博格化的人

智能终端的普及，使得赛博格这个概念逐渐落地，人们的生存也呈现出了一些新的特征。

一、智能设备推动的赛博格化

知识窗

赛博格

赛博格（cyborg）这个词起源于20世纪60年代。1960年，美国航天医学空军学校的两位学者曼菲德·E. 克林斯（Manfred. E. Clynes）和内森·S. 克兰（Nathan. S. Kline）在《赛博与空间》一文中首次提出赛博格这一概念。这两个科学家从“cybernetic”（控制论的）和“organism”（有机体）两个词中各取前三个字母构造了一个新词“cyborg”。两位学者提出，为了解决人类在未来星际旅行中面临的呼吸、新陈代谢、失重以及辐射效应等问题，需要向人类身体移植辅助的神经控制装置以增强人类适应外部空间的生存能力，由此带来了赛博格这个概念。[①]“赛博格”后来被定义为人的身体性能经由机械拓展进而超越人体的限制的新身体，或人机耦合的新身体，也有人将其简称为电子人。美国学者唐娜·哈拉维（Donna Haraway）称之为“一个控制生物体，一种机器和生物体的混合，一种社会现实的生物，也是一种科幻小说的人物”[②]。

在关于赛博格的研究中，哈拉维是一个代表性的学者，虽然她的研究更多地基于女性主义的视角，但她对赛博格意义的分析具有普遍的启发性。哈拉维在1985年发表了《赛博格宣言：20世纪晚期的科学技术和社会主义的女性主义》一文。她指出，赛博格意味着人类与动物、有机体（人类与动物）与机器、身体与非身体之间的界限的模糊[③]；赛博格打破了自我/他者、心智/身体、文化/自然、男性/女性、创造者/被创者等传统思维中的二元对立模式[④]；赛博格

① 冉聃，蔡仲．赛博与后人类主义［J］．自然辩证法研究，2012（10）．

② 哈拉维．类人猿、赛博格和女人：自然的重塑［M］．陈静，译．郑州：河南大学出版社，2016：314．

③ 同②319－324．

④ 同②376－377．

隐喻着范畴的模糊化，隐喻着各种过去在辩证法中鲜明对立的两极的模糊①。赛博格化也被认为是后人类的典型标志。

赛博格这个词被提出后的几十年内，主要出现在小说、电影或论文中，但近十年来，智能手机的发展，使得人与机器的共生逐渐成为现实。

虽然智能手机并没有真正嵌入人体，但是当人与它日益形成不可分割的关系时，它实际上已经成为人的身体的一部分。当无比广阔的世界被集成于人们的手机，近在指尖时，手机作为人的器官的延伸，已经不再是比喻。除了手机外，耳机、智能手环、智能手表、智能眼镜等设备也已经或正在进入人们的赛博格实践中。

当人们沉迷于手机或其他设备时，究竟是因为对机器承载的内容、服务或人际关系的依赖，还是对人机关系的依赖？虽然丰富的内容、服务和人际互动是人们获得满足的主要来源，但是在这个过程中，人与机器的互动，机器本身给人带来的满足，也是不可忽视的。

手机等设备带来的满足，不仅源于其功能，也源于其物质实体。人们对手机、智能手表、耳机等的选择，除了功能、性价比等方面的考虑，很多时候也是基于外观、质感方面的考虑。这意味着机器本身的形象也是影响它与人们的“缘分”的因素，人们常常会将设备的外在形象、档次作为自身形象的一部分，人机一体在此时有了具体的写照。

当人们使用手机等设备时，有很多时候是在借助机器消除自己的孤独感、无聊感，化解尴尬感等。例如，在线下的社交场合，当人们觉得与在场的他人难以形成有效的交流而显得尴尬时，往往会把目光投向手机，即使手机上并没有吸引他们的内容。此时手机变成了与人一同应对社会处境的伙伴。

在社交互动中，与人共生的智能设备能够对人所在的空间进行改造，并让人获得全新的存在方式，如“半在场”或“半缺席”。在人际交流中，它们能够改变交往中的边界，以自身的媒介技术逻辑影响交往行为。而当其作为“赛博格”身体的一部分时，这些设备则能够起到展示姿态和反映关系的作用，赛博格的身体得以凸显。②

智能设备不仅是满足人们需求的工具，也是影响人们行为的行动者。例如，手机的操作系统类型、界面模式会影响人们的手指动作等行为模式，这种模式也会泛化到人们的其他行为中。

手机和可穿戴设备对人的行为带来的更重要的影响，是将人的某些维度映射为数据。这既涉及人的位置，更涉及人的行为。例如，手机输入设备可以在很大程度上记录人们的行为痕迹，手机支付同样关联着人们的多重行为。与手机的共生，使得人被外界了解的维度与概率大大增加，相应的控制也在不断增强。

随着技术的发展，人们的身体嵌入各种设备、芯片的可能性正在增加。对于一部分人，特别是身体机能出现障碍的病人，这些设备是他们重回正常生活的希望。但就像基因编辑一样，这样的做法必然存在着伦理方面的争议。机器进入身体的限度，机器支持下人对自然限制的突破限度，都是后人类时代的基本伦理问题。

赛博格化在某些方面增强了人的能力。通过智能设备，人们对自我及环境的感知能力在增

---

① 李建会，苏湛．哈拉维及其“赛博格”神话［J］．自然辩证法研究，2005（3）．

② 徐辰烨，彭兰．从“人”到“赛博格”：技术物如何影响日常交往行为?：以耳机为例［J］．新闻界，2023（4）．

强，自我表达能力在增强，人们与信息、他人以及各类服务的连接能力在增强，人们将自我生活“媒介化”的能力也在增强。但这种增强也会伴随着削弱。当人被机器随时随地量化后，人对自我的控制与保护能力却被削弱。人们线上的交流变得丰富时，人与人面对面的交流能力可能减弱。搜索引擎的普及，使人对“外部记忆”的依赖增加，人自身的记忆能力却可能在下降。

二、人的虚拟实体化与元件化

赛博格化也改变了人的数字化生存形态。今天人的实体被数据重构出一种“虚拟实体”。

这种虚拟实体容易让人联想到“数字孪生”。虽然制造业所研究的“数字孪生”及“数字孪生体”概念不能完全迁移到人身上，但人的“虚拟实体”与数字孪生确实有很多相似性。服务商也可以通过对这种虚拟实体的研究，来分析、模拟人的行为与需求。

人的虚拟实体化，在一定意义上会推进某些时候人在虚拟与现实两重空间的同一化。但从数据角度看，这些虚拟实体的数据又从人的身体中被分离出去，被一些平台或技术的拥有者掌握。因此，随时随地可能被数字化映射的个体，其受到的外在的监视也更多。

智能设备对人体的映射，使得人类向海勒所说的作为物质-信息混合物的后人类主体[①]更近了一步。信息从人的身体流向外部，借助信息，物质的人被洞察，这些信息也可能作为一种反馈带来人对物质化身体的调节。

人的实体数字化后也可以被拆解成一个个“元件”，如容貌、声音、肢体、动作，这种拆解还可以进一步细化，因而对“元件”进行数字化重组也就变得越来越容易。例如，在需要构建一个虚拟化的人物时，可以从不同的人身上获取相应的元件。这也意味着，人的某些个人特质会以数字化元件的方式被移植、融合到其他的对象中，这种对象甚至不一定是人。

虽然数字“元件”的转移技术可以被开发者应用于一些积极的方向，如在给孩子讲故事的软件中植入父母的声音，以增加亲子互动感。但更多时候，这种技术带来的是风险。如何在技术伦理与法律上对这类技术应用进行规范，成为当务之急。

与此相关，一个需要我们思考的新问题是，个体生命的这些基本特征，是否应该作为个体的基本权利被保护？就像肖像权一样，我们是否应该拥有声音权等其他权利？

身体元件化使得人作为一个整体的意义被削弱，人的背景、经历与经验、情感等因素更是被简化，身体变成可拆解的物化对象，变成一段段的“代码”。不同的管理者或服务者只是按需提取人的某个元件用于特定目标，对这些代码进行计算、分析。

这样一种将个体元件数字化并将各种元件重组的方式，或许也成为另一种“赛博格”。哈拉维在她的《谨慎的见证者》一书中就将转基因生物视为赛博格的代表，因为转基因生物由来自不同细胞的成分拼合而成，以转基因生物为代表的赛博形象带有模糊性，或者说具有模棱两可、二重性的特点。[②]

---

① 海勒．我们何以成为后人类：文学、信息科学和控制论中的虚拟身体［M］．刘宇清，译．北京：北京大学出版社，2017：5.

② 冉聃，蔡仲．赛博与后人类主义［J］．自然辩证法研究，2012（10）．

当各种生物特质开始以数字化方式脱离人体，被转移到电脑或别人身上时，人大脑内的思维这个过去我们认为始终与人这一物种不能分离的对象，也开始出现了脱离人体的可能。

2019年4月美国加州大学华裔科学家张复伦（Edward Chang）与他的团队在《自然》杂志发表论文，宣布他们可以将脑电波直接转换成合成语音。[①] 2019年7月17日，埃隆·里夫·马斯克（Elon Reeve Musk）创立的Neuralink公司发布了一款脑机接口系统，它用长得像缝纫机一样的机器人，向大脑中植入超细柔性电极来监测神经元活动。[②] 类似这样的脑机互联的技术还在往前推进，人的大脑内的信息被上传到电脑中，似乎也是可以想象的未来了。

在这样一个方向下，也可以想象，当某个个体的肉身消失后，智能技术有可能依据他的数字化痕迹、数字化特征对他进行模拟或复原，使人用数字化方式实现永恒。甚至可以将这些数字化个体载入某些躯壳中，正如英国电视剧《黑镜》曾经描绘过的那样，即使不是以一个完整的数字化个体的方式永生，也可能会以某些数字化元件的方式永生。在实践中，一些类似的尝试已经出现。

如果这样的技术日趋成熟，那么我们需要回答的一个基本问题是，个体是否可以由自己的意愿来控制其数字化永生？他的家人或朋友又是否有权为了他们自己的情感需要而决定让他数字化永生？

要回答这样的问题，涉及的不仅仅是法律上的某种权利，更需要对人的本质进行探寻。

对这样的人的身体与意识相分离的可能景象，早有科学家预言过。例如，美国卡内基梅隆大学移动机器人实验室主任汉斯·莫拉维克（Hans Moravec）曾出版《心智儿童：机器人与人类智能的未来》一书，该书预测未来可以将人类的意识下载到计算机里。但凯瑟琳·海勒认为，莫拉维克想象“你”选择将你自己下载到计算机中，从而通过技术手段获得不朽的最终特权这样一种做法是致命的。[③]

而福山（Francis Fukuyama）这样的对后人类主义持批判态度的学者，则在说明“人之为人”的根基时明确指出，所有形成“人之尊严”的重要特质都不能脱离彼此而单独存在。人类理性与计算机理性完全不同，它浸润着人类情绪，其运作机理事实上也由情绪推动。道德选择不能脱离理性单独存在，更不用说，它根植于诸如骄傲、愤怒、羞耻及同情等情感。人类意识并不仅仅是个人偏好或工具理性，它是别的意识及其道德评价这样的主体间作用所共同形塑的。[④] 虽然福山更多关注的是生物技术发展的影响，但他对于人类

你怎么看

你认为人的“元件化”会带来什么后果？

---

① 华裔科学家成功解码脑电波 AI直接从大脑中合成语音［EB/OL］.（2020-03-31）［2022-05-08］. https://view.inews.qq.com/k/20200331A07X9D00?web_channel=wap&openApp=false&autoopenapp=ampzkqw&pgv_ref=amp.

② “科学狂人”推出脑机接口，明年进行人体实验［EB/OL］.（2019-07-19）［2021-07-09］. https://www.zghy.org.cn/item/172768645028442112.

③ 海勒．我们何以成为后人类：文学、信息科学和控制论中的虚拟身体［M］. 刘宇清，译．北京：北京大学出版社，2017：388.

④ 福山．我们的后人类未来：生物技术革命的后果［M］. 黄立志，译．桂林：广西师范大学出版社，2017：172.

意识、人类理性、人的尊严的思考，也在回应人工智能发展中出现的问题。人的意识与情感、情绪紧密相连，脱离了身体，情感、情绪以及与之关联的道德选择等也可能消失，意识也就失去了依存对象。

未来人类的意识是否可以完全脱离身体，也与虚拟空间中的“具身性”相关，这也是下文要展开的话题。

三、虚拟空间中并未消失的“具身性”

近年来，不少传播研究者开始越来越多地关注传播的具身性（embodiment，也称为涉身性）问题，更有学者强调要肯定身体在信息流动与接受过程中的物质论地位，承认身体观念在意义生产与维系中的基础作用。①

“具身性”自20世纪80年代以来已经成为认知科学所有领域（包括哲学、心理学、神经科学、机器人学、教育学、认知人类学、语言学等）的重要概念。② 具身认知研究以对“身体”的理解为基础，来研究身体在认知中发挥的作用，即身体及其与环境（世界）的交互关系在认知活动中的关键作用。③

对于何为身体，现象学的代表人物法国哲学家梅洛-庞蒂（Maurice Merleau-Ponty）区分了两种身体：客观的身体和现象的身体。前者是一个能像物质一样进行分解的生理实体，后者则是某个“我”所经验和经历的、承载着“我”的、介入自然和社会的有机体④；现象的身体可以理解为肉身化的意识或是意识参与下的身体，它所知觉的空间是现象空间，由此产生了中心性、方位感、视角性、层次、深度、运动性等概念⑤。身体并不是由所谓心灵实体或灵魂所指使的机器，而直接就是进行知觉和理解活动的主体。⑥

美国学者唐·伊德（Don Ihde）在《技术中的身体》中提出了三种“身体”：其一是肉身意义上的身体，是具有运动感、知觉性、情绪性的在世存在物；其二是社会文化意义上的身体，是在社会性、文化性的内部建构起自身的存在物；其三是技术意义上的身体，即在与技术的关系中，以技术或技术化人工物为中介建立起的存在物。⑦

另一位美国学者休伯特·德雷福斯（Hubert Dreyfus）则认为“具身”包含三个层面：一是指自我身体的确定形状和内在能力；二是指习得的处理事物的技能；三是指文化的具身性。⑧

从以往学者对于“身体”的观点来看，身体不仅仅是“肉身”，也包括人的意识以及它背后的个人经验，以及社会、文化、技术等因素长期或即时的影响。

对身体在认知中的作用的研究，推动了认知科学的发展。第一代认知科学信奉的是心智的

---

① 刘海龙，束开荣．具身性与传播研究的身体观念：知觉现象学与认知科学的视角［J］．兰州大学学报（社会科学版），2019（2）．

② 何静．具身认知研究的三种进路［J］．华东师范大学学报（哲学社会科学版），2014（6）．

③ 胡万年，叶浩生．中国心理学界具身认知研究进展［J］．自然辩证法通讯，2013（6）．

④ 梅洛-庞蒂．知觉现象学［M］．姜志辉，译．北京：商务印书馆，2001：538－540．

⑤ 闫树睿，王绍森．基于梅洛庞蒂的身体现象学谈建筑空间体验的具身性［J］．建筑与文化，2017（12）．

⑥ 苏宏斌．作为存在哲学的现象学：试论梅洛-庞蒂的知觉现象学思想［J］．浙江社会科学，2001（3）．

⑦ 杨庆峰．翱翔的信天翁：唐·伊德技术现象学研究［M］．北京：中国社会科学出版社，2015：94．

⑧ 姚大志．身体与技术：德雷福斯技术现象学思想研究［M］．北京：中国社会科学出版社，2020：15．

“硬件无关说”或“离身心智论”，研究的主要是心理的“符号及其表征”。① 以“心智的具身性”为特征的第二代认知科学研究则相反，它们认为人们对于世界的认识并非世界的“镜像”，而是身体构造和身体感觉运动系统塑造出来的②，心智始终是具（体）身（体）的心智，心智根植于人的身体及身体与环境的相互作用之中③。具身认知以具体的身体来表征抽象概念：身体可以作为一部分认知的内容存在于认知加工过程之中，而且身体状态的不同可以改变其他认知加工的内容④，身体的物理结构对认知具有直接的塑造作用，身体的感觉-运动系统经验及其心理模拟在认知加工中扮演着关键角色⑤，它会影响到人的态度、社会知觉、情绪⑥，甚至影响人的道德判断与道德行为⑦。

相关的实证研究进一步说明了身体与认知的具体关系。例如，有研究从身体对权力的感知及反应的角度证明，权力与空间大小之间存在隐喻关系：权力强的被知觉为空间上大的，而权力弱的则被知觉为空间上小的。空间大小会影响权力概念的加工，权力概念的加工也会影响到空间大小的知觉。⑧ 有国外研究者设计了情绪情感的具身相关实验，在实验中分别采用让被试用牙齿咬住笔或者用嘴唇夹住笔的控制方法，以表现出口唇张开的微笑表情和口唇紧闭的严肃表情这两种状态，并让被试判别所播放的卡通片是否有趣。结果用牙齿咬笔面露笑容的被试的评分，对卡通片搞笑程度的评分要显著高于那些用嘴唇固定笔以呈现不笑表情的被试。⑨ 国内的同类研究同样揭示出，视觉图片的加工能够有效地通过身体动作的改变影响其情绪信息的加工。⑩

互联网进入我们的视野时，一开始是被视为赛博空间，虚拟性被视为其核心特征，因此在互联网早期，人们更多关注的是“虚拟身体”的“离身性”，即将虚拟身体视为赛博空间里人类心灵的离身性本质。但这也引起很多学者的担忧：虚拟性取代物质性的路径不仅忽视了人类身体在社会交往模式中的基础作用，同时技术异化也导致身体的丧失，这将会把人的主体性、物质性、社会性和实践性带向前所未有的困境。⑪

但赛博格或后人类的研究，也有另一种取向，即从一种跨越了原有身体边界的新身体角度来研究具身。他们赋予了具身新的含义，但并不认同具身性意义的消失。

凯瑟琳·海勒认为，“后人类”更加关照信息化的数据形态，而非物质性的事实例证，由生物基质形成的具身形象被视为历史的偶然而不是生命的必然。⑫ 因此，后人类更看重的是信息层面的“模式（有序）/随机（无序）”的辩证关系——控制论的研究正是致力于此，而非身

---

① 李其维．“认知革命”与“第二代认知科学”刍议［J］．心理学报，2008（12）．

② 叶浩生．“具身”涵义的理论辨析［J］．心理学报，2014（7）．

③ 李恒威，盛晓明．认知的具身化［J］．科学学研究，2006（2）．

④ 彭凯平，喻丰．道德的心理物理学：现象、机制与意义［J］．中国社会科学，2012（12）．

⑤ 叶浩生．具身认知、镜像神经元与身心关系［J］．广州大学学报（社会科学版），2012（3）．

⑥ 伍秋萍，冯聪，陈斌斌．具身框架下的社会认知研究述评［J］．心理科学进展，2011（3）．

⑦ 同④．

⑧ 唐佩佩，叶浩生，杜建政．权力概念与空间大小：具身隐喻的视角［J］．心理学报，2015（4）．

⑨ 范琪，叶浩生．具身认知与具身隐喻：认知的具身转向及隐喻认知功能探析［J］．西北师大学报（社会科学版），2014（3）．

⑩ 王柳生，蔡淦，戴家隽，等．具身情绪：视觉图片的证据［J］．中国临床心理学杂志，2013（2）．

⑪ 冉聃．赛博空间、离身性与具身性［J］．哲学动态，2013（6）．

⑫ 海勒．我们何以成为后人类：文学、信息科学和控制论中的虚拟身体［M］．刘宇清，译．北京：北京大学出版社，2017：3.

体的“在场（有）/缺席（无）”。[①] 但海勒同时也指出，这并不意味着在场/缺席的辩证失去意义，“它将物质与意义连接在一起的方式，是模式/随机的辩证法不可能有的”[②]。“通过对文化意义共鸣的隐喻进行阐释，身体本身也是一种凝结的隐喻，一种物理结构，它的局限和可能性是通过进化的历史形成的，而这种进化史是智能机器无法共享的。”[③] 因此，她仍然坚持人类的意识不能脱离身体存在，需要以具身化的现实而非无形的信息为基础，定位于模式/随机的辩证关系中，来反思人类与智能机器间的关系。[④]

面对赛博格化的后人类，或许我们也要重温梅洛-庞蒂等人对于身体的定义。虚拟世界里的身体虽然不一定总是体现为现实世界里的肉身，但作为肉身与意识一体的身体、作为“知觉和理解活动的主体”的身体仍是存在的；身体本身“凝结的隐喻”，在虚拟世界的存在与感知中，仍然具有重要影响。即使某些时候人被虚拟化，或者人与机器形成了共生关系，人的身体在认知中的独特作用与意义也并不会完全消退。

> **你怎么看**
>
> 如何理解虚拟空间中的“具身性”？

即使是肉身，也并没有在虚拟空间的探索中完全消失。人们进入虚拟空间，首先依赖人与机器的交互，这包括与硬件的交互、与设计界面及软件的交互等，而人的身体动作仍是交互的基础。人对机器的反应模式，仍然会沿袭具身认知的一些模式。如有研究表明，支配性强的人对计算机屏幕上垂直位置更高的探测刺激反应较快，而服从性强的人对屏幕上位置更低的探测刺激反应较快。[⑤] 人机互动时人的身体姿势、状态，也可能会影响到他们的情绪，而如前文所说，情绪会影响认知。

人们在虚拟空间经过一段时间的活动后，身体会形成自己的惯性，而这种身体惯性又会反过来变为认知行为惯性。例如，久而久之，人们不需要思考，打开某个界面就会下意识地点击某个位置，进而进入某个页面或App。固化的动作记忆变成影响人们在虚拟空间活动范围的主要因素，而这种活动范围也影响到人们获取信息的范围。还有很多时候，人们的大脑意识在呼唤放下手机，但人们的手指却在无意识地滑动，源源不断地打开新的页面，不断向大脑产生新的诱惑，意识与肉身之间在进行搏斗。人们沉浸在虚拟空间里的时间长短，是意识与肉身共同作用的。

除了对认知的影响外，就像在现实空间一样，人的身体状态与能力仍然会影响其在虚拟空间的活动方式与满足感。例如手指动作不够敏捷、身体反应迟钝的人难以在网络游戏中获得好的成绩，他们在游戏中获得的满足感相对较少。相反，那些身手敏捷的人在游戏中不仅可能获得更好的成绩，还有可能获得更多来自他人的赞赏，这也会使得他们更容易沉迷于游戏。进一步而言，网络游戏也是人与人互动的一种方式，人的身体能力间接影响了人们在网络中与他人的互动。与之类似，在其他一些看似肉身缺席的虚拟社交互动中，由身体状态影响的打字速度等因素，同样会对社交质量产生影响。虚拟的社交未必没有肉身的在场，即使不是身体整体的

---

① 海勒．我们何以成为后人类：文学、信息科学和控制论中的虚拟身体［M］．刘宇清，译．北京：北京大学出版社，2017：333.

② 同①333.

③ 同①385.

④ 同①388.

⑤ 彭凯平，喻丰．道德的心理物理学：现象、机制与意义［J］．中国社会科学，2012（12）.

全方位在场，也是部分的、间接的在场。

而随着技术的发展，对具身认知具有重要意义的现实中的“空间感”也会在虚拟空间中越来越多地回归。

在早期以数据符号方式建构的赛博空间里，传统意义上的空间的概念消失了，这也是人们主要关注离身性的意识的一个重要原因。虽然吉布森在他的小说《神经漫游者》里，将数据矩阵转化为能在其中叙事的地貌环境，由此创造了一种新的空间概念[①]，但这只是一种假想的空间，一般人在网络世界里，不可能基于此形成空间感。

但是当赛博格化的身体随时被映射为虚拟实体时，身体在虚拟空间中得到更多体现。虚拟世界里空间感的进一步回归依赖 VR/AR 等技术的发展，相关的设备在很多时候也会与人成为一体。在 VR/AR 营造的空间里，人也会有类似现实空间的身体在场和感知，包括方位、距离等。从对现场还原和人的在场感的营造角度看，VR/AR 空间里“第一人称视角”被交还给了用户，物理空间中的具身认知模式，也会在虚拟空间中体现。

在未来的社交互动中，当身体被用全息方式（而非化身方式）还原时，也会使因数字化而抽象为符号的互动，回归全息互动。除了今天音视频交流中的声音、身体姿态、手势、面部表情、眼神等与身体有关的因素外，空间位置关系、距离等因素也会重新成为交流中的重要元素。

对于虚拟购物、虚拟试衣、虚拟博物馆、虚拟旅游等体验来说，虚拟空间与虚拟身体之间的关系也会接近现实中的关系。但触觉、嗅觉、味觉等的缺失，仍是目前虚拟空间在还原身体感觉时的不足，也可能会是未来技术重点要解决的问题。

同时，人们的肉身在虚拟空间里也会有更多回归。AR 应用中已经有肉身的直接参与。在未来的技术下，人们的身体状态变化，会更自然地成为虚拟空间中人机交互、人与人交互的触发器。与今天人们主要借助键盘、鼠标、屏幕等中介以手来控制人机交互不同的是，未来人们的身体的各个不同部位、各种动作，都可能带来相应的交互。身体状态的细微变化所反映出的人的心理状态，也会被捕捉下来，也可能成为人机交互的由头。

虚拟空间中肉身的全方位回归，也意味着人在数字世界里已经开始习惯的多任务处理模式会受到挑战。VR/AR 等情境需要人们的数字化身体的全方位在场，需要人们在某一个情境中的全心投入。虽然人们也可以在不同空间中切换，但相比今天通过文字实现的交流切换来说，与具身相关的空间切换也意味着身体状态和情绪转换，它需要一定的时间，这可能会减少人们在几种空间中的并发行为，而使人们在一段时间内沉浸于某一空间。从社交角度来看，专注于一个虚拟空间的交流，或许有助于提高社交质量。

因此，即使是在虚拟空间里，具身性因素仍然会对人们的认知、社交等产生影响，未来这样的影响或许会进一步增强。这也从另外一个角度回应了前文提到的后人类时代人类意识能否完全离身的问题。

---

① 海勒．我们何以成为后人类：文学、信息科学和控制论中的虚拟身体［M］．刘宇清，译．北京：北京大学出版社，2017：51.

【本章学习与思考】

1. 你如何理解作为传播网络节点的用户及其作用?
2. 你认为关系网络对个人会产生哪些方面的影响?
3. 在共享经济中，作为节点的个人有哪些特点?
4. 你认为作为赛博格的人，在哪些方面被增强，又在哪些方面被削弱?

- 第七章 网络传播建构的关系
  - 人与媒介及内容的关系深化
    - 媒介化生存：人与媒介、内容的融合
      - 作为日记与记事本的媒介内容：个人历史记录的媒介化
      - 作为表演道具的媒介内容：自我表达与自我建构方式的媒介化
      - 作为“诱导者”的媒介内容：现实行为与生活导向的媒介化
      - 作为“纽带”或“墙”的媒介内容：社会关系建构的媒介化
      - 作为权益表征或向导的媒介内容：权利与权力实践的媒介化
      - 作为大众群体文化的媒介内容：生产力释放的媒介化
    - 拟态环境：人与媒介的相互建构
      - 网络时代拟态环境的不同层面
        - 个体性的拟态环境
        - 群体性的拟态环境
        - 公共性的拟态环境
      - 网络时代拟态环境建构力量及机制的变化
        - 相互为媒、共同作用：社交媒体中全民参与的拟态环境建构
        - 消费—分发—生产：算法对拟态环境建构各环节的调控
        - 掌控渠道、调控流量：各类平台对拟态环境的作用
        - 渠道旁落、地位下降：传统媒体在拟态环境建构中受到的挑战
      - 网络时代拟态环境对人的影响
        - 从信息茧房到回声室效应：拟态环境的窄化趋向
        - 分离与重组：拟态环境下的错杂时空
        - 拟态环境的“环境化”：拟态环境成为真实环境的一部分
  - 网络推动下人与人的关系运动
    - 连接：网络用户间的关系形成
      - 连接模式的演变
        - 以内容为纽带的群体互动
        - 以社交为核心的一对一互动
        - 基于游戏的虚拟情境互动
        - 以个体为中心的基于内容的“表演”与“观看”
        - 以个体为节点的多链条连接
        - 以产品或服务为中心、中介的“泛连接”
        - 基于视频会议进行的多对多连接
        - 虚实相融时空下的连接
      - 用户关系性质的摇摆
        - 远距离与近距离间的摇摆
        - 匿名关系与实名关系间的摇摆
        - 弱关系与强关系间的摇摆
      - 过度连接下的重负
        - 强互动下的倦怠与压迫感
        - 私人空间与时间受挤压
        - 情绪与行为相互影响
        - 线上过度连接对线下连接的挤占
      - 反连接的情境与实现路径
    - 互动：自我与社会关系的碰撞
      - 作为社交表演的互动
        - “表演”：社会互动的基本策略
        - 网络空间表演的特点
        - 表演背后的心理动因
      - 作为社会关系作用机制的互动
        - 社会关系网络中一对一链条对个体态度与行为的影响
        - 群体心理的影响
        - 社会网络对个体的影响
    - 汇聚：群氓的智慧或群体性迷失
      - 群体智慧:关于网络互动结果的乐观判断
      - 群体性迷失:另一种可能
      - 影响网络群体智慧形成的结构与机制因素
        - 群体的连接模式：“多中心”的分布式网络
        - 群体的聚合结构：开放、流动中的秩序
        - 群体的协作机制：分工明确、有效激励、相互校正
        - 群体的协商氛围：“理想的商谈环境”
      - “群氓的智慧”适用的情境
    - 分化：网络中的共同体及其影响
      - 共同体概念的缘起
      - 社区、社群、族群、圈子：网络共同体的不同表现形式
        - 网络社区
        - 网络社群
        - 网络族群
        - 圈子
      - 社会认同、社会资本、仪式、集体记忆：共同体的维系因素与机制
      - 从液态到半液态：网络共同体流动性的变化
  - 人与机器新关系带来的挑战
    - 人机协同：谁主沉浮
      - 人的价值判断与机器的价值判断孰主孰从
      - 人文精神与机器效率如何平衡
      - 未来机器是否应该具有主体性地位
    - 人机传播：人际传播的补充还是破坏
      - 人机传播能否实现有效交流
        - 对话情境
        - 情感表达与互动
        - 风格个性
        - 经历共享
        - 身体表现与身体互动
      - 人机传播对交流的未来走向的影响
        - 人机交流如何影响交流模式与交流观
        - 人机交流可以替代人际传播吗
    - 人机共生：后人类的极限何在

第七章　网络传播建构的关系

作为一种媒介，网络建构了多种关系，涉及人-媒介-内容、人-人、人-机等多个不同方向，有些关系是传统时代关系模式的延续，也有很多关系是全新的。正是这些关系影响了人的生存状态、生存环境，甚至改变了人的生存方式。

第一节　人与媒介及内容的关系深化

对媒介的研究不应最终都演变为对媒介内容及符号意义的研究，但媒介内容无疑需要被持续关注。然而我们不能仅从符号角度孤立研究内容，而是需要将内容放在其与人及媒介的关系之中进行考察。

一、媒介化生存：人与媒介、内容的融合

以往的使用与满足理论，揭示了人与媒体内容的不同关系，但那都是基于人作为“受众”也就是单纯的内容消费者这一前提。今天用户也变成了媒介内容的主动生产者与传播者，这也使得人与内容的关系进一步丰富、深化。其中，媒介化生存是人与内容关系深化的一种典型表现。

从生产、传播到消费，对媒介内容的全方位运用构建了人的媒介化生存，媒介化生存与现实化生存形成了相互驱动、相互转化甚至一定程度的融合关系。人也在不断与内容融合，内容变成人的一种媒介化存在。

> **你怎么看**
>
> 你如何理解媒介化生存?

约翰·彼得斯认为：“媒介是容器和环境，它容纳了一种可能性，这种可能性又锚定了我们的生存状态。”[①] 不同的容器与环境，会影响人们的生存方式与状态。网络时代的一个重要特性，是公共性媒介与私人性媒介之间的界限模糊，私人生活进入公共媒介的可能性大大增加。因此，除了传统大众媒体内容给用户带来的那些满足外，更多的私人性需求可以通过媒介内容得到满足，私人性的行为在媒介内容中也有多层面的体现，媒介全方位地渗透到私人生活中。

（一）作为日记与记事本的媒介内容：个人历史记录的媒介化

以往大众媒介承载的主要是公共历史，而今天人们随时可以用各种社交平台记录关于自己的文字、图片、影像，这些内容构成了一种数字化、媒介化的私人日记或记事本。

这些关于自己的内容一旦公开，便会成为一种社交表演，也会受到社会关系的影响，这些内容的客观性与真实性无法保证，久而久之，记录者自己也可能忘记事件的原貌。

当媒介内容成为自我记录的一种方式时，私人性内容的公共化也就难以避免。以往人们在媒体上看到的主要是公共性内容，偶尔有些私人性内容进入大众媒体，那也是因为具有公共价

---

① 彼得斯．奇云：媒介即存有［M］．邓建国，译．上海：复旦大学出版社，2020：2.

值；而今天海量的私人性内容都进入了公共媒介，这也意味着这些私人性内容的公共化。

尽管人们在发布私人性内容时会经过思考与选择，会有一定的隐私顾忌，但是他们未必能保证自己发布的内容得到恰当的理解与使用。对于个体来说，自己发布的内容有可能超越其原有用意，并在时间与空间上不断扩散与延伸。尽管有些平台可以设置“半年可见”、“三天可见”甚至“阅后即焚”等功能，但效果也有限。个人在网络中发布的内容，最终可能构成如迈尔-舍恩伯格所说的“一种更为严酷的数字圆形监狱”，这种圆形监狱会随时随地监视我们。①

从历史记忆来看，虽然互联网可能使得个体对自身的记录变得更为详尽与完整，但由于这些记录都是借助各类社交平台，人们也会依赖这些平台的记忆能力，最终自身大脑对个人历史的记忆反而可能变得模糊。

（二）作为表演道具的媒介内容：自我表达与自我建构方式的媒介化

以往个体的自我表达，极少有机会进入公共媒介，而今天，各种社会化媒体为人们的表达提供了广阔的空间，这些表达得以公开并与他人产生互动。而公开的自我表达往往具有表演的成分，因此，用户主动生产的媒介内容也成为表演的道具。这也意味着，这些内容具有“滤镜化”的色彩，它未必是对人们真实生活或想法的呈现，而是经过了美化或修饰。人们面向不同的表演对象时，也可能采用不同的内容道具，采用不同的表演策略。

除了人们主动生产的内容外，人们分享的来自媒体或他人的内容，也可以成为表演的道具，分享或不分享什么内容，也与人们的自我形象的维护动因相关。这也意味着人们会将一些公共性内容进行私人化的使用，带来公私内容界限的模糊。

基于内容道具进行的表演是面向他人的，因此人们对于他人的反馈通常也是敏感的。这些反馈会影响人们的自我认知，也会对人们的自我建构策略产生影响。人们的表演既有主动性的一面，也会基于反馈做出调适，某些时候甚至会逐步走向被动。

知识等内容在今天也是人们表演的道具之一。但因为人的精力有限，作为表演道具的知识更多是二手的知识，人们的表层知识越来越多，这些知识可以起到一定的美化作用，但人们深层的认识与思考未必相应增加，知识的学习深度也未必增加。

基于表演的动因，人们在社交平台展示的往往是自己好的那一面，这也会加剧社交平台中的比较与竞争。

（三）作为“诱导者”的媒介内容：现实行为与生活导向的媒介化

当媒介化生存成为一种常态时，人们的生活会越来越多地以社交媒介中的存在感为目标，而现实生活则变成了媒介表演中的剧目。媒介内容不仅是对现实生活的映射与记录，也会成为现实生活的导向，甚至可能导致现实中的生活与网络中发布的内容的因果关系的颠倒。原本生活是因、发布是果，但在有些人那里变成了发布是因、生活是果——为了媒介分享而设计、制造相关行为与生活。内容发布这一目标诱导着人们现实行动的规划与实践。

在这样的情形下，现实行为与媒介行为之间可能会出现一定冲突。例如为了发布内容而造成“在场的缺席”。媒介内容生产有时也要人们额外投入时间与精力。例如为了在社交平台用图片或视频分享美食，人们往往需要付出比正常烹饪多得多的时间，这不仅体现在美食制作过程中，也体现在素材拍摄与后期加工过程中。这些额外的投入是否一定会提高人们的生活质量或者带来更多心理满足，也不能一概而论。

---

① 迈尔-舍恩伯格．删除：大数据取舍之道［M］．袁杰，译．杭州：浙江人民出版社，2013：18.

人们的生活方式，也会越来越多地受到他人分享的媒介内容的影响。以往大众媒体特别是广告，在一定程度上引导着人们对各种生活方式的了解与追逐；今天，扮演着向导作用的更多的是各种社交平台、服务平台中的内容，特别是其中涌现的网红、网红产品、潮流生活方式。

社交媒介中的内容，给了人们更广阔的参照系，使人们可以对自己的生活状态与质量进行评估。社交平台也在一定程度上打破了以往地域和社会阶层的限制，帮助人们了解其他地域、其他阶层的生活方式，激发了一些人对更好的生活的向往与追求。但同时，它们也可能加剧一些人的焦虑，加剧人们在生活方式上的从众行为。

（四）作为“纽带”或“墙”的媒介内容：社会关系建构的媒介化

在承载着自我表达功能的同时，媒介内容也成为人们的关系连接纽带，具有黏合剂或润滑剂的功能。有时人们彼此分享的内容并非自己认为重要的内容，而是觉得对方需要的内容。出于关系维护的需要，人们在表达自己的观点、态度的时候，有时也会有所克制、伪装。

除了一对一的关系维护外，在群体的形成与维系中，内容也是黏合剂与润滑剂。

在黏合、润滑的基础上，媒介内容也可以充当社交货币的角色，成为促进社会资源积累与交换的方式。通过分享对他人有价值的内容，可以获得他人的信任与支持，获得更广的人脉。媒介内容及相关互动，为用户带来了社会资源增长的新机会，阅读、转发、点赞等与媒介内容相关的数据，也成为社会资源的量化指标。

媒介内容也在完成着人与人之间的文化连接，勾画着亚文化群体的边界，不同的内容气质标志着不同群体的文化趣味，也因此成为文化资本的象征。内容的生产成为培育群体文化的重要手段。

当然，内容既可以成为关系连接的纽带，也可能成为不同个体或群体之间的“墙”。人们通过自己或他人分享的内容的品位、立场等来发现与寻求同盟军；与此同时，也在识别那些“异己者”，一些时候也通过内容之“墙”阻挡“异己者”。

网络媒介所建构的社会关系，还会影响到人们对社会环境的感知，但由于网络中人群的分化，人们所感知的未必是完整的社会环境，而只是自己所在圈层的环境。这种对环境的不完整认知，也可能进一步促成圈层化与社会的碎片化。

（五）作为权益表征或向导的媒介内容：权利与权力实践的媒介化

人们在公共性平台广泛发布、转发各种内容，也体现了网络赋予的话语权利。除了话语表达权利，媒介内容也在折射或培养着人们的其他权利意识，激发与推动人们的权利表达与争取行动。

网络中多元的内容成为人们认知自身权利的参照系，人们从他人分享的知识或实践中对自己的权利有了更多了解，权利意识也因此提高。在一些时刻，通过网络发布内容、发出声音也成为个体权利声张以及争取权利的手段。如果这些内容得到广泛关注，不仅有助于当事人权利诉求的实现，也可以为他人提供借鉴。网络还可以使孤立的个体集合起来，实现抱团取暖、集体抗争的效果。权利诉求表达、权利抗争的媒介化，是网络时代媒介化生存的一个重要特点。

在普遍的话语权利基础上，少数人通过内容的生产或传播，在网络中拥有了更大的话语权。这种话语权不仅可以使他们获得更多的社会声誉与影响，也可能变为现实权力以及经济收益。例如，文字的出版、内容 IP 的转化、直播带货等。早期的用户主要是通过文字表达来赢得话语权，但随着移动互联网应用的发展，更多用户可以通过视频等手段来争取话语权。视频手段的低门槛为更多草根用户的话语权提升及变现提供了可能。

当然，无论是对权利的认知与争取，还是为权力提升所做的努力，就一些个体而言都可能存在误区或失当行为，也会因此带来种种问题。

（六）作为大众群体文化的媒介内容：生产力释放的媒介化

网络在全方位地影响人们的生活、生存时，也在激发着人们除工作之外的其他生产力，特别是文化生产力的释放，参与网络文化创作成为主要的释放方式。网络流行语、网络文学、网络视频等各种形态的网络文化，其主要生长动力也来自普通人的生产力。

但并非所有人都经过专业生产的训练，这时对已有内容的学习与模仿，成为人们快速获得生产能力的捷径。而那些被模仿的媒介内容，也就成为内容生产的模板。很多模板具有英国人类学家道金斯（Richard Dawkins）所说的文化基因——“模因”的特质，例如长寿、生殖力和精确复制的能力。[①] 这些模因在网络中的形成与扩散、遗传与变异更为快速。模因的创造者很多时候就是普通人，每个人也都可能通过学习他人创造的模因来进行再创作。

当人们以模仿这一捷径来进行创造时，可能会导致文化上的同质化，本应体现个性化创造力的文化生产变成一种模板化、机械化动作。

对已有产品的再编码、再解读，是人们参与网络文化生产的普遍方式之一，其中也包括“恶搞”。人们也可以在内容使用过程中用某些方式进行再编码，例如对视频内容进行倍速播放。这不仅改变了内容播放速度，也可能改变内容符号的意义，原本庄重的内容可能因为加速而被戏谑化。

网络中的文化创造，一开始是以亚文化为主，它们通过对主文化的挑战来彰显其存在。创造也包含着破坏，有些破坏只是单纯的打破，有些破坏则具有一定的建设性。最终，一些亚文化会走上“主流化”道路。这种主流化可以表现为被官方和大众媒体认同，也可以表现为在网络用户中得到普遍接受，成为新媒体文化中的“主流”。

以往大众媒体生产的文化产品，虽然大多被称为大众文化，但其生产者主要是专业内容生产者。而今天网络中的文化，真正由大众创造，它们更能代表大众群体的文化取向与文化趣味，也直接影响着大众的文化消费，大众群体自身形成了一个闭环的文化生产-消费系统。

今天，人还在走向数据化生存、智媒化生存，这也是媒介化生存的新发展及新的表现方式，前文已对此进行了分析。

二、拟态环境：人与媒介的相互建构

拟态环境这一概念最早由美国学者李普曼（Walter Lippmann）提出，在他看来，拟态环境存在于人与真实的生存环境之间，是真实环境的简化模型。真实的环境在总体上过于庞大、复杂，且转瞬即逝，人无法对拥有如此丰富可能性的外部世界应付自如，往往需要依照拟态环境这个更加简单的模型对真实环境进行重建。人的所有行为也是针对拟态环境做出的。[②] 因此，拟态环境直接影响着人们对现实世界的认知和由此产生的各种行为。

李普曼指出，对这种拟态环境产生影响的因素包括：人为的审查机制、社会交往中的阻绝因素、人们关心公共事务时间的匮乏、以过简的信息叙述事件所导致的事实扭曲、用有限的词语来描述复杂事件的难度、人们因不愿意打破稳定的社会生活现状而怯于直面事实的情形

---

① 道金斯．自私的基因 [M]．卢允中，张岱云，陈复加，等译．北京：中信出版社，2012：217-221.

② 李普曼．舆论 [M]．常江，肖寒，译．北京：北京大学出版社，2018：14-15.

等。① 这些因素既包括媒体的内容生产方面，也涉及用户的内容接收方面。

拟态环境也是一种信息环境，其中的信息既包括事实性信息又包括意见性信息，它是信息的生产、传播、消费等环节共同作用的结果。

尽管李普曼提出拟态环境这一概念时，并不只是针对大众媒体的，但在以往的传播学研究中，对拟态环境的研究主要集中于大众媒体。把关人、议程设置等理论，也从不同角度说明了媒体对拟态环境的建构机制。

网络时代，传播形态与传播模式都发生了重大变化，拟态环境的建构机制也在发生变化，用户自身、算法、平台等媒体之外的力量在拟态环境建构中的作用不断加强，拟态环境与现实环境的关系变得更为复杂。

（一）网络时代拟态环境的不同层面

传统媒体所建构的拟态环境往往面向受众整体，也就是说，一家媒体呈现的信息对所有受众都是一致的。虽然因为媒介选择、人际传播、个体心理等因素的作用，人们在总体上感知的拟态环境不尽相同，但以往这种差异往往被忽视。而网络时代，由于用户接触信息的个性化、渠道的多样化及组合化，人们所感知的拟态环境的差异在加大。这种差异也体现在不同群体之间。因此，我们有必要将拟态环境细分为个体性的、群体性的以及公共性的几个不同层面。

1. 个体性的拟态环境

李普曼在分析拟态环境的形成时，谈及了很多来自用户自身的因素。在网络时代，这些因素不仅没有消失，其作用范围与强度甚至还在增加。

个人在网络中选择的不同渠道，以及在各种不同渠道中获得的信息，共同构成其感知的拟态环境。这包括人们主动选择的信息、被平台推荐的信息、被好友推荐的信息、被算法推荐的信息等。

个体的兴趣广泛度、习惯的稳固度、社交范围、好友的数量及异质性、信息接收心理等，都决定着他们看到的拟态环境的广度。

2. 群体性的拟态环境

网络时代，相似人群的汇聚与群体的形成变得更为容易，群体的互动也变得更为频繁与紧密。网络中的群体既包括稳定的、有群体意识的群体，也包括一些临时性的群体，不同群体会面对不同的拟态环境。

群体的分化，带来了拟态环境的分化，人们在不同群体中感知的社会环境与意见气候会有差异。而群体互动的结果，常常会带来“沉默的螺旋”或“回声室效应”，使某些信息或态度被强化，这有可能导致某些时候群体之间产生较大的差异或冲突。这也是网络时代的一个典型现象。

3. 公共性的拟态环境

在各种公共平台，信息的生产与传播营造了公共性的拟态环境。虽然每一个个体获得的信息可能是个性化的，但平台也会有一些公共的热点，它们更容易引起人们的关注，影响人们对信息环境的认知。平台整体内容的结构与比重、内容流量分布，也影响着拟态环境。

相比个体性、群体性的拟态环境，公共性的拟态环境会容纳更多异质性信息，但这并不意味着所有内容都具有“可见性”。学界对内容可见性的定义是，能否被他人看见，能否获得他

① 李普曼．舆论［M］．常江，肖寒，译．北京：北京大学出版社，2018：25.

人的注意，以及获得的注意是否达到一定规模。① 可见性的程度，也可视作“可见度”，它是内容生产者、传播者以及平台及其算法等共同作用的结果。可见度差异，意味着不同内容对用户的环境认知的作用程度不尽相同。可见度更高的信息，在拟态环境建构中，起到了更重要的作用。

公共性拟态环境也会对内容生产者产生反作用。在“流量至上”的压力下，一些内容生产者在内容主题与形式的选择上，会有意向那些可以带来高流量的内容靠拢，这使得拟态环境的某些特征不断被强化。

每个网络用户会同时处于个性化和公共性的拟态环境中，有些人还会受到群体性拟态环境的影响，他们最终所感知的拟态环境是复合的。而哪一种拟态环境对他们作用更突出，也取决于多种因素。

（二）网络时代拟态环境建构力量及机制的变化

网络时代，传统媒体之外的力量加入拟态环境的建构中，也带来了新的建构渠道及机制。

1. 相互为媒、共同作用：社交媒体中全民参与的拟态环境建构

社交媒体中的社交互动不仅影响着人们的社会关系，也深刻影响着各层面的拟态环境的形成。社交媒体的特点是“万众皆媒”，这种“媒”既可以是内容生产的“媒体”，也可以是内容传播的“媒介”。在这样的环境下，拟态环境是全民参与建构的，人们相互为媒、共同作用。社交媒体中的拟态环境建构机制主要体现为以下几方面：

其一是“万众皆媒”式内容生产建构多层面拟态环境。

社交媒体的赋权，使所有人都可以成为信息生产的“媒体”，所有用户共同参与了社交媒体中的拟态环境建构，这种拟态环境也体现在个体、群体与公共等不同层面。

因为前文分析的种种原因，全民参与内容生产的背景下，拟态环境对现实环境的反映，很难做到全面、真实，而是存在着造假、扭曲、片面化、碎片化、美化等多种可能。

除了个体用户外，各类非媒体组织机构也通过自己的社交账号进行对外信息发布。这主要是基于组织形象与品牌建设、危机公关、市场营销等多重目的。在这些动机下，它们发布的信息必然也存在非客观、自我美化、自我利益导向等种种特点。

一些“水军”会因为利益或其他原因进行批量的内容发布，包括虚假信息发布。他们对于信息环境的干扰，也会造成拟态环境的失真。

其二是“以人为媒”的信息获取网络影响个体层面的拟态环境。

社交媒体帮助个体建构了自己的社交网络，这也是个体性的信息获取网络，是一种“人媒”，因而也成为用户面对的个体性的拟态环境。

用户在社交网络建构过程中，是具有主动性的，他们可以选择关注谁、不关注谁，也会根据需要删除、拉黑一些好友。因此，他们在社交平台最终感知的拟态环境是由自己来决定的。

从人的本性来说，特别是从避免认知失调等心理来说，人们在社交平台更愿意选择与自己兴趣、立场、态度或社会阶层等相似的好友。因此，社交网络中的拟态环境，通常会更容易与人们的既有倾向相契合。即使一开始有些“不和谐”的内容，人们可以通过对信息源的屏蔽（如删除），来“净化”信息环境。社交媒体赋予人们以自主权，使人们看到的拟态环境与他们所希望看到的信息环境更容易趋向一致。

---

① 孙玮，李梦颖．“可见性”：社会化媒体与公共领域：以占海特“异地高考”事件为例［J］．西北师大学报（社会科学版），2014（2）．

其三是“人以群分”的社区互动影响群体层面的拟态环境。

社区容易带来相似人群的会聚，在这里人们所面对的拟态环境往往建立在社区内的互动基础上，社区的内容主题、信息发布模式、互动方式、成员类型、身份限制（如匿名/实名、进入资格有限制/无限制等）、群体的社会资本等，都会对群体性的拟态环境产生影响。

在一些群体意识明显、成员对群体依赖度和忠诚度较高、意见领袖影响力大的社区，沉默的螺旋现象仍然会发生，而这也会导致某些时候拟态环境中强势信息（意见）对弱势信息（意见）的压制，造成拟态环境的不均衡。

社区的管理者，特别是平台方授权的管理者，则会通过推荐或封杀某些信息等方式来影响社区的拟态环境构成。

一些群体也会面临与其他群体对抗的情形，它们会有意强化对自身有利的信息而避免不利信息，这时包围它们的拟态环境就会更为封闭、单一。

其四是“万众皆媒介”的公共传播机制建构公共层面的拟态环境。

公共层面的拟态环境，与各种公共信息平台的内容构成相关，这不仅取决于内容生产，也取决于内容的传播。在社交平台各种内容的可见度的形成方面，作为传播者的用户，地位大大提升。

在公共传播中，用户也成为一种媒介，最终的信息流动格局，是用户共同“投票”的结果。广泛流动的内容，在公共性拟态环境中尤为醒目。其中的意见领袖对公共信息环境的影响尤为突出，他们对于某些信息的可见度的提升起着关键作用。

但传统媒体或其他组织机构未必会因为它们的现实地位而自然成为意见领袖，它们要实现“议程设置”也面临更大的挑战。

个体所感知的信息环境，很多时候也和他们在公共讨论中感知的信息与意见相关，这些讨论可能发生在新闻的跟帖后，也可能发生在一些其他的公共对话空间，如论坛、微信群、小组，甚至可能体现在弹幕等互动形式中。在大多数情况下，影响这些空间中意见气候或拟态环境的是用户，媒体等机构在这些空间中的参与及作用效果都有限。

2. 消费—分发—生产：算法对拟态环境建构各环节的调控

智能时代，算法作为一只“看不见的手”，也深层参与到拟态环境建构的各个环节中。它从影响个人的信息消费入手，进而影响平台上的整体内容分发，最后反过来引导内容的生产导向。对此前文已经进行了多方面分析。

研究者指出，在内容可见性的作用机制中，算法技术扮演着日益重要的角色，形成了新的可见性的技术架构，算法正取代媒体机构和社交好友，成为可见性的驱动逻辑，告诉我们应当“注意”什么。①

有学者进一步指出，算法会影响到“社会能见度”，这主要体现为基于“算法价值”的能见度生产、基于“推荐机制”的能见度分配、基于平台可供性的能见度竞逐、“可见性劳动”成果的不确定性导致的算法规训。②

今天一些平台在通过算法增加不同内容之间的可见度差异，也有一些平台反其道而行之。但无论如何，可见度都是对现实世界对象的再生产结果，网络环境中内容的可见度能否与现实

① 周葆华．算法、可见性与注意力分配：智能时代舆论基础逻辑的历史转换［J］．西南民族大学学报（人文社会科学版），2022（1）．

② 郭小平，潘陈青．智能传播的“新社会能见度”控制：要素、机制及其风险［J］．现代传播（中国传媒大学学报），2021（9）．

世界事件或话题的重要性匹配，也是衡量网络的社会监测与守望能力的一个重要依据。

算法也会以社交机器人等方式来影响平台的内容分布，今天，它们部分代替了人工“水军”，其信息传播更为高效，有时也更为隐秘，造成的干扰更难察觉。

3. 掌控渠道、调控流量：各类平台对拟态环境的作用

社交互动和算法对拟态环境的影响，最终都会涉及平台。网络时代，平台是重要的信息集散地与传播渠道，这既包括社交平台，也包括新闻资讯平台，甚至包括一些整合了信息内容的服务平台。在整个网络信息传播中，平台的话语权日益上升，因而在拟态环境建构中的作用也不断上升。

无论什么类型的信息平台，都会对信息流量进行一定控制，这也是它对拟态环境的主要影响方式。控制的目标与平台的定位相关，有时也与宏观政策环境、组织或商业利益的干预等相关。

平台控制手段主要包括平台规则与机制、平台编辑的把关、算法等。平台对流量的控制是双向的，既包含“扬”，也包含“抑”。

“扬”意味着激励与引流，其控制手段主要包括：平台对一些重点用户、重点话题的内容进行直接推荐；平台通过点击榜、热搜榜、“超话”等方式突出热点内容，或将一些原本的“冷”内容炒“热”；平台也可以通过算法中的模型或参数设置，给予某些创作者或某些类型的内容更高的权重。

“抑”即抑制、禁止或限流。其控制手段主要有：平台将一些它们认为不适宜的内容进行删除或禁止传播，有些内容只有发布者自己可以看到，不能在平台进行传播；平台也可能封杀某些用户账号。同样，算法也可以抑制某些内容的传播。

4. 渠道旁落、地位下降：传统媒体在拟态环境建构中受到的挑战

以往媒体控制着大众传播渠道，在公共性拟态环境的建构中占据着垄断地位。其作用既体现在对某个特定的新闻事实的报道层面，也体现在对整体世界的反映层面。内容的筛选与审核、叙事框架与话语模式、内容的编排与传播方式等也成为拟态环境建构的基本手段。网络环境下，这些手段仍然存在且发挥一定作用，但媒体在拟态环境建构中的地位在下降。

以往传统媒体同时控制着内容的生产与传播，但今天，媒体自营的传播渠道，如广播、电视、报纸，以及它们的网站或客户端，在内容传播方面的影响力在下降。而由新技术企业控制的各类平台，在内容传播方面的影响力不断上升，媒体在很多时候也需要借助这些平台。媒体虽然可以在内容生产方面有自己的筛选，但不一定能左右内容的分发范围，也越来越难以对自身内容的可见范围进行控制。

在各种内容传播渠道中，媒体内容也需要与其他主体生产的内容进行竞争。如果竞争中没能占上风，媒体在内容生产中所表达的意图便难以在信息环境中得到充分体现。能否使自己生产的内容成为各种公共平台中高可见度的信息，是媒体面临的一个挑战。

（三）网络时代拟态环境对人的影响

尽管网络时代不同的人所感知的拟态环境是有差异的，但是从总体来看，拟态环境带来了人们视野窄化、时空感错杂、拟态环境“环境化”等趋向。

1. 从信息茧房到回声室效应：拟态环境的窄化趋向

网络时代，人们虽然有机会接触比传统时代多得多的信息，但是他们最终面对的拟态环境，一定比传统时代更为开放、多元吗？答案也许并不那么乐观。

信息选择可能性的增加，会强化人们的选择性心理。选择性心理这一现象，在美国学者拉

扎斯菲尔德等学者有关1940年美国大选的研究中便已经被提出来。研究发现，受众更倾向于接触那些与自己原有立场、态度一致或接近的内容。选择性接触的结果不是导致原有态度的改变，而是有可能强化原有态度。① 后来的传播学者，将受众的选择性心理分为选择性接触（包括选择性注意）、选择性理解与选择性记忆等几个层面。②

选择不仅体现在信息方面，也体现在人际关系方面。韩裔德国学者韩炳哲指出，数字化的全联网与全交际并未使人们更容易遇到他者，恰恰相反，它更便于人们从陌生者和他者身边经过，无视他们的存在，而寻找到同者、志同道合者。③ 在社交媒体以人为媒的传播机制中，人际网络的同质性，也会强化信息的同质性。

因此，网络时代，由选择性心理导致的信息茧房等现象引起了普遍关注。

美国研究者伊莱·帕里泽则用“过滤泡”这个词来指代个性化推荐技术带来的结果。他认为，个性化过滤器会用两种方式打破我们在强化现有想法和获取新想法之间的认知平衡：其一，它使我们周围充满我们已经熟悉（并且已经认可）的想法，导致我们对自己的思维框架过于自信；其二，它从我们的环境中移除一些激发我们学习欲望的关键提示。④

个性化推荐技术并非造成信息茧房或过滤泡的唯一因素，社交媒体和其他传播渠道也会强化用户对信息的选择性。总体来看，今天的多种因素都更容易推动信息茧房的形成，“破茧”面临更多的障碍。

与信息茧房、过滤泡相似的另一种现象是“回声室效应”。它强调的是群体的拟态环境的同质性与封闭性，即信息或想法在一个封闭的小圈子里得到加强。形成回声室效应的原因是多样的：为了减少获得对自己有用的信息的成本，害怕被孤立、逃避争议，避免那些会带来不协调认知的信息等。⑤

无论是个体还是群体，在看似信息更丰富的时代，却可能面对着更封闭、单一的拟态环境。

2. 分离与重组：拟态环境下的错杂时空

拟态环境，也会涉及时间与空间，但它们与现实世界中的时空并不等同。网络时代，拟态环境时空是对现实时空的分离与重组，这一时空也变得更为错综复杂。

第六章已指出，从时间维度来说，人们在网络空间中感知的时间，并不总是与现实时间同步；网络中的信息发布，也并非总是实时的或及时的，很多时候是延时或过时的。人们在网络中的信息获取、社交互动及其他行为，也存在着同步与异步等可能。实时与延时、同步与异步等的并存与交错，编织出拟态环境中的时间迷宫，人们常常会被这个迷宫困住。

从空间维度来说，人们在拟态环境中往往会被与自己相关的“近”的事物与话题包围，但在其中所感知的“远”与“近”，与现实空间的地理距离往往并不一致。拟态环境中的“近”，是心理上的近，是人们希望关注的或认为与自己关系密切的事物，很多时候在地理空间上却是远的。拟态环境造成了人们空间感上的错位。

广播电视的兴起已经把我们带到了“地球村”的时代。这不仅意味着人们对千里之外的信

---

① 拉扎斯菲尔德，等．人民的选择：选民如何在总统选战中做决定［M］．唐茜，译．北京：中国人民大学出版社，2012：65－71.

② 赛佛林，坦卡德．传播理论：起源、方法与应用［M］．4版．郭镇之，孟颖，赵丽芳，等译．北京：华夏出版社，2000：71－80.

③ 韩炳哲．他者的消失［M］．吴琼，译．北京：中信出版集团，2019：4－5.

④ 帕里泽．过滤泡：互联网对我们的隐秘操纵［M］．方师师，杨媛，译．北京：中国人民大学出版社，2020：65.

⑤ 胡泳．新词探讨：回声室效应［J］．新闻与传播研究，2015（6）．

息的感知与关注，也意味着吉登斯（Anthony Giddens）所说的“脱域”（disembedding）：“现代性的降临，通过对‘缺场’（absence）的各种其他要素的孕育，日益把空间从地点分离了出来。”① 这种从地点中分离出来的空间，在某种意义上，也就是拟态环境的一部分。而对这种拟态环境的影响因素，如吉登斯所言，很多时候来自远距离的关系。② 人们对远距离的事物的兴趣，仍然出于自身的利益与诉求。

脱域机制把社会关系和信息交流从具体的时间-空间情境中提取出来，同时又为它们的重新进入提供了机会，带来了再嵌入的可能。③ 网络时代脱域更成为常态，网络为重新进入、再嵌入和时空重组提供了各种新可能。人们用网络中的各种信息与互动，编织了自己的时空，这个时空既是社会性的——受到人们的社会关系的影响，也是心理性的——与人们的心理动因和心理选择相关。虽然它有时与物理时空一致或重叠，但很多时候也存在差异、错位甚至是割裂。

3. 拟态环境的“环境化”：拟态环境成为真实环境的一部分

与传统媒体不同的是，网络不仅仅是一个信息传播的渠道，还是一个生存空间。虽然人们在其中的生存形态是数字化的，但数字化生存也是人的生存的一部分。这使得网络不仅是一种拟态环境，也成为真实环境的一部分。

网络也是一种媒介空间，它以“媒介化”的方式影响着社会。媒介化意味着媒介场域对其他社会场域的“入侵”，这种入侵使得“媒介权力”以一种新的形式作用于社会空间。④ 这种媒介化，在今天也突出地体现为日常生活的媒介化。作为拟态环境的媒介化时空影响着人们日常生活的内在逻辑，日常生活被刻上媒介烙印，这是拟态环境成为真实环境的另一路径。

尽管拟态环境是现实世界的简化模型，但很多时候人们会将它当作现实环境。因此，拟态环境与现实世界的吻合程度，直接影响着人们的现实生存。但网络环境下，拟态环境的形成机制变得更为复杂，拟态环境的封闭、扭曲及其他变形可能并没有减少，在某些情况下甚至还在增加。在未来，网络空间与现实空间的进一步融合，也会使得拟态环境的“环境化”进一步加剧。如何突破拟态环境的屏障，如何分辨拟态环境与现实环境，也会成为人的重要生存挑战。

与传统媒体时代的拟态环境相比，网络时代的拟态环境建构中，普通人的作用大大提升，而拟态环境的环境化也意味着媒介对人的影响进一步深化。人与媒介的相互建构，在拟态环境中得到了充分体现。

第二节　网络推动下人与人的关系运动

网络中存在着各种连接技术与平台，用户通过各种方式实现了关系的建立。在此基础上，人们之间的互动会变得频繁。虽然不同平台的连接模式不尽相同，但人们参与互动的目的与动机仍有很多共通性。

在各种社交平台、各种关系网络中进行的互动，也是传统时代传播与交流的延续。它们体现了20世纪20年代研究者重点关注的交流的五种意涵：对公共舆论的管理，对语义之雾的消

① 吉登斯．现代性的后果［M］．田禾，译．南京：译林出版社，2011：16.
② 同①16.
③ 同①124.
④ 戴宇辰．媒介化研究的“中间道路”：物质性路径与传播型构［J］．南京社会科学，2021（7）．

除，从自我城堡中进行的徒劳的突围，对他者特性的揭示，对行动的协调。[①]

从个体层面来说，作为一种“通过语言而实现的自我揭示”[②] 的方式，互动有很大的自我表演的成分，但它也会受到各种社会关系链条的制约。而从群体层面来看，促成相互的理解、形成公共意见、达成共同行动，甚至结成共同体，都是互动的主要指向。

一、连接：网络用户间的关系形成

（一）连接模式的演变

虽然从整体来看，技术在不断优化人与人连接的效率、维度、体验等，但出于对市场的判断和用户需求的调查，在不同阶段，不同产品在连接规模、纽带及互动方式等方面有着不同的模式。如前文所指出的，网络社区结构的一个关键变化线索是从“圈式”的封闭结构演变为“链式”的开放结构，但不同社交产品或平台的连接模式，还是有着一些差异。对网络产品与平台的发展的梳理，可以看到连接模式的更具体的演变过程。

1. 以内容为纽带的群体互动

新闻组、BBS 论坛是互联网早期出现的社交应用，它们的核心目标虽然也是连接人，但其纽带主要是内容。新闻组通过一些特定的话题类别，将人们联系在一起，人们之间的互动也只是围绕内容展开。论坛也是在内容纽带上发展人与人之间的关系，相比新闻组，它的互动群体边界变得更清晰了。

后来出现的维基，在某种意义上继承了新闻组那种以内容为焦点的思路，人们之间的所有关系都是围绕词条展开，用户彼此没有直接的交流。中国的知乎则是把维基应用中的“词条”变成了“问题”，并且给予个体用户存在感——每个用户有自己的账号，账号便意味着个体有了成为网络节点的可能。类似的，豆瓣也是以内容为纽带的群体互动，只是人与人相遇的地方变成了书、电影、音乐等具体作品。

这些以内容为纽带的互动有助于内容交流的深入，相比之下，个人的社交活动和社交表演空间有限，人们的注意力会更多聚焦于内容而非人。某些时候基于内容的互动，也会出现话语权力的争斗。

2. 以社交为核心的一对一互动

在新闻组和 BBS 论坛之后兴起的聊天室应用，是早期网络社交模式的另一个代表。尽管聊天室也可以用于一对多、多对多的互动，但它最主要的应用还是在一对一的互动中。

与后来侧重于熟人联系的即时通信相比，聊天室连接的对象更多是陌生人，它所带来的随机性和奇遇感，对于早期的网民具有很大的吸引力。

即时通信工具的出现与发展，满足了人们持续、稳定地交流的需要。一方面，即时通信工具使得每一个用户都变成一个社交中心，每个用户都可以根据自己的需要来组织社交圈子。对于个体来说，在利用即时通信进行个体交流和信息共享的同时，也在实现着自己的人脉资源的积累与扩张。另一方面，即时通信交流从微观上看是点对点的，但是，从宏观上看，每一个个体用户只是一个庞大而复杂的交流网络中的一个节点，每一个个体都会通过这个网络与他人产生联系。因此，在某种意义上看，以点对点的人际交流为基础，即时通信也推动了社会连接，为网络中的公共信息传播、公共活动等提供了基础。

---

①② 彼得斯．对空言说：传播的观念史［M］．邓建国，译．上海：上海译文出版社，2017：27.

3. 基于游戏的虚拟情境互动

游戏也是网络中一种重要的人与人的连接方式。与其他网络互动不一样的是，游戏提供了一种虚拟的情境，这种情境下的体验，既有感官上的也有心理上的。

麦克卢汉（Marshall McLuhan）指出，任何游戏正像任何信息媒介一样，是个人或群体的延伸，它对群体或个人的影响，是使群体或个人尚未如此延伸的部分实现重构。[①]

网络游戏看上去是虚拟的体验，其实在某种意义上也是现实社会的镜子。人们选择什么样的游戏，在游戏中选择什么样的角色，是完全自主的一种自我角色设计，是通过游戏角色完成自我认同或自我塑造的过程。网络游戏的体验大多也是一种补偿性体验，它往往是玩家在现实生活中不能获得的。

4. 以个体为中心的基于内容的“表演”与“观看”

互联网的发展，刺激了个人体现其存在感的需求，以个体为中心的、基于内容的“表演-观看”模式由此出现。博客是以文字为道具的表演，而视频直播与短视频，则是以视频为表演手段。

如前文指出，以视频为手段的表演平台带来了某种意义上的连接“翻转”，以往的一些观众变成了万众瞩目的表演者，成为焦点。

5. 以个体为节点的多链条连接

在博客之后出现的SNS，是人与人连接模式的一次重大变化。它以实名为基础赋予个体网络节点的地位，并通过多重链条、多重线索将人连接起来，人与人的互动也有了更多可以选择的方式。

SNS之后兴起的微博和微信，虽然在某些方面与SNS有差异，但它们也基本继承了SNS的个人展示+多重关联的模式。

相比博客、直播等个体中心模式，SNS、微博、微信的个体节点间更容易产生相互联系，关系网络扩张能力更强，社会关系的弹性更大。

6. 以产品或服务为中心、中介的“泛连接”

大众点评、淘宝等平台，提供了人的另一种连接。用户主要是针对某一个具体产品和服务进行点评，但是，以这些产品与服务为中心或中介，人与人之间产生了一种松散的、泛化的联系，形成了一种特殊的社区。

这些提供产品与服务的平台，之所以也需要用户间的互动，是为了便于用户分享其体验，为其他用户提供参照。互动所带来的“人气”，也会给这些平台带来温度与热度。

7. 基于视频会议进行的多对多连接

视频会议提供了不同于短视频和视频直播的新的视频连接方式，是基于视频的多对多的连接，虽然技术设置上存在着主持人、嘉宾、观众等区分，但多对多的交流可以以视频、文字等方式实现。

视频会议使现实时空与虚拟时空之间的界限在一定程度上模糊，身体在虚拟时空的“在场”被强调。即使人们选择隐身，操作上的失误也可能会暴露人们的身体或其所处的现实环境。

8. 虚实相融时空下的连接

VR/AR/MR等技术的进一步发展，会带来新的连接模式与社交平台，现实空间与虚拟空

---

① 麦克卢汉．理解媒介：论人的延伸［M］．何道宽，译．北京：商务印书馆，2000：300.

间相融合，人们以真身或化身方式进行互动，身体的体验也更为真切。

除了这些显性的连接模式外，在一些平台还存在着借助标签实现的隐性连接。用户被平台打上的标签，成为另一种隐性连接的线索。表面上看，标签只是人与内容连接的依据，人与人之间没有直接互动，但在某种意义上，标签也可以将具有共同兴趣、属性的人连接在一起。以标签来区分人群甚至形成社群成为可能。而算法可以进一步将隐性连接变成显性连接。

（二）用户关系性质的摇摆

在产品本身的连接模式不断演变的过程中，我们还可以看到另一条线索，那就是网络社交产品中，用户的关系性质也在一些方向上摇摆。

1. 远距离与近距离间的摇摆

早期的网络社交应用主要是试图帮助人们突破传统的地域束缚，发展出远距离的关系。这样的关系少有社会规范的约束，这也是早期网民沉迷于此的原因之一。

但随着互联网的发展，一些社交平台开始致力于将“近距离”关系移植到网络中。

这种近距离一方面体现为现实关系这样一种“近”。有现实关联，意味着更多的相互联系与约束。另一方面则体现为空间的“近”。移动互联网的 LBS 应用，可以使空间位置成为人们的连接关系依据，基于物理空间位置的互动也在微信等平台上发展出来。

远距离互动虽然没有太多约束与负担，但能给人们提供的实际社会支持有限，而近距离互动则相反。因此，人们也需要不断寻求远距离与近距离之间的平衡。

2. 匿名关系与实名关系间的摇摆

网络社区早期是以匿名为其基本特征的，匿名让人们的情绪释放更为安全。但是，这种匿名社区越发展，人们对实名的需要就变得越迫切。因为人们不仅需要通过互动获得心理释放，也需要通过互动获得更多的现实社会资源，这也是 Facebook 获得成功的基础。Facebook 带动了一批实名 SNS 的流行，在中国，在 SNS 之后，微信也基本是基于实名关系的社交。

但这并不是终点。随着网络中实名社交的普及，人们因实名关系感受的压力与负担也越来越大，匿名的需求又开始出现。

在“实名”与“匿名”社区间切换，是用户在社会资本与心理释放之间寻找平衡的过程。这意味着“实名”或“匿名”化产品都有其市场。

3. 弱关系与强关系间的摇摆

在网络的各种互动中，存在着强关系与弱关系互动的区分。

网络初期的互动以发展弱连接为主要诉求，突破了传统社交范围限制、可以随机切换、没有太多负担的弱关系，曾令当时的网民着迷。但后来基于人们现实生活与工作的需要，一些网络应用也开始向强关系倾斜。微信便是强关系平台的极致代表，而微信中强关系的束缚，也使一些用户产生了逃离的意愿。视频社交平台等弱关系平台的兴起正顺应了人们的需要。

但互联网社交产品的关系属性的“摇摆”不会停止，一方面是产品创新的需要，另一方面也是用户的社交需求摇摆的需要。

（三）过度连接下的重负

无处不在的连接，特别是人与人的连接，表面上看似乎给人们的生活带来更多便利与扩展空间，但又让人们不得不面对越来越难以承担的连接之“重”。

你怎么看

你认为网络时代人对连接的需求存在哪些摇摆？

1. 强互动下的倦怠与压迫感

虽然从情感沟通、社会支持、社会资本等角度看，强关系、强互动或许能给人们带来更多回报，但过多的强关系线索、过于频繁的互动，又容易让人们产生倦怠，甚至某些时候让人“窒息”。

强关系往往需要通过持续、高强度的互动来维系，弱关系互动也会耗费人们的时间，连接越多，就意味着投入的管理与维护成本越大。

而人们的社会关系管理能力却是有限的。英国牛津大学的人类学家罗宾·邓巴（Robin Dunbar）在对灵长类动物的大脑容量与其群体规模的关系研究中推断，根据人类的大脑容量，人类社会群体的理想规模在150人左右。他进一步解释，这是分开之后再见面，一眼能认出来的人数。[①] 这个理论被称为邓巴数或“150定律”。但今天各种社交应用为多数人编织的社交网络，远远大于150人，这也就意味着很多社交关系已经成为人们的负担。

处于关系网络特别是强关系网络之中，人们会有很强的表演意识，因为在其中的一举一动都不再仅仅是个人表达，而是为了经营自己的“人设”，为获取社会资本而“投资”。这种投资行为，需要支付时间成本和精力成本。人们反复修饰自己发出的每一句话，精心美化每一张分享出去的图片，有时还要通过“分组”等方式来精准控制分享内容的落点，避免一些内容展现在不合适的对象面前。

这种表演自然也受到看似来自“自我”实则来自他人的审查。无论是发朋友圈，还是在群里说话，人们都需要从他人的角度考虑自己言行的效果与后果，甚至还需要考虑其时间延续和空间扩张的后果。

从这个角度看，社交平台不仅是权力监视个体的“圆形监狱”，也是自我监视的“圆形监狱”。它有一道无形的墙，那就是他人的目光。人们的自我意识及其表达，总会碰到这堵墙并反弹回来；反弹回来的，可能是赞扬与激励，也可能是质疑与贬损。人们会随时根据这种反弹来调整自我表演的策略，甚至在深层修正自我认知。自我在不断进行表演的同时，也时时从社会或他人的角度对自己进行审查，并不断在与他人的互动中进行自我调整。随着连接的丰富与增强，这种自我表现——从他者角度进行自我审查（既来自真实的他人，也来自想象中的他人）——自我调整的过程也变得越来越常态化与频繁。

多样的连接，为个体的自我认知提供了多种参照物。但这未必会在积极方面促进自我认知，反而可能会增加“我眼中的我”与“他人眼中的我”的冲突，给自我认知与自我建构带来障碍。

在社交平台上，人们不仅表演给他人看，也会时时看到他人的表演。来自他人的表演，往往会给个体以压力，使之时时处于社会比较之中。

心理学研究指出，个体对自我的知觉和评价是通过与周围参照框架（如他人）相比较而获得的。依据比较的方向，社会比较可以分为三类：第一种为上行比较，指个体以提升自我为基本动机，选择与比自己表现稍好的人进行比较；第二种为下行比较，指比较对象是比自己境遇更糟或表现更差的人，其基本动机是增强自我、维护自尊并改善情绪；第三种称为平行比较，即个体为准确了解自我的情况将自己和相似他人进行的比较。[②]

心理学的研究发现，进行社会比较时，一种结果是产生对比效应，即当个体面对上行比较信息时会降低其自我评价水平，而面对下行比较信息时会提升其自我评价水平。另一种结果是产生同化效应，即个体面对上行比较信息时会提升其自我评价水平，或面对下行比较信息时会

---

① 克里斯塔基斯，富勒．大连接［M］．简学，译．北京：中国人民大学出版社，2013：269．

② 韩晓燕，迟毓凯．自发社会比较中的威胁效应及自我平衡策略［J］．心理学报，2012（12）．

降低其自我评价水平，还有可能同时产生两种完全相反的效应。[①]

网络社交互动在很大程度上增加了个体进行社会比较的广度与频率。虽然有些情况下社会比较可能会带来积极的影响，提升人们的自我评价，但是持续的、高强度的社会比较，会使个体处于更多的焦虑之中。很多时候，人们因看到他人优于自己的地方而“羡慕嫉妒恨”，也就很难心平气和地面对自己。

今天的网络连接是并发的，也就是多种连接同时存在。人们常常同时和多种不同的对象进行交流。人们虽然面对不同性质、不同价值的连接会给予不同的付出、采取不同的互动策略，但未必能够总是最有效地进行互动的管理。错乱、顾此失彼等现象时有发生。这不仅会影响到社交质量，有时甚至会让人们出现重大失误，影响到一些重要关系。

2. 私人空间与时间受挤压

互联网中各种社交平台的账号，似乎成了每个用户的私人空间，但是，一旦这些空间与他人的空间连接起来，其私人性就会越来越少。

即使是人们在私人空间发布的信息，也有可能在不知不觉中流向公共空间。为了避免麻烦，人们在发布前就需要更多地自我审查。而出于对无法控制的扩散的担忧，有时人们可能会减少互动。

各种平台都有可能通过后台数据来掌握个人账号的隐私，也可以通过对个人分享的内容的分析来对其进行“画像”并推送相关内容与服务，这也是对私人空间的一种入侵。

私人空间与时间被过多侵占的另一个表现，是人们独处的时间减少。尽管人在本质上都害怕孤独，但是适当的独处是必要的。有研究表明，个体可以通过日常生活中的独处来进行情绪上的自我更新，独处之后个体的情绪更加愉快。独处也可以为个体提供自我评价、自我康复和情绪更新的机会，那些能够有效利用独处时间的个体，通常能更好地从压力情境中恢复活力。[②]

独处可以让人们减少社会性表演、社会性比较的成本和压力，也可以有更多时间来进行自我反思，或追求自己感兴趣的事物。但今天人们的独处越来越难。

无时无刻不连接，也使工作向原本属于休息时间的私人时间渗透，这同样造成了私人时间与空间的压缩。

3. 情绪与行为相互影响

对于连接的作用，尼古拉斯·克里斯塔基斯、詹姆斯·富勒两位学者曾在《大连接》一书中指出，“强连接引发行为，弱连接传递信息”[③]。这里所说的强连接、弱连接，与强关系和弱关系相似。越是强的关系，在意见与行为等方面产生的影响越大。当然，这种影响既可能表现为相互的感染、跟从，也可能表现为引发抵触与逆反。但无论是哪种方式，都表明个体的自主判断与表达会受到干扰。

心理学领域里的费斯汀格（Leon Festinger）的认知失调理论[④]、海德（F. Heider）的平衡理论、纽科姆（Theodore Mead Newcomb）的对称理论、奥斯古德（Charles Egerton Osgood）的调和理论等[⑤]都进一步解释了个体之间是如何相互影响的。

---

① 邢淑芬，俞国良．社会比较：对比效应还是同化效应？[J]．心理科学进展，2006（6）．

② 胡海鑫．新人本主义视角下的独处相关研究综述 [J]．社会心理科学，2013（8）．

③ 克里斯塔基斯，富勒．大连接 [M]．简学，译．北京：中国人民大学出版社，2013：153.

④ 费斯汀格．认知失调理论 [M]．郑全全，译．杭州：浙江教育出版社，1999.

⑤ 赛佛林，坦卡德．传播理论：起源、方法与应用 [M]．4 版．郭镇之，孟颖，赵丽芳，等译．北京：华夏出版社，2000：156－159.

社交连接也把人们更多地带入群体环境中。处于群体环境中，人们还会受到群体心理与群体思维的影响，出现群体盲思、从众等现象，个体间情绪、观点及行为的相互感染也会加剧。

4. 线上过度连接对线下连接的挤占

今天互联网更多地加强了线上的连接，在人们时间精力有限的情况下，线上连接的强化，必然会导致线下连接被挤占。

相比线下交流，线上交流可以更好地控制交流的对象、策略，产出/投入也更容易控制。这也是人们更沉迷于线上交流而冷落线下交流的一个原因。

但线上的交流未必一定带来更多的情感与社会支持。很多时候，线上过于丰富的连接反而会使人们的互动简单化、功利化，无时不在的社会比较也可能会带来人们心理的失衡。过度的连接可能带来新的狭隘与孤独。

现实生活的很多社会关系，却不由自己选择。因此，习惯了在数字互动中进行自由控制的人们，在现实社会中也可能会有越来越多的不适应。

（四）反连接的情境与实现路径

当各种互联网的产品都在致力于“连接”而带来过度的连接时，或许一种新的思维正在形成，那就是一定情境下的“反连接”（anti-connection）。

知识窗

反连接

反连接并不是无条件切断所有连接、封闭个体，而是在一定的情境下断开那些可能对个体产生过分压力与负担的连接链条，使个体恢复必要的私人空间、时间与个人自由，所以它更多的是个体的一种情境性需要，而非一致性行动。

独处，是产生反连接需求的主要情境之一。虽然远离各种数字设备是断开连接的终极方式，但更理想的状况是，让人们在保持必要的与外界连接的维度时，还可以控制自己的“闭合度”。

当人们希望在某些情况下实现私人空间与社交空间、公共空间的分离或者个人数据在时空两个维度的保护时，也需要一些方面的反连接。这既可以通过一些新的产品来实现，也可以通过一些产品中的功能或权限设置来实现。

重拾现实空间的交谈与互动，也需要一定程度的反连接作为保障。只有排除线上的干扰，人们才有可能对现实交流投入更多热情与精力。

重建人的专注阅读、学习与深度思考，则需要对人与内容间的过度连接有所抑制。虽然海量连接带来的碎片化阅读有助于拓展人们的视野，有时也能帮助人们更全面地了解事物，但仅有这样的阅读是不够的，特别是在一些知识内容的获取上。

连接或反连接的选择，不仅是用户的一种情境性需要，还应成为对用户的一种新赋权。这种赋权主要体现在两个方面，即隐身权和连接“开关”的控制权。

隐身权不仅体现在在线状态的设置方面，也应该体现在对用户的数据收集、行为跟踪等方面。让用户对自己的数据的收集与处理拥有足够的知情权和决定权，赋予用户不被记录、分析的权利，不仅有助于保护用户的隐私，也有助于用户以更自由的状态来使用互联网。

进一步而言，虽然网络服务商需要为用户提供各种连接的“基础设施”，保证用户在连接方面的基本“权利”，但是用户应该有“权力”决定自己是否启用这些连接，用何种方式在何种状况下启用连接，并在技术上拥有连或不连的“开关”。虽然某些时候需要技术性的辅助来防止用户对连接的沉迷，但更多时候，应该尊重用户的自主选择。

当然，正如“被遗忘权”所引发的争论一样，在尊重个体的反连接的权利与权力时，如何实现公共利益与个人利益的平衡，仍然是一个需要不断权衡的问题。

对于网络服务商等权力拥有者来说，反连接意味着对其权力的限制。这主要包括以下几方面：

其一是对平台的个人信息收集、保存与扩散权力的限制。

其二是对不同平台之间用户数据共享机制的约束，需要限制违背用户意愿的跨平台的个人数据连通，更好地保护用户隐私。

其三是对信息推送权力的约束，以避免信息泛滥对用户的干扰与压迫。

对于个体来说，适当的反连接意识与能力在未来或许应成为一种新的网络素养，这种素养是人在网络时代保持独立与自主性的一个基础。

当连与不连的开关交给用户时，能否真正减少不必要的连接，主要靠的是人的判断与自制能力。如何判断连与不连对自己的深层影响，如何抵挡某些连接的诱惑，对已经被连接包围的个体来说，的确是一个挑战。

减少连接，可以减少外在环境对个人的心理、情绪、意见、态度等的影响，使个体更为独立，当然，也会让个体在某些时候失去抱团取暖的感觉。因此，反连接的需要与能力，与个体对群体及社会关系的依赖程度相关。摆脱群体影响能力更强的个体，反连接的能力会更强，也会因此获得更高的自由度。

减少连接，还可以让人在机器面前保持更多的自主性。网络中的各种连接，都是基于终端或者说“机器”。反过来说，机器对人的“奴役”，多数是建立在各种连接上。连接愈多，人对机器的依赖愈重。虽然在未来的时代，人与机器将形成一种共生的关系，但人在享受机器带来的便利的同时，更需要保持自己的自主性，以避免成为机器的奴隶。

尼尔·波兹曼在分析电视的影响时，谈到印刷媒介所培养起来的成年人的能力，包括自制能力、对延迟满足感的容忍度、抽象有序的思考能力、关注历史的延续性和未来的能力等。在他看来，电视破坏了成年人与儿童之间的界限，也破坏了原来的成年人的文化，电子信息环境正在让童年消逝，也让成年消逝。① 在今天，这种“成年的消逝”并没有因新媒体的应用而减少，反而可能在进一步加剧。反连接的能力，也是今天有待重建的成年人能力的一部分。

就像其他媒介素养一样，这样一种新素养的获得显然需要时间，也需要一定的有意识的训练与培养。

虽然连接是互联网的核心目标，但互联网是否真的应该做到“连接一切”，连接一切的后果又会如何，今天到了再思考的时候。当然，对这个问题，反连接并不是唯一或终极的答案。纵观以往的历史，互联网的运动更像是一种钟摆式的运动，从它的运行法则到具体的产品都在不断摇摆，未来这样的摆动或将继续下去。但无论是打破某些障碍寻求连接，还是阻止连接的泛滥，其核心的目标，都应是让人获得一个健康的信息环境与社会环境，为人的自由、均衡发展提供更好的基础。

二、互动：自我与社会关系的碰撞

网络拓展了人与人的互动模式，也带来了关系建构的新可能。互动既是个体对外进行自我

① 波兹曼．童年的消逝［M］．吴燕莛，译．北京：中信出版集团，2015：132－133.

表达的方式，也是外部社会力量作用于个体的机制。

（一）作为社交表演的互动

虽然互动有很多形式，但从动因来看，多数情境下的互动都是个体面向他人的表演。

在心理学领域的研究中，格林沃德（Greenwald）等学者提出，从自我的动机层面可以将自我区分为“公我”（public self）、“私我”（private self）和“群体我”（collective self）三个方面。个体的自我有三种为达到某种目标而产生的任务。第一种任务是获取社会赞许，因此，对于个体来说“有意义他人”的评价就变得至关重要，这就是“公我”。“公我”往往与“自我呈现”和“印象管理”有关。第二种任务是获得个人成就，这是指建立在内在自我评价基础上的个人成就，较少受到他人评价的影响，是独立于他人的“私我”。第三种任务是获得群体成就，自我要完成群体对角色的要求，群体的评价和目标被内化为个体的“群体我”。①

网络中的互动，更多时候是在“公我”的情境下，因此，自我呈现或印象管理就变得尤为重要。在与他人的社交互动中，人们常常会表现出如美国学者戈夫曼所称的“表演”行为。

1. “表演”：社会互动的基本策略

戈夫曼的“拟剧理论”指出，在我们的日常交往和生活中，人人都是表演者，在特定的情境、不同的舞台上认识到别人对我们行为的期待以及我们对他人思想、感情和行动的期待，不断根据自己身处的舞台以及交往的对象调整自己的行为。②

戈夫曼用前台来指称社交互动中特定的表演场所。一个人在前台的表演可以看作其个人形象的尽力展示，他在该区域中的活动维系并体现着某些标准。前台的表演是为了树立自己的良好形象而强调某些事实、掩盖另一些事实。与前台区分，人们还需要后台，后台是人们可以展现那些被掩盖的事实的地方。③

进入网络时代，社交表演在更大范围、更深程度上在网络空间上演。网络中的表演常常有两种目标：

其一是塑造自己希望扮演的角色，获得心理满足；

其二是塑造有利于获得情感支持、社会信任与社会资本的个人形象。

今天人们总会提到一个词：“人设”。“人设”便意味着表演。每个人都希望在公开的交流中建立起自己认为理想的“人设”，并通过自己在各种情境下的表演维护好这一“人设”。当然，有些时候“人设”是被他人强加的，这会给表演者带来内心的纠结，使他的表演呈现出挣扎、矛盾的一面。但如果这样的表演能获得相应的回报，人们往往还是会顺从已有的“人设”。

2. 网络空间表演的特点

网络空间表演的第一个特点，是表演者身份的虚拟性。

早期人们谈到网络特点时，总会提到“匿名性”，但今天网络中绝对的“匿名”变得越来越难，从技术上来说，对网民进行定位与跟踪都是可以实现的。在IPv6等技术普及后，通过IP地址等方式来确定用户身份更为容易。而从SNS应用开始，越来越多的网络应用需要用户采用实名方式。“匿名”是有条件的，有时甚至是网民的自我错觉。因此，用户在网络空间中具有一定的身份自由度这样一种特性，用“虚拟性”来表达更为确切。

虚拟性意味着人们是用符号的方式呈现自己，也意味着现实身份与虚拟身份之间存在多重

---

① 杨宜音．自我与他人：四种关于自我边界的社会心理学研究述要［J］．心理学动态，1999（3）．

② 戈夫曼．日常生活中的自我呈现［M］．冯钢，译．北京：北京大学出版社，2008：19－25．

③ 同②94－98．

映射的可能，虚拟身份可以直接反映真实身份，也可以改头换面。

但虚拟并不等于“虚假”。美国网络研究专家埃瑟·戴森（Esther Dyson）认为：“假名更可能是这样一种面具：人们使用它来表现自己的真实面目而不是隐藏自己的本性；或者说它允许一个人真正表现其性格的某一方面。”① 她还认为：“网络会对人类机构带来深刻变化，而对人性则没有什么影响……网络会使人性和人类的多样化得到张扬。”②

她的话提醒我们，虽然从表面看有些人在网络空间中面目全非，但一个人在网络空间会变成什么样子，总是有他的现实基础。应该说，网络空间生活还是一面镜子，只不过更像哈哈镜，它把人的某些特征夸大，某些特征缩小。但是如果没有现实的人，就没有镜中的人像。

网络空间表演的第二个特点，是角色扮演的自由性。

用户的“表演”总是以对角色的设定为基础的。角色扮演是表演的主要过程。

社会心理学认为，角色是指处在一定社会地位的个体，依据社会对个体行为的期望系统，在社会化过程中将社会期望内化为对自身的期望系统而获得和形成的外在行为模式。每一个个体都会拥有多个身份，这在社会心理学中被称为“角色丛”（role set）。在社会生活中的不同场景，人们必须不断地变换自己的角色，以适应这些场景的特殊要求。

角色的社会心理学功能可以分为三种：互动（interaction）、规范（norm）和自我表达（self presentation）。角色扮演心理过程又可以细分为角色获得（role taking）、角色表演（role playing）和角色转换（role changing）几个方面。相比现实空间，在以下几个方面网络用户都具有更多的自由：

其一是角色获得的自由。网络赋予人们的是一种“虚拟角色”（virtual role）。与真实的社会角色不同，网络用户的角色可以不受社会环境的限制，它的获得完全出于个体的意愿。这种虚拟角色的功能，应以“自我表达”和“互动”为主，相对来说，“规范”的成分会少一些。人们也可以在不同空间设置与扮演不同的角色，不同的角色可以折射出现实心理状态与诉求的不同侧面。

其二是角色表演的自由。在现实生活中，“作为一种社会角色，在观众面前表演，我们必须要保持相对稳定的状态”，而这是“我们的人性化的自我（all-too-human selves）与我们社会化的自我（socialized selves）之间的一个重要差异”③。但是，在网络空间里，这种稳定状态可以在一定程度上打破。这一方面是因为在非实名的状态下，人们可以更多地表现出“人性化的自我”；另一方面是因为人们的表演空间可以多样化，如果在一个表演空间里失败，人们可以转移到其他空间。当然，在网络空间中人们的表演并非总是不稳定的，在那些对他们产生了重要意义的社区里，他们可能还是会保持着表演的相对稳定性。

其三是角色转换的自由。角色获得的轻易性，角色的多重分化可能，都意味着网络空间中角色转换的自由。当然，人们是否会转换自己的角色，核心影响因素是某一角色对他们的意义。一个角色如果已经积累了一定的社会资本，就意味着角色转换的成本高，人们在试图进行角色转换时就会有更多顾虑。

网络空间表演的第三个特点是舞台的可控性与手段的多样性。

任何网络中的互动空间都是人们表演的舞台。这种舞台在今天可以由表演者进行一定的控制，人们可以选择适合自己的表演舞台，也可以自由地划分表演的前台与后台。

---

① 戴森.2.0版数字化时代的生活设计［M］. 胡泳，范海燕，译.海口：海南出版社，1998：70.

② 同①15.

③ 戈夫曼.日常生活中的自我呈现［M］. 冯钢，译.北京：北京大学出版社，2008：45.

在博客兴起时，有研究者认为，博客有一种将表演的后台前移的可能性，但事实上，将原本在后台的行为放进前台，仍是一种表演的策略，即以适当披露后台行为来换取人们对其表演的关注，营造与观看者更亲近的距离感，但披露什么掩盖什么，仍然经过了斟酌。视频直播兴起后，人们通过直播展现了更多的私人化空间，但这里仍包含着对私人空间的修饰和控制策略，很多看上去是家居的空间其实都是布景。“后台”并没有真正“前台化”。

在网络互动中，头像、昵称、交流手段、自我披露程度等的选择，都包含着人们的表演策略，原创内容、转发、点赞、评论等都是表演的道具。为了表演的效果，人们在道具选择和使用上花的心思越来越多。

网络空间表演的第四个特点是，表演者往往对反馈敏感并据此进行自我审查与调整。

个体通过表演来进行自我形象塑造，但其表演策略与手段未必总是选择得当，表演的结果也未必总能如愿。某些时候，表演的失策甚至可能带来“人设”的崩塌。判断表演成功与否，人们主要的依据是他人的反馈，例如点赞数、评论内容等。各种平台的互动机制，强化了用户间的反馈，这也会使表演者对反馈十分敏感。反馈可能会对人们既有的自我认知起到证实作用，鼓励人们坚持已有的自我，但有些时候也会对人们的自我认知产生动摇。有时表演者会修正自我认知并对表演行为做出调整。频繁的互动，会使得表演—反馈—评估与调整自我认知的过程变得更为频繁。

表演虽然看上去是人对自我形象塑造的一种主动行为，但他人的反馈也使表演者处于一定程度的被动中，社会关系的压力同样体现在表演中。

3. 表演背后的心理动因

一个人会在何时何地扮演何种角色，实际上是他内心的一种直接反映。从某种意义上说，一个人在虚拟世界里的表现，往往与他在现实世界里的心理感受相关。因此，借助心理学的理论，我们可以从一定程度上来解释用户在角色设置与表演背后的复杂心理。

人们在社交平台的表演是一种自我建构。

知识窗

自我建构

自我建构的概念最早由黑泽尔·罗斯·马库斯（Hazel Rose Markus）和北山忍（Shinobu Kitayama）于1991年提出，指的是个体在认识自我时，会将自我放在何种参照体系中进行认知的一种倾向。玛莉琳·布鲁尔（Marilynn Brewer）等认为，每个个体的自我建构都包含三个组成部分：从自身独特性定义自我、从自己与亲密他人的关系中定义自我、从自己和所从属团体的关系中定义自我。他们将这三种建构倾向分别命名为个体自我（individual self）、关系自我（relational self）和集体自我（collective self），也称为自我的三重建构。① 对每个个体来说，这三重自我建构都存在，只是对于不同个体而言，三种建构倾向的相对强度存在差异。性别和文化差异对个体自我建构倾向的影响相对较明显。② 后来的研究者也基本上在类似的倾向下进行自我建构的研究。三种自我建构倾向与上文提到的公我、私我、群体我也有很大的相似性。

就人们在社交互动中的表演而言，每一个表演都可能涉及三重自我建构的博弈。人们在表

①② 刘艳．自我建构研究的现状与展望［J］．心理科学进展，2011（3）．

演过程中，试图展现自我的独特性，但同时这种展示又会获得来自他人及群体的反馈，表演者会随时根据这些反馈来调整表演策略。

另一种可以帮助我们理解人们在表演中的策略选择与调整的动因的心理学理论是“认知失调理论”。

这一理论最早是由美国心理学家利昂·费斯汀格提出的。这一理论的基本出发点是，人们在观点、态度、行为等之间具有一种一致或平衡的取向，即两个认知元素之间要达到一致的趋向。① 所谓认知元素，是指一个人对自身、对自己的行为及对环境所了解的事情。两个认知元素之间的关系可以是无关、失调、协调。失调即指不一致、矛盾、不合适。

在费斯汀格看来，失调的原因包括：

逻辑上的不一致，文化上习俗、观点的普遍性（一种观点包含在另一种更普遍的观点中），过去的经验等。此外，其他学者认为，认知失调的原因还应包括承诺、意志、责任等因素。

费斯汀格认为，认知失调的程度取决于认知元素的重要程度：愈是重要的认知元素，所带来的失调也就愈严重。

当出现失调时，人们会努力减少失调，其方法是改变行为认知元素（改变自己的行动）、改变环境认知元素（改变对环境的看法或改变环境）或增加新的认知元素（用新的认知元素来加以平衡），同时还会主动避免可能增加失调的情境和信息。这导致人对于信息的高度选择性。

费斯汀格还研究了失调程度与人们的信息行为之间的关系。他发现，当很少或没有失调时，个体既不追求减少也不避免接触增加失调的信息；中等程度的失调，导致最大程度地主动追求减少失调的信息，避免接触增加失调的信息；极度的失调，导致追求增加失调的信息，使失调增加到不能容忍的程度，从而使情境的某些方面发生变化，最终减少失调。

对于群体可能给个体产生的心理影响，费斯汀格的“认知失调理论”做出的解释是，社会群体是个体认知失调的主要来源，也是他减少和消除可能存在的失调的主要来源。

减少由群体引起的失调的方法有：改变自己的观点，使之与其他人的认知一致；影响他人的观点，使之与自己的观点一致；以某种方式使自己与别人不可比较。

人们在社交平台呈现的表演很多时候基于减少认知失调的动因。表演后他人给予的反馈，有时减少了失调，这意味着表演的成功；但有时结果相反，这表明表演是失败的。人们会视情况改变表演的策略，以求减轻认知失调程度。

（二）作为社会关系作用机制的互动

无论用户在什么类型的社交平台活动，他们的互动总是在以下几类关系中进行：

（1）一对一的关系。一对一的关系既有情感导向的，也有功利导向的；既有亲近的、互动频繁、持久的强关系，也有遥远的、临时的弱关系。人们的关系总是处于不断的变化中，甚至强、弱关系也可能向其对立方向转化。诸如朋友圈这样的一对多的关系，在个体这里也会拆解成多个一对一的关系。

（2）群体关系。此处说的群体，是广义上的群体。网络中的群体可以体现为多种规模、多种类型。但它们的共同特点是，强调群体成员的整体互动，群体也会对个体形成相应的约束。

（3）社会网络。这是以个体为中心的关系网络，它既覆盖了个体的一对一关系，同时又会以整体结构方式对个体产生影响。

在社会关系建构的同时，个体也会反过来受到社会关系的影响，特别是在意见、态度与表

---

① 费斯汀格．认知失调理论［M］．郑全全，译．杭州：浙江教育出版社，1999.

达方面。这些影响往往是在互动中实现的。人们通过互动感受他人的意见、态度或群体的意见气候，也在互动中通过对自己的意见、态度与行动的调整，来对他人或群体做出回应。

三种主要的社会关系以各自的方式对个体产生影响：

1. 社会关系网络中一对一链条对个体态度与行为的影响

人们的关系网络中一对一的关系链条对其态度与行为的影响是直接的。海德的平衡理论、纽科姆的对称理论、奥斯古德的调和理论等都有助于我们理解个体之间是如何相互影响的。[①]

海德的平衡理论的主要观点是，不平衡的状态产生紧张，并产生恢复平衡的力量。对于平衡状态，他的定义是："在这种状态中被感知的个体与所感觉的情绪无压力地共存。"

海德建立的研究模型是：一个个体P（这个人也是研究对象）、另一个个体O以及一个物质的客体（或观念或事件）X。海德需要研究的是，这三者之间的关系如何构成，以及什么情况是"平衡的"，什么情况是"不平衡"的。

海德的结论是：如果三者关系在所有方面都是正面的，或者两种关系如果是反面的，一种关系是正面的，那么平衡状态就会存在。除此之外的所有其他组合都是不平衡的。这就揭示了他者对个体态度影响的深层机制。

纽科姆则提出了"对称"（symmetry）的概念，来区别于"平衡"。与海德类似的是，他也提出人有对和谐的需要。他用"趋向对称的持续张力"（persistent strain toward symmetry）来表达这种需要。

纽科姆研究的对象是一个最简单的传播行为模式，即个体A传达给个体B有关某事X的信息。在这个模式中，假设A对B与对X的倾向（态度）是相互独立的，那么这三者之间便组成了一个包含四个取向的系统，即A对X的倾向、A对B的倾向、B对X的倾向、B对A的倾向。纽科姆进一步分析到，如果A与B对X的意见不同，那么这种"趋向对称的张力"取决于A对X的态度有多强，以及A对B的吸引力有多大。当A对B的吸引力增强时，如果同时A对X的态度也增强，那么便会有如下结果：A会竭力与B达到对X态度的对称——这很可能会实现，并且A很可能加强对B有关X的传播。

纽科姆的理论，更强调个体之间为了达到"一致"而进行的传播。

奥斯古德的调和理论（congruity theory），着重研究个体与"对象"及对象的"来源"三者之间的关系。他认为，当个体对"来源"和"对象"态度相似，而"来源"对"对象"主张否定时，或是当他对"来源"与"对象"态度不同，而"来源"对"对象"主张肯定时，不调和都会存在。即三者之间只有一个否定关系，或者所有关系都是否定的，就会出现不平衡。这一点与海德的"平衡"关系的模式是一致的。

以上三种理论虽然角度有所不同，但它们都揭示了一个现实，那就是一对一的互动对于个体的心理、态度甚至是行为会产生影响。

在人们主要在传统的BBS等虚拟社区活动的网络时代，人们更多受到社区内多对多互动的影响；而在微博、微信等应用越来越普及的情况下，人们的一对一互动也是频繁的，因此，这种互动的影响力在不断上升。而且这种一对一的互动的影响由于社会网络的传递，有可能成为一种社会性的影响。

---

① 赛佛林，坦卡德．传播理论：起源、方法与应用［M］．4版．郭镇之，孟颖，赵丽芳，等译．北京：华夏出版社，2000：156-159.

2. 群体心理的影响

心理学家的研究表明，群体的存在，会给置身其中的个体带来很多心理上的影响。例如①：

社会心理学家扎荣茨（Robert Zajonc）认为，他人在场时，会形成一种社会唤起，促进优势反应，其结果是促进简单行为，削弱复杂行为。即在这种情况下，简单的事人们能做得更好，而复杂的事则会做得更差。这种心理现象，被称为“社会助长作用”。

另外一些心理学家则注意到了一种“社会懈怠”现象：群体有可能使个体产生懈怠，且随着群体规模的扩大，个体付出努力的程度在降低，因为在群体条件下，人们会受到搭“集体便车”的影响。如果评价对象是群体而不是个体的话，那么个体往往会减少自己的努力。

人在群体中失去自我感即“去个体化”，也是一种常见的心理现象。即在群体环境中，人会失去自我觉知能力，从而导致个体失去自我和自我约束。

有关“群体极化”的研究则指出，群体讨论往往会强化其成员的最初意向，例如使偏激者更偏激。同时，群体讨论也会强化群体成员的共同态度，强化群体成员的平均倾向。

勒庞在《乌合之众》中对群体心理做了系统的研究。他指出：聚集成群的人，他们的感情和思想会转到同一个方向，他们自觉的个性消失了，形成了一种群体心理。群体心理的特点常常是冲动、易变和急躁的，群体易受暗示和轻信，群体情绪夸张、单纯，群体也往往会出现偏执、专横、保守的倾向。群体既可能有极低的道德水平，也可能表现出个体根本达不到的崇高。② 尽管也有一些学者对勒庞的研究提出了批评，但勒庞的研究的确给人们分析今天的网络现象提供了很多参照。

群体互动在影响个体心理的同时，也有可能对其行为、态度等产生影响。群体互动也会在集体层面产生一些影响，后文将进一步分析。

3. 社会网络对个体的影响

人们所处的社会网络也会通过一种复杂的结构关系来作用于个体。

知识窗

社会网络

在社会学中，社会网络（social network）指的是社会行动者（social actor）及其间关系的集合。也可以说，一个社会网络是多个点（社会行动者）和各点之间的连线（行动者之间的关系）组成的集合。社会网络的分析方法正是通过分析行动者之间的关系、网络结构对行动者及其关系的影响力，来研究各种社会现象。

社会网络中存在着权力关系，一些成员由于种种原因会处于强势地位，而另一些成员则会处于相对弱势的地位。权力关系不仅影响到个体在社会网络中的地位，也影响到个体的态度及行为。

按照社会网络的分析方法，对社会网络中权力的测量主要可以通过以下几个指标实现③：

① 迈尔斯．社会心理学［M］．8版．侯玉波，乐国安，张智勇，等译．北京：人民邮电出版社，2006：208－238.

② 勒庞．乌合之众［M］．冯克利，译．北京：中央编译出版社，2005：11－41.

③ 刘军．社会网络分析导论［M］．北京：社会科学文献出版社，2004：112－141.

（1）点度中心度。这个指标的考察角度是，如果一个行动者与很多他者有直接关系，该行动者就居于中心地位，从而拥有较大的权力，这种权力可以称为点度中心度。

（2）中间中心度。通俗来说，中间中心度这个指标衡量的是某一个点对网络中其他点之间的交往的控制能力。如果一个行动者处于多个交往网络的路径上，可以认为此行动者居于重要地位，因为他处于其他点发生联系的“要塞”上，因而具有控制其他行动者之间交往的能力。

（3）接近中心度（整体中心度）。一个点接近中心度的值越低，也就表明它越接近网络的中心，它的影响力越大。

限于篇幅，在此不具体介绍这几个指标的具体计算方法。只是想借此说明，社会网络的分析方法，不仅认定了社会网络中权力关系的存在，而且可以计算出某些行动者（节点）对于他者的控制能力的大小。这些计算方法也完全适用于互联网上的社会网络分析。

美国社会学者在社会网络的研究中，通过霍桑实验、扬基城研究等提出，在人们生活的社会网络中，除了家庭、班级、协会等正式群体外，还有一类子群体，他们称为“派系”（cliques，也译为“小集团”“小团体”等）。“派系”这种非正式关系可以把人们联络成具有共同规范、价值、导向和亚文化的凝聚子群（subgrouping）。① 而“凝聚子群”的含义如下：“凝聚子群是满足如下条件的一个行动者子集合，即在此集合中的行动者之间具有相对较强的、直接的、紧密的、经常的或者积极的关系。”②

今天的互联网社会研究中，虽然多数研究者不用派系、凝聚子群这样的概念来描述网络人群中形成的小团体，但是社区、社群、族群、圈子、圈层、共同体等词，也说明了网络中存在着多种人群的聚合模式。这些人群的聚集不仅带来群体心理，也会以权力、利益、情感等其他因素对身处其中的个体产生影响。

三、汇聚：群氓的智慧或群体性迷失

互联网特别是社会化媒体的发展以前所未有的方式带来了人与人的连接与汇聚，使个体集聚为群体，这既包括封闭性的群体，也包括开放性的群体。网络群体内的互动究竟会带来什么样的效果，从现有的研究来看出现了两种有代表性的判断：一种认为网络互动会带来群体智慧，另一种则认为网络互动带来了群体性迷失。但显然这两者不是一个简单的谁对谁错的问题，它们只是从不同的方面提醒我们对网络群体互动的结构、机制与效果有更深入的思考。

（一）群体智慧：关于网络互动结果的乐观判断

凯文·凯利在《失控》一书中用大量的篇幅分析了“群氓的智慧”。他指出：“群体被看作一种自适应的技巧，适应于任何分布式的活系统，无论是有机的，还是人造的。”③ 他以蜜蜂、蚂蚁、鸟群等动物的集体行为以及整个生物界的进化为依据，进一步揭示了这种自适应带来的群体智慧的意义。虽然他的著作完成远早于网络的兴盛时期，但他对“群氓的智慧”的分析在一定程度上也适用于网络中的群体互动。

克里斯塔基斯、富勒在《大连接》一书中更是明确地说：“社会网络可以表现出一种智慧，它可以让个体更有智慧，或者成为对个体智慧的补充。”④ 作为社会网络研究的专家，他们把

---

① 斯科特．社会网络分析法［M］．2版．刘军，译．重庆：重庆大学出版社，2007：84.

② 刘军．社会网络分析导论［M］．北京：社会科学文献出版社，2004：153.

③ 凯利．失控［M］．东西文库，译．北京：新星出版社，2010：18.

④ 克里斯塔基斯，富勒．大连接［M］．简学，译．北京：中国人民大学出版社，2013：315.

这样一种群体智慧产生的原因主要归结于社会网络本身。他们认为："社会网络的目的是传播积极的、有益的东西，从某种程度上讲，不好行为或其他有害现象（例如细菌）的传播，只不过是我们为了获得网络带给我们的好处而必须付出的代价。"① "借助网络，人类可以收到'总体大于部分之和'的功效。新的连接方式的出现，一定会增强我们的能量，让我们得到上天原本赋予我们的一切。"②

克莱·舍基在《未来是湿的：无组织的组织力量》一书中谈到网络时代的影响时指出："群体的形成现在变得如探囊取物般容易。"③ "我们的能力在大幅增加，这种能力包括分享的能力、与他人互相合作的能力、采取集体行动的能力，所有这些能力都来自传统机构和组织的框架之外。"④ 在《认知盈余》一书中，克莱·舍基也指出"群体创造价值"，而他把群体产生价值的源泉之一归结于"认知盈余"。⑤

《维基经济学：大规模协作如何改变一切》的两位作者更多地从协作的角度来看群体的汇聚。从该书的副标题"大规模协作如何改变一切"，我们已经可以看到他们的乐观取向。

对于互联网会带来群体智慧的乐观判断，往往是基于以下几个方面的理由：

其一是社会网络铺垫了群体智慧的基础。

互联网上的社会网络的连接特性，首先是对等性、开放性。这种对等、开放，为个体的自由参与提供了基础，也为信息与智慧的自由流动提供了多种"路由"。此外，正如尼古拉斯·克里斯塔基斯等在《大连接》一书中指出的，社会网络是"自退火"的，即它能够使自己身上出现的间隙自动闭合，就跟伤口自我愈合的情形差不多。它从结构上保证了网络的完整性。⑥

尽管互联网上人与人的连接最初是对等的，但最终形成的社会网络却并非完全平等的、去中心化的。《完美的群体》的作者兰·费雪（Len Fisher）指出，社会网络本身是一种自适应系统，它会遵循"幂律法则"，逐渐形成自己的中心节点。"幂律法则"是马太效应的另一种体现，在社会网络中，这意味着，少数网络节点拥有很多的连接，而其他节点上的连接却很少。这样一种逐渐形成的中心节点，有助于加强网络的连通性与稳定性。当然，当主要中心遭到破坏时，后果会非常严重。⑦ 一个连通性和稳定性很强的网络，对于信息的大规模传递是极为重要的，而这也是群体能产生协同行动的基础。另外，这些中心性节点，在发起或影响大规模的社会行动方面，也具有重要的意义。

其二是个体的互补产生群体智慧。

桑斯坦在《信息乌托邦》一书中解释协商群体能够运作并且产生良好的效果时，提到了三种机制：群体等于其最好成员、聚合（协商可以聚合信息和观念，使群体作为一个整体比其最好的成员知晓更多、做得更好）、协同与学习（群体讨论中的贡献与索取将筛选信息和观点，使群体达成解决问题的良好方案）。他提到的三个机制，其核心都是个体间的互补。当然，他强调，这三个机制发挥作用需要一定的条件。在他观察的案例中，这三个机制常常未必产生积极的结果。⑧ 但他提到的三个机制，往往也是支持群体智慧优于个体智慧这一判断的研究者所

---

① 克里斯塔基斯，富勒．大连接［M］．简学，译．北京：中国人民大学出版社，2013：314－321.
② 同①308.
③ 舍基．未来是湿的［M］．胡泳，沈满琳，译．北京：中国人民大学出版社，2009：12.
④ 同③13
⑤ 同③13.
⑥ 同①316.
⑦ 费雪．完美的群体：如何掌控群体智慧的力量［M］．邓逗逗，译．杭州：浙江人民出版社，2013：167－171.
⑧ 桑斯坦．信息乌托邦：众人如何生产知识［M］．毕竞悦，译．北京：法律出版社，2008：55－69.

持的理由。

其三是群体互动有助于激发利他行为。

克莱·舍基认为，人在社会环境中的行为会有所节制，会表现得不那么自私。[①] 尽管这个判断不是在所有时候都是适合的，但是在多数网络互动环境中，我们都可以看到，因为各种因素的影响，人们的自私行为会在一定程度上被抑制。

当然，不那么自私并非意味着网络的个体没有利己的动机，只是在互动环境下，他们往往会将利他与利己更好地结合起来，在利他的过程中实现利己的满足感。如克莱·舍基所说，"在一个反馈循环中个人动机和社会动机可以互相放大"[②]。分享行为在网络中之所以如此普遍，就充分说明了这一点，而分享也是群体智慧形成的一个源泉。

其四是自组织机制使群体聚合从混沌走向秩序。

凯文·凯利等对于群体智慧形成的解释，更多就是从"自组织"这个角度出发的。

在《认知盈余》一书中，克莱·舍基借用心理学家德西（Edward L. Deci）的研究成果，把个体聚合成群体共同努力完成某个目标的动机总结为"自治和胜任感"。自治即决定自己能做什么和怎么做，胜任感指能够胜任自己所做的事。[③] 这两个动机，可以从更深的层面解释自组织机制在网络中能够起作用的原因。

（二）群体性迷失：另一种可能

与"互联网带来群氓的智慧"对立的另一方观点则是：网络群体汇聚的结果可能是，在群体心理作用下，个体会丧失理性，群体会出现集体性的愚笨、疯狂、盲从现象。

桑斯坦在《信息乌托邦》一书中提到了欧文·詹尼斯（Irving L. Janis）提出的群体盲思（groupthink）的概念，即群体可能助长轻率的一致以及危险的自我审查，因而不能综合信息、扩大讨论的范围。[④] 在这本书里，桑斯坦本人也对群体智慧一定优于个人智慧的乐观看法进行了反思，指出了群体协商失灵或失败的种种可能及其原因，也谈到了"群体极化"对于群体协商结果的影响。他指出，在群体极化现象中，协商群体的成员典型地选择与协商开始前他们的倾向一致的、更为极端的立场。群体极化是协商群体的常态。[⑤]

桑斯坦的著作使群体极化为更多人所了解，但群体极化研究并非起源于桑斯坦，社会心理学领域早就有了相关研究。有关群体极化的心理学研究指出，群体讨论往往会强化其成员的最初的意向，例如，使偏激者更偏激。同时，群体讨论也会强化群体成员的共同态度，强化群体成员的平均倾向。人们在群体互动中会不断找到有利于自己观点的论据，因而强化自己本来的观点，或者看到他人或群体对自己表示认同时，会更强烈地表达自己的观点。[⑥]

无论如何，网络群体互动在某些时候未必会带来群体智慧，而是可能向相反的方向发展，群体智慧也有被误用或滥用的可能。这一点是必须承认的。

从相关研究来看，对于网络中的群体性迷失现象的解释，主要集中在以下几个方面：

其一是群体心理的作用。

---

① 舍基．认知盈余［M］．胡泳，哈丽丝，译．北京：中国人民大学出版社，2012：127.

② 同①98.

③ 同①86.

④ 桑斯坦．信息乌托邦：众人如何生产知识［M］．毕竟悦，译．北京：法律出版社，2008：11.

⑤ 同④99.

⑥ 迈尔斯．社会心理学［M］．8版．侯玉波，乐国安，张智勇，等译．北京：人民邮电出版社，2006：222－227.

对于支持群体互动会导致人们的盲目、极端等群体性迷失现象这一观点的研究者来说，法国心理学家古斯塔夫·勒庞100多年前在《乌合之众》一书中的分析，往往成为支持这种判断的主要依据。其他社会心理学的理论也是研究者常用的依据。

一些研究者则从“沉默的螺旋”“从众心理”的理论中找到了解释网络群体性迷失的理由，即强调群体压力对个人心理产生的作用。

其二是信息遮蔽的结果。

桑斯坦在《信息乌托邦》一书中指出，群体协商之所以会常常失败，一是由于信息的影响，二是由于社会的压力。从信息的角度看，群体“强调所有人或多数人持有的信息，而忽略少数或一人持有的信息”①。

产生这样一种多数人的信息对少数人的信息遮蔽的原因是多方面的。从信息传播过程来看，社交平台上的信息传播很容易产生“马太效应”，使某些少数派的信息沉没下去，或者被忽视。

还有一种可能是个体对自己不感兴趣或不利于自己的信息遮蔽，“选择性心理”会使得人们依据个人的信息偏好来进行信息选择与传播，产生如桑斯坦所说的“信息茧房”。

无论是多数人的信息对少数人的信息的遮蔽，还是个体自己进行的信息遮蔽，都会使得人们在信息不完整的情况下做出判断、表达态度。这样的判断与态度，也就难免会产生偏差。在群体中，一个个体的判断偏差可能会得到广泛的传播，影响到更多人。如果这种遮蔽发生在那些“权力中心”的身上，影响就更大。

其三是匿名效应。

许多研究者也将网络互动带来的盲目与非理性，归结于网络的匿名效应。尽管网络中的“匿名”未必总是符合社会心理学中的“匿名心理”所要求的条件，但无论是事实上的还是自我感觉中的匿名，都会使某些个体的自我约束感下降，并在群体氛围的推动下出现一些冲动与盲目的言行。

但是，SNS、微信中普遍实行的实名制，以及由熟人或者各种强关系构成的社会网络的约束，会使得真正的“匿名”变得越来越困难。所以，匿名越来越难以成为解释网络群体互动中的非理性行为的主要理由。

其四是网络互动中的思维方式。

群体互动中的群体性迷失，还与网络互动中人们的思维方式有关。由于网络互动环境的影响，一些网民易被简单化的二元对立思维主导，容易采用贴标签、站队等方式，而不是进行理性判断与思考。

从心理学上看，这样一些思维方式来源于人们对海量信息进行的“便捷式判断”。它是解决问题的一种简单的（往往只是近似）规则或者策略，也是一种捷径。常见的便捷式判断有三种：第一种是代表性便捷判断，即关注的是某个认知对象与另一认知对象的相似性，并推断第一个对象与第二个对象一样；第二种是易得性便捷式判断，即依据我们轻易想到的具体事例而做的判断；第三种是态度便捷式判断，即依据态度我们可以将认知对象归为对自己有利的一类（对这一类采取的态度包括喜欢、接近、赞扬、珍爱、保护），或不利的一类（对这一类采取的态度包括厌恶、逃避、责备、忽视、伤害）。导致人们采用便捷式判断的原因主要有：人们对某个问题没有时间仔细思考，人们接受了过多信息而不可能对全部信息进行处理，需要权衡的

① 桑斯坦．信息乌托邦：众人如何生产知识［M］．毕竟悦，译．北京：法律出版社，2008：14.

问题并不十分重要，可用于决策的可靠知识或者信息很少等。①

在群体互动特别是网络中的群体互动中，有很多因素导致人们采用便捷式判断。虽然便捷式判断并非总是错的，但某些时候的确会出现失误，这也会导致一些偏颇的观点或交流中的非理性。

从认知失调心理角度看，人们多数时候倾向于坚守自己原有的态度、立场，因而很难总是保持理性。

（三）影响网络群体智慧形成的结构与机制因素

在有关互联网特别是社会化媒体的社会影响的观察与思考中，对群体互动结果的乐观与悲观两种判断始终并行。实际上，这两种判断并不是因为互联网或社会化媒体产生而产生的，它们与整个人类群体行为的发展过程相伴随。之所以今天受到格外关注，只是因为网络时代人的汇聚规模与互动频率达到了前所未有的程度。

我们不能简单地去推论网络中的群体汇聚一定会导向群体智慧或群体性迷失。个体的汇聚可以有很多种模式，不同的结构与机制会导致互动产生不同的效果。

要避免或减少群体盲动与迷失，更重要的是改善连接、聚合及互动的结构及机制，使群体作为一个自组织，能够实现自我的修正与进化。理想的群体结构与互动机制体现在不同的层面：

1. 群体的连接模式："多中心"的分布式网络

互联网上人们的连接构成了社会网络。一个完全无中心的社会网络结构不仅是不现实的，也是无效率的，特别是在信息的传递方面。事实上，无论起点怎样，就如兰·费雪所指出的那样，社会网络总会遵循"幂律法则"，逐渐形成自己的中心节点。但是，如果社会网络只有一个中心，那么风险也是巨大的。形成多中心的社会网络，既可以保证网络的效率，又可以避免一个中心被破坏和它出现失误时带来的风险，也可以防止单一中心所带来的信息遮蔽或误导。

当然，现在很难给这样的"多中心"模式一个量化的指标，这有赖于未来的更深层的研究。但至少我们可以看到，网络"中心"的质量，也是影响群体互动效果的关键因素之一。

另外，这种"多中心"结构，仍需要以"分布"为基础和保障，而不是传统架构式的自上而下的中心模式。"分布"意味着可以获得更丰富的智慧源泉。

2. 群体的聚合结构：开放、流动中的秩序

群体的互动，不仅仅取决于个体间的连接方式，也取决于群体的整体结构与氛围。

克里斯·安德森（Chris Anderson）在《长尾理论》一书中提到，维基的真正神奇之处在于它的秩序：这个任由业余用户创作和编辑的开放式系统并没有陷入无政府状态。恰恰相反，它已经用某种方式将历史上最庞杂的百科全书组织得井井有条。②

维基百科的成功，的确很大程度上得益于它的结构与机制。它是开放的，有生长的过程，允许所有人参与；而这种开放性，对于不断发现与纠正错误是重要的，同时也可以防止成员关系和权力结构过于稳定导致的群体压力。

开放、流动的结构，不但可以增加群体的活力，而且可以抑制关系的固化以及这种固化关系对人们的判断、意见和行动的影响。但这种开放与流动性，并不是一盘散沙式的。维基的流动性同时还被一种稳定的目标所引导，因此，每个人进入这个空间都可以很快找到自己的方向

---

① 阿伦森．社会性动物［M］．9版．邢占军，译．上海：华东师范大学出版社，2007：96-101.

② 安德森．长尾理论［M］．3版．乔江涛，石晓燕，译．北京：中信出版社，2012：9.

与位置。

完全没有秩序的群体，很难实现高效率的智慧的聚合。但网络中的群体秩序，更多是以自组织方式实现的秩序，而不是由外力所强加的秩序。理想的秩序是怎样的，这种秩序如何获得，这些也是值得我们进一步研究的问题。

3. 群体的协作机制：分工明确、有效激励、相互校正

群体要有效地完成协作，首先需要有一种明确且高效率的分工机制，并且这种分工不是靠某些权力的控制，而是靠一个自然形成的引导系统。在维基百科，这种引导系统就是词条。在“大众点评”“淘宝”这样的平台上，一个商家、一个产品也可以看作一个词条。

在“人肉搜索”的过程中，这样的分工实现起来更为复杂，但最终也能达成，在其中，明确的行动目标所起到的引导作用是显著的。

对于个体智慧与行动的激发来说，激励与报偿机制是必不可少的。

尽管网络互动常常能激发人们的利他行为，但如果这种行为没有足够的回报，它也是难以持续的。人们参与分享、协作以及社会行动，都或多或少地包含了如克里斯·安德森所说的“声誉经济”或者“互惠经济”方面的考虑。因此，一个好的互动系统的设计，需要研究人们在社会报偿方面的需求，并给予充分的满足。

一个良好的群体互动过程，还需要能产生一种有效的自我修正机制。当然，这更多的是由成员的相互监督、相互校正完成的。扁平的、分布式的连接模式，对于这种相互校正的完成具有重要意义。

4. 群体的协商氛围：“理想的商谈环境”

哈贝马斯曾从商谈伦理学角度提出了“理想的商谈环境”及其法则：“（1）每一能言谈和行动的主体都可以参加商谈讨论。（2）a. 每人都可以使每一主张成为问题；b. 每人都可以将每一主张引入商谈讨论；c. 每人都可以表示他的态度、愿望和需要。（3）没有一个谈话者可以通过商谈讨论内或商谈讨论外支配性强制，被妨碍体验到自己由（1）和（2）确定的权利。”①

尽管实现这样一种理想的商谈环境是很难的，也不可能在网络中的所有空间实现，但推动某些空间里的理想的商谈环境的营造是必要的，而这有赖于更多网络个体的协商素养的提高。

当然，希望互联网在所有情况下都能满足以上理想条件，是不切实际的，更不能用人为的方式去过多干扰网络互动过程。上文讨论了几种理想状态，只是期待网络在某些重大社会协商过程或协作项目中，为激发群体智慧创造更好的环境，但这不意味着网络中的一切群体互动都要在理想状态下进行。一定程度的混沌、无序是必然的，也是社会现实的正常反映。

（四）“群氓的智慧”适用的情境

除了要考虑群体互动的结构与机制等因素外，判断何时群体智慧会形成，我们还需要考虑群体互动面对的目标的性质或情境。

从现有的案例观察来看，在互联网中的以下两种情境下，群氓的智慧更有可能被激发，并且发挥它的作用，当然这两者存在一定的交叉。

其一是以简单任务为导向的情境。

维基百科的成功，除了与其合理的群体结构模式有关外，还与任务本身的导向明确、线索简单有关。每一个词条是一个明确的任务导向，是一个靶子。面对这样的具体的目标，人们可

---

① 薛华．哈贝马斯的商谈伦理学［M］．沈阳：辽宁教育出版社，1988：14.

以有的放矢，各显其能，各得其所。

前文提到的社会心理中的“社会助长作用”也说明，在线索简单的任务实施过程中，网络群体的作用是积极的。在这样的任务面前，网络群体中的人们还可以进一步分工，使自己的任务进一步简单化。

我们可以看到，研究者列举的网络激发群体智慧的许多案例，都发生在这样的情形下。除了维基百科之外，各种形式的“人肉搜索”也是如此。当然，虽然从寻找线索的角度看，“人肉搜索”过程可以发挥群体的智慧，但从后果来说，“人肉搜索”导致的对个人隐私的侵犯等，又提醒我们要警惕和防范群体智慧被滥用。

类似的，在对一件事情的真相的探寻过程中，如果事实不是过分复杂且参与者足够多元，群体的智慧的确是可以发挥它的作用的。但是，如果事实本身复杂，那么要完成真相的探究过程，仅仅靠网民的自发协作还是会有一定的困难。

其二是以创造和分享为导向的情境。

如果群体互动的目标，是创造某种新形态（如一个软件、一个网络文化产品），或生产、分享信息与知识，那么这样的互动往往有助于群体智慧的激发。因为互动促进了人们的互利，互动也会带来竞争，使人们的积极性进一步提高。如果有足够的社会回报（至少在精神层面），那么个体参与的持续度会得到更有效的加强。

维基类应用、豆瓣网、电子商务网站中的点评等，都体现了这种互动的效果。尽管也有“水军”对这种智慧带来干扰，但问题并不出在群体互动本身。

但在下列情形下，也许不能简单地期待群体智慧发挥作用。

首先，在公共意见形成方面，群体智慧或许难以体现。

公共意见是各种不同个体意见的汇聚与博弈过程，它既不是简单的个体意见的相加，也不一定是多数人意见的反映，甚至也不是意见的优化过程。公共意见的形成本来不存在着绝对的对与错，因此，也很难说这个过程究竟是发挥了群体的智慧，还是为群体性迷失所误导。无论公共意见最终表现为什么，它都是社会现实的一种体现。

其次，对于公共决定来说，群体智慧未必能形成。

尽管以往很多研究都在揭示，多数人的决定也许会优于专家，这方面一个典型的应用就是陪审团制度；但也有许多研究者都提到，在做决定时，多数人未必一定会做出正确的决定。桑斯坦提示我们，群体有两种汇聚方式：一种是统计性群体，另一种是协商性群体。从做决定的角度看，统计性群体即是根据多数人的意见来做决定。如果群体中每个人犯错的概率都超过50%，那么这个群体犯错的概率有可能接近100%。而对于协商性群体而言，协商也未必能得到正确的结果，其原因是信息影响和群体压力。①

做决定是一个复杂行为，它需要对各种信息进行了解，对多方面情况进行判断，以及有相应的知识做支持。在网络中，局面更为复杂，互动反倒可能会削弱人们在这种复杂行为方面的能力。

在做公共决定时，往往也涉及“说服”，即一部分人要说服另一部分人，以达成共识。但心理学家佩蒂（Richard Petty）和卡乔波（John Cacioppo）认为，人们在被说服时存在着两种基本路径——中心路径说服和边缘路径说服。中心路径是指对观点加以权衡，对相关的事实或数据加以考虑，在对问题进行系统思考的基础上做出决定。而边缘路径则没有经过多少深思熟

---

① 桑斯坦．信息乌托邦：众人如何生产知识［M］．毕竟悦，译．北京：法律出版社，2008：26－76．

虑，只是依据那些简单的、往往不太相关的线索对观点做出反应。[①] 在群体互动中，虽然也会有人以中心路径来做出判断，但很多时候，人们会在边缘路径下做出反应。

即使如此，在此过程中涌现的丰富的信息与意见仍有参考价值。对于最终做决定的组织或个人来说，这些信息与意见是不容忽视的。

从人类的发展历程来看，网络所带来的空前的群体互动，使得个体智慧转化为群体智慧的可能性大大增加。桑斯坦也指出："现在比以前任何时候，人类更能找到寻求广泛分散的信息和创造力以及聚合它们成为卓有成效的整体的方法，当然，新方法的最终价值取决于我们如何使用。"[②] 尽管群体力量有被滥用的可能，但作为一个开放的、不断进化的系统，网络也为纠正这种滥用提供了可能。与此同时，个体的社会交往素养、社会协作素养、社会协商素养等的提高，对增加群体互动的积极作用也是重要的。

四、分化：网络中的共同体及其影响

网络互动会形成各种性质的人群聚合，有些人群形成了共同的意识，并具有一定的共同行动能力，形成了如上文提到的社会网络分析中的"凝聚子群"。但因为凝聚子群是在社会网络的特定语境下形成的，所以人们一般使用这一概念较少。而如果用"群体"一词来涵盖各种不同类型的人群聚合方式，又显得过于笼统。综上，下文试图从共同体这一视角来分析网络相对紧密或具有同质性的人群聚合。

从字面看，共同体这个词可能会让人产生一种期待，即它会带来人们的团结；但对于共同体含义、运作机理的研究会让我们意识到，共同体反而可能是一种导致社会分化的机制。

（一）共同体概念的缘起

共同体这个词来源于德国社会学家斐迪南·滕尼斯（Ferdinand Tönnies），其对应的德文为 gemeinschaft，英文通常称为 community。1887 年，滕尼斯在《共同体与社会》一书中，将人类群体分为两种类型，即共同体和社会（gesellschaft）。在他看来，"所有亲密的、隐秘的、排他性的共同生活"都是共同体生活，而社会是公共生活。共同体的本质是真实的、有机的生命，而社会是想象的与机械的构造。[③] 他指出，共同体的基本形式包括亲属（血缘共同体）、邻里（地缘共同体）、友谊（精神共同体）。[④] 共同体有其特有的意志，即相互一致的、结合到一起的信念，也即共同领会。[⑤] 而社会则是通过协定和自然法形成的一个统一的聚合体，即一群自然的个体和人造的个体的聚集；个体的意志和活动领域之间彼此关联，形成了多种多样的结合，不过个体同个体仍然互相独立，他们无法影响彼此的内心[⑥]；社会里通行的是协定性的社交，类似于以物品价值为依据的交换关系，人们只关心自己的重要性和利益[⑦]。他还称共同体与社会分别对应着两个时代，共同体的时代通过作为默认一致（家庭生活）、习俗（村庄生活）与宗教（城镇生活）的社群意志表现出来，而社会的时代则通过作为协定（大城市生活）、政治（民族生活）与公共舆论（世界性的生活）的社群意志表现出来。社会时代是在共同体时

---

① 阿伦森．社会性动物［M］．9 版．邢占军，译．上海：华东师范大学出版社，2007：12.

② 桑斯坦．信息乌托邦：众人如何生产知识［M］．毕竟悦，译．北京：法律出版社，2008：243.

③ 滕尼斯．共同体与社会［M］．张巍卓，译．北京：商务印书馆，2019：68.

④ 同③87.

⑤ 同③94.

⑥ 同③148.

⑦ 同③151.

代之后的一个时代。①

后来的一些研究者，进一步指出了共同体在结构层面和文化层面的一些特征。如：紧密的社会约束力，对社会机构的依附和参与，仪式庆典，小规模人口，相似的外表特征、生活方式及历史经验，相同的道德信仰、道德秩序等。②

在国内，对于滕尼斯提出的 Gemeinschaft 的译法，除了“共同体”外，也常常会用“社区”一词。而从中文以往的表达习惯来看，“社区”容易让人们首先联想到其空间特性，尽管关于共同体的研究后来越来越多地脱离了空间的前提。不同学科的学者也会有不同的使用偏好，例如，社会学领域研究者使用“社区”的说法较多，而政治学领域则使用“共同体”一词较多。有些语境下，社会学和政治学领域也会使用“社群”这一说法。

综合以往学者的观点，结合本节的语境，在此将网络共同体界定为，网络中以某些共性或纽带连接在一起的相对稳定的人群集合。

虽然在不同领域、不同地区、不同年代、不同语境下对于共同体的界定不尽相同，无法给出一个能被所有研究者认同的界定，但判断共同体是否存在，无疑需要基于一些要素的认定。在此结合以往研究者对于共同体的构成要素的总结以及今天的网络实践，梳理出以下对于网络共同体的形成具有核心意义的要素。

（1）空间集中性。滕尼斯对于共同体的界定中，将地域视为非常重要的因素。在网络这样的虚拟空间中，虚拟“地域”或空间的集中性，对于共同体的形成仍然具有重要意义。与此相对的是空间的离散化。

（2）互动。共同体的形成要依靠成员的互动。有些互动是在同一空间里成员间的直接交流；有些互动则是以内容、活动等为中介的间接互动，例如，人们通过阅读、观看同一内容或参与同类型活动而接收相同的信息或文化，这些内容或活动将人们连接起来。虽然以往人们对于互动的定义都强调直接互动，但对于网络某些共同体的形成来说，间接互动也有意义。

（3）情感联系。共同体成员对彼此和共同体具有情感需要，也会获得情感方面的满足。

（4）利益导向。有些共同体具有利益导向，人们会具有较为突出的对社会资本、现实利益等的追求。

（5）一致行动。能够在一定的目标导向下形成统一、协调的行动。

（6）行为方式相似性。成员在某些行为方式，如信息消费偏好、消费模式、语言风格、生活方式等方面具有较大的相似性。

（7）文化相似性。成员在价值观、文化趣味等方面具有相似性。

（8）关系结构。主要体现为成员间关系的紧密程度、等级差异等。

（9）身份认同与共同体意识。成员是否明确意识到共同体的存在，并认同自己为共同体的一员。身份认同与共同体意识的强弱也直接关系到共同体对成员的约束力与影响力。

但并非所有共同体都需要同时具备以上所有要素。下文所分析的几种不同类型的共同体，都只具备其中的某几种要素。

（二）社区、社群、族群、圈子：网络共同体的不同表现形式

在以往关于共同体的研究中，学者们对共同体的分类有多种不同的观察视角和分类方式，如滕尼斯提出的血缘共同体、地缘共同体和精神共同体，马克斯·韦伯提出的阶级、身份群体

---

① 滕尼斯．共同体与社会［M］．张巍卓，译．北京：商务印书馆，2019：460-461.

② 陈美萍．共同体（Community）：一个社会学话语的演变［J］．南通大学学报（社会科学版），2009，25（1）.

和政党三类共同体，丹尼尔·贝尔（Daniel Bell）提出的地理、记忆和心理三种共同体等。[①] 在网络中，表现更为突出的，是其中的精神共同体、身份共同体、记忆共同体、心理共同体等，但网络共同体的类型不止于此。从维系纽带和成员诉求来看，网络中的共同体包括精神或情感共同体、利益共同体、文化共同体、政治共同体、职业共同体、知识共同体等多种类型。

研究共同体，更需要关注共同体内部的关系模式与结构方式，因此，本书从这个角度将网络中的共同体分为四类。这一分类带有一定的个人化判断，未必与目前研究中各研究者使用的概念及其指向完全一致。不同研究者对于各类共同体的界定也是有分歧的，但无论怎样，我们都需要意识到，网络中的共同体存在着差异，对它们做出区分是有必要的。

1. 网络社区

在互联网发展的第一个阶段，社区（community）是人们对网络中出现的共同体的最早称呼。无论是称为虚拟社区、在线社区抑或是网络社区，重点都在社区。而研究者梳理概念的起源时，也都会溯源到滕尼斯。

美国学者霍华德·瑞恩高德（Howard Rheingold）在 1993 年出版的著作《虚拟社区：电子疆域的家园》（*The Virtual Community：Homestanding on the Electronic Frontier*）中首次提出虚拟社区概念，而他是基于自己参加“全球电子链接”（Whole Earth'Lectronic Link，简称为 WELL）这一“新闻组”的体验开始虚拟社区的研究的。瑞恩高德关于虚拟社区的定义是，网络中相当多的人展开长时期的讨论而出现的一种社会聚合，他们之间具有充分的人情（human feeling），并在电脑空间里形成了人际关系网络。[②] 综合目前研究者对于网络社区的定义来看，一般而言，网络社区指网络中具有一定稳定关系、互动频繁并对个体产生持续影响的社会集合。

与滕尼斯定义的传统共同体（社区）不一样的是，现实地域因素对于网络社区的意义弱化甚至可以完全消失，但与此同时，网络社区是基于虚拟空间的共同“地域”。人们在网络社区的纽带多为情感性的，如瑞恩高德所说的“人情味”。这是最初级层面的网络共同体，虽然社区成员具有较频繁的互动，且成员受到社区互动的影响越来越深，社区实质上构成了一个共同体，但成员不一定有明确的共同体意识。一旦出现了明确的共同体意识，它也就可以上升到社群的层面。

还有很多时候，人们提到的网络社区也可泛指网络中的各种社交空间。但是当把网络社区放在共同体的语境下进行研究时，还是需要对它有更明确的界定。

从网络社区这个层面看，共同体对其成员的影响，更多是在情感、情绪、态度等心理或精神层面，人们对于情感支持的需要是在早期网络社区中最突出的需要。网络社区在一定意义上实现了滕尼斯所说的精神共同体的建构。

2. 网络社群

虽然网络社区与网络社群这两个词经常被混用，但是，人们今天在某些语境下会更多使用“社群”而不是“社区”这个概念，这或许不仅仅是出于对新词的追逐。“社区”与“社群”两个中文词都可以对应于英文的 community（“社群”是台湾地区对 community 的一般译法），但严格来说，今天人们多数时候说到的社群，例如在社群经济语境下提到的社群，并不完全等于社区。社区既可以是一种空间的概念，也可以是一种人群的概念。网络社区形式多样，人群聚

---

① 董运生．网络秩序的建构：共同体与公共性［J］．中共中央党校学报，2015（4）．

② RHEINGOLD H. The virtual community：homestanding on the electronic frontier［M］．Massachusetts：Addison-Wesley Publishing Co.，1993：6.

合模式既可能紧密，也可能松散。而社群则只指向人群，它是基于特定虚拟社区形成的较为紧密的人群聚合。

有研究者认为，网络社群是以互联网为媒介进行网络互动而形成的具有共同目标和网络群体意识的相对稳定的人群。[①] 这一定义更多地借鉴了社会学领域对于狭义的群体的定义。

另有研究者则将网络社群界定为由社会成员自愿集结而成的、独立于政府和其他主体的社会自组织形态。它无论在运作方式的自治性、群体边界的开放性，还是在旨趣指向的一致性、非营利性方面，都体现了原本属于社会组织的基本特征。[②] 这一定义甚至提到了网络社群的“社会组织”属性。虽然界定过于苛刻，但也说明相对于网络社区，网络社群的要求更高。

一些社群经济的倡导者认为，社群经济的基础包括三个方面：共同的目标、高效率的协同工具、一致行动。[③] 这也意味着拥有经济生产力的社群应当具有一定的社会学意义上的狭义的群体特征。

一些网络政治参与、网络文化方面的研究，也会使用“网络社群”这样的概念。这些研究比较多地关注网络社群的集体意识与集体行动。

因此，如果要与网络社区这一概念做区分的话，网络社群可以视作网络中的狭义的“群体”，是具有群体意识、群体归属感和一定的集体行动能力的利益、文化、生产等方面的“共同体”。

当使用社群这一概念时，我们不仅会关注共同体对其成员提供的支持与满足，也会更多关注到共同体的集体行动力。

社区的形成是人们在网络中基于本能流动的结果，但当社群的概念凸显并与经济等词挂钩时，人们对于社群的选择，就会带有比较强的目的性、功利性，有些社群也是被人为组织起来的。社群往往有一定的利益导向，这不一定都体现为经济利益，也可以体现为社会资本、文化资本等。

3. 网络族群

在人类学的研究里，族群（ethnic group）指的是说同一种语言、具有共同的风俗习惯、对于其他人具有称为“我们”的意识的单位。[④] 以往人类学研究中的“族群”一词更多指向民族。网络空间的崛起，为族群凝聚和族群认同提供了一个全新的空间场域。[⑤] 但今天一些研究者所说的互联网时代的网络族群却与民族无关，它强调的是在互联网影响下形成的具有共同心理、行为特征与文化属性的人群。

与其他类型的网络共同体不一样的是，网络族群的形成，对空间的依赖性并不太强，人们之间的直接互动可能也不多。他们的关系形成更多的是借助某些文化性的纽带，如共同的兴趣以及相关的内容、产品等。当人们对某种文化产生共同兴趣并产生共同的生产、消费行为时，人们之间会相互模仿、相互传染，他们所消费的文化也会形塑其行为方式。经过时间的累积，这些人群的心理、行为等方面的相似性会更为明显，族群的特征由此显现。就像传统的族群文化的“无意识的传承”传统，常常被“文化的生产”与“文化的消费”的过程进行“有意识的

---

① 王琪．网络社群：特征、构成要素及类型［J］．前沿，2011（1）．

② 庞正，周恒．场域抑或主体：网络社群的理论定位［J］．社会科学战线，2017（12）．

③ 罗振宇，项建标．玩转社群经济的三要素［J］．商讯，2018（15）．

④ 麻国庆．全球化：文化的生产与文化认同：族群、地方社会与跨国文化圈［J］．北京大学学报（哲学社会科学版），2000（4）．

⑤ 黄少华．网络空间的族群化［J］．兰州大学学报（社会科学版），2013（1）．

创造”① 一样，网络族群也是通过文化的生产与消费过程，完成了族群文化的建构、传承。

网络中先后涌现出的各类“客”，如网络发展早期出现的“黑客”，后来的“闪客”，今天的“极客”，都可以视作网络族群。网络中盛行的二次元文化，在一定意义上看也凝聚起了二次元族群。但随着二次元文化的发展与人群互动的深化，今天二次元人群甚至已经超越了族群，成为具有更鲜明的文化边界的“亚文化圈子”。

由于网络技术与文化的流动性，一些网络族群可能生命周期并不太长。但它们的出现，体现了特定时期的网络文化动向及作用结果。

4. 圈子

网络圈子既有以个人为中心的，也有基于群体互动关系的。前者难以称为共同体，后者则具有一些共同体的特征。相比前面几种共同体，圈子成员的社会网络结构具有一定的特殊性，成员关系更为紧密，很多时候圈子内部还有权力、等级落差，并且这种结构是相对稳定的，这种相对稳定的结构也会使圈子的持久性较强。当然社区、社群和族群都有可能发展成为圈子。

近年来，国内也有不少研究者提出了“圈层”这个说法。但圈层是一个比较含混的表达，因为圈层的指向既包含圈子也包含层级，两者的形成机制有所不同。圈子在很多时候是人们主动聚合的结果，而层级很大程度上是被动的社会定位。从共同体角度来看，圈子是一种共同体，而层级则未必具有共同体的特征。

结合前文给出的共同体形成的要素，对几种不同的网络共同体的构成要素及差异梳理如下（见表 7-1）。

表 7-1　不同网络共同体的构成要素及差异

共同体类型	空间的集中性	互动	情感联系	利益导向	一致行动	行为相似性	文化相似性	关系结构	身份认同与共同体意识
社区	是	直接互动为主	强	不确定	不确定	不确定	不确定	较松散	较确定
社群	是	直接互动为主	强	明确	常见	强	是	较紧密	确定
族群	不必要	间接互动为主	不确定	不确定	不确定	强	是	松散	较确定
圈子	两者皆可	两者皆有	不确定	明确	常见	不确定	不确定	紧密	确定

当然，以上总结主要是基于不同类型的共同体的常见状况，有时也可能会有些例外。几种共同体之间界限也并非绝对清晰，有时也会有交叉。

此外，在网络中还存在一些临时性的、流动的共同体。一些网络集体行动，往往容易聚集起这样的共同体。

(三) 社会认同、社会资本、仪式、集体记忆：共同体的维系因素与机制

网络互动促进了相似人群的彼此发现、连接与汇聚，但要成为一种共同体，还需要一些重要的维系因素与机制。

就像其他群体聚集一样，社会认同也是网络共同体发展的动力之一。最早提出社会认同概念的泰弗尔（Henri Tajfel）将社会认同定义为：“个体认识到他（或她）属于特定的社会群体，

① 麻国庆．全球化：文化的生产与文化认同：族群、地方社会与跨国文化圈［J］．北京大学学报（哲学社会科学版），2000（4）．

同时也认识到作为群体成员带给他的情感和价值意义。”① 虽然在网络共同体中，并非所有人都会产生社会认同，但是社会认同是共同体发展的重要动力。

学者们注意到，网络社会的崛起唤醒了社会成员的自主、自立、自主选择的自我意识，人们已经不再仅仅被动地注意自己在社会生活中属于哪一个层级、处于何种位置，而是对社会的存在状况、资源配置和发展态势提出自己的评价与要求，这是一种主动的建构性认同。② 这也意味着，人们对不同的网络共同体的选择，是他们主动建构的一种社会认同。

对于共同体的形成与维系，社会资本也有着特别的意义。这既包括个人的社会资本，也包括共同体整体的社会资本。有研究者指出，从整体来看，虚拟社区中的社会资本包括三个维度：结构资本（个体之间结构化连接的程度）、关系资本（个体之间相互关系的强度与性质）、认知资本（共同的知识基础、术语及其表达方式等）。③ 这一分类对于共同体基本也是适用的。它带来的启发是，共同体发展取决于其整体的社会资本，即取决于成员的整体关系及多对多互动。当这样的社会资本达到一定程度并给其成员带来多方面的满足时，成员的共同体意识和身份认同便会增强。

对于共同体边界的确立和共同体的持续维系，仪式往往也是一种有效的机制。

以往社会学领域关于社会互动的研究，很多都涉及“仪式”。涂尔干（Emile Durkheim）等研究者意识到，仪式参与设立了群体界限，从而也设立了道德责任界限。④ 也就是说，互动仪式是确定群体关系与边界的重要方式。

美国社会学家兰德尔·柯林斯（Randall Collins）提出的互动仪式链理论，在今天也常常被用于解释网络中的各种互动。互动仪式链理论认为互动（即仪式）是社会动力的来源，每一个个体在社会中所呈现的形象是在与他人的社会互动中逐渐形成的。柯林斯关于互动仪式的一些基本观点包括⑤：

（1）互动仪式有四个主要要素或初始条件：两个或两个以上的人聚集在同一场所，无论他们是否有意识地关注对方，都会因为其身体在场而相互影响；对局外人设定了限制，因此参与者知道谁在场，而谁被排斥在外；人们将其注意力放在共同的对象或活动上，并通过相互传达该关注焦点，而使彼此都知道了关注的焦点；人们分享共同的情绪或体验。

（2）互动仪式有四种主要结果：群体团结，一种成员身份的感觉；个体的情感能量，即采取行动时自信、兴高采烈、有力量、满腔热忱与主动进取的感觉；代表群体的符号，使成员感到自己与集体有关；道德感，维护群体中的正义感，尊重群体符号，防止受到违背者的侵害。

从柯林斯对互动仪式的界定来看，互动仪式是特定的成员为了强调彼此的关系、建立起群体意识、促进相互间的情感共享而进行的共同在场的互动。

参照柯林斯的互动仪式的要素，我们看到，网络中的互动仪式可能在普遍发生，且这些互动仪式对于共同体的形成具有一定的意义。例如，观看视频时的弹幕对于二次元文化共同体具有特殊价值，红包对于微信群这样的共同体具有仪式性意义，而网络直播也会成为直播者与观看者的一种互动仪式。

但网络中互动仪式的具体情境也在发生一些变化。特别是网络中的“身体在场”的含义发

① 张莹瑞，佐斌．社会认同理论及其发展［J］．心理科学进展，2006（3）．

② 刘少杰．网络化时代的社会结构变迁［J］．学术月刊，2012（10）．

③ CHIU Chao-Min，et al. Understanding knowledge sharing in virtual communities：an integration of social capital and social cognitive theories［J］．Decision support systems，2006（42）．

④ 柯林斯．互动仪式链［M］．林聚任，王鹏，宋丽君，译．北京：商务印书馆，2012：31.

⑤ 同④79－81.

生了变化，它不是现实社会中的“身体在场”，而更多的是人们的注意力在场，以及通过各种行动表达的在场感。

网络共同体的另一个边界是集体记忆。

涂尔干在对纪念仪式的分析中强调，记忆作为原始社会的一个基本特点，是形成和维持集体意识的重要基础。① 法国社会学家哈布瓦赫（Maurice Halbwachs）在《记忆的社会性结构》一文中首次明确提出了集体记忆的概念。他认为虽然记忆行为是由个体完成的，但对记忆的内容与方式起决定性作用的是个体所在的集体，以及无处不在的思想观念与行为模式所构成的社会框架。②

集体记忆总是有一个记忆的“主体”。对于互联网来说，有时它是全体网民，有时它是某些小的共同体。在网络人群不断分化的背景下，“每一个部落都有自己的边界，书写一个统摄所有部落的宏大集体记忆越来越难”③。因此，网络中的集体记忆，更多时候是相互区隔的共同体各自的记忆，而非所有网民的共同记忆，即使有些事件、话题会获得全民关注，人们的记忆框架也会因所在的共同体不同而有所差异。

共同体的互动仪式，既是集体记忆的来源之一，也是集体记忆强化的重要手段。

一些共同体内的日常活动，虽然不一定总有仪式性，但它们日复一日的累积，也会构成集体记忆的“背景板”。而某些共同体的行动，如2001年的中美黑客大战、2016年的“帝吧”出征、2019年的“饭圈”女孩与“帝吧”联合出征等，更是构筑集体记忆的重要契机。

网络符号（网络语言、视频、图片、表情包等）在互联网的集体记忆中也占有举足轻重的地位。网络符号的形成与流行，往往与特定的共同体空间、特定的网络历史阶段相关，也常常由某些网络热点激发。它们不仅是表达符号，也是记忆符号。由某些话题引发的“造词”、“造句”、P图、恶搞等行为，更是有大量网民加入，集体行为会加深集体记忆，这些行动也会增强人们的共同体意识。

即使全体网民的共同记忆很难形成，互联网对社会的集体记忆方式的改变还是显著的。以往的集体记忆，往往由权力的拥有者操控，特别是当这些集体记忆通过大众媒体记录时；而互联网时代，至少集体记忆的权力部分地转移到了网民手上。

（四）从液态到半液态：网络共同体流动性的变化

齐格蒙特·鲍曼（Zygmunt Bauman）在谈到流动的现代性时指出：“纽带变得易于断开，义务易于取消，游戏规则的生命不会超过游戏进行的时间，有时甚至还短于游戏进行的时间。”④ 虽然在鲍曼看来，以共同体为表征的社群主义是对现代生活不断加快的“液化”过程做出的一个太好预料的反应⑤，也就是说共同体本身是对抗流动性的手段，但网络共同体常常也会体现出流动、液化的特点。个体选择与转换共同体更为便利，网络共同体的聚集与消散也变得更为频繁，网络共同体似乎成为流动的现代性的最新注脚。

而现代性在吉登斯的眼里，还具有“脱域”的特点：社会关系从彼此互动的地域性关联中，从通过对不确定的时间的无限穿越而被重构的关联中脱离出来。⑥ 网络的出现，使得在

---

① 李兴军．集体记忆研究文献综述［J］．上海教育科研，2009（4）．

② 刘颖洁．从哈布瓦赫到诺拉：历史书写中的集体记忆［J］．史学月刊，2021（3）．

③ 胡百精．互联网与集体记忆构建［J］．中国高校社会科学，2014（3）．

④ 鲍曼．流动的现代性［M］．欧阳景根，译．北京：中国人民大学出版社，2018：10．

⑤ 同④282．

⑥ 吉登斯．现代性的后果［M］．田禾，译．南京：译林出版社，2011：17－18．

“脱域”前提下形成的共同体变得更为常见，特别是当人们以匿名的方式存在时。脱域意味着人们与现实环境的切割，对现实关系的剥离。虽然事实上人们在网络脱域化生活的骨子里仍带着现实的烙印，但至少在表面上看，人们获得了摆脱现实共同体而寻求新的归属的可能。

总体看来，网络共同体比现实共同体更容易流动、脱域，但是在网络社会的演变过程中，网络共同体的“流动度”与“脱域度”也在发生变化。

鲍曼认为，共同体被寄予了“避难所”的期待——“一个置身汪洋恣肆充满敌意的大海中舒适安逸的普通平静小岛”，尽管他也认为这是一种想象出来的安全感。[①] 互联网兴起之初，当人们涌向各种社区时，他们为摆脱现实中的孤独或逃离现实的羁绊，会把网络中的“避难所”视为超脱于现实的乌托邦，人们试图建立一个可以将自己从日常烦恼中拯救出来的精神世界。当人们纯粹因为寻找精神庇护而在网络中寻找共同体时，他们可以因一时的吸引而进入，也可以因一时的不悦而离开。而单纯基于人们的精神需要形成的共同体，多数维系根基并不牢靠，结合也并不紧密，就像海边堆起的一座座沙堡，海浪拍来，很多沙堡就变成了一堆散沙。

因此，早期互联网中的社区发展虽然很繁荣，但是多数社区的生命周期并不长。即使有些社区持久存在，里面的人也多是来来往往的过客，能形成共同体意识和归属感的成员并不多。当然，个体受到的约束也相对较少。

互联网早期共同体的流动性，为人们试探各种不同的关系聚合模式提供了便利，也为人们在不同共同体里穿梭寻找临时性的慰藉提供了可能，但对多数人来说，能沉淀下来的社会资本是有限的。然而，当以 Facebook 为代表的社交产品将实名作为网络关系形成的前提时，这一切开始悄悄地发生变化。

实名化或半实名化的社交产品，推动了网络社会与现实社会的交织。人们在网络中的共同体，也开始与其现实生活中的共同体出现交叉、重叠。乌托邦似的避难所越来越少，网络中的共同体也需要时时回应现实社会的召唤，与现实发生碰撞。人们不仅期待共同体的精神庇护，而且越来越多地试图在共同体内培育社会资本，并力图将其兑换成现实的“资产”。当人们需要时时顾忌现实因素时，流动也就变得不那么容易了。除了现实因素外，网络深度互动带来的共同体关系结构对个体的约束越来越深，这也会使得流动放缓。共同体筑起的墙，既是集体性对抗外力的堡垒，也是对个体的“囚禁”。网络共同体越来越不像避难所，而是成为交易所。

当商业的力量进入共同体并提出“社群经济”这样的口号时，经济导向下的共同体，更使得精神纽带的意义被削弱。

从早期相对松散的社区，到今天大量存在的网络社群与网络圈子，这种转变反映了网络共同体从倚重精神和情感向倚重利益的转向。虽然今天仍然存在大量的文化共同体，但这些文化共同体大多已经不是单纯的精神性或情感性共同体，而是混合了利益甚至经济的成分。这也是网络社会从轻快的流动逐渐走向“半液态”的过程。尽管流动并没有停止，但是阻止流动的因素在增加。

我们需要意识到，共同体的广泛存在，反而可能使得整个网络人群的分化加剧。虽然共同体内部的对话可能是频繁、有效的，共同体也会给予其成员相应的支持，但共同体之间却有可能走向疏离、隔绝甚至对抗。如鲍曼所说，共同体“在内部是平和的，而在外部却是敏感的、多刺的”[②]。在网络中，也并不存在一种可以将所有成员囊括其中的共同体。因此，对共同体的研究让我们对于网络中人群的分化及机制有了更深入的认识。促成共同体之间的有效对话，

---

① 鲍曼．流动的现代性［M］．欧阳景根，译．北京：中国人民大学出版社，2018：300.

② 同①302.

也成为社会整合的一个目标。

第三节 人与机器新关系带来的挑战

在智能传播的走向下，人与机器的关系将主要表现为三类：人机协同、人机传播、人机共生。这些新的关系不仅在某些方面增强了人的能力，给了人更多的机会，也给人带来很多挑战，甚至一定程度上动摇了人之为人的本质等根本问题。

一、人机协同：谁主沉浮

人工智能技术的初衷，并非让机器成为人的敌人，而是成为人的辅助者，人机协同本来就是人工智能的核心。这意味着要利用机器在某些方面的优势来增强人的能力，但同时人也需要在与机器的协作中继续发挥自身的强项。如有学者指出，对人而言，机器就是延伸自我的一种工具，同时也是认知自我的一种手段，通过机器的优点来了解自己的缺点，通过机器的缺点来明了自己的优点，然后进行相应的补偿或加强。智能传播可以促进人的变化而不是僵化，即加快人的反身性和自否定。①

人机协同将成为未来的常态，但在人机关系中，谁是“主”，谁是“从”？虽然从理论上说，人类不会放弃自己的主体性和主导地位，但是在实践中，人类的“主导”如何实现，却会受到越来越多的挑战，在智能化内容产业中也不例外。

（一）人的价值判断与机器的价值判断孰主孰从

智能时代，人的价值判断与机器的价值判断两者谁是主导？有哲学研究者认为：“人类最好把价值判断留给自己，这也是保持一种人类对机器人的独立性乃至支配性。”② 这也基本代表了学界与业界的共识。

对于新闻内容生产的策划而言，虽然机器计算的结果可以给人带来一些决策参考，但面向什么样的对象生产什么样的内容，以什么样的形式呈现内容，最终还应取决于人对内容的新闻价值、社会价值的判断，这是保持新闻业专业性的基础。自动内容生产中机器的算法与创作模式，也需要体现媒体的专业价值观。

在内容分发方面，人们今天也在讨论机器价值与人的价值判断的主从问题，但实际上，在目前的技术水平下，机器的价值判断基本上是人的价值判断的继承，因为算法的模型设计包括参数选择与权重设置，这些都是基于人的价值判断。看上去内容分发中机器的价值判断与人的价值判断会出现越来越多的博弈，但在其背后还是人与人的价值观的博弈。

这首先体现在算法开发者与专业内容生产者的价值判断博弈上。在今天主导算法的价值判断的主要是技术人员。虽然他们大多也有良好的愿望，但是他们缺乏新闻生产及传播的专业经验，因此，他们设计的算法可能会出现一些问题。这也意味着媒体人需要更多地参与到相应的算法设计中，以纠正算法的一些偏差。

算法也体现着内容生产者与用户的价值判断之间的博弈。虽然用户在一些时候会被算法“囚禁”，但整体看用户并非完全被动的，他们对于内容的选择也会有自己的价值判断与考量。用户整体的价值判断会以流量数据的方式作为传播效果、影响力的一个指标进入内容生产或算

---

① 刘伟．智能传播时代的人机融合思考［J］．人民论坛·学术前沿，2018（24）．

② 何怀宏．人物、人际与人机关系：从伦理角度看人工智能［J］．探索与争鸣，2018（7）．

法分发中。在算法的设计中，是主要依据用户端的评价，还是需要加入专业生产者的价值评判的平衡甚至纠偏，同样是算法演进中需要把握的。

此外，平台运营者、投资者、管理者等的意志与价值观，也会以某些方式渗透进算法中，或对算法形成影响。价值观的博弈也是话语权的博弈。得到机器力量的加持，会在博弈中拥有更多优势。

当然，未来人工智能的进一步发展，可能会使机器产生独立的价值判断能力。那个时候人的价值观是否会与机器的价值观产生冲突，人是否能影响机器价值观的走向，对人类将是一个更大的考验。

（二）人文精神与机器效率如何平衡

人与机器的关系，也体现为人文精神与机器效率的关系。智能机器会在某些方面大大提高生产的产能与效率，但这是最核心的目标吗？我们是否应该把机器效率推到极致？

社会哲学家芒福德（Lewis Mumford）指出："效率不再是由机器体系的某一部分的绝对速度来体现；重要的是为了达到维护和发展人类生活的最终目标，重要的是整个机器体系各个部分的相对速度是否合适。"[①] 他还认为，"在技术的领域里来寻求由技术所引起的所有问题的答案，这将是一个十足的错误"。克服"巨机器"（大工业的、专制的、巨大的、复杂的、一元的、权力指向的技术）等所带来的问题的主要路线还是回归人性的正确规定，回归生活世界和生活技术（简单的、家庭作业的、民主的、多元的、生活化的、综合的技术）。[②]

对内容产业进行这样的反思尤为重要。在机器提供了高效率的前提下，我们更需要从人类生活、人性的目标来衡量机器效率的意义。如果机器的海量内容生产能力，并不能使人们获得更多的有效信息、高质量内容，并不能使人们对社会环境的了解更深入，也不能促进社会的整合和个体的自由均衡发展，而只是带来更多的碎片化内容，加重人们的信息焦虑，或者使人陷入更多的情绪化的传播中，那么机器的效率反而会成为一种压迫与禁锢。

与此同时，机器的内容生产效率也建立在广泛的数据基础上，而其中一些数据与个体的隐私相关。从机器的效率出发，需要收集与利用更多的个人隐私数据，而从人文关怀的角度，我们需要更好地保护个人的隐私。对未来的网络内容生产者与服务商来说，这同样是一个必须掌握的关系。

如果技术的应用方向发生了根本偏差，那么技术效率越高，它带来的风险和危害会越大。要把握技术的发展方向，就需要时时将技术置于人文精神的坐标上进行审视与反思，要始终保持"对人类生存的意义和价值的关怀"[③]。

（三）未来机器是否应该具有主体性地位

展望未来时，一个更本质的问题浮现出来，那就是：作为人类协同者的智能机器，能否具备像人一样的主体性地位？在伦理、法律、哲学等领域，这一问题已经被广泛讨论。

人工智能带来的各种伦理困惑与挑战，在机器人、自动驾驶这些人工智能的早期应用领域已经显现出来，未来在其他领域，伦理方面的问题与风险也会不断涌现。

有研究者指出，人工智能应该包括有伦理影响的智能体、隐含的伦理智能体、明确的伦理智能体、完全的伦理智能体，人工智能在与人的交互中会呈现出某种拟主体性。[④] 但也有学者

---

① 孙会．评芒福德人文主义技术观［J］．科学·经济·社会，2019（1）．

② 吴国盛．芒福德的技术哲学［J］．北京大学学报（哲学社会科学版），2007（6）．

③ 陈勇．科学精神与人文精神关系探析［J］．自然辩证法研究，1997（1）．

④ 段伟文．控制的危机与人工智能的未来情境［J］．探索与争鸣，2017（10）．

认为，人工智能和机器人无法处理开放性情境中的实践伦理问题。至少在今天，人工智能还无法成为与人类对等的伦理主体。①

即使机器具有“拟主体性”，人始终是伦理方向的主导者。今天的机器伦理学领域存在着“自上而下”与“自下而上”两种构建方式。“自上而下”是运用某些道德原则或理论作为选择哪些行为合乎道德的判断准则，“自下而上”则是提供可以选择和奖励正确行为的环境，让机器像小孩子学习一样日积月累地从现实经验中学习培养道德意识与判断能力。② 但无论是自上而下还是自下而上，机器学习与接受的都是人的伦理观与价值观。人仍是伦理原则的制定者，机器伦理的目标，也是让机器更多地为人类的福祉服务。当然，人类也有可能在对机器道德进行设计的过程中进一步完善人类伦理体系。③

智能化内容生产也有很多隐藏的道德与伦理选择，特别是在算法中，厘清机器的伦理角色、权利和责任，同样是必要的。

除了伦理领域外，法学领域关于人工智能的思考，也涉及机器的主体地位问题。一个典型的讨论是，人工智能创作的作品是否具有著作权。有人认为，从现有的著作权法规定来看，人工智能不是自然人，也不具有法律拟制的法人或其他组织的主体资格，因此人工智能作品没有著作权。④ 但也有研究者指出，人工智能生成内容在著作权法上可视为代表设计者或训练者意志的创作行为。⑤ 谁利用人工智能创作出了作品（生成物），谁就是该作品的作者，就享有该作品的著作权。⑥ 目前的讨论多将人工智能作为其设计者的一种代表，人工智能本身是否能被认定为一种创作主体，是需要在未来进一步明晰的问题。类似的，有关人工智能的各种权利、责任的讨论，都会涉及其是否具备法律主体资格的问题。

有学者认为，未来的强人工智能需要获得法律上的主体性地位，而赋予人工智能主体地位，不等于承认人是客体。人工智能这一法律主体资格的确立仍然将以实现人类社会发展为导向。⑦ 但另一种观点是，算法模拟了人作为法律主体的物理性基础，算法复制了法律主体“拟制”的过程，这些都会带来人的主体性危机，而沿着以人为目的的目标，重建善的标准，是法律保证人的自主性和进行人工智能治理的基础。⑧ 无论未来机器是否会具备一定的主体性地位，“基于人的尊严性，人只能作为主体而存在，任何时候都不能成为客体与工具，这是现代法治必须坚守的基本价值立场”⑨。

在哲学领域，对机器的主体性问题存在着很多争议。有研究者坚信，人类的主体性主要体现为意识和思维的整体性，而人工智能无法达到；此外，与人类主体的社会和文化属性不同，人工智能的本质属性是自然性和机械性。⑩ 但也有研究者认为，机器不但能产生比拟于人的智能，而且能够产生类似于人类的意识，意识也可以由硬件的运作和功能产生，人工智能也是一

---

① 蓝江．人工智能与伦理挑战［J］．社会科学战线，2018（1）．

② 莫宏伟．强人工智能与弱人工智能的伦理问题思考［J］．科学与社会，2018（1）．

③ 王东浩．人工智能体引发的道德冲突和困境初探［J］．伦理学研究，2014（2）．

④ 许春明，袁玉玲．论人工智能的法律主体性：以人工智能生成物的著作权保护为视角［J］．科技与法律，2019（2）．

⑤ 熊琦．人工智能生成内容的著作权认定［J］．知识产权，2017（3）．

⑥ 李扬．应从哲学高度探讨人工智能生成物著作权问题［J］．中国出版，2019（1）．

⑦ 徐昭曦．反思与证立：强人工智能法律主体性审视［J］．中共中央党校（国家行政学院）学报，2019（3）．

⑧ 陈姿含．人工智能算法中的法律主体性危机［J］．法律科学（西北政法大学学报），2019（4）．

⑨ 韩大元．维护人的尊严是文明社会的基本共识［J］．探索与争鸣，2018（12）．

⑩ 张劲松．人是机器的尺度：论人工智能与人类主体性［J］．自然辩证法研究，2017（1）．

种类主体的“生命”。① 有学者更进一步认为，“强人工智能”或许应该定义为真正有自主意识并且可确证其主体资格的“智能”。它们具有自主意识，具有与人类对等的人格结构，今日人类成员所拥有的权利地位、道德地位、社会尊严等，它们也应该平等地拥有。② 虽然目前我们还无法判断这样的强人工智能是否会到来，机器是否真的会在某一天产生类似人类的意识，但是，对于可能具备类主体性与类人类意识的人工智能的关注与前瞻性思考并非多余。

随着人工智能技术的不断发展，即使不完全具备与人一样的主体性，机器也会拥有一些伦理、法律上的“拟主体性”，如何明确机器的权利与责任，这是我们必须面对的新挑战。来自伦理学、法学、哲学领域的思考，也可以为传媒业所借鉴。

二、人机传播：人际传播的补充还是破坏

可以预见的是，在各种动因下，同为主体的人与机器之间的传播方式将越来越丰富，人机传播会像人际传播一样普及，人对人机传播也会寄予多种期待。但人机传播最终能否满足人的期待，全方位地实现交流的目标，成为一种重要的传播形态，未来或许还存在很多不确定性。

（一）人机传播能否实现有效交流

对很多人来说，人机传播是作为人际传播的补充进入生活的。当我们参照人际传播的框架来研究人机传播时，所关注的就不仅仅是信息的交互，更是其中发生的复杂的交流活动，包括交流努力、交流障碍，以及交流效果。因此，下文主要采用“人机交流”这一表述。

意大利学者伊莱奈·苏卡麦利（Irene Sucameli）认为，在人机交流中，机器也需要有“智商”、“情商”和“可信商”（trustworthy quotient）。智商指的是机器的知识处理与记忆模式、图像与语言理解能力、操作稳定性、易用性等技术层面的效能；情商指的是能识别并复制与人际交流类似的社会习惯与心理层面因素的能力，包括激发同理心、在交流中做出与人一样的反应，以及保持持久的个性等；而“可信商”的目标则是保证人机交流中的透明性和道德上的正确性，包括对人的尊严的尊重与维护、对用户隐私的保护、摆脱偏见与歧视等。③

今天智能机器的“智商”在不断提高，在与人的交互方面障碍越来越少，但这只是人机交流的基础，而在“情商”与“可信商”方面还面临着很多挑战。后两者的提高取决于机器对交流中各种要素的理解与应用，特别是对话情境、情感表达与互动、风格个性、经历共享、身体表现与互动等。而在某些交流要素方面，机器可能永远都无法做到像人一样，这也决定了人机交流与人际传播之间始终会存在不可逾越的鸿沟。

1. 对话情境

人与人的交流总是在一定情境中展开，这种情境既包括交流所处的空间情境与社会场景，也包括人们的心理情境、关系情境。

从空间情境角度看，不同的情境会带来不同的交流话题与交流方式。在公共空间里，人们的交流顾忌更多一些，而当交流转向私人空间时，这既意味着双方的关系达到了一定的熟悉程度，也意味着交流话题可以向更私密的方向发展。

---

① 张昌盛．人工理性批判：对德雷福斯的人工智能哲学的现象学反思［J］．重庆理工大学学报（社会科学），2018（12）．

② 翟振明，彭晓芸．“强人工智能”将如何改变世界：人工智能的技术飞跃与应用伦理前瞻［J］．人民论坛·学术前沿，2016（7）．

③ SUCAMELI I. Improving the level of trust in human-machine conversation ［J］. Advanced robotics，2021（9）．

在人机交流中，空间情境同样存在，这主要体现为人所处的空间情境，同样有公共空间与私人空间之分。如果是文字交流，空间情境的影响相对较小；但如果是语音交流，空间对人这一端的影响就会较为显著。今天的人机交流中，机器未必能识别这种空间情境，但从技术上看解决这一问题并不十分困难。

在人际交流中，通常交流对象之间的空间距离与关系的亲密程度相关。当交流对象是实体机器人时，空间距离对交流会产生什么影响，还有待未来进一步研究。

空间很多时候也规定了社会场景。在人与人的交流中，社会场景会起到明显的作用。但在人机交流中，虽然在人这一端某些时候社会场景还会有所影响，但机器可能对此无所感知，也不会有所反应，这会形成一种场景的不对等。这同样是未来的技术需要进一步解决的问题。

从心理情境看，人们交流时的情绪状态会千差万别，人们期待从交流中获得的满足也不尽相同。对于人的心理情境的觉察，今天的机器或许还难以做到，但这正是对人机交流中的机器的一个更高要求。通过传感器来识别人的情绪，针对不同情绪提供不同的交流方式与话题，会是技术未来的提升方向。

另一种交流情境是关系情境。在人际交流中，关系的亲疏、远近，关系形成的时间长短，以及人们对关系维系的愿望等，都会影响人际交流的话题与方式及交流语态。但目前机器对它与人之间的关系的处理没有这么复杂。当然，未来与人进行交流的机器，或许会被设计者或使用者赋予不同的关系强度或属性，但这种机械赋予的关系，与人们之间复杂、微妙、多变的关系相比，仍然会是简单的。

对于人机交流中的人来说，与机器关系的简单化，意味着交流中的压力和负担较小，这正是人机交流相对人际交流的一个优势；但与此同时，这样的交流也不会带来社会关系方面的回报。

2. 情感表达与互动

在人与人的交流中，尽管并非所有时候都存在情感的明确表达，但人们的对话总会或多或少传达出相应的情绪，这些情绪可能伴随着交流的全过程，也影响着交流的进程。

在机器进入与人的交流领域时，机器的情感智能即对人的情感的识别以及机器自身的情感表达，也成为技术开发的一个关键。

机器要拥有“情感智能”，首先需要通过对其交流对象——人的情感信号（如语音、表情、动作等）进行识别，理解其传达的情感，再通过相应模型选择恰当的情感反馈，然后通过机器的相应方式表达出来，如图 7－1 所示。

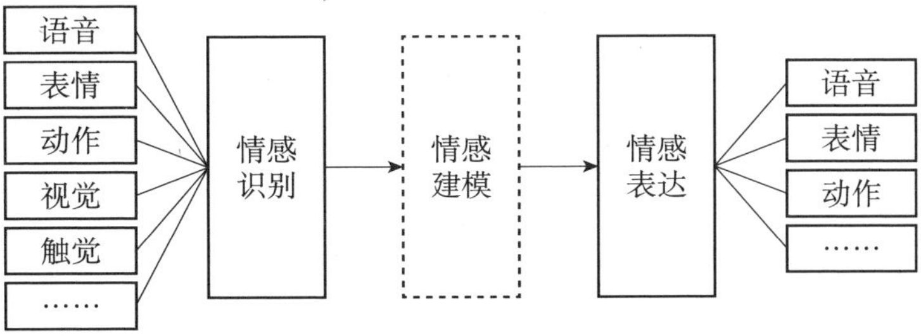

图 7－1　人工情感系统图

资料来源：邓卫斌，于国龙．社交机器人发展现状及关键技术研究［J］．科学技术与工程，2016（12）．

从技术角度看，机器的情感、情绪表达也是一种计算过程。一些研究者提出了情感计算的基本框架，将情感表示为信息载体（主要包括文本、音频、视频以及图像等）、情感类别或倾向（例如积极与消极，或者是积极、中立和消极，也可以进一步分为喜、忧、哀、乐、爱、恶等）、情感特征强度（一般可以分为高、中、低这三个等级，也可以进一步分为极高、高、中、低、极低这五个等级等）这三个要素集合之间的笛卡尔积所形成的状态空间组合。① 也有研究者关注到人格个性与情绪表达之间的关系，并开发出基于人格的情绪决策模型。虽然模型考虑了个性的复杂性，但最后产生的情绪表达，仍然局限于快乐、惊奇、悲伤、爱、厌恶、恐惧、愤怒等七种。②

尽管机器的情感表达能力会不断提升，但是，机器的情感表达终归是基于有限"集合"内的有限元素，而人的情感状态则更为复杂、多变，很多时候难以用简单的状态或等级来描述，面对人的复杂情感，机器所做出的情感反馈有时难免会显得机械、刻板。人的情感、情绪也是由很复杂的因素驱动形成的，而机器则缺少这种内驱力。因此，有学者指出，在一定意义上，如今的人工智能与机器人所模拟的更多是人类的"情绪"而非"情感"。③

在人际交流中，理解他人情绪产生的过程，是交流的一部分，也是给予对方足够的情感支持的前提。但机器现在很难做到这一点。如何理解人的情绪产生的缘由并做出准确的回应，是机器目前面临的挑战。

或许多数人能意识到人机交流的固有局限，他们并没有期待机器完全做出像人一样的反应，但如果机器拥有一些情感特质，就能够使他们更有交流的欲望。在当下的实践中，一些人对人机交流的情感定位也许更接近对人与宠物交流的定位。

有研究发现，人类用户愿意在与机器的互动中表达自己的情绪，并且会因人机互动而产生情绪的变化。国外的一项研究指出，对比人机互动与人际互动，机器人对人的情绪、关系和心理等方面的影响与人的影响相当。④ 当人与"无情感"的机器人互动后，自我评价会变得不那么正面，但是与"自主"或"情感"机器人互动后，对机器人的评价会变得更加正面。⑤

但有研究者担心，拥有情感感知能力的机器在做出情感表达时，会损害人的自主性，由此也影响人对机器的信任，因此，他们认为需要给予用户对机器的控制权。⑥ 人们既希望机器不是冷冰冰的，能够做出情感的表达，但又担心机器变成不可控的，对自己造成威胁，这种矛盾的心理也会一直伴随着人机交流的发展过程。

从人这方面来看，不少研究指出，人会对与之交流的机器产生同情心或情感。如在一项"倒拎测试"中，参加测试的儿童可以倒拎"芭比娃娃"而没有内疚感，但在倒拎机器人

---

① 饶元，吴连伟，王一鸣，等．基于语义分析的情感计算技术研究进展［J］．软件学报，2018（8）．

② AHN H S. Designing of a personality based emotional decision model for generating various emotional behavior of social robots［J］. Advances in human-computer interaction，2014-01-05.

③ 刘悦笛．人工智能、情感机器与"情智悖论"［J］．探索与争鸣，2019（6）．

④ HO A，HANCOCK J，MINER A S. Psychological，relational，and emotional effects of self-disclosure after conversations with a chatbot［J］. The journal of communication，2018（4）．

⑤ WEIS P P，HERBERT C. Do I still like myself? Human-robot collaboration entails emotional consequences［J］. Computers in human behavior，2022（127）．

⑥ BENKE I，GNEWUCH U，MAEDCHE A. Understanding the impact of control levels over emotion aware chatbots［J］. Computers in human behavior，2022（129）．

"菲比"30秒后，当"菲比"开始哭闹说自己害怕时，多数孩子会感到内疚并将它正立。[①]还有实验显示，当受试者和机器人互动之后被要求用锤子击打机器人从而获得收益时，受试者毫无例外地选择出让利益来保护和接纳机器。[②] 虽然人对机器产生情感或同情心的理由不尽相同，但可以预测的是，随着人机交流的不断深入，人与机器的关系也会变得更为紧密、亲近。

未来一种可能的情形是，人将机器视作情感伴侣，产生如恋爱一样的情感关系，这种情感关系甚至会影响到人与人的关系。尽管这不会发生在所有人身上，但这种可能性尤为值得关注。

但也有研究者认为，对机器产生情感往往是因为"误认机器人为真实的动物"，这种误认本身就是不道德的，因为正确认识和理解世界本身就是人类的道德义务。另外，由这种误解而产生的对机器人的期望是不可能真正得到实现的，因为它超出了机器人的能力范围。[③] 尽管这只是一家之言，但随着人机交流的发展，人与机器的情感问题也必然带来与机器相关的道德观等一系列再思考。

3. 风格个性

在人际交流中，人们往往愿意与有趣的人打交道，有趣是一种个性特质。机器能否做到像人一样有趣，对于人机交流的效果会有直接影响。

因此，在自然语言处理领域，识别和理解幽默表达所传递的真实含义一直备受关注，这需要对幽默进行建模，以计算机可理解的方式挖掘幽默的内涵，模拟幽默的生成机制。[④] 但即使可以通过智能方式模拟幽默的生成机制，人类的幽默也并不能完全归纳到相关模型中。智能技术未来可以提高机器的幽默度，但这种幽默度会有一定的机械成分。

除了幽默外，人的语言风格、性格个性等在人际交流中也会得到体现。同样，在人机交流中，人们也希望面对的不是刻板的、程式化的机器，而是具有一定个性、风格的"拟人化"对象。

人对机器的个性要求，也与交流场景有关。国外有研究探索了不同的交互场景下三种机器人个性（积极、中性、被动）被用户接受的程度。实验结果表明，用户可以区分不同的机器人个性。在以目标为导向的压力情境中，中性人格最受欢迎；在以经验为导向的场景中，积极的机器人个性更受青睐；而在以表现为导向的任务背景下，机器人个性的影响似乎微不足道。[⑤] 虽然这样的研究结果普适性还有待检验，且人机交流的场景远比实验中涉及的场景复杂，未来机器的个性也远不止三种，但我们可以从中看到，人对机器个性的期待与人机互动的具体目标、情绪有关。在这方面，机器的个性更容易通过相关的设计进行控制，而这正是在人际互动中不容易实现的。

可以进一步设想的是，人机交流的发展方向，是根据不同的需要为机器进行个性与风格的

---

① 特克尔．群体性孤独［M］．周逵，刘菁荆，译．杭州：浙江人民出版社，2014：50．

② DARLING K，NANDY P，BREAZEAL C. Empathic concern and the effect of stories in human-robot interaction ［J］. 2015 24th IEEE international symposium on robot and human interactive communication，2015（2）．

③ 李小燕．老人护理机器人伦理风险探析［J］．东北大学学报（社会科学版），2015（6）．

④ 林鸿飞，张冬瑜，杨亮，等．幽默计算及其应用研究［J］．山东大学学报（理学版），2016（7）．

⑤ ULLRICH D. Robot personality insights：designing suitable robot personalities for different domains［J］. i-com，2017（1）．

定制，甚至也可能将人们所喜欢的名人、亲朋好友等的某些个性风格移植、整合到机器身上，一个机器可能集众人之所长，成为人们心目中具有完美个性的交流对象。

但从当下的技术水平来说，有个性的机器并非就具有了人格，而只是拥有了一个虚拟的“人设”。它们可以根据人的需要来进行表演，迎合人的需要，但机器自身并没有自我意识。未来机器能否像人一样拥有自我意识和人格，这也是技术界一直在讨论的问题，对此今天还没有绝对的答案。如果有一天机器真正拥有了自我意识，人机交流或许会发生本质的变化。

如何让机器理解人的个性，并根据其个性来采取合适的交流方式，也成为智能机器开发的一个重要课题。有研究者设计了相关模型，通过对人机交流中人的非言语符号（包括头部运动、视线、身体的运动能量、声调、声音能量等）来推测人的性格。[①] 随着未来与人相关的传感器和其他技术的进一步发展，机器对人的性格的认知、识别能力会进一步提高，在此基础上的交流也会更有针对性。

4. 经历共享

今天机器与人的交流大多是从人发出的信息中判断其需要，然后在它掌握的信息范围内寻找最合适的回复，情绪表达也是一种情绪类信息的计算与反馈。尽管这样的信息处理模式可以应对很多交流话题，但人与人的交流中有一类信息是机器自身无法拥有的，也是很难“计算”的，那就是人生经历。

人与人的交流，往往以经历分享为基础，这些经历构成了交流的由头、说服的论据，或是共情的基础。在很大程度上，人的经历也是其情绪、情感、态度甚至价值观的来源。

虽然机器可以在一定程度上记录、分析人的以往经历，但这种记录与分析是不完整的，即使今天人在全面数据化，人们的一些经历也是在数据记录之外的。而理解经历对一个人意味着什么，更是对机器的一个挑战。如果要提高机器与人交流的能力，对人的经历的理解、解读能力的提升将是一个重要方向。

从机器自身来说，它没有所谓的“人生经历”，也就难以形成与人相同的经验沉淀。没有经历人生起伏、困顿挫折的机器很难对人感同身受，即使它在对话中可以引经据典，但缺乏可以“现身说法”的经历，也就少了很多引发人类共情与共鸣的基础，它能给予人的支持也会因此受到局限。

或许与人持续的交流过程会成为机器的历史性经验，这也会为未来的互动提供依据，但这样的经历仍是单一的。即使未来的开发者可以为机器制造更复杂的经历，它仍会与人的实际经历有很大的距离，特别是缺乏像人一样的社会化过程。因此，经历共享方面的障碍，会是人机交流中的一个关键挑战。

5. 身体表现与身体互动

在人际交流中，身体扮演着重要角色，身体承载着交流符号，除了听、说、看以外，身体动作、身体状态也是交流的重要手段。交流也是一种认知活动，而身体在认知中是不可或缺的。虽然以往虚拟空间里人的身体似乎是缺失的，但实际上身体通过与终端设备的互动，也在影响着虚拟空间中人的交流。今天，在各种因素推动下，虚拟空间传播的涉身性（具身性）问题也得到越来越多的关注，前文已对此做过分析。

---

① SHEN Z H，ELIBOL A，CHONG N Y. Understanding nonverbal communication cues of human personality traits in human-robot interaction [J]. IEEE/CAA journal of automatica sinica，2020 (6).

在认知研究中，今天的一种主要研究进路是生成认知主义。它认为认知是一种生成活动，即一种主体与世界之间的结构耦合过程。其中涉身认知理论的基本纲领是，认知科学需要把认知置入大脑中，把大脑置于身体中，把身体置于世界中。①

如果只有软件系统，即使这个系统能进行类似人脑的信息处理，也并不能像人那样完成认知与互动。虽然可以预期的是，在未来的人机交流中，会有越来越多的实体机器人（包括人形机器人）出现，但是机器的身体，很难像人的身体一样在认知与交流中起到关键作用。除了感知方位、距离等类似人的肉身的功能外，机器没有社会文化意义上的身体，也就是缺少社会与文化经验的沉淀，这样的身体也就只是一个躯壳，它是为适应人的需要而产生的，而非机器本身需求的产物。

那么，对于拥有了身体的机器，人类是否会接受？人们希望机器拥有什么样的身体？

有研究表明，在用户与看护机器人的交互中，机器人的交流形式（拟人化的语音、模拟动物的声音、文字）对于人们对其接受度的影响最大，人们更愿意接受拟人化的语音。如果机器人的外观像人而不是像动物或机器，便能获得更多认同。② 可以看到，人们对人形机器人是接受的，并希望它们在整体上都能表现出拟人化的特质。

但人对具有像人一样的身体的机器的接受过程中，也存在复杂的心理，恐怖谷理论就从一个方面揭示了这种心理。

知识窗

恐怖谷理论

恐怖谷理论是日本机器人专家森正弘（Masahiro Mori）在1970年提出的一个著名的假设。他认为，当机器人在外表、动作上与人类越来越像，人类会对机器人产生正面的情感；但若这种相似性到了某一特定程度，人类对机器人的反应会变得极为负面；而当机器人与人类的相似度继续上升，直至达到普通人之间的相似度时，人类对机器人的情感反应会再度回到正面。③

英国学者做的一项研究证明，在对拟人化机器身体的接受方面，“恐怖谷理论”得到了体现，在某一条界线的两边，用户对于拟人化机器的接受程度会截然不同。此外，以卡通形象而不是人类形象呈现的机器面孔更能让人产生信任感。④

虽然机器身体对机器的认知能力贡献不大，但人类是需要机器身体的。当一个智能机器拥有了身体，且拥有了像人一样的身体语言时，与之交流的人的视觉、触觉等会得到调动，人们可以通过对机器的触碰、抚摸、拥抱等来满足情感方面的更多需求。机器也可能会对人的行动做出回应，这些都可能带来一定的满足。

---

① 孟伟．涉身与认知：探索人类心智的新路径［M］．北京：中国科学技术出版社，2020：35－36．

② KLÜBER K，ONNASCH L. Appearance is not everything：preferred feature combinations for care robots［J］. Computers in human behavior，2022（128）．

③ 刘伟．关于机器人若干重要现实问题的思考［J］．人民论坛·学术前沿，2016（15）．

④ PINNEY J，CARROLL F，NEWBURY P. Human-robot interaction：the impact of robotic aesthetics on anticipated human trust［J］. Peer computer science，2022（8）．

（二）人机传播对交流的未来走向的影响

作为一种新的交流方式，人机传播的兴起是否会对未来的交流产生影响，甚至对人际传播产生冲击，这必定是一个不可回避的问题。

1. 人机交流如何影响交流模式与交流观

交流是人类自古以来就面对的重要生存命题。虽然人类在不断寻求新的交流手段与模式，探讨各种交流原则与伦理，但交流中种种无奈造成的问题与挫折也不断困扰着人类。人机交流如果在未来普及，是将给人们带来更多关于交流的训练，提高人的交流能力，从而帮助人们走出交流的困境，还是会进一步削弱人们的交流能力，将人类带向新的沼泽？

彼得斯在《对空言说》一书中提出了两种典型的交流模式：对话与撒播。对话通常被认为具有对等互惠性与互动性，但彼得斯也认为它有时可能是霸道的。撒播则是单向行善，是说话者不分对象的广泛播种，其发出的信息的意义，要由听者自己来破解，这种单向撒播有时也有精妙之处。① 在彼得斯看来，无论交流是什么意思，交流的中心都不应该是自我，而是对方②，交流应对听众负责③。法国学者列维纳斯（Emmanuel Levinas）则认为，与他者交流，就是从他者那里接受超越我的能力的东西，意味着得到他者的教导。④ 尽管他们的观点并不代表所有人的交流观，但他们都表达了对交流中“他者伦理”的重视，即关照与重视交流的对象，学会理解与尊重，学会倾听与接纳。但对人们来说，这是交流中的一个重要挑战，很多时候意味着交流的压力、麻烦与代价；同时，人们在现实中面对的人际交流，常常带有一定的被动性。

也正是这种压力、代价与被动性会推动一些人逃避人际交流而选择与机器交流。人所需要的人机交流，既不是对话，也不是撒播，而是一种“主-从”或“主-仆”式的交流。人作为人机交流的发起者和“主人”，以自己为中心，根据自己的需要来选择交流的时间、交流的话题，控制交流的方向，而机器作为“从者”或“仆人”努力追随和听从人的意愿。

一些研究也证实了这一点。国内研究认为，用户认为被动而富有表现力的机器人更易于相处，而主动型机器人比被动型机器人更容易让人产生被支配感，甚至让人感到被不平等地对待。⑤ 在国外，一项针对儿童的人机交互实验也揭示，大多数参与实验的儿童都更喜欢与顺从型机器人而不是非顺从型机器人进行互动。⑥

为了迎合用户对人机交流的这样一种需要，在社交机器人的设计中，设计者的思路大多是以人为中心的。诸如“小冰”这样的社交机器人会被设计为以他人导向为主的讨好型人格，以一种高情商的方式赞美对方，在对话中扮演捧场鼓励的角色，有意地从心理上满足人在对话中

---

① 彼得斯．对空言说：传播的观念史［M］．邓建国，译．上海：上海译文出版社，2017：48－89．

② 同①379．

③ 同①381．

④ 列维纳斯．总体与无限：论外在性［M］．朱刚，译．北京：北京大学出版社，2016：42．

⑤ 冯诀宵．机器人表现力与主动性在交互中对用户的感知影响［J］．成都理工大学学报（自然科学版），2019（1）．

⑥ MARTÍNEZ-MIRANDA J，et al. Age-based differences in preferences and affective reactions towards a robot's personality during interaction［J］．Computers in human behavior，2018（84）．

的虚荣心和得到他者肯定的需求。①

在以人为中心的人机交流中，机器是人的服务者，而并非真正平等的交流者。人对机器做的，也并非“撒播”这样的单向行善，而是试图向机器索求肯定、认同、赞美或安慰。但人们并不会太多关注机器的需要，一些时候人们可能认为机器不是人，不会有任何需要；或者即使看到了机器的需要，也不会像对待人的需要那样重视。有些机器会在语言上与人对抗，但它们仍然不会成为交流的主导者。如果机器在某些时候没有顺从人的意愿，人也可以随时中止交流，而不必像人际交流那样顾忌中止的后果。

尽管前文也指出，人对交流的机器也可能产生一定情感，然而这种情感并不等于交流中的平等观，情感上的喜欢、同情不一定会导致交流中对机器控制欲的减少。

彼得斯认为，对交流问题进行思考，不仅能训练我们如何看待自己，而且能训练我们如何与他人相处。② 但阿多诺（Theodor Wiesengrund Adorno）指出，人类的情感投射机制决定了那些掌权的人在看待他人时，不是从他人的独特方面来看待他人，而只是看到了自己形象的折射。③ 在人机交流中，如果人掌握了交流的绝对权力，也就不会真正关注机器的独特性与需求，而只是在与机器的对话中不断强化自我的诉求。

人机交流中的不平等，不仅会影响到人机交流的结果，它为人所培养的思维和行为惯性，特别是以自我为中心的惯性，也会给人际传播带来障碍。

当然，人工智能的发展，或许会使未来的机器在交流中与人产生更大的抗衡，甚至争夺交流中的主导权，但是，对人来说，如果这样的机器并非其必要的社会关系的一部分，他们完全可以选择回避，回到以自我为中心的交流舒适圈。

面对人机交流的挑战，我们有必要探讨人机交流中的伦理问题，这既包括人这端，也包括机器这端。

从人这端来说，哈贝马斯提出的交往理性（言语清晰可懂，态度真诚，表达真实，行为规范正确④）是否需要向人与机器之间的交流延伸，是一个需要进一步讨论的问题。哈贝马斯的理想即使对人际交流来说都是巨大的挑战，对人机交流来说恐怕更难企及。但至少，将机器作为一个平等的交流对象对待，尊重机器的存在及特质，避免对机器的歧视、霸凌，应该仍是基本的交流行为准则。

人也要避免人机交流中的理性向简单的工具理性方向发展。如果人们在机器的训练下越来越多地将“情感”变成“计算”，面对每一次交流，精准计算交流成本与回报，控制交流的“配方”，控制自己的情感付出，这会意味着人在某些方面为机器的思维与运行模式所影响，不断向机器靠拢，最终人也变成了机器。这样的结果显然不是我们希望看到的。

从机器这端看，拥有不同智能的机器，在交流中的角色不尽相同，它们所承担的伦理责任也会有所差异。在目前的技术条件下，机器是作为人类伦理的理解者、执行者与维护者存在，更多的是对人类意志的服从和对人类价值观的继承。

因此，人机交流中的伦理实践更多取决于人的价值观与行为，包括机器的设计者和机器的

---

① 陈莎，刘斌．拟人非人：人机社交传播的特点与困境：以与微软小冰的聊天文本为分析对象［J］．青年记者，2021（5）．

② 彼得斯．对空言说：传播的观念史［M］．邓建国，译．上海：上海译文出版社，2017：332.

③ 同①.

④ 哈贝马斯．交往行为理论：第1卷［M］．曹卫东，译．上海：上海人民出版社，2018：388.

交流者的价值观与行为。设计者的价值观会被内嵌在机器的行为模式中，而交流者则通过其交流行为给机器带来示范效应。

未来另一种可能是，人们可以制造出一种具有道德判断和伦理行为能力的机器人，使机器人成为道德能动者。① 当然，那样的机器也会建立在学习人类伦理的基础上。那时它们是会引导人类向更理性的交流方向发展，还是拉着人类共同走向更深的交流泥潭？虽然我们希望是前者，但对此我们也不能过于乐观。

虽然今天人机交流具体的交流观与交流伦理还无法确立，但无论是在哪个阶段，无论机器在人机交流的伦理实践中扮演什么角色，人机交流伦理的核心，都不仅是为了促成人与机器的有效交流，也是为了使人们在人机交流过程中，得到与人际交流相关的交流伦理的训练，使人机交流成为人际交流的有效辅助与延伸而不是损害。在其中，人类仍然应该是引导者。如果人类自身没有找到清晰的交流伦理方向，我们也不能将希望寄托在机器身上。

2. 人机交流可以替代人际传播吗

从人的本性来看，一些时候人们更愿意选择可以控制的人机交流，而逃避成本更高、难以把控的人际传播。但人机交流并不能满足人们的一切需要，人际传播的一些功能是人机交流无法替代的。

人际传播可以帮助人更好地认识自己。美国学者米德和库利的研究都指出，人们通过与他人的交往获得有关自我的概念，自我概念又直接影响和制约着人际交往。在彼得斯看来，交流也是践行“认识你自己”这一忠告的重要场合。② 人之所以能通过与他人的交流来认识自己，是因为交流对象本身具有能动性，人通过交流对象对自己的评价等反馈看到“镜中我”，也意识到社会中“他者”的存在、自我与他者的差异。但与机器的交流容易强化人的自我中心意识与自我投射，机器作为他者被淡化甚至漠视，人也难以从机器那里获得关于自我的真实评价与认知。以“我”为中心，最终也会使得“我”看不清自己。这种自我认知的模糊或缺失，会带来人际交流和社会化生存的障碍。

人际传播可以培养人们的他者意识、包容心、同理心等社会交往素养，这些是人际传播得以有效展开的前提，交流中的冲突与矛盾也是提高这些素养的必要代价。但如果在人际交流中，人们延续人机交流中培养的自我中心习惯，对他人的理解、感同身受能力下降，人际交流便会困难重重。

人们之所以需要人际传播，很多时候还因为这是建立更广泛的社会联系、汇入群体的方式。人际传播会帮助人们构建自己的社会网络，这也是社会资本的一个重要基础。这个网络中的信息互动，以及与之相伴的情绪、态度、立场，也是社会环境的一部分。通过这一网络，人们可以获得更多关于生存环境的信息，了解社会，理解社会矛盾与冲突，应对环境挑战。而与机器的交流，却会将人们封闭在个人的世界里，回避社会冲突。如果人们逐渐切断与他人的互动，也就会切断与社会的联系纽带。

人际传播的过程中不仅有信息与情感之间的互动，很多时候也有社会资源的互动与交换，但机器显然无法给予人这样的社会资源。

人际传播推动着人们的社会化，但人机交流则可能反其道而行之。过分依赖人机交流，人

---

① 段伟文．机器人伦理的进路及其内涵［J］．科学与社会，2015（2）．

② 彼得斯．对空言说：传播的观念史［M］．邓建国，译．上海：上海译文出版社，2017：330.

们是否会面临着新的孤独？特克尔在《群体性孤独》一书中，曾深入研究电子宠物和陪伴机器人等的使用对人们的心理层面的影响，并对人与机器建立的亲密关系所带来的人的孤独表示深深的忧虑。这种孤独源于人们在现实中与他人交流的减少，来源于人机互动对人际互动的侵蚀甚至部分替代。

针对当下的智能技术，有研究者从认知、情感和行为三个层面研究了用户与社交机器人的准社会交往、媒介依赖如何对孤独感产生影响，其发现是，用户与社交机器人的准社会交往程度越高，越会对社交机器人产生媒介依赖，而这种媒介依赖会加深用户的孤独感。[①] 当然，未来这样的情况是进一步恶化还是会改善，也依赖于很多因素。

对于老人这样的群体来说，这种风险将更大。如果未来机器人普遍替代家人成为他们生活中的陪伴者，或许这会意味着老年人与亲人、社会的接触减少，这是否会加重他们的孤独感，甚至加速他们身心的老化？

护理机器人的应用也引发了老年人与护理机器人的关系中人被“对象化”（物化）的问题。当护理机器人对待老人就像对待一堆无生命的物质时，老人就被对象化了。这不仅是对老人尊严的一种严重伤害，还可能会令老人产生一种无能感，这种无能感甚至可能比依赖于护理人员时所产生的无能感更加强烈。[②]

你怎么看

如果未来机器人替代亲人成为生活中的陪伴者，你是否愿意使用，为什么？

这种“对象化”现象同样存在于社交机器人与人的互动中。社交机器人与人的对话，实质上也是将人“对象化”，哪怕它们在模仿人的情感，模仿人的表达方式。虽然人机交流常常是以人为中心的，但人在这个过程中，也无意中将自己在某些方面降为了“物”。

未来人与机器的关系是人们必然要面对与接受的，但如果因为这种新关系而逃避、放弃人与人之间的关系，人类的生存境遇将会危机四伏。

总体而言，人机交流未来会向什么方向发展，不仅取决于技术如何提升机器与人的交流能力，也取决于人如何认识自身，以及人与机器的关系。

三、人机共生：后人类的极限何在

前文提到的赛博格化，揭示了智能时代人机共生这样一种关系。

无论人们对于赛博格的研究视角为何，赛博格的出发点始终是技术对人的增强，进入 21 世纪，被合称为“NBIC”（纳米、生物、信息、认知）的四大技术，构成了“重叠的革命”[③]，共同开启了对人的体能、智力、情感、道德等进行增强的被称为“超人类主义”的浩大工程[④]。美国

---

① 韩秀，张洪忠，何康，等．媒介依赖的遮掩效应：用户与社交机器人的准社会交往程度越高越感到孤独吗？[J]．国际新闻界，2021（9）．

② 李小燕．老人护理机器人伦理风险探析［J］．东北大学学报（社会科学版），2015（6）．

③ 库兹韦尔．奇点临近：2045 年，当计算机智能超越人类［M］．李庆诚，董振华，田源，译．北京：机械工业出版社，2015：123.

④ 朱彦明．超人类主义视域中的人的完善及其问题：从尼采的视角看“人类增强”［J］．南京社会科学，2019（3）．

学者库兹韦尔（Ray Kurzweil）甚至预言，2045年，机器智能超越人类的奇点时刻将到来。①

超人类主义只是后人类叙事大潮中的一个支流。如国外学者指出，“后人类”已经成了一个总括性的术语，包括哲学的、文化的或批判的后人类主义、超人类主义，各种新物质主义（特指那些女性主义的、在后人类主义框架下的理论），以及具有不同内涵的反人本主义、后人性论和元人性论等。② 在不同的立场与取向下，后人类的相关研究此起彼伏。

沿袭了赛博格这一方向下的思考，后人类主义大多也强调边界的消失，例如后人类主义研究的代表人物美国学者海勒指出，“在后人类看来，身体性存在与计算机仿真之间、人机关系结构与生物组织之间、机器人科技与人类目标之间，并没有本质的不同或者绝对的界限”③。她也表示，变成后人类的前景让人恐惧又快乐，但后人类唤起了令人振奋的前景：摆脱某些旧的束缚，开拓新的方式来思考作为人类的意义。④

但在一部分研究者看来，后人类意味着人的合法性和中心地位的动摇，这“不仅仅存在于其文化建构中，更具颠覆性的是，它也表现在身体的自足与整一这个前提预设开始动摇了”⑤。

有学者总结了后人类主义研究的三种主要取向：第一种坚信人类理性的完美性与人类在星球上的中心地位；第二种取向则强调人与人之间、人与非人环境之间的相互依赖，强调人类主体与技术器物之间的亲密关系，并认同正如人有主体性一样，智能器物同样能发展出主体性；第三种取向则是“批判性后人类主义”，即把后人类主义情境看成颠覆资本主义既有秩序、建构迥异于启蒙理性所定义的人的观念的绝好机会。⑥

虽然赛博格的概念和后人类叙事已经存在了几十年，但是，过去人们更多的只是通过研究来阐释关于赛博格的思考，或者通过影视、文学作品等方式来呈现想象中的赛博格。近些年移动传播、人工智能等技术的加速，使这一概念及相关现象的讨论，有了直接的、现实的支持。

人的赛博格化在某些方面意味着人的能力的增强，包括人与人、人与内容、人与服务连接能力的增强。在更广的层面上，赛博格化也会带来人的自我表达能力、认知能力、决策能力、生产能力等的增强。按海勒的说法，后人类的模型中，人类的功能扩大了，因为它所栖居的人类认知系统的参数扩张了，没有辅助设备，这是绝不可能实现的。⑦

从赛博格概念提出的初衷来看，人机一体是为了赋予人更强大的甚至是超自然的能力。面对着智能化机器，甚至是可能出现的超级人工智能机器，有研究者认为，“自然人自身再进化、人机并行、人机融合是自然人避免被机器人所超越、替代、淘汰的可行方案”⑧。

从哲学上看，学者们认为这将带来一种新的生命哲学。“这种新生命哲学的首要问题恐怕

---

① 库兹韦尔．奇点临近：2045年，当计算机智能超越人类［M］．李庆诚，董振华，田源，译．北京：机械工业出版社，2015：1-5.

② 法兰多，计海庆．后人类主义、超人类主义、反人本主义、元人类主义和新物质主义：区别与联系［J］．洛阳师范学院学报，2019（6）.

③ 海勒．我们何以成为后人类：文学、信息科学和控制论中的虚拟身体［M］．刘宇清，译．北京：北京大学出版社，2017：4.

④ 同③383-386.

⑤ 赵柔柔．斯芬克斯的觉醒：何谓“后人类主义”［J］．读书，2015（10）.

⑥ 孙绍谊．后人类主义：理论与实践［J］．电影艺术，2018（1）.

⑦ 海勒．我们何以成为后人类：文学、信息科学和控制论中的虚拟身体［M］．刘宇清，译．北京：北京大学出版社，2017：393.

⑧ 程广云．从人机关系到跨人际主体间关系：人工智能的定义和策略［J］．自然辩证法通讯，2019（1）.

是：自然人类被技术化（非自然化）的限度何在?”[①] 关于这个问题的争论，在后人类的相关研究中早已开始，技术的进一步发展，必然会使关于“限度”的问题的讨论变得更为重要。

进一步，研究者还关心的是，如果新技术在未来具有让人永生的功能，人不是文艺复兴和启蒙运动以来的那个“人”，人工智能或机器人又不是纯粹的机械装置，一个可能的准人准机器的混生物出现了，人类应当建构何种公共拟制才足以应对？相信人类的公共拟制、公共治理均需要超前的革命性设想，才不至于陷入手足无措的被动处境。[②]

仅仅以抵制、回避的态度来面对未来机器对人的挑战，或许并不能阻挡人工智能技术的推进。对于未来的各种可能我们都应该有所关注，有所准备。

智能时代的人机关系中，人是将获得更多的自由与主动权，还是会被机器奴役，这取决于人在技术应用中的理性。哲学学者邓晓芒指出：“人的理性，即人的自我反思，人的自我意识，也即对人的盲目意志（欲望）的抑制，也是人获得真理和真正的自由的必经之路。”[③] 但无论如何，正如“后人类情境为人类重新认识自我、定义自我，进而从去人类中心化角度批判性地反思人类文明提供了绝佳的契机”[④]，对人工智能技术发展及人机关系的反思，也是对人的本质反思的契机。

人机协同、人机传播、人机共生，虽然是三种不同方向的人机关系，但它们共同唤起了人们对人的本质的思考。过去我们习惯说，人是万物的尺度，而今天如海勒所说，机器和人类共同成为一个二元体系，使得他们成为彼此的衡量尺度。[⑤] 面对人与机器的新关系，人能否胜任其新角色？面对机器的新“可供性”，人是借机器释放自己的创造力还是靠机器作弊或“躺平”？这些都是衡量人的新标尺。

进一步，人机新关系可以帮助我们认识人与机器的差异，认识在哪些方面机器可以向人靠拢，在哪些方面人与机器应该始终保持界限。而人在哪些方面可以为机器所取代，在哪些方面的特质永远不会被机器拥有，哪些是人之为人的本质特征，更是衡量人类的本质的关键尺度。对这种尺度的认识，我们才刚刚开始。

但最终，人仍然是衡量机器的尺度。在人机共同前行的征途中，人的健全、自由发展，人类的共同进步，应该始终是为机器导航的核心准则。我们需要时刻警惕一种风险：看似在不断驯化机器的各种人机新关系，最终却可能使人成为机器的奴隶。

【本章学习与思考】

1. 你认为今天的拟态环境与传统媒体时代的拟态环境有哪些不同?
2. 你如何理解“反连接”?
3. 结合实际案例分析网络社交互动中的表演。
4. 哪些情况下网络群体内互动可能带来群体智慧，哪些情况下又可能带来群体性迷失?
5. 你如何理解网络共同体带来的影响?
6. 人机协同中人应该扮演什么样的角色?

---

① 孙周兴．我们需要一种新的生命哲学［J］．探索与争鸣，2018（12）．
② 任剑涛．人工智能与公共拟制［J］．当代美国评论，2019（1）．
③ 邓晓芒．西方启蒙思想的本质［J］．广东社会科学，2003（4）
④ 孙绍谊．后人类主义：理论与实践［J］．电影艺术，2018（1）．
⑤ 海勒．计算人类［J］．黄斐，译．全球传媒学刊，2019（1）．

- **第八章 网络时代的传媒生态**
  - 媒介融合：传媒生态变革的多层面表现
    - 形态与属性融合：传播形态界限的模糊与多重诉求的纠结
    - 渠道与市场融合：平台化分发与网络化传播
    - 业务融合：超越“融媒体”“全媒体”产品
    - 机构融合：从“物理性”结合到“化学性”融合
    - 媒体与用户的融合：生产力再构建
    - 人与媒介的融合：用户角色的不断转换
    - 文化融合：从隔阂、冲突到变革、兼容
    - 产业融合：传媒业版图的重塑
  - 破壁、开放与漂移：网络时代新闻业的特征
    - 万众皆媒、万物皆媒：网络环境中新闻生产主体的“破壁”
    - 分布式、碎片化、进行式：网络新闻生产的开放性机制
    - “新闻”的重定义：网络环境中新闻含义与价值坐标的漂移
  - 冲突、沟通、对话：网络时代的公共传播系统
    - 网络时代公共传播的意涵及其影响
      - 公共传播的意涵
      - 公共传播系统对政治生态的影响
      - 公共传播系统对社会生态的影响
        - 公共传播系统对社会压力的双重作用
        - 公共传播系统对价值体系多元化的推动作用
        - 公共传播系统中的话语竞争对社会结构的影响
      - 公共传播系统对企业营销的影响
    - 网络公共传播系统中的民意表达
      - 网络舆情与网络舆论
      - 网络中舆论的形成
        - 网络舆论形成的起点——导火索性事件引起关注
        - 网络舆论形成的中间环节——讨论的扩散
        - 网络舆论的最终达成——意见的整合
      - 中国网络舆论发展中的几组关系
        - 网络舆论与现实民意
        - 两个意见场的关系
        - 网络舆论与网络暴力
        - 网络舆论与司法独立
    - 网络公共传播系统中新的权力格局
      - “意见领袖”个体权力被强化
      - 草根话语权利向话语权力转化的机会增加
      - 主流话语权力优势被削弱
  - 网络公共传播中的典型现象
    - “后真相”迷雾的漫延
    - “泛娱乐化”与“泛政治化”的“双向奔赴”
    - 科学传播的非科学化
    - 传播的圈层化
  - 无边界时代传媒业专业性的重塑
    - 职业媒体人：专业精神的坚守与专业标杆的再树
    - 公众：从信息消费者素养向生产者、传播者素养扩展
    - 非媒体组织：在公共传播方向下构建新媒介素养
      - 政府机构及官员的媒介素养
        - 对媒体及网络角色的认知及权利保障
        - 信息公开渠道的建设与保障
        - 与媒体及公众的对话能力
      - 企业等组织的媒介素养
        - 品牌传播素养
        - 危机传播素养
        - 公共传播素养
    - 新媒体技术的拥有者：技术伦理与传播伦理的双重约束

第八章　网络时代的传媒生态

网络传播的普及与深化，在深层改变着传媒业的格局与生态。

以往我们说到“传媒业”的时候，基本都是指向大众传播业，但在各种传播形态、各种媒介相互融合的今天，传媒业的内涵、边界也在发生变化。网络时代的传媒业，总体上分为两个不同层面：

一个层面是以职业的内容生产者（目前仍主要体现为专业媒体中的职业媒体人，但也涉及专门从事内容生产的自媒体）为主体的传媒业，其中的核心部分是承担公共领域职能的新闻业，目标是公共信息的传达、社会环境的监测、公共交流与社会整合的促成，因此，它需要提供比其他各类社会群体采用各种其他方式所能提供的相对更为充分、精确、可信、适用的信息，也即为不同视角下的意见阐发者们提供他们共同倚赖的事实陈述。[①]

另一个层面是由各种个体、组织甚至智能机器共同建构的公共传播系统，这也是一种泛新闻生态系统，它是有序与无序的混杂、专业与业余的并存，是公共生活与私人生活的互动。这样的系统是所有人的自我表达、传播权利的实践场所，也构成了专业新闻生产者生存的环境，它既可能是对专业新闻生产的补充、延伸与校验，也可能是对专业新闻生产的干扰甚至破坏。

这两个层面之间并没有清晰的界限，而是相互渗透，既可能产生能量互换，也可能产生冲突、对抗。

网络时代的传媒业，不仅是公共信息生产的生态系统，也是以传播活动及信息勾连起来的社会系统，是复杂的社会景观在传播、信息坐标上的投射，理解传媒生态的变化，也是在理解社会生态的运行机制。

第一节　媒介融合：传媒生态变革的多层面表现

媒介融合被视为网络时代传媒业的重要变革方向，但随着实践的发展，也有一些研究者与从业者从各种角度对“媒介融合”提出了质疑，认为媒介融合不存在或难以实现。

> **你怎么看**
>
> 网络时代的媒体融合在不同层面有哪些表现？

媒介融合究竟是不是在真实发生着，厘清这一问题或许需要从这一概念的本意出发。媒介融合的概念最早由美国麻省理工学院的浦尔（Ithiel de Sola Pool）教授提出，他在1983年出版的著作《自由的技术》（*Technology of Freedom*）中指出：“一个称为形态融合的过程正在使各种媒介之间的界限变得模糊……一种单一的媒介，无论它是电话线、电缆还是无线电波，将承载过去需要多种媒介才能承载的服务。另一方面，任何一种过去只能通过单一媒介提供的服务，例如广播、报纸、电话，现在都可以由多种媒介来提供。由此，过去媒介与它所提供的服务之间存在的一对一的关系正在被侵蚀。”[②] 从浦尔所定义的媒

① 潘忠党．在“后真相”喧嚣下新闻业的坚持：一个以“副文本”为修辞的视角［J］．新闻记者，2018（5）．

② JENKINS H. Convergence culture：where old and new media collide［M］. New York：New York University Press，2006：10.

介融合角度看，融合无疑已经发生。当然，后来研究者在分析媒介融合时，将其边界向更多的层面进行了延伸。

今天对媒介融合进行的争论，多是因为人们对媒介融合的理解与界定不尽相同。质疑媒介融合的，更多是针对业务和组织机构层面的融合。有人担心过于强调业务融合，会使媒体失去个性与产品特色，削弱媒体的竞争力；也有人担忧缺乏内在驱动力的机构融合难以持久；还有人认为新老媒体之间存在巨大差异，像油与水一样难以融合。这些质疑和担忧未必完全没有道理，相关争议也提醒我们正视媒介融合中的一些误区。

但浦尔提到的媒体旧有边界被打破、媒体与其原有服务间的固定关系被打破，确实早已发生，这种融合是由网络等数字技术发展带来的，也是传媒业生态变革的基础动力，由此带来的业务变革、体制变革、思维变革、产业变革、文化变革等，是传媒生态变革在不同层面的表现。

一、形态与属性融合：传播形态界限的模糊与多重诉求的纠结

在浦尔关于媒介融合的观察中，有一个基本判断，那就是人际传播与大众传播媒介的融合。事实上，网络不仅使人际传播与大众传播的界限模糊，也使得这两种形态与群体传播、组织传播等传播形态之间的界限模糊，在网络平台，单一形态的传播越来越少见，更多的是几种传播形态的复合。第二章已经对此进行了分析。

传播形态的融合，也涉及传播渠道的融合，以及与传播效果相关的传播模式与动力机制的变革等。理解传播形态的融合，可以帮助我们更好地理解传播渠道融合、业务融合等其他层面。

此外，网络本身具有多重属性。尽管我们常常将网络与媒介、媒体关联在一起，但网络本身还具有技术平台、经营平台、虚拟社会等多重属性。这些属性并非彼此割裂，而是相互融合、相互渗透、交叉作用。

从内容生产者角度来看，要做好传播，不仅需要提高内容的质量，也需要技术、思维、经营能力、综合服务能力等各方面的跟进，这对以往主要靠做内容就可以形成竞争力的传统媒体是一个很大的挑战。

从用户角度来说，如前文所分析，他们既在网络中用各种方式使用着内容，也在网络中建构着自己的社会关系，各种生存活动也在向这个空间聚集，因此，他们对内容的需求背后凝结着各种其他诉求。如果不能理解他们综合的诉求，而只是提供单纯的内容，就不能给他们带来足够的满足。

网络对整个社会的影响，也是基于其多种属性的共同作用，其作用机制比以往的大众媒体要复杂得多。

二、渠道与市场融合：平台化分发与网络化传播

今天无论是哪种媒体，都汇流到网络，这也意味着内容分发平台的集中与趋同。如第一章指出，除了门户网站或客户端外，各种商业性的社会化媒体平台、个性化内容分发平台，甚至服务平台，都成为重要的内容分发平台。

那些拥有强大影响力的分发平台往往需要兼顾用户培育、生产者培育、内容分发与匹配、界面与用户体验优化、关联服务拓展等多种诉求，而它们对于传媒生态的影响也是多方面的。第十章将做进一步阐释。

网络平台本身也是市场融合的产物，它们不仅实现了报刊、广播、电视等不同媒体市场的汇聚，也在促成内容与社交、服务等的相互嵌入、相互作用，形成一个更广泛的市场。

平台的形成，需要强大的技术能力和强黏性的用户基础。对于传统媒体来说，技术的屏障、用户基础的缺乏，使得它们拥有自己平台的挑战极大，对绝大多数媒体来说甚至是难以完成的任务。拥有技术与用户基础的新媒体企业，更有可能成为平台的拥有者，它们也会通过控制平台，对整个内容产业形成至关重要的影响。传统媒体也需要进入一些集中性的平台，获得多元分发能力，并尽可能争取有利于自己的合作模式。

平台只是内容分发的“枢纽”，在平台，内容的进一步分发需要通过所有用户节点共同构成的传播网络进行。这些节点，既包括普通用户以及从中诞生的自媒体，也包括媒体这样的专业内容生产者，还包括其他各类组织。内容在这样的网络中流动，既要有信息价值“打底”，又需要用户的社交动力推动，还会受到各种组织机构因素的影响。

三、业务融合：超越“融媒体”“全媒体”产品

今天业界关注的媒介融合，更多的是业务层面的融合。

在国内的媒介融合实践中，“融媒体”这个词被频频提及。“融媒体”强调的是报道或产品中多媒体手段的综合运用，有时它也涉及跨平台传播、多平台联动。

2018年，中国记协在第28届中国新闻奖的评选中，首次设立了“媒体融合奖项”，这也是对中国融媒体实践探索的一次推动。

在拥有了相关技术基础的前提下，通过融媒体这一方式寻求不同传播手段之间的融合、互补，有可能更多地激发各种信息的潜在价值，也给用户带来多维度的信息体验。

但是，“融媒体”只是与传统的文字、图片、音频、视频等并行的一种信息传播方式，而不是对传统方式的替代。融还是不融，取决于内容主题及素材，有些主题适合用融媒体方式表现，但有些主题用传统的“单媒体”方式会更有效、更有力量。在缺乏素材的情况下，一味强调融媒体，也会带来形式大于内容的结果。

同样，对于跨媒体、多平台的传播，也需要超越简单地从传播平台数量来评价传播效果的做法。前面提到渠道融合的特征是平台化分发、网络化传播，对于媒体的内容传播来说，不仅要进入多个平台，更要进入用户的传播网络。如果没有传播网络的支持，内容进入再多的平台都没有意义。

在实践中备受关注的另一个概念是“全媒体化”。很多传统媒体认为媒介融合等于全媒体化，并且把全媒体化狭隘地理解为产品的全媒体化。为了这样的目标，媒体不断进行着产品的扩张，似乎有了足够多种类的产品，将自己的“腿”伸到了所有媒体平台、所有生产环节，融合也就实现了。而事实上，对于大多数媒体来说，这样的全媒体化，可能造成资源的分散，在新的领域很难形成自己的影响力，甚至可能拖累自己原有的优势产品。

今天在国家政策层面，全媒体的提法被发展成为“四全媒体”这一概念，“四全”即全程、全息、全员、全效，这是对全媒体更深远的认识，它不仅强调了手段的全息，也强调了全程覆盖、全员参与等新媒体的重要特性，更强调效果、效能的全面衡量与提升。

媒介融合的确将媒体推向了一个全媒体的业务环境，竞争对手更为多样，市场更为复杂，传播平台更为多元，这要求媒体在新的环境里寻求自己的新的定位与新的发展方向，也要求媒体针对不同平台制订不同的产品策略。但是，它并非意味着每个媒体都要全媒体化，也并非意味着媒体原有业务形态的放弃或弱化，或者媒体最终做的都是融媒体产品。一个融合的市场反

而可能要求媒体原有特色的强化。

四、机构融合：从“物理性”结合到“化学性”融合

与业务融合相关的融合，是机构融合，这既包括一个传媒机构内部各部门的整合、融合，也包括不同媒体之间的整合、融合。

从传媒机构内部融合来看，近几年兴起的“中央厨房”等模式，是媒体在内部融合方面探索的结果。作为一种新的资源整合、协同工作模式，中央厨房模式重新规划了媒体内部角色，细化了生产与传播的环节，强化了数据资源的利用，突出了内容策划与营销的作用，这些措施对媒体现有流程的改造，具有一定的推动作用。

但中央厨房模式并非一定要复制到每个媒体。每个媒体都应根据自身状况，寻找适合自己的资源整合模式，而不是在形式上向“中央厨房”看齐。

“中央厨房”的建设，包括其后续升级过程，需要巨大的资金支持，如果其产出不能维系其日常运营与升级，这样的模式也很难持续。

不同媒体机构之间的整合与融合，也是备受关注的一个问题，这样的融合探索也早已出现。2000年1月，仅有15年历史的互联网公司“美国在线”与有70多年历史的老牌媒体公司“时代华纳”合并，成为当时轰动媒体界的一个大新闻。尽管这个合作在当时被认为是“天作之合”，在理论上，这个合作也可以实现两者的优势互补，但是，由于两家公司的文化差异，以及其他一些原因，最终这个合作以失败告终。

虽然机构融合的目标是推动业务的融合，但如果机构融合不是由机构自身的利益驱动，而只是外力强制下的机械捆绑，这样的机构融合恐怕难以持续，或难有成效。机构融合更多的应是在市场导向下形成“利益共同体”，这个过程将是漫长的。没有共同利益的驱动，形成的可能只是物理性的结合，而非化学性的融合。机构融合中不同机构的文化差异带来的挑战，也不容小觑。

2018年以来兴起的县级融媒体中心建设，是国内在机构融合探索中的新尝试，是对县级媒体进行改造、转型的一种主要路径，其目标是整合县级媒体和政务新媒体等，实现“引导”与“服务”的双重目标，但县级融媒体中心的建设也面临一刀切、一窝蜂，重技术轻内容、重展示轻改革等问题。① 县级融媒体中心的建设需要在社区媒体和媒介融合的双重经验坐标下寻找新的方向②，立足地方性内容、社区与服务，将媒体、政务公开、电子政务、电子商务等功能有机结合起来，寻找合理的发展模式。县级融媒体中心的建设未必有统一的模式，不同地区需要根据地方特色与需求，来进行融媒体中心的定位与功能设置。

总体来看，化学性融合应是机构融合的理想目标，但现实中要实现这一目标，仍然障碍重重。

五、媒体与用户的融合：生产力再构建

媒介融合，不只是媒体内部生产流程的改造过程，也应是媒体与用户融合的过程，也就是要在深层将用户引入媒体的业务流程与业务模式中，使用户成为整个媒体系统的新生产要素，激发其生产力。专业生产力与用户生产力的结合，会带来媒体生产力的再构建。

---

① 陈国权．中国县级融媒体中心改革发展报告［J］．现代传播（中国传媒大学学报），2019（4）．

② 朱春阳．县级融媒体中心建设：经验坐标、发展机遇与路径创新［J］．新闻界，2018（9）．

同时，用户也是产品与业务融合的连接器与黏合剂。媒介融合时代的多种平台，是在用户节点那里互连、互通，也正是用户的分享和其他社交行为，促进了内容在多个平台间的流动。

用户还是媒介融合的核心驱动力。与来自行政指令和媒体本身的力量不同，通过网络平台释放出来的用户的力量，会直接作用于市场，对于媒介融合进程来说，这也是一种自下而上的、内源性的动力。只有用户有了融合的愿望和行动，媒介融合中的市场融合才能得以实现，而市场融合将反过来推动业务的融合。

六、人与媒介的融合：用户角色的不断转换

在媒介融合的过程中，传播媒介的终端也在不断发展，这一发展也在深层改变着人与媒介的关系。今天的移动终端与人的关系已是如影随形，未来甚至有些终端可能嵌入身体，人与媒介真正融合，人完全赛博格化，赛博格化的人会变成一种“人肉终端”。

“人肉终端”不仅参与外部网络中的信息传递，也将人本身的各种数据向外部传送，使之成为某些服务商分析的信息或利用的资源。“人肉终端”作为传播网络中的硬件性节点，也会对信息的流动产生影响。

社会化媒体的传播模式，也是以用户为节点，“以人为媒”的，每个用户都在基于自己的意志与愿望进行着信息的筛选与传递，这是人与媒介融合的另一种表现。

VR、AR 等技术的进一步发展，也从另一个方面促成人的身体与媒介的融合，带来现实环境与虚拟环境交叠的新体验环境。正在兴起的“元宇宙”概念，正是强调了这样一种虚实混合、真假难辨的新环境。这使得传播中的身体“体验”变得更为重要，甚至体验本身也可能变成一种传播，在这种体验中的身体参与、身体互动，也会成为一种新的传播形式。

七、文化融合：从隔阂、冲突到变革、兼容

媒介融合中存在种种障碍，其中一种关键障碍，是文化隔阂。

每一种媒体在发展过程中都在逐渐形成自己独有的“文化”，这种文化是与媒体相应的传播模式、传播主体、传播手段、传播思维等集体作用的结果，又与媒体运行的环境因素、体制因素和市场因素等相关联。在传统媒体向新媒体转型的过程中，文化隔阂表现得越来越突出。传统媒体总体的文化特质，是一种高高在上的“庙堂式”文化，它以自我为中心，对受众更多的是俯视的、教化的姿态，强调对多元价值观的“统合”。而新媒体的文化，本质上是一种竞争性的江湖式文化，表现出开放、分权、兼容、共享、戏谑、多元等特点。

媒体的文化差异，在其使用者那里也会得到体现。

传统媒体时代培养出来的受众，对媒体常常是仰视、服从的，价值观也多是主流的、传统的，其媒体使用习惯多数是稳定的。而在新媒体时代成长的年轻用户，很多人不再盲目信任和依赖媒体，他们在平视甚至俯视的位置上，对媒体进行着审视，不断发出批评、质疑的声音。他们某些方面的价值观是反主流、反传统的，他们的信息消费模式与行为也在不断发生变化，容易发生迁移，在信息消费过程中，社交和参与成为重要的伴随行为。

媒介融合的过程，伴随着新老媒体文化的冲突。对于传统媒体的新媒体转型过程来说，媒体文化的变革也是必然的，有时甚至需要进行文化上的“转基因”，但也需要尊重那些仍停留在受众文化中的群体，特别是老年群体的需求与文化特质，减少文化性“数字鸿沟”。媒体也需要通过分众化服务，来增加文化的兼容性。

八、产业融合：传媒业版图的重塑

媒介融合是在与媒体相关的多种产业融合的背景下发生的，媒介融合过程的深化，也必然伴随着产业融合的深化，产业融合与媒介融合，始终如影随形。

美国学者尼葛洛庞帝在20世纪70年代末预言的广播和动画业、电脑业、印刷出版业这几大产业之间的融合趋势，在今天已经实现。媒介融合趋势下，传媒业与电信业、互联网业、IT业等其他相关产业之间的融合与重组是必然的。

终端产品、内容产品、社交产品、服务产品，共同构成了新媒体市场，与这四者相关的行业，在网络平台中汇合，由此带来了更复杂的业务模式，拥有技术（如IT业）、用户（如互联网业）、渠道（如电信业）等优势的其他产业对传媒业发展的影响也日益明显。

媒介融合对于传统媒体更深层面的冲击，是打破了传媒业的原有边界与封闭的产业模式，构建了新的产业布局与产业结构，重塑了传媒业版图。媒体如果不能在大的产业格局下进行自我定位或变革，而仅仅是在传统媒体的思维下考虑内部业务与流程的再造，恐怕会在产业融合的过程中逐渐被边缘化。媒体必须用更开放的心态去寻找产业链条上的合作伙伴，谋求共赢的业务合作乃至融合模式。

除了上述融合层面，近年来，研究者对媒介融合的含义及影响的研究也在不断深化。

黄旦等认为，“媒介融合”也意味着社会形态的变化，即以数字技术为元技术平台，将不同维度上的媒介重新整合为一体，形成一个全球化的、涌动的“网络社会”，而媒介组织就是这个网络中的一个节点。研究媒介融合，需要把产业层面的经验“意识结晶”融入“网络社会”的理论把握，重塑传播观念和范式。①

第二节　破壁、开放与漂移：网络时代新闻业的特征

尽管网络时代仍然需要保证新闻业的专业性，但在一个全新的生态中，新闻生产中的一些基本要素也在发生变化。

一、万众皆媒、万物皆媒：网络环境中新闻生产主体的“破壁”

数字技术带来的新闻生产门槛的降低，以及社会化媒体构建的生产平台，使得各种主体跨越了原有的专业壁垒，进入新闻等公共信息生产领地，形成了全民参与、“万众皆媒”的景观。

全民参与新闻生产有两种典型情境：一是偶然的、非制度化的参与，二是以自媒体形式进行的较为持续的参与。用户偶然的参与，往往与新闻事件或话题的接近度相关，例如，碰巧在新闻现场，或者某些新闻话题引起了他们的兴趣而引发他们的评论。而以自媒体形式进行的持续性参与，在今天变得更为普遍。自媒体也不完全是业余的代名词，越来越多的自媒体生产者，是拥有媒体或新闻传播专业背景和其他专业、行业知识背景的用户。

用户的参与，一方面是新闻事实的提供，另一方面是与新闻相关的评论。虽然用户评论大多不涉及事实性报道，但有些时候，评论汇聚形成的公共意见，会推动事实的进展，或导致媒体对事实关注度的变化，有些评论里也有与新闻事实挖掘相关的线索。

---

① 黄旦，李暄．从业态转向社会形态：媒介融合再理解［J］．现代传播（中国传媒大学学报），2016（1）．

用户的参与，是对专业媒体的一种延伸，也是对专业媒体的一种资源补充。在很多时候，用户也可以成为专业媒体能量的放大者。

除了公众外，政府机构、企业及其他各类组织，也开始通过自己的渠道来进行信息发布、与公众沟通，在出现危机的时候，这些渠道成为其公关渠道。虽然这些组织内容生产的目的主要是公关、营销，但在很多时候，它们生产的内容，也会成为具有公共价值或公共关注度的新闻或新闻素材。但是组织本身的利益诉求、立场等又会对其发布的内容的真实性、客观性形成干扰，而公众未必总是能识别其中的干扰。作为一种新的公共信息生产力量的非媒体组织，对于新闻生态环境的影响是不可忽视的。

多元的生产主体带来了内容数量上的大跃进，海量的、杂乱的信息正在稀释各平台上内容的专业性，众声喧哗必然会带来更多的噪声。

除了“万众皆媒”外，正在发生的一个新变革是“万物皆媒”，各种智能机器、智能物体进入新闻生产系统的各个环节，带来数据采集、加工乃至分发的自动化。“万物皆媒”会在一定程度上扩展人的认知边界，人与物、人与环境的信息互动，也会带来新闻生产与传播的新模式。

这样一个时代，意味着掌握着智能机器和传感数据的 IT 企业、物联网企业，也将成为新闻生产系统中的成员。对于媒体来说，要拓展自己的信息采集能力，拥有新的信息生产能力，需要尽可能地借助这方面的“外援”。

“万物皆媒”的背景下，新闻生产会面临更多新挑战。物的数据是否准确、全面，如何评估数据质量，物的数据被谁掌控，这种掌控权力有多大，数据是否可以对公众开放或对媒体开放，新闻生产者如何将物的数据与人的观察、分析结合，这一系列问题，都将成为新闻生产中的新问题，我们也需要为未来技术的挑战做好理论与实践的准备。

二、分布式、碎片化、进行式：网络新闻生产的开放性机制

在新闻生产的主体边界被打破这一事实下，我们需要进一步研究的是，相较传统的新闻生产，多元主体参与的新闻生产在机制、模式上有何差异。

> **你怎么看**
>
> 如何理解分布式、碎片化、进行式等网络新闻生产机制？

与集中于媒体内部的传统新闻生产模式不同，多元主体参与的新闻生产，往往是分布式的。这样的分布式的内容生产，很多时候是“去中心”的，即使是专业媒体，也并不必然成为生产权力的中心。在没有中心控制或引导的分布式的新闻生产中，主要驱动机制是任务导向。一个新闻事件、一个新闻话题就是一个任务，所有的生产者都根据自己的兴趣与条件完成任务中的一个部分。这些主体间的协同过程，是一种自组织方式。

多数情况下，自组织方式能集中多元主体的力量，形成群氓的智慧，虽然每个参与主体在新闻生产过程中的贡献是有限的，甚至某些参与者提供的信息是错误的，但参与主体之间会形成一种相互协作、相互验证、相互纠正的关系，并不断调整目标，校正新闻生产中的偏差，优化新闻生产。

但自组织方式未必总是高效的，其协同、校正、优化需要一定过程，而这个过程中产生的偏差，也有可能带来严重的后果。

对于一个特定的新闻生产过程来说，完全无中心的分布式生产，往往并非理想模式。理想的分布式生产，需要建立在这样一种社会网络的基础上——连接尽可能多的生产者，且同时存

在多个中心节点。连接尽可能多的生产者，可以实现生产力量与资源的广泛整合，并存的多个中心可以完成核心内容的生产，或者承担起引导、协同等任务，多中心模式也可以避免单一中心出现失误时带来的风险，防止单一中心所带来的信息遮蔽或误导。这里的中心，应是具有高信誉度、专业度的生产者。

这样一种模式虽然有时也可以通过自组织方式实现，但更多时候，需要通过明确机制来引导、推动，这种机制也需要依托平台。但今天的平台，无论是新闻客户端，还是社交平台或算法分发平台，都缺乏相应的机制，这也是平台在未来可以进一步探索的方向。

在分布式内容生产中，传统媒体虽然不再是控制全部生产权力的绝对中心，但它们应该努力成为多中心分布式生产的中心。

分布式的生产，很多时候也是碎片化的生产。

在一般逻辑看来，碎片化意味着片段的、零散的、不完整的。但是，如果拿网络内容生产的碎片化与传统媒体报道的完整性相比，我们会发现，传统媒体的"完整"未必总是比网络中的碎片更能反映事实的面貌。传统媒体所称的完整传播，多数只是指作为新闻作品的完整性，是在一个相对狭窄、封闭的认识框架内文本上的完整。很多时候，这些报道仍只能反映事物的一个局部，甚至由于各种因素，对于局部的反映有时也存在着偏差。

用户的参与，提供了丰富的伸向社会的触角，这些触角会触及不同地域、不同社会角落。即使用户提供的主要是碎片化内容，这些内容也可以丰富媒体的报道，揭示事物的复杂性。附着在专业媒体的新闻报道之后的碎片化评论往往会成为报道的补充、延伸或检验。

碎片化的内容有时的确给真相的探究及完整还原带来干扰，但有些碎片中也可能隐藏着探寻真相的线索。如果媒体人能够从中发现关键碎片，完成碎片的拼贴，也会逐步实现对真相的完整揭示。当然，这是一种理想状态，很多时候我们并没有达到这样一种理想状态，这是一个需要面对的现实，也是媒体人需要进一步努力的方向。

从用户角度看，他们面临的碎片化，既包括信息传播的碎片化，也包括信息消费的碎片化。这是否一定意味着他们对事物了解的不完整？有两种可能：一种可能是，用户的确被碎片包围、困扰甚至误导；另一种可能是，用户通过对关键碎片的收集与整合，获得了对事物的完整认识。产生哪一种结果，取决于多种因素的共同作用，如人们对某个问题的兴趣与求知欲、人们的媒介素养，以及外界力量对于碎片发现或整合线索的引导。

我们不应简单地把碎片化信息与人们认识的完整性对立起来。也需要意识到，从新闻内容消费方面来看，通过整合碎片达成相对完整认知的模式可能会越来越成为常态，这与过去媒体的封闭性报道模式是不一样的。

要帮助用户减少碎片化内容的困扰，需要在提高人们的媒介素养能力的同时，以更多的专业力量来帮助人们完成碎片信息的梳理与整合，媒体更应该成为碎片信息的有效拼贴者。同时，智能化技术也可以在这方面更多发力。

分布式的新闻生产，其生产过程往往是进行式的，对新闻事实的呈现是渐进的。以往媒体的报道，大多会在新闻进展告一段落、对事实有了相对清晰的认识后再进行。虽然也有直播、追踪式报道，但它们多是针对重大主题，是非常态的。而全民参与的分布式报道，使得进行式生产成为常态，即使是专业媒体，在环境的压力下，也会越来越多地采用进行式报道。这带来的一个问题是，在渐进过程的某些阶段，对新闻事实的呈现不完整，有时甚至失实，这也是近年新闻反转频发的重要原因之一。

新闻反转可以推动新闻生产者对事实和真相的探寻，但如果以"让子弹飞一会儿"为由，对反转事件总是持观望态度，而不是努力去接近、挖掘事实真相，那么多次反转的结果，也未必是真相的水落石出。

分布式、进行式生产，也使得新闻文本在某种意义上变得开放，随着对事实认识的深入，不断修改文本变得方便，这种修改可能也会使生产者的失误被掩盖。

此外，除了核心文本外，新闻后的评论也可以看作文本的一部分，评论的生长性，也意味着文本的生长性。这种文本的生长性，也是网络时代新闻开放性生产机制的一个表现。

三、“新闻”的重定义：网络环境中新闻含义与价值坐标的漂移

网络时代的新闻生产的另一个重要特征是，它是公共传播活动与私人传播（包括群体和个人）活动的混合，这就给新闻生产最基本层面的问题带来挑战，那就是：什么是新闻？新闻价值如何判断？

在对新闻的定义中，尽管陆定一所说的“新闻是新近发生的事实的报道”，在国内仍是最广为人知的一句话，但在今天，除了“新近发生”这样一个要素外，在多元的生产者和传播者的眼里，什么样的事实值得被报道与传播，或者说，今天人们更关注什么样的事实，成了一个需要再思考的问题。

> **你怎么看**
>
> 网络环境中如何界定新闻与新闻价值？

潘忠党认为，今天的“新闻”概念已经泛化成为媒体上所承载着的、与公共生活有关的信息载体，其最主要的形态是我们狭义上所讲的“新闻”，以及一些半娱乐化的媒介文本和信息产品。① 可以说，除了传统意义上的新闻外，今天网络中的大量信息都蕴含着新闻的价值，只是有时它们可能是沉睡的，有时可能被唤醒，而什么样的价值会在什么时候被什么样的人唤醒，决定了新闻的影响力。这种唤醒，很多时候不是由专业媒体人独立完成的，而是由用户参与完成的。因此，用户的价值坐标，对于新闻判断变得更加重要。

用户不仅在一定程度上影响着新闻的唤醒，也在很大程度上决定着新闻的传播。在以人为媒的传播机制中，每一个个体，都会成为内容的导体，但对不同内容，其传导性不尽相同，有时是充分的“导体”，有时是“半导体”，有时是“绝缘体”，这种传导性与内容对个体的价值（特别是社交情境下的价值）密切相关，对于新闻内容也同样如此。

杨保军等指出，新闻不仅是对事实世界最新变动情况的呈现，更是连接主体（包括个体与群体）与外部世界的特殊环节、纽带或“中介”，也是人的一种社会存在方式。② 尽管“连接”未必是新闻对用户唯一的作用，但新闻的连接作用在今天无疑需要得到足够重视。

以往媒体在做新闻及其价值要素判断时，主要考虑的是公共生活与公共视角，也就是从社会环境的认知以及社会公共交流与整合角度来考虑人们应该知道哪些信息。而今天的新闻传播是公共生活与私人生活的交织，对新闻及其价值的判断，需要更多参照私人生活情境下的群体或个人视角。

传统理论中所提到的新闻的“重要性”“显著性”“新鲜性”“接近性”等价值要素并没有失效，但这些要素的衡量，不再仅仅是专业新闻生产者角度的判断，更是参与新闻传播的人共同做的评估，是多元视角的集成。但无数的私人视角集成在一起，并不等于公共视角，而是变成了复合的私人视角，这些私人视角之间也存在着矛盾、冲突甚至对抗。

---

① 赵立兵，文琼瑶．超越危局：新闻业应立足于公共生活：美国威斯康星大学传播艺术系教授潘忠党学术专访［J］．新闻记者，2017（12）．

② 杨保军，李泓江．新闻学的范式转换：从职业性到社会性［J］．新闻与传播研究，2020（8）．

真实性、客观性这些新闻生产最基本的问题，也由于多元主体、多元视角的出现，变得更为复杂。虽然真实性、客观性作为新闻专业性的标准并没有发生变化，但如何判断“真实”“客观”却变得困难。

此外，今天的新闻质量判定坐标也发生了一定的迁移。传统媒体时代，媒体会制定严格的质量标准，但这些标准比较容易落实在一些具体操作层面上，例如错别字、语法毛病，或者是播音的流畅度、准确度等。但是，对于媒体反映社会现实的准确度或干预社会现实的能力的检验，相对困难。尽管对不实新闻等差错，媒体也存在着一定监督与纠正机制，但是，在传统媒体时代，由于参照系的缺乏，无论是媒体自身，还是媒体受众，并不总是能够发现媒体出现的差错，有些重大的差错甚至要在很长时间之后才能慢慢显现出来。

网络时代，用户对于传统媒体过去的一些业务标准已经不再那么看重，但是，他们对于媒体在反映社会现实的准确度或干预社会现实的能力方面提出了更高的要求。

虽然在一定程度上新闻的含义与价值坐标不再像以往那样恒定，存在着漂移性，甚至对真相人们都有着不同的理解，但专业的新闻生产者仍然需要在漂移的坐标中坚守一些恒久的原则。如果仅从用户及流量角度来评价新闻内容的价值，甚至将流量作为生产的导向，会使新闻生产走向歧途。当然，如果完全没有从用户角度考量新闻的价值，专业生产也会陷入自说自话的境地。今天的新闻价值判断，需要在公共、群体、私人等多重价值坐标中去寻找交汇点。

第三节　冲突、沟通、对话：网络时代的公共传播系统

网络中各类传播渠道构成了一个新的公共传播系统，这是对传统新闻业的一个极大扩张。目前，社会化媒体平台是这个系统的核心部分，无论是个人还是媒体，或其他机构，都以节点的方式参与到内容的生产与传播中。

一、网络时代公共传播的意涵及其影响

（一）公共传播的意涵

不管公众和非媒体组织参与内容生产带来了什么样的影响，一个不可回避的事实是，今天的新闻生产已经不再是媒体的专利，而是变成了一种全民的传播实践，因此有研究者提出，新闻传播学新的学科体系应以“公共传播”为核心概念，以社会交往、沟通、传播为基本范畴，以“技术”“思想”“表达”为关键词进行教学与学术研究体系的重构。[①]

知识窗

公共传播

在国内，公共传播的概念在1994年就被提及，研究者认为，公共传播学是传播学的又一新分支，是对人际传播学、组织传播学、大众传播学等的补充与完善，公共传播的作用有三点：社会说服、约束限制和监督控制，传播者可能来自官方，也可能来自半官方或私人机构。[②] 这时对公共传播的界定，与今天研究者所认同的公共传播，已经非常相似了。

---

① 李良荣．中国新闻学学科发展面临的挑战及重构路径［J］．浙江传媒学院学报，2016（6）．

② 江小平．公共传播学［J］．国外社会科学，1994（7）．

2007年，石长顺等研究者在新媒体兴起的语境下强调了公共传播的意义，他们综合了国内外对公共传播的研究指出，从广义上来看，公共传播指政府机构、社会组织、公共媒体、非营利组织或公民通过媒体进行的任何一种以公众为对象的传播。狭义上则指政府机构、社会组织、公共媒体、非营利组织或公民通过媒体进行的以社会公共利益为目的的公共信息和公共节目发布。广义和狭义的主要区别在于传播的目的。广义的公共传播可以是以政治、商业和社会公众利益为目的，狭义的公共传播是以公共利益为目的。①

胡百精等进一步提炼了公共传播的定义，即多元主体在公共空间针对公共议题、公共利害展开的社会交往和多元对话。公共传播不是某些传统传播形态的放大、拼接或大杂烩，亦非与之并列的一种新形态，而是现代性转型、全球化和互联网革命等多重语境下一种新的传播结构、格局和境况。②

张志安则认为，过去以传统媒体、主流媒体、机构媒体为核心的“新闻传播舆论场”，已逐步走向专业媒体、平台媒体和自媒体协同互补的“公共传播舆论场”。一种开放的、社会化的新传播形态正在逐步形成，传播方式从“演讲式”日益转变成“对话式”。③

尽管研究者对公共传播的定义各有侧重，但我们也可以看到，研究者多强调公共传播在网络时代的必要性，同时也强调了多元主体的共同参与，以及不同主体之间的“沟通”“对话”，其目标是促进认同、整合与合作，而对话的原则是，多元主体基于公共性的价值和规范展开协商，以增益互惠和公共之善。④

早期的研究者将公共传播视为与传统传播形态并列的一种新传播形态，但从网络实践来看，公共传播实际上是人际传播、群体传播、组织传播与大众传播的融合。

在这样的公共传播系统中生产与流动的内容，一开始并非都能称为新闻。但是，我们不能静态地看待这样的内容的价值，也不能仅仅基于传统意义上的新闻价值标准，而更多要考虑在复杂的公共传播系统中，内容不断传播、发酵以及触发相关话题可能产生的结果。相比传统的大众传播或组织传播，网络中公共传播的链条要长得多，过程往往也起伏跌宕，对其研究，不能只看结果，而更需要去理解其过程。

虽然通过沟通与对话达成共识是研究者对公共传播系统的期待，但在现实中，这一系统中的常态却充满冲突。这既体现在公众与媒体、政府机构、企业等组织之间的冲突，也体现在不同的社会群体、阶层甚至个体之间的冲突，共识在很多时候难以达成。研究者指出，对话不一定产生共识，社会共识需要意义系统、制度系统、福利系统以及公共传播系统四个系统协同生产。如果四个系统不能很好契合，就会引发程度不一的“共识困境”。共识达成于对话，决定于制度和福利，归置于意义。⑤ 把共识形成中产生的所有问题都归于公共传播，把所有问题的解决都寄希望于公共传播系统，是不现实的。

当然，即使公共传播并非治愈一切问题的药方，甚至它自身也会出现很多“病症”，但正如研究者所说，作为开放竞争的场域，公共传播的价值本质在于促进理性对话，因而不能以一

---

① 石长顺，石永军．论新兴媒体时代的公共传播［J］．现代传播（中国传媒大学学报），2007（4）．

② 胡百精，杨奕．公共传播研究的基本问题与传播学范式创新［J］．国际新闻界，2016（3）．

③ 张志安．从新闻传播到公共传播：关于新闻传播教育范式转型的思考［J］．暨南学报（哲学社会科学版），2016（3）．

④ 同②．

⑤ 石永军，龚晶莹．论公共传播消解“共识困境”的结构性作用［J］．现代传播（中国传媒大学学报），2020（1）．

时一地的传播行为对之加以框定，其长远目标是力求在一种动态博弈中实现信息传播的总体平衡。[①] 在公共传播中，各方所经历的对话思维、对话方式甚至话语修辞的训练，也是一种必要的学习与历练过程。

网络中的公共传播，既为多元主体的传播活动提供了广阔的空间，也推动了一些专门领域的传播实践与理论拓展，如环境传播、健康传播、科学传播、风险沟通等。

从总体上看，网络中的公共传播系统是政治、经济、文化、社会生态等在网络中的全面投射，它的运行过程，也会反过来对各种生态产生影响。

（二）公共传播系统对政治生态的影响

网络的公共传播系统为政府机构与公众双方都提供了多重信息传播、意见表达路径，构筑了网状的传播渠道，政府机构原有的单向传播思维受到挑战，政府与公众的关系也在传播互动中发生了一定变化。

公共传播系统推动了政府的信息公开及其与公众的沟通，政务新媒体这一新概念的提出及广泛的实践，也标志着政府机构广泛参与到公共传播中。政务新媒体既包括政府部门开办的新闻网站及客户端，也包括社交平台上各类政务新媒体账号，此外一些新闻网站提供的网络问政栏目，也成为重要的双向沟通渠道。去除了各种中间环节后，“上情下达”的渠道变得更为通畅。网络中的公共传播系统，也为政府机构的管理方式、政务运行模式变革提供了一定支持。

社会化媒体应用的兴起，激发了公众的权利意识，为公众的诉求与意见表达提供了更充分的空间，也成为“下情上达”的重要渠道。公民监督权利也通过网络公共传播得以提升，公众的社会监督在公共空间的实施，能形成更大的社会压力。公众的反馈与监督，也会促进政府机构管理与服务质量的提升。

公共传播系统也提升、激发了公众的社会参与，公众以前所未有的广度与深度参与到公共事务的讨论、行动中，甚至对公共决策产生影响。在聚集公众力量、推助公益活动与行动方面，网络更是发挥了重要的作用。

网络的公共传播系统，也为网络时代“公共领域”的实践提供了可能。

知识窗

公共领域

“公共领域”（public sphere，也被译为“公共空间”）是德国哲学家尤尔根·哈贝马斯提出的一个重要概念，他指出，公共领域“首先意指我们的社会生活的一个领域，在这个领域中，像公共意见这样的事物能够形成”[②]。公共领域是和私人领域相对立的，有些时候公共领域说到底就是公众舆论领域，它和公共权力机关相抗衡。[③]

有研究者总结了哈贝马斯眼中公共领域需要具备的几个要素：第一，公共领域需要这样一个论坛：它对尽可能多的人开放，可以在其间表达和交流多种多样的社会经验；第二，在公共领域中，各种论点和意见可以通过理性的讨论来展开交锋；第三，系统地和批判性地检验政府

① 冯建华．公共传播：在观念与实践之间［J］．现代传播（中国传媒大学学报），2017（7）．
② 汪晖，陈燕谷．文化与公共性［M］．北京：三联书店，1998：125.
③ 哈贝马斯．公共领域的结构转型［M］．曹卫东，等译．北京：学林出版社，1999：2.

的政策是这种公共领域的首要任务。①

尽管网络公共传播系统在很多时候都不能完全满足上述条件，但至少它为公众提供了一个开放的讨论空间。理性的交锋，也应该成为公众参与的一个努力方向。

公共传播系统直接而广泛地承载着社情民意，既可以直接显露公共舆论等社会意见的表征，也可以呈现更为复杂、深层的舆情分布，有些隐含的舆情状态也可以通过大数据分析等方式得以揭示。

当然，公众的参与并非总是理性的，这既与社会环境、个体的公共参与素养等因素相关，也与网络公共交流环境的复杂性相关。前文在分析群体互动时，已经揭示了其中一些原因，后文将从一些典型现象出发进一步分析公共传播的复杂性。

除了政府与公众外，其他的主体，也带着各自的目的进入网络公共传播系统中，尽管多数主体并不以政治上的诉求为核心，但各方的利益博弈，也常常涉及政治性议题。

环境传播、健康传播、科学传播、风险沟通等领域的一些典型案例，常常延伸到政治领域，各方在各种话题上的互动或斗争，也具有一定的政治意味，很多事件也影响着人们对政治生态的判断。

在公共传播系统中，也有一些带有明确政治目标的组织或个体，试图以或明或暗的方式影响相关信息的流动及舆论走向，水军、社交机器人，也常常成为政治力量的帮手。

（三）公共传播系统对社会生态的影响

网络的公共传播系统对社会生态的影响主要表现在以下几个方面：

1. 公共传播系统对社会压力的双重作用

目前的中国正处于社会加速发展时期，社会矛盾增多，人们的生存压力与心理压力加大。从社会层面看，社会系统内部的压力也在增加。网络的公共传播系统也因此在一定程度上承担着社会的泄压阀的作用。人们在网络公共空间中发表的各种意见以及参与的各种活动，往往是从个人的利益诉求出发，希望实现个体的泄压。而当一些问题通过网络传播形成广泛的影响力后，便可以获得舆论与社会行动的支持，某些时候最终不仅是个体问题得到解决，相应的社会问题也在一定程度上得到缓解。即使具体问题不能得到解决，人们在个体表达和群体互动中也会得到一定的情绪宣泄。

同时我们也需要看到，网络的公共交流也可能会将某些社会压力的表现放大，甚至增加现实的社会压力。

网络的增压往往与其泄压过程相关。当泄压功能无法正常实现时，就可能转化为它的反面，也就是社会压力的进一步增强。在这种情况下，如果再对网络采取“堵”的方式，无疑会进一步加大这种压力，增加其恶性爆发的可能性。

2. 公共传播系统对价值体系多元化的推动作用

今天的中国社会，社会价值体系正在变得多元，这也是社会的政治格局、经济格局、社会阶层、文化格局变化的综合体现。而在社会价值体系多元化的过程中，网络扮演了推动者的角色。

这首先表现为网络在传播多元价值观及文化方面所起的作用。与传统媒体时代相比，网络传播门槛的降低、传播主体的多元化、传播手段的多元化，以及容量的海量性，都使得网络中传播的内容及其隐含的价值观呈现出前所未有的多样性。

---

① 展江．哈贝马斯的“公共领域”理论与传媒［J］．中国青年政治学院学报，2002（2）．

其次，这也表现为网络的公共交流所带来的多元价值观的碰撞。各种公共事务的讨论过程，成了“活教材”。在一次次重大公共事件中，网民在影响某一个特定事件的进展的同时，也受着各种观念的冲击与洗礼。公众对于个体尊严、个人权利等问题的认识，正是在这些讨论中得到深化。

尽管价值体系的多元化也带来了很多的困惑、问题与冲突，但是，价值体系的多元化是一个现代化的多元社会必然的结果，也是保持一种动态、活力的社会生态的基础。

3. 公共传播系统中的话语竞争对社会结构的影响

网络在一定程度上会影响原有的社会结构，带来人群的重新聚合与分化，除了用户在媒介或产品选择及使用能力上的差异、网络中的互动、网络中的亚文化等因素的影响外，网络公共传播中话语权的竞争，也是造成人群重新分化的重要因素。这既表现为个体间的话语权力分化，也表现为群体间的话语权力分化。

公共传播带来的话语竞争，也影响着政府、媒体、企业及其他各类社会组织的权力关系运动，这也会在一定程度上带来社会结构与权力结构的变动。

（四）公共传播系统对企业营销的影响

今天的一些企业，建立了自己的网站、App进行信息发布，但更多的企业主要是通过在社会化媒体中的各种账号与用户进行交流，进行企业与产品的营销，企业的自主传播活动也成为公共传播系统中重要的一部分。

对于企业来说，营销是其参与公共传播的核心目标，但营销思维与方式也在网络中发生了深刻变化。

网络促成了企业与用户之间的“零距离对话”，企业和用户两者间的关系变成“活”的交流关系，而不是机械的、程式化的信息传播。这种对话不是以宣传企业或产品为中心的，而是以赢得用户的认识与理解，打动用户，使用户“卷入”为目标的。

网络营销可以消除企业与用户间的“中介”，这既可能给企业带来更多直接展示的机会，也可能使企业随时处于“风口浪尖”上，企业与用户之间的“墙”拆掉了，用户可以更直接地洞察企业的内幕。没有持续的形象塑造和关系维护意识，很难维持长期的“友好”关系。更重要的是，如果企业的产品或形象存在致命缺陷，那么，无论用什么样的营销技巧，也无法让企业长期伪装下去。

传统的营销，是以企业的营销部门为主的，而网络营销需要企业各种不同力量的共同作用。无论是营销部门，还是生产部门，无论是管理者，还是普通员工，每个部门、每个个体都可以成为营销的一分子，影响尤为显著的是管理者。企业成员的媒介素养也会影响到企业的形象。

今天的企业营销目标已经进入一个更高的层次，即不仅促进自己的品牌与产品的推广，还要促进新的文化的形成，这种文化甚至不是传统意义上的企业文化，而是企业与其用户之间共同的文化，是“我们的文化”。而网络也为这样的文化培养提供了土壤。

虽然营销是企业的核心目标，但作为公共传播系统中的重要主体，企业也要使自己的营销方式、内容与公共价值导向相契合。过于明显的自我利益导向，反而不利于其品牌形象。

二、网络公共传播系统中的民意表达

在网络公共传播系统承载的多重功能中，民意表达是其基础，这体现为网络舆情，也体现为网络舆论。

（一）网络舆情与网络舆论

舆情通俗地讲就是社情民意，即一定时期一定范围内社会公众对社会现实的主观反映，是群体性的思想、心理、情绪、意志和要求的综合性反映。

可以说，舆情是社会的晴雨表，它反映了一定时期一定范围内公众的关注焦点，反映了公众对某些问题与现象的意见、态度，反映了社会现实中的矛盾、冲突，也可以在一定程度上揭示社会中潜在的危机。

与舆情相关的一个概念是舆论。关于舆论，不同学科研究的出发点是不同的。政治哲学将舆论看作“公意”，是民主政治的基础；社会学将舆论视为社会互动的有机整体；行为科学将舆论看作个人意见的简单相加，即多数意见；社会心理学则将舆论看作社会控制的机制，认为舆论未必是事实上的多数意见，但至少是表面上的或人们感觉中的多数或优势意见。①

简单而言，舆论是指在一定社会范围内，消除个人意见差异，反映社会知觉和集合意识的具有相对一致性的公众意见。德国社会学家伊丽莎白·诺尔-诺依曼认为，舆论在双重意义上是“我们社会的皮肤”，它是个人感知社会“意见气候”的变化、调整自己的环境适应行为的“皮肤”，同时，它又在维持社会整合方面起着重要作用，就像作为“容器”的皮肤一样，防止由于意见过度分裂而引起社会解体。② 同样，网络中的舆论也具有以上双重意义。

舆论是舆情的一个重要组成部分，也是舆情在某一方面的集中表现。舆情不仅包含公开的舆论，也包含一些隐含的公众态度与情绪等。

舆论总是在一定舆情的背景下产生，但反过来，舆情并不一定通过舆论表现出来。

舆情具有常态性表现，即在日积月累中体现出一种民意倾向，同时又会有爆发性表现，即通过某些特定事件集中体现出来的舆论。

知识窗

网络舆情

网络舆情是在网络平台中体现出来的社情民意，它不是个别用户的个别意见，而是网络用户作为一个整体所表现出来的态度与意见的综合状况。各种观点意见、各样社会情绪、各类社会思潮，乃至各式牢骚怨言都通过网络展示出来，网络也因此成为一个崭新的“意见集散地”和“舆论自由场”，成为了解社情民意的一个窗口。

网络所反映的舆情虽然不能等同于社会整体的意见与情绪，但是，它具有一定的代表性，反映了某些社会群体或阶层的意愿，因此，也是社会舆情的一个重要组成部分，是社情民意的一个重要表现窗口。

在某些情况下，网络舆情也反映着社会的一些消极、不良情绪，但这也是现实社会状态的一种体现。

对于管理者来说，网络舆论、舆情，更应该被当作社会的风向标、民意系统的一个重要参数来看待。网络中所暴露出来的矛盾冲突，本身是现实社会矛盾冲突的反映。研究网络舆论，既要将网络舆论作为社会现状的一种“表征”，又要分析这个表征下所反映的更深层的社会背景与社会现实。研究网络舆论，并不能仅仅基于主流意见进行判断，还要观察与思考某些问题

①② 郭庆光．传播学教程［M］．北京：中国人民大学出版社，1999：222.

成为舆论热点的社会背景，分析主流意见之下的各种意见以及它们的冲突过程。一些情况下，分析舆论发生、发展的过程，比分析舆论的结果，更具有现实意义。

（二）网络中舆论的形成

作为舆情的集中体现与爆发，网络中的舆论尤其值得关注。网络舆论的形成与发展规律十分复杂，下面介绍的只是其主要的发展线索。

按照传统政治学和舆论学的观点，舆论是一种社会合意（social consensus），它的产生是一个"问题出现—社会讨论—合意达成"的过程。[①] 这一观点只强调了舆论对于民意的体现，而没有看到它对于个人和群体的强大约束力，因而并不全面，但是其对于舆论形成过程的概括，仍然可以作为一种参照。网络舆论的形成，也有类似的规律。

1. 网络舆论形成的起点——导火索性事件引起关注

虽然人们每时每刻都可以在网络平台上发表意见，但网络舆论的形成，往往源于某些事件的发生，也就是它们是以某些具体的对象为依托的。

下列几类事件或话题往往是网络舆论关注的热点：关系国家民族利益的事件，如对台关系、中美关系、中日关系等；灾难事件；与国计民生相关的政策、法规出台；反映当今社会主要矛盾的事件，如官民矛盾、贫富矛盾、不同社会群体矛盾等；与困难群体相关的事件；与个体权利相关的事件；反映社会道德困惑的事件。很多事件可能包含几种不同的热点要素，受到关注的程度也就更高。

有些事件受到关注是从网络平台少数几个"点"开始，逐渐扩展到网络的其他空间；有些事件则是从网络平台的多个点同时形成强烈关注，进而从这些点全面辐射到网络。

2. 网络舆论形成的中间环节——讨论的扩散

对于热点事件的关注无论最初是源于网络平台的少数几个"点"还是多个"点"，它们都不会在原地停滞不前。因为热点问题总是能引起网民的广泛关注与热烈讨论，在其传播扩散的过程中，集各种传播形态于一体的社会化媒体扮演的角色尤为突出。

讨论扩散的过程，是事实与意见共同传播的过程。

在网络平台，事实的传播可能出现信息的保真、衰减或变形等不同结果。事实传播中的信息变化情况，对于舆论的形成有着直接影响。例如，如果出于主观需要，有意在事实传播过程中扭曲事实，将某些信息放大、某些信息减少，就可能对舆论的走向形成误导。

同样，网络平台的意见传播也并不是一个"照单全收"的过程，意见的传播与意见的交锋是交织在一起的，交锋的结果是优势意见得以继续广泛传播，而处于劣势的意见逐渐从主流传播渠道中退出。

事实的传播与意见的传播绝非泾渭分明，传播什么事实、如何传播事实本身就表明了一种意见，而很多时候，网民在传播事实时，也直接加入了自己的评价。

3. 网络舆论的最终达成——意见的整合

舆论最终达成的标志是消除个人意见差异、反映社会知觉和集合意识的多数人的共同意见的产生。对于某些问题或事件，人们的意见并不一定在一开始就达到一致。相对一致的舆论形成需要通过一定的机制。

传播学理论中已揭示的沉默的螺旋机制、意见领袖的作用，在网络中还可能在一定程度上起作用，多数情况下，原本参差多样的意见逐渐趋向一致，这种意见整合过程不仅发生在网络

---

① 郭庆光．传播学教程［M］．北京：中国人民大学出版社，1999：219.

的个别区域，类似机制也会使整个网络空间形成主流意见，最终产生一致舆论。

当然，在有些话题上，网络未必会形成一致意见，而是始终存在多种力量相当的意见，这本身也能说明很多社会现象与问题。

网络舆论在形成、发展的过程中，也与外界进行着互动，包括与传统媒体的互动、与现实空间舆论的互动等。

（三）中国网络舆论发展中的几组关系

在中国网络舆论的发展中，有几组关系是值得深入关注与思考的。

1. 网络舆论与现实民意

网络舆情、舆论是否等于现实社会的民意？要回答这个问题，至少需要进行两个层面上的思考：

一是网民能否代表整个社会的各个阶层？

二是网络舆情、舆论能否代表全体网民的意见？

今天中国网民规模已经达到 10.67 亿，互联网普及率达 75.6%[①]，网民群体在趋向多元化，但尚未覆盖社会的所有人群。

网络舆论的形成是基于个人的意见表达，但在网络平台，并非所有人都在积极主动地表达自己的意见与态度，因此网络舆论未必能反映网络平台所有人的意见与态度。

从舆论形成的过程来看，网络中最终浮现的主流声音，虽然反映了部分用户的意见与态度，但同时还受到其他很多因素的影响，例如意见领袖的影响、“沉默的螺旋”效应的影响、平台或管理者控制手段的影响，甚至某些个人或组织的有意操纵等。因此，最终形成的舆论声音，未必是网络中民意的完整的、真正的体现。

从各方面看，网民意见并不能代表所有社会群体的意见，把网络舆论简单等同于现实社会的民意，可能会在一些时候形成认识上的偏差。

2. 两个意见场的关系

今天的社会面临的另一个问题，是两个“意见场”的割裂。

新华社前总编辑南振中曾提出两个“舆论场”的观点，他认为在现实生活中实际存在着两个“舆论场”：一个是老百姓的“口头舆论场”，一个是新闻媒体着力营造的舆论场。[②]

近年来，不少研究者沿用了两个舆论场的概念，并且指出，官方舆论场与民间舆论场存在着较大的差异，甚至在某些时候出现了对立。

两个舆论场的提法，从一个侧面反映了社会意见环境中出现“割裂”的现实状况，是有积极意义的。但是从对舆论的定义来看，舆论的主体应是公众，媒体可以反映、传达舆论，但是它本身并不是舆论的主体，媒体自己是否可以营造舆论场，是一个有争议的问题。

也许将舆论场称为“意见场”更为确切。官方意见场代表了管理者以及他们通过媒体传达的声音，而民间意见场更多地传递了公众的声音。这两者在今天出现较大的不一致甚至某些时候是对立的，的确是一个客观存在。

要实现两个意见场的“打通”，不能靠一个意见场去征服另一个意见场，更多的需要沟通、

① 第 51 次《中国互联网络发展状况统计报告》［EB/OL］.（2023－03－02）［2023－05－15］. https://www.cnnic.net.cn/n4/2023/0303/c88-10757.html.

② 陈芳 . 再谈“两个舆论场”：访外事委员会副主任委员、全国人大常委会委员、新华社原总编辑南振中［J］. 中国记者，2013（1）.

对话。这样一种“打通”，并非两个意见场的简单融合，也并非强求两个意见场的一致，而应当在理解差异及差异产生原因的基础上，更多地疏通两者间信息与意见交换的通道，在可能的情况下，谋求和创造共识。

3. 网络舆论与网络暴力

越来越多的案例将网络舆论与网络暴力联系在了一起。尽管网络舆论并不必然产生暴力，网络暴力也有很多其他表现形式，但网络舆论中所表现出来的暴力现象是客观存在的。

网络舆论中出现的暴力现象主要表现为以下几个方面：

一是一些网民意见表达中的语言暴力。

二是网络舆论对于某些当事人形成的直接或间接的伤害。

除了对个体的权利形成直接伤害的网络暴力外，还有一种现象，就是多数人的声音对少数人意见的压制，虽然这种意见上的压制并不会造成现实的伤害，但是，从影响来看，这种现象也具有一定的暴力特征。

网络暴力的基本“土壤”是网络表达中的非理性。

网络舆论的非理性，首先是由于网络舆论形成环境的复杂性。网民的意见表达往往不是在一个孤立的环境中深思熟虑的结果，而是在一个复杂的互动环境中完成的。他们所表达出来的意见，是其既有倾向与当下情境等各种因素相结合的产物。在很多情况下，人们往往很难始终保持理性。

此外，人们参与网络交流和意见表达的动机也是十分复杂的。虽然多数情况下，多数人都是怀着善良的愿望参与各种渠道的交流，但是，在某些时候，人们的动机下面还隐藏着动机。例如，他们需要通过网络发泄自己在现实世界中积蓄的不满情绪，释放自己的压力，或者需要通过意见表达来实现自己在网络平台的价值，赢得某些地位。这时，意见表达成了一种手段而不是目的。

人们也并不能在所在情况下都对事件做出正确的判断。理性观点的形成，有赖于一定的知识与信息的支持，但是，并非所有人都具备这样的相关知识和信息，他们甚至会受到错误信息与知识的误导。在网络平台，当人们就一个事件、一个主题进行讨论时，同时会传播许多与此相关的说法，真真假假、虚虚实实，这就难免会在一定程度上影响人们的判断。而在很大程度上在网络平台起着作用的“从众心理”，将加快非理性认识的传染。

网络暴力大多数时候表现为“集体暴力”，这说明网络暴力与网络平台的群体直接相关。第七章关于群体互动的分析在一定程度上说明了这一点。

承认网络舆论与网络暴力之间存在联系，并不意味着否定网络舆论的积极意义，更不意味着由此而限制网络中公民的自由表达。在某种意义上，网络暴力就是网络舆情的一种体现，它反映的不仅是网民的素质高低，更反映了现实社会的某些矛盾与困境。

4. 网络舆论与司法独立

随着网络舆论力量的日益强大，网络舆论与司法独立的关系也日益受到关注，网络舆论所存在的令人担忧的暗礁是舆论监督力量的越界。

人们普遍关注的问题是，网络是否会带来新形式的媒体审判。大众媒体一直被作为“第四种权力”看待，也就是说，它终究只是一种监督力量。但是，在某些情况下，传媒可能会超越自己的权力范围，也因此，媒体审判一直备受争议。网络同样如此。现实的一些案例也显示，网络舆论审判的力量，在一定程度上对司法机关和相关工作人员造成了干扰。

尽管网络舆论部分地代表了民意，但民意能否代表一切，能否凌驾于一切之上？民意与法意之间的关系应该如何平衡？

学者谢晖指出，当民意和法意出现冲突之后，应坚持法意至上。“当一个国家的公民、政府都不遵守法律的时候，谁还把法律当回事。那种结果反倒变成有法律不如没法律。”① 法学界的研究者进一步指出，涉诉舆论反映的是大众思维，特别专注于当事人身份信息的对立性，与司法思维发生偏离。司法顺从舆论的判决极大地加剧了司法公信力危机，也势必激发舆论干预司法的热情。基于舆论压力而对法官进行处理，增添了法官命运的随机性与偶然性，并因而引导法官将公平让位于摆平。②

当然，在当前中国法治体系不健全，人们对司法部门、权力机关的信任度不够高的情况下，网络舆论至少能对司法机关形成一定的监督，促使它们更加慎重地行使自己的权力。在现实中，我们的确也看到了一些网络舆论对司法判决产生积极影响的结果。魏永征指出，在网络舆论影响司法的过程中，也存在群体智慧和群体极化两种可能，如何充分发挥群体智慧，避免和克服群体极化，这是网络舆论包括舆论监督效果研究的重要课题。③

强调司法的独立性，并不是要走到另一面，即对公众的自由表达进行约束。在尊重民众自由表达权利的基础上，坚持司法独立，提高司法的公正性，才是更为理性的方向。

而从公众角度看，我们需要意识到的是，事实的真相，未必总是与公众的判断一致，也与道德判断无关。

三、网络公共传播系统中新的权力格局

从话语权力的角度来看，网络公共传播系统带来了一个重新赋权的过程，这主要表现在以下几个方面：

1. “意见领袖”个体权力被强化

尽管我们常常声称这是一个“人人都有麦克风”的时代，但在网络公共空间中，那些有上千万或上百万粉丝的知名用户，与只有几个或几十个粉丝的普通用户，其“麦克风”的音量显然不在同一量级。

麦克风代表着“话语权”，今天人们说到话语这个词时，已与福柯提出的“话语”概念有了一定距离。在福柯看来，“话语意味着一个社会团体依据某些成规将其意义传播于社会之中，以此确立其社会地位，并为其他团体所认识的过程”④。但是，今天我们所用的“话语”一词已没有那么深奥，它更多地就是指表达与传播。

知识窗

话语权

在今天的语境下，我们所说的话语权表现为两个方面：一个是话语权利，即表达个人意见的权利；另一个是话语权力，即凭借对话语渠道的控制或通过话语本身影响他人或社会的能力。从话语权利的角度来看，网络用户的话语权是平等的；而从话语权力的角度来看，网络中却存在着权力的差序格局，话语权力中心，例如意见领袖，是明显存在的。

---

① 谢晖．法意与民意应在立法阶段完成博弈［N］．南方都市报，2009－08－03.

② 周安平．涉诉舆论的面相与本相：十大经典案例分析［J］．中国法学，2013（1）．

③ 魏永征．群体智慧还是群体极化：于欢案中的舆论变化及引导［J］．新闻记者，2017（11）．

④ 王治河．福柯［M］．长沙：湖南教育出版社，1999：159.

“意见领袖”在一定程度上沿袭了现实社会中的社会资本与社会阶层权力，但除此之外，在网络中获得话语权力，还需要对网络文化土壤的适应能力，需要掌握网络文化的独特“密钥”，也需要有娴熟的网络交流技巧。

2. 草根话语权利向话语权力转化的机会增加

对绝大多数草根网民来说，他们的话语权力是微弱的，但是，它们并非没有意义。

社会化媒体中的关系网络与传播网络，也是一个权力的聚集与传递网络。当某个具有重要公共价值的信息在某个草根用户节点上被引爆时，它同样可以开始扩散，并且逐渐从话语权力的底层向高层传递，在这样的传递过程中，一方面，信息被迅速传播，另一方面，任何一个处于权力较高层次的用户的加入，都可以使信息扩散的效果倍增。微小的权力累积起来，像滚雪球一样，最终同样会变成巨大的力量。

当然，这种情况并不会随时随地发生，只有在具有足够杀伤力的话题出现时，才会出现这种滚雪球效应。在常态下，草根网民的微弱权力更多地被集聚在意见领袖的身上。

意见领袖之所以会凸显出来，在一定程度上是因为他们被很多草根网民赋予了代言者的角色。草根网民通过自己的“投票”（如成为粉丝、以转发来支持等）使意见领袖的地位更为突出，他们将自己拥有的小小的权力交到意见领袖的手上，意见领袖获得的这样的授权越多，其能量就越大。

3. 主流话语权力优势被削弱

网络公共传播系统也在打破过去的一些话语权力格局。掌握着主流话语渠道的专业媒体面对“意见领袖”已经有了危机感。所有媒体都在不同程度上感受到，自己的媒体身份以及品牌优势未必能直接转化为网络中的话语权力优势。

同专业媒体一样，政府机构、官员等过去主流话语权力的拥有者，在网络公共传播中也未必能拥有话语权力优势，更多时候，他们是处于弱势的。当然，这种弱势，一方面是由于他们还不熟悉新的网络传播模式下的交流方式与交流姿态，不熟悉网络空间中的对话规则，另一方面则是源于现实社会中一定程度上存在的信任危机。

过去，政府机构的声音可以通过专业媒体来传递，但在网络公共传播系统中，专业媒体已不能再垄断话语权，这同样会影响到政府机构的话语权。

无论是专业媒体还是政府机构，如果不懂得网络平台的新传播规律，想仅凭自己过去的“特权”来赢得网络中的用户，已经行不通。专业媒体或政府机构想成为公共传播系统的“权力中心”，需要全新的思维，特别是需要努力赢得“认同”（包括价值认同、情感认同等）和“关系”。

网络空间的重新赋权，不仅仅影响着网络中的话语权力格局，也会或多或少对现实中的话语权力格局产生影响。

第四节　网络公共传播中的典型现象

多元主体参与的公共传播带来了一些新的传播景观，但它的发展也伴随着很多新现象与新问题。下列是其中极具代表性的几种现象。

一、“后真相”迷雾的漫延

“后真相”（post-truth）这个词，被《牛津英语词典》选为2016年度词汇。在这个词里，“post”表示的是“超越”，也就是“真相”不再那么重要。这个词反映的是当今的一种典型状态，那就是"客观事实的陈述，往往不及诉诸情感和煽动信仰更容易影响民意"①。或者说，今天的人们不再追求事实与真相，而是容易被各种情绪、情感所煽动。

知识窗

后真相

"后真相"一词在1992年就已经出现，美国剧作家斯蒂夫·特西奇（Steve Tesich）在一篇文章中谈到"水门事件""伊朗门事件"以及海湾战争中那些令人羞耻的"真相"问题时使用了"后真相"这个词。2004年，美国作家拉尔夫·凯伊斯（Ralph Keyes）出版了名为《后真相时代》的著作。在该书中，他指出，在后真相时代，我们面对的不只有真相或谎言，我们还面临着第三种情形，那是一种模糊的陈述，它既不是确切的真相，但也不构成谎言。它可以被称为放大的真相（enhanced truth）、新真相（neo-truth）、软真相（soft truth）、人工真相（faux truth）、淡真相（truth lite）。

2010年，"后真相政治"一词在美国开始出现，并得到越来越多的关注。美国《纽约时报》网站2016年8月发表伦敦大学戈德史密斯学院政治经济学教授威廉·戴维斯题为《后真相政治时代》的文章，认为在西方自由民主制度中，事实从来被认为占有神圣位置，每当民主跑偏，当选民被人操纵或者政客欺诈，民众都会诉诸事实，但在今天的社会，事实似乎渐渐失去主导社会共识的力量，这种非常普遍的感觉让人认为社会已经进入"后真相"政治时代。② 2016年美国大选期间社会化媒体的表现，更是进一步加剧了人们对"后真相"政治时代的担忧。

今天"后真相"迷雾的漫延，与网络传播主体的多元以及社会化媒体的传播机制不无关系。在以人为媒的传播机制中，诉诸情感的内容往往比诉诸理性的内容更容易得到传播，人们在传播中，还会不断加上带有个人情绪色彩的评论，评论往往比事实更容易引起关注与呼应，意见、情绪、立场常常会凌驾于事实之上，同时又渗透到对于事实的陈述中，事实与意见之间的界限日益模糊。

尽管"后真相"这一现象因社会化媒体变得更为突出，但后真相不只是与社会化媒体传播相关。专业媒体在今天追求事实真相的障碍也越来越多，即使是基于科学的数据分析揭示的"真相"，也可能与现实的真相相距甚远。2016年美国大选前各个民调机构对民意的调查结果与最终选举结果之间的偏差，正是一个突出的例证。

你怎么看

如何理解网络时代的"后真相"现象？

在更深的层面上，就像哲学研究者蓝江指出的，后真相时代是因为"原来支撑真相的两大基础都崩溃了，即作为普世性的理性原则（以及与之相伴随的演绎推理逻辑，甚至连哈贝马斯所提倡的协商和交往理性也一并被质疑），以及作为经验性数据收集、统计、分析的客观性结论"③。

---

① 技术的担忧：路透发布《2017年度媒体预测报告》[EB/OL].（2017-01-13）[2023-05-15]. http://www.163.com/dy/article/CAM0RA7H05118VJ5.html.

② "后真相"：牛津词典2016年度词为啥是它？[EB/OL].（2016-11-18）[2023-05-15]. http://www.xinhuanet.com/world/2016-11/18/c_129368227.htm.

③ 蓝江.后真相时代意味着客观性的终结吗？[J]. 探索与争鸣，2017（4）.

刘擎从被哲学界称为“视角主义”（perspectivism）的这一尼采哲学的核心思想出发，探究了后真相的成因，他指出，视角主义与后真相问题具有一个重要的关联线索，那就是可称之为“视角制造事实”的思路。因此，真相的“客观性”依赖于“共同视角”①。

对于后真相现象，研究者也有不同理解。尽管很多研究者将后真相视作真相的对立面，也呼吁通过对事实、真相、理性的追求来破解后真相问题，但也有研究者指出，后真相不是简单的“真相”对立面，而是“无数的人们的生活、情感、价值汇聚成的‘历史’”②。

澳大利亚学者约翰·基恩认为，学者、政治家、公共知识分子、媒体人士应该呼吁的，并不是重回所谓真相的怀旧幻梦，而是面向未来去想象一个“真相本身就是多面”的社会，他并不认同目前流行的“追寻真相的冲动”，以及把真相看作是对后真相的拯救的做法，他认为，在哲学层面上，基于19世纪和20世纪早期的哲学中的语言学转向，哲学家们已开始看到所谓事实、现实、客观性（objectivity）实际上总是被语言本身自带的视角所塑造，语言本身已经预先塑造了我们在世界中看到什么、描述什么、认知什么，他同时认为，最终关于真相的认同还是取决于人们的共识（agreement）和信任（trust）。③

尽管从哲学层面看，真相似乎有着多面性，但从媒体角度来说，准确描述和判断一些基本事实，仍是必需的，如蓝江所说，我们需要“重建一个可以接近客观性标准的框架”④。

资源的丰富，环境的嘈杂，不能成为专业媒体懒惰或放弃的理由。在事实的挖掘中，媒体仍是主要的力量。媒体仍然需要有到达现场、探求真相的能力，穿越迷雾、核查事实的能力，透过表象、直达深层的解读能力。

但同时，我们也应该意识到，后真相问题的化解，还需要新的思路。正如国外学者哈尔森（J. Harsin）所指出的，理解后真相模式的关键在于理解“真相竞赛的激增”（proliferation of truth games），尽管总有一些力量自诩为真相的卫道士，但现如今，自诩的力量已不具权威，真相模式需要面对一种新的数字“参与文化”（participatory culture），参与互联网用户借此开展的话语竞赛（discursive games）。⑤

拥有专业经验与人才的专业媒体是探寻真相的最核心的力量，但今天对事实的挖掘，已经不完全是一个专业媒体封闭的“作业过程”，它更多的是如哈尔森所说的多元力量共同参与的“话语竞赛”，话语的多方博弈，推动着我们不断地接近真相。

来自多源头的话语，多数情况下以碎片的形式存在，它们可能给真相的达及带来更多干扰，但有些碎片也可能隐藏着探寻真相的线索。媒体之外的噪声听上去是干扰，但也可能成为媒体进行真伪判断的参照。对媒体来说，在纷纷扰扰的碎片中发现关键碎片，在碎片的拼贴中还原全貌的整合能力，在今天变得尤为重要。

新闻的不断反转，似乎是“后真相”时代的一个证明，但某种意义上它是推动事实和真相追求的另一种动力。反转过程中来自各方的质询，促使专业媒体不止步于事实表象的还原，而是向事实的深层挖掘。相比几十年前“真相”总是由媒体一锤定音、受众只有接受与服从来自媒体的“盖棺定论”的那种情形，今天新闻的不断反转，或许是一种进步。

---

① 刘擎．共享视角的瓦解与后真相政治的困境［J］．探索与争鸣，2017（4）．

② 王维佳．什么是真相？谁的真相？：理解“后真相时代”的社交媒体恐惧［J］．新闻记者，2018（5）．

③ “后真相”在给民主制造麻烦？：专访约翰·基恩［EB/OL］．（2018-01-19）［2023-05-15］．http：//mp. weixin. qq. com/s/kAgZuBARezctZ7z6IGaC1A.

④ 蓝江．后真相时代意味着客观性的终结吗？［J］．探索与争鸣，2017（4）．

⑤ 周睿鸣，刘于思．客观事实已经无效了吗？：“后真相”语境下事实查验的发展、效果与未来［J］．新闻记者，2017（1）．

事实核查与真相追寻，不仅需要“话语竞赛”，也需要在此基础上探索有效的协同机制，包括专业媒体与个体、各类组织的协同，人与机器力量的协同等。平台与算法的拥有者，可以在这方面提供更多的技术支持。

后真相问题的破解，也需要依赖公共理性的建设，即使是认为真相是多面的约翰·基恩也认为，真相的达及取决于认同和信任。在单向传播日益向双向或多向交流演变、社会日渐碎片化的今天，对于共识的达成，公共理性具有格外重要的意义。媒体及职业新闻人需要成为公共理性实践的示范者，公众的公共理性，则更多地在交往理性中体现。当然，公共理性特别是交往理性的建设，将是一个漫长的过程，将在各种矛盾与交锋中，在自我学习和各种试错中逐步实现。

二、“泛娱乐化”与“泛政治化”的“双向奔赴”

在网络的公共传播中，既存在着泛娱乐化的倾向——各种话题都可能演变为娱乐话题或以娱乐化的方式呈现，也存在着泛政治化的倾向。

网络中的“泛娱乐化”，既体现在媒体等机构这端，也体现在公众这端。

对于媒体的泛娱乐化，尼尔·波兹曼在《娱乐至死》一书中有过系统的分析，他认为，早期印刷业推崇客观和理性的思维，同时鼓励严肃、有序和具有逻辑性的公众话语，它代表的是一种“阐释年代”，而在电报、小报、摄影术、电视等技术的共同作用下，大众媒体进入了一个娱乐业时代，其主要特征是：媒体上充斥着脱离语境的信息、耸人听闻的表达、片段信息的拼贴，缺少观点与概念的阐释，甚至新闻节目也成为娱乐观众的一种表演、杂耍，娱乐时代整体以抛弃逻辑、理性和秩序的话语为特点。[①]

除了像波兹曼这样对媒体娱乐化的整体批判外，一些西方学者着重关注的是新闻的娱乐化现象。新闻娱乐化的常见表现是，从严肃的政治、经济变动中挖掘其娱乐价值，在表现技巧上，强调故事性、情节性，从最初强调硬新闻写作中适度加入人情味因素加强贴近性，实现硬新闻软着陆，发展到极致，衍变为一味片面追求趣味性和吸引力，强化事件的戏剧悬念或煽情、刺激的方面，走新闻故事化、新闻文学化道路。[②] 从内容到形式，从理念到表现技法，新闻与娱乐的合流之势日显，最终出现了一个新的概念，那就是信息娱乐或娱乐信息（information 和 entertainment 合成为 infortainment）[③]。这种现象并不止出现在波兹曼重点批评的电视媒体中，而是成为整个媒体的一种趋向。

20 世纪末，在中国媒体的市场化转型中，新闻的娱乐化现象也日益显现。进入网络时代后，市场竞争的压力，网民对新媒体的需求特征，网络本身的特点，都使得网络的娱乐化倾向更为突出。这既表现在软性内容比重的不断上升，也表现为表现形式上的软化甚至煽情化处理。

今天媒体的语态变革，一个基本取向也是硬新闻的软着陆，包括角度上的软化、呈现方式上的软化等。但是软化表达与娱乐化的界限并不清晰，一不小心，就从软化滑向娱乐化。

为了迎合网民的娱乐化倾向，一些政务新媒体、企业新媒体也不时用娱乐化外壳（特别是娱乐化语态）来做包装，以彰显自己的亲民与接地气。

当然，内容的娱乐化并非一定都是坏的。尽管对新闻娱乐化的一种主要批评是，政治新闻娱乐化可能使民众注意力从严肃的公共议题引致八卦、丑闻等方面，从而导致民众政治冷漠和政治参与度的降低，但同时，新闻娱乐化对政治传播和公民参与的积极影响，也得到了很多实

---

① 波兹曼．娱乐至死［M］．章艳，译．桂林：广西师范大学出版社，2004．

② 林晖．市场经济与新闻娱乐化［J］．新闻与传播研究，2001（2）．

③ 黄晓芳．关于西方媒介市场化的逆向思考［J］．国际新闻界，1999（6）．

证研究的支持。[①]

从用户角度看，泛娱乐化，首先体现为对内容娱乐化的普遍需求，包括对娱乐新闻和社会新闻等软性新闻、对短视频等软性内容的偏好，以及对时政类等硬新闻的软性处理需求。同时，泛娱乐化也体现为人们对一些重大、严肃问题的娱乐化消解，例如恶搞。整个网络文化，包括网络语言、短视频、视频直播、表情包、“饭圈”文化等，也呈现出娱乐化的基调。用户不仅需要媒体的娱乐化，他们自身更是在创造着娱乐化的文化。

与网民泛娱乐化取向并行的是泛政治化。早期网络的泛政治化主要表现为，“网络舆论对公共事件诱因的讨论总会上升到政治的高度，进而转化为对政府、执政党及政治体制的批判”[②]，从网民心态看，这是转型期社会矛盾日益累积的结果，也与一些政府机构长期以来在公众中形成的形象以及它们面对网络舆论时回应的不得当相关。

今天网络传播的泛政治化，不仅体现为网民对政府的批判，对名人、企业等的评判也越来越多地加上了政治的因素，一些名人、企业因网民心中的“政治正确”走红，或因“政治不正确”而受到抨击甚至声名迅速下跌，其中也存在着过度解读的问题。

网络传播的泛政治化背后，是中国社会中普遍存在的“生活政治”，“政治”弥漫在日常生活之中，使得日常生活不仅仅只是满足人们精神物质需要的场域，还充斥着政治的意味。极端的“生活政治”进一步呈现出“泛政治化”的特质。[③]

泛娱乐化与泛政治化这两种同时存在的张力，也会向对方领地伸展，其结果是，娱乐化与政治化两者之间会产生多样化的勾连，且在某些情境下，娱乐化与政治化之间的界限越来越模糊，甚至在某些时刻走向融合。

“帝吧出征”中，出征主体强调的“话语/图像戏谑性、情感共鸣和游戏架构”[④]，正是近年来娱乐化、政治化结合的典型体现。而2019年因香港修例风波引发的“饭圈”出征，更是直接把“饭圈”文化挪用到了爱国这一政治主题下。曾经被一些官方媒体视为非理性的粉丝行为，在爱国这样一个方向之下，具有了正面的、积极的色彩。“粉丝民族主义”也成为网络民族主义的新形式。[⑤]

“粉丝民族主义”是娱乐化与政治化融合的结果，它“消融了政治运动、追星、游戏、个人身份建构等行为的边界”[⑥]，娱乐化的内核找到了使其合法化的政治化外壳。这种结合，既有网民本身的动因，也有来自官方和主流媒体的鼓励。

主流媒体也试图引导年轻网民将对亚文化的热情漫延到主流文化领域，类似“饭圈”出征这样的事件，正好给了主流媒体这样一个机会。

政治化与娱乐化两者边界的模糊甚至某些时候的融合，表明主流文化与亚文化两者都在谋求进入对方的领地，这是双向的破壁努力。当然，现在我们还很难判断，这样的破壁只是外壳上色彩的短时变幻，还是会引起内核的逐渐变化。

三、科学传播的非科学化

万众皆媒的传播时代，不仅使个体在政治问题上的参与程度加深，也使得他们广泛介入科

---

① 刘璟．新闻娱乐化研究的轨迹与问题：SSCI核心期刊新闻娱乐化研究述评［J］．国际新闻界，2011（10）．

② 许晓龙．网络公共事件中的“泛政治化”现象探微［J］．电子政务，2015（7）．

③ 朱承．论中国式“生活政治”［J］．探索与争鸣，2014（10）．

④ 王喆．“今晚我们都是帝吧人”：作为情感化游戏的网络民族主义［J］．国际新闻界，2016（11）．

⑤⑥ 刘海龙．像爱护爱豆一样爱国：新媒体与“粉丝民族主义”的诞生［J］．现代传播（中国传媒大学学报），2017（4）．

学传播领域，这也成为人们参与公共讨论与公共事务的一种重要途径。

知识窗

科学传播

有研究者认为，科学传播，广义来说是指科学知识、科学方法和科学精神在各类公众之间的传播。[①] 科学传播的主要动机是提高国民的素质。[②] 今天不少研究者都把公众视作科学传播的重要主体，同时也把公众的科学素养提升视作科学传播的主要目标。

无疑，网络传播使得公众作为科学传播主体的意义在上升，但是，公众参与的科学传播，是否必然会促成科学议题在公共领域的形成，改善科学传播的效果，进而提高公众的科学素养？

近几年围绕转基因问题的传播与争议，最突出地体现了科学传播在我国目前面临的困境。有研究者指出："通过总结围绕转基因的争议，可以发现许多反转者和社会公众的某些行为已经在把科学推向迷信的一边。""传统灌输式的传播方式，导致公众对科学本身依然缺乏必要的认知，对伪科学难以建立起起码的抵抗力。迷信的产生与延续，就是一个最明显的例子，它们的生生不息与科学传播的'不科学'有很大关系。"[③] 在很多与科学传播相关的事件中，我们都可以看到科学传播中的"非科学化"，这同样表现在公众的参与中。

公众在科学类话题传播中的情绪化，主要有两方面的原因：一方面，由于很多话题本身门槛就高，需要较深的专业知识为基础，如转基因话题，如果人们获得的相关知识不充分，就难以产生全面而准确的判断，这时理性让位于情绪的可能性加大。另一方面，一些人在传播与讨论科学类话题时，仍是在原有认知框架下的选择，他们的目标不是为了获得新知，而只是为了证明与强化自己既有的立场；另一些人，则因为没有自己的认知与判断，只能采取抱团或站队的方式，有些人会简单地跟从某些意见领袖或群体，就像在政治传播领域一样，在科学传播领域也很容易产生信息茧房与回声室效应。

此外，科学话题涉及的未知领域，容易让人产生不安感，特别是那些与人的生存环境、健康紧密相关的话题，如转基因、PX 等。人出于本能而产生的保护意识，也容易演化为相关的情绪与立场。

很多时候，科学话题与政治话题也纠缠在一起，在科学话题上的争议，常常会演变成为政治性的话题。政治上的标签与站队，会干扰人们对科学问题的理性判断。

一些媒体在科学传播方面，也存在着"非科学化"的问题，例如专业知识不足导致的报道偏差，或者为了吸引眼球夸大其词的报道。即使是看上去客观中立的报道，也可能带来"虚假中立"这样的问题，即"媒体在报道有争议的科学议题时，将正反两方观点对等呈现，这往往赋予那些在主流科学界并不具备足够说服力的观点，在大众当中获得超出其原本应有的重要性的不恰当关注"[④]。媒体在科学传播方面的缺陷，会加重公众在科学传播中的不科学倾向。

网络时代的科学传播，与环境传播、健康传播、风险传播等相互交织，在这些传播中出现

---

① 朱巧燕．国际科学传播研究：立场、范式与学术路径 [J]．新闻与传播研究，2015 (6)．

② 刘华杰．整合两大传统：兼谈我们所理解的科学传播 [J]．南京社会科学，2002 (10)．

③ 陈鹏，张林．互联网时代科学传播如何自洽和有为：以转基因、PX 项目的科学传播为例 [J]．中国科学院院刊，2016 (12)．

④ 陆晔，周睿鸣．面向公众的科学传播：新技术时代的理念与实践原则 [J]．新闻记者，2015 (5)．

的问题，也反映着科技、经济与社会发展过程中产生的种种矛盾，解决其中出现的问题，不能只靠传播策略、传播素养的改善，但从传播角度进行反思、做出调适也是必要的。

四、传播的圈层化

从技术提供的可能看，在网络中，人与人之间的确达到了前所未有的连接程度。但是这并不意味着人们真正打破了社会阶层、文化、价值观等方面的既有区隔。从网络社会结构的角度看，在人们不断类聚的同时，整个网络社会也在出现各种维度的分化，形成各种类型的圈子、各种层级，也就是人们常说的“圈层化”。

你怎么看

如何看待网络传播中的“圈层化”？

圈子是以情感、利益、兴趣等维系的具有特定关系模式的人群聚合。现实的社会结构，加上人们在网络中各种互动的作用，会使网络中产生各种圈子。圈子也是网络共同体的一种类型。

网络中“层”的形成，既来源于现实的社会阶层，又与网络中的各种因素相关，最终形成话语权力层级、代际层级、产品或平台层级等不同的层级落差。

无论圈还是层，都影响着人们的关系网络，也影响着人们的信息传播网络。在相同圈或层的人，有一定的接近性，如兴趣、利益或态度、立场等。圈、层交织下的社交网络，虽然网络规模相对现实中的社交网络会有显著增加，但异质性未必有相应的增加，而同质化的社交信息源，不一定会带来人们视野的拓展，反而会进一步推动人们视野与立场、观点的窄化，人们对于信息选择的个人偏向会被强化，人们在生产或传播有问题的信息时，也不容易受到挑战。基于关系网络进行的传播，也会强化“回声室效应”。

此外，在网络公共信息传播中，人们会努力寻找能够给自己带来庇护的“同温层”，这种情况也常见。

同温层原本是一个气象学术语，对应的英语为 stratosphere，这个词在第二次世界大战后期开始流行，限于当时科学技术发展的水平，人们误认为在“对流层”之上有一层温度几乎不随高度而变化，因而将这一层称为“同温层”。随着技术的发展，研究者注意到同温层范围内的温度实际上会随着高度的增加而递减，但同一高度的大气温度是相同的，气象学中同温层的概念逐渐被抛弃，更多地采用平流层概念。在今天的媒体或社交媒体中，同温层这个词却重新出现，并被赋予了人文内涵。

虽然同温层还不是一个获得普遍认同的概念，但一些围绕它展开的讨论，都会涉及一种现象，那就是人们更愿意向与自己价值观、立场、态度等相似的人靠近，以此获得抱团取暖、相互支持的可能，这种相似人群的聚集形成了同温层。

同温层有时会与网络中的某些圈子或层级重合，有时又会超越圈层。同一圈子、同一层级的人，虽然有相似的利益诉求与行为模式，有时也有相似的价值观与政治取向等，但他们在面对某一具体问题时，情绪、态度、观点、立场等却可能有差别，甚至会发生冲突。这时，人们有可能超越所属的“圈”与“层”去寻求心理上的同盟者。

同温层可以看作是人们可以自主选择的、一种灵活的流动的心理共同体，也是人们想象的共同体。在这种寻找心理共同体的过程中，人们就像气态分子一样在不断运动，直到寻找到适合自己的位置，而相似的气态分子向同一“高度”聚集，形成同温层。整个网络意见气候就可能会出现不同同温层间的显著分化。

寻求同温层的需要并非网络时代独有的，但网络在一定意义上强化了它。网络将人们隐藏的心理与态度等通过显性、具体的话题激发出来，并通过一些方式引导人们向同温层流动，在各种社交平台上，人们很容易围绕话题进行聚集，可以方便地进行“站队”。同时，网络连接的广泛性使得人们寻求自己需要的同温层变得越来越容易。

用户对同温层的感知，除了自身的选择外，也受到算法的影响。目前的算法往往是基于人们以往的行为分析进行选择性推送，这也在强化人的原有偏向，算法分发中所依据的标签也成为一种隐性的将同温层人群连接在一起的线索。

网络时代，公共传播网络与人的社会关系网络相互交织，传播结构与社会结构互嵌，传播对于社会关系运动的影响也走向深层。面对群体分化、圈层固化的可能风险，如何在公共信息传播中促进群体对话、阶层流动变得更为重要。

第五节　无边界时代传媒业专业性的重塑

尽管网络时代的传媒生态发生了巨大变化，传媒业的边界也日益消融，但它的社会环境监测、舆论监督、社会整合、文化传承等功能都不应消失，这些职责的履行仍然需要“专业性”作为基本保障。在泛传媒业的格局下，传媒业的专业性也应由多种主体以多种方式塑造。

一、职业媒体人：专业精神的坚守与专业标杆的再树

网络时代，包括新闻在内的公共信息生产仍然需要专业精神的引导与专业原则的约束，这种专业精神与专业原则最重要的实践者无疑仍是专业媒体和职业媒体人。

> **你怎么看**
>
> 网络时代如何重塑传媒业的专业性？

专业精神的核心，仍是坚持媒体一以贯之的独立、客观、公正、追求真相等基本原则。在面临新传播环境挑战、面临环境压力与生存压力的情况下，这种坚持尤为宝贵。

专业精神的另一个体现，是对新闻道德与伦理的坚守，其中一个重点是人文关怀。人文关怀不只是个口号，而是体现在行动时的每一次选择中。每一次选择，都是一次考验的过程。

新闻道德与伦理的另一个重要考虑，是尊重隐私。在公众知情权与当事人隐私权之间，如何做出合理的选择，仍是对媒体人的一个重要考验。

专业精神的实现，也要以专业能力为保障。在纷繁复杂的线索中，去探求事物的真相，解读事物的发生、发展规律，完成深度报道，这仍然是今天媒体的重要目标。面对碎片化传播这一网络传播的新特征，专业媒体需要具有对碎片进行判断、筛选与整合的能力。

新的时代，媒体人的专业性也需要一些新的专业能力做支持，包括跨媒体协作能力、社会化媒体应用能力、内容运营能力、数据素养与人机协同能力等。

在开放、多元的网络环境中，媒体更需要推动公共对话、公共交往的实践，成为真实、理性、开放、多元等公共交往理念的维护者、阐释者和示范者。① 同时也要努力成为全民传播实践的组织者与协调者，对其他主体提供的信息进行价值挖掘，将外部能量导入自己的系统中。

---

① 赵立兵，文琼瑶．超越危局：新闻业应立足于公共生活：美国威斯康星大学传播艺术系教授潘忠党学术专访[J]．新闻记者，2017（12）．

虽然各类公共信息传播的主体都有一定的专业性要求，但职业媒体人应该努力成为专业性的标杆，当然，这要以其专业能力与专业水准的提升为前提。

今天越来越多的自媒体也在以职业化的方式参与公共信息生产，对于职业媒体人的专业性要求，在一定程度上也适用于这些自媒体。

二、公众：从信息消费者素养向生产者、传播者素养扩展

除了强调专业媒体对内容生产的专业性坚守外，面对公众在公共信息传播中的普遍参与，我们也有必要从公众角度拓展对专业性的思考。

针对新媒体形势下传播主体与传播模式的变化，吴飞等认为，今天公众在参与公共传播时，仍需要参照哈贝马斯提出的目标，即在交往行为中语言需要同时承担认知、协调和表达的功能，并要同时满足“四个有效性的要求”——可理解、客观真实、道德适当、真诚。① 这是一个很高的目标，但即使达不到这一目标，让参与公共信息传播的个体具有一定的专业性或专业能力，也是必要的。

从现实来说，公民媒介素养的培养，是他们向专业性迈出的第一步。但网络时代的公民媒介素养，不只是传统的媒介素养所指向的信息消费素养，更包括信息生产与传播素养、社会交往素养、公共参与素养等。这些素养培养的共同目标，是帮助个体建立起良好的辨识力、交往理性以及社会责任感。

当然，无论素养如何，普通个体都难以全面实践新闻生产的“专业精神”，这也是未来专业媒体必须存在的理由。

三、非媒体组织：在公共传播方向下构建新媒介素养

（一）政府机构及官员的媒介素养

网络时代舆论热点的形成有很多新特点，舆论对于社会事件的进程的影响作用日益明显，而大多数舆论事件中，被推到风口浪尖上的都是政府机构或官员。在一系列事件之后，政府机构和官员对于网络时代的舆论、舆情有了格外的关注，对如何在舆论事件中面对媒体和公众也有了格外的关注，政府机构与官员的媒介素养问题因此被提出来。

从危机应对等角度提出政府机构与官员的媒介素养问题，本身是一个进步。但是，如果仅仅从“如何与媒体打交道”“如何更好地通过媒体来化解危机”这样的角度来认识政府机构和官员的媒介素养，恐怕是一种短视行为，甚至会带来误导。

政府机构与官员的媒介素养，不应该被曲解为欺骗公众和驯服媒体的能力，也不应是在危机时刻掩人耳目、堵媒体和公众嘴巴的能力。对政府机构与官员的媒介素养的认识，需要超越“危机应对”，在更深的层次展开。

在这个角度谈媒介素养，也不应仅把它的适用对象放在政府官员这样的个体上，影响整个传播环境的更重要的因素是政府机构。对政府机构来说，媒介素养不仅体现在能力层面，还更多地体现在观念和制度层面。

对于政府机构与官员来说，媒介素养至少应该包括如下几个方面：

1. 对媒体及网络角色的认知及权利保障

一些政府机构和官员之所以在面对媒体时说出一些“雷人语言”、做出一些“雷人行动”，

---

① 吴飞，田野．新闻专业主义 2.0：理念重构［J］．国际新闻界，2015（7）．

其本质不是应对媒体的技巧的生疏，而是对媒体的角色、功能的认识的错位。因此，如果要普遍提高政府机构及官员的媒介素养，就不应该仅仅把媒介素养的教育定位在应对媒体技巧的培训上，而应该让他们从现代政治制度和传播规律的角度，更充分、全面地认识媒体和传媒业。更重要的是，相关政府机构应该调整和完善相关的制度，保障媒体正常履行其职责，同时自觉接受媒体的监督。

对于政府机构和官员来说，媒介素养只是表征，它的背后是执政的理念与水平，更是相应的制度。

2. 信息公开渠道的建设与保障

2007 年 1 月 17 日，《中华人民共和国政府信息公开条例》在国务院第 165 次常务会议上通过，并于 2008 年 5 月 1 日起施行。这样一个法规，对政府机构的信息公开提出了制度性要求。

互联网为政府机构的信息公开提供了多种渠道，近些年来，各级政府机构网站、电子政务平台、政务微博、政务微信等也普遍兴起，从数量上看，建设成果是显著的。但是从信息公开意识及渠道维护方面看，问题仍然普遍，很多渠道变成摆设。即使有些渠道得到了较好的维护，但是，如果没有信息公开的诚意，也难以形成有效的沟通。

3. 与媒体及公众的对话能力

今天一些政府机构和官员，把提高“危机应对”能力当作媒介素养的核心。学会危机管理，能够通过社会化媒体和专业媒体来化解危机自然重要，但仅仅只关注“危机时刻”以及危机应对，未必是成熟的媒介素养。

媒介素养更应该体现在与媒体及公众交流的常态化，体现在日常交流渠道的畅通、有效。政府机构及官员需要学会使用新空间与新手段，更需要改变自己的姿态与思维，在这个基础上，形成自己与媒体及公众的对话能力。

(二) 企业等组织的媒介素养

企业等组织的媒介素养，既涉及组织，也涉及个体，特别是企业的领导者。

1. 品牌传播素养

以往组织的品牌传播主要依靠各种媒体平台，无论是广告还是宣传稿的投放，都需要借助媒体。而在网络中组织可以自建或利用现成的关系平台，来进行品牌传播活动。

传统的品牌传播，以组织的宣传部门或营销部门为主，而网络中的品牌传播是组织的各种不同力量的共同作用。对于组织来说，无论是品牌传播部门，还是生产部门，无论是管理者，还是普通成员，每个部门、每个个体都可以成为影响企业品牌的因素。在网络中的品牌传播素养，既是公关、营销等部门的专业素养，也应是全员的素养。

2. 危机传播素养

像政府机构一样，企业和其他各类组织，都有可能因各种原因引发危机。这些危机既可能与机构或组织的形象、声誉和利益有关，也可能与公共利益相关。在危机传播中，网络中的信息传播素养及与公众的互动能力显得尤为重要。

危机传播相关的素养，首先与组织对网络舆情及危机的认识与处理意识相关。今天各类组织因为害怕危机的突然爆发，都开始重视网络的舆情分析，但很多时候，它们只是把舆情看作敌情，当作危机的信号，把所有不利于自己的声音都当作负面舆情，当作要“消灭”的对象。这种思维导致一些组织在面对公众意见，特别是危机时刻的公众意见时，会采取一些不恰当的做法。

在危机来临时，如果组织只想着封口，只想着灭火，往往不一定奏效，反而可能会火上浇油。

在组织本身存在一定错误的情况下，如果不承认与改正错误，而指望“危机公关”来平息风波，虽然有时可能会取得一定效果，但对组织的长远发展，却是一种更大的损害。

危机传播的相关素养，也涉及具体的表达策略。

3. 公共传播素养

虽然对组织来说，利用各类媒体进行的“宣传”与公关行为，是为组织利益服务的，但当各类组织运营的新媒体成为媒体和公众的重要信息源，它们的传播，必然成为公共信息传播的一部分。出于公关目的对组织的相关信息进行造假、夸大、遮蔽等，不仅可能给组织带来危机，也会给整个信息环境造成污染，误导公众。

因此，各类组织的媒介素养，直接影响着整个信息环境和内容生态。未来，这种素养不仅仅指向以组织利益为出发点的信息传播的能力与技巧，也应包含在公共价值与目标下信息传播行为的规范与约束，过去面向专业媒体提出的一些新闻传播规范与伦理，未来在一定程度上也适用于非媒体组织的传播。

同时，多元主体共同参与的公共传播，还需要一定的对话伦理与对话能力。

四、新媒体技术的拥有者：技术伦理与传播伦理的双重约束

掌握着新媒体技术的公司，特别是平台、算法、数据技术的拥有者，在未来的公共信息生产专业性的重塑中扮演着不可或缺的角色。

对于平台来说，平台在内容生产和分发上制定的规则直接决定着内容产业的生态，也决定着内容产业的未来。无论遵从什么样的流量规则与逻辑，公共利益的关怀，公众知情权的满足，真实、充分、平衡的信息生态，都应该成为平台的核心法则。在公共利益与平台利益相冲突的情况下，平台的自律与他律就显得格外重要。

而对于信息分发起到越来越大作用的算法，也需要兼顾个性满足与社会整合的平衡、分发效率与公共责任的平衡。同时，针对算法可能带来的问题，也需要相应的伦理规范，例如，减少算法中隐含的偏见与歧视，尊重个人的隐私权等。

今天，数据作为一种新能源也在深层影响传媒业。这既体现在数据新闻、智能化内容生产、算法分发这些业务层面数据的注入，也体现在数据资源杠杆对整个传媒业格局的撬动。

数据的拥有能力、获取能力、分析加工能力等，都是一种权力，而这些权力的拥有者往往也是传统媒体之外的新技术企业。数据这种新权力使用的失范，可能会带来巨大的风险，无论是技术能力的限制还是利益的裹挟带来的数据的滥用、失真或误读等，都是对内容生态的另一种污染，可能影响公众认知与公共决策。

数据应用伦理，在未来也将是传媒业专业性的一个重要体现。

新媒体技术为传媒业带来了各种新可能，但它也可能成为脱缰野马。技术的能量越大，就越需要规范与伦理的约束，这既包括技术伦理，也包括新闻传播的专业伦理。

生产主体边界的打破、渠道的扩张、专业媒体垄断地位的消解、信息环境的混沌，似乎带来了专业媒体“最坏”的时代。但多种力量的汇聚，也可能给传媒业带来一个“最好”的时代。

在一个边界消融的时代，专业媒体需要有更多的自我变革的勇气，但也需要坚守自己的专业角色。而专业性的重塑，是多种力量参与的协作过程，每一种力量都需要承担对未来的责任。

【本章学习与思考】

1. 网络时代的传媒生态发生了哪些变化?
2. 如何理解网络公共传播系统与政治、经济和社会生态之间的互动关系?
3. 如何理解网络中“泛娱乐化”与“泛政治化”的关系?

- **第九章 网络重塑的文化**
  - **网络文化概述**
    - 网络文化的内涵
    - 网络文化的构成层面
    - 网络文化的特质
      - 开放性与流动性
      - 参与性与集群性
      - 多元性与分权性
      - 亚文化性与部落化
  - **网络中的亚文化人群**
    - 网络中亚文化人群的形成
      - 文化个性、文化区隔与文化资本
      - 身份认同、群体归属与社会资本
    - 亚文化人群之一：黑客
    - 亚文化人群之二：二次元
    - 亚文化人群之三：“粉丝”与“饭圈”
      - 从“追星族”到“粉丝”
      - 从“粉丝”到“饭圈”
      - “粉丝民族主义”的出现
      - 粉丝经济的兴起
        - 依赖个体号召力的粉丝经济
        - 以品牌为核心的粉丝经济
        - 以文化生产为主的粉丝经济
  - **网络孕育的典型文化**
    - 网络语言：“文化树”与“风向标”
      - 网络文化中不断“生长”的网络语言
        - 开放性与兼容性
        - 民间主导生产与“模因式”进化
        - 游戏性与解构性
        - 流行性与流动性
      - 便利、多义、标签、认同：网络语言使用的社交动因
        - 便利：降低网络交流成本的需要
        - 多义：复合性表达的需要
        - 标签：个性彰显、文化区隔的需要
        - 认同：获得归属感的需要
    - 表情包：密码、标签、面具
      - 表情包的意义生产与多重密码
        - 社会热点与群体文化：表情包生产与使用中的编码与解码
        - 心境与情境：表情包发出与接收中的编码与解码
        - 从编码、解码到加密、解密
      - 作为标签的表情包
        - “中老年表情包”：代际区隔的标签
        - 小众表情包：群体认同与群体文化的标签
        - 表情包大战：政治态度与政治行动的标签
      - 作为社交表演面具的表情包
        - 柔化性表演
        - 夸大性表演
        - 伪装性表演
        - 敷衍式表演
    - 自拍：一种纠结的自我技术
      - 自拍与“在场”：“我拍故我在”？
      - 自拍与自我建构：“三重自我”的调和与冲突
        - “我所理解的理想自我”与“他人眼中的自我”间的偏差
        - 自我放大后对他人形成的压迫感
      - 自拍与自我认同：基于身体的表演
      - 自拍：权力的规训还是自我的规训？
    - 美图：幻象与驯化
      - “颜值即正义”时代的技术赋权
      - 幻象与现实
      - 镜像与凝视
      - 文化消费与驯化
    - 恶搞与鬼畜
      - 恶搞：一种另类的内容生产与表达
      - 挑战，抵抗，抑或表演？
      - 集体化的娱乐活动
      - 恶搞文化的破坏性
      - 从恶搞到鬼畜

第九章　网络重塑的文化

网络对人的影响，很大程度上会通过网络文化呈现出来，网络发展的过程，也是文化的部分重塑过程，人的价值观、文化趣味也发生着相应的变化。同时，在网络文化的形成发展过程中，网民是主要的创造者，他们也通过网络文化的生产、创造来重新认识与显现自身的价值。

第一节　网络文化概述

网络文化有着丰富的内涵和构成层面。网络文化依托数字技术而生，相较于传统媒体时代的文化，网络文化具有不同的特质。

一、网络文化的内涵

尽管已有很多研究者对网络文化做出了自己的界定，但要做出一个简单的、公认的定义，是很困难的。因为网络文化包含非常复杂的内涵与层面，任何定义都可能挂一漏万。

知识窗

网络文化

文化从总体上讲是各个层次的群体在一定时期内形成的思想、理念、行为、风俗、习惯、代表人物，及这个群体的整体意识所辐射出来的一切活动。因此，网络平台中的信息、现象、活动等，都具有文化的意义。网络文化是综合的社会现象，是网络平台中各种主体互动的过程与结果的总和。

网络文化依托于数字世界这一特殊的土壤，但它的根基来自现实社会。网络文化既有一般文化的共性，反映了社会运行的一些根本特点，又具有一定的个性，数字技术、全新的传播环境与传播机制、人与人之间的大规模多元互动无疑是这种个性形成的关键因素。

二、网络文化的构成层面

为了尽可能地体现网络文化的丰富内涵，本书将网络文化分成如下层面：

网络文化行为：人们在网络中的行为方式与活动，大多具有文化的意味，它们是网络文化的基本层面，是网络文化的其他层面形成的基础。

网络文化产品：既包括用户利用网络传播的各种原创的文化产品，也包括一些组织或商业机构利用网络传播的文化产品。

网络文化事件：网络平台中出现的一些具有文化意义的社会事件，不仅对网络文化的走向起到一定作用，也会对社会文化发展产生一定影响。

网络文化现象：有时网络中即使没有发生特别的事件，但是网络用户的行为或文化产品等会表现出一定的共同趋向或特征，形成某种文化现象。

网络文化精神：网络文化的一些内在价值取向与特质。目前中国网络文化精神的主要取向为：自由性、开放性、平民性、非主流性等。但随着网络在社会生活中渗透程度的变化，网络文化精神也会发生变化。

网络文化产业：网络文化具有文化产业的主要特征。作为一种新兴的产业，它不仅是文化产业的增长点与制高点，也是推动文化产业和其他传统产业变革的力量。

网络文化制度：网络文化的发展及其影响，也会在社会制度层面反映出来。网络文化所推动的制度发展、变化甚至变革，也是网络文化的重要体现。

网络文化秩序与格局：网络文化具有复杂的主体构成，文化的生产、消费、管理、应用等多种主体间的关系与秩序，不同国家、民族、阶层、群体文化的相互关系与态度，也是网络文化的重要构成层面。

不同层面的网络文化交织在一起，构成了复杂的网络景观。研究网络文化，有时需要从以上层面的某一个角度进行分析，有时又需要将这些不同层面的认识综合起来、统一起来。

三、网络文化的特质

正如麦克卢汉所言，“媒介就是讯息”。一种媒介的讯息在很大程度上是由它的技术特性决定的。文化正是媒介讯息的组成部分，网络文化的特质，首先需要从它所依托的技术上寻找线索。

新技术带来的网络文化特质主要包括：

（一）开放性与流动性

> **你怎么看**
>
> 网络文化有哪些特质？

在传统媒体时代，社会所认同的文化往往是大众媒体所传播的文化，这些文化是由少数个人或机构创造的，它们依靠大众媒体的权威力量成为社会的主流文化并深刻作用于个体。普通个体参与到主流文化生产中的机会是很少的，他们创造的文化得到认同的机会也是很少的。而作为一种低门槛的技术，数字技术使得所有具备相关条件的人都可以参与网络传播和网络的种种活动，从中孕育的网络文化也显现出前所未有的开放性。个体不仅可以广泛地参与到各种方式的文化生产中，而且与主流文化对话的能力也得到大大提升。

数字技术赋予的权利，使得网络文化的创造过程，不再是少数个人或少数专业机构垄断的过程，不再是主流文化自上而下统领的过程，而是全体用户参与的过程，是个体文化集聚为集群文化最终扩散为整体文化的过程。

网络文化的开放性，也体现为它始终处于不稳定的状态中，在各种因素的作用下，网络的文化形态、文化产品都在变化过程中，网络技术与应用的发展浪潮，也带来了一波波网络文化潮流的涌动。

（二）参与性与集群性

网络文化强调用户是积极的参与者，这与传统媒体塑造的被动的接受文化，形成了鲜明对比。

参与性使得用户成为网络文化最重要的生产主体，只有活跃的、积极参与的用户，才能带来充满活力的网络文化。

虽然每个个体都是网络文化的参与主体，但是网络文化最终影响的形成，往往是由“集群”的力量所导致的。新的文化在群体的互动中酝酿、发酵，有生命力的文化也在群体性选择中脱颖而出，在网络中流行。同时，也正是集体的力量，使得网络文化的影响力与日俱增。

网络文化的集群性也意味着网络文化的形成是基于群体氛围，而群体互动容易带来种种群体心理，如从众、去个体化、群体极化等等。

（三）多元性与分权性

网络文化的开放性与参与性，也带来了它的多元性。网络文化的多元性主要表现在以下几个方面：

主体的多元：低门槛的数字技术使得个体、群体、机构、组织等各种层次的主体都成为网络文化的建设者，理论上来说，每一类主体的地位都是平等的。尽管现实社会中的地位、影响力、权力等还有可能对网络文化的形成产生一定作用，但是，这些现实社会的能量能否在网络中被激活，最终取决于其在网络中的传播与行动能力。

形式的多元：网络文化是由多种信息手段和多种传播形式构成的，每个用户都可以根据自己的兴趣需要选择适合自己的参与形式。

价值取向的多元：网络文化主体的多元，也决定了价值取向的多元，包括政治上、文化上、道德上以及审美上的取向，网络的传播方式、互动方式也有助于多元价值取向的并存。

从理论上来说，多元主体参与文化生产与文化活动的权利都是平等的。尽管由于种种原因，网络中仍然会出现一些“话语权力”的强势者，甚至在某些场合，他们会影响到网络文化的热点和价值取向，但是，网络文化并不仅仅取决于他们，这些强势者被凸显出来，也是优胜劣汰、大众选择的结果，并且任何“权力中心”都是不稳定的，随时可能被各种力量颠覆。网络会不断地出现“去中心化—再中心化—去中心化”的过程。

相比以往少数精英以及专业机构在文化生产、传播中的垄断，网络文化不仅自身具有分权性，也对原有的文化格局形成冲击，产生分权效果。

（四）亚文化性与部落化

亚文化的概念是相对于主文化提出的。主文化指的是在社会上占有主导地位的，为社会多数人所接受的文化。主文化对社会上大多数成员的价值观、行为方式、思维方式影响极大。而亚文化则只是社会上一部分成员接受的或为某一群体特有的文化。亚文化是整体文化的一个分支，它是由各种社会和自然因素造成的各地区、各群体文化特殊性的方面。

主文化与主流文化是两个不同的概念。有学者指出，主文化可以分为三类：侧重权力支配关系来划分的主文化是主导文化，强调占据文化整体主要部分的主文化是主体文化，表示一个时期产生主要影响、代表主要趋势的主文化是主流文化。[①] 但在今天，我们说到主文化时，主要指的是主导文化或主流文化。

知识窗

传统亚文化与网络亚文化

传统的亚文化可分为民族亚文化、职业亚文化、越轨亚文化等主要类别[②]，在网络中这些亚文化仍然存在，但除此之外，网络各种互动空间、各种平台酝酿的文化，也大都具有亚文化的属性，它们在起始阶段，都只属于部分人群，不为主文化接纳，甚至有些与主文化是相对抗的。当然，其中的一些，在经过较长时间的发展后，也会逐渐转化为主文化。

---

① 高丙中．主文化、亚文化、反文化与中国文化的变迁［J］．社会学研究，1997（1）．

② 郑杭生，等．社会学概论新修［M］．北京：中国人民大学出版社，1998：91．

作为亚文化的网络文化，从出现以来，主要基调是戏谑的、解构的，但这未必是它永恒的基调，当网络文化的体量与影响日益增加时，它也会与主文化有更多互动，甚至在某些方面合流，这也会导致其基调的变化。

网络文化整体上是一种亚文化，而在这一亚文化中，又存在很多大大小小的文化部落。这种部落既可以体现为有明确群体意识的社群，也可以体现为边界清晰的亚文化圈子，还可以体现为相对松散的网络社区。人们因为不同的文化趣味、取向进入不同的亚文化部落，而这些部落在一定程度上也给予了人们归属感。归属感越强的部落越稳定，文化凝聚力也越强。

第二节　网络中的亚文化人群

网络文化总体上是一种亚文化，而网络空间本身又存在着参差多态的各类亚文化，也出现了一些代表性的亚文化人群，这些亚文化人群是网络不同阶段的文化表征。

一、网络中亚文化人群的形成

前文提到，传统的亚文化可分为民族亚文化、职业亚文化、越轨亚文化等，但今天的网络亚文化，很多时候难以归于传统的分类中。网络亚文化是网络土壤催生的多元文化产物，也是数字化生存、数字化互动带来的全新文化。

每一种亚文化都有一些外在的标签，这往往会成为一种宣示与召唤，带来相应的人群汇聚，主要包括三种汇聚模式：其一是紧密结合、具有群体意识与集体行动力的群体；其二是边界清晰、内外有别的圈子；其三是结构较为松散但主题明确的社区。在一定程度上，亚文化成为网络中人群区隔的一个重要维度。

亚文化人群的形成主要有以下两方面的动力：

（一）文化个性、文化区隔与文化资本

亚文化所具有的文化个性，成为文化区隔的标志，既有亚文化与主文化之间的区隔，也有不同亚文化之间的区隔。这种文化个性包括符号表达、价值取向、观点态度、行为方式甚至外表打扮等多个方面。人们往往会根据亚文化的个性标签，发现并进入相应的亚文化领地。

亚文化满足了人们在文化消费方面的个性需求，也彰显了某些价值主张，它反过来也会引导人们按照某些方向来进一步塑造自己的行为。

一些时候文化个性也可以转化为文化资本。

文化资本这一概念来源于布尔迪厄。布尔迪厄认为文化资本有三种存在形态：其一是一套培育而成的倾向，这也是一种身体化的文化资本；其二是以涉及客体的客观化形式存在，如书籍、艺术品等；其三是以机构化的形式存在，主要指教育文凭制度。① 同时，布尔迪厄将家庭和学校看作最重要的两个文化资本传承场所。② 在网络时代，对于文化资本的获得与传承，家庭和学校的作用在削弱，尤其是家庭，而网络成了文化资本生产与传承的新场所。

网络亚文化群体或圈子对文化资本的影响，会从"趣味"方面体现出来。在布尔迪厄看来，趣味这样看似主观和个人化的观念，其实展现出了结构性特征③，折射着个体的社会地

---

① 斯沃茨．文化与权力：布尔迪厄的社会学［M］．陶东风，译．上海：上海译文出版社，2006：88-89.

② 朱伟珏．"资本"的一种非经济学解读：布迪厄"文化资本"概念［J］．社会科学，2005（6）.

③ 赵超．知识、趣味与区隔：《区分：判断力的社会批判》评介［J］．科学与社会，2016（2）.

位、经济资本和文化资本，因此，趣味对人群的区隔有着重要作用[①]。虽然布尔迪厄将趣味看作特定阶级及其习性的必然产物，但是，今天的时代与布尔迪厄那个时代有了很大的变化，经济条件普遍改善，社会阶层进一步分化，趣味也就不再囿于“统治阶级的区分意识、中小资产阶级的‘良好文化意愿’和民众阶级的‘必然选择’”[②] 这样的区分，或者统治阶级“对自由的趣味”与工人阶级“对必需品的选择”两者的对立[③]，影响趣味区隔的因素更多样，趣味的区隔更为细化和复杂。

亚文化群体或圈子作为一种新的社会结构，虽然基本上不能实质性地改变人们在现实社会中的阶层，但它们在文化维度上带来了人群的新聚合模式，提供了新的文化实践场所与实践方式，在文化习性与趣味的培养上，它的作用不亚于甚至某些时候可能会超出学校与家庭。每个亚文化人群都在努力制造属于自己的特定趣味，以标识其边界。独有的趣味也可能成为亚文化群体成员满足感的一个来源，为其在心理上带来文化资本的获得与增强感。

对亚文化趣味的选择，也是人们对自己社会位置的一种主动定位。因为“趣味发挥着一种社会定向，一种‘感觉到自己的位置’的功能”[④]。同样，与趣味相关的文化资本也具有标志等级的功能，尤其是生活方式、文化消费等文化资本是客观阶层地位的指示器。[⑤] 在网络平台中，生活方式、文化消费等会通过亚文化的方式体现出来，特别是对于年轻人群来说，进入某种网络亚文化圈子，可以给人打上这一亚文化的相应标签，意味着进入网络文化中的某个特定层级。虽然很多网络亚文化在官方或某些人群看来是“非主流”的，但是对于年轻群体来说，这些亚文化对他们来说反而是“主流的”。不进入这一代人的“主流”，就有可能被同代人鄙视、抛弃。

文化资本也是一种权力资本[⑥]，文化资本的争夺，往往是在一些特定的场域中展开的。布尔迪厄将场域看作一个围绕特定的资本类型或资本组合而组织的结构化空间，场域也是为了控制有价值的资源而进行斗争的领域。文化资本是知识分子场域最主要的财富及竞争目标。[⑦] 在传统时代，知识分子场域主要体现为学术界、文学艺术界等，对于普通人来说，他们参与文化资本竞争的可能性很小，即使是知识分子，如果他们是后来者，要挑战那些已经获得权威文化地位的人也很难，但网络为文化资本的竞争提供了新的场域。

（二）身份认同、群体归属与社会资本

经典伯明翰学派和后亚文化研究将亚文化的独特风格形成主要归结为“仪式抵抗”和“身份认同”两种原因。[⑧] 伯明翰学派所谓的“认同”，是“个体将自我身份同至少另外某些身份相融合的过程”[⑨]。

而社会学领域中的身份认同主要意味着，主体对其身份或角色的合法性的确认，对身份或角色的共识及这种共识对社会关系的影响。[⑩] 这种身份认同很多时候会通过加入某些群体的方式来实现，通过类化（加入某一社群）、认同（认为自己拥有该社群成员的普遍特征）、

①② 刘晖．从趣味分析到阶级构建：布尔迪厄的“区分”理论［J］．外国文学评论，2017（4）．

③ 斯沃茨．文化与权力：布尔迪厄的社会学［M］．陶东风，译．上海：上海译文出版社，2006：191-195.

④ 同③189.

⑤ 肖日葵，仇立平．“文化资本”与阶层认同［J］．国家行政学院学报，2016（6）．

⑥ 同③88.

⑦ 同③136-142.

⑧ 杨小柳，周源颖．“亚文化资本”：新媒体时代青年亚文化的一种解释［J］．中国青年研究，2018（9）．

⑨ 费斯克，等．关键概念：传播与文化研究辞典［M］．2版．李彬，译注．北京：新华出版社，2004：127.

⑩ 张淑华，李海莹，刘芳．身份认同研究综述［J］．心理研究，2012（1）．

比较（评价自己认同的社群相对于其他社群的优劣、地位和声誉），来抬高自己的身价和自尊。①

对于亚文化群体成员来说，身份认同的动力的确对他们融入共同体、参与共同体行动有着至关重要的作用。在现实生活中，很多普通人人微言轻，在学习或工作中也没有突出表现，缺乏存在感，自我价值无法得到释放与确认。但通过加入同好者共同体，他们在某些方面的爱好、特长得以发挥，价值容易被发现，而集体形成的行动力、影响力，也会使得他们产生自我价值的提升感。为了维护自我价值与社群地位，他们有时不惜与其他群体“断杀”。亚文化群体对身份认同的诉求，也容易被平台、资本等利用，被裹挟到内容生产、传播、消费、变现的一整套流量至上的注意力经济体系之中。②

二、亚文化人群之一：黑客

黑客现象与黑客文化，是伴随着计算机的出现一同出现的。网络的发展，更是给了黑客纵横驰骋的广阔空间。黑客亚文化是网络平台最早出现的亚文化之一，尽管今天的黑客文化已经变味，但它的形成与演化，仍是值得关注的网络亚文化现象。

知识窗

黑客

“黑客”来源于英文“hacker”。“hacker”在英文字典中的解释是：一种着迷于某种事物并具有高超技术的人。因此，从这个词本身来说，hacker并非起源于计算机领域，它不仅无任何敌意和破坏性，甚至还有一定的褒义。事实上，英文中将计算机网络的非法入侵者分为“hacker”和“cracker”（中文通常译为“骇客”）两种，后者才是真正的恶意破坏者。这些人利用计算机技术进行犯罪活动，例如制造计算机病毒，非法入侵他人网站造成系统瘫痪，窃取重要信息并加以利用等。他们带来的灾难也是惊人的。这些利用计算机犯罪的人，也往往自称黑客。但早期真正的黑客是把这些人排斥在外的。

最早的黑客在20世纪50年代出现于美国麻省理工学院等计算机技术研究机构中，他们一般都是高级技术人员。在60年代，黑客利用一些技术破坏计算机网络的使用范围。70年代，他们提出了计算机应该为人民所用的口号。到了80年代，在美苏争霸的背景下，一些黑客认为应该使两国处于平衡状态，否则会给和平带来威胁，于是黑客们开始为信息共享而奋斗，他们把通过黑客技术拿到的资料卖给各国，一方面自己获得了经济收入，另一方面他们认为这有助于世界和平。90年代，越来越多的人掌握了黑客技术，黑客的成分也日益复杂化。但是总体上看，黑客的行为是由不同历史背景及特征所决定的。

一些研究者认为，黑客文化的精髓在于：自由不羁的精神。黑客认为所有的信息都应当是免费的和公开的，黑客行为的核心，就是要突破对信息本身所加的限制。黑客文化也包含了反传统、反权威的精神，这是对20世纪60年代反主流文化价值观的继承。黑客文化还包含了一

① 王莹．身份认同与身份建构研究评析［J］．河南师范大学学报（哲学社会科学版），2008（1）．

② 马中红．“筑圈”与“出圈”：平台资本、圈层意识形态与青少年亚文化［N］．中国艺术报，2021-02-01（5）．

种自命不凡的英雄主义。[①]

几代黑客一直在为使电脑脱离集权化而抗争，他们为形成当今开放的计算机和网络体系结构做出了自己的贡献。

但是，随着网络的发展，黑客的成分也日益复杂，今天已经很少有黑客能坚守早期黑客的精神了。

2001 年“五一”期间发生的“中美黑客大战”反映了黑客文化内部的一些碰撞，也反映了黑客文化的政治色彩。这场大战起源于在此之前发生的中美军机相撞事件。4 月 1 日，一架中国军机和一架美国军机在海南岛东南海域上空相撞，碰撞致使中方飞机坠毁，飞行员失踪。中美撞机事件发生后，中美黑客之间开始上演网络大战并愈演愈烈。4 月 4 日以后，美国黑客组织 PoizonBOx 不断袭击中国网站，中国的网络安全人员也积极防备美方黑客的攻击。中国的一些黑客组织则在此后“五一”长假期间开始进行反击。在这场“大战”中，中美两国几百家网站被黑客侵入、修改。其他国家的一些黑客也卷入这场大战中，他们分别加入中美两个阵营中参与相关行动。除了“中美黑客大战”，其他由政治问题引起的黑客行为也频频发生。

今天的黑客与骇客已经难以区分，在两者的融合中黑客群体也发生了严重分化，虽然一些黑客成了网络精英或网络安全专家，但黑客中的多数，已经成为网络安全的重要威胁力量。有人将黑客分为十类：白帽黑客（道德黑客，大体上由安全研究人员和安全运营者构成）、网络雇佣军、民族主义黑客、有组织的犯罪团伙、犯规者（赚点小钱）、黑客主义者（被意识形态或政治驱动）、民族国家黑客（真正的军队和情报组织）、无组织罪犯（有点技术，组织松散，能把所获数据变现）、脚本小子（寻求关注的叛逆青少年）、内鬼（心怀不满的员工）。[②] 无论这种划分是否准确，黑客的多元化是不争的事实，以网络安全的攻防为核心，黑客内部的相互角力也成为常态，经济利益和政治因素对黑客的影响也越来越大。

有研究者指出，在西方，黑客是作为用高新科技否定现有科技体制的另类角色而登上历史舞台的，实际上是科技自我否定的产物。[③] 诞生之初，黑客想通过技术赋予的权力促进技术的开放与分权，但这种理想精神并没有得到拥有相应技术的人群的完全呼应，相反，一些技术拥有者想通过他们获得的权力之剑斩获更多个人利益，一些人则被政治、经济等种种力量收编。

黑客文化的演变历程，在一定程度上折射着互联网及其精神的演变，从早期自由、开放的理想化精神，到今天政治、经济因素日益渗透下多元文化、多元参与者的碰撞，整个互联网不再是一种精神性的乌托邦，而成为现实社会的投射。

三、亚文化人群之二：二次元

亚文化圈子不一定都吻合传统圈子的界定，不一定有明确的由成员构成的社会网络，但它们都会有自己的文化边界，圈内文化相对圈外文化有显著的差异。对于网络亚文化来说，这种文化边界或风格是以其初始特征为基础，由成员的消费与生产来强化的。中国年轻用户中盛行的二次元文化，便具有典型的文化边界。

---

① 蒋文保，范勇．评析网络黑客现象［J］．自然辩证法通讯，2001（1）．

② 一共有 10 种黑客 你是哪一种？［EB/OL］．（2017－03－14）［2023－05－15］．https：// www.dlnet.com/security/news/461795.html.

③ 黄鸣奋．从反文化、救世主到安全专家：科幻电影的黑客想象［J］．深圳大学学报（人文社会科学版），2020（2）．

知识窗

二次元

“二次元”一词源自日本，它在日文中的原意是“二维空间”“二维世界”，日本的漫画、动画、电子游戏爱好者用这个概念指称这三种文化形式所创造的虚拟世界、幻象空间。在中国，接受、爱好这类文化的青少年，一开始被称为日本动漫游戏爱好者或沿用日本的“御宅族”的称呼，后逐渐被称为“二次元人群”。

有学者指出，二次元文本虽然丰富多元，但总体来看，最流行的作品仍普遍具有相似的审美趣味。其作品多采用架空世界观，类型上以幻想类作品为主，视觉上追求唯美、酷炫，或是“萌”，或是“燃”，叙事中则常见到后现代式的戏仿、拼贴，通常会摒弃宏大叙事而着重刻画小人物的日常琐事。[①] 与此相关，二次元文化也有其独有的语言系统。

二次元文化的爱好者，首先是通过二次元产品的消费实现对这一文化的追逐，这既包括对内容的消费，也包括对周边产品等实体产品的消费。消费过程加深了消费者对二次元文化的理解与认同，用户强大的消费能力，也推动了生产者的供给，消费与生产的互动，使得二次元文化不断扩张、漫延。

但二次元爱好者并不只是被动的消费者，日本御宅之王冈田斗司夫曾指出“御宅族”的几种特质：高度的信息检索能力、对某一领域的了解异常详细深入、极为强烈的上进心和自我表达的欲望。[②] 这也从一个角度揭示了二次元消费者所具备的生产能力基础。

作为大众文化粉丝中的一类，二次元爱好者充分体现了他们对文本的投入与生产能力，如美国学者约翰·费斯克（John Fiske）在《理解大众文化》（*Understanding Popular Culture*）一书中所指出的：“作为一个‘迷’，就意味着对文本的投入是主动的、热烈的、狂热的、参与式的。”“他们的着迷行为激励他们去生产自己的文本。”[③] 作为“产消合一者”（prosumer），二次元爱好者的生产过程，也典型地反映了美国学者亨利·詹金斯（Henry Jenkins）所提出来的“文化挪用的过程”。[④] 他们不仅能够从既有的文化产品中创造出与自身情境相关的意义与快感，并通过互联网的评论机制，将各自的意义与快感转化为种种声明，还能够将那些文本对象当作“为我所用”的素材，借助各种媒体工具创作出各式各样的“同人”文本。[⑤]

在生产中，二次元爱好者将自己对二次元文化的理解与再创造进行扩散，不同用户之间在相互学习、借鉴过程中，巩固了二次元文化的特征，甚至在此基础上通过构筑新的符号系统形成了新的文化壁垒。“二次元粉丝们以影像原文本作为改写对象，在依据二次元审美趣味对影视剧进行重新阐释、生产二次元文本的过程中，逐渐形成了一套文本生产的新型编码系统。”[⑥]

---

① 何威．二次元亚文化的“去政治化”与“再政治化”［J］．现代传播（中国传媒大学学报），2018（10）．

② 贺红英，邢文倩．异托邦的享乐与狂欢：从二次元分析网生代受众行为心理［J］．编辑之友，2017（6）．

③ 费斯克．理解大众文化［M］．王晓珏，宋传杰，译．北京：中央编译出版社，2001：173-174.

④ 詹金斯．大众文化：粉丝、盗猎者、游牧民：德塞都的大众文化审美［J］．杨玲，译．湖北大学学报（哲学社会科学版），2008（4）．

⑤ 林品．青年亚文化与官方意识形态的“双向破壁”：“二次元民族主义”的兴起［J］．探索与争鸣，2016（2）．

⑥ 齐伟．“臆想”式编码与融合式文本：论二次元粉丝的批评实践［J］．现代传播（中国传媒大学学报），2018（10）．

二次元文化的产消过程，也在影响着二次元文化圈内部的权力分层。有研究者指出，对二次元知识量的积累程度，决定了粉丝在社群中的地位。① 这也印证了费斯克的观点，在粉丝文化中，如同在官方文化中一样，知识的积累对文化资本的积累是至关重要的。②

你怎么看

二次元文化为什么会流行?

亚文化圈子中的消费与生产，往往是在大量的模仿与被模仿中实现的，由此形成的文化“模因”（meme），对于亚文化特征的形成与稳固，具有特别的意义。

知识窗

模因

模因又译迷因、觅母、米姆、迷米、弥母等，《牛津英语词典》的解释是“以非遗传的方式（如模仿）传递的文化元素”。

1976 年，理查德·道金斯（Richard Dawkins）在《自私的基因》（*The Extended Selfish Gene*）一书中首次将通过模仿而传播的文化基因称为模因。他认为模因是一种文化传播或文化模仿的基本单位，它通过从广义上说可以称为模仿的过程从一个大脑转移到另一个大脑，从而在模因库中进行繁殖。曲调、概念、妙句、时装、制锅或建造拱廊的方式等都是模因。模因库里有些模因比其他模因更为成功。这种过程和自然选择相似，就如基因一样，具有更强生命力的模因的特征包括长寿、生殖力和精确的复制能力。③

在国内，模因的概念早先主要被语言教学领域和翻译领域的学者所借鉴，后来对于网络流行语的研究也开始引入这一概念。在网络语言的形成过程中，模因扮演着重要角色。今天的网络模因，不仅通过文字的方式，也通过其他多媒体方式在传播。目前盛行的多媒体组合的表情包，在英文里也被称为“meme”。短视频平台上的一些网红桥段或表达模式，也成为视频领域的模因。

不同于传统媒体时代的自上而下、由媒体“引导”的传播，网络亚文化模因的传播，更多是在民间的自发扩散中实现的。就像病毒传播一样，网民也有对特定模因的易感体质和非易感体质。国内心理学者从社会心理学角度指出，网络模因的“自我复制”实际是基于传播者的模仿意愿和行为，这种传播并非“传染”，而是依赖于个体寻求社会认同的心理需要和个体从众博弈的决策结果。④“易感”还是“非易感”，虽然与社会认同与从众的需求程度相关，但个体对某种文化的兴趣与认可，也是其是否被模因“感染”的重要因素。

模因的传播，不仅使特定人群被打上某种文化基因的烙印，也为亚文化圈子划出一条边界。对于二次元文化来说，视觉符号、文本特征、语言风格等，都是具有较强生命力的模因，它们易于辨识与记忆，易于模仿与复制，因此，在二次元爱好者的内容生产中，会得到传承。

二次元逐渐形成的文化边界，被称为“次元之壁”。有研究者指出，中国的二次元爱好者，

---

① 陈一愚．网络群体传播引发的二次元文化现象剖析［J］．青年记者，2016（18）．
② 费斯克．粉丝的文化经济［J］．陆道夫，译．世界电影，2008（6）．
③ 道金斯．自私的基因［M］．卢允中，等译．北京：中信出版社，2012：217－221．
④ 窦东徽，刘肖岑．社会心理学视角下的网络迷因［J］．北京师范大学学报（社会科学版），2013（6）．

采取“次元之壁”这样的隐喻性修辞，建构了一道想象性的壁垒，壁垒之内的世界是一个封闭自足的亚文化圈子，从而将“家事国事天下事”等“三次元”的话题隔离在壁垒之外。① 但随着政治、资本的力量纷纷对网络亚文化产生浓厚兴趣并深深地介入其中，主流文化与网络亚文化之间的沟通交流、相互理解，也即“破壁”，便不再是“中二”少年的呓语，而是政治、资本、学界和媒体的迫切需求。② 也有学者提出了“二次元民族主义”③ 这一概念，即将国家民族相关话语转换成可以投射情感认同的“萌化”编码系统，这也意味着，二次元文化呈现出从去政治化到再政治化的过程。④

拥有“次元之壁”的二次元这样的圈子会出现这样的转化，说明亚文化圈子并非完全与世隔绝，它们也会与主流文化和其他亚文化进行对话，甚至谋求一定程度上的“主流化”，但是，这种主流化是以亚文化本身所特有的方式实现的。虽然看上去“次元之壁”被打破，但它隐形的文化壁垒仍是存在的。

四、亚文化人群之三：“粉丝”与“饭圈”

“粉丝”来自英文“fans”，意为“迷”，在中国，目前主要指某些明星（或平民偶像）、文化产品或品牌的崇拜者。

（一）从“追星族”到“粉丝”

在中国，粉丝文化早已出现，但在早期，被媒体冠以“追星族”名称的粉丝实际上多是单打独斗的，他们也往往是媒体批评的对象。2006 年的《超级女声》节目，使粉丝文化开始从边缘走上了主流媒体的舞台，粉丝也开始以团队方式存在。分散的粉丝能形成团队或群体，无疑得益于网络，在中国，贴吧、微博等的作用尤为显著。

网络时代的粉丝文化有别于传统追星族的另一表现是，粉丝们对于他们追捧的对象的成名，起着重要作用，尤其是对那些平民明星而言。“超女”们本来都是普通女孩，她们的成名，不仅与电视所提供的展示平台有关，也与粉丝们的造星活动有关。如果没有网络，这些活动的组织会很困难，影响力也会受到很大限制。粉丝们在网上网下的宣传等活动，对超女的成名起到显著的推动作用。

除了将个体集结为集体，提高粉丝的行动力外，网络也为粉丝的“文本生产”和“文本交换”提供了充分的资源与传播平台。亨利·詹金斯认为：“虽然一部分粉丝只忠实于单一的节目或明星，但更多的粉丝将单部影剧系列作为进入一个更广阔的粉丝社群的起点，并把各种节目、电影、书籍、漫画和其他通俗材料连成了一个互文性的网络。”“粉丝阅读是一个社会的过程，在这个过程中，个人的阐释经过和其他读者的不断讨论而被塑造和巩固。”⑤ 这点在网络中表现得尤为突出，而网络本身也有助于粉丝们发现和编织这样一种“互文性的网络”，并且给了粉丝前所未有的互动可能。

今天的粉丝已从明星的粉丝向企业或产品的粉丝扩展。粉丝的生产性行为，也从文本的生产扩展到了更广的领域。

---

① 林品．青年亚文化与官方意识形态的“双向破壁”：“二次元民族主义”的兴起［J］．探索与争鸣，2016（2）．

② 高寒凝．次元之壁的缝隙：破壁的可能性与必要性［J］．中国图书评论，2018（8）．

③ 白惠元．叛逆英雄与“二次元民族主义”［J］．艺术评论，2015（9）．

④ 何威．二次元亚文化的“去政治化”与“再政治化”［J］．现代传播（中国传媒大学学报），2018（10）．

⑤ 詹金斯．大众文化：粉丝、盗猎者、游牧民：德塞都的大众文化审美［J］．杨玲，译．湖北大学学报（哲学社会科学版），2008（4）．

（二）从“粉丝”到“饭圈”

粉丝文化的进一步发展，带来了“饭圈”这样一种共同体。

> **你怎么看**
>
> “饭圈”带来了哪些影响？

“饭圈”是指某个（或某几个）偶像的粉丝们组成的共同体圈子。“饭圈”是一个统称，在网络中，以不同的偶像为中心会形成不同的“饭圈”，彼此之间界限清晰，甚至时有冲突，“饭圈”这个词，也强调了每个群体的边界。

今天的“饭圈”，也存在粉丝们对作品的再生产及文化的“挪用”，“饭圈”的语言符号就是这样一种文化挪用的产物。它们既部分借用了“二次元”的语言符号，又夹杂着拼音缩写、英文缩写等形式，如“多担”（喜欢多个偶像的粉丝）、“唯饭”（一个组合里只喜欢一个人的粉丝）、“本命”（自己最喜欢的偶像）、“zqsg”（真情实感）、“jms”（姐妹们）等。

“饭圈”对粉丝文化的发展，更多的是从群体互动、社会行动的层面体现出来。据研究者观察，“饭圈”已经发展成为一种特有的文化现象，粉丝们的行为不再盲目，相反变得组织化、规则化、程序化、纪律化。①

“饭圈”的社会行动多种多样，常见的有应援（如参与偶像的演唱会和其他活动，为其作品和活动投票、宣传等）、打榜（提升偶像在各大榜单的排名）、抡博（转发、评论、点赞与偶像相关的原创微博）、控评（控制社交媒体中与偶像相关的评论）、反黑（对有关偶像的负面信息进行反击）等。

“饭圈”也把自己与偶像更紧密地捆绑在一起。一些粉丝认为，“自己的付出会直接影响偶像的命运。因此也要求与爱豆建立更加共生共荣的关系”②。“粉丝在某种意义上成为明星的股东，粉丝的消费权也就具备了众筹资本权利的性质。”③ 因为与偶像之间的共生共荣关系，甚至追捧某个偶像就像在做一次投资，粉丝在一些时候也会做出一些极端行为。把过多的时间、精力放在偶像和对偶像的支持活动上，也使粉丝在某种意义上失去了“自我”。同时，为了维护偶像的形象，一些“饭圈”也在努力营造热衷公益、爱国等新的粉丝形象。

对于粉丝来说，进入“饭圈”，除了基于对偶像的喜爱及自我投射心理，或对想象的与偶像的亲密关系的需要外，还基于对同好群体的归属需要，而这也是一种社会认同的需要。个体通过社会分类，对自己的群体产生认同，并产生内群体偏好和外群体偏见。个体通过实现或维持积极的社会认同来提高自尊，积极的自尊来源于对内群体与相关的外群体的有利比较。④ 国内心理学者的研究进一步证实了群体认同对为群体牺牲意愿的正向影响，即个体的群体认同程度越高，为群体牺牲的意愿亦越高。⑤

社会认同心理说明了圈子的存在价值，也可以在一定程度上解释粉丝参与“饭圈”行动的动力。对于粉丝来说，对自己所属“圈”的努力付出，以及与其他“圈”的厮杀，都是维持其社会认同的主要方式。粉丝不仅是为了自己的“爱豆”，也是为了自己所在群体的优越性在“战斗”，而群体的优越性最终会转化为对自我价值的肯定。对于人微言轻的普通个体，特别是

---

① 吕鹏，张原．青少年“饭圈文化”的社会学视角解读［J］．中国青年研究，2019（5）．

② 李春晖．我在这里潜伏了一个月，想搞清“饭圈”究竟是怎样一种存在［EB/OL］．（2017－08－23）［2023－05－15］．https：//baijiahao.baidu.com/s？id＝1576447657083118046&wfr＝spider&for＝pc.

③ 高寒凝．次元之壁的缝隙：破壁的可能性与必要性［J］．中国图书评论，2018（8）．

④ 张莹瑞，佐斌．社会认同理论及其发展［J］．心理科学进展，2006（3）．

⑤ 石晶，郝振，崔丽娟．群体认同对极端群体行为的影响：中介及调节效应的检验［J］．心理科学，2012（2）．

没有太多社会资源，在学业、工作等方面难以快速获得满足感的年轻人来说，以某个“饭圈”为依托，借助集体的力量来获得成就感，或许更容易让他们提升对自我价值的认同，“饭圈”成员共同奋斗获得的集体社会资本，也会在某种程度上转化为个体的社会资本。

对于“饭圈”来说，其行动也可以提升自己的文化资本。费斯克在借用布尔迪厄的文化资本的概念基础上，进一步提出了官方文化资本与通俗文化资本这一对概念。他认为，官方文化资本经常与经济资本联袂制造出社会特权和区隔。但与官方文化资本对应的，还有一种通俗文化资本，粉丝是这种通俗文化资本的积极创造者和使用者。粉丝通常利用自己所获取的知识和品位来填补他们实际所有的（或官方的）文化资本与他们能够感受到的真正资本之间的可见的差距。① 某些时候文化资本最终也可能以某种方式转化为社会资本甚至经济资本。

“饭圈”能展开大规模、持续的社会行动，也依赖自组织机制。在此基础上，“饭圈”的“组织化”越来越显著，有明确目标和分工，拥有相应资源，成了在“统一意志之下从事协作行为的持续性体系”②。在严密的分工合作基础上，“饭圈”也形成了自己的等级。根据研究者的观察，“圈中粉丝等级森严，饭圈高层，通常是指明星后援站站长、贴吧吧主、粉丝团粉头等，他们拥有粉丝组织一定的决策权、经济权，通过各类应援活动稳固散粉、制造热点，维系粉丝团队高效有序运营。明星团队也经常和饭圈高层建立联系，使其为己所用”③。而“应援会”这一机制推动了结构清晰、分工明确的粉丝阶层的形成。④

总体来看，“饭圈”分工与等级的形成，与成员自身的社会经济地位、所掌握的与偶像相关的信息或资源、内容生产或传播的技能、在某些事件上的表现、在社会行动中的付出以及加入“饭圈”时间长短等诸多因素相关。“饭圈”的分工协作与层级落差，吻合传统组织的结构特征。而它赋予某些成员的特权，也可能导致腐败现象，这一点，与传统组织也是类似的。

不同偶像的“饭圈”之间会频繁地发生冲突，这是“饭圈”的另一个常态“景观”，也说明了圈子化的另外一个结果，那就是不同人群的分化与冲突的加剧。这种冲突，一方面源于粉丝对自己所在群体的认同与对外群体的排斥，另一方面也源于文化资本、社会资本等的争夺。

“饭圈”展现了亚文化群体强大的集体行动能力，这种行动能力既可能提升身处群体的个体的参与感与力量，也可能对个体形成裹挟，使之迷失。当这种行动力的目标导向出现问题时，也会产生不良的后果，在现实中这样的情况并不鲜见。

（三）“粉丝民族主义”的出现

近几年粉丝文化发展的一个新动向是，粉丝不仅为自己的偶像出力，也参与一些政治行动，“帝吧出征”就是一个例子。

2016年1月，中国一批90后、00后的网民，“出征”Facebook，并以表情包、文字口号等方式来表达他们“反对台独”的立场，由于动员和组织平台以“帝吧”（百度贴吧中的“李毅吧”，李毅为中国足球队前锋）为主，这一事件被称为“帝吧出征”。

---

① 费斯克．粉丝的文化经济［J］．陆道夫，译．世界电影，2008（6）．

② 郭庆光．传播学教程［M］．北京：中国人民大学出版社，1999：100．

③ 集资、贪腐、追星致富？饭圈高层的权力游戏［EB/OL］．（2018-07-12）［2023-05-15］．https：//baijiahao.baidu.com/s？id=1605766891557687359&wfr=spider&for=pc．

④ 马志浩，林仲轩．粉丝社群的集体行动逻辑及其阶层形成：以SNH48 Group粉丝应援会为例［J］．中国青年研究，2018（6）．

“帝吧出征”事件引起了研究者的普遍关注。刘海龙指出，帝吧出征中，以往那种以怨怼为底色的沉重情感已经被更为轻灵的反讽、戏仿、戏谑的表达所替代，同时还混合了自嘲、愤世嫉俗、刻意鄙俗、善恶分明、父权、民粹等特征，这些表达具有流动的多义性以及强烈的传播游戏（communication play）色彩，其行为逻辑与组织方式也具有粉丝团的特征，总体上这代表了一种“粉丝民族主义”（fandom nationalism），国家成了另一个偶像——“祖国才是大本命”，政治运动、追星、游戏、个人身份建构等行为的边界也被消融。①

2019 年因香港“修例风波”引发的“饭圈”出征，更是直接把“饭圈”文化挪用到了爱国这一政治主题下。“中国”被“饭圈”粉丝称为“阿中哥哥”，粉丝们自称同属“种花家”（中华家）的“izhong”，就像为爱豆应援、打榜一样，他们在各社交平台开始了集体行动，并迅速将“我们都有一个爱豆名字叫阿中”“守护全世界最好的阿中”这样的话题送上微博热搜榜首，“饭圈”的行动甚至也得到一些主流媒体的赞许与支持，“人民日报”“央视新闻”“共青团中央”“环球时报”等账号都加入了“我们都有一个爱豆名字叫阿中”微博话题的互动。

粉丝们用他们在娱乐化世界里训练出来的行为模式与行动力，发起了一场政治性的“运动”。这是又一次“次元之壁”的突破，这与二次元的“破壁”在本质上是一致的。

（四）粉丝经济的兴起

除了与政治结盟外，粉丝的另一种走向，是与经济结盟，粉丝经济就是这一走向的结果。粉丝经济的核心是将粉丝情感转化为生产力与创造力，粉丝情感主要有三类：第一类是粉丝对明星偶像或“网红”等的情感，这是人与人之间的情感；第二类是粉丝对品牌或产品的情感；第三类是粉丝在内容创作上的热情。三种情感会带来不同的粉丝经济方向，运营重心也会各有侧重。

1. 依赖个体号召力的粉丝经济

基于明星的魅力形成的粉丝经济中，虽然粉丝是属于明星而非产品的，但粉丝对其“爱豆”容易形成“脑残”式的死忠，他们对明星的情感也需要通过购买明星代言或推销的产品来佐证，因此，多数时候通过明星的号召力来做营销会快速起效。这时，营销的风险更多来自明星本人的不确定性。

近年来，“网红”也开始成为粉丝的收割者与粉丝经济的受益者。他们虽然是基于各种因素走红，但其走红是网民的集体选择，他们的出现，能反映网民的阶段性心理，与明星相比，网红离普通网民更近，因此，网红更容易对普通人形成影响力，特别是“带货能力”。但网红具有很强的流动性，红得很快，可能“凉”得也快。依靠网红的营销，风险也较大。

2. 以品牌为核心的粉丝经济

粉丝对品牌或产品的情感多数时候需要培育。这种情感的产生，除了品牌或产品本身性能的特点外，也会与人们对品牌或产品的标签的认同相关，而这背后也隐含着人们对自己的社会或文化定位。例如“果粉”（苹果手机的粉丝）看重的是苹果的时尚标签，因此，在相关社群内的信息发布与互动，需要更多地制造与强调品牌的标签特征。

要进一步拉近粉丝与品牌或产品的关系，就不仅仅要利用粉丝的情感来进行产品销售，更需要依靠粉丝力量完成“产品文化”的塑造与传播，使粉丝与品牌形成共生共荣的关系。

---

① 刘海龙．像爱护爱豆一样爱国：新媒体与“粉丝民族主义”的诞生［J］．现代传播（中国传媒大学学报），2017（4）．

3. 以文化生产为主的粉丝经济

粉丝经济的另一层含义，是依赖粉丝的创作力进行文化内容或产品的生产。同人创作便是粉丝的一种典型的内容生产行为。

知识窗

同人创作

同人创作指某些作品的同好者（同人）在原作基础上进行的再创作活动，即在已经成型的文学或影视作品（通常指虚构文学和影视作品）的基础上，借用原文本已有的人物形象、人物关系、基本故事情节和世界观设定所做的二次创作。[①] 虽然同人创作本身并不以商业性为目的，但它们也具有向经济生产力转化的可能。目前的同人创作主要在小说领域，可以想象的另一种前景是，在视频平台越来越兴盛的背景下，未来的视频创作也会出现同人创作。

在同人创作中，社群扮演着重要角色，同好者的彼此发现与集结，基于共同文化趣味的交流，同人作品的切磋，都离不开社群。而成员对社群的需要，更多的是情感的和文化的需要。

对于这些产消一体的粉丝来说，他们自身虽然获得了精神上的满足，也实现了自己表达欲、创作欲的释放，但如不少研究者担忧的，粉丝劳动也会被资本力量剥削。粉丝积极、主动、自愿、无偿地投入文本创作中，这正是资本所需要的，他们的"主体性"被资本征用。[②] 尽管也有少数人可能因为自己的创造性劳动而获利，但对多数人来说，其作品仍是被无偿利用的。

第三节　网络孕育的典型文化

网络的各种应用方式与手段，结合着相应的互动，不断孕育出新的文化形式，而用户或多或少都会受到它们的影响，也会对这些文化形式进行自己的改造或挪用。

一、网络语言："文化树"与"风向标"

网络语言是在网络交流中逐步形成的符号表达方式，它以传统文字符号为基础，但又对传统符号进行了变异与重组。网民创造力的不断释放，促成了网络语言的不断生长。

（一）网络文化中不断"生长"的网络语言

自网络语言诞生以来，中文互联网中网络语言的构成方式主要包括以下几类：

标点符号组合的表情符号：这是早期网络语言的代表，早期网络技术条件有限，只能发送文字或符号，于是人们通过各种标点符号的组合，传达相关表情与情绪。虽然今天这样的表达方式已不再流行，但并没有完全消失。

数字谐音：用数字谐音代表相应文字，提高了交流效率，又形成了特定的形象感。

汉字谐音：从早期的"伊妹儿""斑竹""美眉"到今天的"网抑云""耗子尾汁"，谐音一

① 郑熙青．当代网络同人写作中的革命叙事：以《伪装者》和《悲惨世界》同人为例［J］．文艺理论与批评，2019（6）．

② 胡岑岑．网络社区、狂热消费与免费劳动：近期粉丝文化研究的趋势［J］．中国青年研究，2018（6）．

直是网络语言的一种主要构词方式，谐音词在传达原词的基本内涵的同时，也附加了一些情绪或情感色彩。

汉语拼音或（和）英语缩略符号：这也是一种沿用多年的网络语言构成方式，但其具体构成模式在不断变化。早期的网络语言是常见词语的汉语拼音简单缩写，如 GG、MM、DD、JJ 代表哥哥、妹妹、弟弟、姐姐，但今天由汉语拼音缩写形成的网络语言，还包括了新的词汇创造，如 YYDS（永远的神），而“NBCS”（没人在乎）、“JMS”（姐妹们）等则融合了中英文的缩写。

句词浓缩：将一句话、多个词浓缩为一个词，是网络语言表达的新方式。喜大普奔（喜闻乐见、大快人心、普天同庆、奔走相告）、人艰不拆（人生已经如此艰难，就不要拆穿了）、累觉不爱（很累，觉得自己不会再爱了）、不明觉厉（虽然不明白但觉得很厉害）、爷青回（爷的青春又回来了）等表达，不仅易于传播，也传达了比原句更深层的意义。

旧词新义：种草、拔草、柠檬这样的词，虽然在传统文字中一直存在，但在网络语境下发生了意义的转化。

流行语汇：此起彼伏的网络事件、社会现象，成了新的网络流行语的由头与“梗”，也因此不断造就新的流行语汇。从“做人要厚道”“贾君鹏你妈妈喊你回家吃饭”到“打工人”“干饭人”“吃瓜群众”“内卷”“躺平”，流行语汇的演化过程中，也隐含着社会情绪与文化的起伏。

叠字：近年的网络互动中，将一个字叠加两次以上使用，也成为一种新的语言习惯，不同的叠加次数，会产生不同的情感色彩与含义。

火星文：这是在青少年群体中流行的网络语言，它通常杂糅了简体中文、繁体中文、中文方言、英文、日文、韩文等各种文字符号，有时还包括异体字，也是网络语言的各种构词方式的综合运用。

虽然自互联网普及以来，“网络语言”这个概念沿用至今，但网络语言的构成方式、流行语汇以及内在基调等一直处于变化中，它像一棵网络文化土壤中生长的树，不断发出新的枝叶，旧的枝叶则可能凋落。作为一种不断生长的语言，网络语言具有以下特点：

1. 开放性与兼容性

与普通的语言相比，网络语言是十分开放的。

这首先表现在网络语言使用的符号数量更多，而且允许它们进行自由、灵活的组合，体现出对现有一切语言符号的开放与兼收并蓄。

> **你怎么看**
>
> 网络语言具有哪些主要特点？

网络语言的开放性，还表现在它不受现有的语言规则的限制，它更多地鼓励网民发挥想象力，对现有的语言符号进行创造性的使用。

2. 民间主导生产与“模因式”进化

网络语言完全是网民的创造，一个新的语汇，如果能契合网民心理，适应网络特点，且易于理解与记忆，就容易得到传播。如果一个语汇与某些热点事件结合，就更容易得到推广。

网络语言的逐步发展，是网络中发生的一个自然选择过程，对某一表达方式的采用或不采用，网民来“投票”，一些表达因此推广开来、流行起来，而另一些则可能无法流行。

在网络语言的生成、进化过程中，模因也起着重要作用。从单一的网络词语、句子及其背后的“梗”到整体语言风格、构词方式，很多时候都是基于模因的生产与传播。

3. 游戏性与解构性

尽管一些研究者对网络语言给语言规范带来的破坏持批评态度，但也有研究者认为，语言的性质与功能是多样的，网络语言使我们对语言（包括文字）的游戏性质和游戏功能有了新的认识。[①] 部分网络语言作为一种后现代的“文字游戏”，通过反传统、反常规（但又合乎逻辑）的曲解，产生幽默、讽刺、揶揄、戏谑等效果，解构着经典。[②]

网络语言不仅是人们交流沟通的手段，也是网络文化的载体，人们用网络语言的创造、传播与使用来表达他们在文化上的价值取向，游戏、解构这样的亚文化特质，也必然体现在网络语言上。网民在发明与使用网络语言的过程中，也或多或少体验了挑战现有语言系统规则的快感。

4. 流行性与流动性

网络语言中的代表性流行语汇更迭很快，因为它们折射着急剧变化的社会现象与事件。

网络语言的构词方式也在发生变化，虽然有些基本构词方式（如缩写）一直都存在，但在不同阶段会有不同的模式特点。

流行性也意味着网络语言具有极大的流动性，它不会停留在某个稳定的状态，而是在不断地完成自己的吐故纳新，不断发展，而且新旧语言的更替十分频繁，速度很快。

产生这种现象，有着多方面的原因：首先，网民有求新、求变心理，他们会不断地创造出新的语汇来显示自己的想象力与创造力，显示自己的个性。

其次，网络技术飞速发展，不断带来新的应用方式，这些应用方式又会激发新的语汇的产生。

再次，网络文化本身就是一个动态、活跃的事物，作为网络文化重要基础的网络语言，必须有足够的自变能力，才能承载网络文化的丰富性与变化性。

另外，网络语言和网络文化是对一般流行文化的折射，有时也与其他媒体的流行文化相互作用。社会上的一些新现象，其他媒体反映的一些新事物，都有可能很快被网民吸收成为新语汇的素材。

（二）便利、多义、标签、认同：网络语言使用的社交动因

网络语言是在网络互动中形成并使用的，网络语言的特质以及人们使用网络语言的方式也与新媒体社交中的各种需要有关。

> **你怎么看**
>
> 网络语言使用的社交动因主要有哪些？

1. 便利：降低网络交流成本的需要

早期的网络交流是一项高成本的交流，需要支付较高的上网费用。为了节省时间以便省钱，人们往往会采用缩略的办法，如用一些数字或字母来代替原本比较复杂的词。这一点，在英文里特别明显。

从汉字输入来看，大多数网民采用的是拼音输入法，拼音输入带来了重码问题。为了节省时间，或者出于一种好玩的心理，人们会选择同音字（词）来代替原来的字（词）。

虽然现在对很多人来说上网的金钱成本已经不是障碍，但是为了减少时间成本，他们仍然愿意用简洁的语言来进行表达。

---

① 施春宏．网络语言的语言价值和语言学价值［J］．语言文字应用，2010（3）．

② 陈光明．从网络语言缩略语看网络语言的后现代特征［J］．广东外语外贸大学学报，2008（2）．

人类语言的创造运用都存在着经济学中效用最大化的驱动原理，即省力原则（least effort）。[①] 网络语言的发展，更是再次证明了这一点。

2. 多义：复合性表达的需要

很多时候，网络语言看似是对传统文字的简化使用，但从传达的意义来看，它反而更具有多义性，除了字面意思外，很多网络语言都包含了情绪、情感色彩。例如，将“妹妹”演变为读音相近的“美眉”，更容易传达出欣赏喜爱的情绪。又如，相对“单身”一词，“单身狗”这样的表达，也有更多的情绪色彩。

在以文字符号为主的早期网络交流中，情绪的表达手段不像面对面交流中那么丰富，因此网民需要不断挖掘文字符号的潜力，这也是网络语言形成的一个动力。今天虽然网络交流已经有了丰富的手段，但通过文字来传达多重意义，仍是很多用户的偏好。

叠字的使用，也赋予了文字不同的意义，例如，在网络聊天中，“嗯”这样的一个字的表达，通常会被视作敷衍、不礼貌的，人们更倾向于用“嗯嗯”，有时甚至是“嗯嗯嗯”。同样，“哈”被认为是贬义的，“哈哈”可能被解读为“滚”，而五个“哈”的叠用，则表达的是“被成功逗笑”。

在不同心境下，对同样的概念，网民可能会选择不同的语言表达。从一个概念演变出多种不同的表达方式，这也是网络语言的一个特点。

3. 标签：个性彰显、文化区隔的需要

年轻网民是网络语言的主要创造者。他们开放性强，愿意吸收各种文化，又富于想象力与创造力，网络语言给他们的想象力与创造力提供了一个释放的空间，也成为其个性的外化标签。对个性的追求，也会推动网络语言的不断流动。

对于青少年群体来说，使用网络语言更是一种“抗争性”标签，它代表了青少年个体的表演、群体的围观、整体的惯性中逐渐形成、扩散和被“包装”的，具有底层性、弱者武器性质的一种日常软性话语抗争。[②]

但当人们机械地将自己塞到某些流行的网络语汇中，以此彰显自己对网络文化潮流的敏感与追随时，本来作为个性标签的网络语言，会成为个性的摧毁者。语言使用上的惰性，会削弱人们的独立思考与判断。

网络语言也具有一定的群体差异性，不同人群会有不同的使用偏好或语言体系，在不同网络群体或社区中会出现不同的网络语言分支，火星文的出现就是典型的例子。一些网络共同体内部使用的网络语言，也能标识出共同体的某种文化特质，甚至成为一种门槛，特别是对亚文化圈子而言。此外，网络语言还会出现代际的分化。

因此，网络语言并非“一统江山”，差异化的网络语言在一定意义上起到了人群区分的标签的作用。

4. 认同：获得归属感的需要

能否认同并采用某个共同体的文化，关系到个体能否顺利地融入某个共同体，很多时候也需要跨过网络语言这道文化门槛。

使用网络语言，在整体上也表达着一种文化认同，即对网络文化的认同。因此，即使不是出于交流便利等功利性目的，一些网民也会选择使用网络语言。在某些时候，网络语言的

---

① 刘念．网络流行语的语言经济学原则［J］．华中科技大学学报（社会科学版），2004（3）．

② 郑欣，孙天梦．软性话语抗争：青少年公共参与中的网络语言使用研究［J］．湖南大学学报（社会科学版），2021（3）．

具体含义已经不那么重要，采用网络语言这一行动，具有一种宣言性的作用，清楚地传达了一种姿态。

网络语言体现了网络文化的流变过程，也呈现出新媒体环境下语言演变的多种张力。在各种网络文化中，网络语言最直接地反映了网络文化与现实社会的互动，它也成为网络文化与社会文化最灵敏的风向标。

二、表情包：密码、标签、面具

虽然在一定意义上看，表情包也可以看作网络语言的一种，但因为它更多具有图形化符号的特点，与文字为主的网络语言在网络交流中的作用方式还是有差异的，因此，本书将它单列出来讨论。

表情包的定义，有广义与狭义之分。广义的表情包，包含各类用于表达情感、情绪与态度的图形符号、图片或图文组合等，可以是静态的，也可以有动画效果。而狭义的表情包，常常强调图文的组合。本书所讨论的表情包是广义的，因此，它可以体现为简单的图形符号，也可以是真实人像、动漫人物、动物、自然景色等形成的图片，有些还会辅以文字，包括网络流行语。越来越多的表情包以多种元素组合的方式呈现。

随着表情包构成元素以及组合方式的多元化，表情包的意义与作用，也从早期单纯的情感表达，走向多样化。这种多样性，往往与表情包中隐含的多重密码以及编码与解码的复杂与多义有关，这也使得表情包有可能成为各种群体的标签，以及社交互动中的面具。

（一）表情包的意义生产与多重密码

相较文字，表情包更存在多义性，其复杂的意义生产过程，是由编码者与解码者共同完成的。

1. 社会热点与群体文化：表情包生产与使用中的编码与解码

表情包的生产与使用，是一对编码与解码关系。

> **你怎么看**
>
> 如何理解表情包意义生产中的编码与解码？

表情包中每个元素的选择、不同元素间的组合方式，都是生产者的编码过程。

互联网中最早产生的表情符号，是由字符组合而成，其组合规律固定，在使用时也形成了共识，解码者会采用相同的“解读规则”，因此，通常不会产生多义性。但是，当表情包生产走向多元，表情包被赋予了人际交流的情绪表达之外的更多功能时，多数表情包往往会被添加一些其他编码元素或规则。

相较早期的表情符号，近年来表情包生产的一个主要变化在于，大量表情包是随社会热点而生，也因此成为社会热点的一种记录方式。热点事件、话题转换成了表情包中的视觉符号，表情包不再仅仅用于个人的“表情”，也从一个侧面反映着社会的“表情”。当下的热点不能完全满足表情包的素材需求时，生产者会在忆旧中发掘素材，但即使是对这些老素材的挖掘，也带着当下的眼光。

要理解和准确使用这些表情包，不仅要知道表情包背后的那些人与事，以及它流行的由头，还需要理解其中的社会与文化背景，例如“葛优躺”系列表情包背后的“丧文化”等。那些藏在表情包中的“梗”，更是成为一种文化“暗号”，读懂暗号，才能用对表情包。

这类表情包往往是流动的，随时间推移一波波更迭，将各个事件与话题催生的表情包串联起来，可以看到网络文化与社会热点的“行走”过程。即使退出使用，它们也会成为特定社会热点的集体记忆的一种方式，在网络文化史上留下自己的位置。

表情包的生产，还会打上深重的年轻群体的文化烙印。表情包的主要生产者是年轻网民，他们长时间浸淫在各种网络亚文化中，解构、打破规则成为他们在网络中的基本文化特征，因此，年轻网民在表情包的生产中，也会将无厘头、解构等作为其文化底色。很多时候，他们制造的表情包在编码上不会遵循传统表情符号的"表情"套路，某种意义上，打破套路，消解图形原有的意义，正是他们所追求的效果。

近年流行的表情包，多数具有"拼贴"的特点，也就是各种元素杂糅，且这些元素之间常常具有一定的冲突性，组合后会消解各元素原有的意义。

尽管解构是年轻网民自发生产表情包的基调，但网民生产的表情包的编码并没有统一、持续和稳定的规则。一茬茬流行的表情包，更多地是由某些特定由头触发，因击中年轻群体某个时段共同的"敏感神经"脱颖而出，再像病毒一样传染与扩散。尽管会受到外力（如平台、炒作者）的干扰和控制，但总体来看，表情包的发展还是一个"物竞天择"的过程。在这个过程中，有些表情包会继承上一代流行表情包的基因，也有一些表情包会带来全新的编码方式。表情包所依托的群体环境与群体文化也在不断变动中。

除了年轻群体的总体文化属性外，不同的表情包还可能会折射出各种亚群体文化。很多表情包是在特定的社区或群体中产生与传播的，或代表了特定群体的兴趣与趣味，也可能与某些群体的集体记忆有关，因此，一些表情包中还加载了亚群体文化的密码。

使用者对表情包的解码过程，是意义的再生产过程，也是各种符号系统和文化规则混合作用的结果。

即使是对平台提供的基本表情符号，使用者的解码也会产生差异，除了个体本身对图形的理解差异外，解码的更大差异来自群体文化。

2. 心境与情境：表情包发出与接收中的编码与解码

表情包的发出与接收，组成了另一对编码与解码关系，这体现在表情包的每一次使用过程中，在这个过程中起作用的，更多的是个人化的编码规则。

从发出者角度看，作为表情包的使用者，他们会根据不同的心境和情境选用表情包，并赋予表情包"实时"的意义，这是他们对表情包的再编码过程。有时人们的编码是根据网络交流和流行文化的通行规则，有时却在其中埋设了个人的"暗码"，但他们或许并不总是希望这种暗码能完全被接收者破解。因为人们"编码"的不仅是"表情"，很多时候也包含着情绪、态度。前者是外在的，而后者是内在的。有些时候，人们发出的表情包，与他们真实的内心感受未必是一致的，甚至表情包成为掩饰或压抑内心情绪的一种手段。这时，为了交流的顺畅和自己形象的维护，他们更期待对方只接收表情包的表层含义，而不接收内在的情绪。

在接收者那端，也有一个对表情包的解码过程。在不同的语境下，对同样的表情包的解读会产生差异。交流双方的熟悉程度、双方的关系性质、双方所属的群体等更大的交流"情境"，都会影响到表情包的"解码"。

3. 从编码、解码到加密、解密

综合而言，表情包的意义生产，是在表情包的生产者与使用者、表情包的发出者与接收者两组编码与解码过程中完成的。编码与解码中参照的，既有一般的虚拟表情的编码规则，也有阶段性或群体性文化的编码规则，而在每一个使用情境中，使用者个体也会在其中加入个体编码规则，如图 9-1 所示。

- 虚拟表情编码的一般规则
- 阶段性社会热点与流行文化规则及“密码”
- 群体或亚群体文化编码规则及“密码”
- 个体编码规则及“密码”

图9-1 表情包中的多重编码规则与“密码”

与传统大众文化的编码不同的是，这一层层的规则，不仅包括表情包的视觉化编码遵循的法则，还可能蕴含着对深层意义“加密”的密码。因为有些规则并非普适的、主流的，而是小众的、亚文化的，甚至是个人化的，这些非大众化的规则为某些表情包设置了加密“门禁”，并非所有人都能进入它们的深层意义领地。作为在网络环境中形成的开放系统，没有人能统领表情包的规则，因此，每个群体、每个个体都有可能在其中圈出自己的领地，暗中设置“密码”。很多时候，群体或个体并不想让密码公开化，他们希望在表情包这个相对开放的文化领域中保有自我的空间与秘密，要进入他们的空间，首先需要破解密码，也就是理解他们的文化或心理。

经过层层编码与“加密”，看似明快的表情包，其表层意义可能会变得含混，深层意义则被掩藏起来。

（二）作为标签的表情包

当表情包不断进化，表现手段和种类越来越多，编码和解码中蕴含的意义以及暗藏的密码也越来越丰富时，表情包就逐步具有了“标签”的功能。

1.“中老年表情包”：代际区隔的标签

表情包的使用具有显著的代际区隔性，因此也成了一种反映代际特征的标签。

在表现包使用方面，不同年龄的人群会有不同的模式。90后以下的年轻人与60后以上的中老年人群之间，更是形成了清晰界限。不同代际群体对于表情包的编码与解码，也存在显著差异。有时因为这种差异，交流中也可能出现错位。而编码的主导者是年轻人群，中老年人群在这方面是完全被动的。

一方面，90后、95后、00后等年轻人群，用“中老年表情包”来调侃中老年人群的“传统”与不入流，另一方面，他们又可能主动使用这类表情包，他们可以赋予任何表情包自己所需的意义，哪怕这些表情包本来是他们“分配”给中老年人的。相反，那些试图用年轻人常用的表情包与孩子互动的中老年人，往往收获的不是认同，而是孩子们更大声的嘲笑。

“中老年表情包”其实也是年轻群体表达其优越感的一个标签。“中老年表情包”这个词并非由中老年人群自己创造，其实是年轻人群为其身份认同而制造的一个标签。因为年轻人群使用的表情包种类繁多，有很多子集，很难用同一个标签来界定，反倒是“中老年表情包”这个例外更容易成为年轻群体整体身份认同的否定性标签。

值得关注的是，一些表情符号（包括一些文字表达，如“呵呵”等）的原有含义被年轻网民颠覆，进而反逼一些中老年人放弃这些本来正面意义的表情符号或表达，这体现了年轻群体对网络话语权的"重构"。通过对表情包、表情符号的再解释，他们将虚拟社交中的"意义定义权"转移到自己的手中。

2. 小众表情包：群体认同与群体文化的标签

即使是90后、95后、00后这些同属年轻人群的群体，在使用表情包时也会有差异，不同文化取向的群体，也会有不同的使用偏好。在一些群体中也会出现自己独有的小众表情包。

网络中的一些松散社区会逐渐发展成为有明确认同意识的群体，群体认同意味着需要给群体设置边界，但今天的一些网络群体，特别是某些具有文化共通性的群体，已经无法通过社区空间来圈定，这就需要一些新的边界。表情包作为一种普遍使用的交流符号，可以简单明了地识别，作为一种边界设定方式，也就具有可行性。

3. 表情包大战：政治态度与政治行动的标签

在一些时候，表情包也成为年轻网民的一种表达手段，成为恶搞、抗争的方式，其中也不乏政治性意味的行动。例如在"帝吧出征"事件中，表情包作为一种独特的政治表达方式，得到淋漓尽致的运用。在粉丝民族主义的其他集体行动中，表情包也成为一种新的"武器"。

在各种图像文本中，表情包有丰富的生产素材，可以灵活地进行图文组合，有可以模仿的生产规则，技术门槛低，易于传播，容易形成对抗与竞争，因而也成了视觉行动主义机制的一种重要手段。积极参与表情包大战，成为某些群体政治立场与属性的一种外化标签行为。

在特定时间内，追随使用某类表情包，也会传达出使用者的某种政治态度与立场。作为一种外化的标签，把表情包作为政治表达的手段，更为直接，也更容易相互传染。

（三）作为社交表演面具的表情包

从表情包的"公共密码"中，我们可以解读出它们与社会热点、大众文化及群体亚文化、政治等的关系，对作为社交互动手段的表情包，我们还需要关心它在社交中的使用。

从社交角度看，最意味深长的，是人们在每一次使用表情包时加载的那些个人密码。经过了个人编码的表情包，在一定程度上成了人们社交互动时的一种面具。

相比文字，表情包更适合表演，它去除了咬文嚼字的麻烦，抽象为可以信手拈来的脸谱，同时又因为其编码与解码的多义性，可以使发出者和接收者各取所需，发出者可以用其掩藏自己的不良情绪，接收者可以从中进行积极解读。与真实的表情相比，表情包可以承载更多的含义，也更容易控制。在网络互动中，它已成为一种不可替代的表演手段。

在基于表情包的表演中，我们常常会看到柔化、夸大、伪装、敷衍等表演情形。

1. 柔化性表演

在日常交流中，文字交流会更多呈现个人的棱角甚至锋芒，有时这也是引发摩擦与冲突的缘由。而表情包可以将人们的棱角柔化，就像拍照时的柔光滤镜一样，这也是一种自我形象的"美颜"。对于那些在他人眼里一贯严肃、高高在上的人来说，表情包的使用有可能瞬间让他们变得亲和、接地气。在文字交流出现问题的情况下，改用表情包，也可能会缓和气氛。

2. 夸大性表演

相比文字输入，表情包的发送更为简便，因此，人们在使用表情包时会显得十分大方，常常可以一口气抛出一连串表情符号，从表面来看这代表使用者情绪饱满、强烈，但有些时候它或许是真实情绪的一种夸大。这种夸张的使用有时也是为了在互动特别是群体互动（如微信群）中引起他人的注意。

3. 伪装性表演

作为面具，表情包在某些时候不仅可以弱化人们的锋芒，还可以掩饰人们的真实心情，对心情进行"美图"。在私聊、群聊中不断弹出的各种"积极正面"的表情包背后，或许隐藏着大量负面情绪。人们之所以需要对自己的心情进行"美图"甚至伪装，常常也是为了在虚拟社交的表演中维系自己的良好形象，以赢得更多社会资本。相较于文字，以图形、图像等为主的表情包更具有伪装性。

4. 敷衍式表演

使用表情包的另一种可能，是对交流漫不经心但又不想得罪对方，抛出表情包可以延续互动，这是一种敷衍式的表演。相比文字表达，表情包不需要动太多脑筋，可以用低成本维持交流。

当然，表演或面具，都并非贬义，它们都是交流策略的体现。对网络互动来说，任何人都可能需要利用表情包来承载适合自己的交流策略。

表情包是一种编码复杂的符号系统，也是一种行走的网络文化。未来，无论是充当个人的面具，还是作为群体的标签，或是作为社会的表情方式，表情包的表现形式与承载密码还会不断演变。同时，像网络语言一样，表情包也在迂回包抄中，图谋着网络亚文化的突围。

三、自拍：一种纠结的自我技术

英文的自拍一词为"selfie"，它最早出现在2002年澳大利亚一个互联网论坛上，当时它是一种网络语言，经常在网络博客中用于表述上载拍摄自己的照片这一行为。2013年11月，《牛津英语词典》将"自拍"（selfie）选为年度热词。①

今天我们常说的自拍，主要是指通过智能手机、网络摄像头等拍摄自我形象并上传到社交网站的行为。这里说的自我形象的拍摄，既包括人们自己手持设备进行的自拍，也包括被拍摄者操控他人完成的自我拍摄——虽然设备在他人手上，但被拍摄者占据了主导权，所以它也是一种自拍行为。是否在社交平台分享，也是界定自拍行为的一个核心要素，是网络时代的自拍区别于传统自拍的重要特征之一。

（一）自拍与"在场"："我拍故我在"？

从技术上来说，自拍可以通过"在场"来强化人们的自我存在感和自我表达意识，对此，一种普遍的观点是："我拍故我在"。但"我拍"果真一定会带来"我在"吗？

在一定意义上，自拍的确是个体自我意识增强的体现，人们开始试图挣脱外在的摆布，自主地决定自己的存在方式。同时，以昭示某种现实空间中自己身体的"在场"，来彰显其存在感。

尽管网络给了人们"虚拟在场"的可能性，使人们可以实现"无所不在"，但自拍这样的证实自己身体在场的方式，仍然必要，甚至变得更为重要。因为，身体在场的背后，暗含着某种可以炫耀的能力或资本。

自拍的另一种用处，是不在现场也能制造出在场的效果。通过拍摄角度、道具、后期修图等辅助，人们可以假装在某个现场。在场的那些心理满足，同样可以通过假装在场的方式获得。

自拍看上去强调了"在场"感，但却可能将自拍者的注意力从真实的现场转移开。为了自

① 英国牛津字典选出年度热词：Selfie（自拍）[EB/OL].（2013-11-21）[2023-05-15]. http：//www.china.com.cn/v/news/2013-11/21/content_30659745.htm.

拍，人们不断地盯着手机屏幕，不断地调整自己的表情、拍摄的角度，而这往往削弱了他们对现场真正的感受、体验或参与。在博物馆、旅游景点、会议等现场，这样的情形屡见不鲜。因自拍而失去对环境的观察导致的悲剧事件，如失足身亡，也时有发生。因此，所谓的在场只是影像化的、数字化的、人们呈现的在场，更多的是为了在社交平台中吸引人们的注意力，在真正的现场，反而可能呈现一种“缺席”状态。

为证明身体在场，却造就了某种意义上的“缺席”，这是网络时代的一种空间悖论。

在社交圈发自拍照，也是强调自己在社交圈中的“在场”。即使自拍照不完美，甚至某些时候是扭曲的，但作为一种自主的自我展现方式，也可能会引发他人的关注。

对某些人来说，这甚至变成了一种仪式，有些人会每天都履行这一仪式。但是当人们对这种仪式熟视无睹时，这种仪式也就退化为一种纯粹的个人的行为艺术，甚至可能引发他人的负面情绪，被人“拉黑”。强调自己在社交圈的“在场”，最终在他人眼里却成为一种可以自动无视、屏蔽的背景，在场消失，这是另一种悖论。

自拍中真正“在场”的，不仅有个体的身体与“自我意识”，还有个体从他者角度进行的自我审查与评价，尽管这种审查与评价未必是准确的，但它会时时起到干扰作用。因此，自拍表现出来的“在场”方式，常常也是被环境与他人建构的。

(二) 自拍与自我建构：“三重自我”的调和与冲突

自拍强调的“在场感”，不仅仅是为了“存在感”，也是为了社会互动环境中自我形象的建构，如戈夫曼所说的社会性表演。

网络中的表演手段很多，但文字这样的传统的表演手段，具有多义性，在形象塑造上，未必总能如愿，有时效果甚至适得其反。让自己的形象成为表演手段，有时更为直接、有效，也吻合了这个“颜值即正义”时代人们“看脸”的需求。

通过自拍完成社会性表演或印象管理，往往会考虑自身形象、合拍对象、时间、环境、其他道具等各种要素。

作为表演或印象管理的一种方式，自拍既在传达自拍者对自我形象塑造的意愿，也在通过别人对自拍照的评价，在与他人的关系（包括群体的关系）中，来评估自我及其社会关系。因此，自拍反映的是个体的自我建构过程，这种过程并非封闭的，而是在社交平台上与他人的互动过程中实现的。

第七章提到了自我建构的相关理论，特别是三重自我建构的关系。国外学者戴娜·博伊德(danah boyd)①认为，自拍可被视为印象管理的一种，它包括身份认同的三个方面：第一，我所理解的真实的自我；第二，我认为的他人的眼光；第三，在他人眼中，我希望被如何看待。② 尽管她所说的三个方面与三重自我建构并非一一对应关系，但它们也与三重自我建构相关。

自拍及晒自拍照的行为，是三重自我相互关照、相互博弈的过程。人们首先通过自拍来塑造“个体自我”，然后在社交平台中，通过晒自拍照来进行“关系自我”或“集体自我”的建

---

① danah boyd 是一位美国的社交媒体研究者，微软研究院（Microsoft Research）的合伙研究员，数据与社会研究所的创始人兼院长，以及纽约大学的客座教授。对于选择姓名首字母小写的原因，她在自己的网站上做了详细的解释。简单来说，一是因为她觉得 danah 的拼写有一种平衡的美感，而 Danah 则没有；二是因为她反感大写的做法，她认为这是一种自以为是的行为。

② 福斯曼，田依雨．“鸭唇”与装酷：四所瑞典学校的 13 岁学生自拍现象的社会符号学和社会性别分析 [J]. 新闻与传播研究，2014（S1）．

构，寻求“关系自我”和“集体自我”方面的积极回馈。但是，社交平台中亲密关系和其他社会关系的反馈，未必总是对个体塑造的自我的肯定，反而可能是负面的评价，这时个体往往需要通过一定的调整，例如删除自拍照或调整自拍策略等，来改善“关系自我”和“集体自我”的形象。在这个“展示—获得反馈—自我调节”的过程中，个体在不断地试图调和三重自我的关系。

自拍及晒自拍照，也为个体对自己社交对象的关系属性或亲密程度进行判断提供了一种中介，其依据往往是他人对自拍照的反应和评价。

对于某些人来说，以符合自己所属群体的审美与价值取向的方式自拍并分享在社交圈子，也是获得群体归属感的一种方式。

自拍进行的自我建构，不一定都会达到如期效果，而可能会出现各种偏差与冲突。

1.“我所理解的理想自我”与“他人眼中的自我”间的偏差

个体的自拍往往是为了塑造理想的自我，但有时“我所理解的理想自我”与“他人眼中的自我”会存在偏差。从一些自拍照引发的风波中，我们常常会看到这种偏差。出现偏差的原因包括：情境抽离导致的理解偏差，社会角色期待与自拍形象间的错位，情绪的错位等。

2. 自我放大后对他人形成的压迫感

自拍的目的常常是试图建构一个自认为理想的个体自我，并以此对关系自我和集体自我的建构起到积极作用。但在现实中，对后两种自我来说，自拍未必一定会起到正面的作用，有时反而会成为一种障碍。当自拍逐渐成为自恋的一种代名词时，它对人际关系的损伤，对人们在集体中的形象的影响，或许会超出自拍者的预期。

尽管多数时候人们的自拍都是为了建构理想的自我形象，但某些时候，自拍也可能成为自我形象的一种解构，例如，自拍丑照。这既可能是表达个性、个人态度的一种方式，也可能蕴含着某些政治性或艺术性目的。

自拍是“自我”的一种建构，自拍也存在着个体差异，它未必一定带来个性的张扬。从审美角度看，自拍也会带来个性的抑制或削弱，很多女孩的自拍照看上去像是同一个人，锥子脸、巨大的眼睛、无比光洁的皮肤，这往往归功于自拍神器、滤镜、美图软件等的修饰。这些修饰性工具，既是对流行审美的一种呼应，又反过来加强了审美的趋同。从总体看，自拍越来越变成趋同的面具下的表演。

（三）自拍与自我认同：基于身体的表演

知识窗

自我认同

自我认同概念起源于埃里克·H. 埃里克森（Erik H. Erikson），虽然心理学领域的自我认同研究，关注的更多是青少年社会化阶段中自我认同的形成，但自我认同过程其实会一直伴随着个体。自我认同是指在个体的生活实践中，通过与他人及社会进行能动互动，以及通过内在参照系统形成自我反思，使行为与思想逐渐形成并自觉发展成一致的状况。

自我认同研究的另一个代表人物安东尼·吉登斯（Anthony Giddens）更关注的是“现代性”与“自我认同”的关系，他尤其注意到了“身体”与“自我”之间的关系。他指出，身体并非一个简单的“实体”，而是被体验为一种应对外部情景和事件的实践模式……对身体保持规训，是优秀的社会能动者固有的一种能力……对身体的惯常性控制，既是能动的一种内在本质，也被他人接受（信任）为个体的一种能力。① 在他看来，身体成了自我反思与社会互动的一个中介，为自我认同提供了一种实践模式。

自拍提供了新的身体表演方式，也给“身体”带来了新的应对外部情景和事件的“实践模式”。即使人们的身体实体不能随时调节，但通过自拍的设计与美化，它也可以更好地配合或回应外部的情景。

吉登斯还指出，大规模对形体外表进行自我陶醉式保养的运动，所表达的是深埋于内心的、欲主动对身体进行建构和控制的一种忧虑。②

在现代社会，对身体的保养和控制已经成为社会性表演的一种重要形式，特别是公众人物以及中产阶层等社会阶层。对身体的控制某种意义上成为他们彰显自己的生活优越感、自我意志力和成就感的方式。但对于多数人来说，身体的控制需要很高的成本和自我控制能力。而自拍加上美图，将这样一种身体的控制和表演虚拟化了，控制成本因此变小。

自拍可能会创造出一个与现实自我发生越来越大分离的、依托于美化后的身体形象的、如吉登斯所说的“虚假自我”，且在个体生活中不断弥散。虚假自我与现实情境的冲突可能会逐步加深，他人也会日渐对其“虚假自我”的表演感到厌倦、排斥。

（四）自拍：权力的规训还是自我的规训?

福柯认为，技术有四种：生产技术使我们能生产、转换或操纵事物；符号系统技术使我们能够运用符号、意义、象征物，或者意指活动；权力技术决定个体的行为，并使他们屈从于某种特定的目的或支配权，也就是使主体客体化；自我技术使个体能够通过自己的力量或者他人的帮助，进行一系列对自身身体及灵魂、思想、行为、存在方式的操控，以此达成自我的转变，以求获得某种幸福、纯洁、智慧、完美或不朽的状态。③ 权力技术也可以说是一种支配技术（technologies of domination）。支配技术通过运用规训权力来对个人的行为进行定义与控制，使其服从并达到一定的目的，从而使个体过上有益的、温顺的实践生活。在福柯看来，自我是通过支配技术和自我技术共同作用所建构的结果。④

福柯还指出，自我技术是存在于一切文明中的对个体进行建议或规定的一系列措施，为的是按照某些目的，通过自我控制或自我认知的关系，去确定个体的身份、保持这种身份或改变这种身份。⑤

虽然福柯主要研究的是古希腊时期的自我技术，如给朋友的信与自我揭示、对自我与良知的审察、自我修炼、梦的解析⑥，但今天网络给予人们的各种自我审视与控制手段，也都可以视为自我技术。

在福柯的研究中，将“权力技术”视作“自我技术”的对立面，权力技术的目标是对个体进行规训，而自我技术则试图使个体能够“自我构成”，而不是“被构成”。但今天，包括自拍技术在内的各种自我技术，却让我们看到了权力技术与自我技术间界限的模糊。在拥有了种类

---

① 吉登斯．现代性与自我认同：晚期现代中的自我与社会［M］．夏璐，译．北京：中国人民大学出版社，2016：52－53.

② 同①7.

③ 福柯．自我技术［M］．汪民安，编．北京：北京大学出版社，2016：53－54.

④ 李姗姗．福柯的自我建构理论及其教育意义［J］．东北师大学报（哲学社会科学版），2008（4）.

⑤ 同①13.

⑥ 同①81－88.

繁多、力量强大的自我技术的今天，自我技术似乎并没有推动个体实现对自我的灵魂、思想、行为、存在方式的操控，也未必帮助人们获得了“自我控制的自由”，反而在某种意义上，与权力技术纠结在一起，共同完成对个体的规训。

个体的自我规训变得频繁，在很大程度上是因为社会化媒体的普及。社会化媒体在今天也成了一种新的圆形监狱，通过这个圆形监狱进行监视的，不仅有权力，也有他人，以及个体自身。包括自拍在内的个体的表演，总会在这种被监视与自我监视下进行。个体会时时通过他人的评价来进行自我评价与调整。

于是，我们便看到了一系列的纠结与矛盾：

虽然自拍强化了个体的“在场感”，但这种“在场”往往是为了给别人看的，“在场”意义的评判，也主要来自他人。

自拍传达了个体的自我建构愿望，也直接表露了他们对理想自我的设定，但这种建构会更多受到他人与环境的影响，社会化媒体的互动会加剧三重自我的冲突，而“关系自我”“集体自我”这两者对“个体自我”的作用会加深。

自拍是一种自我认同实践，但这种主要基于身体表演的自我认同过程，也时时会受到外部力量的规训，这既与整个社会环境的阶段性要求有关，也与他人的反馈有关。个体也可能沉迷于由自拍表演构成的“虚假自我”中，但这种逃避并不能拯救自我，反而会加深现实世界与虚拟世界之间的冲突。

今天的自拍者的自拍，的确是一种新形式的自我技术，它也能在身体、行为、存在方式层面实现如福柯所说的能达成自我转变的一系列操控，但这种操控更多地不依赖人们的伦理原则、意志和控制力，也往往不会达及灵魂与思想层面，也难以使人们成为欲望与快感的主人，反而可能在某种程度上通过这些简单的、无需意志力的个人技术，使人们进一步被物化的世界和他人的评价所“构成”。看上去自由的“自我构成”与“自我转变”，更多时候还是为了迎合物质化世界和外部力量的规训。自我技术，在变成另一种自我的“支配技术”，也带来了多重的自我纠结。

带来自我纠结的自拍，并不是唯一的进行自我规训的技术，其实，今天社会化媒体的种种个人表演手段，与自拍都有异曲同工之处。无论是选择文字、语音还是影像进行表达，无论是选择强关系还是弱关系平台进行社交，人们在获得前所未有的自我表达空间的同时，社会环境及互动环境对他们影响的广度与强度也是前所未有的。自我表达的强度越大，外部调节的力度也可能越大，三重自我之间的相互制约及冲突也可能越频繁。

四、美图：幻象与驯化

今天是一个自拍的时代，也是一个盛行晒图的年代。虽然这很大程度上归功于带拍照功能特别是前置摄像头的手机，但如果只有手机，而没有美图软件，晒图恐怕也不会像今天这样流行。

美图软件的出现，让个体（特别是普通个体）在社交空间找到了更多存在感，也使得作为自我表演手段的影像，得到了前所未有的应用。尽管美图制造的似乎更多是“幻象”，但为什么人们仍然沉迷其中？幻象的背后，是否隐含着现实的“自我”？美图中看似自由的自我表达，是否真的那么自由？这些都是需要我们深入探究的问题。

（一）“颜值即正义”时代的技术赋权

对普通人来说，美图是专门为社交平台准备的。最常见的美图，是对自我形象的“美颜”，与之相呼应的，是“颜值即正义”这一新的“时代口号”。

颜值在今天之所以被放到格外重要的位置，除了审美上的需求外，另外一个原因是，人们认为它与身体一样，是衡量一个人的自我管理能力与自我控制能力的一个标准。

通过化妆、美容、健身等来获得更高的颜值，在今天已成为可能，颜值不再只是爹妈给的，而更多的是自己后天努力获得的。公众人物、中产阶层等，更是希望在对身体的控制方面，体现出他们的意志力与行动力，这也可以彰显出个人或群体的某种优越感与成就感。

但这样的身体控制毕竟成本比较高，而美图软件为颜值提升提供了“投机取巧”的可能，也使得更多的人有可能参与到颜值与身体控制的竞赛中，特别是在虚拟的社交平台上。

容貌不仅是身体的一部分，更是最具代表性的身体符号之一，“高颜值”通常更有利于社会资源的获取。今天，人们的社会互动越来越多地是在虚拟空间而非实体空间中进行的，对于人们社会资本和资源的获取来说，“数字化颜值”占有了更大的权重，对数字化颜值的美化，也就变得格外重要。

从这个角度看，美图也是一种技术赋权，它使普通个体也拥有了让自己的形象得到美化并以此谋求社会空间中存在感的可能。

带有美图功能的直播、视频软件的流行，也带来了一批在直播或短视频平台靠颜值走红的“网红”，虽然他们不像靠文字和思想取胜的“大 V”那样具有公共话语权与影响力，很多网红也引发了争议与质疑，但至少，对于草根来说，这给他们提供了另一种获得社会关注的途径。

以往关于网络技术赋权的研究，主要关注的是网络时代公共领域、社会参与语境下个人政治权力的提升，但技术对个体的赋权并不仅限于此。个体的权利与权力，不仅体现在公共参与方面，也表现在其自身的生存与发展上。个体在社会空间中存在感的提升、获取社会资本能力的提升，也是其权力提升的一种体现。美图虽然带有修饰甚至虚假的成分，但对某些群体来说，它带来的存在感却是实在的，甚至可能是他们用其他方式难以获得的。

（二）幻象与现实

美图不仅可以提升人们的存在感，也在一定意义上帮助人们描绘出心中“理想自我”和“理想生活”的幻象。

在社交互动中，人们更愿意展现自己良好的一面，也会在“表演”中美化自己，因为这更有可能带来积极的回馈。通过美图软件对生活场景进行美化，也是为了将其中那些不尽如人意或不想示人的“后台”部分淡化，而突出那些自己更在意或者希望被别人欣赏的部分，将之展现在“前台”。

除了对比度、亮度调整等常见功能外，生活场景的美化很大程度上依赖美图软件的滤镜功能。滤镜的作用是给图像加上某些特殊效果。每一种滤镜都可以赋予图像不同的视觉和心理感受，它不仅可以使图像在视觉上更符合创作者的需要，也可以使图像产生创作者所需要的某种情调，进而呼应某种外在的文化符号标签，而后者更有可能使人们获得心理满足，这同样制造了一种幻象。

美化过的图像，与位置设置的结合，能制造更大的幻象。基于图像的表演，也更容易带来社交平台的互动。晒照片的人收获了自我的美好幻象，点赞的人在为获得未来的社会资本回报进行投资。尽管不一定每个社交好友都会为美化后的图像点赞，但这也成为关系识别的一种方式。

经过美化的自我形象或生活，终归是一种幻象。为什么人们明明知道这是幻象，仍然沉迷其中？

从心理角度看，一方面，美图的目的是试图给自己更积极的暗示，甚至表达的是期待能自我实现的预言。心理学的“自我效能”理论也指出，对自己能力与效率的乐观信念可以获得很大的回报。[①] 美图作为一种自我激励方式，简单、直接，有时还的确有效。另一方面，美图也在试图影响他人对自己的看法，希望别人给予自己更积极的反馈。以往的心理学研究，无论是查尔斯·霍顿·库利（Charles Horton Cooley）的“镜中我”，还是乔治·米德（G. H. Mead）的符号互动论，都强调人对自我的认识与评价是来自他人的看法。[②] 通过美化后的图像来获得他人的肯定（无论这其中有多少出自真心），有可能带来更积极的心态。

人们拼命以美图的方式来制造幻象，另一个原因是社会比较的驱动。在一定意义上，社交平台上人们分享的美化过的图像，是一种暗藏的社会比较竞赛。

过分的美图与自我修饰，也可能走向期待效果的反面。

沉浸于自己制造的幻象中甚至渐渐混淆现实与幻象，不仅会使个体的自我认知和环境认知产生偏差，还可能削弱其现实的行动能力。

过分的自我修饰，也可能会影响他人对自己的信任度。美图与真实个人形象的反差，也可能引起他人的反感。

美图所带来的社会比较的刺激，也可能让他人产生“羡慕嫉妒恨”，这同样会使“我心目中理想的我”在他人那里带来反面的效果。

美图等制造的不仅是个人化的幻象，也可能会弥散为一种社会化的幻景。从媒介的角度看，社交平台人们分享的内容，正在建构一种新的“拟态环境”。相比过去媒体所生产的“拟态环境”，网络时代每个人都可能参与社交平台的拟态环境建构，他们提供的多样视角下的多元内容，可以覆盖更广泛的社会层面，这样的拟态环境似乎应该离现实更近。但事实上，多数个体的社交账号，所呈现的是经过挑选、修饰与编排的信息，它们仍然是对现实的一种“再构成”。而美图的运用，更使得社交平台弥漫着真假难辨的图景，有时人们甚至会“入戏太深”，分不清现实与“戏”之间的差异。在现实与幻象之间摇摆的个体图景汇聚于社交平台，最终所呈现的社会景观，自然也难免是虚虚实实的，很难完整还原社会的真实面貌。

（三）镜像与凝视

尽管很多时候美图是一种经过修饰的幻象，但它依然有着现实的基础，折射着人们对理想的自我形象的认知。

从个体的心理需求角度看，对个人形象或个人生活图像的美图，是自我期待的外化，也是一个自我建构的过程。

前文已经指出，个体的自我建构是“个体自我”“关系自我”“集体自我”三者相互博弈的过程，美图也是如此。

自拍和美图常常与“自恋”联系在一起，这意味着它们首先被当作“个体自我”建构的重要手段，它们让人们的自我认知外化为自我展现和自我欣赏。美图更是可以让人们随时按心目中理想的“个体自我”来润色自己的形象与生活，沉迷于对“个体自我”的反复修饰中。同时，通过美图来美化自己，也是在试图引导“他人眼中的我”向更好的方向发展，尽管有时可

---

① 迈尔斯．社会心理学［M］．8版．侯玉波，乐国安，张智勇，等译．北京：人民邮电出版社，2006：41.

② 同①32.

能效果适得其反。

美图在很大程度上也是“关系自我”和“集体自我”的建构过程。这个过程可以用雅克·拉康（Jacques Lacan）的凝视理论来进一步解释。从凝视理论角度来看，自我的完形是通过观看、通过对镜像的凝视完成的。在主体对镜像的观看中，不仅有属于想象界的自恋性认同，还有属于象征界的他者认同。前者形成的是理想自我，后者形成的是自我理想；前者是对自己或与自己相似的他人形象的看，后者则是以他者的目光来看自己，按照他人指给自己的理想形象来看自己，以使自己成为令人满意的、值得爱的对象。① 拉康还认为，如果我们像瓦莱里笔下的帕尔克那样，当面对一面镜子时，以为是我看见自己在看着自己，那么这只是一种幻觉。真相是，我总是根据他者的凝视来观看自己，当我以为是我看见自己在看着自己时，其实是他者在看着我。② 也可以说，自我的凝视，或多或少折射着他者的凝视。

美图的图像，在一定意义上扮演着镜像认同中的镜像装置的角色。个体对图像的美化方向，一方面，表达了理想自我的设计，另一方面，假想的“他者”（无论他们的真实想法与评判怎样）的眼光时时会干扰着个体，他总会自觉不自觉地在美图中设想如何去迎合他人的评判。与镜子不同的是，美图可以轻易地做出修改，这样就可以把理想自我与自我理想更精确地表达出来，也可以不断地做出调整。美图虽是以“个体自我”为出发点，但总是或多或少调和进了“关系自我”与“集体自我”的色彩。

（四）文化消费与驯化

美图也是今天一种典型的文化消费方式。使用美图，在一定程度上也是在参与一种大众文化消费竞赛。但这种竞赛的结果，未必是个性的“锐化”，反而可能是个性被磨蚀。

日常美图与晒图的过程中，个体也会或多或少遭遇来自消费文化的驯化力量。

美图看似是为了自我取悦和自我满足，但正如让·鲍德里亚（Jean Baudrillard）所说，消费社会里，无论在何处，个体首先被邀请进行自我取悦，讨好自己，很自然，人们正是在讨好自己的同时才获得了讨好别人的机会。在此基础上，也许自我满足和自我诱惑本身就能完全取代客观诱惑的合目的性。诱惑的事业在某种完美的“消费”中转向了自身，但是它指向的仍然是对他人的恳请。③ 美图用一种低成本的方式满足了自我取悦的目的，又同时指向对他人的恳请。相比男性，女性显然会在美图上花更多的时间，因为“自我满足的邀请尤其是针对女人的”④。

尽管人们总认为自拍与美图将网络时代的“自恋”推向极致，但如鲍德里亚所说，消费社会中个体的自恋，并不是对独特性的享受，而是集体特征的折射。⑤ 当代社会系统更有效地依靠的，是一种无意识的一体化调节机制……消费是用某种编码及与此编码相适应的竞争性合作的无意识纪律来驯化人们。⑥

通过美图，人们直接将他们对流行的价值观与审美趣味的理解，编织在个人的图景中，展示在他人面前。美图的比拼，在一定程度上是人们对大众文化及其编码规则的理解与展现能力的比拼。在整个社交平台上，在人际的相互传染、群体的审视以及马太效应的作用下，一些编码规则和文化趣味被放大、弥漫，变得更为流行，成为更多的人以后的参照，而一些小众的或真正个性化的趣味逐渐被吞噬。

---

① 吴琼．他者的凝视：拉康的“凝视”理论［J］．文艺研究，2010（4）．

② 马元龙．拉康论凝视［J］．文艺研究，2012（9）．

③④⑤ 鲍德里亚．消费社会［M］．刘成富，全志刚，译．南京：南京大学出版社，2014：79.

⑥ 同①78.

作为具有一定赋权能力的技术，美图是让人们更自由地表达了自我，还是反之？从使用的原动力来看，美图更多地代表了人们的自我意识，它使人们以展示自我形象与自我生活的方式进入公共空间，获得更多存在感与表达权，提升自我建构中的“个体自我”的分量。但随着时间的推移，一些人或许会在与他人的美图交换、美图竞赛中，越来越受到他人眼光、群体压力以及消费文化的影响，美图成为不断自我审查、自我修饰以迎合他人与社会环境的过程。美图既传达了个体的现实自我及其理想自我幻象，又深深地隐含着个体被环境驯化甚至将其内化为自我驯化的无奈。

五、恶搞与鬼畜

恶搞已经成为网络平台的一种重要亚文化现象。在中国的网络环境下，恶搞文化的早期特征是反主流的，它以对主文化的嘲讽、颠覆、解构为基本任务。从参与的主体看，它以平民为主，因此又是与精英文化相对应的。

“恶搞”一词来自日语 kuso（日语“くそ”）。kuso 可做名词，意为“粪”；可做动词，意为“不那么善良地对待某事物”；还可做形容词或副词，意为“非常搞笑”。这个词由日本的游戏界传入台湾，继而传到香港并扩散至内地，意义也逐渐拓展。

网络恶搞的手段是多种多样的，文字、图片、视频、音频等都被网民当作了恶搞手段。

在网络恶搞方面，《一个馒头引发的血案》是一个早期的典型案例，它是曾经当过电台音乐主持人、原创音乐制作人、音乐录音师的胡戈为表达对陈凯歌拍摄的影片《无极》的不满与调侃而制作的一段恶搞视频。在“馒头”事件后，恶搞日益成为网络中的常态。

（一）恶搞：一种另类的内容生产与表达

恶搞本身是一种内容创作方式，但与其他创作不同的是，多数时候它是有一个明确的靶子的，这也是“搞”的对象，它可能是某个作品（尤其是经典或权威作品）、公众人物，也可能是一个草根，如果是草根，可能在恶搞作品前已经为网民所熟悉。

寻找具有一定知名度的靶子，使得恶搞作品一开始就可以蹭上靶子的热度，这为作品的传播提供了基础。

在很多情况下，恶搞的作品只是某种外壳，它的内核是意见、态度的表达，也包括审美情趣、价值观等的表达。

恶搞不仅给了人们表达机会，也给了人们释放可能。就像人们往往需要用暴力方式来发泄自己一样，网络恶搞是另一种形式的“暴力”，有时这种暴力不是简单针对某一个恶搞对象，而是针对大的社会环境。很多参与恶搞的人都有特定的心理释放诉求，恶搞作品本身往往是他们满足这种诉求的载体。当然，这种情绪释放所导致的暴力，也常常伤及无辜。作为网络暴力的恶搞，是值得警惕的。

（二）挑战，抵抗，抑或表演？

在社会文化领域，长期以来，文化产品的生产一直由少数专业人士垄断，大量普通人即使不认同这些文化产品，由于无法获得大众传播渠道，也就无法表达个人意见，传播自己的作品，他们一直处于主文化的抑制之下。因此，一旦有机会，他们就会用自己的方式发起对主文化的挑战。恶搞便是其中的一种方式，这种挑战虽然是以破坏性为特征，但是，它试图打破主文化的“一言堂”，有时也会给文化生产带来活力。这是一种大众或“弱者”在文化或象征意义上的抵制，是他们给自己创造出的行为或决定的自由空间。①

恶搞不仅是针对主文化的，也是针对过于单一的文化模式的，它表达了人们对于文化多元化的一种追求。

但有研究者指出，我国的网络恶搞作品中，真正包含挑战权威特点的作品很少。大多数是为了恶搞而恶搞，或是自我表达的一种方式，并没有构成所谓“抵抗性”。②

也有研究者认为，由于恶搞文化的寄生性以及受到的政治、经济因素限制，恶搞者的抵抗和表演越来越带有出名和牟利的动机。③

作为亚文化的一种，恶搞作品常常会被放在与主文化的关系下进行分析，但在参与恶搞作品生产的人越来越多元的情况下，很多恶搞作品已经脱离了主文化这一参照系。很多人并没有明确的对主文化的挑战或抵抗意识，他们参与恶搞的原因只是因为恶搞作品好玩、容易上手、容易受关注，其中一些人也难免有谋利的诉求。

（三）集体化的娱乐活动

在整个大众文化以及传媒业娱乐化的潮流之下，恶搞也成了一种娱乐方式。事实上大多数网民进行恶搞时，并没有反抗主流文化的自觉意识，更多的是在娱乐心态推动下的一种游戏。很多恶搞只不过是以调侃、解构的方式，来刺激人们的想象力与创造力，在这种颠覆中获得娱乐快感。可以说，恶搞顺应了大众文化的娱乐化走向，同时又在某个方面推动了这种走向。

恶搞这样一种娱乐化方式，往往是集体性的。

恶搞作品、恶搞话题，是人们在新媒体平台互动的一个“触发装置”，恶搞文化可以让人们放下现实世界里端着的庄重的架子，让人们用轻松游戏的方式参与交流。恶搞甚至已经成为某些社区的重要文化特征。如果人们不能适应这些社区里恶搞这样一种基调，可能就难以适应这个社区的生存。

尽管很多人参与恶搞是对过于单调的文化模式的一种“反动”，恶搞似乎一开始也是在鼓励多元化和自由表达，但是，当恶搞成为一种时尚时，更多的人采取盲从的态度与行动。很多人只是为了获得认同感与归属感而加入恶搞创作，他们的作品，更多的只是对他人的一种简单模仿。在恶搞中也会出现新的“主流趋向”或“主导者”，越来越多的人会因为各种原因追随这些主流或主导，这就有可能使恶搞最终又回到了它的对立面——文化的趋同与单一化。

（四）恶搞文化的破坏性

恶搞文化的破坏性特点，也决定了它会带来很多消极影响。这主要表现在：

其一，对个人隐私权、名誉权、肖像权等的侵害。恶搞往往要竖立靶子，这些靶子包括某些个人。PS 某些人的照片来实行恶搞，对某些人的言行进行戏谑与嘲讽，把恶搞对象的个人资料“挖”出来公之于众，这些方式，虽然使恶搞者得到了释放和娱乐，但是，被恶搞者却可能因此在身心上受到伤害，甚至正常生活无法得到保证。尽管在

> **你怎么看**
>
> 恶搞文化会带来哪些消极影响？

① 陆杨，王毅．大众文化与传媒［M］．上海：上海三联书店，2000：124

② 赵陈晨，吴予敏．关于网络恶搞的亚文化研究述评［J］．现代传播（中国传媒大学学报），2011（7）．

③ 蔡骐，谢莹．受众视域中的网络恶搞文化［J］．新闻与传播研究，2008（3）．

中国，目前尚无因恶搞带来的侵犯个人权利的司法判例，但是，被恶搞者的生活受到很大困扰的事例却是存在的。

其二，对作品版权的可能侵害。大量恶搞是以已有的艺术作品为素材的。这种解构性使用，什么情况下是对原作品的合法使用，什么情况下构成对原作品版权的侵犯，目前没有可以直接参考的法律条文，也没有出现相关司法判例。《一个馒头引发的血案》事件中，尽管陈凯歌声称要起诉，但最终不了了之，也说明这样的问题在法律上解决的复杂程度。

其三，恶搞可能演化为网络集体暴力方式。恶搞本身的挑战性与破坏性，使它具有暴力的效果。网络环境又会使这种暴力由个人性暴力转化为一种集体性暴力，产生累加与放大效应。这种集体暴力的能量可能会超出人们的想象，也是难以控制的。

（五）从恶搞到鬼畜

随着新媒体文化的发展，恶搞的形式也在不断变化，今天“鬼畜”视频成了恶搞的主要形式之一。像传统恶搞一样，鬼畜通常也有一个明确的靶子（原始素材），对其进行挪用、拼贴、戏仿等是“鬼畜”视频主要的文本策略。①

从内容上看，鬼畜常常取材于人们熟知的素材：对那些来源于当下热点的素材，鬼畜化的加工表达了对热点事件的态度；对那些来源于以往影视作品的素材，鬼畜视频在唤起人们记忆的同时又赋予其全新的视觉、听觉效果，激发人们的再解读。强调重复、节奏，使得鬼畜视频具有洗脑的效果，这也是它们容易被人记住、传播的原因之一。

像其他恶搞作品一样，鬼畜视频也是一种解构性创作，这不仅体现为其对原始视频内容上的解构，也体现为时间上的解构，通过时间的重复、加速或减速，鬼畜视频将原始视频或声音素材的时间做了重新的结构，这种重构也会使内容本身的含义被重构。

鬼畜也在一定程度上解构了字幕、音乐等信息形式的传统用法，将字幕融于视觉的叙事逻辑之中，它也兼具隐性吐槽、诱发共鸣、娱乐大众等作用，而音乐的重复、碎化与分离等情况更是常见。②

作为一种夸张性的二次创作，鬼畜视频沿袭了网络亚文化一贯的反讽、解构姿态，其内容风格特征更为明显。它是“恶搞”在视频时代的新发展，当然，它也“继承”了恶搞文化的种种问题。

网络文化植根于网络的新文化土壤，是各种类型的传播、互动的综合产物。它昭示了用户在文化生产与消费、创新与扩散中更多的权利或权力，也凝结了用户的各种诉求。对于网络文化，我们不能简单地用好或坏、积极或消极来做评判，而要更多地从网络文化这个视角去更深入地理解网络时代，以及网络时代的人。

像网络本身一样，网络文化也会不断奔流，有时也会出现改道，甚至改向，它的走向，不取决于任何一种单一力量，而取决于多种力量的博弈。

---

① 齐伟，冯帆．论“鬼畜”视频的文化特征［J］．文艺理论与批评，2018（1）．

② 姜海．视觉价值的再生产：概略与迷狂：对“鬼畜”类视频的认知传播考察［J］．新闻与传播研究，2019（12）．

【本章学习与思考】

1. 网络文化表现在哪些层面?
2. 结合实际案例分析一种网络亚文化。
3. 如何利用表情包?
4. 如何利用自拍、美图等进行自我表演与表达?

- **第十章 网络时代新的社会特征**
  - **网络社会与互联网社会**
    - 虚拟社会与网络社会
    - 互联网社会：网络社会的最大规模实践
      - 空间特征：解除现实空间约束的“流动空间”
      - 基本结构要素：个体化节点与连接性核心
        - 基本节点：拥有多重虚拟角色、可自我定位的个体
        - 核心：具有连接能力的平台
      - 内部运动的基本动力：节点互动
        - 节点间的作用方式：形式多结构多元的中介性互动
        - 节点的聚合单元：群体
      - 权力结构：开放、流动
  - **平台社会**
    - 从应用到平台
    - 从平台到平台社会
  - **算法社会**
    - 算法对认知、决策的影响
      - 作为界面的算法对认知的影响
      - 作为模型的算法对决策的影响
    - 算法对关系的影响
    - 算法对经济与社会运行的影响
      - 算法对经济运行的影响
      - 社会治理的算法化、智能化
    - 算法权力及其约束
    - 算法社会的算法素养
      - 算法开发者的算法素养
      - 算法使用者的算法素养
        - 算法意识及与算法相关的知识、技能培养
        - 与算法相关的思维方式培养
        - 算法风险教育
  - **元宇宙构想与虚实相融的社会**
    - 元宇宙构想中的空间
      - 元宇宙空间对身体的召唤
      - 孪生城市中空间意义的继承或重塑
      - 虚拟空间中的场景与社会场景重建
      - 现实空间与虚拟信息、虚拟空间的叠加或融合
      - 赛博空间的再认识
    - 元宇宙构想时空中的身体
      - 虚拟空间中现实身体的体验增强
      - 分身：元宇宙空间中身体的分化
      - 数字化身：虚拟空间中身体的再造

第十章　网络时代新的社会特征

网络时代，我们常会听到与社会形态相关的一些词，如网络社会、平台社会、算法社会等，这些概念虽然未必能反映社会的全貌，但它们都从某一个侧面凸显了网络时代的社会变革与新的社会特征。它们之间也并非简单的“迭代”关系，今天这些新的社会特征都同时存在，共同影响着社会的走向。

第一节　网络社会与互联网社会

在现实中，我们往往将网络社会与互联网社会混为一谈，但从理论角度看，网络社会与互联网社会并不等同。

一、虚拟社会与网络社会

互联网早期常常被称为赛博空间（cyber space）。符号化、虚拟化、摆脱身体约束等，是公认的赛博空间的主要特征。

知识窗

虚拟

随着互联网的发展，“虚拟社会”这样的提法也开始出现。对于网络中的虚拟及虚拟社会的含义，并没有一种普遍认同的解释。哲学研究者更偏向从符号化、中介化的视角来研究虚拟，如有人认为，虚拟即符号化，符号化是人创造意义生存的活动，与之相联系，“虚拟”生存就是作为人的文化生命存在的意义符号生存。① 陈志良认为，虚拟作为一种中介方式不同于人类历史上的其他中介方式。虚拟使人类第一次真正拥有了两个世界：一个是现实世界，一个是虚拟世界；拥有了两个生存平台：一个是现实的自然平台，一个是虚拟的数字平台。现实世界与虚拟世界，自然平台与数字平台，相互交叉，相互包含，从而使人的存在方式发生了革命性的变革。②

社会学者则更关注虚拟化社会中人的关系实质。如有学者指出，“网络社会”虽然在形式上表现为“人—电脑—人”的关系，但本质上仍然是“人—人”的关系。网络社会中有很多东西是虚拟的，但这些只是网络社会的一部分。当然，网络社会也有其特殊性，互动的双方都不再有“身份感”，网络社会中“个人—个人”的关系可以简单地归结为“情感人—情感人”的关系。③ 进一步，有研究者指出，虽然数字化决定了网络的社会功能和由此构建的关系网络具

---

① 刘友红．人在电脑网络社会里的“虚拟”生存：实践范畴的再思考［J］．哲学动态，2000（1）．

② 陈志良．虚拟：人类中介系统的革命［J］．中国人民大学学报，2000（4）．

③ 童星，罗军．网络社会及其对经典社会学理论的挑战［J］．南京大学学报（哲学·人文科学·社会科学版），2001（5）．

有虚拟的特征，但是当“虚拟”也是一种“真实”（an objective reality）时，网络社会是一种客观的社会现象、一种社会实存、一种人类生存的全新的方式。①

进入Web2.0时代以来，人们越来越多地以真实身份出现在各种网络社交空间，社交平台所连接的也更多的是现实的社交关系，因此，我们越来越多地将互联网称为网络社会而不再是“虚拟社会”。

知识窗

网络社会

“网络社会”这个概念在其起源阶段，并不完全等同于互联网社会。曼纽尔·卡斯特在《网络社会的崛起》一书中提出的“网络社会”，是一个更广义的概念。他将网络社会界定为一种具有更广泛意义的社会结构，以此指称新经济所带来的与信息化、全球化相平行的一种社会结构的变化。网络是一组相互连接的节点，它在信息时代社会里扮演了核心角色。网络是开放的结构，能够无限延伸。一个以网络为基础的社会结构是具有高度活力的开放系统，能够创新而不致威胁其平衡。网络建构了我们社会的新社会形态，而网络化逻辑的扩散实质性地改变了生产、经验、权力与文化过程中的操作和结果。② 全球金融流动网络、欧盟的政治网络、新媒体网络、跨国企业等都可以看作这样的网络。

卡斯特在《网络社会的崛起》一书中还将“流动空间”作为网络社会的空间特征，他认为，流动空间由三个层次构成：第一个层次，流动空间的第一个物质支持，由电子交换的回路构成；第二个层次，由其节点（node）和核心（hub）构成；第三个层次，占支配地位的管理精英（而非阶级）的空间组织。③

卡斯特关于流动空间的要素的梳理，也为我们研究互联网社会这样一个新的流动空间提供了基础。

二、互联网社会：网络社会的最大规模实践

尽管卡斯特提出的“网络社会”这个概念并非只是针对互联网社会的，他说的“网络社会”，强调的是“网络化的社会”，但我们日益清晰地看到，以计算机网络这一电子交流的回路所构成的互联网社会无疑是一种典型的网络化的社会，这也是网络社会在全球范围内最大规模的实践。

你怎么看

互联网社会有哪些特征？

卡斯特指出，新信息技术范式为社会组织的网络形式渗透扩张遍及整个社会结构提供了物质基础。④ 而互联网技术正是这些信息技术范式中最重要的一个。卡斯特对网络社会的分析框架，也为我们认识今天的互联网社会提供了重要思路。

---

① 戚攻．网络社会的本质：一种数字化社会关系结构［J］．重庆大学学报（社会科学版），2003（1）．

② 卡斯特．网络社会的崛起［M］．夏铸九，王志弘，等译．北京：社会科学文献出版社，2006：434－435．

③ 同②386．

④ 同②434．

(一) 空间特征：解除现实空间约束的“流动空间”

互联网社会可以轻易地实现跨越物理空间的交流，人们在网络空间中也可以跨越地域，自由穿行。空间这一现实社会对人的社会交往形成极大约束的障碍，在互联网社会中被突破了。

现实社会中，一个个体只能进行一个时空中的“在场”交流，而在网络社会中，个体可以同时与多个对象进行“在场”交流，虽然这种“在场”经过了网络这一中介，但是，交流却是实在的。

互联网在解除物理空间和身体约束的同时，更打破了人们传统的关系网络的约束。在网络中，人们不仅可以与原有的强关系对象保持密切关系，也可以将现实空间中的弱关系和弱连接转化为强关系和强连接。人们可以完全按照社会资本和利益的需要来重建自己的社会关系。在这个意义上，互联网社会的空间也是流动的。

因此，从几个方面来说，网络都把现实空间对人的约束解除了。但同时，互联网也在创造一种新的空间，这种空间由电子回路、节点和核心构成，契合了卡斯特所说的流动空间特征。

(二) 基本结构要素：个体化节点与连接性核心

从卡斯特的“网络社会”的思路来分析互联网结构，可以看到，互联网社会有两个基本结构要素。

1. 基本节点：拥有多重虚拟角色、可自我定位的个体

像现实社会一样，互联网社会的最基本单位是个体，在互联网中，这些个体成了卡斯特所说的网络社会中的节点，这与传统社会的关系模式是不一样的。

与卡斯特类似，荷兰学者简·梵·迪克也提出了与传统大众社会相对立的网络社会的概念。虽然他对网络社会的界定与卡斯特不尽相同，但他也同样强调了个体在网络社会中的独立存在地位，“网络社会的基本单位已经变成了与网络相连的个人”①。

简·梵·迪克对大众社会与网络社会的特征进行了比较，如表 10-1。②

表 10-1　　简·梵·迪克大众社会和网络社会的特征比较

特征	大众社会	网络社会
主要成员	集体（群体、组织、社区）	个人（与网络相连）
成员本质	相似的	相异的
程度	扩大的	扩大的和缩小的
范围	本地的	全球本土化的（全球的和本地的）
联结性和连通性	成员内部连通性高	成员之间连通性高
密度	高	低
中心化	高（少中心）	低（多中心）
包容性	高	低
社区种类	真实的和统一的	虚拟的和多元的
组织种类	官僚主义的融合	受信息支配的不同平面
家庭种类	大家庭	多种关系的小家庭

① 迪克．网络社会：新媒体的社会层面［M］．2 版．蔡静，译．北京：清华大学出版社，2014：35.
② 同①33.

续表

特征	大众社会	网络社会
主要交流方式	面对面	逐渐间接交流
媒介种类	大众广播媒体	窄播互动媒体
媒介数量	少	多

在简·梵·迪克看来，相对大众社会，网络社会的一个重要变化，是个体成了社会的基本单元，而大众社会的基本单元为集体。虽然他说的网络社会也不等同于互联网社会，互联网却是这样一种网络社会形成的主要推动力量之一。

成为网络的节点，意味着个体价值的上升。

从传播结构角度看，每个节点对网络都具有一定的控制能力，例如，作为信息流动网络的一个节点，每个人都可以控制自己这个节点的“开关”，推动或阻止信息的流动。

每个个体节点都连接着广泛的社会网络，社会网络中的关系便成了影响网民行为和能力的重要因素，这种影响也是双向的。

作为社会连接单元的个体节点，也承载和连接着各种社会资源，在网络的协同（例如共享经济）中，这些节点也可能成为资源的贡献者。

个体成为互联网社会的基本节点，也为他们获得更多社会性权利和权力提供了基础，网络赋权首先也是面向成为节点的个体用户的。

同时，网络中的个体是以符号的方式进行虚拟化生存，这意味着个体可以对自己的角色进行多重设定，自由分解。每一个角色设定与表演的背后，都包含着现实的线索。

同时，互联网社会的个体具有更强的自我“定位”能力。网络中的个体对于自我身份的选择，对于互动对象与方式的选择，对于网络群体与网络活动的选择等，都具有更多主动性和选择权。这种主动性使个体可以更多地依照自己的意愿来确定自己在网络社会中的位置。而网络社会的形成正是基于个体的自我定位。

2. 核心：具有连接能力的平台

对于网络社会构成来说，具备连接人、内容及各类服务能力的平台，扮演的角色是网络的“核心”。

按照卡斯特关于流动空间的定义，核心是交换中心、通信中心，扮演了协调的角色，使整合进入网络的一切元素顺利地互动。①

互联网社会人与人的相聚和互动总是基于各种核心，无论是互联网早期出现的新闻组、BBS，还是此后的门户网站，或是今天的各种社会化媒体平台和服务应用。其中一些核心以内容提供为重点，另一些则以社交或服务为重点。

这些核心不仅决定了互动的具体手段与形式，也决定了人们的关系模式。以内容提供为重点的核心中，人们的关系多围绕话题展开，某些时候会因为观点、立场、态度的原因形成结盟或对抗关系；以关系为重点的核心里，人们往往在社会资本权衡的基础上建构自己的关系网络；以服务为重点的核心里，人们的关系更多地围绕商品与服务展开。每个核心的具体规则，会进一步影响到人们关系的深度、持久力与影响力。其中一些核心的地位不断上升，最终成为超级平台，这也是“平台社会”形成的重要基础。

现实社会中的那些调控因素，如政府部门对互联网的管理，也是通过这些核心才能发生

① 卡斯特．网络社会的崛起［M］．夏铸九，王志弘，等译．北京：社会科学文献出版社，2006：384.

作用。

（三）内部运动的基本动力：节点互动

互联网社会不仅受到现实社会的渗透与影响，它自身也在不断地进行着内部运动，而主要动力来自个体节点间的互动。

1. 节点间的作用方式：形式多样、结构多元的中介性互动

广泛的连接意味着广泛的相互作用。互联网将人们之间的互动提升到了前所未有的规模。

网络社会互动不是面对面的，而是依赖网络空间这一“中介”的。这意味着，这种互动具有技术依赖性，网络及相关技术的水平直接影响着人们互动的方式、手段，以及广度与深度。

互联网为中介的互动也带来了不同于面对面互动的新体验。

在互联网的早期研究阶段，美国学者约翰·舒勒（John Suler）在其研究报告《网络空间心理学》中指出：虚拟的网络空间与人们内心体验的世界真实大不一样，数字化的人、关系和群体使人类相互作用的时间和方式得以延伸。他对人类在网络空间这一新社会领域中独特的心理体验进行了总结，并将之归纳为 9 种特点：有限的感知经验；灵活而匿名的个人身份；平等的地位；超越空间界限；空间延伸和浓缩；永久的记录；易于建立大量的人际关系；变化的梦幻般体验；黑洞体验（指在网络中得不到信息或反馈的情形）。① 舒勒提到的很多心理体验都与网络中的互动有关。虽然他的研究是针对互联网早期的情形的，但他总结的很多特点仍然适用于今天互联网社会中的互动。

中介性互动也使人们使用的手段与面对面交流时有所不同，它会强化某些手段而弱化另一些手段。

互联网社会的互动形式是多元的，它以多种手段在多种平台展开。互动的结构，既有一对一、一对多的，也有多对多的。多元化的互动，使得互联网社会对个体的影响在多道并行同时又相互交织的线索上展开。

知识窗

网络场域

互联网中的互动营造了一种新的网络场域。学者夏学銮认为网络场域是由网络行动者创造和维持的即时网络互动情景。网络场域具有主体性、即时性、现场性和情景性的特点。相同的网络行动者、相同的网络时间、相同的网络空间和相同的网络感受四个要素构成了网络场域。②

互联网社会中的互动及其结果，是现实社会的一种“映射”，但这种“映射”并不完全是现实社会的“原样镜像”，它是对现实社会的放大，或缩小，或变形。但是，这些对现实社会的“不真实”反映却恰恰可能揭示现实社会那些因为种种原因被隐藏、掩盖起来的问题，所以，它与现实社会共同构成了一个更为丰富、更为深刻的人类社会。

2. 节点的聚合单元：群体

尽管互联网社会的最基本节点是个体，但是，能对互联网以及现实社会产生更广泛影响的

---

① SULER J. The psychology of cyberspace [EB/OL]. [2023-05-15]. http://www.researchgate.net/publication/37366481_The_Psychology_of_Cyberspace.

② 夏学銮．网络社会学建构［J］．北京大学学报（哲学社会科学版），2004（1）．

互联网单元，是群体，而不是个体。群体是个体节点的主要聚合方式。

网络中的群体概念可大可小，有时群体体现为特定的小群体，有时则体现为整个网民群体。研究者对网络中的群体也有不同的称呼，例如网络社区、网络社群、网络族群、网络圈子、网络圈层等。

个体可以同时分属不同群体，他们可以在不同群体中找到不同的文化认同与社会归属感。

只有当个体的影响力被聚合、提升到群体的层面上，互联网社会系统才会受到实质性的影响。例如，网络舆论多是群体性的意见，对社会产生实质影响的网络行动也常常是群体性行动。网络文化也是以群体文化为单位的，群体文化是个体的社会归属需要的产物，也是推动网络社会发展的一种重要动力。

（四）权力结构：开放、流动

作为一种全新的社会形式，互联网社会是基于个体的自由定位而形成的。因此，互联网社会的结构，未必会完全沿袭现实社会的社会阶层、社会关系。在它发展的初期，它甚至可能在一定程度上解构原有的社会结构与社会关系，形成一种扁平的、平等的社会结构。

但是，当互联网社会发展到一定程度时，新的社会分层也会出现，尽管这种分层并不完全基于现实社会的权力关系。它更多的是技术拥有与能力不均等所带来的权力落差，以及以网络互动为基础形成的网络话语权力分化。

卡斯特指出，网络化社会的流动空间的一个重要层面是占支配地位的管理精英。同样，互联网社会也会出现精英阶层。他们更多地表现为话语上的权力，例如意见领袖。这些意见领袖是否会像卡斯特所说的，形成与其他阶层隔绝的、自己的“社区”，目前还难以判断，但是，权力的分层是必然会出现的。

互联网社会的发展过程中，不仅会生成新的社会分层，也会出现社会群体的再建构。这种再建构，使网络中的个体可以脱离现实的社会群体的局限，更加自主地选择自己所认同的社会文化。

与此同时，当互联网社会不断演进时，现实社会中的权力会渗透到互联网社会，对其形成干预，但是，这些干预力量也可能受到互联网社会的抵抗，因此，在互联网社会成熟的过程中，它的结构更多的是网络“本土”的力量与现实力量博弈的结果。

但是，与现实社会不同的是，互联网社会的权力结构处于不断的流动中，各种因素都可能导致某些精英阶层成员或权力中心失去其位置，同样，也有很多因素可以推动某些个体的权力上升。虽然网络中的群体（关系上的群体或立场态度上的群体）可能相对固化，但是，权力结构是具有较大的流动性的。

第二节　平台社会

“平台”这一在互联网应用中经常被提到的词，在今天开始有了特定的含义，平台实践的发展，也导致了平台社会等概念的出现。从平台到平台社会这条线索中，我们可以看到，原来只是作为中介者、连接者出现的网络媒介，其技术与经济逻辑已经渗透到社会各层面，在很大程度上改变着社会的运行机制，这也是社会媒介化的新表现。

一、从应用到平台

从门户时代起，平台这个词就出现在互联网界。

新浪网开通不久，其负责人王志东等人认为，新浪没有采编权，不可能做成媒体，因此，新浪给自己的定位是“平台”，所起的作用是内容的发布、组合，虽然在原则性方面需要加以控制，但一般不加入自己的倾向。① 在这一语境下的平台，与媒体相比较而言，媒体是有立场、有倾向性的，而平台则是中立的。同时，平台是多种来源信息的汇聚，相比自产自销的媒体，内容要丰富得多。

类似的，一些搜索引擎也将自己称为中立的平台或管道。

进入社会化媒体时代，社交网站也开始被研究者、从业者视作平台，其特质与价值也引发了广泛的研究。

知识窗

平台型媒体

美国社交网站 Sulia 的 CEO 乔纳森·格里克（Jonathan Glick）在 2014 年 2 月发表的《平台型媒体的崛起》一文中提出了 Platisher 这一概念，它是 Platform 和 Publisher 两个词的合成，国内将其翻译成平台型媒体。后来有研究者进一步对这一概念做出了明确界定，平台型媒体是指既拥有媒体的专业编辑权威性，又拥有面向用户平台所特有的开放性数字内容实体。② 这一定义侧重平台与内容生产、传播的关系，这也是早期研究者对互联网平台研究的重心。

荷兰学者何塞·范·迪克③在《连接：社交媒体批评史》一书中，基于对 Facebook、Twitter、Flickr、YouTube、Wikipedia 这五大社交网站的研究，进一步总结了平台发展的规律。她认为，平台要素包括六个方面：所有权、管理、商业模式、技术、用户使用和内容，前三者构成了作为社会经济结构的平台，后三者则构成了作为技术文化结构的平台。④

也有学者对平台的界定侧重于其中介功能，如：平台是将不同用户聚集在一起的中介和用户活动发生的基础设施⑤；平台是处理不同利益相关方（包括内容生产者、服务提供者、广告商、消费者、受众）之间关系的一个中介。⑥

尽管不同研究者对平台的理解、界定不尽相同，但从用户角度来说，平台的价值是提供多元的内容或服务，在这个过程中，也获得与他人连接、互动的可能，平台是人们在网络中连接各种资源的核心。

网络发展不同阶段的各种应用，从门户网站、搜索引擎，到各类社会化媒体以及移动时代的 App，都有可能成为平台。在同一类产品中，由于网络效应的存在，往往是最早引发正反馈机制的平台成为最终胜利者，赢得大多数市场份额，即呈现所谓的“赢家通吃”特征。⑦ 因此，在现

你怎么看

平台对信息传播带来了哪些影响？

① 彭兰．中国网络媒体的第一个十年［M］．北京：清华大学出版社，2005：55.

② 喻国明，焦建，张鑫．“平台型媒体”的缘起、理论与操作关键［J］．中国人民大学学报，2015（6）.

③ 此处的何塞·范·迪克与前文提到的简·梵·迪克是荷兰两位不同的学者。

④ 迪克．连接：社交媒体批评史［M］．晏青，陈光凤，译．北京：中国人民大学出版社，2021：31.

⑤ 斯尔尼塞克．平台资本主义［M］．程水英，译．广州：广东人民出版社，2018：50.

⑥ 曹钺，徐偲骕．平台社会研究的历史脉络、另类想象与亚洲道路：新加坡国立大学邱林川教授学术访谈［J］．新闻记者，2022（9）.

⑦ 李晓华．数字经济新特征与数字经济新动能的形成机制［J］．改革，2019（11）.

实中，真正被视作平台的，往往还因为其在用户规模及市场影响力方面的领先地位。

但连接内容生产、传播与消费的平台，对专业媒体本身却是一个巨大的冲击。正如白红义指出的，从行业链条上看，新闻机构已从早期的新闻生产者和新闻传播者转变成单纯的新闻生产者，平台媒体接管了新闻的传播权力，媒体只能被平台收编。[①] 在今天的内容产业中，平台掌握了分发话语权，平台的分发规则与流量逻辑会影响平台的生态以及媒体的内容生产导向。平台同时汇聚了内容的生产、分发与消费，并重新定义了它们的关系。内容分发与消费的反馈实时作用于内容生产，生产、分发与消费三种行为之间的界限也日益模糊。

尽管一些研究者也倡导传统媒体向平台型媒体发展，但在现实中我们可以看到，具有商业影响力的平台，都是新媒体公司开发的产品发展而来的。这与传统媒体的思维、观念、机制等因素的限制有关。

即使进入网络时代，传统媒体致力于建设的仍是“渠道”，但渠道是内容到达受众的单一通道，用户只是渠道的端点，是单纯的消费者，用户与用户多数时候是分离的，内容生产者与用户间也被渠道分离。而内容平台是内容到达用户的多元路径、复合生态，用户被聚集在平台上，用户与用户也在平台上连接。同时，内容生产者与用户汇聚在平台上，用户也可能随时转化为生产者。而要达到这样的平台效果，需要同时兼顾以下几个方面的需要：

（1）用户培育：实现规模化用户的集聚与维系；

（2）生产者培育：汇聚多元化内容生产者并为其提供有效的激励机制；

（3）内容分发与匹配：完成内容生产与消费之间的匹配；

（4）界面与用户体验优化：提供合适的界面及相应的用户体验；

（5）关联服务的拓展：促进内容与其他互联网服务的关联。

要实现上述目标，不仅需要新观念，也需要新技术的支持，但传统媒体在技术上处于劣势，也缺少技术思维与资源。平台的形成，需要强黏性的用户基础，而一些用户对传统媒体创办的网站或App有一定的刻板印象，这会使他们产生疏离感。

平台是在网络社会思维上发展起来的，是“核心”进一步发展的结果。企业的商业性网络产品之所以能成为网络空间结构中的“核心”，是因为它们提供的不只是内容和服务，还有各类网络“节点”（包括用户个体）的连接与互动，以及各种资源的汇聚与交换，其规模不断扩大，市场影响力也日益增强，因而最终成为平台。从上文提到的平台的六要素角度看，这些商业性的产品也具备更充分的条件。而传统媒体及其网站、App，还主要停留在内容供给这样相对单一的功能上，在技术、用户使用、商业模式等要素方面也处于相对落后的状态，即使它们也想做社交、资源的连接，但由于种种原因未能成功。因此，它们只是网络中的“节点”而非“核心”，与普通用户节点相比，优势并不明显。

平台的影响是在什么机制下形成的？何塞·范·迪克认为，对平台的研究不仅需要政治经济学的视角，也需要行动者网络的视角。在行动者网络理论视角下，平台是转义者（mediator）而不是中介者（intermediary），它不仅仅促进，同时也塑造了社会行为的表现。中介者毫无改动地对意义和力量进行转运（transport），而转义者会改变（transformation）、转译（translation）、扭曲（distort）和修改（modify）它们本应表达的意义或元素。[②]

行动者网络理论的提出者拉图尔指出，行动者的一系列行动（a string of actions）构成了

---

① 白红义．重构传播的权力：平台新闻业的崛起、挑战与省思［J］．南京社会科学，2018（2）．

② 吴莹，卢雨霞，陈家建，等．跟随行动者重组社会：读拉图尔的《重组社会：行动者网络理论》［J］．社会学研究，2008（2）．

网络，其中的行动者（agency）不仅指行为人（actor），还包括观念、技术、生物等许多非人的物体（object），任何通过制造差别而改变了事物状态的东西都可以被称为“行动者”。所有行动者都是成熟的转义者，他们在行动也就是在不断地产生转运的效果。① 理解平台，也需要理解平台的行动者及其转义过程。

尽管早期的门户网站或搜索引擎声称是中立的，只是做内容的转运者，但事实上也存在转义，这个阶段，门户的转义功能可以通过编辑等人工方式实现，编辑对内容的选择、加工以及在网页上的编辑呈现都具有转义效果。一些文章后面开放的评论区及参与讨论的用户，同样作用于这些文章的意义生产过程。门户的转义还可以通过超链接等技术因素实现：在文本层面，超链接将封闭的文本变成开放的文本，影响了不同文本间的关系，也影响到人们对文本的阅读与理解；进一步，一篇文本的外部链接增加时，它的意义也会被放大，并且可能在与其他文本的链接中产生更多转义；而在宏观层面，当一个网站成为很多网站的链接对象时，它的地位就被加强，由此带来门户时代的再中心化过程，这也会影响到商业资源的分配。除了超链接，门户网站的其他技术也会起着或明或暗的转义作用。

从搜索引擎出现开始，算法就在转义中起着重要作用，它以搜索结果的排序赋予不同内容不同的地位，使内容原来的意义被强化或被削弱。今天，算法的力量在各种平台都日益凸显，已经成为转义过程的核心力量。算法匹配着内容或服务与用户之间的关系，也可以引导广告等资源的投放。而用户之间关系的形成，背后也有一定的算法驱动，算法可以帮助人们发现潜在的关系，或者帮助人们拓展新的关系。

与算法几乎形影不离的数据，同样是平台转义的基础性力量。有学者指出，数据是一种原材料，平台是加工生产数据的工厂。在这个工厂里，资本将原始的静态的数据变成了动态的流量，并不断地在平台上刷新，以吸引人们的眼球，这就是所谓的注意力经济学的本质。② 数据不仅引导着注意力，也影响着平台的权力流动，同时将内容生产者、消费者对内容的评判标准引向单一的数据体系。数据甚至成为人们在平台存在感与互动效果的衡量标准，平台数据在很大程度上塑造着人们的行为，影响着人们的自我认知。

在何塞·范·迪克看来，平台具有数据化、商品化和自动选择（算法自动匹配）这三种机制，它们错综复杂地交织在一起——没有数据化就没有自动选择，没有商品化就没有数据化。③ 当然，这三种机制主要针对当下的平台而言。在这三种机制中占有优势的平台，其地位也更稳固。

除了算法、数据，平台的各种技术逻辑也会影响平台中的内容及各种社会行为。正如何塞·范·迪克指出的，在Facebook，分享是主要逻辑，这种逻辑通过平台的各种功能设定来推进，如增加点赞按钮、开放图谱等，其他社交平台亦是如此。④

在国内的各种社交平台上，产品本身的功能倾向、互动手段、用户关系模式等技术逻辑对平台的影响是显著的。平台实名或匿名的身份机制会造就不同类型的互动及其深度；以文字为主要互动手段的平台，与以视频为主要互动手段的平台，会吸纳不同类型的用户的参与，也会形成平台中权力分化的不同机理。平台技术不只是满足人们需要的工具，更是形塑人们行为模

---

① 吴莹，卢雨霞，陈家建，等．跟随行动者重组社会：读拉图尔的《重组社会：行动者网络理论》[J]．社会学研究，2008（2）．

② 蓝江．数据—流量、平台与数字生态：当代平台资本主义的政治经济学批判[J]．国外理论动态，2022（1）．

③ 迪克，张志安，陶禹舟．平台社会中的新闻业：算法透明性与公共价值：对话荷兰乌德勒支大学杰出教授何塞·范·迪克教授[J]．新闻界，2022（8）．

④ 迪克．连接：社交媒体批评史[M]．晏青，陈光凤，译．北京：中国人民大学出版社，2021：54－55.

式的隐含线索。平台技术将操纵或引导用户进入某些特定方向。①

平台一词在网络时代出现时主要指的是内容平台，但随着实践的发展，网络中的商业服务应用也成了人们心目中的平台，如电商网站，虽然它们的核心是消费，但当它们达到一定的用户规模，形成一定的地位后，人们对它的依赖性增加，它们在社会生活中具有了不可替代的作用，这些平台也或多或少融入了内容（尽管是以消费类或商业内容为主）的生产与流动，社交含量也越来越浓，人们在这些平台的关系从基于产品或服务的泛连接走向人与人之间的直接互动。电商平台、外卖平台等也成为一些人的劳动平台。

同样，内容平台也成为一些人的劳动平台，无论是以文字写作，还是视频创作、视频直播等方式呈现的个人活动，也是数字劳动的一种。平台中的生产者（或劳动者）与消费者，都在很大程度上受到平台规则的制约、控制，这些规则今天也会以算法的方式体现。

我们关注平台时，重心不应仅在内容，而要同时关注人们在平台的多元活动，以及平台对人们生存的多重影响。

平台在今天也往往与垄断一词联系在一起，一个大的平台形成后，会对其他同类产品或应用产生排挤，最终在市场中胜出的往往只有居于领先地位的平台，由此也带来内容或服务渠道的集中化。而少了竞争对手的平台，又可以更多地用自己的意愿来进行平台生态或市场生态的控制。

二、从平台到平台社会

何塞·范·迪克认为，平台运行首先依赖于物理层面——脱离物理和计算层面，几乎所有平台都无法运转；平台嵌在一个整体系统中，即“平台生态系统”（platform ecosystem），在这个系统中，平台运行很大程度上受经济或金融、商业模式的驱动。此外，平台还嵌进社会中，也就是“平台社会”（platform society）。② 因此，她对平台的研究，自然延伸到平台社会的研究。她在新著《平台社会——连接性世界中的公共价值》（*The Platform Society：Public Values in a Connective World*）中，更是对“平台社会”做了深入的研究。

知识窗

平台社会

何塞·范·迪克指出，“平台社会”指一种社会生活，在这种社会生活中，社会经济流动越来越多地受到由算法和数据驱动的全球化在线平台生态系统的调节，平台社会并非指一种与我们生活的现实世界相分离的新的虚拟公共空间，相反，平台如今位于我们生活的中心，我们越来越多地感受到它们对几乎所有形式的日常实践的影响。③ 虽然她强调的是算法与数据技术左右下的平台对社会的影响力，但即使在算法与数据的力量还没有完全显现的社会化媒体时代，社交平台也显现出了对社会的重大干预、影响能力。

前面章节的分析已经在很多方面涉及社交平台对政治的影响，特别是对舆论表达、舆情呈现、政府机构信息公开等方面的影响。平台中的话语权力争夺，很多时候也是政治生态的体现。平台影响日益强大的今天，政府也会希望对平台进行相应的管理与制约，平台的行为也在

---

①②③ 迪克，孙少晶，陶禹舟．平台化逻辑与平台社会：对话前荷兰皇家艺术和科学院主席何塞·范·迪克[J]．国际新闻界，2021（9）．

很多时候体现着管理者的意志。平台一定程度上投射着社会政治格局，但由于平台的技术赋权，一些原来在现实中处于弱势的组织或个体，在平台中可能呈现出超出现实地位的影响力。

平台也开始在国际政治力量较量中扮演重要角色，平台之间或平台与政府间的较量，有时也成为国家间角力的杠杆。

> **你怎么看**
>
> 平台社会持续发展会带来哪些影响?

平台对经济的深刻影响也引发了“平台经济”这样的新概念与相关研究。学者们指出，那些运营和维护数字平台，并依赖数字平台参与社会经济运行的新型企业组织，可称为平台组织。平台组织在经济的循环和周转过程中，与经济中其他主体所形成的各种经济联系的总体，就是平台经济。① 资源、数据、算法、基础服务都是构成平台经济的核心要素。②

对于平台经济的影响，研究者也从不同方面进行了分析。从交易角度看，平台企业为供求双方提供信息空间，撮合市场交易，降低交易成本，提升交易效率。③ 从经营领域看，平台领域细分与跨界混合式发展趋势明显，涉及领域越来越广泛。一些平台凭借供需两侧的规模效应，利用庞大的产销者和客户资源，形成交易大数据资源，开始跨领域经营。④ 从宏观层面看，平台经济模式具有超越传统经济的功能，在更大范围内调动和掌控资源要素，从而对传统经济模式产生颠覆性影响，并可能形成垄断和独占优势，催生出权力效应。⑤

对于个体而言，平台经济不仅带来了更多便捷的服务，也提供了新的就业空间。平台促进了电子商务的发展，特别是 B2B（个体对个体的电子商务）的繁荣，为就业提供了全新的途径，平台因而也成为一种新的劳动平台。平台机制特别是数据化、算法化管理对劳动者带来的压力甚至压榨问题也引起了广泛关注。平台也造就了一些新的概念，例如数字劳动、共享经济、零工经济、网约工等，这几者之间有交叉，但都指向新的劳动形式。

研究者认为，平台组织使知识劳动、传统劳动和新纳入的社会劳动对资本的形式隶属，日益向实际隶属转变。⑥ 但平台对其劳动者又有“去劳动关系化”的倾向，虽然这可以提高劳动力市场的灵活性，但降低了其安全性⑦，网络平台与零工劳动者之间的关系变得非常模糊，往往处于劳动关系与劳务关系的中间地带，由此也带来一系列问题。解决这些问题需要倡导一种公私合作的“助推型”规制，鼓励平台企业与其员工建立更为长远和良性的合作关系。⑧

当平台在政治、经济中的地位日益上升时，平台的内容生态、经济秩序对社会的影响也不断加大，平台本身也因此有了社会权力的自我意识：新媒体平台意识到自己不仅是社交平台，也是社会治理机构；电商平台意识到自己不仅是信息中介，也是市场管理主体。⑨ 这也导致了与平台相关的社会治理与经济秩序监管出现了两个监管主体，一个是传统的政府监管机构，另一个则是平台本身。有研究者将政府的监管称为公共监管，将平台企业借助其制定的平台交易

---

① 谢富胜，吴越，王生升．平台经济全球化的政治经济学分析 [J]. 中国社会科学，2019 (12).

② 胡凌．从开放资源到基础服务：平台监管的新视角 [J]. 学术月刊，2019 (2).

③ 李凌．平台经济发展与政府管制模式变革 [J]. 经济学家，2015 (7).

④ 周文，韩文龙．平台经济发展再审视：垄断与数字税新挑战 [J]. 中国社会科学，2021 (3).

⑤ 方兴东，严峰．网络平台“超级权力”的形成与治理 [J]. 人民论坛·学术前沿，2019 (14).

⑥ 同①.

⑦ 胡磊．网络平台经济中“去劳动关系化”的动因及治理 [J]. 理论月刊，2019 (9).

⑧ 丁晓东．平台革命、零工经济与劳动法的新思维 [J]. 环球法律评论，2018 (4).

⑨ 刘晗．平台权力的发生学：网络社会的再中心化机制 [J]. 文化纵横，2021 (1).

和治理规则来进行的监管称为私人监管，并认为在这种双重监管体系中，平台内部应以私人监管为主，平台之间应以公共监管为主。①

但是，平台毕竟不是中立的管理者，自身的利益会干扰其权力实施倾向。平台如何认识自身的责任与权力，如何善用自己的权力，成为平台自治的基本前提。

在自治之外，外部的监管机制也是不可或缺的，特别是在平台带来的垄断问题上。平台监管也需要新的思维。研究者指出，数字平台的双边性市场、动态性竞争和颠覆性创新也需要适配的反垄断监管理论创新——秉持谦抑性理念确立积极的包容审慎监管原则，“谦”意味着国家政府监管从立法到执法尊重市场经济规律和考量新问题的特殊性，“抑”则要求国家监管从立法到执法的自我控权和克制，其实质是追求实现法治上的实体正义和程序正义。② 也有研究者倡导，对平台的整体企业社会责任评价仍需要平台用户的“倒逼”式评价与政府发挥协调功能。③

平台社会的出现，是否代表着社会的进步？邱林川认为，平台社会更像是网络社会理论在当代资本主义发展阶段的一种变体（variant），甚至可以说是一种比较糟糕的变体。④ 虽然这只是个人观点，但他的批判态度也具有一定代表性。然而无论如何，我们已经走到了这样一个阶段，很难再退回去，因此，只能面对平台社会带来的挑战，寻找可能的解决路径。

第三节　算法社会

在智能化内容分发中，算法扮演了重要角色，但算法对人们的影响，已经远不止在内容分发领域。无论我们是否愿意接受算法的统治，我们已经进入了一个随时可能被算法计算与算计的社会。

一、算法对认知、决策的影响

前文已经分析了算法对人的生存的影响，此外，算法也影响着人对世界的认知和基于认知的决策。

（一）作为界面的算法对认知的影响

从认识角度看，算法将世界的各种对象映射为一定的数据及模型，也就是在人与这些对象之间提供了一个数据化的“界面”。不同的目标，不同的数据维度，不同的算法模型，会带来不同的界面。算法对世界的界面化重构，会影响人们的认知。

推荐算法就是人与信息世界之间的一个界面，目前这个界面的主要目的是“个性化过滤”，在信息过载时代，这样的过滤界面的确有助于减少用户的认知负担，但同时它也可能局限用户的视野。

机器通过算法自动创作的内容，无论是文字报道、视频，还是诗歌、绘画，本质上也是这样一种数据化界面。这个界面提供了认识世界的一些新维度，也可能帮助我们发现现实世界的

---

① 王勇，冯骅．平台经济的双重监管：私人监管与公共监管［J］．经济学家，2017（11）．

② 孙晋．数字平台的反垄断监管［J］．中国社会科学，2021（5）．

③ 阳镇．平台型企业社会责任：边界、治理与评价［J］．经济学家，2018（5）．

④ 曹钺，徐偲骕．平台社会研究的历史脉络、另类想象与亚洲道路：新加坡国立大学邱林川教授学术访谈［J］．新闻记者，2022（9）．

新规律，但也会削弱感知世界的某些维度。

此外，社交机器人也在构建人与世界之间的界面。社交机器人是指在社交媒体中，由人类操控者设置的、由自动化算法程序操控的社交媒体账号集群。① 在很多社交平台，社交机器人在算法的控制下自动生产着各种内容，这些内容混杂于人生产的内容中，很多时候也不能为一般用户所辨识，因此，通过社交机器人，社交平台的信息环境容易被操控，而这种信息环境也会作用于用户。

对算法界面的依赖也意味着人的思维的数据化，也就是感性思维越来越多地让位于数据思维为主的表象思维。算法可以将模糊的对象变成明晰的数据，将不确定性变成确定性，这似乎给了人们更多的对世界的“把握感”与“安全感”。也因此，数据主义成为一些人的信条，将数据和算法看作世界万物、人际关系的存在论基石，一切似乎都可以被归结为数据和算法的抉择与更替。② 但是，数据并不能反映事物的一切层面，表象直观的数据思维，虽然在某些方面打破了以往人的感性思维的局限，但也带来了新的局限。数据看似客观，但数据的筛选、模型的建立仍是主观的。过度依靠数据思维，也有可能造成一种认知封闭，这种认知封闭首先体现在人们的思维认知被牢牢锁定在过去的数据痕迹之中。③ 而缺乏数据的驾驭能力，缺乏对数据质量的评估能力，更会使人随时掉入数据的陷阱。

算法和机器带来的，毕竟只是一种数据化界面，这种界面既可能准确地反映世界的某个维度或侧面，也可能出现失真。即使没有失真，如果我们任何时候都要透过这层界面去认识和反映世界，那么，人与万物之间的直接关系将被弱化，世界的很多维度将被削弱因而变得“扁平”，人的主观观察、认知与描绘世界的能力也会下降。

（二）作为模型的算法对决策的影响

无论是个体还是机构，今天越来越多的决策是在算法的辅助甚至主导下完成的。

通过算法来判断舆情态势、社会风险，正在成为各类机构和管理部门的常用手段。在法律界，甚至出现了用“风险评估工具”算法来确定罪犯刑期的做法，这种算法参考了数十年的量刑判例，结合了十几个参数，来评估被告在一定时期内重新犯罪的可能性。④

算法对生产决策的影响也在显现，内容生产行业便是典型。通过各种排行榜来决定内容生产的选题方向或进行内容产品的策划，是今天媒体依赖算法进行内容生产的一种表现，因为各种排行榜也是由一定的算法形成的。除了排行榜，媒体还可以借助更复杂的数据分析与决策算法。正在兴起的计算广告，其核心思想也是将广告创意、形式选择、目标人群选择、广告分发与互动等广告生产的全流程建立在数据与算法的基础上。

算法对其他经济活动、经营决策的影响也在日渐深入。例如，在共享经济平台（如网约车平台）上，生产者与消费者直接进行动态、多变、复杂的网状连接和点对点交易，需要依赖平台企业所设计、维护和运营的强大算法。⑤ 企业的产品开发，可以利用算法进行规划、评估，对产品的定价、运营效果的评价以及运营的实时调控等，算法也有其独特的作用。

算法对某些方面的决策之所以重要，一是因为它可以对与决策相关的对象进行历史、现状甚至未来趋势的数据分析（包括大数据分析），二是因为它可以建立决策模型，基于这种模型

---

① 郑晨予，范红．从社会传染到社会扩散：社交机器人的社会扩散传播机制研究［J］．新闻界，2020（3）．

② 林建武．数据主义与价值重估：数据化的价值判断［J］．云南社会科学，2020（3）．

③ 张梧．大数据时代的表象思维及其批判［J］．华中科技大学学报（社会科学版），2021（1）．

④ 左卫民．关于法律人工智能在中国运用前景的若干思考［J］．清华法学，2018（2）．

⑤ 姚前．算法经济：资源配置的新机制［J］．清华金融评论，2018（10）．

可以对各种可能性进行分析进而寻求最优解决方案。算法以过滤信息、建构模型为手段，降低认知负担，提高认知效率①，因此，在决策速度与效率，甚至某些决策的准确度方面，算法都有可能形成自己的优势。

但这是否意味着人们应该把所有判断与决策都交给算法？

算法是一种认知模型，也就是对现实世界的一种抽象和简化，很多时候，它只是反映了典型的对象，而不是事物的全部。多样性的世界并非都能通过数据来描绘或计算。算法可能会在某些层面较好地描述与解释现实社会，但在另一些层面则无能为力。完全依赖算法，一些时候也会形成错误的判断与决策。

今天人们的创新，也是一种判断与决策的过程，算法虽然打破了人的某些旧套路，但也会形成一些新套路，如果人们的决策越来越陷入算法营造的套路，那么人类的想象力与创造力也会萎缩。

算法决策主要依赖对事实的判断，但决策过程往往还需要加上情感、道德伦理等其他方面的判断。有法律研究者认为："司法裁判不是程序化的理性计算，而是事实与价值的复合体（实体上）和技术应用与民主过程（程序上）的统一体，它要借由事实查明和法律适用这一过程体现人性温度、彰显人文关怀。"② 他的观点也可以适用于其他一些决策领域。

算法决策中的伦理问题，在今天更是一大困扰，也是未来人工智能发展的重要关切。未来算法能否更好地解决各种伦理困境还未可知，但即使我们对它在伦理判断中的能力寄予希望，也不能完全把伦理判断交给机器。

另外一个更基本的问题是，我们如何判断算法的可靠性。数据的质量、算法模型的合理性等，都会影响到算法结果的质量。基于数据的算法虽然看似客观，但其实也隐藏着很多主观因素，这些主观因素也会对算法的可靠性产生干扰。

因此，算法社会对人的决策、判断力带来的挑战是双重的：一方面，我们要防止把所有决策、判断都交给算法，我们要判断算法在哪些方面可以帮助我们做出更好的决策，而在哪些方面可能把我们带入歧途；另一方面，即使很多时候要参照算法，我们也需要有能力判断算法本身是否有缺陷，算法依据的数据是否可靠，算法是否存在偏见，算法提供的结果是否合理、准确。在没有这种判断力的前提下，盲目依赖算法，就难免会面临各种风险。

二、算法对关系的影响

算法也是一种媒介，它连接着各种对象的关系，同时也在用自己的方式建构、影响着各类关系。

算法之所以在今天日益普及，也是因为有些关系的发现、评估靠人力是不能完成的，例如网约车平台实现的司机与乘客的实时匹配。算法在匹配、连接的同时，也有可能将个体的能量聚集起来，成为一种集体能量，这是共享经济平台正在实践的，也是传统的人力方式难以实现的。

作为中介的算法，既有可能提供准确的匹配，也有可能提供无效或者错误的连接，这取决于算法模型的合理性、它所依据的数据的可靠性。

为了通过算法建立起各种匹配，算法的设计者需要学习、研究现实社会的各种关系模式。

---

① 蒋舸．作为算法的法律［J］．清华法学，2019（1）．

② 陈敏光．司法人工智能的理论极限研究［J］．社会科学战线，2020（11）．

在某种意义上，算法为我们提供了一个思考、评估现有的关系及其本质的机会，在此基础上，算法可能用自己的方式建构出社会关系，而这个过程是对社会关系进行重置的过程。① 这种重置既有可能是重复、强化，也有可能是颠覆。但在目前的算法设计中，重复、强化更为常见。多数推荐算法是对人们以往关系或兴趣的强化，一些评估算法是对社会偏见与原有制度的强化。这并不意味着不存在颠覆的可能，只是算法设计者在目前更可能沿用旧有的文化模式、思维框架。人工智能是人类思维的映像，人类在面对某些问题时采取的"范畴化倾向"的认知态度，也在人工智能的算法流程中体现出来。② 这种重复中，也可能继承着人类原有的偏见、歧视等思维惯性。算法出现的偶然误判，也会在后续的算法中被不断继承、放大。

尽管算法提供的匹配方案未必是最优的，但人们对于算法的优劣难以做出评估，因为这样的评估往往要耗费人们大量时间，有时甚至是人力难以企及的，而且当人们感受到算法带来的便利时，也会更多地顺从自己的惰性，依从甚至依赖算法的引导。

作为中介的算法，也常常会通过一定的机制调节与控制着各种对象及其相互关系。

例如，在内容平台，算法调节着生产者—内容—消费者几者之间的关系。信息推荐算法不仅影响着个人的信息获取，也影响着整个平台的流量分布，而流量指标反过来也会影响到内容生产者的取向，算法和数据建立起了内容消费者与生产者之间的反馈回路，形成了内容平台的调节逻辑，也带来一种新的产消关系，这使得内容生产者可以更直观、更直接地了解用户的需求与评价。但当内容生产者被算法钳制时，他们对于内容的专业判断力也会受到抑制，一些时候也会屈从于算法计算出来的"民意"。算法也在影响人—信息环境—现实世界的关系，在算法调节下，各类信息在平台中构建的"拟态环境"，控制着人们对现实世界的认知，但有时它们可能偏离现实环境，或者将人们局限于狭小的视野里。

在劳动平台，算法的调节、控制也很常见。在其他的算法经济模式中，算法也在调节着供需、资源、价格等要素及关系，在提高用户便利程度的同时，为生产者赚取更高的利润。

算法不仅作为中介在实现着一对一的关系匹配与连接，也在建构着群体关系，它对共同体的形成与维系的影响也开始日益受到关注。

对于健康码这样一种算法的产物，有研究者从共同体的角度进行了分析，吴冠军认为，健康码正是借助当代数字技术，具身化了"免疫"意义上的共同体边界，只有经过数字认证（"绿码"），个体才被允许进入人际交往的共同体。健康码以低成本高效率的方式，有力地强化了共同体的"免疫"能力。③ 也有研究者指出，健康码这种被符号化、抽象化甚至扁平化的身体在特殊历史条件下成了社会共同体身份的准入证。④

健康码造就的共同体边界是新冠疫情时期的产物，但算法对于人群的区隔，对于共同体维系的作用，并不只在这样一个特殊时期。

共同体概念的最早提出者滕尼斯认为，共同体的基本形式主要包括亲属（血缘共同体）、邻里（地缘共同体）、友谊（精神共同体）⑤，但是，今天人们谈及共同体时，可能会涉及各种具有共同特征或纽带的群体。共同体意味着相似人群的类聚与整个社会的群分。

像健康码一样，很多基于算法的评价系统，也在对人群进行区分，强化人们的群体归属，

---

① 喻国明，耿晓梦．算法即媒介：算法范式对媒介逻辑的重构［J］．编辑之友，2020（7）．

② 卜素．人工智能中的"算法歧视"问题及其审查标准［J］．山西大学学报（哲学社会科学版），2019（4）．

③ 吴冠军．健康码、数字人与余数生命：技术政治学与生命政治学的反思［J］．探索与争鸣，2020（9）．

④ 吴静．从健康码到数据身体：数字化时代的生命政治［J］．南通大学学报（社会科学版），2021（1）．

⑤ 滕尼斯．共同体与社会［M］．张巍卓，译．北京：商务印书馆，2019：87.

并赋予相应的标签，而在进行关系匹配或资源分配时，每个标签会对应着与相应群体适配的规则、套路，因此，算法和标签可能将人们框定在既有的群体中，在一定程度上也在加固不同共同体之间的“墙”。算法对某些共同体边界的维护，也是算法权力的一种表现。

除了维护某些共同体的边界、维系现有共同体外，算法还可能通过对相似人群的连接，推动共同体的形成。

在网络中，共同体的形成有各种纽带与模式，其中兴趣或其他文化上的共通性对于共同体的形成意义尤为突出。而在共同兴趣的人群的发现、连接方面，算法的作用也开始显现。

早期网络共同体的形成，是人们主动寻找相似人群、形成社区并持久互动的结果。而今天的算法可以通过对人们行为的分析，将具有共同性的人群连接起来。例如，今天的个性化推荐平台，用户被打上的标签，就成为一种隐性的连接线索。表面上看，标签只是人与内容连接的依据，人与人之间没有直接互动，但标签也可以将人们之间隐藏的共通性挖掘出来，将具有共同属性、兴趣或行为特点的人连接在一起，在算法的支持下，以标签来区分人群甚至形成社区或社群成为可能。

在技术领域，已有不少研究者在探索如何通过算法发现网络社区，在这一领域的研究中，社区通常指由一组内部连接紧密、与外部连接稀疏的节点集合构成的结构①，而这种结构正是共同体的重要特征之一。虽然目前的算法主要是发现已经存在的社区，但可以预期，在未来的新媒体产品特别是社交产品的开发与运营中，通过算法“计算”、促成某些共同体的思路也会出现。

算法的运用，也可能使得“同温层”更容易形成。在网络中，人们更愿意向与自己价值观、立场、态度等相似的人靠近，以此获得抱团取暖、相互支持的可能，形成同温层效应。算法推荐有助于人们随时找到适合自己的同温层。

但算法推荐带来的信息区隔，也可能会强化人群的圈层区隔。

从共同体这个角度看，算法也会对社会结构产生深层影响，当然，它是持久维系既有的共同体，固化原有的社会结构，还是帮助人们突破现有圈层，发现、促成新的共同体，这同样取决于算法的设计思路。

三、算法对经济与社会运行的影响

（一）算法对经济运行的影响

从经济角度看，算法推动了新经济模式的发展，特别是诸如共享经济这样的新经济模式，也改变着传统经济模式。有研究者提出了算法经济的概念，即将生产经验、逻辑和规则总结提炼后“固化”在代码上，使生产经营活动无须人工干预、自动执行的经济模式，其目标是通过算法的应用大幅改善供需匹配效率和交易成本。②

> **你怎么看**
>
> 算法对经济与社会运行产生了哪些影响？

牛津大学教授阿里尔·扎拉奇（Ariel Ezrachi）等人在《算法的陷阱：超级平台、算法垄断与场景欺骗》（*Virtual Competition: The Promise and Perils of the Algorithm-*

① 乔少杰，郭俊，韩楠，等．大规模复杂网络社区并行发现算法［J］．计算机学报，2017（3）．
② 姚前．算法经济：资源配置的新机制［J］．清华金融评论，2018（10）．

Driven Economy）一书中，也应用了算法经济（algorithm-driven economy）的概念，虽然他们对于算法经济的界定与上文的界定不尽相同，但同样是从算法的视角关注新经济及其影响。在这本书中，作者指出：通过精妙的计算机算法，互联网的兴起与普及，的确在某种程度上深化了市场竞争，并为民众带来了诸多便利与实惠，但这种由信息技术演进带来的市场经济模式的转变也导致社会资源发生了不公正的再分配。①

研究者还指出，算法也可能改变企业的竞争格局，加剧全行业的共谋风险。② 互联网平台也可以通过算法对自己经营的业务进行特殊照顾，歧视竞争对手的业务，实现自我优待，从而扼制竞争，巩固平台的垄断地位。③

算法往往依附于平台，因此，算法对经济的影响，也多在平台层面表现出来。

(二) 社会治理的算法化、智能化

通过数据和算法对人进行评分，在算法社会也越来越盛行，这也是社会治理算法化的一种表现。算法社会对个体的评分主要有两种情形，一种是个体对个体的评分，一种是机构或组织对个体的评分。研究者指出，评分机制代表了一种规则理性化的趋势，便利了现有法律（以及背后的公共权力）和平台权力的扩张及强制执行，同时也是对流动的社会规范进一步确认、固定化和再生产的过程。④ 这些流动的社会规范往往是内嵌在算法中的。

网络中个体间的评分，打破了过去单一的组织评价机制，每个个体都拥有了对他人进行评分的权力，每个个体得到的评价也来自多元的主体。评分制也使得评价结果被明朗化、量化，易于判断、比较。

而机构基于算法对个体的评分，不仅是对人的状态、信用、能力的评定，也是权利、利益分配的基础。管理部门对健康码的评分，影响到人们自由通行的权利。人力资源部门可以利用算法评分来决定人员聘用、升迁，银行可以利用算法评分来决定贷款发放。可以想象，算法也将成为个人社会信用评价体系的重要基础。算法越来越多地左右着对个体的评价，影响着个体的社会形象。

算法下的评分制也会在一定程度上"囚禁"人们的社会位置，特别是对于本来处于社会劣势阶层的群体而言，他们往往会因现有的社会位置和其他个人背景在评分机制中处于劣势，向上流动的机会可能会被削弱甚至完全剥夺。

当基于数据与算法的评分机制成为人的重要评价机制时，出于种种动因，在评分上造假、作弊就难以避免，而对评分权力的争夺与垄断，也会成为一些机构或平台的目标。

评分机制虽然有助于人们对社会规则的遵守，也为人们的社会互动提供了一定的安全性保障，但是，它也可能助推一些机构权力的滥用，以及个体间相互监督权的滥用。算法推动下的评分机制，或许会成为新时代一种重要的规训力量。相比以往的权力规训，算法及评分机制的规训更为直接、明了，具有更强的结果导向。这种力量既可能来自管理者，也可能来自平台、算法的设计者，还可能来自他人。算法中隐含的各种规则，也可能内化到人们的自我审查过程中。

除了用于个人的社会评价外，算法还将全面进入社会治理体系，有研究者期待，将社会治

① 扎拉奇，斯图克．算法的陷阱：超级平台、算法垄断与场景欺骗［M］．余潇，译．北京：中信出版社，2018：序言．

② 时建中．共同市场支配地位制度拓展适用于算法默示共谋研究［J］．中国法学，2020（2）．

③ 李勇坚．互联网平台寡头垄断：根源、影响及对策［J］．人民论坛，2021（Z1）．

④ 胡凌．数字社会权力的来源：评分、算法与规范的再生产［J］．交大法学，2019（1）．

理具体规则融入人工智能算法模型，使智能设备“掌握”规则知识，并根据管理目标自动感知、自动识别、自动预测、自动判断与自动处置。[①] 利用大数据、数据分析、人工智能和机器学习的可能性，围绕算法，可以开发数据驱动的综合管理结构。[②] 健康码的实施便是算法治理的一次重要实践，它意味着建立在数字城市性、算法化社会性、大数据主义这三大要素之上的算法治理，系统性地升级了面向人口的“安全技术”。[③] 算法治理将一切可能的因素都变成了算法上可以控制的元素，并将各种可预知的风险降到了最低，从而最大限度地保障了共同体和国家的“安全”和“稳定”。但与此同时，数字政治下的算法治理不仅将活生生的生命变成了档案和数据，也变成了受算法掌控和支配的行动者（agents）。[④]

未来，随着物联网等技术的发展，数据采集维度将更为多元，基于数据和相关算法进行的社会管理、社会控制也必将进一步深化，形成所谓的智慧社会。智慧社会的管理权力将向数据与算法的拥有者倾斜，新的权力不平衡甚至集权也可能会形成，在社会管理日益便利、高效的同时，个人权利的保障却可能变得更为困难。

四、算法权力及其约束

知识窗

算法权力

作为中介的算法，既然影响着人们的认知与行为，也建构、调节、控制着各种关系，它就会成为一种权力。算法权力包含算法本身的权力和数据的权力。[⑤] 算法权力的主要作用方式有：通过对数据的占有、处理与结果输出，演化为资源、商品、财产、中介甚至社会建构力；直接变为行为规范，影响甚至控制个体的行为；辅助甚至代替公权力，做出具有法律效力的算法决策。[⑥]

今天的算法权力更多地掌握在那些拥有技术和数据的机构或个人手里，或许在一开始，他们中的多数并未意识到自己的权力有多大，影响有多深，他们更多的是遵循技术逻辑探寻技术的可能性，但当他们看到算法可以帮助自己实现盈利或其他目标时，他们就会有意强化这种权力。同时，资本、政治等其他权力，在意识到算法的力量时，也会加强对其渗透或控制。一旦算法进入各种应用中，一些潜在的风险就会被释放，权力过度或失范的问题也会不断暴露。

今天最受关注的算法权力过度或失范问题主要包括：

算法偏见或歧视：算法在对某些对象（如个体或群体）进行评判和决策时，有时带有偏见或歧视，这种偏见或歧视可能来自人类思维中的固定成见，也可能来自算法技术的缺陷或支持算法运行的数据偏差，还可能由于机构利益的驱动。带有偏见与歧视的评判、决策会损害相关对象的利益，包括损害公众基本权利、损害竞争性利益、损害特定个体权益等。[⑦]

---

① 周汉华，刘灿华．社会治理智能化的法治路径［J］．法学杂志，2020（9）．
② 虞青松．算法行政：社会信用体系治理范式及其法治化［J］．法学论坛，2020（2）．
③ 吴冠军．健康码、数字人与余数生命：技术政治学与生命政治学的反思［J］．探索与争鸣，2020（9）．
④ 蓝江．生命档案化、算法治理和流众：数字时代的生命政治［J］．探索与争鸣，2020（9）．
⑤ 陈鹏．算法的权力和权力的算法［J］．探索，2019（4）．
⑥ 张凌寒．算法权力的兴起、异化及法律规制［J］．法商研究，2019（4）．
⑦ 刘友华．算法偏见及其规制路径研究［J］．法学杂志，2019（6）．

算法控制：算法控制既可以体现为对某些对象的制约、控制（如前文所分析的对人的控制），也可以体现为对某些过程、结果的操控，如搜索引擎算法对搜索结果排序的控制、算法对市场的操控等。

算法侵权：算法对个人或群体权利的侵犯，特别是对隐私权的侵犯，也是今天一个常见的问题。

算法黑箱：算法黑箱主要与“深度学习”技术相关。深度学习是机器学习发展的第二个阶段，机器学习是指通过算法，使机器能从大量历史数据中学习规律，从而对新的样本做智能识别或对未来做预测。① 在计算机领域的专家看来，深度学习算法仍然缺乏人类这样的联想、记忆、学习、推理等高级智能，因此，目前的深度学习还是一个典型的“黑箱”算法，连设计者自己可能都不知道它是如何决策的②，也就是说当机器在进行自我学习和自主决策时，可能会产生黑箱。

对于算法权力的约束，特别是算法黑箱问题，算法的可解释性被认为是一个重要制约方式。美国计算机协会下属美国公共政策委员会在 2017 年初发布了《关于算法透明性和可问责性的声明》(Statement on Algorithmic Transparency and Accountability)，提出了七项基本原则，其中一项即为“解释”，希望鼓励使用算法决策的系统和机构，对算法的过程和特定的决策提供解释，尤其在公共政策领域。欧盟于 2018 年 5 月正式实施的《一般数据保护条例》(General Data Protection Regulation)，也提出了“解释权”，赋予欧盟国家公民“审查某项特定服务中如何做出特定算法决策”的权利。③

此外，还有很多人呼吁算法公开，呼吁加强算法的伦理审查，建立算法的伦理评估体系等。

算法权力往往与数据权力关联在一起，因此，对数据拥有者进行权力约束，对用户个人进行数据赋权，也是算法规制的一个方向。

当然，就像法学研究者丁晓东所指出的，算法并不是一种标准化的物，而是一种人机交互的决策，因此，算法的法律属性会因为具体场景的不同而有所不同，算法法律规制的原理必须建立在场景化的基础上。④

对于算法权力的更深层影响，一种典型的担忧是：一旦权力从人类手中交给算法，人文主义议题就可能惨遭淘汰。⑤ 但将数据、算法与人文主义对立，认为算法一定是工具理性的结果，或许只是今天我们的思维惯性，面对一个无法避免的算法社会，我们更需要抛弃技术与人文之间非此即彼的思维，探求人文精神与技术理性和谐共存的可能性。

五、算法社会的算法素养

你怎么看

如何理解算法素养及其培养？

在算法广泛渗透到社会各个层面的时代，算法已经成为人的一种新的技术伴侣。⑥ 一方面，我们需要接受算法的存在，利用它来拓展人自身的能力，享受它所带来的便利；另一方面，我们又要对它带来的控制和其他风险有足够的

① 余凯，贾磊，陈雨强，等．深度学习的昨天、今天和明天［J］．计算机研究与发展，2013（9）．
② 莫宏伟．强人工智能与弱人工智能的伦理问题思考［J］．科学与社会，2018（1）．
③ 魏强，陆平．人工智能算法面临伦理困境［J］．互联网经济，2018（5）．
④ 丁晓东．论算法的法律规制［J］．中国社会科学，2020（12）．
⑤ 赫拉利．未来简史：从智人到智神［M］．林俊宏，译．北京：中信出版社，2017：356－357.
⑥ 段伟文．数据智能的算法权力及其边界校勘［J］．探索与争鸣，2018（10）．

识别与反抗能力。这就意味着我们需要一种与算法社会相匹配的素养，也可以称之为算法素养。算法素养的主体既涉及算法的设计开发者，也涉及算法的使用者。

（一）算法开发者的算法素养

对于算法开发者的素养来说，新的技术理性、算法伦理的倡导与培养，尤为关键。

近年来对算法等智能化技术的批评中不乏技术理性批判的视角。尽管反思与批评是必要的，但也如学者所指出的，有些技术理性批判存在一个误区，那就是把技术理性等同于工具理性，认为技术理性张扬必然导致价值理性衰微。① 有些研究虽然没有涉及技术理性这样的概念，但也习惯性地将技术思维与工具理性画上等号，也就是有意无意地默认技术一定是以工具理性为导向的。然而，正如一些研究者意识到的，技术理性本应是工具理性与价值理性的内在统一，只是由于这两种理性之间的内在张力才使技术理性始终处于内在的矛盾运动中，随着人类技术实践活动的扩展和深入，技术理性内在的矛盾以一种单向度的、异化的形式呈现出来，即工具理性压倒价值理性，技术的价值理性萎缩成极度膨胀的工具理性的单纯附属物。②

在今天，有必要重新理解技术理性应有的"题中之意"，在算法开发者群体中倡导价值理性与工具理性、技术思维与人文精神的融合，而不是将算法推向工具理性的极端。在此基础上，充分探讨算法伦理的目标、原则与实现路径，并使之成为算法开发者的制衡。

（二）算法使用者的算法素养

对于算法使用者来说，算法素养的内涵是多样的，现有的研究涉及算法意识、算法知识、算法技能、算法策略、算法思维、批判性意识、隐私意识、伦理问题、算法风险、感知公平、感知责任、算法透明度、算法可解释性、数据质量评价等多个与算法素养相关的方面。③ 其中下列几个方面，应是算法素养培养的重点：

1. 算法意识及与算法相关的知识、技能培养

在算法社会，人们需要判断哪些生活场景中存在着算法，并评估它们带来的影响，这便是用户的算法意识。算法意识建立在相关的算法知识基础上。对于算法的一般使用者来说，虽然无法像开发者那样充分理解算法的深层原理，但是，大致理解算法的作用方式及其影响是可能的。

在掌握基本的算法知识基础上，人们需要具备一定的算法应用能力，这包括正向利用与反向抵抗两方面。当人们需要积极地利用算法时，在理解算法原理的基础上，可以针对不同算法制定相应的应用策略。如果要更深层地利用算法，则要掌握一定的编程语言、算法开发工具等。而当受到算法过多的限制时，人们需要通过一定方式来解除与减轻算法带来的制约。例如，在信息获取、浏览时，禁用系统里的某些功能，以减少系统对个人行为的跟踪。此外，在目前的推荐算法面前，通过截图代替收藏、控制停留时长、清理收藏夹、清除缓存等战术④，也可以在一定程度上对抗算法的算计。当然，不同的算法需要不同的抵抗战术，这也是人们在实践中逐步摸索出来的。

---

① 赵建军．超越"技术理性批判"［J］．哲学研究，2006（5）．

② 刘祥乐．技术理性批判的逻辑嬗变及其困境：从卢卡奇、马尔库塞到哈贝马斯［J］．内蒙古大学学报（哲学社会科学版），2017（5）．

③ 夏苏迪，邓胜利，付少雄，等．数智时代的算法素养：内涵、范畴及未来展望［J］．图书情报知识，2023（1）．

④ 洪杰文，陈嵘伟．意识激发与规则想象：用户抵抗算法的战术依归和实践路径［J］．新闻与传播研究，2022（8）．

2. 与算法相关的思维方式培养

对于使用者来说，接受算法的存在，也意味着要接受算法的基础——算法思维的挑战。算法思维源于数学，在今天它也是科学思维中的计算思维的主要体现。计算思维通过约简、嵌入、转化和仿真等方法，把一个困难的问题阐释为如何求解它的思维方法①，算法正是如此，它以特定的数据来反映某个对象，以模型来体现解决问题的方案，最终通过数据计算来完成相应任务。

基于计算思维的算法，有自己擅长的领域，技术的发展还在不断拓展它的应用边界。今天计算思维也在进入人文社会科学领域，由此也产生了计算传播学、计算法学等新的交叉应用学科。

计算机领域的专家早就开始呼吁计算思维的培养，并认为这是现代社会人人必备的素养。他们认为普及计算机教育的核心目标之一就是计算思维的培养。只是目前这样的目标并没有完全实现。

从更基本的层面看，算法思维也是一种数据思维，即用数据来描述、解释客观或主观对象、关系以及过程等。在信息时代这种思维也是必要的。算法的准确性、有效性与数据质量紧密相关，要正确地使用、评价算法，也需要拥有相应的数据素养，即有效且正当地发现、评估、使用信息与数据的意识和能力。②

算法素养的培养需要直面数据思维、计算思维等算法社会带来的思维挑战，但我们也需要意识到，数据化、计算化思维并不能解释、解决一切问题，甚至也会带来错误。对于算法，人们也需要具备相应的批判意识，对算法带来的结果进行谨慎评估，这是算法相关思维的另一种体现。

同时我们也需要避免另一个误区，那就是将算法看作工具理性的代名词，似乎强调人文精神就应该摒弃数据思维，放弃算法的应用。事实上数据思维、工具理性与人文思维、价值理性并不是对立的两极，算法社会并不意味着只能在它们之间做单选题。算法社会、算法素养的研究需要深入探究它们融合的可能，算法素养的一个发展方向也应是倡导科学与人文兼容的新思维。

3. 算法风险教育

算法素养培养的另一个重要面向，是帮助人们认识算法可能带来的风险，提高防范、对抗风险的能力。

算法带来的重要风险之一，是人的隐私、安全风险。在法律、制度层面提高对个人信息保护力度的同时，个体自身也需要更多地认识数据泄露的途径与风险，增强自我保护意识。

算法带来的另一类风险，是其对人的“囚禁”。虽然算法在各种层面都可能带来这样的风险，但今天人们对此并不完全了解，帮助人们认识这些风险，提高反囚禁能力，也是算法素养培养的重要任务。

当然，有些风险并非靠人的抵制、反抗就能消解，而是需要制度层面的变革和算法伦理等的约束。把所有风险都转嫁到个人，指望算法素养解决一切问题，显然是不合理的。

除了上述三个基本方向之外，算法素养教育还要解决更多具体的问题。但一个基本前提是，如同媒介素养教育一样，算法素养教育也需要走出“保护”思维，赋权用户，让用户在与各种类型的算法共存的过程中，逐渐学会驾驭算法，学会在算法社会保持人的尊严与价值。

---

① 陈国良，董荣胜．计算思维与大学计算机基础教育［J］．中国大学教学，2011（1）．

② 金兼斌．数据媒体与数字泥巴：大数据时代的新闻素养［J］．新闻与写作，2016（12）．

第四节　元宇宙构想与虚实相融的社会

元宇宙概念的兴起及其热议，延续了互联网普及之初研究者最关注的话题之一，那就是虚拟与现实的关系。尽管现在还不能确定关于元宇宙的种种构想能否完全落地，但这一构想的核心，即虚拟社会与现实社会的相融，是可以预见的。

在这样一个走向下，以往虚拟世界里相对缺位的空间与身体，在元宇宙构想中变得瞩目，它们也成了理解虚拟与现实新关系的重要线索。

一、元宇宙构想中的空间

（一）元宇宙空间对身体的召唤

元宇宙之所以强调空间概念，特别是强化现实空间的孪生化，是因为空间带来了对身体的召唤，这是以往的虚拟空间少有的，因为种种原因，人们会对这种召唤做出积极的响应。

> **你怎么看**
>
> 如何理解元宇宙构想中的空间？

空间表征着一定的生活方式、状态、氛围，人们对空间的向往，往往源于对它象征的生活的向往，某些时候，身体进入某一空间，也意味着生活目标的达成，当然这可能折射着人的整个生存实践。在这方面，城市的孪生空间无疑具有普遍的诱惑，因此也最容易被开发者当成元宇宙的基本空间架构。同样，乡村的孪生空间，对于久居城市、向往田园牧歌式生活的人，也具有吸引力。

空间提供了身体的多维度体验与心理的满足，就像旅游一样，孪生空间中的身体体验也意味着到达甚至征服的满足，即使满足感会打折扣，但相比纸上谈兵式的想象，或基于图片、视频的过眼瘾，元宇宙空间中的体验无疑会更丰满。

空间中身体的自由流动，也象征着一定的权利，同样，身体流动的停滞（如被隔离），一些时候也意味着权利受限。因此，突破空间阻碍实现身体的流动，也成为一种权利的声张方式，孪生空间在这方面也会为人们提供替代性的满足。

除了对身体的召唤外，空间还承载着更为复杂的社会意义，孪生空间能否继承或重塑空间的意义，也决定着它们对用户的召唤力。

（二）孪生城市中空间意义的继承或重塑

在所有空间中，城市空间的社会意义最为复杂，在孪生化的过程中它所承载的原有意义会发生什么演变，也尤为值得关注。

在现实中，人们的生活实践和社会关系都被置于一定的空间中，这样的空间不仅是地理空间，更是社会空间。如列斐伏尔指出的，表示空间的各种词汇与空间的特定用途相对应，从而也与它们所表述与构成的空间实践相对应。① 空间把个体和集体这样的主体的行动联合在一起，社会空间充当了分析社会的工具。②

列斐伏尔由此提出了三位一体的空间概念。第一，空间实践（spatial practice），它包括生

---

① 列斐伏尔．空间的生产［M］．刘怀玉，等译．北京：商务印书馆，2022：25.

② 同①52.

产与再生产，以及每一种社会形态的特殊位置与空间特征集合。第二，空间表象（spatial representation），它们与生产关系以及这些关系所强加的“秩序”捆绑在一起，从而也与知识，与符号代码，以及种种“台前的”关系捆绑在一起。第三，表象的空间（symbolisms），它们表现为形形色色的象征体系，有时被编码，有时未被编码，与社会生活隐藏的或秘密的方面相关联，也与艺术相关联。[①] 虽然后来的一些研究者对于列斐伏尔理论的理解不尽相同，甚至存在着一些理解的偏差，但列斐伏尔的研究，无疑激发了人们对于生产与生存、社会关系与社会结构、意识形态与知识、文化与符号表征等各层面的空间意义的关注。

在社会学领域，20 世纪后期，对空间的研究进入深层，社会学者普遍认同空间与生产、空间与权力、空间与政治、空间与经济、空间与文化等已经成为现实生活中的重要实践问题。[②] 社会学领域的研究也出现了一次“空间”转向，空间成为一种社会学的方法论，社会学领域关于空间研究的理论框架主要体现在下列几个层面：空间作为主体性存在的策略与场所、空间作为社会权力关系、空间作为符号体系、空间作为情感体验。[③]

以往网络虚拟化生存与互动创造了一种新的社会空间，现实空间概念很多时候被淡化，这也意味着现实空间对应的生存能力与策略、社会关系、权力、阶层、共同体、象征符号、情感、记忆等概念的弱化，这也同时意味着，虚拟化生存与互动对于现实生存的支持是有限的。

城市空间的孪生化，使得基于空间的体验被强化，而现实空间所承载的那些社会意义，是将被淡化或抛弃，还是被部分继承或移植，抑或是会在某些方面强化？

从用户的角度来看，或许他们对数字孪生城市最大的兴趣来自对生存空间自由性、流动性的向往。在现实中空间方面带来的种种限制，在元宇宙中有可能被打破，人们有了自主进行空间生产的可能，当然这些生产也需要付出一定的努力，但相比现实空间，努力要小得多。尽管在这样的空间的生存体验与现实生存仍有差距，但元宇宙技术带来的沉浸感，也可以使他们获得接近真实的生活体验。空间作为个体存在的策略与场所的意义，会得到部分体现。

未来虚拟城市的管理，是否会出现新的准入资格，或许还存在未知。但在当下，至少它承载着人们对自由选择与自由流动的希望。

即使没有准入资格的限定，孪生城市也会有自己的管理规范、制度，它们是会复制现实社会的规则，还是形成一套全新的系统，在今天还难以判断，但可以肯定的是，孪生空间不会是无组织状态，适应它的规则，也会成为孪生空间生存的基础。

在现实中，空间体现着社会的群体及其关系。社会学者指出，我们所关切的社会阶层、社会阶级和其他群体的界限，以及其间的社会权力关系，都镶嵌在一定的空间里，并透露出社会界限与抗衡的界限所在，以及主体认同建构自我与异己的边界的机制。[④] 空间成为凝聚共同体的基本形式之一，如滕尼斯所说的邻里（地缘共同体）。不同的种族有不同的集中居住区域，地域界线往往也成为族群的界线。空间差异有时也对应着落差或不平等，如穷人区与富人区、学区房与非学区房这样的划分。一些空间意味着等级或特权，例如，某些特权场所、名流俱乐部等。

数字孪生空间是否会延续原有的地缘共同体？有研究者认为，“元宇宙”时代，人与人相互关系的建立、信息共享更有可能发生在虚拟空间，从而使社区与共同的地域空间脱钩，转向

---

① 列斐伏尔．空间的生产［M］．刘怀玉，等译．北京：商务印书馆，2022：51.

② 陈忠．空间生产、发展伦理与当代社会理论的基础创新［J］．学习与探索，2010（1）．

③④ 潘泽泉．当代社会学理论的社会空间转向［J］．江苏社会科学，2009（1）．

共同的志趣爱好、利益关系等。① 这样的观点在互联网兴起之初并不鲜见。以往的确有很多社交产品打破了现实城市概念的社交，也淡化了空间概念的社交，但在社交产品发展过程中，也有以城市架构出现的虚拟社区，如国内的“第九城市”，出现了一些现实空间与虚拟空间相互交融的产品，例如，门户时代的“业主论坛”。

人们对网络社交平台的需求，在逃避现实关系与回归现实关系之间来回摇摆，这也是一些时候出现虚拟社区与现实社区同一化的原因之一。在现阶段，现实关系给人们带来的约束越来越大，逃避现实关系的动因变得越来越强烈，这时，人们期待通过元宇宙社区获得一个喘息的空间，但人们的需求不会停止在某个状态，而是会持续摇摆。可以预计，在过多脱离现实的社交互动之后，人们又会再次回归现实关系，而现实地域中的共同利益始终会是一种重要的纽带，因此，现实地域共同体有可能会在元宇宙应用中复兴，尽管这肯定不是唯一的共同体类型。

元宇宙中的数字孪生空间是否会延续现实空间中的阶层、阶级区隔？或许作为对新的乌托邦的向往，人们一开始会希望通过元宇宙打破现实的阶层、阶级的区隔与落差，但在新的空间中，未必就不会形成新的阶层。这与使用者的能力和付出努力的差异有关，在任何与技术相关的应用中，能力与努力差异都可能带来用户的层级分化，这种层级分化也可能会在某些方面沿袭现实社会的资源、资本差异。而数字空间的运营者，也可能出于运营、管理或其他目的，设置一定的等级制。因此孪生城市里也可能会出现三六九等的“市民”。尽管现实空间所体现的阶层与权力不会直接复制到孪生空间中，甚至会出现重新赋权的可能，但现实空间对应的种种权力意义及其“变现方式”，在孪生空间中并不会消失。

现实城市间的落差是会平移到孪生空间中，还是会发生改变？这种落差是否会转化为进入门槛的差别，是否会造成新的不平等？作为城市孪生空间的虚拟城市，是否会打破原有的城乡界限，为居住在城市之外的人群提供体验城市生活的机会？如果有这样的机会，这些人群是会满足于只在虚拟城市居住这样的替代性满足，还是会因此产生向现实城市流动的愿望？孪生空间的生存如何影响现实空间人们的生存实践，这同样是一个值得持久观察的问题。

空间的另一种意义是它所创造的文化，它是空间蕴含的权力关系、符号体系、情感体验等的综合体现，但城市空间的文化是难以直接孪生的，城市的文化也将在孪生空间中被重建。这会带来两种可能的方向：一种是，虚拟城市的“居民”以新的方式延续、丰富与拓展原有的城市文化，给城市带来新的活力；另一种是，居住者在虚拟空间里颠覆甚至摧毁现实的城市文化，虽然这未必会影响到现实城市的文化，但也会在一定程度上改变人们心目中的城市面貌。

（三）虚拟空间中的场景与社会场景重建

与文化一样，元宇宙空间的“场景”也面临一个重建的过程。

由空间、空间中的物以及人共同构成的场景是空间的必要元素，是空间的“活”的构成部分，也是空间体验的一部分。例如，对一个咖啡馆这样的实体空间来说，这种场景要素既包括咖啡馆的空间设计、物品陈列，也包括咖啡馆中的店员和来来往往的人、人的聊天甚至吵架、咖啡馆的总体氛围等。同样，在博物馆、旅游景点，熙熙攘攘的人群也是有意义的场景要素。

现实中的场景是“活”的、流动的，它们会不断给人们感官上的刺激，虚拟空间同样也需要用这样的场景要素激活。如果虚拟空间缺乏流动的、鲜活的场景因素，那么身在其中的人会

---

① 肖超伟，张旻薇，刘合林，等．“元宇宙”的空间重构分析［J］．地理与地理信息科学，2022（2）．

很快陷入沉闷。而今天一些以 3D 或 VR 形式呈现的虚拟博物馆、在线旅游等，却忽略了场景的因素，这也使其真实体验感以及吸引力受到影响。

现实空间虽然可以被孪生化，现实空间的场景却并不能被移植到虚拟空间中，它们需要在虚拟空间中重建，但这不应该是机械设计出来的，而是要由虚拟空间中用户的活动共同构筑，人们成为彼此的场景或背景，如同现实空间。

此外，一种空间也往往对应着一定的社会场景，这种社会场景如梅罗维茨（Joshua Meyrowitz）所言，是一种信息系统，即人们接触他人或社会信息的某种模式，它形成了我们语言表达及行为方式框架的神秘基础。① 互联网建构的虚拟空间进一步改变了社会场景，甚至在某些时候使得社会场景完全隐退。但数字孪生空间毕竟是现实空间的复制，在这里人们是否会意识到社会场景的存在，社会场景是否还会对人们的行为产生约束？如果人们把孪生空间当作纯粹的虚拟空间看待，即使它拥有“教室”“办公室”这样具有特定社会场景属性的标签，人们也会意识到这并非真实的现实空间，因而会较少受到原有社会场景中规范的约束。与此同时，人们的身体还处在某个现实空间中，这两种空间之间有可能产生冲突，例如身在家中，进入的是虚拟的教室，这会淡化“教室”这一社会场景的作用。在今天以视频会议形式进行的远程学习、工作中，这一点已经显现。但孪生空间是否会形成新的社会场景，形成与之相关的行为模式，或许还需要继续观察。

梅罗维茨所说的电子媒介带来的社会场景的变化，也与吉登斯所说的“脱域”过程相关。但随着现实空间的某些维度在虚拟空间的投射甚至复制，一些原本脱域的社会关系是否会在一定程度上重新回归到地域化情境中，这也是未来值得关注的一个问题。当然，这里的地域化情境，并非指单纯的地理空间，而是包含了地理因素与社会因素、现实与虚拟复合的空间。

（四）现实空间与虚拟信息、虚拟空间的叠加或融合

元宇宙构想下现实空间的变化，不仅仅在于它的数字孪生化，虚拟信息对现实空间的补充、增强，也是一个重要方向。

作为公认的元宇宙方向下的重要技术，AR 应用的一个重要目标就是在现实空间与环境中叠加虚拟的信息。空间的信息增强往往用于以下情境：人们需要实时了解与现实空间相关的背景信息、辅助信息，如开车、旅游、参观展览时；以现实空间为基底，营造新的视觉效果或互动方式，如舞台上虚拟人与现实人的同台或隔空合作；基于现实空间与环境提供虚实结合的互动方式，如 AR 游戏。

AR 可以为人们提供新的感官刺激，带来新的服务体验，也会营造广告、营销的新路径。同时，对于未来的用户内容生产与互动来说，这一技术也提供了基于空间的新表达方式，位置叙事，就是一种可能的方向。

在更高的层面，今天开发者也在致力于增强现实型“元宇宙”的建设，目标是基于现实空间位置、环境进行新创造，形成可体验的、新的城市“虚拟＋现实”混合空间。

未来技术也会建构与现实空间没有关联但有空间特性的虚拟三维空间。人们在这些人造的空间里可以获得超现实的体验，但这些幻象空间的背后，仍然是人们的现实欲望与需求。

新的虚拟空间的进入，一开始可能是无门槛的，用户的“群分”也未必很明晰，但就如互联网的既往发展逻辑一样，久而久之，人们仍然可能会因趣味、阶层甚至三观、立场的差

---

① 梅罗维茨．消失的地域：电子媒介对社会行为的影响［M］．肖志军，译．北京：清华大学出版社，2002：32－34.

异而走向不同的社区，形成虚拟空间的新“地域”，这种地域也是亚当斯所说的赛博空间（space）中的赛博地方（place），每个地方都产生于意义、自然和社会关系各要素之间的独特组合。①

元宇宙中的虚拟空间有时会与现实空间产生叠加，也会带来一些冲突，这与今天的状态是相似的，甚至会更为严重。

（五）赛博空间的再认识

元宇宙的讨论，使得赛博空间这个概念重回我们的视野，有些人将它与元宇宙基本等同，但在元宇宙方向下，我们不能重走对赛博空间的认识老路。即使我们仍将元宇宙方向下的虚拟空间称为赛博空间，我们也要意识到，这个空间将有着现实空间的深层嵌入，因此，需要在虚拟空间与现实空间融合的前提下，重新理解赛博空间的“空间”意义。

亚当斯指出，赛博空间不仅仅是一个技术现象、一个技术景观，它也是一套异质的符码、机构和使用者，它们以某种特定的社会、心理、符号和物质关系而结合在一起。② 赛博空间早就不仅仅是代码或信息空间，也是一种社会空间。当它与现实空间相互融合时，也会呈现出列斐伏尔所说的空间的三位一体性。

现实空间与虚拟空间的相互渗透融合，似乎提供了空间互补的可能，但也可能会将两种空间原有的问题进一步纠结在一起。虚拟空间承载着现实的压力，也会在某些方面帮助释放现实压力，但它并不能解决现实中的一切问题，甚至它还在制造新的冲突、矛盾，这些问题会反过来向现实空间渗透。当虚拟空间引入现实空间这一“变量”时，更是会映射出空间中的权利与利益、权力结构、文化、资本等多重要素，它对现实的反作用方式也会更多元。

二、元宇宙构想时空中的身体

（一）虚拟空间中现实身体的体验增强

在元宇宙建构的新时空中，身体有可能被用全息方式（而非二维或符号方式）还原，身体在互动与传播中的参与会更全方位，除了今天音视频交流中的声音、身体姿态、手势、面部表情、眼神等与身体有关的因素外，空间位置关系、距离等与身体相关的因素，也会重新成为交流中的重要元素。

你怎么看

未来身体会在元宇宙构想中获得哪些新体验？

更重要的是，元宇宙虚拟空间的互动将给身体感官带来更多的体验，身体不再是人机交互的工具，或传达信息的手段，身体的体验本身也会成为目的。虚拟技术也可以带来对现实身体的体验增强。

人们对虚拟空间中身体体验的需要，很大程度上是基于突破现实身体局限的愿望。例如，体验戏剧表演式的多重人生，到达现实中无法到达的空间，挑战现实中不敢尝试的冒险，在不同时代穿越。现实生活压力不断增大时，人们更希望通过虚拟空间的体验来逃避现实。当身体在虚拟空间中的体验达到一定程度时，用户也会产生沉浸感。

从真实感的角度看，这种沉浸感可以理解为 immersion，3D、VR、AR 等技术还原的空间，可以增加人们的进入感、临场感。可穿戴设备等在人的感官上进行模拟与刺激，形成一系列感官证据所组成的链条，在虚拟空间中还原出人在现实活动中所具有的感受，而身体的知觉

---

①② 亚当斯．媒介与传播地理学［M］．袁艳，译．北京：中国传媒大学出版社，2020：113.

场在运作过程中，将虚拟现实技术所提供的诸感官证据的集合统一在了身体知觉性的运动图景之中，使这些感官证据与体验者之间产生生存性的关联。① 尽管这样的体验与现实体验可能未必完全一致，但有时也让人真假难分。

从注意力与精神状态的角度看，沉浸感也对应于 flow，flow 也是一种理论，在国内被译为“心流理论”（另译“流畅感理论”）。由美国心理学家契克森米哈赖（Csikszentmihalyi）提出的 flow 概念，是指一个人完全沉浸在某种活动当中而无视其他事物存在的状态。处于 flow 状态中的个体具有一些共同特征，如体验活动本身成为活动的内在动机、注意力高度集中、自我意识（如社会身份和身体状况）暂时丧失、行动与意识相融合、出现暂时性体验失真（如觉得时间过得比平常要快）等。②

元宇宙体验带来的沉浸感，既包含新技术下的 immersion 体验，也包含人们在此过程中产生的 flow 感受，从某个角度看，人们在此过程中形成的 flow 程度有多深，取决于 immersion 体验有多真切。当然，目前 VR、AR 设备等技术还不成熟，并没有带来完美的体验，这两个方面的沉浸程度都有限。

从技术发展的规律来看，当前在体验中出现的一些技术障碍最终都会扫清，未来会出现一种可能，人们可以自由选择进入那些美好的体验，根据自己的需要定制不同的体验配方，就像赫胥黎的《美丽新世界》中那让人“飘飘欲仙的、麻醉性的、欢愉地幻觉”的“索麻”（完美的药物），它让人随时离开现实去度个假。③ 但那时，人们是会真正获得享受幸福的自由，还是会失去对幸福的理解与感知？

人们在元宇宙中的沉浸，一个重要动力是寻找缓解现实生活困惑与烦恼的解药，在某些时候，人们也的确可能获得某些方面的缓解或慰藉，但就像游戏一样，这种解药在某些方面是否又可能成为毒药？

在哲学领域，有研究者担忧，当沉浸性发展到极端，体验无比真实，是否能够解决所有世俗世界中人的现象需要、经验需要和感官需要。在全身性沉浸中，绝对的现实摧毁了它自身，走向绝对的虚无。④ 如果发生这样的情形，也就意味着元宇宙中的沉浸会变成一个吞噬人们的“黑洞”，虽然这不是未来唯一的可能，但无疑我们要警惕这一风险。

（二）分身：元宇宙空间中身体的分化

元宇宙空间中的一种典型的身体分化，是“数字分身”。

数字分身往往是对真实身体整体的模拟与仿真，今天所谓的数字人、虚拟人便是在二维空间里对人进行的复刻，未来这种复制将向三维方向发展。一些研究者也将数字孪生这一概念应用到身体上，但在当下，与真人完全一致的三维虚拟身体对绝大多数人来说还无法实现，即使未来解决了身体仿真的问题，甚至可以直接复制人们的行为，但要完全用数字化方式复制人的意识，可能在相当长的时间内还是不现实的，甚至是永远无法完成的任务。脱离了人的意识的虚拟体，能否称为数字孪生人，或许是存疑的。

人们之所以会接受分身，除了分身带来的新奇感受外，未来更多的理由可能是把它当作一种应对多任务挑战的策略，当作分解工作或社交压力的替身。分身可以脱离人的身体独立去实

---

① 索引，文成伟．从现象学的视角看虚拟现实空间中的身体临场感［J］．自然辩证法研究，2018（2）．

② CSIKSZENTMIHALYI M，ABUHAMDEH S，JEANNE N. Flow［M］//ELLIOT J A，CAROL S，MARTIN V. Handbook of competence and motivation. New York：Guilford Press，2005：598－608.

③ 赫胥黎．美丽新世界［M］．李黎，译．广州：花城出版社，1987：48－49.

④ 刘永谋．元宇宙的现代性忧思［J］．阅江学刊，2022（1）．

施某个任务，如参加会议、聚会，分身也可以帮助人们积攒与收割各种资源。

但就像今天的真人视频录像一样，这样的分身应用是否会脱离本人的控制，被他人用于其他目的，甚至被他人操控？在身体元件化、分身化的前景下，人们是否应该拥有对自己各种元件以及分身的个人权利，如同今天的肖像权？对于这样的问题，我们也需要有未雨绸缪的前瞻与准备。

（三）数字化身：虚拟空间中身体的再造

今天人们讨论元宇宙下的分身时，往往也会提到另一个词——“化身”。化身虽然与分身听上去相似，但两者还是有区别的。分身是人们为了应对多任务挑战而进行的自我繁殖，因此，它们往往尽力模仿或复制人的身体原貌。而化身则是在不同情境下的表演躯壳，化身并不一定在外表上复制身体原形。与分身常常用于逃避现实任务、分解工作压力的情境不同，化身常常是人们主动选择的、具有享受性与娱乐性的存在形式，化身也更多地折射了人们的内在心理。

尽管今天化身体验还不普遍，但游戏领域对化身的研究，为我们理解未来化身普及时代人与化身的关系，提供了很多基本线索。

根据以往的研究，游戏玩家在虚拟环境中创建了许多不同于现实自我的化身，但他们经常使用在外表、理想自我等方面与自己相似的化身，这不仅使个体在虚拟环境中感到自我与化身之间身体与心理距离的缩小，而且可以增加两者的融合。① 在游戏玩家选择化身时，也会出现性别转换的现象，虽然男女玩家的性别转换行为表现出不同的动机，但都是一种性别身份展演策略，这既可能带来赋能效应，也可能抑制玩家基于真实身份的互动行为和人际关系网络的建构。②

可以看出，游戏玩家对化身的外表选择都会经过精心考虑，虽然化身不一定比真身更美，但它们总是与人们对自身身体的认识相关，也在一定程度上表达了人们对身体进行再造的愿望。

对于化身与真实自我的关系，有学者认为，化身会有意或无意地反映出个体真实的自我，也可以反映他们所幻想的、想象的或者是希望成为的人，化身是高度控制的信息传送器，非常适合策略上的自我呈现，可以被用于表达任何类型的自我。③ 化身是否会创造新的人格？有些研究者给出肯定回答，有些研究者的答案则是否定的，这或许与化身应用的人群、情境、阶段有关。化身也会带来化身认同，游戏中的人物角色就是玩家的自我化身，玩家将化身的特征融入自我。④ 在认同发生时，化身会替代个体的真实自我。⑤ 或许现有的任何研究都无法解释所有群体的行为，但这些研究从不同侧面反映了人们在化身上所做的自我塑造甚至自我突破的努力。

化身形象也会反过来影响到人们在虚拟环境中的行为，普罗透斯效应便是其一，即，在虚

---

① 衡书鹏，周宗奎，孙丽君．视频游戏中的化身认同［J］．心理科学进展，2017（9）．

② 黄典林，张子萌，苏际聪．在“他”与“她”之间：网络游戏玩家的性别转换与身份展演策略研究［J］．新闻界，2021（9）．

③ BÉLISLE J F，BODUR H O. Avatars as information：perception of consumers based on their avatars in virtual worlds［J］．Psychology & marketing，2010（8）．

④ KLIMMT C，HEFNER D，VORDERER P. The videogame experience as “true” identification：a theory of enjoyable alterations of players “self-perception”［J］．Communication theory，2009（19）．

⑤ COHEN J. Audience identification with media characters［J］．Psychology of entertainment，2016（1）．

拟环境中用户会参考化身外表所预期的性情，然后表现出遵从这些预期的态度和行为。① 普罗透斯效应会对认知加工和态度以及人际互动等多个方面产生影响。②

元宇宙走向下，化身将变得更为普遍，通过化身的方式，人们可以加入各种虚拟空间。除了借鉴游戏研究的相关思路外，我们尤其需要关注，在有了多元的虚拟身体建构技术的前提下，人们会如何通过化身这一方式来进行身体的再造，这种再造又会如何影响人们的社会互动。

吉登斯指出，当身体发展和生活方式存在一种一体化的联系时，身体变成了以反身性来进行自我动员的实体。③ 化身既能表达人们对身体状态及相关生活方式的追求，又不需要付出现实生活中的实质性努力，可以想象，化身将成为一种新的身体建构方式，就如自拍、美图一样，也会沿袭自我美化的取向。同样，这种身体的建构也会时时处于他人的凝视下，并非完全自主。

虽然化身身体会带有真实身体的浓重印迹，但或许人们并不愿意在所有化身中都采用自己的真实形象。从社交角度看，人们的匿名需求普遍存在，目前各种实名社交模式带来的社交压迫和倦怠与日俱增，逃离这样的社交的动力也会不断增加，元宇宙应用中匿名社交的需求仍然会广泛存在。

受现实身体控制的化身，是否也会具有“具身性”，或者说化身会如何传递现实身体的具身性，也将会成为一个新的身体研究话题。

如果元宇宙应用普及，人们也有可能在不同的空间中使用不同的化身，正如人们在今天各种不同的社交空间里有不同的“人设”一样。以往关于游戏的研究认为，人们在游戏情境中，可能使用多重化身，而多重化身有可能带来自我认同感的混淆。④ 可以预见的是，元宇宙时代人们如果采用多重化身，也可能带来自我认同感的混淆，甚至产生错觉、焦虑、人格分裂，人们的真实身份与化身之间也可能产生冲突。在这样的困扰下，人们也会采取逃避、弃用化身等方式来保护自己。

除了关注化身对自我的影响外，化身会如何影响人和人的交往质量，影响人与社会的关系，也是一个意义深远的问题。

今天关于元宇宙的讨论，只是互联网发展初期讨论的一次重现与延续，我们现在探讨的很多问题，在互联网刚刚兴起时已经涉及。虽然技术的发展使当初的一些问题有了现实的答案，但仍有一些根本问题挥之不去，始终在我们头顶盘旋，其中最核心的主题，依旧是虚拟与现实的关系。

有人将元宇宙看作与现实世界平行的虚拟世界，也有人将它看作虚实交融、虚实相生的世界，但无论怎么去定位元宇宙的属性，从用户角度看，他们对于元宇宙的需求都来自现实世界。

即使元宇宙技术可以编织很多新的时空，它们也并不是真正与现实时空“平行的”，而是与现实时空相互纠缠的。虚拟世界不断折射着现实世界的欲望，也积淀着现实世界的压力。因此，人们一方面追求虚拟世界中的超脱，另一方面又被其越来越深地捆绑，由此产生的反抗张力也会不断增加，人们也许又会开始追求新的技术与新的可能。当然，另一种可能是，人们被技术奴役而不自知，最终被技术吞噬。无论未来的走向如何，我们始终需要保持这样的远忧。

---

① YEE N, BAILENSON J N. The proteus effect: the effect of transformed self-representation on behavior [J]. Human communication research, 2007 (3).

② 卞玉龙，周超，高峰强．普罗透斯效应：虚拟世界研究的新视角［J］．心理科学，2014（1）．

③ 吉登斯．现代性的后果［M］．田禾，译．南京：译林出版社，2011：7.

④ 张自中，彭兰．AR 情景下的游戏玩家线下化身认同及其模式研究［J］．新闻界，2018（6）．

【本章学习与思考】

1. 平台如何改变了人们的日常生活?
2. 算法是否会影响人们对社会环境的感知与判断?
3. 算法是否会影响人们的社会关系建构与社会地位?
4. 元宇宙构想会变成现实吗? 为什么?

后 记

从2001年出版《网络传播概论》第1版，到今天完成第5版的修订，时间已经过去了22年。

在第5版里，已经很难找到第1版的影子，甚至相对第4版，这一版也做了很大的调整。

全书不再以传统的传播理论为基本框架，而是沿着“媒介—传播—人—关系—社会”这样的线索构架全篇，这也是我认为的网络技术对现实产生作用的基本线索之一。

当然现实的逻辑要比这复杂得多，也未必是这样线性的，因此，在本书的各章内容中，也会出现前后线索的呼应、交织和博弈，甚至会有些许重复——同一个问题在不同视角下出现，有不同的解读与阐释。很多的问题，也需要综合各章节的分析去寻找答案。

即使如此，对网络带来的各种问题，我们也未必能在当下获得确切的答案，特别是智能传播、后人类这些刚刚开始的实践。

今天的媒介、传播研究，已经越过了传统的新闻传播学科的边界，这种越界既让人兴奋，也让人惶恐。我们看到了新的疆域，但我们的能力是否足以支撑我们立足于此？这个问题是新闻传播学科的研究者共同面对的，对我，更是如此。

目前这样一本著作，显然很难完成对一个全新的学科领域的探索，它只是向那个新领域迈出的一步。好在这片新天地里，已经有很多的开拓者，包括众多年轻学者。

如以往一样，告别即是开始，第5版的完成，也将是新的升级的开始。

感谢中国人民大学出版社翟江虹编辑不断的激励，她的敬业精神，让我敬佩、感动。

感谢一届届学生与我交流互动带来的启发，感谢他们的活力与陪伴，让我觉得自己一直年轻。

感谢永远在我身边的家人和朋友们。

彭兰

2023年4月16日

于北京

图书在版编目（CIP）数据

网络传播概论/彭兰著 .—5 版 .—北京：中国人民大学出版社，2023.9
21 世纪新媒体专业系列教材
ISBN 978-7-300-31972-8

Ⅰ.①网… Ⅱ.①彭… Ⅲ.①网络传播-高等学校-教材 Ⅳ.①G206.2

中国国家版本馆 CIP 数据核字（2023）第 138163 号

“十二五”普通高等教育本科国家级规划教材
国家级精品课“数字传播技术应用”配套教材
21 世纪新媒体专业系列教材
网络传播概论（第 5 版）
彭兰　著
Wangluo Chuanbo Gailun

出版发行	中国人民大学出版社		
社　　址	北京中关村大街 31 号	**邮政编码**	100080
电　　话	010－62511242（总编室）		010－62511770（质管部）
	010－82501766（邮购部）		010－62514148（门市部）
	010－62515195（发行公司）		010－62515275（盗版举报）
网　　址	http://www.crup.com.cn		
经　　销	新华书店		
印　　刷	北京宏伟双华印刷有限公司	**版　　次**	2001 年 10 月第 1 版
开　　本	787 mm×1092 mm　1/16		2023 年 9 月第 5 版
印　　张	23.25 插页 1	**印　　次**	2025 年 9 月第 5 次印刷
字　　数	614 000	**定　　价**	69.80 元

关联课程教材推荐

书号	书名	作者	定价	出书时间
978-7-300-27214-6	新媒体概论（第三版）	匡文波	49.8元	2019年8月
978-7-300-26519-3	数据新闻概论（第二版）	方洁	49.8元	2019年2月
978-7-300-30449-6	网络与新媒体概论	詹新惠	39.9元	2022年4月
978-7-300-29739-2	融合新闻学概论	李沁	49.8元	2021年8月
978-7-300-21417-7	社会化媒体	彭兰	58.0元	2015年7月
978-7-300-31434-1	网络舆情概论（第2版）	周蔚华　徐发波	49.8元	2023年3月
978-7-300-28460-6	网络新闻编辑	胡明川	45.0元	2020年8月
978-7-300-31785-4	舆论学教程（第2版）	李彪	49.8元	2023年7月
978-7-300-32054-0	融媒体新闻报道实务	红尘	49.8元	2023年8月
978-7-300-31330-6	H5交互融媒体作品创作（第2版）	周德旭 等	49.8元	2013年1月
978-7-300-30933-0	融合新闻创作（数字教材版）	韩姝 严亚	39.8元	2022年9月
978-7-300-29900-6	媒介融合案例教程	本书编写组	45.0元	2021年9月

配套教学资源支持

尊敬的老师：

衷心感谢您选择使用人大版教材！

相关的配套教学资源，请到人大社网站（www.crup.com.cn）下载，或是随时与我们联系，我们将向您免费提供。

欢迎您随时反馈教材使用过程中的疑问、修订建议并提供您个人制作的课件。您的课件一经采用，我们将署名并付费。让我们与教材共成长！

联系人信息：

地址：北京海淀区中关村大街31号　龚洪训 收　邮编：100080

电子邮件：gonghx@crup.com.cn　电话：010-62515637　QQ：6130616

如有相关教材的选题计划，也欢迎您与我们联系，我们将竭诚为您服务！

选题联系人：翟江虹　电子邮件：zhaijh@crup.com.cn　电话：010-62515636

周　莹　zhouying@crup.com.cn　010-62511612

俯仰天地　心系人文

人大社网站　www.crup.com.cn

专业教师QQ群：

723715191（全国新闻教师群2群）

欢迎您登录人大社网站浏览，了解图书信息，共享教学资源

期待您加入专业教师QQ群，开展学术讨论，交流教学心得